本書爲

中央高校基本科研業務費資助項目

中央高校「雙一流」引導專項資金資助項目

中華禮藏

禮經卷

周禮之屬

第一冊

浙江大學出版社
ZHEJIANG UNIVERSITY PRESS

禮

中華禮藏編纂委員會

總　序

　　中華民族的禮義傳統積澱了人與人、人與社會、人與自然和諧相處的經驗與秩序，從而形成了一種"標誌着中國的特殊性"（錢穆語）的生存方式。《禮記·曲禮上》對此有概括的説明："道德仁義，非禮不成；教訓正俗，非禮不備；分争辨訟，非禮不決；君臣上下，父子兄弟，非禮不定；宦學事師，非禮不親；班朝治軍，涖官行法，非禮威嚴不行；禱祠祭祀，供給鬼神，非禮不誠不莊。"千百年來，正因爲中華民族各個階層對"禮"的認同與踐行，不僅構建了中華民族的精神家園，彰顯了民族文化的獨特面貌，也爲人類社會樹立了一個"禮義之邦"的文化典範。實際上，對"禮"的認同，體現了對文化的認同，對民族的認同，對國家的認同。

　　在不同文化交流日益頻繁的今天，弘揚傳統文化，提升文化實力，强化精神歸屬，增强民族自信，已是社會各界的共識，也是刻不容緩的要務。温故籍以融新知，繼傳統而闡新夢，大型專業古籍叢書的整理與編纂，分科別脈，各有專擅，蔚然已成大觀。然而對於當今社會有重要意義的禮學文獻的整理與編纂，至今仍付之闕如。即使偶有禮學文獻被整理出版，因未形成規模而不成系統，在傳統觀念的影響下往往還被視爲經學典籍，既不能反映中華禮學幾千年的總體面貌與發展軌迹，也直接影響了在弘揚優秀傳統文化的前提下重建體現民族精神的禮儀規範。醪澄莫饗，孰慰饑渴。浙江大學古籍研究所全體同仁爲順應時代要求，發揮學科特色與優勢，在學校的大力支持下，願精心整理、編纂傳統禮學文獻，謹修《中華禮藏》。

自從歷史上分科治學以來，作爲傳統體用之學之致用部分的禮學就失去了學科的獨立性。漢代獨尊儒術，視記載禮制、禮典、禮義的《周禮》、《儀禮》、《禮記》爲儒家的經學典籍。《漢書·藝文志》著録禮學文獻十三家，隸屬於六藝，與《易》、《書》、《詩》、《樂》、《春秋》、《論語》、《孝經》相提並論。迄至清修《四庫全書》，采用經、史、子、集四分法，將禮學原典及歷代研究禮學原典的文獻悉數歸於經學，設《周禮》之屬、《儀禮》之屬、《禮記》之屬、三禮總義之屬、通禮之屬、雜禮之屬六個門類著録纂輯禮學文獻，又於史部政書類下設典禮之屬著録纂輯本屬於禮學範疇的文獻，至於記載區域、家族、個人禮儀實踐的文獻則又散見於多處。自《漢書·藝文志》至於《四庫全書》，著録纂輯浩如煙海的禮學文獻，不僅使禮學失去了學科的獨立性，而且還使禮學本身變得支離破碎。因此，編纂《中華禮藏》，既以專門之學爲標幟，除了裒輯、點校等方面的艱苦工作外，還面臨着如何在現代學術語境中界定禮學文獻範圍的難題。

《説文》云："禮，履也，所以事神致福也。"事神以禮，即履行種種威儀以表達敬畏之義而得百順之福。禮本是先民用來提撕終極關懷的生存方式，由此衍生出了在政治生活和社會生活中表達尊讓、孝悌、仁慈、敬畏等禮義的行爲規範。《禮記·禮器》云："禮器，是故大備。"以禮爲器而求成人至道，與儒學亞聖孟子的"禮門義路"之論頗相一致。然而踐履之禮、大備之禮的具體結構又是怎樣的呢？《禮記·樂記》云："簠簋俎豆、制度文章，禮之器也；升降上下、周還裼襲，禮之文也。故知禮樂之情者能作，識禮樂之文者能述。作者之謂聖，述者之謂明。明聖者，述作之

謂也。”根據黄侃《禮學略説》及沈文倬《略論禮典的實行和〈儀
禮〉書本的撰作》的論述，所謂“禮之文”、“禮之情”又被稱爲“禮
儀”和“禮意”。禮器、禮儀用以呈現和表達禮意，此即所謂“器以
藏禮，禮以行義”（《左傳·成公二年》）。三者之中，禮儀和禮意
的内容相對明確，而禮器的内容則比較複雜，具目則可略依《樂
記》所論分爲三種：物器（簠簋俎豆之類）、名器（制度之類）和文
器（文章之類）。基於這樣的理解，參考歷代分門別類著録匯輯
專業文獻的經驗，可以將歷史上遺留下來的全部傳統禮學文獻
析分爲如下三個部分。

第一部分是作爲源頭的禮學原典和歷代研究禮學的論著。
根據文獻的性質，又可細分爲兩類。

1.禮經類。《四庫提要》經部總序所謂“經稟聖裁，垂型萬
世”，乃“天下之公理”之所，爲後世明體達用、返本開新的源頭活
水。又經部禮類序云：“三《禮》並立，一從古本，無可疑也。鄭康
成注，賈公彦、孔穎達疏，於名物度數特詳。宋儒攻擊，僅摭其好
引讖緯一失，至其訓詁則弗能逾越。……本漢唐之注疏，而佐以
宋儒之義理，亦無可疑也。”《周禮》是制度之書，《儀禮》主要記載
了士大夫曾經踐行過的各種典禮儀式，《禮記》主要是七十子後
學闡發禮義的匯編。雖然三《禮》被列爲儒家研習的典籍之後變
成了經學，然而從禮學的角度來看，於《周禮》可考名物典章制
度，於《儀禮》可見儀式典禮的主要儀節及揖讓周旋、坐興起跪的
威儀，於《禮記》可知儀式典禮及日常行爲的種種威儀皆有意義
可尋。若再從更加廣泛的禮學角度審視先秦兩漢的文獻，七十
子後學闡釋禮義的文獻匯編還有《大戴禮記》，漢代出現的禮緯
也藴藏着不見於其他文獻記載的禮學内容。因此，禮經類除三

《禮》之外還應該包括《大戴禮記》與禮緯。至於後人綜合研究禮經原典而又不便歸入任何一部經典之下的文獻,宜倣《四庫全書》設通論之屬、雜論之屬分別纂輯。

2. 禮論類。此類文獻特指歷代綜合禮學原典與其他文獻,突破以禮學原典爲經學典籍的傳統觀念,自擬論題,自定體例,結合禮儀實踐、禮學原典與禮學理念等進行研究而撰作的文獻,如朱熹的《儀禮經傳通解》、任啓運的《天子肆獻祼饋食禮纂》、秦蕙田的《五禮通考》等都宜歸入禮論類。此類文獻與禮經類中綜論性質的文獻容易混淆,最大的區別就在於禮經類中綜論性質的文獻是對禮學原典的闡釋,而禮論類文獻則是對各類文獻所記禮儀實踐與理念的綜合探索,二者研究的問題、對象,特別是研究目的皆有所不同。

第二部分是基於對禮儀結構的觀察而針對某一方面進行獨立研究而撰作的文獻。根據文獻關注的焦點,又可分爲三類。

3. 禮器類。根據前引《禮記·樂記》的説明,禮器包括物器、名器和文器。物器爲禮器之代表形態,自來皆無疑議。名器所涉及之制度、樂舞、數術,因逐漸發展而略具專業特點,有相對的獨立性,固當別爲門類。就制度、樂舞、數術本屬於禮儀實踐活動而言,可分別以禮法、禮樂、禮術概之。又文器亦皆因器而顯,故宜附於禮器類中。因此,凡專門涉及輿服、宮室、器物的禮學文獻,如聶崇義的《新定三禮圖》、張惠言的《冕弁冠服圖》和《冕弁冠服表》、程瑤田的《釋宮小記》、俞樾的《玉佩考》等都屬禮器類文獻。

4. 禮樂類。據《禮記·樂記》所言"樂統同,禮辨異,禮樂之説,管乎人情矣",可知禮與樂本是關乎人情的兩個方面。因此,禮之所至，樂必從之。考察歷代各個階層踐行過的許多儀式典禮，若不借助於禮樂則無以行禮。《通志·樂略第一》云："禮樂相須以爲用，禮非樂不行，樂非禮不舉。"禮與樂既相將爲用，則凡涉及禮樂的文獻，皆當歸入禮樂類。然而歷史上因囿於經學爲學科正宗、樂有雅俗之分的觀念，故有將涉及禮樂的文獻一分爲二分別纂輯的方法。《四庫提要》樂類云："大抵樂之綱目具於《禮》，其歌詞具於《詩》，其鏗鏘鼓舞則傳在伶官。漢初制氏所記，蓋其遺譜，非別有一經爲聖人手定也。特以宣豫導和，感神人而通天地，厥用至大，厥義至精，故尊其教得配於經。而後代鐘律之書亦遂得著録於經部，不與藝術同科。顧自漢代以來，兼陳雅俗，豔歌側調，並隸《雲》、《韶》。於是諸史所登，雖細至箏琶，亦附於經末。循是以往，將小説稗官未嘗不記言記事，亦附之《書》與《春秋》乎？悖理傷教，於斯爲甚。今區別諸書，惟以辨律吕、明雅樂者仍列於經，其謳歌末技，弦管繁聲，均退列雜藝、詞曲兩類中。用以見大樂元音，道侔天地，非鄭聲所得而奸也。"此乃傳統文獻學之舊旨，今則據行禮時禮樂相將的事實，凡涉及禮樂的文獻不分雅俗兼而存之，一並歸於禮樂類。

　　5.禮術類。《禮記·表記》載孔子之語云："昔三代明王，皆事天地之神明，無非卜筮之用。"卜筮之用在於"決嫌疑，定猶與"（《禮記·曲禮上》）。歷代踐行的各種儀式典禮，正式行禮之前往往都有卜筮的儀節，用於判斷時空、賓客、牲牢等的吉凶，本是整個儀式典禮的組成部分。《儀禮》於《士冠禮》、《士喪禮》、《既夕禮》、《特牲饋食禮》、《少牢饋食禮》皆記卜筮的儀節，而於其他儀式典禮如《士婚禮》等皆略而不具。沈文倬先生已指出，《儀禮》一書，互文見義，其實每一個儀式典禮都有卜筮的儀節。因儀式典禮所用數術方法有相對的獨立性,故歷代禮書多有專論。秦蕙田《五禮通考》立“觀象授時”之目,黃以周《禮書通故》設“卜筮通故”之卷。自《漢書·藝文志》數術略分數術爲六類:天文、曆譜、五行、蓍龜、雜占、形法,又於諸子略中收有與數術相關的陰陽家及兵陰陽文獻之目,至清修《四庫全書》子部術數類分爲六目:數學(三易及擬易書)、占候、相宅相墓、占卜、命書相書、陰陽五行(栻占曆數),分類著録纂輯數術文獻,各有錯綜,亦因時爲變以求其通耳。因此,就歷代各個階層踐行的儀式典禮皆有卜筮的儀節而言,凡涉及卜筮的文獻宜收入禮術類。

第三部分是基於對歷代禮儀實踐的規模、等級、性質的考察而撰作的文獻,又可以分爲如下四類。

6.禮制類。《左傳·桓公二年》載晉大夫師服之語云:“禮以體政,政以正民,是以政成而民聽,易則生亂。”《國語·晉語四》記寧莊子之語云:“夫禮,國之紀也,……國無紀不可以終。”凡此皆説明禮在政治生活和社會生活中有重要的主導作用,故自春秋戰國之際禮崩樂壞之後,歷代皆有制禮作樂的舉措。《隋書·經籍志》云:“儀注之興,其所由來久矣。自君臣父子,六親九族,各有上下親疏之別,養生送死、弔恤賀慶則有進止威儀之數,唐虞已上分之爲三,在周因而爲五,《周官》宗伯所掌吉、凶、賓、軍、嘉,以佐王安邦國,親萬民,而太史執書以協事之類是也。是時典章皆具,可履而行。周衰,諸侯削除其籍;至秦,又焚而去之;漢興,叔孫通定朝儀,武帝時始祀汾陰后土,成帝時初定南北之郊,節文漸具;後漢又使曹褒定漢儀,是後相承,世有制作。”歷代踐行的禮,不僅僅是進止威儀之數,而是對文明制度的實踐。因此,歷代官方頒行的儀注典禮皆可稱爲禮制,是朝野實現認同的文化紐帶,涉及禮制的文獻世有撰作。漢代以後,此類文獻也往往被稱爲儀注,傳統目録學多歸入史部。今則正本清源,一並歸入禮制類。

7. 禮俗類。從人類學的角度來看,禮俗的産生先於禮制並成爲歷代制禮作樂的基礎。所謂"禮失而求諸野",正説了俗先於禮、禮本於俗。實際上,歷代踐行的禮制,根基都在於風俗,長期流行於民間的風俗若得到官方認可並制度化就是禮制。因此,禮俗者,禮儀之於風俗也,特指在民間習慣上形成而具備禮儀特點的習俗,其特點是以民間生活爲基礎、以禮儀制度爲主導,在一定程度上兼具形式的自發性和内容的複雜性。早在先秦時代,荀子就曾説:"儒者在本朝則美政,在下位則美俗。"又説:"遇君則修臣下之義,遇鄉則修長幼之義,遇長則修子弟之義,遇友則修禮節辭讓之義,遇賤而少者則修告導寬容之義。無不愛也,無不敬也,無與人爭也,恢然如天地之苞萬物。如是則賢者貴之,不肖者親之。"因此,自漢代應劭《風俗通義》以來,歷代有識之士往往述其所聞、條其所遇之禮俗,或筆記偶及,或著述專論,數量之多,可汗馬牛,以爲美俗、修義之資糧,故立禮俗類以集其精華,以見禮儀風俗具有强大的生命力且早已滲透到民族精神之中。此類文獻在傳統的文獻學中分佈較廣,史部的方志、譜牒,子部的儒家、農家、雜家乃至小説家,集部中的部分著作,皆有涉及禮俗的篇章,固當集腋成裘,匯編爲册,歸於禮俗類中。

8. 家禮類。《左傳·隱公十一年》云:"禮,經國家、定社稷、序民人、利後嗣者也。"禮之於國,則爲國家禮制;禮之於家,則爲家禮。家禮一詞,最早見於先秦禮書。《周禮·春官》云:"家宗人掌家祭祀之禮,凡祭祀致福。國有大故,則令禱祠,反命,祭亦如之。掌家禮,與其衣服、宮室、車旗之禁令。"自古以來,家禮就是卿大夫以下至於庶人修身、齊家的要器,上至孝悌謹信等倫理觀念,下至婚喪嫁娶之居家禮儀,無不涵蓋於其中。家禮包括家庭内部的禮儀規範和倫理觀念:禮儀規範主要涉及冠婚喪祭等吉凶禮儀以及居家雜儀;倫理觀念則包括父慈子孝、兄友弟恭、夫義婦順等綱常。涉及家禮的文獻源於《周禮》,經《孔子家語》、《顏氏家訓》的發展,定型於司馬光的《書儀》、《家範》和朱熹的《朱子家禮》,其中《朱子家禮》成了宋代以來傳統家禮的範本。因國家禮制的"宏闊"和民間禮俗的"偏狹",故素負修身、齊家、治國、平天下之理想的有識之士,往往博稽文獻、出入民俗而備陳家禮儀節之曲目與要義,以爲齊家之據、易俗之本。家禮類文獻中以此種撰作爲代表形態,延伸則至於鄉約、學規之類的文獻。

　　9. 方外類。中華民族是一個多種文化相互融合的共同體,整理、編纂《中華禮藏》不能不涉及佛、道兩家有關儀軌的文獻。佛教儀軌是規範僧尼、居士日常生活與行爲之戒律清規以及用於各種節日與法事活動之科儀,雖然源於印度,與中華本土文化長期互動交融,固已成爲中華禮樂文明不可分割的一部分。佛教儀軌與儒家禮儀相互影響,在一定程度上改變、重塑了中華傳統的禮樂文明。道教是中國的本土宗教,深深根植於中國的現實社會,具有鮮明的中國特色與社會調節功能。魯迅曾指出:"中國根柢全在道教。"道教儀軌有其特定的從教規範,體現了道教的思想信仰,規範着教徒的生活方式,體現了儀式典禮的特點。另外,佛教儀軌和道教儀軌保存相對完整,也是重建中華禮

樂文明制度的重要參考。因此，凡涉及佛教儀軌和道教儀軌的
文獻分别歸入方外佛教類和方外道教類。

　　綜上所述，《中華禮藏》的編纂是因類設卷，卷内酌分子目，
子目内的文獻依時代順序分册纂輯（其中同書異注者則以類相
從），目的是爲了充分展示中華禮儀實踐和禮學研究的全貌以及
發展變化的軌迹。

　　編纂《中華禮藏》不僅僅是爲了完成一項學術事業，更重要
的現實意義是爲了通過整理、編纂傳統禮學文獻，從中提煉出滲
透了民族精神的價值觀和價值體系，爲民族國家認同提供思想
資源，爲制度文明建設提供借鑒，爲構建和諧社會提供禮儀典
範。

《中華禮藏》編委會

二〇一六年

凡　例

一、整理工作包括題解、録文和校勘等項。

二、題解除揭示書名、卷數、内容及著者生平事迹、版本流變等情況外，亦須交代已有的重要校勘研究成果，其具有創見性的校勘意見則别於校記中加以采納。

三、底本原文中明確的錯誤（訛奪衍乙）一般皆直接改正，並用校記加以説明。其不影響文意表達的兩可之異文，則酌情忽略不校。至於文意不通或懷疑有誤之處，則適當以校記形式提出疑問或給出可能的詮釋理路。

四、録文一依底本，個别生僻的異體字、俗體字等改作通行字，然不甚生僻而爲古籍通用者，保留底本文字原樣。鑒於俗寫"扌"旁與"木"旁、"巾"旁與"忄"旁、"衤"旁與"礻"旁以及"己"與"已""巳"、"瓜"與"爪"、"曰"與"日"之類相混無别，一般皆徑據文意録定，其不影響文意的則不别爲出校説明。

五、避諱字一律改爲通行繁體字，但須在題解或首見條下説明。

六、底本所用省代符等一律改爲相應的本字。

七、底本缺字用"□"號表示，缺幾字用幾個"□"號，不能確定者用長條形符號（長度爲三個空格字，其中原文一行的上部或前部殘缺用"▢▢▢"，中部殘缺用"▢▢▢"，下部或後部殘缺用"▢▢▢"）表示。模糊不清無法録出者用"▨"號表示，有幾個字不清楚就用幾個"▨"號。

八、文本的段落格式一依今日之文意理解重行設計，不必盡依原書之舊貌。

九、底本圖片如果可以重繪者，則自行改繪，以便觀覽。

总目録

周禮注疏

鄭　玄　注
賈公彦　疏
金少華　點校

【題解】

《周禮注疏》五十卷,漢鄭玄注,唐賈公彦疏。

鄭玄(127—200),字康成,北海高密(今山東高密)人,范曄《後漢書》有傳,稱"凡玄所注《周易》、《尚書》、《毛詩》、《儀禮》、《禮記》、《論語》、《孝經》、《尚書大傳》、《中候》、《乾象歷》,又著《天文七政論》、《魯禮禘祫義》、《六藝論》、《毛詩譜》、《駁許慎五經異義》、《荅臨孝存周禮難》,凡百余萬言"。本傳不及注《周禮》事,或以爲疏漏,如唐人史承節所撰《後漢大司農鄭公之碑》於鄭玄生平著述全據范書,而"儀禮"下增補"周官"二字(見王昶《金石萃編》卷七六),《周官》即《周禮》舊題,皮錫瑞《經學通論》以爲《周官》改稱《周禮》始於劉歆。孫詒讓《周禮正義》則云:"本傳載鄭諸經注,'儀禮'當作'周禮',其云'禮記',則通《禮經》及《小戴記》言之。今本乃俗儒肊改,非其舊也。"

鄭玄所注《周禮》,陸德明《經典釋文·序録》及《隋書·經籍志》皆著録爲十二卷。按《漢書·藝文志》云"《周官經》六篇",是西漢經本天、地、春、夏、秋、冬六官官別爲篇[①];東漢以後,《周禮》學大興,諸儒爲之傳注,乃析每篇爲上下二卷。

關於鄭玄之《周禮》學,《後漢書》本傳稱鄭氏"從東郡張恭祖受《周官》",同書《儒林·董鈞傳》云"(光武)中興,鄭衆傳《周官經》,後馬融作《周官傳》,授鄭玄,玄作《周官注》";又鄭玄《周禮注》往往稱引舊説,以杜子春、鄭大夫(大中大夫鄭少贛,名興)、鄭司農(鄭興子大司農仲師,名衆)三家爲最多,《冬官·輈人職》注又引賈侍中(賈景伯,名逵)之説一條;賈公彦《序周禮廢興》載鄭玄《周禮序》尚言及議郎衛次仲作《周禮解詁》[②]。然則鄭玄之

---

① 天官冢宰、地官司徒、春官宗伯、夏官司馬、秋官司寇、冬官司空分掌治、教、禮、政、刑、事六典。《周禮》於西漢景、武之際始出時,已亡《冬官》一篇,時人以《考工記》足之。

② 衛次仲蓋即衛宏,《後漢書》本傳云"少與河南鄭興俱好古學,光武以爲議郎",唯其字作"敬仲"。考昭公十八年《左傳》孔疏引衛次仲説"右主八寸,左主七寸,廣厚三寸"云云,文公二年《穀梁傳》楊疏亦引衛次仲此説,或即衛氏《周禮解詁》逸文。

《周禮》學博綜兼采，《後漢書》本傳所謂"括囊大典，網羅衆家"者也。

　　賈公彦事迹具《舊唐書·儒學傳》，惜語焉不詳："賈公彦，洺州永年人。永徽中，官至太學博士。撰《周禮義疏》五十卷、《儀禮義疏》四十卷。子大隱，官至禮部侍郎。"按《舊唐書·經籍志》、《新唐書·藝文志》著録賈氏《周禮》、《儀禮》二疏皆爲五十卷，"四十卷"者非也。賈氏又撰《禮記疏》八十卷、《孝經疏》五卷、《論語疏》十五卷（見兩《唐志》），參與撰作《禮記正義》（見孔穎達《禮記正義序》）、刊定《尚書正義》（見《新唐書·藝文志》），實爲唐初碩儒，而尤精《三禮》。考《舊唐書·儒學·張士衡傳》云："士衡既禮學爲優，當時受其業擅名於時者，唯賈公彦爲最焉。"張士衡則師從劉軌思及熊安生、劉焯。又賈氏本傳附《李玄植傳》云："時有趙州李玄植，又受《三禮》於公彦，撰《三禮音義》，行於代。"是賈氏之禮學前有師承，後有傳人。又考《新唐書·唐休璟傳》云："少孤，授《易》於馬嘉運，傳《禮》於賈公彦，舉明經高第。"似唐休璟亦賈氏之授業恩師。檢《唐休璟傳》云："延和元年卒，年八十六。"則唐氏生於唐太宗貞觀元年（627）。而《舊唐書·孔穎達傳附馬嘉運》稱馬氏"貞觀初，累除越王東閣祭酒。十一年，召拜太學博士，兼弘文館學士"，則上引《唐休璟傳》"授《易》於馬嘉運"，"授"疑"受"字之誤；其"傳《禮》於賈公彦"者，亦謂唐氏傳受賈氏之禮學，蓋唐高宗永徽中賈氏拜太學博士之時，唐氏方當弱冠之年也。"傳《禮》"云云文承"少孤"之下，亦可資參證。

　　賈公彦《周禮疏》素有美譽，晁公武《郡齋讀書志》云"世稱其發揮鄭學最爲詳明"，《朱子語類》謂"五經中，《周禮疏》最好"，《四庫全書總目》稱賈疏"極該博，足以發揮鄭學"，孫詒讓《周禮正義略例十二凡》亦以爲賈疏"在唐人經疏中，尚爲簡當"。蓋賈氏《周禮疏》既旁徵博引，窮本究源，又能發凡起例，持簡馭繁，故爲歷來學者所稱道。

　　又馬端臨《文獻通考》引董逌《廣川藏書志》之説，謂賈公彦《周禮疏》乃據晉朝陳邵《周官禮異同評》及蕭梁沈重《周官禮義疏》二書重修[①]。孫詒讓

---

① 二書名據《隋書·經籍志》，"陳邵"《隋志》作"陳劭"。

《周禮正義略例十二凡》云："唐修經疏大都沿襲六朝舊本。賈疏原出沈氏，全書絶無援引沈義，而其移改之跡，尚可推案。如《載師》疏引《孝經援神契》一節，本《草人》注'黄白宜以種禾之屬'句釋義，賈移入《載師》而忘删其述注之文，是其證。至董氏謂賈兼據陳劭《周禮異同評》，則肊揣，不足據也。"考《地官·載師職》"以物地事、授地職，而待其政令"鄭注云"物，物色之，以知其所宜之事，而授農牧衡虞，使職之"，賈疏云：

> 云"物，物色之，以知其所宜之事"者，此言出於《孝經緯》。故《孝經緯·援神契》云："五岳藏神，四瀆含靈，五土出利，以給天下。黄白宜種禾，黑墳宜種麥，蒼赤宜種菽，汧泉宜種稻。"所宜處多，故鄭云"之屬"也。但《草人》所云"物地"者，據觀形色布種所宜，故二處皆云"物地"也。

按賈疏"此言出於《孝經緯》"實承《草人職》鄭注"黄白宜以種禾之屬"而言；孫氏所謂"忘删其述注之文"即指"之屬"，二字爲《草人職》注文，《載師職》注所無也。至孫氏又云"《隋書·經籍志》載沈重《周官禮義疏》四十卷，與賈本卷帙並同"，蓋據晁公武《郡齋讀書志》云"史稱著此書四十卷"爲説。實則賈公彦《周禮疏》分爲五十卷，晁氏之説或涉《舊唐書》賈氏本傳所言"《儀禮義疏》四十卷"而誤也。

鄭玄注、賈公彦疏是《周禮》學的雙璧，但直至北宋末年，二者尚單刊別行。本次點校所據底本（國家圖書館藏南宋兩浙東路茶鹽司刻《周禮注疏》，收入《中華再造善本》，北京圖書館出版社 2003 年版）爲最早的《周禮》正經注疏合刻本。臺灣故宫博物院亦藏有此本，嘗於 1977 年影印行世。書末附昌彼得《跋宋浙東茶鹽司本〈周禮注疏〉》一文，昌氏云（着重號爲引者所加）：

> 《周禮疏》五十卷，南宋初年浙東茶鹽司刊明初修補印本，每半葉八行，經文大字，行十五至十九字不等，注疏小字雙行，行以廿二字爲率，惟卷一或有作廿三至廿七字者。卷首序文則作中字，半葉十二行，行廿一字至廿四字。宋諱玄、……溝、慎、敦諸字偶缺末筆，蓋避諱未甚謹嚴。卷首頂格大題"周禮疏卷第一"，次行下署"唐朝散大夫行太學博士

弘文館學士臣賈公彥等撰”，次賈氏《正義》及《周禮廢興》二序。另葉正文前重標大題“周禮疏卷第一”，次行即爲篇題，而不重署衘名。蓋出唐本賈疏舊式，序文與正文相接也。第二卷以下則大題與衘名備列，每卷末隔行刻尾題，書中不著《釋文》。此本大題不著“注”字，惟卷一篇題後有“鄭氏注”三字，以下各卷則不重出。書中凡有釋經之疏文，則逕接經文下，次列注文，再接釋注之疏，疏文均冠以“釋曰云”（引者按：但云“釋曰”更爲妥當）三字。倘無釋經之疏，則以注接經，以疏按注，與出自十行注疏合刻本編次異。全書分卷五十，亦與後代通行本作四十二卷不同。蓋依單疏本之編次而補入經注之文爾。

此本前後無刻書序跋，不詳雕梓年月。按其刻工及行款與傳世浙東茶鹽司所刻《尚書》《禮記》諸經同。《禮記正義》後有紹熙壬子（1192）八月三山黃唐跋及校刊衘名，其跋文云：“六經義疏，自京、蜀、監本皆省正文及注，又篇章散亂，覽者病焉。本司舊刊《易》《書》《周禮》，正經注疏萃見一書，便於披繹，他經獨闕。紹熙辛亥仲冬，唐備員司庚，遂取《毛詩》《禮記》疏義，如前三經編彙，精加讎正，用鋟諸木，庶廣前人之所未備。乃若《春秋》一經，顧力未暇，姑以貽同志云。”則此本亦浙東茶鹽司所刊，爲羣經注疏合刻最早之本，亦即《九經三傳沿革例》所云“越中舊本注疏”也。

此帙遞經修補，而印行於明代初葉。原版之付雕，最早不逾紹興（1131—1162）末年也。

自李唐以來，羣經注疏，本各自單行。注疏之合刻，蓋自浙東茶鹽司始。而越刻注疏（引者按：浙東茶鹽司公署在越州，即今浙江紹興），實以此書爲朔首。據黃唐跋文，《易》《書》《周禮》三經雖同初刊於庚司，而《周禮》編輯之體例乃與《易》《書》二經小異。《易》《書》體例以注接經，以疏按注，每節之下以一陰文大“疏”字爲識，先標經之起止，以釋經之疏繫之，此下再標注之起止，以釋注之疏繫之。此經編輯之體例，釋經之疏，逕接經文，故轉列注文之前，而下以一大“注”字別之，再釋注文。倘無釋經之疏，其注逕接經文者，則冠以小“注”字別之（案：卷五十第十三葉經"今夫荄解中有變焉,故校"句下,獨以注接經,釋經之疏列注文下,以圓圈隔開,不標經文起止。再引注某某至某某,最後列釋注之疏,與全書編輯體例異,而與八行本他經略近。察此葉爲宋末或元初補刊之版,版心上方除記大小字數外,並刻有"寫本"二字,殆補版時未能覓獲原書,乃依當時通行之本仿寫補入,故體例與全書獨異也)。按六朝以來撰羣經義疏者,本連經注全文,未有省略。唐代士人以經注既已單行,傳録正義者遂仿釋氏論疏,於正義原本所載經文注文,以意省略,但標起止。故存世各古本,省略並無定例。宋刻單疏,亦沿其式,即黄唐跋所謂"六經義疏,自京、蜀、監本,皆省正文及注"也。浙東茶鹽司萃刻《周禮注疏》,即依通行之單疏本而補入經注全文,而視單疏本之標明經注起止爲贅疣,乃删略不刻,蓋欲以規復賈疏原貌,故卷數一依賈疏,且大題不著"注"字。及刻《易》、《書》二經正義,或不欲變動通行單疏之原式,乃改以注接經,以疏按注,仍存經注文之起止,其式遂爲後來刻《禮記》、《左傳》正義及《論》、《孟》注疏所襲,日本河右司正氏謂"《周禮疏》萃刻最早",殆即依此推測,所言是也。宋元間閩建所刻十行本羣經注疏又沿八行本《論》、《孟》之例,所不同者,但增附《釋文》耳,此後遂成注疏本之定式。

按昌彼得氏所論皆極精審,其言八行本《周禮注疏》"蓋依單疏本之編次而補入經注之文",尤稱卓識。故此本雖注疏合刻,大題仍標"周禮疏卷第幾",而"注疏"不連言也。又此本既"出唐本賈疏舊式,序文與正文相接",則所謂"賈氏《正義》及《周禮廢興》二序"當在卷一之内,"另葉正文前重標大題'周禮疏卷第一'"者非是,大題"周禮疏卷第一"不當重見。賈氏《儀禮疏序》亦列於卷一之内,是其比。至於昌氏云"注疏之合刻,實以此書爲剙首",歷來學者多無異議,唯李霖《南宋越刊〈易〉、〈書〉、〈周禮〉八行本小考》(《中國典籍與文化》2012年第1期)以爲"並無實據",可以參看。

八行本《周禮注疏》版刻頗精,遠出阮元所據建刻十行本之上,書中雖不乏亥豕魚魯之誤,大多出於後世補刻之葉。昌彼得嘗舉八行本優於阮元刻本之例二十餘條,兹稍作補充。

例一，《春官·小宗伯職》云："既葬，詔相喪祭之禮。"鄭注云："喪祭，虞、祔也。《檀弓》曰：'葬日虞，弗忍一日離也，是日也，以虞易奠。卒哭曰成事，是日也，以吉祭易喪祭。明日，祔于祖父。'"賈疏云："此喪中自相對，虞爲喪祭，卒哭即爲吉祭，以其卒去無時哭，哀殺，故爲吉祭。而鄭云'喪祭，虞、祔'，并祔祭亦爲喪祭者，此鄭欲引《檀弓》并祔祭揔釋，故喪中之祭揔爲喪祭而言。其實卒哭既爲吉祭，祔祭在卒哭後，是吉祭可知也。"賈疏"以其卒去"四字阮本作"以卒去"，阮元《周禮注疏校勘記》云："惠校本'卒'作'其'，此誤。閩、監、毛本改爲'以卒哭'，更誤。"

按"以其"爲賈疏習語，故阮校謂當從惠校本作"以其去無時哭"，"其"作"卒"非是。實則"其"、"卒"二字皆不可省，賈疏以"卒去無時哭"釋"卒哭"，《儀禮·喪服》"朝一哭、夕一哭而已"賈疏云"此當《士虞禮》卒哭之後。彼云'卒哭'者，謂卒去廬中無時之哭，唯有朝夕於阼階下有時之哭"，亦其例。

又阮校所揭惠校本依據何焯校本，何氏云："康熙丙戌，見内府宋板元修注疏本，粗校一過。"昌彼得《跋宋浙東茶鹽司本〈周禮注疏〉》謂何氏所見内府本殆即此八行本《周禮注疏》，故惠氏校語多與八行本合。然則惠校蓋於"卒"上補一"其"字也。

例二，《天官·司會職》云："以九貢之灋致邦國之財用。"賈疏云："'九貢'即是《大宰》'九貢'，其所貢之物出於諸侯邦國。言'之法'者，謂諸侯於其民什一取之，既取得民物，大國貢半，次國三之一，小國四之一。所貢之物皆市取土毛貢於天子，則《禹貢》所云'厥篚'、'厥貢'是也，故云'致邦國之財用'。"賈疏"言之法者"四字阮本作"言之財用"，阮校云："閩、監、毛本'財用'改'灋者'，非，下文'故云致邦國之財用'，承此言之。"

按賈疏"之法"復舉經文（《周禮》經文例用古字"灋"，鄭注、賈疏則易以今字"法"），其法即"謂諸侯於其民什一取之"以下是也。"以九貢之灋致邦國之財用"下句"以九賦之灋令田野之財用"疏云"此'九賦'即《大宰》所云'九賦斂財賄'是也。言'法'者，謂口率出錢多少有其定法"，又下句"以九功之灋令民職之財用"疏云"'九功'即是《大宰》'九職'之功所税。言'之法’者,亦是税法什一爲常”,文例正同,後一條云“亦”,即承此“諸侯於其民什一取之”而言。明刻注疏本皆與八行本相合,唯據經文改“法”字爲“濾”則欠妥,而阮校以不誤爲誤也。

例三,《秋官·小行人職》云:“合六幣:圭以馬,璋以皮,璧以帛,琮以錦,琥以繡,璜以黼。此六物者,以和諸侯之好故。”鄭注云:“六幣,所以享也。五等諸侯享天子用璧,享后用琮,其大各如其瑞。用圭璋者,二王之後也。二王後尊,故享用圭璋而特之。《禮器》曰‘圭璋特’,義亦通於此。其於諸侯亦用璧琮耳。”賈疏云:“‘其於諸侯亦用璧琮’,知者,見《玉人職》云‘璟琮八寸,諸侯以享夫人’,明享君用璧亦八寸,是下享天子一寸。”賈疏“璧亦”二字阮本作“璧琮”,阮校云:“閩、監、毛本‘琮’誤‘亦’。”

按《冬官·玉人職》“璧琮九寸,諸侯以享天子”,鄭注據《儀禮·聘禮》云“享君以璧,享夫人以琮”,而此《小行人職》注亦云“五等諸侯享天子用璧,享后用琮,其大各如其瑞”,璧、琮所享不同。《玉人職》又云“璟琮八寸,諸侯以享夫人”,此外不見享所朝聘諸侯本人之文,故賈疏云“此經直言‘璟琮’,不言璟璧以享君,文略可知也”,其“璟璧以享君”之“享君”與此《小行人職》疏“享君”同,皆單指所朝聘諸侯之身。此疏“明享君用璧亦八寸”由“璟琮八寸以享夫人”推次而得,不得兼夫人而雙言“璧琮”,“琮”字非也。

例四,《天官·大宰職》云:“祀大神示亦如之。”鄭注云:“大神祇(引者按:“示”、“祇”亦經用古字、注用今字之例),謂天地。”賈疏云:“此‘天’,謂大天,對五帝爲小天;此‘地’,謂大地,對神州之神爲小地。”賈疏“神州之神”四字阮本作“神州之地”,加藤虎之亮《周禮經注疏音義校勘記》云:“諸本‘地’誤‘神’。”

按《春官·大司樂職》“乃奏大蔟,歌應鍾,舞《咸池》,以祭地示”鄭注云:“地祇,所祭於北郊,謂神州之神及社稷。”其下文“凡樂,夏日至,於澤中之方丘奏之,若樂八變,則地示皆出,可得而禮矣”注云:“地祇則主崑崙。”前者賈疏云:“云‘地祇,所祭於北郊,謂神州之神’者,以其下文‘若樂八變’者是崑崙大地,即知此‘地祇’非大地也,是神州之神可知。案《河圖括地象》云‘崑崙東南萬五千里曰神州’,是知神州之神也。”亦“神州之神”與“大地”

相對，其“神州之神”本諸鄭注①，加藤之説非也。諸本皆作“神州之神”，“地”字蓋阮元所臆改，然不出校勘記，殊欠妥當。

上舉數條，皆可證八行本《周禮注疏》之可貴。其中“例二”、“例三”兩條，阮校之失，皆緣於想當然認爲所據南宋建刻十行本《附釋音周禮注疏》優於明刻注疏本。阮氏儻見八行本，固不當以不誤爲誤。

當然，八行本《周禮注疏》亦非全無錯處。如下述兩條，皆僅有釋經之疏，賈氏不釋鄭注：

《夏官·巫馬職》云：“巫馬掌養疾馬而乘治之，相醫而藥攻馬疾，受財于校人。”鄭注云：“乘，謂驅步以發其疾，知所疾處乃治之。相，助也。”賈疏云：“巫知馬祟，醫知馬疾，疾則以藥治之，祟則辨而祈之，二者相須，故巫助醫也。云‘受財’者，謂共祈具及藥直。”

《秋官·野盧氏職》云：“凡有節者及有爵者至，則爲之辟。”鄭注云：“辟，辟行人。亦使守涂地者。”賈疏云：“云‘凡有節者’，謂若諸侯之使，則有山國用虎節之等；若民自往來，則有道路用旌節之等。‘及有爵’已上，皆爲之辟止行人，使無侵犯者也。”

據八行本體例，鄭注當徑接經文之後，次接賈疏。而底本轉列賈疏於鄭注之前，與全書體例不合。另外，《巫馬職》疏二“祟”字底本誤作“崇”、又脱一“疾”字，皆當據阮本校正。

又如下述三條，八行本皆誤脱鄭注：

《天官·序官》“典婦功”注云：“典，主也。典婦功者，主婦人絲枲功官之長。”

《天官·大宰職》“及執事，眡滌濯”注云：“執事，初爲祭事前祭日之夕。滌濯，謂溉祭器及甑甗之屬。”

《天官·獸人職》“凡獸入于腊人”注云：“當乾之。”

至於昌彼得《跋宋浙東茶鹽司本〈周禮注疏〉》所揭“傳本疏文反較八行

---

① 《春官·典瑞職》“兩圭有邸，以祀地、旅四望”注亦云“祀地，謂所祀於北郊神州之神”。

本多出者三處”，八行本蓋亦脱訛：

> 阮本卷二七《春官·巾車職》（昌文誤“巾車”爲“御史”）“凡良車、散車不在等者，其用無常”賈疏云：“云‘凡’者，以其衆多故也。此‘良車、散車’二者皆不在於‘服車五乘’之等列，作之有精麤，故有良、散之名。”

> 阮本卷三〇《夏官·射人職》“王射，則令去侯，立于後，以矢行告，卒，令取矢”賈疏云：“此文承賓射、大射之下，則‘王射’射人皆‘令去侯，立於後，以矢行告，卒，令取矢’。”

> 阮本卷三二《夏官·繕人職》“凡乘車，充其籠箙，載其弓弩”賈疏云：“繕人惟主王所乘之車，而言‘凡乘車’，則除革路之外，玉、金、象、木之車車皆有右備制非常，皆‘充其籠箙’及所載弓矢。”

按昌彼得云：“考此三處傳本溢出之疏文，多未解釋經義，或與釋注之疏意義重疊，或有誤釋，與全書不合，顯屬後人妄增，非賈疏之原文。”此不免“佞宋”之病。而八行本亦有一處賈疏溢出傳本，則恐傳本脱訛：

> 《夏官·司甲職》鄭注時已闕，賈疏云：“此亦與《冬官》同時闕。”

另外，底本缺佚卷一七第三十頁（倒數第二頁），臺灣故宮博物院影印本亦係抄配補足，實爲憾事。

本書參校本主要有以下三種：

《周禮注》十二卷，宋婺州市門巷唐宅刻本（《中華再造善本》，北京圖書館出版社2003年版），簡稱“婺本”。

《周禮注》十二卷附《周禮釋音》一卷，金刻本（《中華再造善本》，北京圖書館出版社2005年版），簡稱“金本”。

《附釋音周禮注疏》四十二卷，清嘉慶二十年（1815）江西南昌府學重刊宋本，簡稱“阮本”。

上述婺本未附陸德明《周禮釋文》，金本所附《周禮釋音》係陸氏《釋文》之摘録，亦未與經注混編。《刊正九經三傳沿革例》云：“唐石本、晉銅版本、舊新監本、蜀諸本與他善本，止刊古注，若音釋則自爲一書。”則婺本、金本所據，當皆宋初以前之善本。其中婺本與八行本所據經注本關係密切，兹略舉四證：

例一，八行本《春官·小胥職》"正樂縣之位，王宮縣，諸侯軒縣，卿、大夫判縣，士特縣，辨其聲"鄭司農注云："軒縣三面，其形曲，故《春秋傳》曰'請曲縣、繁纓以朝'，諸侯之禮也，故曰'唯器與名不可以假人'。"先鄭注"諸侯之禮也"五字婺本同，金本、阮本無"之"。

例二，八行本《冬官·韗人職》"鼓長八尺，鼓四尺，中圍加三之一，謂之鼖鼓"鄭玄注云："今亦合二十四版，則版穿六寸三分寸之二耳。"鄭注"二十四"三字婺本同，"四"字實爲衍文，金本、阮本皆無。

例三，八行本《地官·小司徒職》"乃經土地而井牧其田野：九夫爲井，四井爲邑，四邑爲丘，四丘爲甸，四甸爲縣，四縣爲都，以任地事而令貢賦，凡稅斂之事"鄭玄注云："九夫爲井者，方一里，九夫所治之田也。四井爲邑，方二百里。四邑爲丘，方四里。"鄭注"百"字誤衍，金本、阮本皆無。婺本"二"下剜空一格，蓋原亦衍"百"字。

例四，八行本《秋官·司儀職》"出，及中門之外，問君，客再拜對，君拜，客辟而對；君問大夫，客對；君勞客，客再拜稽首，君荅拜，客趨辟"鄭玄注云："問君曰'君不恙乎'，對曰'使臣之來，寡君命臣于庭'。問大夫曰'二三子不恙乎'，對曰'寡君命使臣于庭，二三子皆在'。勞客曰'道路悠遠，客甚勞'，勞介則曰'二三子甚勞'。"鄭注"問大夫"三字金本、阮本同，合於上下文例。婺本脫"問"字；八行本"問大夫"三字僅佔兩格，"問"字蓋補版增入。

本書采用前賢研究成果主要包括：

浦鏜《周禮注疏正誤》，即《十三經注疏正字》之《周禮》部分，舊題沈廷芳撰（《景印文淵閣四庫全書》第192冊，台灣商務印書館1986年版），簡稱"浦鏜"。

段玉裁《周禮漢讀考》（《經韵樓集》附錄，《段玉裁全集》之二，鳳凰出版社2010年版），簡稱"段考"。

王引之《經義述聞·周官》（高郵王氏四種之三，江蘇古籍出版社2000年版），簡稱"王引之"。按：王引之或稱引其父王念孫之説，兹不作區分。

阮元《周禮注疏校勘記》（《清經解》第5冊，上海書店1988年版），簡稱

"阮校"。按:阮校摘録收入阮刻本《十三經注疏》時略有增補修訂。

孫詒讓《十三經注疏校記·周禮注疏校記》(《孫詒讓全集》本,雪克輯校,中華書局 2009 年版),簡稱"孫校"。

孫詒讓《周禮正義》(王文錦、陳玉霞點校,中華書局 1987 年版),簡稱"孫疏"。

加藤虎之亮《周禮經注疏音義校勘記》(東京無窮會 1957、1958 年版),簡稱"加藤"。

本次點校,由於鄭注、賈疏采用相同字體字號,爲求醒目,每節賈疏之前皆加○號爲標識。至於底本原有的冠於鄭注之前的"注"字,則改爲陰文。

目　録

周禮疏卷第一

唐朝散大夫行大學博士弘文館學士臣賈公彥等撰①

夫天育蒸民，無主則亂。立君治亂，事資賢輔。但天皇、地皇之日，無事安民，降自燧皇，方有臣矣。是以《易通卦驗》云：“天地成立②，君臣道生，君有五期，輔有三名。”注云：“三名，公、卿、大夫。”又云：“燧皇始出，握機矩，表計實，其刻曰：蒼牙通靈，昌之成，孔演命，明道經。”注云：“拒燧皇③，謂人皇，在伏羲前，風姓，始王天下者。”《斗機》云④：“所謂人皇九頭，兄弟九人，別長九州者也。”是政教君臣起自人皇之世。至伏羲因之，故《文耀鉤》云：“伏羲作《易》名官者也。”又案《論語撰考》云：“黃帝受地形、象天文以制官。”伏羲已前，雖有三名，未必具立官位。至黃帝，名位乃具。是以《春秋緯•命曆序》云：“有九頭紀時，有臣無官，位尊卑之別⑤。”燧皇、伏羲既有官，則其間九皇六十四民有官明矣，但無文字以知其官號也。案《左傳》昭十七年云：“秋，郯子來朝，公與之宴。昭子問焉，曰：‘少暭氏鳥名官，何故也？’”杜氏注云：“少暭，金天氏，黃帝之子，己姓之祖也。”“郯子曰：‘吾祖也，我知之。昔者黃帝氏以雲紀，故爲雲師而雲名。’”注云：“黃帝，軒轅氏，姬姓之祖也。黃帝受命有雲瑞，故以雲紀事，百官師長皆以雲爲名號，縉雲氏蓋其一官也。”“炎帝氏以火紀，故爲火師而火名。”注云：“炎帝，神農氏，姜姓之祖也。亦有火瑞，以火紀事，名百官也。”“共工氏以水紀，故爲水師而水名。”注云：“共工，以諸侯霸有九州者，在神農前，大暭後。亦受水瑞，以水名官也。”“大暭氏以龍紀，故爲龍師而龍名。”注云：“大暭，伏羲氏，風姓之祖也。有龍瑞，故以龍命官也。”“我高祖少暭摯之立也，鳳鳥適至，故紀於鳥，爲鳥師而鳥名。”又云“鳳鳥氏，歷正”之類，又以五鳥、五

---

① “大學”二字原作“太學”，阮本同。按卷第下列名銜底本“大學”、“太學”錯見，作“太學”者皆經補版，茲盡改從“大學”。“大”、“太”古今字。

② “立”字阮本作“位”，《春官•小宗伯職》先鄭注云：“古者立、位同字。”

③ 浦鏜云：“‘拒’當衍字。”

④ 浦鏜云：“‘斗機’疑‘運斗樞’之誤。”

⑤ “位”字阮本同，加藤云：“《路史》作‘但立’。”

鳩、九扈、五雉並爲官長，亦皆有屬官，但無文以言之。若然，則自上以來所云官者，皆是官長，故皆云"師"以目之。又云："自顓頊以來，不能紀遠，乃紀於近。"是以少皥以前，天下之號象其德，百官之號象其徵；顓頊以來，天下之號因其地，百官之號因其事，事即司徒、司馬之類是也。若然，前少皥氏言祝鳩氏爲司徒者，本名祝鳩，言司徒者，以後代官況之。自少皥以上，官數略如上説。顓頊及堯，官數雖無明説，可略而言之矣。案昭二十九年："魏獻子曰：'社稷五祀，誰氏之五官？'蔡墨對曰：'少皥氏有四叔，曰重、曰該、曰脩、曰熙，實能金、木及水。使重爲句芒，該爲蓐收，脩及熙爲玄冥，世不失職，遂濟窮桑，此其三祀也。'"注云："窮桑，帝少皥之號也。""顓頊氏有子曰犁，爲祝融，共工氏有子曰句龍，爲后土，此其二祀也。后土爲社；稷，田正也。有烈山氏之子曰柱，爲稷，自夏以上祀之；周棄亦爲稷，自商以來祀之。"故《外傳》犁爲高辛氏之火正。此皆顓頊時之官也。案《鄭語》云："重、犁爲高辛氏火正。"[1]故《堯典》注云："高辛氏之世，命重爲南正，司天；犁爲火正，司地。"以高辛與顓頊相繼無隔，故重、犁事顓頊又事高辛，若稷、契與禹事堯又事舜。是以昭十七年服注"顓頊"之下云："春官爲木正，夏官爲火正，秋官爲金正，冬官爲水正，中官爲土正。高辛氏因之，故《傳》云'遂濟窮桑'。窮桑，顓頊所居。"是度顓頊至高辛也。若然，高辛時之官唯有重、犁及春之木正之等，不見更有餘官也。至於堯、舜，官號稍改。《楚語》云："堯復育重、犁之後。"重、犁之後，即羲、和也。是以《堯典》云："乃命羲、和。"注云："高辛之世，命重爲南正，司天；犁爲火正，司地。堯育重、犁之後羲氏、和氏之子賢者，使掌舊職天地之官。亦紀於近，命以民事，其時官名蓋曰稷、司徒。"是天官稷也，地官司徒也。又云"分命羲仲"、"申命羲叔"、"分命和仲"、"申命和叔"，使分主四方。注："仲、叔，亦羲、和之子。堯既分陰陽四時，又命四子爲之官。掌四時者字曰仲、叔，則掌天地者其曰伯乎？"是有六官。案下"驩兜曰'共工'"，注："共工，水官也。"至下舜求百揆，禹讓稷、契暨咎繇，"帝曰：'棄，黎民阻饑，汝后稷播時百穀。'"注："稷，棄也。初，堯天官爲稷。"又云："帝曰：'契，百姓不親，汝作司徒。'"又云："帝曰：'咎繇，汝作士。'"此三官是堯時事。舜因禹讓，述其前功，下文云舜命伯夷爲秩宗，舜時官也。以先後參之，唯無夏官之名。以餘官約之，《夏傳》云"司馬在前"，又後代況之，則羲叔爲夏官，是司馬也。故"分命仲、叔"注云："官名，蓋春爲秩宗，夏爲司馬，秋爲士，冬爲共工，通稷與司徒，是六官之名見也。"鄭玄分陰陽爲四時者，非謂時無四時官，始分陰陽爲四時，但分高辛時重、黎之天地官，使兼主四時耳。而云

---

① 阮校云："案《鄭語》云'夫黎爲高辛氏火正'。"

“仲”、“叔”，故云“掌天地者其曰伯乎”。若然，《堯典》云“伯禹作司空”，四時官不數之者，鄭云：“初，堯冬官爲共工。舜舉禹治水^①，堯知其有聖德，必成功，故改命司空，以官名寵異之，非常官也。至禹登百揆之任，捨司空之職爲共工與虞，故曰‘垂作共工，益作朕虞’是也。”案《堯典》又云：“帝曰：‘疇咨若時登庸？’”鄭注云：“堯末時，羲、和之子皆死，庶績多闕而官廢。當此之時，驩兜、共工更相薦舉。”下又云：“帝曰：‘四岳，湯湯洪水，有能俾乂？’”鄭云：“四岳，四時之官，主四岳之事。始羲、和之時，主四岳者謂之四伯。至其死，分岳事，置八伯，皆王官。其八伯唯驩兜、共工、放齊、鯀四人而已，其餘四人無文可知。”案《周官》云：“唐、虞稽古，建官惟百，内有百揆、四岳。”則四岳之外更有百揆之官者，但堯初天官爲稷，至堯試舜天官之任，謂之百揆，舜即真之後，命禹爲之，即天官也。案《尚書傳》云：“惟元祀，巡狩四岳、八伯。”注云：“舜格文祖之年，堯始以羲、和爲六卿，春夏秋冬者并掌方岳之事，是爲四岳，出則爲伯。其後稍死，驩兜、共工求代，乃置八伯。”元祀者，除堯喪、舜即真之年。九州言八伯者，據畿外八州，鄭云：“畿内不置伯，鄉遂之吏主之。”案《明堂位》云：“有虞氏官五十，夏后氏官百，殷二百，周三百。”鄭注云：“有虞氏官蓋六十，夏百二十，殷二百四十，周三百六十，不得如此記也。”《昏義》云：“三公、九卿、二十七大夫、八十一元士。”鄭云：“蓋夏制。”依此差限，故不從記文。但虞官六十，唐則未聞。堯、舜道同，或皆六十，并屬官言之則皆有百，故成王《周官》云“唐、虞建官惟百”也。若然，自高陽已前，官名略言於上。至於帝嚳，官號略依高陽，不可具悉。其唐、虞之官，惟四岳、百揆與六卿，又《堯典》有典樂、納言之職，至於餘官，未聞其號。夏官百有二十，公、卿、大夫、元士具列其數。殷官二百四十，雖未具顯，案《下曲禮》云“六大”、“五官”、“六府”、“六工”之等，鄭皆云“殷法”，至於屬官之號，亦莫云焉。案《昏義》云“三公、九卿”者，六卿并三孤而言九，其三公又下兼六卿，故《書傳》云“司徒公，司馬公，司空公”，各兼二卿^②。案《顧命》，大保領冢宰，畢公領司馬，毛公領司空，別有芮伯爲司徒，彤伯爲宗伯，衛侯爲司寇。則周時三公各兼一卿之職，與古異矣。但周監二代，郁郁乎文，所以象天立官，而官益備。此即官號沿革，粗而言也。

---

① “舉”字原脱，據阮本補。

② 《通典》卷二〇《職官二·三公總敘》杜佑自注引《周禮正義》作“故《傳》云‘司徒公，司馬公，司空公’，公各兼二卿”，此疑脱一“公”字。

序周禮廢興

周公制禮之日，禮教興行；後至幽王，禮儀紛亂。故孔子云：諸侯專行征伐，"十世希不失。"鄭注云："亦謂幽王之後也。"故晉侯、趙簡子見儀，皆謂之禮，孟僖子又不識其儀也。至於孔子，更修而定之。時已不具，故《儀禮》注云："後世衰微，幽、厲尤甚，禮樂之書，稍稍廢棄。孔子曰：'吾自衛反於魯，然後樂正，《雅》、《頌》各得其所。'謂當時在者而復重雜亂者也，惡能存其亡者乎？"至孔子卒後，復更散亂。故《藝文志》云："昔仲尼没，微言絕，七十二弟子喪，而大義乖。諸子之書，紛然散亂。至秦患之，乃燔滅文章，以愚黔首。"又云："禮經三百，威儀三千。及周之衰，諸侯將踰法度，惡其周亡[1]，滅去其籍，自孔子時而不具，至秦大壞。漢興，高堂生博士傳十七篇。孝宣世，后倉最明《禮》，戴德、戴聖、慶普皆其弟子，三家立于學官。案《儒林傳》："漢興，高堂生傳《禮》十七篇，而魯徐生善爲容。孝文時，徐生以容爲禮官大夫，而瑕丘蕭奮以《禮》至淮陽太守。孟卿，東海人也，事蕭奮，以授后倉。后倉説《禮》數萬言，號曰《后氏曲臺記》，授戴德、戴聖。"鄭云"五傳弟子"，則高堂生，蕭奮，孟卿，后倉，戴德、戴聖，是爲五也。此所傳者，謂十七篇，即《儀禮》也。《周官》孝武之時始出，秘而不傳。《周禮》後出者，以其始皇特惡之故也。是以馬融《傳》云："秦自孝公已下，用商君之法，其政酷烈，與《周官》相反。故始皇禁挾書，特疾惡，欲絕滅之，搜求焚燒之獨悉，是以隱藏百年。孝武帝始除挾書之律，開獻書之路，既出於山巖屋壁，復入于秘府，五家之儒莫得見焉。至孝成皇帝，達才通人劉向子歆，校理祕書，始得列序，著于《錄》、《略》。然亡其《冬官》一篇，以《考工記》足之。時衆儒並出共排，以爲非是。唯歆獨識，其年尚幼，務在廣覽博觀，又多鋭精于《春秋》，末年乃知其周公致大平之迹，迹具在斯。奈遭天下倉卒，兵革並起，疾疫喪荒，弟子死喪。徒有里人河南緱氏杜子春尚在，永平之初，年且九十，家于南山，能通其讀，頗識其説，鄭衆、賈逵往受業焉。衆、逵洪雅博聞，又以經書記轉相證明爲解[2]，逵解行於世[3]，衆解不行。兼攬二家爲備，多所遺闕。然衆時所解説近得其實，獨以《書序》言'成王既黜殷[4]，還歸在豐，作《周官》'則此《周官》也，失之矣。逵以六鄉大

---

① 孫校云："'周亡'《志》作'害己'。"

② 阮校云："'轉'當作'傳'。"

③ "逵解"二字原脱，據阮本補。

④ "殷"字阮本作"殷命"。按下文引《書序》底本亦作"殷命"，《天官·冢宰職》賈疏引同，此蓋脱訛。

夫則冢宰以下，及六遂爲十五萬家緄千里之地，甚謬焉。此比多多，吾甚閔之久矣。"六鄉之人實居四同地，故云"緄千里之地"者誤矣。又六鄉大夫冢宰以下，所非者不著。又云"多多"者，如此解不著者多。又云："至六十，爲武都守。郡小少事，乃述平生之志，著《易》、《尚書》、《詩》、《禮》傳，皆訖。惟念前業未畢者唯《周官》，年六十有六，目瞑意倦，自力補之，謂之《周官傳》也。"案《藝文志》云："成帝時，以書頗散亡，使謁者陳農求遺書于天下。詔光禄大夫劉向校書，經傳、諸子、詩賦。向輒條其篇目，撮其指意，録而奏之。會向卒，哀帝復使向子歆卒父業。歆於是總群書，奏其《七略》，故有《六藝》，《七略》之屬①。"歆之録在於哀帝之時，不審馬融何云"至孝成皇帝，命劉向子歆，考理祕書，始得列序，著於《録》、《略》"者。成帝之時蓋劉向父子並被帝命，至向卒，哀帝命歆卒父所脩者，故令文乖②，理則是也。故鄭玄《序》云："世祖以來，通人達士大中大夫鄭少贛名興及子大司農仲師名衆、故議郎衛次仲、侍中賈君景伯、南郡太守馬季長，皆作《周禮解詁》。"又云："玄竊觀二三君子之文章，顧省竹帛之浮辭，其所變易，灼然如晦之見明，其所彌縫，奄然如合符復析，斯可謂雅達廣攬者也。然猶有參錯，同事相違，則就其原文字之聲類，考訓詁，捃祕逸。謂二鄭者同宗之大儒，明理于典籍，牴識皇祖大經《周官》之義，存古字，發疑正讀，亦信多善；徒寡且約，用不顯傳于世。今讚而辨之，庶成此家世所訓也。其名《周禮》爲《尚書·周官》者，周天子之官也，《書序》曰'成王既黜殷命，滅淮夷，還歸在豐，作《周官》'，是言蓋失之矣。"案《尚書·盤庚》、《康誥》、《説命》、《泰誓》之屬三篇③，序皆云"某作若干篇"，今多者不過三千言。又《書》之所作，據時事爲辭，君臣相誥命之語。作《周官》之時，周公又作《立政》，上下之別，正有一篇。《周禮》乃六篇，文異數萬，終始辭句，非《書》之類，難以屬之。時有若茲，焉得從諸？又云："斯道也，文武所以綱紀周國，君臨天下，周公定之，致隆平龍鳳之瑞。"然則《周禮》起於成

---

① 《漢書·藝文志》作"歆於是總群書而奏其《七略》，故有《輯略》，有《六藝略》，有《諸子略》，有《詩賦略》，有《兵書略》，有《術數略》，有《方技略》"，此蓋當作"故有《六藝略》之屬"，涉上文而誤衍一"七"字。

② "令"字阮本作"今"。

③ 加藤引臧庸《拜經日記》説云："按《書序》云'作《盤庚》三篇'、'作《説命》三篇'、'作《泰誓》三篇'，此並一書而分爲上中下，故引此三者爲證。若《康誥》，雖與《酒誥》、《梓材》同序，然文本三篇，非《盤庚》、《説命》之比也。'康誥'二字或讀者記其旁，後誤入，故不得其次，在《説命》、《泰誓》之上。"

帝劉歆，而成于鄭玄①，附離之者太半。故林孝存以爲武帝知《周官》末世瀆亂不驗之書，故作《十論》、《七難》以排棄之，何休亦以爲六國陰謀之書，唯有鄭玄徧覽群經，知《周禮》者乃周公致太平之迹，故能荅林碩之《論》、《難》，使《周禮》義得條通。故《鄭氏傳》曰"玄以爲括囊大典，網羅衆家"②，是以《周禮》大行，後王之法。《易》曰："神而化之，存乎其人。"此之謂也。

天官冢宰第一③

天官冢宰，《鄭目録》云："象天所立之官。冢，大也。宰者，官也。天者統理萬物，天子立冢宰，使掌邦治，亦所以摠御衆官，使不失職。不言司者，大宰摠御衆官，不主一官之事也。"〇釋曰：鄭云"象天"者，周天有三百六十餘度，天官亦摠攝三百六十官，故云象天也。云"官"者，亦是管攝爲號，故題曰"天官"也。鄭又云"冢，大。宰，官也"者，下注對"大宰"，則云"冢者，大之上④"；此不對"大宰"，故云"冢，大"也。宰者，調和膳羞之名，此冢宰亦能調和衆官，故號大宰之官。鄭又云"不言司者，大宰摠御衆官，不主一官之事"者，此官不言司，對司徒、司馬、司寇、司空皆云司，以其各主一官，不兼群職，故言司；此天官則兼攝群職，故不言司也。若然，則春官亦不言司者，以其祭祀鬼神，鬼神非人所主，故亦不言司也。其地官，鄭云"象地所立之官"，彼言象地，實主地事；此天官言天，直取摠攝爲言，全無天事，天事並入於春官者，言象天，自取摠攝爲名，象地，自取掌物爲號，各取一邊爲義，理無嫌也。"第一"者，第，次也；一者，數之始也。次第之中處一，故爲第一也。

鄭氏注〇釋曰⑤："鄭氏"者，漢大司農卿，北海郡鄭沖之孫⑥，名玄，字康成。"注"者，於經之下自注己意，使經義可申，故云注也。孔君、王肅之等則言"傳"。傳者，使可傳述。若然，或云注、或云傳不同者，立意有異，無義例也。

---

① "玄"字原作"方"，據阮本改。

② 加藤引臧庸説云："此引范氏《後漢書》鄭君傳贊耳，當云'故《鄭玄傳》以爲'，文有衍誤。"按：似當作"故《鄭氏傳》以爲'玄括囊大典，網羅衆家'"。

③ "天官冢宰第一"前一行原題"周禮疏卷第一"，與上文重複，兹徑删。阮本因將"夫天育蒸民"云云標爲《周禮正義序》，以此爲卷一之始固無不可。

④ "大"字原作"天"，據阮本改。

⑤ "釋曰"二字原無，據全書體例擬補。阮本此節賈疏併上"天官冢宰第一"疏爲一節，故亦無此二字。

⑥ 阮校云："《後漢書》本傳'八世祖崇'，此誤記。"

惟王建國，〇釋曰：自此以下至“以爲民極”五句，六官之首同此序者，以其建國設官爲民不異故也。王者臨統無邊，故首稱“惟王”，明事皆統之於王。王既位矣，當擇吉土以建國爲先，故次言“建國”。於中辯四方，正宮廟之位，復“體國經野”，自近及遠也。於是“設官分職”，助理天工，衆人取中，以爲治體。列文先後次第應然，其實建國之初豈未設官分職也？直以作序之意主在“設官分職爲民極”耳，故終言之。“惟王建國”者，言惟，謂若《尚書》云“惟三月”之類，皆辭，不爲義。建，立也。惟受命之王，乃可立國城於地之中。必居地中者，案《尚書·康誥》云：“惟三月哉生魄，周公初基，作新大邑于東國洛。”鄭注云：“岐、鎬之域處五岳之外，周公於政不均①，故東行於洛邑，令諸侯②，謀作天子之居。”據鄭此言，則文武所居爲非地中，政教不均，故居地中也。案桓二年《左氏傳》云：“昔武王克商③，遷九鼎於洛邑。”則居洛本是武王之意。至成王、周公時，恐天下爲疑，更與諸侯謀定之也。若然，五帝以降，堯治平陽，舜治安邑，唯湯居亳得地中，以外皆不得地中，而政令均、天下治者，其時雖不得地中，並在五嶽之内，又以民淳易治，故不要在地中；以周則不在五岳之内，故鄭云岐、鎬處五岳之外也。注建，立也。周公居攝而作六典之職，謂之《周禮》。營邑於土中，七年致政成王，以此禮授之，使居雒邑治天下。《司徒職》曰：“日至之景尺有五寸，謂之地中，天地之所合也，四時之所交也，風雨之所會也，陰陽之所和也，然則百物阜安，乃建王國焉。”〇釋曰：云“周公居攝而作六典之職，謂之《周禮》”者，案《禮記·明堂位》云：周公攝政六年，“制禮作樂，頒度量於天下”。又案《書傳》亦云：“六年制禮作樂。”所制之禮則此《周禮》也。又云而作六典者，下文“大宰之職，掌建邦之六典”，天官治典、地官教典、春官禮典、夏官政典、秋官刑典、冬官事典，是六典之職也。又云“營邑於土中”者，即《召誥》云“王來紹上帝，自服於土中”是也。又云“七年致政成王”者，《明堂位》文。必七年者，《洛誥》云：“誕保文武受命，惟七年。”鄭注以文武受命七年而崩，周公不敢過其數也。又云“以此禮授之，使居洛邑治天下”者，此鄭解周公制禮必兼言建國於洛邑之意。案《尚書·洛誥》云：“周公曰：‘孺子來相宅，亂爲四方新辟。’”是使居洛邑也。下云：“惠篤叙，無有遘自

① 阮校引孫志祖説云：“《大司徒》、《大司樂》疏並引注云‘周公爲其於政不均’，是也，此疑脱‘爲其’二字。”
② 孫校云：“‘令’當爲‘合’，《大司徒》疏不誤。”按《大司樂》疏亦作“合”。
③ “王”字原脱，據阮本補，《地官·大司徒職》賈疏引此桓公二年《左傳》亦作“武王克商”。

疾。"是授以此禮,使行之也。又案《書傳》云:"一年救亂,二年伐殷,三年踐奄,四年建侯衛,五年營成周,六年制禮作樂,七年致政成王。"鄭用此文,則四年封康叔於衛爲"建侯衛"。案《康誥》云:"周公初基,作新大邑洛。"謂初爲基阯之處。至五年,内營之,是以《書傳》云"五年營成周"。成周與王城同時營,則五年營洛邑,與孔安國爲營洛邑、封康叔、制禮作樂乃同是攝政七年異。又引《司徒職》曰"日至之景尺有五寸,謂之地中",彼先鄭注云:"土圭之長尺有五寸,以夏至之日,立八尺之表,其景適與土圭等,謂之地中。今潁川陽城地爲然[①]。""天地之所合"者,則《禮記·郊特牲》云"天地合,萬物生",謂天地配合,萬物以生是也。"四時交"者[②],則《尚書》云"宅南交",孔云:"夏與春交,舉一隅。"若然,則秋與夏交、冬與春交可知也。又云"風雨之所會"者,謂若《禮記·禮器》云"風雨時",即謂風雨會時也。"陰陽之所和"者,謂若昭四年申豐云"冬無愆陽,夏無伏陰",二氣和順也。"然則百物阜安"者,阜,盛也;然,猶如是。如是於地中得所,故百物盛安也。"乃建王國"者,於百物盛安之處乃立王國,王國則洛邑王城是也。鄭引此者,破賈、馬之徒"建國"爲諸侯國。此六官同序,皆云"建國",豈王國未立,先建諸侯國乎?明不可也。**辨方正位,**〇釋曰:謂建國之時,"辨",别也,先須視日景以别東西南北四方,使有分别也。"正位"者,謂四方既有分别,又於中正宮室朝庭之位[③],使得正也。**注**辨,别也。鄭司農云:"别四方,正君臣之位,君南面、臣北面之屬。"玄謂《考工》:"匠人建國,水地以縣,置槷以縣,視以景。爲規,識日出之景與日入之景。晝參諸日中之景,夜考之極星,以正朝夕。"是别四方。《召誥》曰:"越三日戊申,大保朝至于雒,卜宅,厥既得卜,則經營。越三日庚戌,大保乃以庶殷攻位於雒汭。越五日甲寅,位成。"正位謂此定宮廟。〇釋曰:"辨,别也",此直訓不釋者,司農云"别四方",義當矣,故康成訓之也。"鄭司農"者,鄭衆,字仲師。但《周禮》之内,鄭康成所存注者有三家,司農之外,又有杜子春、鄭大夫。鄭大夫者,鄭少贛。二鄭皆康成之先,故言官不言名字。杜子春非己宗,故指其名也。司農云"正君臣之位,君南面、臣北面之屬"者,案《易緯·乾鑿度》云:"不易者,天在上地在下,君南面臣北面,父坐子伏。"司農據而言焉。"玄謂"者,大略一部之内,鄭玄若在司農諸家上注者,是玄注可知,悉不言"玄謂";在諸家

---

①　"今潁"二字原作"令潁",據阮本改。

②　"四時交"三字阮本同,阮校謂當據鄭注原文作"四時之所交"。按賈疏述注間有省文。

③　"庭"字阮本作"廷",當據改,賈疏下文皆云"宮室朝廷"。

下注者，即稱“玄謂”以別諸家。又在諸家前注者，是諸家不釋者也。又在諸家下注者，或增成諸家義，則此司農云“別四方”，於文不足，引《考工記》以證之是也；或有破諸家者，則此司農“正位”謂正君臣面位，引《召誥》爲宮室朝廷之位破之是也[①]。《考工》：匠人建國，水地以縣”者，謂水平之法。在地曰槷，以繩縣於槷上，然後從傍以水望縣，即知地之高下而平之也。又云“置槷以縣”者，既平得地，欲正其東西南北之時，先於中置一槷，恐槷不正，先以縣正之，槷正，乃視以景。景謂於槷端自日出畫之，以至日入，即得景。爲規識之，故云“爲規，識日出之景與日入之景”。規之交處即東西正也。又於兩交之間，中屈之指槷，又知南北正也。仍恐不審，“畫參諸日中之景”，夜考諸北極之星，“以正朝夕”，乃審矣。引《召誥》以下者，案《召誥》：“惟大保先周公相宅。越若來三月，惟丙午朏，越三日戊申，大保朝至于洛汭，卜宅。”此言“越三日戊申”者，從三月丙午朏，朏，明生之名，月三日也，則越三日戊申，月五日，召公至洛汭也。又云“越三日庚戌，大保乃以庶殷攻位于洛汭”，月七日也。“越五日甲寅，位成”，月十一日也。皆通本數之也。宮室朝廷之位皆成也。引之者，證“正位”謂此宮室位，破司農爲君臣父子之位。以其國家草創，下論體國經野，理應先定宮廟等位。豈有宮廟等位未成，先正君臣面位乎？又與《匠人》建國次第不合，故鄭依《匠人》之次及《召誥》之文，爲定宮室之位。案左氏莊公《傳》云：“水昏正而栽。”知是十月始興土功。今於三月爲洛邑者，左氏用十月，是尋常法；今建王城，遠述先君之志，是興作大事，不可以常法難之也。**體國經野**，〇釋曰：“體”，猶分也。“國”，謂城中也。分國城之中爲九經九緯，左祖右社之屬。“經”，謂爲之里數。此“野”，謂二百里以外三等采地之中，有井田之法，九夫爲井，井方一里之等是也。**注**體猶分也。經，謂爲之里數。鄭司農云：“營國方九里，國中九經九緯，左祖右社，面朝後市，野則九夫爲井、四井爲邑之屬是也。”〇釋曰：言“體猶分”者，謂若人之手足分爲四體，得爲分也。“經，謂爲之里數”者，此據野中而有井方一里之等，故“經”爲里數解之。司農云“營國方九里”已下，並《冬官·考工記·匠人》文。彼云“營國方九里，旁三門”，旁謂四方，方三門，則王城十二門。門有三道，三三而九，則九道。南北之道謂之經，東西之道謂之緯。經緯之道皆九軌。又云“左祖右社”者，此據中門外之左右。宗廟是陽，故在左；社稷是陰，故在右。“面朝後市”者，三朝皆是君臣治政之處，陽，故在前；三市皆是貪利行刑之處，陰，故在後也。又言“野則九夫爲

---

① “是”字原作“旻”，據阮本改。

井”，此是《地官·小司徒職》文，彼云“乃井牧其田野，九夫爲井，四井爲邑，四邑爲丘，四丘爲甸，四甸爲縣，四縣爲都”也。井方一里，邑方二里，丘方四里，甸方八里，縣方十六里，都方三十二里。引彼文略，故云“之屬”兼之也。案：《載師職》云：“家邑任稍地，小都任縣地，大都任畺地。”若畿内鄉遂及四等公邑①，皆爲溝洫法，無此方里爲井之事；家邑、小都、大都三等采地乃有方里爲井之屬，但郊外曰野，大摠言耳，散文國外則曰野。故《鄉大夫職》云“國中七尺，野自六尺”，是城外，則經中“野”對“國”言之，謂國外則曰野，但鄭據《小司徒》成文而言。設官分職，○釋曰：既體國經野，此須立官以治民，故云“設官分職”也。注鄭司農云：“置冢宰、司徒、宗伯、司馬、司寇、司空，各有所職而百事舉。”○釋曰：此謂設天地四時之官，即六卿也。既有其官，須有司職，故云“各有所職”。職謂主也。天官主治，地官主教，春官主禮，夏官主政，秋官主刑，冬官主事。六官，官各六十，則合有三百六十官。官各有主，故云“百事舉”。以爲民極。○釋曰：百人無主，不散則亂，是以立君治之。君不獨治也，又當立臣輔②。“極”，中也。言設官分職者以治民，令民得其中正，使不失其所故也。注極，中也。令天下之人各得其中，不失其所。○釋曰：“極，中也”，《爾雅》文。案《尚書·洪範》云：“皇建其有極，惟時厥庶民於汝極。”謂皇建其有中之道，庶民於之取中於下③，人各得其中，不失所也。乃立天官冢宰，使帥其屬而掌邦治，以佐王均邦國。○釋曰：六官皆云“乃立”者，以作序之由本序設官之意，故先云“以爲民極”，次云所設之官，故皆云“乃立”，騰上起下之辭也。“天官冢宰”者，據下注而言，則此言冢宰者據摠攝六職；若據當職，則稱大宰。“使帥其屬”，案《小宰》“六屬”而言，則此屬唯指六十官之屬也。“掌邦治”者，掌，主也。言主治，則兼六官，以其五官雖有教、禮、政、刑、事不同，皆是治法也。云“佐王均邦國”者，以大宰掌均節財用故也。《周禮》以“邦國”連言者，據諸侯也；單言“邦”、單言“國”者，多據王國也。然不先均王國④，而言均邦國者，王之冢宰，若言王國，悉不兼諸侯；今言邦國，則舉外可以包内也。注掌，主也。邦治，王所以治邦國

---

① “鄉”字原作“卿”，據阮本改。
② “輔”上阮本有“爲”字。
③ “於下”上原有“案尚書洪範云皇建其有極”十一字，阮本同。阮校云：“‘案尚書’十一字複上文，當衍，讀‘庶民於之取中於下’句絶。”兹據删。
④ 阮校云：“惠校本‘先’作‘言’，此誤，當訂正。”

也。佐猶助也。鄭司農云：“邦治，謂揔六官之職也，故《大宰職》曰：‘掌建邦之六典[1]，以佐王治邦國。’六官皆揔屬於冢宰，故《論語》曰：‘君薨，百官揔己以聽於冢宰。’言冢宰於百官無所不主。《爾雅》曰：‘冢，大也。’冢宰，大宰也。”〇釋曰：玄云“邦治，王所以治邦國也”者，此即司農所引《大宰職》“佐王治邦國”，一也。但司農雖引之，不指釋此經“邦治”，故玄就足之。司農引《論語》者，欲見天子冢宰兼百官之義。言“百”，則三百六十，一也。且《論語》言“君薨”，據諸侯；言“冢宰”、“百官”，據天子。互言之者，欲見天子、諸侯君死，世子居喪，使大臣聽政同也。“冢宰，大宰”者，言不異人也。

治官之屬：大宰，卿一人；小宰，中大夫二人；宰夫，下大夫四人，上士八人，中士十有六人，旅下士三十有二人，〇釋曰：上經所陳立官所掌有異，此經陳官有尊卑多少、轉相副貳之事也。言“治官之屬”者，此爲六十官之首，別言“治官之屬”一句，與下六十官爲目，以揔是治官，不得惟指此一經至“旅下士三十有二人”而已。凡官，尊者少，卑者多，以其卑者宜勞，尊者宜逸。是以下士稱“旅”，以其理衆事，故特言旅也。“小宰”與“大宰”同名，大小爲異，故鄭注《禮記·王制》，引此六卿下“中大夫”十二人爲十二小卿。以其“宰夫”是大宰之考，謂若地官之考爲鄉師，春官之考爲肆師，夏官之考爲軍司馬，秋官之考爲士師，冬官之考爲匠師，以其掌事不與大官同，故異大官也。宰者，調和之名；夫者，治也，以其治此一官所主事也。**注**變冢言大，進退異名也。百官揔焉則謂之冢，列職於王則稱大。冢，大之上也。山頂曰冢。旅，衆也。下士，治衆事者。自大宰至旅下士，轉相副貳，皆王臣也。王之卿六命，其大夫四命，士以三命而下爲差。〇釋曰：“變冢言大”者，上唯云“冢宰”，此唯云“大宰”，是變冢言大也。云“進退異名”者，即“百官揔焉”謂貳王治事，揔攝三百六十官，則謂之冢，是進異名也；“列職于王”則謂之大者，不揔百官，與五卿並列，各自治六十官，則退異名也。若然，揔百官則稱冢，以其天官象天覆萬物。案經《大宰職》曰：“凡邦之小治，冢宰聽之。”是專國小治而稱冢也。《司書職》曰[2]：“掌六典、八法、八則之貳，以詔王及冢宰。”是貳王事揔衆職而稱冢也。又《宰夫職》曰：“乘其財用之出入，凡失財、用、物辟名者，以官刑詔冢宰而誅之。”是揔衆官誅賞而稱冢也。又《司會職》曰：“以周知四國之治，以詔王及冢宰廢置。”是揔四國之治而稱冢也。若主當官，不兼他職，則言大者，謂

---

① “建”字原脱，據婺本、金本、阮本補。

② 加藤云：“‘司書’宜作‘司會’。”按賈疏中此類錯誤不勝枚舉，茲不一一出校。

若下文“大喪贊贈玉、含玉”，賓客“贊玉几、玉爵”，“祀五帝”則涖卜，如此之類，與諸官並有事，則稱大也。云“冢，大之上也”者，以其大宰與五官同名大，今又別稱冢，是冢在大之上也。又引《爾雅》“山頂曰冢”者，欲見山則大矣，冢又在頂，證冢在大上之意也。又云“旅，衆也。下士，治衆事者”，欲見尊官逸、卑官勞之意也。又云“自大宰至旅下士，轉相副貳，皆王臣也”者，大卿一人，小卿則二人，已下皆去上一倍者，是轉相副貳也。言王臣者，自士以上得王簡策命之，則爲王臣也，對下經“府”、“史”、“胥”、“徒”不得王命，官長自辟除者，非王臣也。又云“王之卿六命，其大夫四命”者，《典命》文，大夫無中、下之別。案《序官》則有中、下大夫，則四命大夫自分爲中、下，似若侯、伯同七命，子、男同五命，爵則有高下不同也。“士以三命爲差”，但《典命》直見公、卿、大夫命者，欲見有出封之事，故彼云“其出封皆加一等”；士爵卑，無出封之理，故不言也。彼士之命數既不言，知三命以下者，正見《序官》有上士、中士、下士三等；《典命》除六命、四命，無三命、二命、一命；鄭則約之，上士爲三命，中士爲再命，下士爲一命。若然，王朝三公八命，卿六命，大夫四命，皆爲陰爵，以待出封爲諸侯，乃爲陽爵九命、七命、五命；士既不得出封，故在王朝有三命、一命亦爲陽爵，無嫌也。**府六人，史十有二人，**〇釋曰：“府”，治府藏。“史”，主造文書也。**注**府，治藏。史，掌書者。凡府、史皆其官長所自辟除。〇釋曰：案下《宰夫》“八職”云“五曰府，掌官契以治藏；六曰史，掌官書以贊治”，故鄭云“府，治藏。史，掌書”。又云“官長所自辟除”者，官長謂一官之長，若治官六十，其下府、史皆大宰辟召，除其課役而使之，非王臣也。《周禮》之内，府、史大例，皆府少而史多，而府又在史上，唯有御史百有二十人，特多而在府上，鄭云：“以其掌贊書數多也。”又有府兼有史，以其當職事繁故也。或空有史而無府者，以其當職事少[1]，得史即足故也。至於角人、羽人等直有府無史，以其當職文書少，而有税物須藏之，故直有府也。腊人、食醫之等府、史俱無者，以其專官行事[2]，更無所須故也。《周禮》之内，唯有天府一官，特多於史，以其所藏物重故也。**胥十有二人，徒百有二十人。**〇釋曰：“胥”，有才智，爲什長。“徒”，給使役，故一胥十徒也。**注**此民給徭役者，若今衛士矣。胥讀如諝，謂其有才知，爲什長。〇釋曰：案下《宰夫》“八職”云“七曰胥，掌官叙

---

① “事”字原脱，據阮本補，“當職事少”與上文“當職事繁”相對爲文。

② “官”字原脱，據阮本補，下經賈疏云“食醫之類胥、徒並無者，以其專官行事，不假胥、徒也”，是其比。

以治叙；八曰徒，掌官令以徵令”，鄭云：“治叙，次序官中，如今侍曹伍伯傳吏朝也。徵令，趨走給召呼。”案《禮記・王制》云：“下士視上農夫食九人，祿足以代耕。”則府食八人、史食七人、胥食六人、徒食五人祿。其官並亞士，故號“庶人在官”者也。鄭云“若今衛士”[1]，亦給徭役，故舉漢法況之。又云“胥讀如諝，謂其有才智，爲什長”者，案《周禮》之內，稱胥者多，謂若大胥、小胥、胥師之類，雖不爲什長，皆是有才智之稱。彼不讀從諝，從此讀可知。唯有追胥，胥是伺搏盜賊，非有才智也。《易・歸妹》“六二以須”[2]，注云：“須，才智之稱。”天文有須女，屈原之姊名女須，彼須字此與異者[3]，蓋古有此二字通用，俱得爲有才智也。《周禮》上下文，有胥必有徒，胥爲什長故也。腊人之類空有徒無胥者，得徒則足，不假長帥故也。食醫之類胥、徒並無者，以其專官行事，不假胥、徒也。

宮正，上士二人，中士四人，下士八人，府二人，史四人，胥四人，徒四十人。注正，長也。宮正，主宮中官之長。

宮伯，中士二人，下士四人，府一人，史二人，胥二人，徒二十人。注伯，長也。○釋曰[4]：上大宰至旅下士，揔馭群職，故爲上首。自此宮正已下至夏采六十官，隨事緩急爲先後，故自宮正至宮伯二官，主宮室之事。安身先須宮室，故爲先也。自膳夫至腊人，皆供王膳羞飲食饌具之事。人之處世，在安與飽，故食次宮室也。自醫師已下至獸醫，主療疾之事。有生則有疾，故醫次食饌也。自酒正至宮人，陳酒飲肴羞之事。醫治既畢，須酒食養身，故次酒肴也。自掌舍至掌次，安不忘危，行之事，故又次之。自大府至掌皮，並是府藏計會之事。既有其餘，理須貯積，或出或內，宜計會之，故相次也。自內宰至屨人，陳后夫人已下內教婦功，婦人衣服之事。君子明以訪政，夜以安息，故言婦人於後也。夏采一職，記招魂。以其死事，故於末言之也。此宮正并下宮伯雖俱訓爲長，其義則異。若宮正，則主任王宮卿大夫士之身，故爲“宮中官之長”，故其職云“以時比宮中之官府”，故宮伯所掌者亦掌之，故言“正，長也”。宮伯云長者，直主宮中卿大夫士之適子、庶子，行其秩叙，授其舍次之事，亦得爲長，故云“伯，長也”。宮正，上士二人爲官首，中士四人爲之佐，下士八人理衆事，府二人主藏文

---

① “衛士”下阮本有“者衛士”三字，加藤謂無者脱訛。

② 浦鏜云：“‘六三’誤‘六二’。”按賈疏中此類錯誤不勝枚舉，兹不一一出校。

③ 浦鏜云：“‘此與’字疑誤倒。”

④ 此節賈疏阮本編次於“宮正”經注之下。據賈疏“自此宮正已下”、“此宮正并下宮伯”云云，阮本蓋是。

書也,史四人主作文書,胥四人爲什長,徒四十人給傜役。諸官體例,言府、史、胥、徒之義皆然,不可文文重釋,他皆放此。《周禮》之内,宗伯之類諸言“伯”者,伯,長也,以尊長爲名。縣師之類言“師”者,皆取可師法也。諸稱“人”者,若輪人、車人、腊人、鼈人之類,即《冬官》鄭云“其曰某人者,以其事名官”。言“氏”者有二種:謂若桃氏爲劍、築氏爲削之類,鄭注《冬官》“族有世業,以氏名官”;若馮相氏、保章氏、師氏、保氏之類,鄭注引《春秋》“官有世功,則有官族”是也。諸稱“司”,若司裘、司市之類,言司者皆是專任其事,事由於己,故以司言之。諸典婦功、典絲、典枲之類言“典”者,出入由己,課彼作人,故謂之爲典也。諸稱“職”者,謂若職幣、職内、職歲,則不用久停[①],職之而已。凡云“掌”者有三義:一者他官供物,己則蘺掌之而已,若幕人供帷幕幄帟,掌次張之也;二則掌徵斂之官,若掌皮、掌染草之類是也;三者掌非己所爲,則掌節、掌固、掌疆,本非己造,廢壞修之而已也。自外不稱“典”、“司”、“職”、“掌”者,皆是逐事立名,以義銓之可曉也。凡六官序官之法,其義有二:一則以義類相從,謂若宫正、宫伯,同主宫中事,膳夫、庖人、外内饔,同主造食,如此之類,皆是類聚群分,故連類序之;二則凡次序六十官,不以官之尊卑爲先後,皆以緩急爲次第,故此宫正之等士官爲前,内宰等大夫官爲後也。

膳夫,上士二人,中士四人,下士八人,府二人,史四人,胥十有二人,徒百有二十人。**注**膳之言善也。今時美物曰珍膳。膳夫,食官之長也。鄭司農以《詩》説之曰“仲允膳夫”。○釋曰:言“膳夫,食官之長”者,謂與下庖人、内外饔、亨人等爲長也。司農引《詩》云者,是《小雅》刺幽王詩。膳夫仲允爲之,引證與此膳夫爲一事也。

庖人,中士四人,下士八人,府二人,史四人,賈八人,胥四人,徒四十人。**注**庖之言苞也。裹肉曰苞苴。賈主市買,知物賈。○釋曰:言“庖”者,今之厨。轉作“包”者[②],欲取庖人主六獸、六禽以供庖厨,有裹肉之意也。又云“裹肉曰包苴”者,《詩》云:“野有死麕,白茅包之。”《禮記·内則》云:“炮,取豚若將,編萑以苴

---

① “則不用久停”五字阮本作“財不久停”。阮校引孫志祖説云:“下‘職幣’疏亦有‘財不久停’之語,文理自明。”

② 阮校謂此節賈疏中“包”字皆當作“苞”,據鄭注而言也,然注、疏原本單刊别行,不得以注律疏,强求一貫。

之。”皆是裹肉之物，故云裹肉曰包苴也。又云“賈市買，知物賈”者，下文“九職”鄭注：“行曰商，處曰賈。”賈乃在市而處者，故知物賈。此特有賈人者，庖人牲當市之故也。

内饔，中士四人，下士八人，府二人，史四人，胥十人，徒百人。注饔，割亨煎和之稱。内饔所主在内。○釋曰：“饔”，和也。熟食曰饔。熟食須調和，故號曰饔。其職云“掌王及后、世子之割亨”，割亨則須煎和，故云“割亨煎和之稱”。又云“所主在内”者，以其掌王及后、世子及宗廟，皆是在内之事。

外饔，中士四人，下士八人，府二人，史四人，胥十人，徒百人。注外饔所主在外[1]。○釋曰：案其職云“掌外祭祀及邦饗孤子、耆老割亨”，皆是在外之事，故云“所掌在外”也。此饔有内外可對，故云内外饔；至於内宰、内豎、内司服，自掌婦人之事而稱内，不對外爲名也。

亨人，下士四人，府一人，史二人，胥五人，徒五十人。注主爲外内饔煮肉者。○釋曰：其職云“給外内饔亨事”，故云“爲外内饔煮肉”也。

甸師，下士二人，府一人，史二人，胥三十人，徒三百人。注郊外曰甸[2]。師猶長也。甸師，主共野物官之長。○釋曰：案《載師》云“任近郊、遠郊之地”[3]，次即云“公邑之田任甸地”，甸地即在百里遠郊外，天子藉田又在南方甸地，故稱此官爲甸師也。然此官主地事，不在地官者，以其供野之薦，又給薪蒸以供亨餁，故在此次亨人也。又云“主供野物官之長”，或云與地官掌葛、掌炭、掌蜃、委人等同掌供野物，故與彼官爲長。若然，彼屬地官，此屬天官，越分相領，恐理不愜。此甸師當與下獸人已下亦供野物爲長也，故下數職注不言長，明甸師與之爲長也。但獸人等中士，此爲下士，下士得與中士爲長者，如大史下大夫，内史中大夫，鄭云“大史，史官之長”，彼下大夫與中大夫爲長，此下士亦與中士爲長，有何嫌也？“徒三百人”，特多者，天子藉田千畝，藉借此三百人耕耨，故多也。

獸人，中士四人，下士八人，府二人，史四人，胥四人，徒四十人。○釋曰：案其職云“掌罟田獸，冬獻狼，夏獻麋”，供膳羞，故在此也。

---

① “饔”字原作“饗”，據婺本、金本、阮本改。
② “郊”上原有“云”字，據婺本、金本、阮本删。
③ “載”字原作“戴”，據阮本改。

　　獻人，中士二人，下士四人，府二人，史四人，胥三十人，徒三百人。○釋曰：案其職云"掌以時獻爲梁，春獻王鮪"，亦供魚物，故在此也。徒亦"三百人"者，馬融云："池塞苑囿，取魚處多故也。"

　　鼈人，下士四人，府二人，史二人，徒十有六人。○釋曰：案其職云"祭祀供蠯、蠃、蚔"，亦是供食物，故在此也。

　　腊人，下士四人，府二人，史二人①，徒二十人。注腊之言夕也。○釋曰：注"腊之言夕也"，乾曰腊，朝曝，於夕乃乾，故云腊之言夕。或作"久"字，久乃乾成，義亦通也。以其供"脯腊膴胖"，食物，故亦在此色也②。

　　醫師，上士二人，下士四人，府二人，史二人，徒二十人。注醫師，衆醫之長。○釋曰：案其職云"掌醫之政令，聚毒藥以供醫事"。諸醫皆在此者，醫有齊和飲食之類，故設在飲食之間也。

　　食醫，中士二人。注食有和齊，藥之類。○釋曰：案其職云"春多酸，夏多苦"之等，皆須齊和，與藥同，故鄭云"食有和齊，藥之類"，故在醫官之內也。

　　疾醫，中士八人。○釋曰：案其職云"掌養萬民之疾病"，故連類在此。

　　瘍醫，下士八人。○釋曰：案其職云"掌腫瘍、潰瘍"之等，故亦連類在此。注瘍，創癰也。○釋曰：案《禮記・上曲禮》云："頭有創則沐，身有瘍則浴。"案其職有"腫瘍"等四種之瘍，注潰則未必有膿也，故亦連類在此也。

　　獸醫，下士四人。注獸，牛馬之屬。○釋曰：案《爾雅》："在野曰獸，在家曰畜。"畜、獸異矣。而言"獸，牛馬"者，但此職云主治牛馬，未必治其野獸，而以牛馬爲獸者，對文則畜、獸異，散文通。故《爾雅》又云："兩足而羽謂之禽，四足而毛謂之獸。"既不別釋畜，則獸中可以兼牛馬，是其牛馬亦有獸稱，故云"獸，牛馬"也。

　　酒正，中士四人，下士八人，府二人，史八人，胥八人，徒八十人。○釋曰：案其職云"掌酒之政令，以式法授酒材"，與膳食相將，故在此。注酒正，

---

　　①　王引之據上"大宰"賈疏"腊人、食醫之等府、史俱無者，以其專官行事，更無所須故也"，謂此"府二人史二人"六字爲衍文。

　　②　孫校云："'色'字疑衍。"

酒官之長。○釋曰：此酒正與下酒人、漿人爲長。注雖不言漿[1]，文略也。

　　酒人，奄十人，女酒三十人，奚三百人。○釋曰："奄十人"，以其與女酒及奚同職，故用奄人。奄不稱士，則此奄亦府、史之類，以奄爲異也。言"女酒三十人"，則女酒與奚爲什長，若胥、徒也。"奚三百人"，以其造酒，故須人多也。**注**奄，精氣閉藏者，今謂之宦人。《月令》仲冬："其器閎以奄。"女酒，女奴曉酒者。古者從坐男女没入縣官爲奴，其少才知以爲奚，今之侍史官婢。或曰奚，宦女。○釋曰：案《月令》冬三月皆云"其氣閎以奄"，獨引"仲冬"者，以其十一月一陽爻生，以其奄人雖精氣閉藏，猶少有精氣故也。又云"女酒，女奴曉酒者"云云，鄭依《秋官·司厲》。"從坐男女没入縣官爲奴"，則奴者男女同名。以其曉解作酒，有才智，則曰女酒；其少有才智給使者，則曰奚。已下云"曉"者，謂曉解當職之物，不復重釋之也。"侍史官婢"，舉漢法言之。又云"或曰宦女"者，漢時有此別號。案《左氏》，晉惠公之女名妾，稱宦女，謂宦事秦公子，亦云宦女也。

　　漿人，奄五人，女漿十有五人，奚百有五十人。**注**女漿，女奴曉漿者。○釋曰：漿人在下者[2]，案其職云"掌供王之六飲，入于酒府"，飲是酒類，故在此也。

　　凌人，下士二人，府二人，史二人，胥八人，徒八十人。○釋曰：凌人在此者，案其職云"掌冰，凡外内饔之膳羞鑑焉"，以供爲膳羞，故連類在此也。**注**凌，冰室也。《詩》云："二之日鑿冰沖沖，三之日納于凌陰。"○釋曰：引《詩》曰"二之日"者，案《詩》之所釋，謂周之二月、夏之十二月之日。"鑿冰"者，謂於深山窮谷固陰沍寒之處，於是乎取之。"沖沖"，鑿冰之意。"三之日"，謂周之三月，夏之建寅之正月，納冰於"凌陰"室中。案彼又云"四之日其蚤，獻羔祭韭"，啓冰之時也。《鄭荅志》以"夏十二月取冰，二月開冰，四月班冰，是其常也。藏之既晚，出之又早"，晚者，建寅乃藏，與此《周禮》十二月藏冰校一月故；出之早者，四月，夏之二月出冰，與《周禮》同。"今幽土寒，故納冰可用夏正月也[3]。"引之者，證凌陰即此冰室，爲一物也。

　　籩人，奄一人，女籩十人，奚二十人。○釋曰：在此者，案其職云"掌四

---

①　阮校云："'雖'當衍。"
②　"漿人"二字阮本無，"下"字作"此"。
③　"冰"字原作"豕"，據阮本改。

籩之實”，亦是薦羞之事，故在此也。注竹曰籩。女籩，女奴之曉籩者①。○釋曰：知“竹曰籩”者，更無異文，見竹下爲之，即知以竹爲之，故云竹曰籩也。

醢人，奄一人，女醢二十人，奚四十人。○釋曰：案其職云“掌四豆之實”，亦是薦羞，故在此也。注醢，豆實也。不謂之豆，此主醢，豆不盡于醢也。女醢，女奴曉醢者。○釋曰：云“不謂之豆”者，決上籩人不以籩中之實爲名，而以籩爲官號；此即以豆中之實爲官號，不謂之豆人。此是問辭，鄭還自荅。“豆不盡於醢”者，其豆之所盛，非止此職中四豆之實而已。天子豆百二十，上公豆四十，侯、伯豆三十二，子、男豆二十四，上大夫二十，下大夫十六，彼有臐臐膮胾炙膾之屬②，其數甚多，是豆不盡盛醢而已。若言豆人，恐彼並掌之。此醢人惟掌此四豆之實而已，故不得言豆人，而言醢人也。

醯人，奄二人，女醯二十人，奚四十人。注女醯，女奴曉醯者。○釋曰：醯人在此者，案其職云“掌供五齊、七菹”，以供醢物，則與醢人職通。醢人惟主作醢，但成齊菹必須醯物乃成，故《醯人》兼言“齊”、“菹”，而連類在此也。

鹽人，奄二人，女鹽二十人，奚四十人。注女鹽，女奴曉鹽者③。○釋曰：在此者，案其職云“掌鹽之政令，以供百事之鹽”，鹽所以調和上食之物，故亦連類在此也。

幂人，奄一人，女幂十人，奚二十人。注以巾覆物曰幂。女幂，女奴曉幂者。○釋曰：幂人在此者，案其職云“掌供巾幂”，所以覆飲食之物，故次飲食後。

宮人，中士四人，下士八人，府二人，史四人，胥八人，徒八十人。○釋曰：宮人在此者，案其職云“掌王之六寢之脩”，又“供王沐浴、埽除”之事，是安息王身，故在此也。

掌舍，下士四人，府二人，史四人，徒四十人。○釋曰：云在此者，案其職云“掌王之會同之舍，設梐枑再重”，亦是安王身之事，故亦在此。注舍，行所解止之處。○釋曰：案其職云“設車宮、壇壝宮、帷宮”之等，並是解脱止息之處，故云“解

_____

① 阮校云：“案注上下文多云‘女奴曉某者’，無‘之’字，此衍。”
② “臐”字原作“腫”，據阮本改。
③ “者”字原作“也”，據婺本、金本、阮本改。按鄭注上下文皆云“女奴曉某者”。

止之處"也。

幕人，下士一人，府二人，史二人，徒四十人。〇釋曰：在此者，案其職云"掌帷幕幄帟綬之事"，亦是安王身之事，故在此也。注幕，帷覆上者。〇釋曰：案下職中鄭注云"在旁曰帷，在上曰幕"，是其幕乃"帷之覆上者"也。

掌次，下士四人，府四人，史二人①，徒八十人。〇釋曰：在此者，案其職云"掌王次之法，以待張事"，幕人供之，掌次張之，故連類在此也。注次，自脩正之處。〇釋曰：案其職云"張大次，設重帟、重案"，皆是自脩正，故云"自脩正之處"也。

大府，下大夫二人，上士四人，下士八人，府四人，史八人，賈十有六人，胥八人，徒八十人。〇釋曰：在此者，案其職云"掌九貢、九賦，受其貨賄之入，頒其貨賄于諸府"之事。案《尚書·洪範》云："一曰食，二曰貨。"已上皆言飲食訖，次言貨賄，故大府在此也。有"賈"者，府官須有市買，并須知物貨善惡故也。注大府，爲王治藏之長，若今司農矣。〇釋曰：大府與下諸府官爲長，故以"大夫"爲之。云"若今司農矣"者，漢時司農主府藏，故《史游章》云："司農少府國之淵。"

玉府，上士二人，中士四人，府二人，史二人，工八人，賈八人，胥四人，徒四十有八人。〇釋曰：玉府在此者，案其職云"掌王之金玉、玩好、兵器，凡良貨賄之藏"，以玉爲主，故與大府同在此。有"工八人"者，以其使攻玉故也。有"賈"者，使辨玉之善惡貴賤故也。注工，能攻玉者。〇釋曰："工"，謂作工。案《詩》云："他山之石，可以攻玉。"故須工。

內府，中士二人，府一人，史二人，徒十人。注內府，主良貨賄藏在內者。〇釋曰：內府在此者，案其職云"掌九貢、九賦、九功之貨賄、良兵良器"，故在此也。

外府，中士二人，府一人，史二人，徒十人。〇釋曰：外府在此者，案其職云"掌邦布之出入，以共百事"，故在此也。注外府，主泉藏在外者。〇釋曰：泉布本是外物，無在內府，故對內府爲外也。

---

① 按掌次"府四人，史二人"，與上"大宰"賈疏"《周禮》之內，府、史大例，皆府少而史多"、"唯有天府一官，特多於史"不合，王引之疑此與春官鬱人等府、史"人數皆上下互譌"。

　　司會，中大夫二人，下大夫四人，上士八人，中士十有六人，府四人，史八人，胥五人，徒五十人。○釋曰：在此者，案其職云"掌邦之六典、八法、八則之貳，以逆邦國、都鄙、官府之治"，主天下大計，貨賄亦須計會，故與大府連類在此也。注會，大計也。司會主天下之大計，計官之長，若今尚書。○釋曰：言"會，大計"者，案《宰夫職》，日計曰成，月計曰要，歲計曰會，故知"會，大計也"。云"主天下之大計"者，其職云"逆邦國、都鄙、官府"，是句考徧天下。云"若今尚書"者，漢之尚書亦主大計，故舉以況之也。

　　司書，上士二人，中士四人，府二人，史四人，徒八人。注司書主計會之簿書。○釋曰：司書在此者，會計之事司書主之，故其職云"凡上之用財用，必攷于司會"，故連類在此也。注言"簿書"者，古有簡策以記事，若在君前，以笏記事；後代用簿，簿，今手版，故云吏當持簿，簿則簿書也。

　　職內，上士二人，中士四人，府四人，史四人，徒二十人。○釋曰：在此者，案其職云"掌邦之賦入，辨其財用之物而執其揔"，入大府者皆由職內[1]。亦有府義，故鄭云"受藏之府[2]，若職內"，故其職在此也。注職內主入也，若今之泉所入謂之少內。○釋曰：漢之"少內"亦主"泉所入"。案王氏《漢官解》云："小官嗇夫，各擅其職，謂倉庫少內嗇夫之屬各自擅其條理所職主。"由此言之，少內藏聚，似今之少府，但官卑職碎，以少爲名。

　　職歲，上士四人，中士八人，府四人，史八人，徒二十人。注主歲計以歲斷。○釋曰：在此者，案其職云"掌邦之賦出，以貳官府、都鄙之財出賜之數，以待會計而考之"，揔斷一歲之大計，故與司會同在此也。

　　職幣，上士二人，中士四人，府二人，史四人，賈四人，胥二人，徒二十人。○釋曰：在此者，案其職云"掌式法以斂官府、都鄙與凡用邦財者之幣，以待上之賜予"，與職歲通職，故連類在此也。若然，此三職皆有府義，不得名府者，以財不久停故也。

　　司裘，中士二人，下士四人，府二人，史四人，徒四十人。○釋

---

　　① "入"字原作"人"，據阮本改。
　　② 孫校云："'用'誤'藏'，見《大府職》注。"

曰：在此者，案其職云“掌爲大裘”，并掌皮亦有此府義①，故在此。

掌皮，下士四人，府二人，史四人，徒四十人。○釋曰：在此者，案其職云“掌秋斂皮，冬斂革，春獻之”，亦有府義，故連類在此也。

内宰，下大夫二人，上士四人，中士八人，府四人，史八人，胥八人，徒八十人。○釋曰：名内宰者，對大宰治百官，内宰治婦人之事，故名内宰②。然則大宰不稱外者，爲兼統内也。案其職云“掌治王内之政令”③，又教后已下婦德之事，以王事少暇，故次在此也④。注内宰，宫中官之長。○釋曰：内宰與下女史已下爲長，故鄭云“宫中官之長”。

内小臣，奄上士四人，史二人，徒八人。○釋曰：在此者，案其職云“掌王后之命，正其服位”。案《夏官•大僕職》云：“出入王之大命，正其服位。”則此小臣侍后，職與大僕侍王同。亦是佐后之事，故在此。用“奄”者，以其所掌在内故。注奄稱士者，異其賢。○釋曰：案上酒人、漿人等奄並不稱士，則非士也。獨此云，以其有賢行，命爲士，故稱士也。案《詩》“巷伯”，奄官也。注云：“巷伯，内小臣。小臣於宫中爲近，故謂之巷伯。”必知巷伯與小臣爲一人者，以其俱名奄，又言巷，亦宫中爲近；又稱伯，長也，内小臣又稱士，亦是長義，故知一人也。

閽人，王宫每門四人，囿游亦如之。○釋曰：在此者，以其掌守中門之禁，王宫在此，故亦在此。《周禮》之内，有同官别職，則此閽人，“每門”及“囿游”同名閽人而職别。山虞、澤虞云“每大澤、大山”，及川衡、林衡，亦是别職同官也。别官同職者，唯有官連耳。注閽人，司昏晨以啓閉者。刑人墨者使守門。囿，御苑也。游，離宫也。○釋曰：云“閽人，司昏晨以啓閉者”，此釋名閽人之意。昏時閉門，則此名閽人也；晨時啓門，則《論語》謂之晨人也⑤。皆以時事爲名耳。又云“刑人墨者使守門”，此《秋

---

① 浦鏜云：“‘此’字疑衍。”
② “名”字原作“主”，據阮本改。
③ “王”字原作“名”，據阮本改。按“名”字與上條“主”字左右並列，補版時互易，“主”即“王”之形訛字。
④ “此”字原空闕一格，據阮本補。
⑤ 浦鏜云：“‘晨門’誤‘晨人’。”孫疏據改。

官·掌戮職》文。鄭彼注云："黥者無妨於禁禦。"欲使守門^①。案其職云"掌守中門之禁"，言中門^②，則唯雉門耳；而言"每門"者，彼言中門，据有禁守者言之^③，其實王之五門皆使墨者守之。或解以爲王有五門，四面皆有中門，故言每門，義亦通也。案《禮記》云："古者不使刑人守門。"彼鄭注謂夏、殷時。《公羊》云："閽殺吳子餘祭，近刑人，輕死之道。"彼據人君加之寵，故云"近刑人，輕死之道"。若君有防衛，不親近，則非近刑人。其剠者使守關，以其醜惡，遠之，不得約彼即以十二門皆使墨者也。《詩》云："昏椓靡共。"箋云："皆奄人。"彼據后宮門，故使奄者也。又云"囿，御苑"者，案《詩》云："王在靈囿。"注："所以養禽獸，天子百里，諸侯四十里。"案《孟子》，齊宣王問孟子云："文王之囿方七十里，猶以爲小，寡人囿方四十里，猶以爲大，何也？"孟子荅："文王之囿，芻蕘者往焉，雉兔者往焉，與民同之，故以爲小，不亦宜乎？君之囿，民殺其麋鹿者如殺人之罪，民以爲大，不亦宜乎？"則文王之囿方七十里者，大於諸侯、小於天子故也。《白虎通》又云："天子百里，大國四十里，次國三十里，小國二十里。"與《孟子》不同者，《白虎通》細別言之也。又云"游，離宮"者，囿是大苑，其門皆使閽人守之也；此離宮，即"囿游之獸禁"^④，故彼鄭云"謂囿之離宮小苑觀處也"。或以爲游亦謂城郭中與公所爲者也。

　　寺人，王之正内五人。○釋曰：在此者，案其職云"掌王之内人及女宮之戒令"，故在此。注寺之言侍也。《詩》云："寺人孟子。"正内，路寢。○釋曰：云"寺之言侍"者，欲取親近侍御之義。此奄人也，知者，見僖二十四年："晉文公既入，吕、郤欲焚公宫。寺人披請見，公使讓之，且辭焉。披曰：'齊桓公置射鉤而使管仲相，君若易之，行者甚衆，豈唯刑臣。'"彼寺人披自稱刑人，明寺人，奄人也。若然，寺人既掌内人，不掌男子；而《秦詩》云"欲見國君，先令寺人"，而掌男子者，彼秦仲，宣王命作大夫，始大，有車馬，其官未備，故寺人兼小臣，是以寺人得掌男子。"《詩》云：寺人孟子"者，引證經寺人、孟子同也。又云"正内，路寢"者，寺人既不得在王之路寢，而云"正内五人"者，謂在后之路寢耳。若王之路寢，不得稱内；以后宮，故以内言之，故先鄭下注"后六宮前一後五"，前一則路寢。

----

① 加藤云："'欲'疑'故'之誤。"
② "中"字原作"之"，據阮本改。
③ "据"字阮本同，阮校謂"据"爲"據"字俗省。
④ 加藤云："'即'下疑脱'囿人所謂'四字，否則下'彼鄭云'之彼字不落著。"按加藤之説不爲無理，然疏中多有此類。

内豎，倍寺人之數。　○釋曰：在此者，案其職云“掌内外之通令，凡小事”，故與寺人連類在此也。注豎，未冠者之官名。　○釋曰：《春秋左氏傳》，叔孫穆子幸庚宗婦人，而生牛，以爲豎官。則亦童豎“未冠者”。必使童子爲之者，鄭於其職注云：“使童豎通王内外之命給小事者，以其無與爲禮，出入便疾也。”

九嬪。　○釋曰：在此者，以其有婦德。其職云“掌婦學之法，以教九御”，同是内宫之官，故亦在此。注嬪，婦也。《昏義》曰：“古者天子后立六宫，三夫人、九嬪、二十七世婦、八十一御妻，以聽天下之内治，以明章婦順，故天下内和而家理也。”不列夫人于此官者，夫人之於后，猶三公之於王，坐而論婦禮，無官職。　○釋曰：引《昏義》者，彼是周之婦官之數，與此經婦人數同，故引以爲證。案《禮記•上檀弓》云：“舜葬倉梧，蓋三妃未之從。”鄭注云：“帝嚳而立四妃，象后妃四星，其一明者爲正妃，其三小者爲次妃。帝堯因焉。至舜，不告而娶，不立正妃，但三夫人而已。夏后氏增以三三而九，爲十二人；殷人又增以三九二十七，合三十九人；周人上法帝嚳而立正妃，又三二十七爲八十一人，以增三十九并后，合百二十一人。其位：后也，夫人也，九嬪也，二十七世婦也，八十一女御也。”又云“不列夫人于此”，惟有九嬪已下，是無三夫人之數也。又云“夫人之於后，猶三公之於王，坐而論婦禮，無官職”者，謂三百六十官無三公之官。案《大司徒職》云：“二鄉則公一人。”鄭注云：“三公者，内與王論道，中參六官之事，外與六鄉之教。”又案《冬官•考工記》云：“坐而論道，謂之王公。”注云：“天子，諸侯。”然則公中合有三公，坐而論道，無正職，故云“中參”、“外與”而已。三夫人亦然，故云“坐而論婦禮，無官職”，故不列之也。

世婦。注不言數者，君子不苟於色，有婦德者充之，無則闕。　○釋曰：在此者，案其職云“掌祭祀、賓客、喪紀帥女宫而濯摡”，故亦在此。九嬪言數，而世婦、女御不言數者，“君子不苟於色，有婦德乃充之”。不言王而云君子者，謂君子爲王乃能不苟色也。九嬪言數者，欲見世婦、女御有德亦充；若九嬪，無德亦與世婦、女御同闕。故迴互其文，令義兩得見耳。

女御。注《昏義》所謂御妻。御猶進也、侍也。　○釋曰：彼不云女御而云“御妻”，猶進后法，故引爲一物也。又云“御猶進也、侍也”者，凡后下御，皆從后宫進往王寢侍息宴，故《女御職》云“掌御叙于王之燕寢”，是以訓御爲進也、侍也。

女祝四人，奚八人。　○釋曰：在此者，案其職云“掌王后之内祭祀，凡内禱祠之事”，故在此也。注女祝，女奴曉祝事者。○釋曰：言“女奴曉事”，謂識文者爲之也。

女史八人，奚十有六人。注女史，女奴曉書者。○釋曰：在此者，案其職云“掌王后之禮職、内治之貳”，亦女奴識文者爲之，其職與王之大史掌禮同，故在此也。

典婦功，中士二人，下士四人，府二人，史四人，工四人，賈四人，徒二十人。注①典，主也。典婦功者，主婦人絲枲功官之長。○釋曰：在此者，案其職云“掌婦式之法，以授嬪婦及内人女功之事齎”，故鄭注云“典，主也。典婦功者，主婦人絲枲功官之長”，其職中齎是也。云“賈四人”者，以其絲枲有善惡貴賤之事，故須賈人也。

典絲，下士二人，府二人，史二人，賈四人，徒十有二人。○釋曰：在此者，案其職云“掌絲入而辨其物，頒絲于外内工，皆以物授之”，因婦功，亦在此也。

典枲，下士二人，府二人，史二人，徒二十人。○釋曰：“枲”，麻也。案《喪服傳》云：“牡麻者，枲麻也。”則枲是雄麻，對苴是麻之有蕡實者也。在此者，與典婦功亦連類在此也。

内司服，奄一人，女御二人，奚八人。○釋曰：以其掌后已下六服。言“内司服”者，非是對春官司服男子服爲内②。但是男子之物不言外者，在外是其常也，故不須言外而外自顯；但以婦人在内，故婦人之事多言内，若不言内，無以得見婦人之物。不與春官司服同處者，以從内官之例，故在此。有“奄一人”者③，以其衣服事多，須男子兼掌，以與婦人同處，故用奄也。注内司服④，主宫中裁縫官之長。有女御者，以衣服進，或當於王，廣其禮，使無色過。○釋曰：言“主宫中裁縫官之長”者，謂與下文縫人爲長。又云“有女御者，以衣服進，或當於王，廣其禮，使無色過”者，以此女御還是女奴曉進御衣服者，故與女酒、女祝、女史同號“女”也。以衣服進，謂進衣于王，王見之，或當王意，廣其禮，得與八十一女御同名。欲見百二十人外兼有此女御之禮，王合御幸之，使王無淫色之過，故云女御也⑤。

---

① 此節鄭注原脱，據婺本、金本、阮本補。
② “非”字阮本同，孫疏引作“亦”，加藤謂“當從正”。
③ “一”字原空闕一格，據阮本補。
④ “内”字原作“自”，據婺本、金本、阮本改。
⑤ “云”字阮本作“名”。

縫人，奄二人，女御八人，女工八十人，奚三十人。注女工，女奴曉裁縫者。○釋曰：在此者，案其職云“掌王宫縫線之事①，以縫王及后之衣服”，故在此也。“奄二人”，亦是縫線事多，須有男子故也。有“女御”者，義同於上也。有“女工”者，謂女奴巧者，鄭云“曉裁縫者”也。

染人，下士二人，府二人，史二人，徒二十人。○釋曰：在此者，案其職云“掌染絲帛”，因婦人衣服，故亦連類在此也。

追師，下士二人，府一人，史二人，工二人，徒四人。○釋曰：在此者，職云“掌王后之首服，爲副、編、次，追衡、笄”，亦因婦人衣服連類在此也。注追，治玉石之名。○釋曰：《詩》云：“追琢其璋。”璋是玉爲之，則追與琢皆是“治玉石之名”也。若然，男子首服在夏官弁師者，以其男子是陽義，又取夏時萬物長大，長大乃冠，故在夏官；此婦人直取首服配衣，故與衣連類在此。若然，首反處下者，以冠履自相對，不與服爲先後，故不在上也。

屨人，下士二人，府一人，史一人，工八人，徒四人。○釋曰：在此者，案其職云“掌王及后之服屨”，故從内官衣服亦連類在此。若然，追師專掌婦人首服，此屨人兼男子，屨爲在下體，賤，故男子婦人同在此官也。

夏采，下士四人，史一人，徒四人。○釋曰：在此者，其職云“掌大喪以冕服復于大祖，以乘車建綏復于四郊”，喪事是終，故在末職也。注夏采，夏翟羽色。《禹貢》徐州貢夏翟之羽，有虞氏以爲綏，後世或無，故染鳥羽象而用之，謂之夏采。○釋曰：案《爾雅》云：“伊洛而南，素質，五采皆備成章曰翬。江淮而南，青質，五采皆備成章謂之鷂。”此則“夏翟之羽色”也。又案《禹貢》徐州云：“羽畎夏翟。”是“徐州貢夏翟之羽”也。又云“有虞氏以爲綏”者，《明堂位》云：“有虞氏之旂，夏后氏之綏。”注云：“有虞氏當言綏，夏后氏當言旂。”彼據虞氏始有綏，故云有虞氏以爲綏也。又云“後世或無”者，案《冬官·考工記》有鍾氏染羽，若有自然鳥羽，何須染之乎？故云後世或無，則據此周時而言也。“故染鳥羽而用之，謂之夏采”者，夏即五色也。此職中注及彼注皆云“綏謂注旄於干首”，不云翟羽者，蓋注文不具耳。

---

① “宫”字原作“官”，據阮本改。

周禮疏卷第二

唐朝散大夫行大學博士弘文館學士臣賈公彦等撰

大宰之職，掌建邦之六典，以佐王治邦國：一曰治典，以經邦國，以治官府，以紀萬民；二曰教典，以安邦國，以教官府，以擾萬民；三曰禮典，以和邦國，以統百官，以諧萬民；四曰政典，以平邦國，以正百官，以均萬民；五曰刑典，以詰邦國，以刑百官，以糾萬民；六曰事典，以富邦國，以任百官，以生萬民。○釋曰：自此已下至職末，分爲二段：從此職首至"以富得民"一段十條，明經國之大綱，治政之條目；自"正月之吉"以下至職末，明頒宣前法，依事而施。言"掌建邦之六典"者，謂大宰摠御群職，故六典俱建也。"以佐王治邦國"者，以六典是王執治邦國，王不獨治，故云佐王也。"一曰治典，以經邦國"至"六曰事典"，皆云"邦國"者，邦國皆謂諸侯之國。但治典云"經"者，所以經紀爲名，故云經。教典云"安"者，地道主安，故云安。禮典云"和"者，禮之用，和爲貴，故云和。政典云"平"者，司馬主六軍，以平定天下，故云"平"。刑典云"詰"者，以其刑者所以詰禁天下，故云詰。事典云"富"者，作事所以富國家，故云富也。又治典、教典云"官府"，禮典已下四典皆云"百官"者，尊天地二官，不局其數，故不云百官而云官府也。若然，六官其屬各六十，得稱百官者，舉全數，故云百官也。且天官言"治官府"，地官云"教官府"，夏官云"以正百官"，秋官云"刑百官"，皆依本職而言之。至於春官主禮，不可云"禮百官"。禮所以統叙萬事，故云"統百官"也。冬官不可云"事百官"，故變"事"云"任"，任謂任使，任使即事也。又天官主治，治所以紀綱天下，故云"紀萬民"也。地道主民，故云"擾萬民"，擾則馴順之義也。春官主禮，禮所以諧和，故云"諧萬民"。夏官主政，九畿職方制其貢，有貢賦之事，故云"均萬民"。秋官主刑，刑者所以糾正天下，故云"糾萬民"也。冬官主事，作事者所以生養萬民，故云"生萬民"也。然天子曰兆民，諸侯曰萬民，此天子之禮，不言兆民而言萬民者，但兆民據天子而言之[①]；今

---

① 加藤云："對下云'故以畿内據近而言'，則'天子'疑'天下'之誤。"

言萬民，以畿外封諸侯，惟有畿內不封，故以畿內據近而言。注大曰邦，小曰國。邦之所居亦曰國。典，常也、經也、法也。王謂之禮經，常所秉以治天下也；邦國、官府謂之禮法，常所守以爲法式也；常者，其上下通名。擾猶馴也。統猶合也。詰猶禁也。《書》曰：“度作詳刑，以詰四方。”任猶傳也。生猶養也。鄭司農云：“治典，冢宰之職，故立其官，曰使帥其屬而掌邦治，以佐王均邦國；教典，司徒之職，故立其官，曰使帥其屬而掌邦教，以佐王安擾邦國；禮典，宗伯之職，故立其官，曰使帥其屬而掌邦禮，以佐王和邦國；政典，司馬之職，故立其官，曰使帥其屬而掌邦政，以佐王平邦國；刑典，司寇之職，故立其官，曰使帥其屬而掌邦禁，以佐王刑邦國。此三時皆有官，唯冬無官，又無司空，以三隅反之，則事典，司空之職也。《司空》之篇亡。《小宰職》曰：‘六曰冬官，其屬六十，掌邦事。’”○釋曰：《周禮》凡言“邦國”者，皆是諸侯之國，此言“大曰邦，小曰國”者，止據此文“邦”在上、“國”在下，故爲此解。案《儀禮·覲禮》云：“同姓大國，異姓小邦。”則邦國大小通也。又云“邦之所居亦曰國”，即據王國而言，故上云“惟王建國”，《匠人》“營國方九里”與《典命》“國家”，皆是邦之所居亦曰國也。又云“典，常也、經也、法也”者，《爾雅·釋詁》云：“典，常也。”孫氏云：“禮之常也。”《釋言》云：“典，經也。”又云法者，以其經常者即是法式。又云“王謂之”已下，鄭所解也。云“王謂之禮經，常所秉以治天下也”者，凡言經者，以經紀天下，故王言禮經，常所秉以治天下。云“邦國、官府謂之禮法”者，凡言法者，下法於上，故邦國、官府謂之禮法，“常所守以爲法式也”。云“常者，上下通名”者，經據在上，法據在下，至於王與邦國、官府，俱有常義，故云常者上下通名也。又云“擾猶馴也”者，案《地官》注訓擾爲安，此言馴，不同者，馴是順之義，順即安，義亦通也。云“統猶合也”者，統者相統同，故爲合。“詰猶禁也”者，窮詰即禁止之義也。引《尚書》曰“度作詳刑，以詰四方”，此《尚書·吕刑》文，是吕侯訓夏贖刑以詳審詰禁四方，引證詰爲禁之義也。云“任猶傳也”者，傳猶立也，東齊人物立地中爲傳，蒯通説范陽令曰“天下之人所以不敢傳刃於公之腹者，畏秦法也，欲使百官皆立其功也”。云“生猶養也”者，若直云“生萬民”，則諸官皆生萬民，彼何異也？於義不安，故轉爲養。冬官主土地，所以養民故也。云“鄭司農云：治典，冢宰之職”者，及下“教典，司徒之職”、“禮典，宗伯之職”，六典皆言“之職”，此並是《序官》之下次有此文。“故立其官，曰使帥其屬而掌邦治”，此以下六者皆是六官之首有此文，司農揔引以釋“六典”也。云“此三時皆有官，唯冬無官”者，謂各六十官，唯冬無。云“無司空”者，對餘官有大宰、司徒、宗伯、司馬、司寇，此則無司空卿也。云“以三隅反之”者，凡物不圓則方，方則四隅，既有三隅，明有四隅。以言既有春、夏、秋三時之官，明有冬時之官可知，"則事典，司空之職"是也。云"《司空》之篇亡"者，謂六國時亡，其時以《考工記》代之。引《小宰職》者，欲見當有冬官之屬也。**以八灋治官府：一曰官屬，以舉邦治；二曰官職，以辨邦治；三曰官聯，以會官治；四曰官常，以聽官治；五曰官成，以經邦治；六曰官灋，以正邦治；七曰官刑，以糾邦治；八曰官計，以弊邦治。** ○釋曰：此"八法"雖不云"建"，亦有建義，故鄭注《大史職》云"六典、八法、八則，冢宰所建，以治百官，大史又建焉"是也。上六典云"治邦國"，此八法云"治官府"，官府，在朝廷之官府也。"一曰官屬，以舉邦治"以下，皆單言"邦"，據王國而言之。言官屬者，謂六官各有六十官之屬也。長官有屬官，官事得舉，故云以舉邦治。"二曰官職，以辨邦治"者，謂六官各有職，若天官治職之等，官各有職。辨，別也。官事有分別，故云以辨邦治也。"三曰官聯，以會官治"者，聯即連也。一官不能獨共，則衆官共舉之，然後事得合會，故云以會官治。"四曰官常，以聽官治"者，官常非連事通職，各自於當官常職而聽治之，故云以聽官治也。"五曰官成，以經邦治"者，官成者，謂官自有成事品式，依舊行之，以經紀邦治也。"六曰官法，以正邦治"者，官法謂當職所主舊法度，將此法度是正邦之治政也。"七曰官刑，以糾邦治"者，言官刑，非尋常五刑，謂官中之刑，以糾察邦治。"八曰官計，以弊邦治"者，官計謂平治官府之計也。弊，斷也。謂就計會之中有失者斷之，故云弊邦治也。此八法皆云"邦治"，官常、官聯二者不云"邦"而云"官"者，其官聯言官，欲取會合衆官乃始得治；官常言官，欲取官有常職，各自治其官。故二者不言"邦"而云"官"也，及《小宰》還從"邦"也[①]。**注** 百官所居曰府。弊，斷也。鄭司農云："官屬，謂六官其屬各六十，若今博士、大史、大宰、大祝、大樂屬大常也。《小宰職》曰'以官府之六屬舉邦治：一曰天官，其屬六十'是也。官職，謂六官之職。《小宰職》曰：'以官府之六職辨邦治：一曰治職，二曰教職，三曰禮職，四曰政職，五曰刑職，六曰事職。'官聯，謂國有大事，一官不能獨共，則六官共舉之。聯讀爲連，古書連作聯。聯謂連事通職，相佐助也。《小宰職》曰：'以官府之六聯合邦治：一曰祭祀之聯事，二曰賓客之聯事，三曰喪荒之聯事，四曰軍旅之聯事，五曰田役之聯事，六曰斂弛之

---

① "從邦"二字原作"從治"，阮本同。阮校云："此有誤。"孫校云："'從治'疑當作'從邦治'。謂《小宰職》云'以官府之六職辨邦治'，仍作'邦治'，不云'官治'也。"加藤云："'治'當作'邦'。"按上句"邦"、"官"皆不連言"治"，加藤説較優，據改。

聯事。'官常，謂各自領其官之常職，非連事通職所共也。官成，謂官府之成事品式也。《小宰職》曰：'以官府之八成經邦治：一曰聽政役以比居，二曰聽師田以簡稽，三曰聽閭里以版圖，四曰聽稱責以傅別，五曰聽禄位以禮命，六曰聽取予以書契，七曰聽賣買以質劑，八曰聽出入以要會。'官法，謂職所主之法度，官職主祭祀、朝覲、會同①、賓客者，則皆自有其法度。《小宰職》曰：'以法掌祭祀、朝覲、會同、賓客之戒具。'官刑，謂司刑所掌墨辠、劓辠、宮辠、刖辠、殺辠也。官計，謂三年則大計羣吏之治而誅賞之。"玄謂官刑，《司寇》之職"五刑"，"其四曰官刑，上能糾職"。官計，謂《小宰》之"六計"，所以斷羣吏之治。○釋曰：言"百官所居曰府"者，欲以"官府"爲一事解，與上"府史"之府別，彼府主藏文書，此府是百官所居處，皆是府聚之義也。鄭司農引"官屬，謂六官其屬各六十"，下引《小宰》所云者是也。云"若今博士云云屬大常也"者，司農據《漢百官年表》。漢始，叔孫通爲奉常，後改爲大常博士②。官刑，先鄭謂"司刑所掌墨辠、劓辠、宮辠、刖辠、殺辠"，此是正五刑，施于天下，非爲官中之刑，故後鄭不從之也。"官計，謂三年大計群吏之治而誅賞"者，此爲三年一考乃一計之，此官計每歲計之，故後鄭亦不從之。"玄謂官刑，《司寇》之職五刑，其四曰官刑，上能糾職"，是專施于官府之中，於義爲當也。"官計，謂《小宰》之六計，所以斷群吏之治"，群吏之治即是官中之計，於義亦當矣，故引破司農也。**以八則治都鄙：一曰祭祀，以馭其神；二曰灋則，以馭其官；三曰廢置，以馭其吏；四曰禄位，以馭其士；五曰賦貢，以馭其用；六曰禮俗，以馭其民；七曰刑賞，以馭其威；八曰田役，以馭其衆。**○釋曰："則"，亦法也。以"八則"治三等采地之"都鄙"也。"一曰祭祀，以馭其神"者，采地之中祭祀宗廟、社稷、五祀。下注云"凡云馭者，所以歐之内之於善"③，則於祭祀之中，宗廟先祖則無可去取，至社稷配食者，若取句龍、后稷上公有功，是内之善也。"二曰法則，以馭其官"者，法則謂官之制度。制度與在官爲法則，使不僭差，亦所以歐之使入善也。"三曰廢置，以馭其吏"者，謂有罪則廢退之，有賢則舉置而贊之，亦所以歐人於善也。"四曰禄位，以馭其士"者，士謂學士。學士有賢行、學業，則詔之以爵位、

---

① "同"字原作"制"，據婺本、金本、阮本改。

② 阮校云："盧文弨云：'博士'二字衍。案《漢制考》引此疏無此二字。"

③ "歐"字阮本作"毆"，阮校云："閩、監、毛本'毆'改'歐'，下並同。"按"毆"即《說文》"歐"之隸變字，朱駿聲《說文通訓定聲》以"歐"爲"毆"之假借字。阮本亦多借"歐"字爲"毆"，底本亦多作"歐"。下凡"歐"字徑録作"歐"。

禄賞，亦是敺之於善也。"五曰賦貢，以馭其用"者，采地之民口率出泉爲賦，有井田之法，一夫之田税入於官，官得之，節財用，亦是使人入善，故云以馭其用也。"六曰禮俗，以馭其民"者，俗謂昏姻之禮舊所常行者爲俗。還使民依行，使之入善，故云以馭其民。"七曰刑賞，以馭其威"者，謂有罪刑之，有功賞之，使人入善畏威，故云以馭其威。"八曰田役，以馭其衆"者，謂采地之中得田獵、使役於民，皆當不奪農時，使人入善，故云以馭其衆也。據此文，則卿大夫得田獵。而《春秋左氏傳》鄭大夫豐卷請田，子産不許者，彼常田之外臨祭取鮮，唯人君耳；大夫唯得常田，故《禮》云"大夫不掩群"，亦是常田。豐卷亦僭取鮮，故子産云"唯君用鮮"，明大夫不合也。注都之所居曰鄙。則，亦法也。典、法、則所用異，異其名也。都鄙，公卿大夫之采邑、王子弟所食邑，周、召、毛、聃、畢、原之屬在畿内者。祭祀，其先君、社稷、五祀。法則，其官之制度。廢猶退也。退其不能者，舉賢而置之。禄，若今月奉也。位，爵次也。賦，口率出泉也。貢，功也，九職之功所税也。禮俗，昏姻、喪紀舊所行也。鄭司農云："士，謂學士。"○釋曰：上言"邦國"，則諸經有邦、國別言之者，故解爲"大曰邦，小曰國"；此采地云"都鄙"，諸文無或言都、或言鄙别號，故鄭云"都之所居曰鄙"。《大司徒》云："凡造都鄙。"鄭云："其界曰都；鄙，所居也。"《春秋傳》曰："遷鄭焉而鄙留。"是鄙所居不遷也①。云"則，亦法也。典、法、則所用異，異其名也"者，謂典、法、則三者相訓，其義既同，但邦國言"典"、官府言"法"、都鄙言"則"，是所用處異，故别言之，其實義通也。云"都鄙，公卿大夫之采邑"者，《載師職》云"家邑任稍地"，則大夫之采也；"小都任縣地"，則六卿之采也，"大都任畺地"，則三公之采也。云"王子弟所食邑"者，親王子母弟，與公同處而百里；次疏者，與六卿同處而五十里；次疏者，與大夫同處二十五里。案《禮記·禮運》云："天子有田以處其子孫。"鄭注《中庸》云："同姓雖恩不同，義必同也。尊重其禄位，所以貴之，不必授以官守。"然則王子母弟雖食采也，未必則有官②；有官則依公卿大夫食邑，不假别言也。云"周、召、毛、聃、畢、原之屬"者，僖二十四年《左傳》，召穆公云："管、蔡、郕、霍、魯、衛、毛、聃、郜、雍、曹、滕、畢、原、豐、郇，文之昭也；邘、晉、應、韓，武之穆也。"今鄭直云"周、召、毛、聃、畢、原之屬在畿内者"，其餘或在畿外，故不盡言也。引之者，證王子弟有采邑也。云"祭祀，其先君、社稷、五祀"者，案《孝經·大夫章》不云社稷，則諸侯卿

---

① "不"字原作"下"，據阮本改。
② "則"字阮本作"别"。

大夫也；若王子母弟及三公稱諸侯者，五廟、五祀、三社、三稷，故云祀先君、社稷、五祀也。云“法則，其官之制度”者，謂宮室、車旗、衣服之等，皆不得僭也。云“禄，若今月奉也”者，古者禄皆月別給之，漢之月奉亦月給之，故云若今月奉也。云“位，爵次也”者，言朝位者皆依爵之尊卑爲次，則經云“位”據立^①，故云爵次也。云“賦，口率出泉也”者，下文“九職”、“九賦”，職、賦相繼而言，故知賦即九賦，口率出泉也。云“貢，功也，九職之功”者，亦約下文言“九賦”上言“九職”，九職任之，九賦斂之，是以《大府》云“九賦、九功”，九功即九職之功，故鄭於此以貢爲功，是九職之功出税也。云“禮俗，昏姻、喪紀”者，《曲禮》云：“君子行禮，不求變俗。”“若不醴，醮用酒”，是其一隅也。云“鄭司農云：士，謂學士”者，經云“禄位以馭其士”，使進受禄位，故知士，學士也。**以八柄詔王馭羣臣：一曰爵，以馭其貴；二曰禄，以馭其富；三曰予，以馭其幸；四曰置，以馭其行；五曰生，以馭其福；六曰奪，以馭其貧；七曰廢，以馭其罪；八曰誅，以馭其過。** ○釋曰：大宰以此“八柄”詔告于王“馭群臣”。餘條皆不言“詔”，獨此與下八統言“詔王”者，餘並群臣職務，常所依行，歲終致事，乃考知得失；此乃王所操持，王不獨執，群臣佐之而已，故特言詔也。言“馭”者，此八者皆是歐群臣入善之事，故皆言馭也。“一曰爵，以馭其貴”者，《司士》云“以德詔爵”，有賢乃受爵，是馭之以貴也。“二曰禄，以馭其富”者，《司士》云“以功詔禄”，禄所以富臣下，故云以馭其富。“三曰予，以馭其幸”，謂言語偶合于善，有以賜予之，故云以馭其幸。“四曰置，以馭其行”者，有賢行則置之于位，故云以馭其行。“五曰生，以馭其福”者，生猶養也。臣有大勳勞者，使子孫享養之，是福祐之道也^②，故云以馭其福。“六曰奪，以馭其貧”者，謂臣有大罪，身殺^③，奪其家資，故云以馭其貧。“七曰廢，以馭其辠”者，廢，放也^④。謂臣有大罪，君不忍刑殺，放之以遠，故云以馭其辠。“八曰誅^⑤，以馭其過”者，臣有過失，非故爲之者，誅，責也，則以言語責讓之^⑥，故云以馭其過也。此經八事，自

---

① 阮校引盧文弨説疑“立”爲“朝位”二字之誤。
② “道”字原作“幽”，據阮本改。
③ “身”字原作“有”，據阮本改。
④ “放”字原作“明”，據阮本改。
⑤ “八”字原作“意”，據阮本改。
⑥ “言”字原作“理”，據阮本改。

"五曰"已上皆是善事①，則大善者在前，小善者在後；自"六曰"已下皆是惡事②，則大惡者在前，小惡者在後。案《内史》亦言此八柄之事，唯"一曰爵，二曰禄"與此同③，"三曰廢，四曰置，五曰殺，六曰生，七曰予，八曰奪"，文亂與此不同者，彼欲見事起無常，故所言不次也。又彼變誅言殺，欲見爲惡不止則殺之，或可見此過失則圜土之刑人也，出圜土則殺之，故《内史》變誅言殺也。且此中爵與禄、廢與置皆別文，以王德爲大，能明辨之，四者設文有別；"八則"中爵禄及廢置皆共文者，以其德小，不能辨故也。注柄，所秉執以起事者也。詔，告也、助也。爵，謂公、侯、伯、子、男、卿、大夫、士也。《詩》云："誨爾序爵。"言教王以賢否之第次也。班禄所以富臣下。《書》曰："凡厥正人，既富方穀。"幸，謂言行偶合於善，則有以賜予之，以勸後也。生猶養也。賢臣之老者王有以養之。成王封伯禽於魯，曰"生以養周公，死以爲周公後"是也。五福一曰壽。奪，謂臣有大罪没入家財者。六極四曰貧。廢猶放也。舜殛鯀于羽山是也。誅，責讓也。《曲禮》曰："齒路馬有誅。"凡言馭者，所以歐之内之於善。○釋曰："柄"者，謂八者若斧斤之柄，人"所秉執以起事"，故以柄言之也。云"爵，謂公、侯"已下者，欲見周法爵及命士。不言孤者，"卿"中含之，故《考工記》云"外有九室，九卿朝焉"，九卿謂三孤六卿，是卿中含孤也。引《詩》"誨爾序爵"者，《大雅·桑柔》詩。序是先後次第之言。誨，教也。故鄭云"言教王以賢否之第次也"。又引《書》者，是《尚書·洪範》之文。云"凡厥正人，既富方穀"者，厥，其也。方，道也。穀，善也。凡其正直之人，既以爵禄富之，又以善道接之引之者，證"以馭其富"也。云"成王封伯禽於魯，曰生以養周公，死以爲周公後是也"者，此並文公十三年《公羊傳》文。彼云："周公拜乎前，魯公拜乎後，曰：'生以養周公，死以爲周公主。'"此云"爲周公後"，不同者，鄭以義言之。又云"五福一曰壽"者，此亦《洪範》文。引之者，證賢臣老，養之，是五福一曰壽，故曰"以馭其福"也。云"六極四曰貧"，亦《洪範》文。引之者，證大罪奪之家資，"以馭其貧"也。云"廢猶放也。舜殛鯀于羽山"者，鯀治水九載，績用不成。殛，誅也。羽山，東裔也。云"《曲禮》曰：齒路馬有誅"者，齒，謂年之。路馬，君之所乘馬。輒年之則有誅責。引之者，證"誅"爲言語責之，非有刑罪也。以八統詔王馭萬民：一曰親親，二曰敬故，三曰進賢，

---

① "是"字原作"象"，據阮本改。
② "事"字原作"象"，據阮本改。
③ "唯"字原作"象"，據阮本改。按此以上共八條，皆行首第一字因補版而致訛。

四曰使能，五曰保庸，六曰尊貴，七曰達吏，八曰禮賓。○釋曰：鄭云："統，所以合牽以等物也。"此八者，民與在上同有。物，事也。謂牽下民使與上合，皆有以等其事，上行之，下效之也，故以"萬民"爲主也。"一曰親親"者，君與民俱親九族之親。"二曰敬故"者，君與民皆須恭敬故舊朋友。"三曰進賢"者，有賢在下，君當招之，民當舉之，是君民皆進賢也。"四曰使能"者，下有技能，君民共舉任之。"五曰保庸"者，保，安也。庸，功也。有功者上下俱賞之以禄，使心安也。"六曰尊貴"者，臣有貴者，君民共尊敬之。"七曰達吏"者，吏勤勞在民間，在下位不能自達者，進之於上而用之也。"八曰禮賓"者，天子待朝聘之賓，在下皆當禮於賓客。此八者先親親後賓客，亦是先後之次也。注統，所以合牽以等物也。親親，若堯親九族也。敬故，不慢舊也。晏平仲久而敬之。賢，有善行也[1]。能，多才藝者。保庸，安有功者。尊貴，尊天下之貴者。《孟子》曰："天下之達尊者三：曰爵也，德也，齒也。"《祭義》曰："先王之所以治天下者五[2]：貴有德，貴貴，貴老，敬長，慈幼。"達吏，察舉勤勞之小吏也。禮賓，賓客諸侯，所以示民親仁善鄰。○釋曰：云"親親，謂若堯親九族也"者，《堯典》云："克明俊德，以親九族。"則堯能任用俊德之賢以自輔，乃能親九族，上至高祖，下及玄孫之親，旁及五服，民亦效之而親九族也。云"敬故，不慢舊也"，引"晏平仲久而敬之"者，謂他人久敬平仲，由平仲敬於他人，善在平仲。故親親引堯，敬故引平仲，欲見上下通有，是以《伐木》詩是文王敬故也。云"賢，有善行也。能，多才藝者"，案《鄉大夫》云："興賢者，出使長之；興能者，入使治之。"是賢，有六德、六行者；能者，直六藝而已。云"尊貴，尊天下之貴者"者[3]，謂天下有貴皆尊之。云"《孟子》曰：天下之達尊者三"，謂三者天下通達行之。三者即爵、德、齒也。"爵"，即經云賢者爲大夫、能者爲士，皆是用"德"爲爵，證經任賢能也。云"齒也"者，謂若《黨正》飲酒之禮，六十已上在堂上，以齒。此連引之，於經無所當也。云"《祭義》曰：先王之所以治天下者五：貴有德"者，即舉賢者也；"貴貴"，即尊貴也；"貴老，敬長，慈幼"者，三者於經無所當，亦連引之耳。云"達吏，察舉勤勞之小吏也"者，小

---

① 阮校云："浦鏜云：注本作'賢，有德行者'，從集注校，今本'德'作'善'、'者'誤'也'，疏内同。案疏引'六德六行'以釋此句，是賈疏本作'德行'，淺人臆改爲'善行'耳。以下句'能，多才藝者'文法例之，'也'當本作'者'。"按《地官·鄉大夫職》鄭注云"賢者，有德行者。能者，有道藝者"，《秋官·小司寇職》注云"賢，有德行者"，浦、阮校是也。

② "者"字原脱，據婺本、金本、阮本補。

③ "天下"上原脱"尊"字，據阮本補。

吏在民間，謂若比長、閭胥之等，雖小吏，堪任大官，故察舉用之。云"禮賓，賓客諸侯"者，謂若《大行人》上公、侯、伯、子、男之禮，皆爲等級以禮之，是賓客諸侯也。云"所以示民親仁善鄰"者，親仁善鄰，《左氏》隱公六年陳五父之辭。親仁善鄰則當禮賓，故引以證"禮賓"也。**以九職任萬民：一曰三農，生九穀；二曰園圃，毓草木；三曰虞衡，作山澤之材；四曰藪牧，養蕃鳥獸；五曰百工，飭化八材；六曰商賈，阜通貨賄；七曰嬪婦，化治絲枲；八曰臣妾，聚斂疏材；九曰閒民，無常職，轉移執事。**　○釋曰：此九者，皆是民之職業，故云"任萬民"也。"一曰三農，生九穀"者，言三農，謂農民於原、隰及平地三處營種，故云三農生九穀也。"二曰園圃，毓草木"者，此圃即《載師》所云"場圃任園地"，謂在田畔樹菜蔬果蓏者，故云毓草木也。"三曰虞衡，作山澤之材"者，謂任山澤之民所作事業，材木而已。"四曰藪牧，養蕃鳥獸"者，謂任藪牧之民事業，使之長養蕃滋飛鳥走獸而已。"五曰百工，飭化八材"者，謂百種巧作之工所爲事業，變化八材爲器物而飭之而已。飭，勤也。勤力以化八材。"六曰商賈，阜通貨賄"者，謂商賈之家所爲事業，通貨賄使之阜盛。"七曰嬪婦，化治絲枲"者，嬪婦謂國中婦人有德行者。治理變化絲枲以爲布帛之等也。"八曰臣妾，聚斂疏材"者，謂男女貧賤號爲臣妾者所爲事業，聚斂百草根實而已。"九曰閒民，無常職，轉移執事"者，其人爲性，不營己業，爲閒民，而好與人傭賃，非止一家，轉移爲人執事，以此爲業者耳。**注**任猶傳也。鄭司農云："三農，平地、山、澤也。九穀，黍、稷、秫、稻、麻、大小豆、大小麥。八材，珠曰切[①]、象曰瑳、玉曰琢、石曰磨、木曰刻、金曰鏤、革曰剝、羽曰析。閒民，謂無事業者，轉移爲人執事，若今傭賃也。"玄謂三農，原、隰及平地。九穀無秫、大麥而有粱、苽。樹果蓏曰圃；園，其樊也。虞衡，掌山澤之官，主山澤之民者。澤無水曰藪；牧，牧田，在遠郊。皆畜牧之地。行曰商，處曰賈。阜，盛也。金玉曰貨，布帛曰賄。嬪，婦人之美稱也。《堯典》曰："釐降二女嬪于虞。"臣妾，男女貧賤之稱。晉惠公卜懷公之生，曰"將生一男一女，男爲人臣，女爲人妾"。生而名其男曰圉，女曰妾。及懷公質於秦，妾爲宦女焉。疏材，百草根實可食者。疏不熟曰饉。○釋曰：云"任猶傳也"者[②]，傳謂立也，使民之業得立。云"鄭司農云：三農，平地、山、

---

①　"珠"字原作"骨"。按賈疏云"八材云'珠曰切'之下，並《爾雅》文，皆是治器用之名也。然今《爾雅》云'骨曰切'者，蓋司農讀《爾雅》本作'珠'也"，則賈所見本先鄭注作"珠"，"骨"字蓋據傳本《爾雅》校改，茲據婺本、金本、阮本改正。

②　"任"字原作"在"，據阮本改。

澤也”者，以其積石曰山，水鍾曰澤，不生九穀，故後鄭不從之也。云“九穀，黍、稷、秫、稻、麻、大小豆、大小麥”者，此九者，後鄭以爲無秫、大麥而有粱、苽。八材云“珠曰切”之下，並《爾雅》文，皆是治器用之名也。然今《爾雅》云“骨曰切”者，蓋司農讀《爾雅》本作“珠”也。云“玄謂三農，原、隰及平地”者，《爾雅》：“高平曰原，下濕曰隰。”原及平地可種黍、稷之等，隰中可種稻、麥及苽也。云“九穀無秫、大麥而有粱、苽”者，以秫爲赤粟，與稷黏疎爲異，故去之；大麥所用處少，故亦去之。必知有粱、苽者，下《食醫》云“凡膳食之宜”，有“犬宜粱”、“魚宜苽”，故知有粱、苽也。且前七穀之中，依《月令》，麥屬東方，黍屬南方，麻屬西方，豆屬北方，稷屬中央，故知有黍、稷、麻、豆、麥。稻與小豆所用處多，故知有稻、有小豆。必知有大豆者，《生民》詩云“藝之戎菽”，戎菽，大豆，后稷之所殖，故知有大豆也。云“樹果蓏曰圃；園，其樊”者，案《漢書•食貨志》云：“田中不得有樹，用妨五穀，環廬樹桑麻、菜茹、瓜瓠、果蓏。”應劭曰：“木曰果，草曰蓏。”張晏曰：“有核曰果，無核曰蓏。”臣瓚曰：“木上曰果，地上曰蓏。”劭與瓚義同，晏獨異也。案《載師》云：“場圃任園地。”則圃在園中，故鄭云“樹果蓏曰圃；園，其樊”。是以《詩》云“折柳樊圃”，謂與圃爲樊，樊，其蕃蔽也。云“虞衡，掌山澤之官，主山澤之民者”，案《地官》，掌山澤者謂之虞，掌川林者謂之衡。則衡不掌山澤，而云“虞衡作山澤”者，欲互舉以見山澤兼有川林之材也。鄭既云虞衡掌山澤之官，復云山澤之民者，欲見虞衡是官，非出稅之人；以山澤之民無名號，故借虞衡之官以表其民。所任者，任山澤之萬民。山虞、澤虞之官非是以任出稅之物，但主山澤之民也。云“澤無水曰藪”者，《地官•澤虞》云“大澤大藪”，藪、澤別言。《詩》云：“叔在藪，火烈具舉。”藪若有水，不得田獵，故知澤無水曰藪也。云“牧，牧田，在遠郊”，知者，見《載師》云“牧田、賞田任遠郊之地”。云“皆畜牧之地”者，謂藪牧皆是畜牧之地。案《載師職》鄭注：“牧田，畜牧者之家所受田也。”非畜牧之地。此解違者，但牧六畜之地無文，鄭約與家人所受田處即有六畜之地，故云在遠郊也。云“行曰商，處曰賈”者，諸官之下有賈人，無行法，故曰處。《易•復•象》曰：“至日閉關，商旅不行。”是行曰商也。云“金玉曰貨”者，案《食貨志》：“王莽居攝，更作金、銀、龜、貝、錢、布之器，名曰寶貨。”是自然之物曰貨也。《聘禮》曰：“賄用束紡。”是人所爲曰賄也。若然，《王制》云“錦文珠玉，不粥于市”，此商賈得通之在市者，彼據珠玉有錦文者，或彼異代禮也。案《左氏》襄十五年：“宋人獻玉于子罕，子罕寘諸其里，使玉人爲之攻之，富而後使復其所。”服氏云：“富，賣玉得富。”是其得粥玉也。云“嬪，婦人之美稱也”者，此是國中婦人有德行，故稱嬪。引《堯典》“釐降二女嬪于虞”者，欲見嬪是婦人美稱之義耳。云“臣妾，男女貧賤之稱”者，或奴戮之餘胤，或背德之質子，晉衛之男女皆是①，故引晉惠以釋之也。云"晉惠"已下，皆《左氏傳》。僖十七年夏，晉太子圉爲質于秦，云："惠公之在梁，梁伯妻之。梁嬴孕，過期，卜招父與其子卜之。其子曰：'將生一男一女。'招曰：'然，男爲人臣，女爲人妾。'及生，男曰圉，女曰妾。"注："養馬曰圉，不聘曰妾。"後"子圉西質，妾爲宦女"是也。此鄭與文異者，鄭以義增之也。云"疏材，百草根實"者，百草或取根，謂若菱芡之屬，或取實，謂若榛栗之屬，皆是"根實可食"也。云"疏不熟曰饉"者，《爾雅》云："穀不熟爲饑，疏不熟爲饉，疏穀皆不熟則曰大荒。"

以九賦斂財賄：一曰邦中之賦，二曰四郊之賦，三曰邦甸之賦，四曰家削之賦，五曰邦縣之賦，六曰邦都之賦，七曰關市之賦，八曰山澤之賦，九曰幣餘之賦。

〇釋曰：云"以九賦斂財賄"者，此賦謂口率出泉，其處有九，故云九也。既云賦得口率出泉②，則財賄非泉，而云斂財賄者，計口出泉，無泉者取財賄以當筭泉之賦，故云斂財賄也。"一曰邦中之賦"者，謂國中之民出泉也。"二曰四郊之賦"者，計遠郊百里之内民所用出泉也。"三曰邦甸之賦"者，謂郊外曰甸，百里之外、二百里之内民所出泉也。"四曰家削之賦"者，謂三百里之内，地名削，其中有大夫采地，謂之家，故名家削。大夫采地中賦稅入大夫家，但大夫家采地外其地爲公邑，公邑之内其民出泉入王家，故舉家稍以表公邑之民也。"五曰邦縣之賦"者，四百里地名縣，有小都，賦入采地之主，其中公邑之民出泉入王家也。"六曰邦都之賦"者，其五百里中有大都。大都采地其賦入主，外爲公邑，其中民所出泉入王家也。"七曰關市之賦"者，王畿四面皆有關門，及王之市廛二處，其民之賦，口稅所得之泉也。"八曰山澤之賦"者，謂山澤之中財物山澤之民以時入而取之，出稅以當邦賦，所稅得之物貯之而官未用，有人占會取之，爲官出息，此人口稅出泉，謂之山澤之賦也。"九曰幣餘之賦"者，謂爲國營造，用物有餘，並歸之於職幣，得之不入府藏，則有人取之，爲官出泉，此人亦口稅出泉謂之幣餘之賦。然關市、山澤、幣餘不出上六處，而特言者，以其末作，當增賦故也。

　　注財，泉穀也。鄭司農云："邦中之賦二十而稅一，各有差也。幣餘，百工之餘。"玄謂賦，口率出泉也。今之筭泉，民或謂之賦，此其舊名與？《鄉大夫》："以歲時登其夫家之衆寡，辨其可任者。國中自七尺以及六十，野自六尺以及六十有五，皆征之。"《遂師》之職亦云："以徵其財征。"皆謂此賦也。邦中，在城郭者。四郊，去國百里；邦甸，二百

里;家削,三百里;邦縣,四百里;邦都,五百里。此平民也。關市、山澤,謂占會百物;幣餘,謂占賣國中之斥幣。皆末作,當增賦者,若今賈人倍筭矣。自邦中以至幣餘,各入其所有穀物以當賦泉之數。每處爲一書,所待異也。○釋曰:知"財"得爲"泉"者,見《外府》云"掌邦布之出入、賜予之財用",以此知財中有泉也。又知"財"中有"穀"者,案《禮記·喪大記》云:"納財,朝一溢米。"米即是穀,故知財中有穀也。云"鄭司農云:邦中之賦二十而稅一,各有差也"者,先鄭約《載師》"園廛二十而一,近郊十一,遠郊二十而三",故云各有差。後鄭不從者,以關市、山澤、幣餘之賦皆無地稅,即上云邦中、四郊之等亦非地稅,故不從也。云"幣餘,百工之餘",後鄭不從者,若是百工之餘,當歸之職幣,何有稅乎?云"玄謂賦,口率出泉也"者,案《大府》云"九貢、九賦、九功"各別,又見《司會》云"以九貢致邦國之財用,以九賦令田野之財用,以九功令民職之財用",貢、賦及功各別,賦爲口泉也,是以鄭君引漢法,"民年二十五已上至六十[1],出口賦錢,人百二十以爲筭",故鄭於此注亦云"今之筭泉,民或謂之賦,此其舊名與"。又引《鄉大夫》"以歲時登其夫家"已下及《遂師職》者,欲見征、賦爲一,皆是口率出泉,破司農爲地稅也。云"邦中,在城郭"已下至"五百里",此皆約《載師》所云遠郊、甸地、削地、縣地、畺地之等遠近之差。云"此平民也"者,謂"六曰"已上皆是平善之民。先王以農爲本,故謂之平民也。對"七曰"已下非農民者,爲"末作"也。云"關市、山澤,謂占會百物"者,謂關上以貨出入,有稅物;市,若《泉府》"廛布"、"總布"之等,亦有稅物;山澤,民人入山澤取材物,亦有稅物。此人占會百物,爲官出息。"幣餘,謂占賣國中斥幣",斥幣,謂此物不入大府,指斥出而賣之,故名斥幣。云"當增賦者"者,謂口率出泉增於上農民,故云"若今賈人倍筭矣"。云"自邦中以至幣餘,各入其所有穀物以當賦泉之數"者,以經云"斂財賄",財賄即是穀物,取之以當賦泉之數,若漢法人百二十。云"每處爲一書,所待異也"者,此九賦所得財物給下九式之用,九式用處不同,故此九賦分爲九處,是以每一處爲一書,以待其出。式謂用財之節度,是所待異也。**以九式均節財用:一曰祭祀之式,二曰賓客之式,三曰喪荒之式,四曰羞服之式,五曰工事之式,六曰幣帛之式,七曰芻秣之式,八曰匪頒之式,九曰好用之式。**○釋曰:云"以九式均節財用"者,式,謂依常多少,用財法式也。"一曰祭祀之式"

① 孫校云:"衛宏《漢舊儀》云'令民男女年十五以上至五十六,出賦錢,人百二十爲一算,以給車馬',賈説即出於彼。此'十五'上衍'二'字,'五十六'譌'六十'。"

71

者，謂若大祭、次祭用大牢，小祭用特牲之類。“二曰賓客之式”者，謂若上公饔餼九牢、飧五牢①、五積之類。“三曰喪荒之式”者，喪，謂若諸侯、諸臣之喪，含襚贈奠賻賵之類。王家之喪所用大，非此所共也。荒，謂凶年，穀不熟，有所施與也。“四曰羞服之式”者，謂王之膳羞衣服所用也。“五曰工事之式”者，謂百工巧作器物之法。“六曰幣帛之式”者，謂若贈勞賓客也。“七曰芻秣之式”者，謂牛馬禾穀也。“八曰匪頒之式”者，謂若分賜群臣也。“九曰好用之式”者，燕好所施予也。此九者，亦依尊卑緩急爲先後之次也。**注**　式，謂用財之節度。荒，凶年也。羞，飲食之物也。工，作器物者。幣帛，所以贈勞賓客者。芻秣，養牛馬禾穀也。鄭司農云：“匪，分也。頒讀爲‘班布’之班，謂班賜也。”玄謂王所分賜羣臣也。好用，燕好所賜予。〇釋曰：云“荒，凶年也”者，《曲禮》云：“歲凶，年穀不登。”是凶年也。云“羞，飲食之物也”者，謂若《膳夫》“飲用六清，食用六穀，醬用百有二十甕”之類。云“工，作器物者”，若《考工》所作器物也。云“幣帛，所以贈勞賓客者”，謂若《司儀職》“上公三問三勞”之等，皆有束帛；《聘禮》“賄用束紡”。云“芻秣，養牛馬禾穀”者，謂若《聘禮》致饔餼“芻”、“禾”之等也。云“玄謂王所分賜群臣”者，就足司農“班賜”之義也。云“好用，燕好所賜予”者，以其言好，則知是燕飲有所愛好，自因歡樂則有賜予也。**以九貢致邦國之用：一曰祀貢，二曰嬪貢，三曰器貢，四曰幣貢，五曰材貢，六曰貨貢，七曰服貢，八曰斿貢，九曰物貢。**　〇釋曰：云“致邦國之用”者，謂此“貢”，諸侯邦國歲之常貢，則《小行人》云“令春入貢”是也。《大行人》云：“侯服歲一見，其貢祀物。”彼謂因朝而貢，與此別也。但諸侯國內得民稅，大國貢半，次國三之一，小國四之一。所貢者，市取當國所出美物，則《禹貢》所云“厥篚”、“厥貢”之類是也。**注**　嬪故書作賓。鄭司農云：“祀貢，犧牲、包茅之屬。賓貢，皮帛之屬。器貢，宗廟之器。幣貢，繡帛。材貢，木材也。貨貢，珠貝自然之物也。服貢，祭服。斿貢，羽毛②。物貢，九州之外各以其所貴爲摯，肅慎氏貢楛矢之屬是也。”玄謂嬪貢，絲枲。器貢，銀鐵石磬丹漆也。幣貢，玉馬皮帛也。材貢，櫄榦栝柏篠簜也。貨貢，金玉龜貝也。服貢，絺紵也。斿讀如“囿游”之游。游貢，燕好珠、璣、琅

---

① “飧”字原作“飱”，阮本同。《秋官·司儀職》“致飧如致積之禮”句阮校云：“作‘飧’與《説文》合，作‘飱’則易與唐人所作‘餐’字混。”按底本及阮本皆“飧”、“飱”錯見，兹盡據《説文》正篆，不一一出校。

② 段考謂“毛”當作“旄”：“旄者，旄牛尾。”孫疏謂“毛”、“旄”皆“氂”之假借字。

玗也。物貢，雜物魚鹽橘柚。○釋曰：言"故書"者，鄭注《周禮》時有數本。劉向未校之前，或在山巖石室有古文，考校後爲今文。古今不同，鄭據今文注，故云"故書作賓"。此九貢，皆是諸侯賓之所貢，不得特以一事爲賓貢，"賓貢"者非也。若言"嬪貢"，謂絲枲，堪爲婦人所作，是也。鄭司農云"祀貢，犧牲、包茅之屬"者，案《禮記·禮器》云："三牲、魚、腊，九州之美物。"故知祀貢有犧牲也。案僖公四年，齊責楚"包茅不入，王祭不共，無以縮酒"，故知祀貢中有包茅。云"賓貢，皮帛之屬"，後鄭從嬪不從賓，如上釋也。云"器貢，宗廟之器"者，《大行人》因朝而貢者得有成器，此歲之常貢，不得有成器，故後鄭不從也。云"幣貢，繡帛"者，《禹貢》有"厥篚織貝"及"玄纖縞"之等，故知幣貢中有繡帛也。云"材貢，木材也"者，案《禹貢》中有"惟木"，故知材貢中有木材也。云"貨貢，珠貝自然之物也"者，亦據《食貨志》爲說。云"服貢，祭服"者，後鄭亦不從，以《大行人》因朝而貢有祭服，此歲之常貢，不得有成服。云"斿貢，羽毛"者，亦不從者，以其斿據人宴好，不得據物上生稱[1]，故不從也。云"物貢，九州之外各以其所貴爲摯"，又引"肅慎氏貢楛矢之屬"，後鄭不從者，以其九州之外世一見，無此歲之常貢之法也。云"玄謂嬪貢，絲枲"者，絲枲，青州所貢，此破先鄭爲賓貢。云"器貢，銀鐵石磬丹漆也"者，銀、鐵，梁州所貢；漆，兗州所貢；石即礪砥，荊州所貢；磬即泗濱浮磬，徐州所貢。云"幣貢，玉馬皮帛也"者，《禹貢》堯時無貢馬法，《覲禮》諸侯享禮云"匹馬卓上，九馬隨之"，周則有之。玉即球琳[2]，皮即熊羆狐狸，並雍州所貢；帛即織貝之類，楊州所貢。此增成先鄭之義。云"材貢，櫄榦栝柏篠簜也"者，並荊州所貢。此亦增成先鄭之義。云"貨貢，金玉龜貝也"者，亦增成先鄭之義。龜出九江，荊州所貢；玉即球琳，亦雍州所貢；金即金三品，及貝，楊州所貢。云"服貢，絺紵也"者，豫州所貢。云"斿讀爲囿游之游。游貢，燕好珠、璣、琅玕也"者，此破先鄭物上生名爲"羽毛"也。珠即蠙珠，徐州所貢；璣即璣組，荊州所貢[3]；琅玕，雍州所貢。云"物貢，雜物魚鹽橘柚"者，此亦破先鄭之義。魚即鱀魚，徐州所貢；鹽，青州所貢；橘柚，荊、楊所貢。已上所貢之物，皆據《禹貢》而言。**以九兩繫邦國之民：一曰牧，以地得民；二曰長，以貴得民；三**

---

① "物"字原作"鳥"，阮校謂"物"字爲是，茲據改，賈疏下文云"此破先鄭物上生名爲羽毛也"，可資比勘。

② "球"字原作"琜"。按賈疏皆據《禹貢》爲說，下文云"玉即球琳，亦雍州所貢"，可證"琜"爲"球"之形訛字。阮本不誤，茲據改。

③ "貢"字原作"言"，據阮本改。

曰師，以賢得民；四曰儒，以道得民；五曰宗，以族得民；六曰主，以利得民；七曰吏，以治得民；八曰友，以任得民；九曰藪，以富得民。〇釋曰：言"邦國"，即據諸侯及萬民而言。謂王者於邦國之中立法，使諸侯與民相合耦而聯綴，不使離散，有九事，故云以"九兩繫邦國之民"也。"一曰牧，以地得民"者，謂畿外八州之中，州別立一州牧，使侯、伯有功德者爲之，使統領二百一十國，以有一州土地，集安萬民，故云牧以地得民也。"二曰長，以貴得民"者，謂一國立諸侯，與民爲君長，是一國之貴，民所仰放①，而民歸之，故云以貴得民也。"三曰師，以賢得民"者，謂諸侯已下立教學之官，爲師氏，以有三德、三行，使學子歸之，故曰以賢得民，民則學子是也。"四曰儒，以道得民"者，諸侯師氏之下又置一保氏之官，不與天子保氏同名，故號曰儒，掌養國子以道德，故云以道得民，民亦謂學子也。"五曰宗，以族得民"者，謂大宗子與族食、族燕，序以昭穆，故云以族得民，民即族人也。"六曰主，以利得民"者，主謂大夫，宣君政教，以利得民，民則采邑之民也。"七曰吏，以治得民"者，吏在民間，若比長、閭胥，有以治政之所得民②。"八曰友，以任得民"者，言以任，則非同門之朋友。謂在田里之間相佐助，以相任使而得民，即鄰伍聚居者。"九曰藪，以富得民"者，以上八者皆據人而言，此一者不據人而言藪者，見民之所居之處利益於人，澤藪之中多有材物。以富得民舉藪而言，則山澤十等皆有材物③，民居可知也。〇注兩猶耦也，所以協耦萬民。繫，聯綴也。牧，州長也。九州各有封域以居民也。長，諸侯也，一邦之貴，民所仰也。師，諸侯師氏，有德行以教民者。儒，諸侯保氏，有六藝以教民者。宗，繼別爲大宗，收族者。鄭司農云："主，謂公卿大夫，世世食采不絶，民稅薄利之。"玄謂利讀如"上思利民"之利，謂以政教利之。吏，小吏在鄉邑者。友，謂同井相合耦耡作者。《孟子》曰："鄉田同井，出入相友，守望相助，疾病相扶持④，則百姓親睦。"藪亦有虞，掌其政令，爲之厲

① "放"字阮本作"效"。

② 阮校云："疑作'有政治之所以得民'。"按阮校"政治"二字疑誤倒。

③ 阮校云："'十'當作'之'。"按《地官・大司徒職》云"辨其山林、川澤、丘陵、墳衍、原隰之名物"，所謂"山澤十等"即指此而言，賈疏屢云"《大司徒》地有十等"，此疏不必改"十"字爲"之"。

④ "持"字阮本同，嶽本、金本無。阮校云："嘉靖本作'疾病相扶'，無'持'字。案疏中引注正作'疾病相扶'；今諸本有'持'字者，淺人據今本《孟子》所增，當删正。"按底本此行剜擠一字，蓋原亦無"持"字。《冬官・匠人職》鄭注引作"疾病相扶持"者，亦當删"持"字。

禁,使其地之民守其材物,以時入于玉府①,頒其餘於萬民。富,謂藪中材物。○釋曰:
訓"兩猶耦"者,欲取在上與民相"協耦聯綴",使不離散也。云"牧,州長也"者,《禮記·
王制》云:"二百一十國以爲州,州有伯"。伯則長,故云"牧,州長也"。鄭注《下曲禮》云:
"選賢侯爲之。"云"九州各有封域以居民也"者,《詩》云:"帝命式于九圍。"九圍則九州,
各有封域疆界也。言此者,證"以地得民"。云"長,諸侯也"者,對則大夫稱長,諸侯稱
君;今此上言"牧",下言"長",故據諸侯也。云"師,諸侯師氏"者,此一經皆據諸侯,又
經云"以賢得民",是諸侯師氏也。云"有德行者",《師氏職》云:"以三德、三行教國子。"
故知有德行也。云"儒,諸侯保氏,有六藝者",以經云"以道得民",《保氏職》云"掌養國
子以道,教之六藝",故知諸侯保氏。不可同天子之官,故變保言儒,儒亦有道德之稱
也。"宗,繼別爲大宗,收族者",見《禮記·大傳》云"繼別爲大宗",對"繼禰爲小宗",故云
大;又云"敬宗故收族",族食、族燕,是所以收族也。鄭司農云"主,謂公卿大夫,世世食
采不絕,民稅薄利之"者,先鄭意,以薄稅爲"利"。後鄭不從者,稅法有常,故《孟子》云
"若輕之於堯舜,大貉小貉;重之於堯舜,大桀小桀",是不得有輕重,皆以什一爲正,何
得薄稅以利民乎? 故不從也。云"玄謂利讀如上思利民之利者,謂以政教利之"者②,
"上思利民,忠也",此《左氏傳》隨季良之辭也。云"吏,小吏在鄉邑者",謂若比長、閭
胥,或在鄉、或在公邑、采邑,皆是。云"友,謂同井相合耦耡作者",鄭意非謂同師曰
友③,正是同在井邑之間共居,若《里宰職》"合耦于耡",注云"合耦,使相佐助"者也。云
"《孟子》曰:鄉田同井,出入相友,守望相助,疾病相扶,則百姓親睦",引《孟子》"鄉田同
井"者,以證"友"是同井之友。但鄉遂爲溝洫不爲井田,而云鄉田同井者,鄉遂雖不爲
井田,亦三三相任以出稅,與井田同,故云同井。或解同井水,義亦通也。云"藪亦有
虞"者,地官澤虞職云"每大澤大藪中士二人",是藪有虞也。云"掌其政令"已下,皆《澤
虞職》文。云"富,謂藪中材物"者,謂有薪蒸蒲葦,藪中所有之物也。

　　正月之吉,始和布治于邦國④、都鄙,乃縣治象之灋于象魏,使

---

　　① "玉"字原作"王",金本、阮本同。按此鄭注本諸《地官·澤虞職》,彼云"以時入之
于玉府,頒其餘于萬民",故阮校謂"王"爲"玉"字之誤,與婺本合,兹據改。

　　② "政"字原作"故",據阮本改。

　　③ "鄭意"下阮本有"經意"二字。

　　④ 按鄭注"始和"二字連讀,王引之則謂"和"當讀爲"宣","和布者,宣布也",凡《大
司徒職》、《大司馬職》、《大司寇職》言"始和布"者皆同。

萬民觀治象,挾日而斂之。○釋曰:自此已下,皆謂施前事條。謂建子周之正月[1]。言"之吉",謂朔日也。始調和上"六典"、"八法"已下之事。和訖,當月即頒布此治職文書于諸侯邦國、卿大夫都鄙。言"乃縣"者,乃,緩辭。至建寅之正月,乃縣治象之法于雉門象魏,使萬民共觀治象。"挾日"者,從甲至甲,凡十日。"斂",藏之于明堂,於後月月受而行之,謂之告朔也。注正月,周之正月。吉,謂朔日。大宰以正月朔日布王治之事於天下,至正歲又書而縣于象魏,振木鐸以徇之,使萬民觀焉。小宰亦帥其屬而往,皆所以重治法,新王事也。凡治有故,言"始和"者,若改造云爾。鄭司農云:"象魏,闕也。故魯災,季桓子御公立於象魏之外,命藏象魏,曰:'舊章不可忘。'"從甲至甲謂之挾日,凡十日。○釋曰:知"正月"是"周之正月"者,下文"乃縣"是建寅,明上云"正月"是周正月。知"吉"是"朔日"者,《論語·鄉黨》云:"吉月,必朝服而朝。"是吉謂朔日。《禮記·玉藻》云:"諸侯皮弁聽朔于大廟。"或云吉,或云朔,聽朔在月一日,是知吉爲朔日也。云"大宰以正月朔日布王治之事于天下"者,言天下,即經"邦國、都鄙",是畿外畿內,徧天下,即《鄉大夫職》云"正月之吉,受法於司徒[2],退而頒之於其鄉吏",是司徒布教法從六鄉已下出,則此大宰布法亦從六鄉已下出也。云"至正歲又書而縣于象魏"者,此鄭釋經中"乃縣"。必知乃縣是正歲建寅之月者,下小宰所以佐大宰,彼云正歲縣之,與此乃縣爲一事,故至正歲縣也。鄭知"振木鐸"者,約《小宰》而知也。云"凡治有故,言始和者,若改造云爾"者,上"六典"已下至"九兩",國法常定,今云"始和",似更新其事,改造云爾,其實不改。鄭司農云"象魏,闕也"者,周公謂之象魏,雉門之外兩觀闕高魏魏然。孔子謂之觀,《春秋左氏》定二年"夏五月,雉門災,及兩觀"是也。云觀者,以其有教象可觀望。又謂之闕者,闕,去也,仰視治象,闕去疑事。或解闕中通門,是以莊二十一年云:"鄭伯享王于闕西辟。"注:"闕,象魏也。"案《公羊傳》云:"子家駒謂昭公云:'諸侯僭天子,大夫僭諸侯,久矣。'公曰:'吾何僭矣哉?'子家駒曰:'設兩觀,乘大路。'"何氏云:"天子兩觀,諸侯臺門。"則諸侯不合有觀也。若然,"雉門災,及兩觀",及《禮運》云"遊於觀之上",有觀亦是僭也。云"故魯災,季桓子御公立于象魏之外,命藏象魏,曰:舊章不可忘"者,此哀公三年《左氏傳》辭。案彼桓、僖廟災,天火曰災,謂桓、僖廟被天火所燒。舊章象魏在大廟中,恐火連及,故命藏之。若然,象魏縣教治

① 加藤謂"謂"上當脫"言正月"三字,與下文"言之吉"同例,賈疏述經,故云"言正月"。
② 浦鏜謂"法"上脱"教"字。

也。以其象魏建寅之月縣之十日,藏之大廟中。季桓子曰與公立於雉門象魏之外①,覩舊縣之處,故命藏大廟中象魏。引之者,證"象魏"是教象之法。又云"從甲至甲謂之挾日,凡十日"者,破諸家從甲至癸謂之挾日。挾,通也。若從甲至癸,仍有癸日,不得通挾,故以從甲至甲言之。**乃施典于邦國,而建其牧,立其監,設其參,傅其伍,陳其殷,置其輔。**○釋曰:上以言"六典治邦國"②,更言"施典于邦國",故鄭云"乃者,更申勑之"。所施者典③,則"建其牧"已下是也。建,立也。每一州之中立一牧。"立其監"者,每一國之中立一諸侯,使各監一國。"設其參"者,謂諸侯之國各立三卿。"傅其伍"者,謂三卿下各立五大夫。"陳其殷"者,三卿下各陳士九人,三九二十七。"置其輔"者,謂三卿下各設府、史、胥、徒。**注**乃者,更申勑之。以侯、伯有功德者加命作州長,謂之牧,所謂"八命作牧"者。監,謂公、侯、伯、子、男各監一國。《書》曰:"王啓監,厥亂爲民。"參,謂卿三人。伍,謂大夫五人。鄭司農云:"殷,治律。輔,爲民之平也。"玄謂殷,衆也,謂衆士也。《王制》,諸侯上士二十七人,其中士、下士各居其上之三分④。輔,府、史,庶人在官者。○釋曰:鄭云"以侯、伯有功德者加命作州長,謂之牧"者,案《下曲禮》云:"州牧於外曰侯。"即是先取侯有功德者爲牧,若無賢侯,伯亦得,故連言侯、伯有功德。云加命作州長者,以其侯、伯七命,州牧八命,故云加命作州長。云"所謂八命作牧者",案《大宗伯職》云"七命賜國,八命作牧"是也。若殷之牧下,天子使大夫三人爲三監。至周,使伯佐牧,不使大夫,故《詩•旄丘》序云:"《旄丘》,責衛伯也。"鄭云:"衛康叔之封爵稱侯,今曰伯者,時爲州伯也。周之法,使伯佐牧,即僖公四年'五侯九伯'。"五侯是州牧,九伯是牧下之伯。云"監,謂公、侯、伯、子、男各監一國",引《書》曰"王啓監,厥亂爲民"者,此是《尚書•梓材》之篇,周公封康叔而勑之,證"監"是諸侯之義也。云"參,謂卿三人"者,案《左氏傳》,杜泄云:"吾子爲司徒,夫子爲司馬,孟氏爲司空。"則諸侯三卿,司徒、司馬、司空也。云"伍,謂大夫五人"者,謂司徒下二大夫,一大夫爲司徒大夫,一大夫爲大宰大夫;司空下二大夫,一大夫主司空事,一大夫爲司寇大夫;司馬事省,闕一大夫,故五人。鄭司農云"殷,治律。輔,爲民之平也"者,謂置官主法律;輔爲人之平者,謂"置輔"是平斷。此先鄭蓋是後代之法,故後鄭易之。云

---

① 阮校謂"曰"字當依《左傳》作"至","與"字當作"御"。
② 浦鏜云:"'已'誤'以'。"按賈疏"已"、"以"二字通用無別。
③ 浦鏜云:"'者'當'之'字誤。"
④ 孫疏云:"據疏述注,'各居其上之三分'上疑本有'數'字。"

“玄謂殷，衆也，謂衆士”者，士稱殷，與旅同，並是衆義，故鄭云謂衆士也[①]。又引《王制》“諸侯上士”已下者，案彼注，大國之士爲上，次國之士爲中，小國之士爲下。言“數各居其上之三分”者，此謂盟會立位之序：大國之士爲上，北面，前行，上九、中九、下九；次國之士爲後行，上士當大國之中士，中士當大國之下士，下士當其空；小國之上士當大國之下士，中士當次國之下士，下士當其空。故云數各居其上之三分。引之，爲破司農“殷”爲治律。云“輔，府、史，庶人在官者”，破司農“輔”爲民之平。若然，“建”、“立”、“陳”、“置”其義可知，其伍言“傅”者，謂大夫上有卿，下有士，受上政傅於下，受下政傅於上，故獨云傅。**乃施則于都鄙，而建其長，立其兩，設其伍，陳其殷，置其輔。**○釋曰：上已言“八則治都鄙”，更令“施則於都鄙”，故言“乃”，亦是更申勑之義。“建其長”，謂公卿、王子弟爲采邑之主，以是一邑之長，故言建其長。“立其兩”者，謂每采地之中立其兩卿。“設其伍，陳其殷，置其輔”，義與上“邦國”同。**注**長，謂公卿大夫、王子弟食采邑者。兩，謂兩卿。不言三卿者，不足于諸侯。鄭司農云：“兩，謂兩丞。”○釋曰：云“長，謂公卿大夫”者，案《典命》云：“三公八命，其卿六命，其大夫四命。”案《大宗伯》云：“六命賜官。”彼注：“王六命之卿賜官者，使得自置其臣治家邑，如諸侯。”則此云“長”唯據公卿已上，大夫四命不合立官。此鄭云長謂公卿大夫并言大夫者，以其大夫雖立官不與公卿同，亦得稱長，是廣解“長”義。其實大夫不合有兩卿、五大夫，當與諸侯之卿同，官事當相兼也。云“王子弟食采邑者”，謂親王子弟食邑與三公同，在五百里畺地各百里；其次疏者，在四百里縣地各五十里，與六卿同。已上二者，得立兩卿、五大夫之等。其次更疏者，在三百里稍地各食二十五里，與大夫同，不得立兩卿、五大夫，亦職相兼也。云“兩，謂兩卿。不言三卿者，不足於諸侯”者，以畿外諸侯南面爲尊，故得申而立三卿；天子三公六卿雖尊，以其在天子之下，故屈而立兩卿，不足於諸侯。鄭司農云“兩，謂兩丞”者，以其兩卿，丞副其長，先鄭以後代之官況之，故云兩丞也。此中唯有都鄙，無家邑之名，故都鄙中含有公卿大夫。春官都宗人、家宗人，都、家並有，故公卿入都宗人中，大夫則入家宗人中。以其公卿雖有大都、小都之別，而同名都，故大夫不得都名，直有宗稱[②]，故在家宗人也。至於夏官都司馬、家司馬，又與家宗人、都宗人異，故鄭注“都司馬”唯云三公與王子弟，其卿又入家司馬中。以其司馬辨尊

---

① “云”字原作“玄”，阮本同，阮校云：“‘玄’當‘云’之誤。”孫疏據改，兹從之。
② 孫校云：“‘宗’當作‘家’。”

卑，六卿卑，又自使其臣爲司馬，若叔孫氏之臣名駟戾[1]，王家不爲之立司馬，故卿入中。若然，都鄙之内[2]，其號有三：若得諸侯之號，唯三公、王子弟，故《司裘》"諸侯熊侯、豹侯，卿大夫麋侯"，是卿不入諸侯也；若立臣如諸侯，即此文，卿與公同；若稱長，可及大夫，亦此注含大夫是也。**乃施灋于官府，而建其正，立其貳，設其攷，陳其殷，置其輔。** ○釋曰：案上官府在都鄙上，此文在都鄙下者，欲見都鄙置臣與諸侯同，又見諸侯下亦有都鄙之義，故進都鄙在上，使文承邦國之下也[3]。已上言"八法治官府"，今更言"施法于官府"，言"乃"者，亦是更申勑之也。"而建其正"，正，長也，亦是一官之長，若大宰之等。云"立其貳"者，謂小卿副貳大卿，即小宰之等。"設其考"者，考，成也，佐成事者，宰夫之等也。"殷"、"輔"，義與前同。注正，謂冢宰、司徒、宗伯、司馬、司寇、司空也。貳，謂小宰、小司徒、小宗伯、小司馬、小司寇、小司空也。考，成也，佐成事者，謂宰夫、鄉師、肆師、軍司馬、士師也。《司空》亡，未聞其考。○釋曰："宰夫"已下，並是五官之長[4]。云"《司空》亡，未聞其考"者，案《鄉師》云："及葬，執纛以與匠師御匶。"注云："匠師，事官之屬，其於司空若鄉師之於司徒。"若然，鄉師是司徒之考，則匠師亦司空之考。而此云未聞者，彼文以義約之，司空考匠師也；無正文，故此云未聞也。**凡治，以典待邦國之治，以則待都鄙之治，以灋待官府之治，以官成待萬民之治，以禮待賓客之治。** ○釋曰：以其天官主"治"，故以目之。六典本以治邦國，故云"以典待邦國之治"。八則本以治都鄙，故云"以則待都鄙之治"。八法本以治官府，故云"以法待官府之治"。八成本以治萬民，故云"以官成待萬民之治"。禮者本以接賓客，故云"以禮待賓客之治"。據上文，官成在"八法治官府"中，今特出之者，以其八成本待萬民，不待官府，若不特出之，則無此"待萬民"之事。在八法官府者，欲見官府執行，故《禮記》云"誰能秉國成"，成則八成也。以禮待賓客本在"八統"，今特見之者，以上親親、敬故、進賢、使能、保庸、尊貴、達吏皆是王行之於朝，以示於民，使民觀之入善，不必更別有禮，唯禮賓特別有禮，若聘禮之類也。此皆言"以"

---

① "臣名"二字原作"名臣"，據阮本乙。

② "都鄙"二字原作"鄙都"。按鄭注云"都之所居曰鄙"，又云"其界曰都，鄙所居也"，然則"都鄙"不可倒作"鄙都"，兹據阮本乙。

③ "承"字原作"丞"，據阮本改。

④ 浦鏜云："'長'當'考'字誤。"

者，當別有篇卷，使人執持施行之。知然者，以《周禮》六官皆邦國之治，則六官掌事不可專主邦國，故知別有篇卷，但在三百之中亡逸也。<u>注</u>成，八成。禮，賓禮也。○<u>釋</u>曰：“八成”，小宰職掌。“禮，賓禮”者，若《聘禮》、《覲禮》、《掌客》之等是也。

祀五帝，則掌百官之誓戒與其具脩；○<u>釋</u>曰：“祀五帝，則掌百官之誓戒”者，謂祭前十日已前誓戒百官，則大宰掌之。“與其具脩”者，使百官供祭祀之具及脩之埽除也。<u>注</u>祀五帝，謂四郊及明堂。誓戒，要之以刑，重失禮也。《明堂位》所謂“各揚其職，百官廢職，服大刑”，是其辭之略也。具，所當共。脩，埽除糞洒。○<u>釋</u>曰：五帝者，東方青帝靈威仰，南方赤帝赤熛怒，中央黃帝含樞紐，西方白帝白招拒，北方黑帝汁光紀。依《月令》四時迎氣，及季夏六月迎土氣於南郊，其餘四帝各於其郊，并夏正祭所感帝於南郊，故云“祀五帝於四郊”也。鄭云“及明堂”者，摠饗五帝於明堂。依《月令》，秦用季秋，鄭云未知周以何月。案《下曲禮》云：“大饗不問卜。”鄭云：“祭五帝於明堂，莫適卜也。”彼明堂不卜，此下經云“帥執事而卜日”，則此祀五帝不合有明堂。鄭云及明堂者，廣解祀五帝之處，其實此處無明堂。云“誓戒，要之以刑，重失禮”者，言要之以刑，則“服大刑”是也；言重失禮者，以失禮爲重，故要之以刑。引《明堂位》，彼在祭祀之下陳之，謂祭日；此是未祭前，引之者，欲見祭前誓戒還用祭日之辭以勑之，故或前或後其辭同。云“是其辭之略”者，謂誓戒之時其辭應多，不應唯有此言，故云辭之略也。又云“具，所當供”者，祭祀之連事，祭祀之具百官共供，故云具謂所當供。又云“脩，埽除糞洒”者，案《宮人》云：“掌六寢之脩。”《守桃》云：“其廟有司脩除之。”是其“脩，掃除糞洒”也。前期十日，帥執事而卜日，遂戒；○<u>釋</u>曰：“前期”者，謂祭日前夕爲期。云“前期十日”者，即是祭前十一日。大宰帥宗伯、大卜之屬“執事”之人“而卜日”。又言“遂戒”者，謂祭前十日遂戒百官始齊。<u>注</u>前期，前所諏之日也。十日，容散齊七日、致齊三日。執事，宗伯、大卜之屬。既卜，又戒百官以始齊。○<u>釋</u>曰：云“前期，前所諏之日”者，此依《少牢》，所諏之日即祭日也。凡祭祀，謂於祭前之夕爲期，今言“前期十日”者，明祭前十一日卜，卜之後日遂戒，使散齊、致齊，故云“十日，容散齊七日、致齊三日”。案《禮記·祭統》云：“散齊七日以定之，致齊三日以齊之。”云“執事，宗伯、大卜之屬”者，《大宗伯職》云：“凡祀大神、享大鬼、祭大示，帥執事而卜日。”謂宗伯沿卜。又案《大卜》云：“大祭祀，視高、命龜。”故知執事中有宗伯、大卜。“之屬”中含有小宗伯及卜師，故言之屬。但四時迎氣、冬至夏至郊天等雖有常時常日，猶須審慎，仍卜日，故《表記》云：“不犯日月，不違卜筮。”注：“日月，謂冬夏至、正月及四時也。所不違者，日與牲、尸也。"假令不吉，改卜後日，故《箴膏肓》云："天子郊，以夏正上旬之日。魯之卜，三正下旬之日。"是雖有常時常日，猶卜日也。**及執事，眡滌濯；注**①執事，初爲祭事前祭日之夕。滌濯，謂溉祭器及甑甗之屬。○釋曰："及"，猶至也。謂至祭前夕，大宰"眡滌濯"。案《春官‧小宗伯》："大祭祀，眡滌濯。"《大宗伯》亦云："宿，眡滌濯。"彼二官親眡滌濯，大宰尊，亦往沵之。注云"執事，初爲祭事前祭日之夕"，知者，案下經"及納亨"者是祭日，此云"眡滌濯"，《儀禮‧特牲》亦云"前祭日之夕，視壺濯及豆籩"，士卑得與人君同。《少牢》大夫禮，當祭日摡祭器者，下人君也。注又云"滌濯，謂溉祭器及甑甗之屬"，知然者，案《少牢》："雍人摡鼎、匕②、俎，廩人摡甑、甗，司宮摡豆、籩及勺、爵。"此不言匕、俎、豆、籩、勺、爵者，之屬中含之。**及納亨，贊王牲事；**○釋曰："及"，猶至也。"至納亨"者，案《禮記‧明堂位》"君肉袒迎牲于門，卿大夫贊君"，及殺訖，納與亨人，故言納亨。云"贊王牲事"者，即是卿大夫贊幣一人也③。**注納亨，納牲，將告殺。**謂鄉祭之晨，既殺以授亨人。凡大祭祀，君親牽牲，大夫贊之。○釋曰：云"納亨，納牲，將告殺"者，謂牽牲入時也。《禮器》云"納牲詔于庭"，殺訖，毛以告純，血以告殺，腥其俎，肵解而腥之，以此訖，乃納與亨人，燗祭。此言"納亨"者，以牽牲也。云"謂鄉祭之晨"者，案《檀弓》云："周人大事以日出。"故知納亨是鄉祭之晨。此祭天，無祼，故先迎牲。若宗廟之祭，有祼，而後迎牲也。云"既殺以授亨人"者，案《亨人職》："職外內饔之爨亨。"謂腥其俎後。云"凡大祭祀，君親牽牲，大夫贊之"者，此《明堂位》文。彼魯侯用天子禮，故遣以引證天子法④。**及祀之日，贊玉、幣、爵之事。**○釋曰："及"，猶至也。至祭日，謂質明。"贊"，助也。執此"玉、幣、爵"三者，助而授王也。**注**日，旦明也。玉、幣，所以禮神，玉與幣各如其方之色。爵，所以獻齊酒。不用玉爵，尚質也。三者執以從，王至而授之。○釋曰：案《特牲》、《少牢》皆質明行事，故知"旦明"。云"玉、幣，所以禮神，玉與幣各如其方之色"者，上云"祀五帝"，以爲迎氣於四郊之等。案《大宗伯》"以玉作六器，以禮天地四方"，又云"青圭禮東方，赤璋禮南方，白琥

---

　　① 此節鄭注原脱，據婺本、金本、阮本補。其中"祭事"二字阮本作"祭祀"，加藤謂"祀"字誤。

　　② "匕"字原作"七"，據阮本改。

　　③ "卿"字原作"即"，據阮本改。

　　④ "法"下原據全書體例空一格，後補一橫劃用以對齊雙行小注。

禮西方，玄璜禮北方”，季夏六月迎土氣於南郊亦用赤璋，下云“牲、幣”，彼雖幣不是禮神之幣，亦云“各放其器之色”，是其禮神幣與玉亦各如其方色也。云“爵，所以獻齊酒”者，案《冪人》云：“疏布冪八尊。”八尊者，五齊、三酒之尊，以其祭天無祼，故無彝尊也。云“不用玉爵，尚質也”者，對下經享先王用玉爵，尚文；此祭天，不用玉爵，故云尚質。云“三者執以從，王至而授之”者，謂至此祀圓丘、方澤祭所而授之，王親自執玉幣，奠於神坐，親酌以獻尸。**祀大神示亦如之。**○釋曰：云“祀大神”，謂冬至祭天於圓丘。云“祀大祇”，謂夏至祭地於方澤。“亦如之”者，從“掌百官誓戒”已下，“贊玉、幣[1]、爵”之事已上，皆如祀五帝之禮[2]。**注**大神祇，謂天地。○釋曰：此“天”，謂大天，對五帝爲小天；此“地”，謂大地，對神州之神爲小地。故云天地也[3]。**享先王亦如之，贊玉几、玉爵。**○釋曰：“亦如之”下別言“贊玉几、玉爵”[4]，則天地不用玉几、玉爵，其言亦如之者，謂亦“贊王牲事”已上。不云大者，欲見宗廟六享同然。**注**玉几，所以依神。天子左右玉几。宗廟獻用玉爵。○釋曰：云“天子左右玉几”者，此是《司几筵》文。彼所云者謂王受諸侯朝覲會同所設，今此享先王鬼神之几亦與王平生同，故引爲證。此享先王有玉几、玉爵，天地有爵，但不用玉飾；祭宗廟用玉几，天地亦應有質几，不言之者，文不具。云“宗廟獻用玉爵”者，案《明堂位》“獻用玉琖”，謂王朝踐、饋獻、酢尸時；若祼，則用圭瓚也。**大朝覲會同，贊玉幣、玉獻、玉几、玉爵。**○釋曰：諸侯四時常朝不稱大，今朝覲稱大者，諸侯爲大會同而來，故稱“大朝覲”。“贊”，助也。助王受此“玉幣、玉獻、玉几、玉爵”也。**注**助王受此四者。時見曰會，殷見曰同。大會同或於春朝，或於秋覲，舉春秋則冬夏可知。玉幣，諸侯享幣也，其合亦如《小行人》所合六幣云。玉獻，獻國珍異，亦執玉以致之。玉几，王所依也。立而設几，優尊者。玉爵，王禮諸侯之酢爵。王朝諸侯，立依前南面，其禮之於阼階上。○釋曰：云“時見曰會”者，此《大宗伯》文。案彼注，“時見者，言無常期，諸侯有不順服者”，其順服者皆來會京師，助王討之，故云時見曰會。云“殷見曰同”者，亦《大宗伯職》文。

---

① “幣”字原作“別”，據阮本改。
② “如”字原作“云”，據阮本改。
③ “云”字原作“如”，據阮本改。
④ “別”字原作“幣”，據阮本改。按此上五行，行首第一字本當依次爲“幣”、“如”、“神”、“云”、“別”，因補版誤倒作“別”、“云”、“神”、“如”、“幣”。

殷猶衆也。謂十二歲王如不巡狩，諸侯衆來同見天子，故曰殷見曰同。云“大會同或於春朝，或於秋覲”者，大會雖無常期，當春來即是春朝，當秋來即是秋覲，當夏來即是夏宗，當冬來即是冬遇；若大同，則有常期，春，東方六服盡來，夏，南方六服盡來，秋、冬可知。云“舉春秋即冬夏可知”者，經直云“大朝覲”，不言宗遇，有宗遇可知。在國行朝禮訖，乃皆爲壇於國外而命事焉①。云“玉幣，諸侯享幣也”者，諸侯會同皆依四時常朝，亦春夏受贄于朝、受享幣者於廟，秋冬一受之於廟；受朝既訖，乃受享，獻國所有珍異，其行享之時，亦璧琮加束帛以致之。云“其合亦如《小行人》所合六幣云”者，案《小行人》所合六幣“圭以馬，璋以皮，璧以帛，琮以錦，琥以繡，璜以黼”，據彼鄭注，五等諸侯享天子用璧以帛，享后用琮以錦；則圭以馬②、璋以皮者，謂二王之後享天子用圭以馬，享后用璋以皮③；則琥以繡、璜以黼者，子、男自相享法。但《小行人》所云者謂四時常朝，不見大朝覲會同法，約與四時常朝同。無正文，故言“云”也。云“玉獻④，獻國珍異，亦執玉以致之”者，謂三享之外別有獻國珍異，亦如三享執玉以致之，故言玉獻謂以玉致獻也。云“玉几，王所依也”者，謂王所馮依。云“立而設几，優尊者”，知立而設几者，案《司几筵》云：“大饗射，凡封國、命諸侯，王位設黼依，依前南鄉，左右玉几。”是立而設几也。但春夏受享、秋冬一受之於廟⑤，廟中則有宸前設几法。几爲坐設，今立而設几，故云優至尊也。云“玉爵，王禮諸侯之酢爵”者，案《大行人》云：“上公再祼而酢，侯、伯一祼而酢，子、男一祼不酢。”此祼時大宗伯攝祼，非冢宰所贊，但諸侯酢王用玉爵則冢宰贊王受之，故云贊玉爵。云“王朝諸侯，立宸前南面”者，此約《司几筵》知之，謂秋冬朝時。云“其禮之於阼階上”者，言禮之，謂祼諸侯是也。知王在阼階上者，當依賓主之禮。案《燕禮》，主君在阼，賓在牖户之間，故知禮之王在阼階上也。**大喪，贊贈玉、含玉。** ○釋曰：“大喪”，謂王喪。贊王爲此二者也⑥。**注**助王爲之也。贈玉，既窆所以送先王。含玉，死者口實，天子以玉。《雜記》曰：“含者執璧將命曰：寡君使某含。”則

---

① “在國”至“事焉”十七字，孫校疑本當在上文“助王討之”之下。

② “圭”字原作“璧”，據阮本改。

③ “璋”字原作“琮”，據阮本改。

④ “玉”字原作“王”，據阮本改。

⑤ 浦鏜謂“但春夏受享”五字當作“但春夏受贄于朝受享于廟”。按此疏但論廟中宸前設几事，“於廟”二字承上“春夏受享”、“秋冬一受之”二者而言，似不必兼言“受贄于朝”。

⑥ “王”字原作“玉”，據阮本改。

諸侯含以璧①。鄭司農云：“含玉，璧琮。”○釋曰：大喪既是王喪，云“助王爲之也”者，謂助嗣王也。云“贈玉，既窆所以送先王”者，案《既夕》士禮，既窆謂下棺訖，主人“贈用玄纁”以入壙。王喪雖無文，應更有加，亦當以玄纁爲主也，所贈亦既窆時也。云“含玉，死者口實”者，案《士喪禮》用貝三，鄭注：“左右齻及中央，象齒堅。”王含用玉，義亦然也。又《檀弓》云：“飯用米貝，不忍虛也。”故云口實也。云“天子以玉”者，此云“含玉”，《玉府》、《典瑞》皆直云“玉”，無異物之稱，對大夫已下不用玉。其實亦爲璧形，故引《雜記》，復引先鄭爲“璧琮”之形也。但含玉始死用之，贈玉於葬乃用，此文後云“含玉”者，用之則有先後，此作文先後無義例。《典瑞》并云“飯玉”②，此不云者，文不具也。

作大事，則戒于百官，贊王命。○釋曰：上已云祀五帝及大神祇祭祀大事戒百官訖，則此云“作大事，戒于百官”，唯戒事也。注助王爲教令。《春秋傳》曰：“國之大事，在祀與戎。”○釋曰：《春秋傳》者，成十三年：“劉康公、成肅公會諸侯伐秦。成子受脤于社，不敬。劉子曰：‘國之大事，在祀與戎。祀有執膰，戎有受脤，神之大節也。今成子惰，棄其命矣，其不反乎！’”引之者，證經“大事”是戎事，連引“在祀”耳。王眡治朝，則贊聽治。注治朝在路門外，羣臣治事之朝，王視之則助王平斷。○釋曰：王有三朝，必知此是路門外朝者，但外朝是斷疑獄之朝，路寢庭朝圖宗人嘉事，二者並於事簡，非正朝，故知“治朝”是“路門外”司士所掌者也。眡四方之聽朝亦如之。注謂王巡守在外時。○釋曰：經云“四方聽朝”，故知“巡狩時”。此鄭據依常者而言。征伐外亦有聽朝法③，以非常法，故不言也。凡邦之小治，則冢宰聽之。○釋曰：重出“冢宰”之名者，據百官摠焉，故特云冢宰也。待四方之賓客之小治。注大事決於王，小事冢宰專平。

歲終，則令百官府各正其治，受其會，注正，正處也。會，大計也。○釋曰：言“正，正處也”者，經云“令百官府各正其治”，謂正處其所治文書，大宰乃受其計會也。云“會，大計”者，一歲計會，即《宰夫職》云“歲計曰會”是也。聽其致事，而詔王廢置。注平其事來至者之功狀，而奏白王。○釋曰：百官致其治政功狀與

① “璧”字原作“壁”，金本同，據婺本、阮本改。
② “飯”字原作“飲”，阮本同，阮校云：“‘飯’誤‘飲’。”兹據改。
③ 加藤云：“殿本‘伐’下補‘在’。”孫疏據補。按“在外”二字本諸鄭注。

冢宰，聽斷其所置之功狀文書，而詔告于王，有功者置之進其爵，有罪者廢之退其爵也。**三歲，則大計羣吏之治而誅賞之。** 〇釋曰：三年一閏，天道小成，則大計會百官羣吏之治功文書。上計當年已有廢置，今三年上“大計”，大無功，不徒廢，更加罪；大有功，不徒置，更加賞也。**注** 事久則聽之：大無功，不徒廢，必罪之；大有功，不徒置，必賞之。鄭司農云：“三載考績。”〇釋曰：此《尚書·舜典》文，彼云“三載考績，黜陟幽明”，彼三年一考與此同，故引證“三歲大計”也。

周禮疏卷第三

唐朝散大夫行大學博士弘文館學士臣賈公彥等撰

小宰之職，掌建邦之宮刑，以治王宮之政令，凡宮之糾禁。**注**杜子春云："宮皆當爲官。"玄謂宮刑，在王宮中者之刑。建，明布告之。糾猶割也、察也。若今御史中丞。○釋曰：後鄭以"宮刑，宮中之刑"，不從子春"官刑"者，見《秋官·司寇》已云"四曰官刑"，此小宰不往貳之，則不須重掌；又見下文"觀治象，乃退，以宮刑憲禁于王宮"，故知宮刑明矣。云"建，明布告之"者，上冢宰尊，所云"建六典"之等爲建立之義；小宰卑，云"建"者，則明布告使知而已。云"糾猶割也、察也"者，既言糾，謂糾舉其非：事已發者，依法斷割之；事未發者，審察之。云"若今御史中丞"者，應劭云："秩千石，朝會獨坐，副貳御史大夫，內掌蘭臺圖籍，外督刺史，糾察百寮。"故舉漢法況之。掌邦之六典、八灋、八則之貳，以逆邦國、都鄙、官府之治。**注**逆，迎受之。鄭司農云："貳，副也。"○釋曰：大宰本以六典治邦國，今還以六典逆邦國之治，逆謂迎受句考之也。大宰本以八法治朝廷官府，今還以八灋句考官府之治。大宰本以八則治都鄙，今還以八則句考都鄙之治。皆句考使知功過所在也。**執邦之九貢、九賦、九式之貳，以均財節邦用。**○釋曰：此三者，並大宰所掌者，以其冢宰制國用，"九貢"、"九賦"斂財賄，"九式"用之事之大者，故小宰副貳之。然大宰有"九職"，小宰不貳之者，以其九職云"任萬民"，小宰若云貳，謂任使以貳之[①]，故不言。其實九職任之使之出貢用之，則小宰亦貳之，"九貢"中兼之矣，以其九職亦有九貢故也。"以均財節邦用"者，以九式並舊有法式，多少不得增減，故云均節也。

以官府之六叙正羣吏：一曰以叙正其位，二曰以叙進其治，三曰以叙作其事，四曰以叙制其食，五曰以叙受其會，六曰以叙聽其情。○釋曰：凡言"叙"者，皆是次叙。先尊後卑，各依秩次，則羣吏得正，故云"正羣

---

① "以"字阮本作"亦"。

吏”也。“一曰以叙正其位”者，謂若卿大夫士朝位尊卑次列[①]。“二曰以叙進其治”者，謂卿大夫士有治職功狀文書進于上，亦先尊後卑也。“三曰以叙作其事”者，謂有所執掌起事，亦先尊後卑也。“四曰以叙制其食”者，謂制禄依爵命授之，亦先尊後卑也。“五曰以叙受其會”者，謂歲終進會計文書受之，亦先尊後卑也。“六曰以叙聽其情”者，情謂情實，則獄訟之情受聽斷之時[②]，亦先尊後卑也。注叙，秩次也，謂先尊後卑也。治，功狀也。食，禄之多少。情，争訟之辭。○釋曰：云“秩次”者，謂尊卑之常各有次叙也。**以官府之六屬舉邦治：一曰天官，其屬六十，掌邦治，大事則從其長，小事則專達；二曰地官，其屬六十，掌邦教，大事則從其長，小事則專達；三曰春官，其屬六十，掌邦禮，大事則從其長，小事則專達；四曰夏官，其屬六十，掌邦政，大事則從其長，小事則專達；五曰秋官，其屬六十，掌邦刑，大事則從其長，小事則專達；六曰冬官，其屬六十，掌邦事，大事則從其長，小事則專達。** ○釋曰：“六屬舉邦治”者，謂官盛任使，立長官必當以屬官佐之，邦治得舉，是以六官各有其屬六十，故云“官府之六屬舉邦治”也。“一曰天官”，謂大宰之官。“其屬六十”，謂宮正至夏采。皆掌治職，故云“掌治”也。云“大事則從其長”者，謂若《膳夫》鄭注云“膳夫，食官之長也”，則下庖人、内外饔、亨人有事皆來諮白膳夫，故云大事從其長也。“小事則專達”者，謂若宮人、掌舍，無大事，無長官可諮，自專行事。以下五官，皆此類也。注大事從其長，若庖人、内外饔與膳夫共王之食。小事專達，若宮人、掌舍各爲一官。六官之屬三百六十，象天地四時日月星辰之度數，天道備焉。前此者成王作《周官》，其志有述天授位之義，故周公設官分職以法之。○釋曰：云“大事從其長，若庖人、内外饔與膳夫共王之食”者，此並共王食，是同事[③]，故庖人已下諮膳夫長官也。云“小事專達”者，“若宮人、掌舍”直掌王之行設橧柜之等，二官並是小事，又不立長官，當官行事，故云“各爲一官”，是專達也。鄭直舉天官之内其事顯者各言其一，餘官若大府，鄭云“治藏之長”，地官司市，鄭云“市官之長”，春官大司樂，鄭云“樂官之長”，夏官司甲，鄭云“兵戈盾官之長”，

---

① “謂”字原作“諸”，據阮本改。
② “情”字原作“積”，據阮本改。
③ 阮校云：“‘同’爲‘大’之誤。”

如此之類，其事甚多，不可具陳也。小事則專達，天官甚衆^①，亦不可具言也。云"六官之屬三百六十，象天地四時日月星辰之度數"者，依《周髀》、《七耀》，皆云周天三百六十五度四分度之一，舉全數，亦得云三百六十也。言地則與天配合。四時言周天，亦是地之數。十二月亦是周天之數。日日行一度，月日行十三度十九分度之七，日月所行亦在周天之數。星辰謂二十八宿十二次，亦在周天數内。皆不離三百六十五度四分度之一耳。天地四時日月星辰之度數，所從言之異耳。故《尚書·洪範》云"五紀，一曰歲，二曰月，三曰日，四曰星辰"，皆別言之，下以"歷數"揔結之，亦是類也。云"天道備焉"者，以此三百六十官，是天道備矣。云"前此者成王作《周官》，其志有述天授位之義"者，鄭依《書傳》云"周公攝政三年，踐奄"，與滅淮夷同時。又按成王《周官》："成王既黜殷命，滅淮夷，還歸在豐，作《周官》。"則成王作《周官》在周公攝政三年時。周公制禮在攝政六年時，故云前此者，謂成王前於此時作《周官》。其志，謂成王志意；有述天授位之義，即彼《周官》云"唐虞稽古，建官惟百，夏商倍之。今予小子，訓迪厥官，以立大師、大傅、大保，兹惟三公，論道經邦，燮理陰陽"，下又云立三孤及天地四時之官，是其志有述天地三百六十官位之義，"故周公設官分職法之也"。此鄭義，不見《古文尚書》，故爲此解。若孔據《古文尚書》，《多士》已下並是周公致政後成王之書。周公攝政時，淮夷、奄與管、蔡同作亂，成王即政後又叛，成王親征之，故云"滅淮夷，還歸在豐，作《周官》用人之法"，則彼《周官》在此《周禮》後，與鄭義異也。**以官府之六職辨邦治；一曰治職，以平邦國，以均萬民，以節財用；二曰教職，以安邦國，以寧萬民，以懷賓客；三曰禮職，以和邦國，以諧萬民，以事鬼神；四曰政職，以服邦國，以正萬民，以聚百物；五曰刑職，以詰邦國，以糾萬民，以除盜賊；六曰事職，以富邦國，以養萬民，以生百物。** ○釋曰：云"以官府六職辨邦治"者，六官者各有職，若天官治職，地官教職，其職不同，邦事得有分辨，故云以辨邦治也。"一曰治職"者，謂以"平"爲義也。云"以節財用"者，亦以制國用故也。"二曰教職，以安邦國，以寧萬民"者，安邦國與教典同，彼云"擾萬民"、此云"寧萬民"不同者，上擾爲馴，馴則寧，義無異也。云"懷賓客"者，以有委積，故賓客懷安也。"三曰禮職，以和邦國，以諧萬民"者，此與上禮典同也。云"以事鬼神"者，以其主祭祀，當職之事也。"四曰政職，以服邦國，以正萬民"者，上政典云"平邦國，均萬民"，不

同者，服由平定使之然，則服亦平也①，均與正義亦一也。云"以聚百物"者，鄭云"司馬主九畿，職方制其貢"，貢即百物也。"五曰刑職，以詰邦國，以糾萬民"，此與上刑典文同。云"除盜賊"者，有寇則罪之，盜賊得除，故云除盜賊也。"六曰事職，以富邦國，以養萬民"者，上事典"以生萬民"，生則養也，與上同。此六職不云官府、百官，與六典不同者，以六職皆當職行事，義不及遠，故與六典文異也。注懷，亦安也。賓客來，共其委積，所以安之。聚百物者，司馬主九畿，職方制其貢，各以其所有。○釋曰：教典"共其委積"者②，大司徒下有遺人，掌十里有廬，廬有飲食之等，故云共委積也。云"司馬主九畿"，并引"職方"者，司馬直主九畿，無貢物之事，故引其屬職方也。**以官府之六聯合邦治：一曰祭祀之聯事，二曰賓客之聯事，三曰喪荒之聯事，四曰軍旅之聯事，五曰田役之聯事，六曰斂弛之聯事③。凡小事皆有聯。**○釋曰：云"以官府之六聯合邦治"者，謂官府之中有六事，皆聯事通職，然後國治得會合，故云合邦治也。"一曰祭祀之聯事"、"三曰喪荒之聯事"，此二者，鄭注具，以其二者顯著，故特言之。"二曰賓客之聯事"者，鄭雖不言，案《大宰》"大朝覲會同，贊玉幣、玉獻"，《大司徒》"令野脩道委積"，《大宗伯》"朝覲會同，則爲上相"，《大司寇》云"凡朝覲會同，前王"，唯《大司馬》不見有事，《司空》又亡。"四曰軍旅之聯事"者，以六軍軍將皆命卿，田役亦然，且《大司徒》"大軍旅、大田役，以旗致萬民"，《大司馬》云"大師，建大常，比軍衆。中春，教振旅"之事。"六曰斂弛之聯事"者，並大宰任九職、九貢、九賦，司徒制貢，小司徒令貢賦；若通數小官，則多矣。云"凡小事皆有聯"者，謂《司關》云"掌國貨之節，以聯門市"之類是也。注鄭司農云："大祭祀，大宰贊玉、幣，司徒奉牛牲，宗伯視滌濯、涖玉鬯、省牲鑊、奉玉齍，司馬羞魚牲、奉馬牲，司寇奉明水火。大喪，大宰贊贈玉、含玉，司徒帥六鄉之衆庶屬其六引，宗伯爲上相，司馬平士大夫，司寇前

① "服"字原空闕一格，據阮本補。
② 加藤云："'典'當作'職'。"
③ 阮校云："案《釋文》：'斂弛，劉本作施，音弛；杜作施。'然則經文本作'斂施'，有杜子春、劉昌宗本可據。劉音弛，從注讀，而淺人遂據以改經耳。《漢讀考》云：蓋杜易'施'爲'弛'而鄭發明其義，今本恐是依注改經作'弛'，復依經改注作'弛讀爲施'耳。"按段考又云"此鄭君不從杜易字也"，故加藤謂段考爲"騎牆之説"。孫疏云："陸謂'杜作施'，臧鏞堂、嚴可均並謂據'讀作'言之，是也。蓋杜、鄭義本異，劉本則涉杜讀而誤，陸所不從。"是與段考"不從杜易字"之説相合。賈所見本亦作'斂弛'。

王。此所謂官聯。"杜子春弛讀爲施。玄謂荒政弛力役，及國中貴者、賢者、服公事者、老者、疾者皆舍，不以力役之事。奉牲者，其司空奉豕與？〇釋曰：司農雖解"祭祀"及"大喪"二事，皆不言司空，《司空》亡故也。大祭祀唯大宰尊不奉牲，宗伯不言奉雞，司馬直言"奉馬"不兼言奉羊，司寇不言奉犬，皆略不言可知。云"杜子春弛讀爲施"者，若依施，施是施惠，事不必連①；若爲弛，則於事廣矣。故後鄭不從之。"玄謂荒政弛力役"者，此經"二曰喪荒"，荒謂年穀不熟。《大司徒》有荒政十二，其中"四曰弛力"。弛力役，謂《廩人》"歲不能人二釜，則令移民就穀"，是時弛力役也。《鄉大夫》云"國中貴者"，謂有官爵者；"賢者"，謂有德行者；"服公事者"，謂若庶人在官者；"老"，謂國中六十者；"疾者"，謂癈疾不堪役者。"皆舍，不以力役之事"也。云"奉牲者，其司空奉豕與"者，《司空》雖亡，案《五行傳》云："聽之不聰，時則有豕禍。"豕屬北方。又《說卦》云："坎爲豕。"是豕屬水。故知司空奉豕。無正文，故云"與"以疑之也。**以官府之八成經邦治：一曰聽政役以比居，二曰聽師田以簡稽，三曰聽閭里以版圖，四曰聽稱責以傅別，五曰聽禄位以禮命，六曰聽取予以書契，七曰聽賣買以質劑，八曰聽出入以要會。**〇釋曰：以官府之中有八事，皆是舊法成事品式，依時而行之，將此八者經紀國之治政，故云"經邦治"也。"一曰聽政役以比居"者，八事皆聽者，民事爭訟當斷之也。政謂賦稅，役謂使役。民有爭賦稅使役，則以地比居者共聽之。"二曰聽師田以簡稽"者，稽，計也；簡，閱也。謂師出征伐及田獵恐有違法，則當閱其兵器與人，并筭足否。"三曰聽閭里以版圖"者，在六鄉則二十五家爲閭，在六遂則二十五家爲里。閭里之中有爭訟，則以户籍之版、土地之圖聽決之。"四曰聽稱責以傅別"者，稱責謂舉責生子，彼此俱爲稱意，故爲稱責，於官於民俱是稱也。爭此責者，則以傅別券書決之。"五曰聽禄位以禮命"者，謂聽時以禮命之其人策書之本②，有人爭禄之多少、位之前後，則以禮命文書聽之也。"六曰聽取予以書契"者，此謂於官直貸不出子者，故云取予。若爭此取予者，則以書契券書聽之。"七曰聽賣買以質劑"者，質劑謂券書。有人爭市事者，則以質劑聽之。"八曰聽出入以要會"者，歲計曰會，月計曰要。此出入者正是官内自用物，有人爭此官物者，則以要會簿書聽之。**注**鄭司農云："政，謂軍政也。役，謂發兵起徒役也。比居，謂伍籍也。比地爲伍，因内政寄

---

① 阮校謂"連"下當脱"敘"字。

② 浦鐘云："上'之'字疑在'其人'下。"孫疏引徑删上"之"字。

軍令，以伍籍發軍起役者，平而無遺脱也。簡稽，士卒、兵器簿書。簡猶閲也；稽猶計也、合。合計其士之卒伍，閲其兵器，爲之要簿也。故《遂人職》曰：'稽其人民，簡其兵器。'《國語》曰：'黄池之會，吳陳其兵，皆官師擁鐸拱稽。'版，户籍；圖，地圖也。聽人訟地者，以版圖決之。《司書職》曰：'邦中之版，土地之圖①。'稱責，謂貸子。傅別，謂券書也。聽訟責者，以券書決之。傅，傅著約束於文書；別，別爲兩，兩家各得一也。禮命，謂九賜也。書契，符書也。質劑，謂市中平賈，今時月平是也。要會，謂計最之簿書。月計曰要，歲計曰會。故《宰夫職》曰：'歲終則令羣吏正歲會，月終則令正月要。'"
"傅別"故書作"傅辨"，鄭大夫讀爲"符別"，杜子春讀爲"傅別"。玄謂政謂賦也。凡其字或作政，或作正，或作征，以多言之，宜從征，如《孟子》"交征利"云。傅別，謂爲大手書於一札，中字別之。書契，謂出予受入之凡要。凡簿書之最目，獄訟之要辭，皆曰契。《春秋傳》曰："王叔氏不能舉其契。"質劑，謂兩書一札同而別之，長曰質，短曰劑。傅別、質劑皆今之券書也，事異，異其名耳。禮命，禮之九命之差等。○釋曰："政，軍政"，後鄭不從者，若軍政，自在大司馬聽之，何得在此乎？云"比居，謂伍籍也"者，即《司徒職》"五家爲比"，出軍即"五人爲伍"。云"因内政寄軍令"者，謂在家五家爲比，五比爲閭，四閭爲族，五族爲黨，五黨爲州，五州爲鄉；若出軍，則家出一人，則還五人爲伍，是一比長還爲伍長領之②，二十五人爲兩，是一閭閭胥即爲兩司馬領之，以此言之，至一鄉出一軍，軍將還是鄉大夫爲之，是因内政寄軍令。此《管子》文，彼云"作内政"，司農云"因内政"者，讀字不同。云"簡稽，士卒、兵器簿書"者，士卒謂車別甲士三人、步卒七十二人；兵器謂弓矢殳矛戈戟。皆有簿書，故引《遂人》以證之也。云"《國語》曰：黄池之會"者，《吳語》吳晉爭長，吳人令曰："伏兵甲，陳士卒百人，爲徹行。頭官師③，擁鐸拱稽。"名籍也④，先鄭爲計，計謂據名籍計之，義合，故引之也。云"版，户籍"者，後鄭下注亦云"鄉户籍"。"圖"謂民之"地圖"，故引《司書》"版圖"以證之。云"責，謂貸子"者，謂貸而生子者，若今舉責，即《地官·泉府職》云"凡民之貸者，以國服爲之息⑤"，若近

---

① "土"字原作"士"，據婺本、金本、阮本改。
② "伍"字原作"五"，據阮本改。又據上下文例，此句疑當作"是一比比長還爲伍長領之"，傳寫脱落"比"字下重文符號。
③ 浦鏜謂"頭"字上下分別脱落"行"、"皆"二字。
④ 浦鏜謂"名籍也"三字當爲"稽"字之誤。按"名"上似可補一"稽"字，蓋傳寫脱落上"稽"字下重文符號。
⑤ "國"字原作"圖"，據阮本改。

郊民貸則一年十一生利之類是也。云“傅，傅著約束於文書；別者，各得其一”，二家別釋①。後鄭不從者，名爲券書，即是傅著於文書可知，後鄭“傅別”二字共爲一事解之。云“禮命，謂九賜也”者，後鄭不從者，九賜之言出自《禮緯·含文嘉》。八命已上乃有九賜，此所聽斷何得取八命已上解之？云“書契，符書也”者，謂官券符璽之書。此據官予民物②，何得爲符璽之書解之？故後鄭不從也。云“質劑，謂市中平賈，今時月平是也”，後鄭不從者，《地官·質人》云“大市曰質，小市曰劑”，若今月平賈，不合有兩名，故不從也。云“月計曰要，歲計曰會”者，官之出入有要會簿書計管，故引《宰夫》證之也。鄭大夫讀“傅別”爲“符別”，後鄭不從。又云“傅別故書作傅辨”，不從古書也。“玄謂政謂賦也”，賦則口率出泉，且與役同文，皆是科稅之事也③。云“凡其字或作政”者，此經“政役”是也。“或作正”者，其字或有作正字者。“或作征”者，即《孟子》云“交征利”及《鄉大夫》云“皆征之”是也。云征處多，故鄭從征也。《孟子》“交征利”者，案《孟子》云：“孟子見梁惠王。王曰：‘叟不遠千里而來，亦將有以利吾國乎？’對曰：‘何必曰利？亦有仁義而已矣。王則曰何以利吾國，大夫曰何以利吾家，士庶人曰何以利吾身，上下交征利，則國危矣。’”引之，以證征是口税之法。云“傅別，謂爲大手書于一札，中字別之”者，謂於券背上大作一手書字札，字中央破之爲二段别之。云“書契，謂出予受入之凡要”者，此予則“取予”，謂若《泉府》云“凡赊者，祭祀無過旬日，喪紀不過三月”及《旅師》云“春頒秋斂”，赊取官物，後還，無生利之事。凡要亦是簿書也。云“凡簿書之最目④，獄訟之要辭，皆曰契”者，簿書之要目曰契⑤，即“取予以書契”是也；獄訟之要辭曰契，即鄭引《春秋傳》者是也。其《春秋》王叔氏事在襄十年。彼云：“王叔陳生與伯輿争政，晉侯使士匄平王室，使王叔氏與伯輿合要，王叔氏不能舉其契。”此即獄訟之要辭曰契。云“質劑，謂兩書一札同而別之，長曰質，短曰劑”者，案《地官·質人》云：“大市曰質，小市曰劑。”鄭注：“大市，人民馬牛之屬，用長券；小市，兵器珍異之物，用短券。”言兩書一札同而别

---

① “家”字阮本同，疑“字”之形訛字，賈疏下文云“後鄭‘傅別’二字共爲一事解之”，可資參證。
② “予”字原作“子”，據阮本改。
③ “科”字阮本作“利”，加藤謂“利”是而“科”非。按《春官·小司徒職》“以辨其貴賤、老幼、癈疾，凡征役之施舍”賈疏云“辨猶別也。謂別其貴賤、老幼、癈疾，合科役者科役之。施舍者，貴與老幼、癈疾不科役”，是此疏當作“科税”之證。
④ “目”字原作“自”，據阮本改。
⑤ “目”字原作“日”，據阮本改。

之者，謂前後作二券，中央破之，兩家各得其一，背無手書字，異於傅別，故鄭云“傅別、質劑皆今之券書也”。云“禮命，禮之九命之差等”者，謂若《大宗伯》“九儀”，從“一命受職”以至“九命作伯”，差等有九是也。**以聽官府之六計，弊羣吏之治：一曰廉善，二曰廉能，三曰廉敬，四曰廉正，五曰廉灋，六曰廉辨。**○釋曰：言“六計弊羣吏之治”者，六計謂“善”、“能”、“敬”、“正”、“法”、“辨”，六者不同，既以“廉”爲本，又計其功過多少而聽斷之，故云六計弊羣吏之治也。注聽，平治也。平治官府之計有六事。弊，斷也。既斷以六事，又以廉爲本。善，善其事，有辭譽也。能，政令行也。敬，不解于位也。正，行無傾邪也。法，守法不失也。辨，辨然不疑惑也。杜子春云：“‘廉辨’或爲‘廉端’。”○釋曰：云“皆以廉爲本”者，此經六事皆先言“廉”，後言“善”、“能”之等，故知將廉爲本。廉者，絜不濫濁也。云“善，善其事，有辭譽也”者，謂有善事，四方令聞辭譽也。云“能，政令行也”者，謂雖無辭譽，所行政令得行也。云“敬，不解于位也”者，謂敬其職位，恪居官次也。云“正，行無傾邪也”者，以其行正直，言公正無私也。云“法，守法不失也”者，謂依法而行，無有錯失也。云“辨，辨然不疑惑也”者，謂其人辨然，於事分明，無有疑惑之事也。杜子春云“廉辨或爲廉端”者，經本或爲“廉端”。後鄭不從者，若爲端，端亦正，與廉正爲重，故不從。引之在下者，不苟違之，亦得爲一義故也。

　　以灋掌祭祀、朝覲、會同、賓客之戒具，軍旅、田役、喪荒亦如之。○釋曰：言“以法掌祭祀”已下七者，皆是上“六聯”百官聯事通職者。以其衆官共，故經云“令百官府共其財用”也。然“六聯”之中不言“朝覲、會同”者，以彼“賓客”中可以兼之，以其朝覲、會同還是諸侯賓客之事。此七事不言“斂弛”，以其非七事中之大事，故退之在下。注法，謂其禮法也。戒具，戒官有事者所當共。○釋曰：言“禮法”，謂七者皆有舊法依行，若九式曰“祭祀之式”。云“戒具，戒官有事所當共”者，此七事在《大宰》“八法”中“六曰官法”，彼在“八曰官計”上者，以其彼有數，故在上；此官法無數，故退在“六計”下也。**七事者，令百官府共其財用，治其施舍①，聽其治訟。**注七事，謂先四、如之者三也。施舍，不給役者。“七事”故書爲“小事”，杜子春云：“當爲‘七事’，書亦爲‘七事’。”○釋曰：“七事，先四”，謂從“祭祀”至“賓客”。云

① 阮校云：“凡經云‘施舍’，注皆讀‘施’爲‘弛’。此注不言‘讀爲’，蓋經本作‘弛’字。”孫疏云：“‘施舍’《釋文》引作‘弛舍’，案‘施舍’與‘弛捨’聲類同，阮説是也。”

"如之者三也"者,從"軍旅"至"喪荒"也。云"施舍,不給役者",上"六聯"注引《鄉大夫》"國中貴者、老者、疾者、服公事者"是也。云"七事故書爲小事"者,與經不相當,故杜子春從經爲正也。**凡祭祀,贊玉幣爵之事**①、**祼將之事。注**②又從大宰助王也。將,送也。祼送,送祼,謂贊王酌鬱鬯以獻尸謂之祼。祼之言灌也,明不爲飲,主以祭祀。唯人道宗廟有祼,天地大神至尊不祼,莫稱焉。凡鬱鬯受,祭之,啐之,奠之。○釋曰:案《大宰職》云:"祀五帝,贊玉、幣、爵。"今此又云祭祀贊此三者,謂小宰執以授大宰,大宰執以授王,是相贊助,故云"又從大宰助王也"。云"將,送也。祼送,送祼,謂贊王酌鬱鬯以獻尸"者,上云"贊玉幣爵",據祭天,而下別云"祼將",是據祭宗廟。且上《大宰》不言贊祼將,則大宰不贊之,故此注云贊王酌鬱鬯也。云"明不爲飲,主以祭祀"者,朝踐已後,尸乃飲,二祼爲奠,不飲,故云"不爲飲,主以祭祀"。云"唯人道宗廟有祼,天地大神至尊不祼"者,據《大宰》"祀五帝"及"大神示亦如之"皆不言祼,此文又"祼將"在"玉幣爵"之下,明宗廟有祼,天地無祼。且《大宗伯》祀天言煙③,祭社言血,享大神不灌者④,不用降神,無妨用秬鬯。必若然,天地用八尊,直有五齊、三酒,不言秬鬯尊者,以其《冪人職》天地"八尊"者以與宗廟"六彝"相對爲文。《鬯人職》秬鬯不入彝尊,則別有尊矣。不言者,略耳。不祼者,覆載之德,其功尤盛,欲報之德,無可稱焉⑤,故無祼,直加敬而已。其牲用特,其器陶匏,皆是質略之事,故鄭云"莫稱焉"。云"凡鬱鬯受,祭之,啐之,奠之"者,謂王以圭瓚酌鬱鬯獻尸,后亦以璋瓚酌鬱鬯獻尸,尸皆受,灌地降神,名爲祭之⑥。向口啐之,啐之謂入口,乃奠之於地也。祭天地既言無灌,案《宗伯》"涖玉鬯",又案《禮記·表記》云"親耕,粢盛秬鬯以事上帝",上帝得有秬鬯者,案《春官·鬯

---

① "玉"字原作"王",阮本同,據婺本、金本改。段考云:"此'玉幣爵',即《大宰》之祀五帝'玉幣爵',故注云'又從大宰助王',疏云'贊此三者',作'王幣爵'非也。"下疏中凡"玉幣爵"底本皆誤。

② "注"字原作"注",據全書體例改。

③ "煙"字阮本作"禋"。按《春官·大宗伯職》"以禋祀祀昊天上帝"鄭注云"禋之言煙",此作"煙"、"禋"兩通。

④ 孫校云:"'享'字下蓋奪'廟言灌是亦天地無祼也天地'十二字,而誤錯入後文,又誤'是'爲'且',文義遂不相承接。'享廟言灌'者,據《大宗伯職》'以肆獻祼享先王'之文而言,賈意彼文惟享廟言祼,亦天地無祼之證也。末'天地'二字,屬下'大神不灌者'爲句,述注文也。"

⑤ "無"字原作"明",據阮本改。

⑥ "名"字阮本作"明"。

人職》"掌共秬鬯",下所陳社稷山川等外神皆用秬鬯,不用鬱。廟言灌,且亦天地無祼也。天地無人職用鬯者①,唯有宗廟及祼賓客耳。**凡賓客,贊祼,凡受爵之事,凡受幣之事。**〇釋曰:"凡賓客,贊祼"者,案《大行人》云:"上公再祼而酢,侯、伯一祼而酢,子、男一祼不酢。"謂諸侯來朝,朝享既畢,王禮之,有此灌酢之禮也。云"凡受爵之事"者,謂上公與諸侯酢王之爵②,王受之。云"凡受幣之事"者,謂廟中行三享,享時璧以帛③,琮以錦,致享時有此受幣之事。皆言"凡"者,謂諸侯非一,故言凡以廣之也。**注唯祼助宗伯,其餘皆助大宰。王不酢賓客而有受酢。《大宗伯職》曰:"大賓客,則攝而載祼。"**〇釋曰:言"唯祼助宗伯"者,後引《宗伯職》者是也。云"其餘皆助大宰"者,謂受爵、幣二者皆助大宰:賓客酢王之時,大宰於賓處受而授王,王飲訖,大宰受爵,以授小宰;受幣之時,亦王親受,受以授大宰,大宰以授小宰也。云"王不酢賓客而有受酢"者,案《燕禮》使宰夫爲主人,是君不酢臣,於諸侯亦然。受酢是飲酒之事,臣不可代君飲酒,故有受酢之事也。又引《大宗伯職》曰"大賓客,則攝而載祼"者,案彼鄭注云:"載,爲也。"言爲者,攝酌獻耳,拜送則王也。若然,大宗伯非直攝王祼,若上公再祼,兼有后祼之時,大宗伯亦代后祼也,拜送則后也。拜乃恭敬之事,亦不可使臣代之故也。**喪荒,受其含襚幣玉之事。**〇釋曰:"喪",謂王喪,諸侯、諸臣有致"含襚幣玉之事"。"荒",謂凶年,諸侯亦有致幣玉之事。上大宰不言,則此小宰專受之。案《禮記•少儀》云:"臣致襚於君,則曰致廢衣於賈人。"則諸侯臣皆得喪含襚也④。**注《春秋傳》曰:"口實曰含,衣服曰襚。"凶荒有幣玉者,賓客所賙委之禮。**〇釋曰:云《春秋傳》者,《公羊》文。其含襚所用在死之時,若既殯之後,亦容有致之法,故《禮記•雜記》殯後諸侯遣使致含襚賵之禮,主人受之。雖不及事,容致厚意。是以《春秋左氏》"秦人來歸僖公、成風之襚",亦在踰年後,《春秋》不譏也。云"凶荒有幣玉者,賓客所賙委之禮"者,案《小行人》云:"若國凶荒,則令賙委之。"彼謂王家賙委諸侯法,此謂諸侯賙委王家法也。

月終,則以官府之叙受羣吏之要。〇釋曰:月計曰"要",故每月"月

---

① 孫校云:"'廟言'以下十二字,上文錯寫於此。'無'當作'鬱';'用鬯者'當作'用鬱鬯者'。此引《春官•鬯人》、《鬱人》二職,明惟宗廟賓客有用鬱鬯耳。"參上條。

② "王"字原作"主",據阮本改。

③ "璧"字原作"壁",據阮本改。

④ "喪"字阮本作"致",加藤謂"喪"非是。又阮本無"襚"字。

終”，則使官府致其簿書之要。受之當先尊後卑，故言“叙”。注主每月之小計。〇釋曰：言“小計”，對下經“歲會”爲大計也。若大會，則下文冢宰平之。贊冢宰受歲會。歲終，則令羣吏致事①。〇釋曰：“贊”，助也。歲計曰“會”。言“冢宰”，則據百官揔焉。謂助冢宰受一歲之計。云“歲終，則令羣吏致事”者，謂使六官各致一年功狀，將來考之故也。注使齎歲盡文書來至，若今上計。〇釋曰：漢之朝集使謂之上計吏，謂上一年計會文書及功狀也。正歲，帥治官之屬而觀治象之灋，徇以木鐸，曰：“不用灋者，國有常刑。”〇釋曰：此則《大宰》周之正月之吉始和布之於天下，至此建寅“正歲”之正月懸之於象魏，其小宰亦助大宰帥治官六十官之屬及萬民“而觀治象之法”，使知當年治政之法也。其時小宰“徇以木鐸”以警衆曰“不用法者，國有常刑”，欲使之用命，不犯刑也。注正歲，謂夏之正月。得四時之正以出教令者，審也。古者將有新令，必奮木鐸以警衆，使明聽也。木鐸，木舌也。文事奮木鐸，武事奮金鐸。〇釋曰：知“正歲”是“夏之正月”者，見《凌人》云“正歲十有二月，令斬冰②”，若正歲是建子周正，即今之十月，冰未堅，不得斬之。言“正歲得四時之正”，周、殷則不得。以此推之，諸言“正歲”者，皆四時之正，是建寅之月。云“古者將有新令，必奮木鐸以警衆”者，案《禮記・檀弓》云：“自寢門至於庫門，振木鐸曰：‘舍故而諱新。’”彼及此文皆是有命奮木鐸警衆“使明聽”之事。云“木鐸，木舌”者，鐸皆以金爲之，以木爲舌則曰木鐸，以金爲舌則曰金鐸也。云“文事奮木鐸”者，此文乃《檀弓》并《明堂位》曰“振木鐸於朝”③，天子之禮皆是也。又云“武事奮金鐸”者，《鼓人》云“金鐸通鼓”、《大司馬》云“兩司馬振鐸”是也。乃退，以宮刑憲禁于王宮。注憲，謂表縣之，若今新有法令云。〇釋曰：凡刑禁皆出秋官，今云“憲禁”者，與布憲義同，故小宰得秋官刑禁文書，表而縣之於宮内也。令于百官府曰：“各脩乃職，攷乃灋，待乃事，以聽王命。其有不共，則國有大刑。”注乃猶女也。〇釋曰：此經於職末，當稟于大宰而令百官謹于此數事，以結之也。

---

① 王引之云：“‘贊冢宰受歲會’當在‘歲終則令羣吏致事’之下。”
② “冰”字原作“水”，據阮集本改。
③ 浦鏜云：“‘及’誤‘乃’。”

宰夫之職，掌治朝之灋，以正王及三公、六卿、大夫、羣吏之位，掌其禁令。○釋曰：言“掌治朝之法，以正王及三公、六卿、大夫、羣吏之位”者，案《司士》云：“正朝儀之位，辨其貴賤之等。王南鄉；三公北面東上；孤東面北上；卿、大夫西面北上；王族故士、虎士在路門之右，南面東上；大僕從者在路門之左，南面西上。”此羣吏即羣士，是其位也。“掌其禁令”，即察其不如儀耳。**注**治朝在路門之外，其位司士掌焉，宰夫察其不如儀。○釋曰：知此“治朝在路門外”者，燕朝在路寢庭，外朝在庫門外，其事希簡，非常治政之所[①]；此云“治朝”，是常治事之朝，故知是路門外，夏官“司士”所掌者。知“察其不如儀”者，宰夫與司士俱是下大夫，非贊治朝；又見經云“禁令”，知直察其不如儀式者也。**叙羣吏之治，以待賓客之令、諸臣之復、萬民之逆。**○釋曰：此宰夫次叙羣吏諸臣等之治職，即“以待賓客”已下三事，使之應荅，不闕於事也。言“以待賓客之令”，此一者。謂若《大宗伯》“朝覲會同，則爲上相”，《肆師》云“大朝覲，佐儐”，及大小行人、掌客、掌訝、委人、遺人之屬，皆是待賓客之官，使辨理之也。云“諸臣之復”，此其二者。案《夏官·小臣職》云：“掌三公及孤卿之復逆。”復逆並掌之。此不言逆者，但宰夫直次之，不掌事，故於文略也。又案《夏官·大僕職》云：“掌諸侯之復逆。”此諸臣中兼之。此宰夫恒叙大僕、小臣等辨理此復逆之事也。云“萬民之逆”，此三也者。案《夏官·御僕職》：“掌羣吏、庶民之復逆。”彼羣吏與此經羣吏爲羣臣別，故鄭彼注：“羣吏，府、史以下。”此不言羣吏及復，亦是文略也，此宰夫次叙御僕使辨理府、史萬民復逆也。**注**恒次叙諸吏之職事。三者之來，則應使辨理之。鄭司農云：“復，請也。逆，迎受王命者。宰夫主諸臣、萬民之復逆，故詩人重之曰‘家伯維宰’。”玄謂復之言報也、反也。反報於王，謂於朝廷奏事。自下而上曰逆，逆謂上書。○釋曰：鄭司農云“復，請也。逆，迎受王命者[②]”，復是報白之義，不得爲請，故後鄭不從。又王命既出，在下受而行之，不得云“逆”。逆者，向上之言，不爲向下之義，故後鄭亦不從。云“宰夫主諸臣、萬民之復逆，故詩人重之曰家伯維宰”者，知彼宰非大宰而當此宰夫者，“維宰”在“司徒”下、“膳夫”上，故知是宰夫也。此先鄭以官次第當宰夫。案鄭彼注：“冢宰掌建邦之六典，皆卿也。”不從司農者，諸經單稱“宰”者皆大宰，若宰夫，無單言“宰”者，故爲大宰解之。若然，大宰在司徒下者，彼以權寵爲次，不以尊

---

① “政”字原作“正”，據阮本改。
② “王”字原作“三”，據阮本改。

卑，故“内史”中大夫在“膳夫”上士之下，“師氏”中大夫在“趣馬”下士之下。“玄謂復之言報也、反也”者，謂羣臣受王命，使臣行之訖，“反報於王”，故云“朝廷奏事”也。云“自下而上曰逆”者，謂自上而下曰順，故自下而上曰逆也。言“上書”者，則今之上表也。若然，據《夏官》諸侯、諸臣、萬民皆復逆並有，則此亦皆有上書奏事耳。司農於此注“復”爲請，“逆”爲迎受王命，後鄭不從；及至《夏官·大僕》先鄭注云“復，謂奏事；逆，謂受下奏”，即與後鄭義同，故彼後鄭從之。若然，是先鄭兩解也。案《內豎》云：“掌外内之通令，凡小事。”鄭注云：“内，后六宫；外，卿大夫也。使童豎通王内外之命給小事者，以其無與爲禮，出入便疾。内外以大事聞王，則大事俟朝而自復。”若然，何須更有小臣等復逆乎？然者一日萬機[①]，或有俟朝自復，有大事急促，不得待朝，即須非時通傳，使聞徹在上者也。

　　掌百官府之徵令，辨其八職：一曰正，掌官灋以治要；二曰師，掌官成以治凡；三曰司，掌官灋以治目；四曰旅，掌官常以治數；五曰府，掌官契以治藏；六曰史，掌官書以贊治；七曰胥，掌官叙以治叙；八曰徒，掌官令以徵令。○釋曰：言“掌百官府之徵令，辨其八職”者，謂揔王朝三百六十官，以備王之所徵召及施令。若不分别其職，則徵召無所指斥，故須分辨三百六十職也。“一曰正”者，正，長也。六卿下各有屬六十，故六卿稱正也。云“掌官灋”者，掌當官之法也。“以治要”者，要謂大計要也。**注**別異諸官之八職，以備王之徵召所爲。正，辟於治官則冢宰也。治要，若歲計也。師，辟小宰、宰夫也。治凡，若月計也。司，辟上士、中士。治目，若今日計也。旅，辟下士也。治數，每事多少異也。治藏，藏文書及器物。贊治，若今起文書草也。治叙，次序官中，如今侍曹伍伯傳吏朝也。徵令，趨走給召呼。○釋曰：自“正”已下爲“八職”，皆備王召呼，則正亦備王召呼及所爲也。言“正，辟於治官則冢宰也”者，以其六卿異目，或稱大宰，或稱司徒之等，尊卑相似。正，長也。每職各爲一官之長，故揔謂之正也。以其六者非一，相比辟，故以辟言之。今舉天官一官言之，餘可知。云“治要，若歲計也”者，案下文，歲終云會，月終云要，旬終云成。此歲云要者，但六卿下云要不云會，以要當會處，故以治要爲歲計也。云“師，辟小宰、宰夫也”者，以下文“四曰旅”是下士諸官皆名旅；其下士之上有上士、中士，向上差次，當“三曰司”；上士之上向上差次，有小宰、宰夫，故知“二曰師”當小

---

① 阮校云：“惠校本‘然’下有‘王’字，此脱。”

宰、宰夫也。言辟者，亦是六卿之下皆有此二者，若司徒之下小司徒、鄉師之類，故亦言辟也。二者同名師者，亦是六者異目，尊卑相次，故同名師也。云“治凡，若月計”者，上要既當歲會，故治凡當月計曰要之處也。云“司，辟上士、中士”者，此亦是題目有異，若大司馬之下上士曰輿司馬，中士曰行司馬，與諸官上士、中士不同，尊卑相似，故揔謂之司馬，以其各有職司也。六官之下同名司，故亦云辟也。云“治目，若今日計也”者，從治要向下以次差之，此治目當日計曰成之處，故云今日計。云“旅，辟下士也”者，此下士既無所兼，故存本號曰旅。亦是六官下同號曰旅，故亦曰辟也。云“治數，每事多少異也”者，以上“治目”當日計，此“治數”無數，當下士稱旅，理衆事，故以治數爲每事多少解之。云“治藏，藏文書及器物”者，其名曰“府”，府者主以藏物，故藏當司文書及當司器物也。云“贊治，若今起文書草也”者，起文書草乃後判決，是爲贊治之法，故稱贊治也。云“治叙，次序官中”者，既有才智爲什長，當次序官中須人驅役之處，則科次其徒，故云次叙官中也。云“如今侍曹伍伯傳吏朝也”者，漢時五人爲伍，伯，長也，是五人之長。言傳吏朝者，傳在朝羣吏諸官事務於朝也。胥爲什長亦然，故舉漢法況之也。云“徵令，趨走給召呼”者，其徒止爲在朝趨走，供給官人召呼使役之事也。**掌治灋以攷百官府、羣都、縣鄙之治，乘其財用之出入。凡失財、用、物辟名者，以官刑詔冢宰而誅之，其足用、長財、善物者賞之。**○釋曰：宰夫是句考之官，故以治法考百官府及羣都、縣鄙鄉遂之內治功善惡也。言“乘計其財用之出入”者，謂上數處用官物者當乘計其用財之出入，知其多少。云“凡失財、用、物辟名者”，謂失官家財及用與物三者而辟名者，以官刑詔告冢宰長官誅責之也。有“足用”，用之能足，“長財”，財又能長，“善物”，物又能善，如此者“賞之”。**注**羣都，諸采邑也。六遂五百家爲鄙，五鄙爲縣。言縣鄙，而六鄉州黨亦存焉。乘猶計也。財，泉穀也。用，貨賄也。物，畜獸也。辟名，詐爲書，以空作見，文書與實不相應也。官刑，在《司寇》“五刑”第四者。○釋曰：云“羣都，諸采邑也”者，謂大都、小都、家邑三處也。云“六遂五百家爲鄙，五鄙爲縣”者，《遂人》文。云“六鄉州黨亦存焉”者，六遂在外尚考之，六鄉在內，考之可知。不言者，舉外以包內也。云“乘猶計也”者，計者，筭法乘除之名，出於此也。云“財，泉穀也”者，上“九賦斂財賄”已釋訖。云“用，貨賄也”者，案《內府》云：“掌受九貢、九賦、九功之貨賄，以待邦之大用。”故知用中有貨賄也。云“物，畜獸也”者，案《獸人》云：“掌罟田獸，辨其名物，及春秋獻獸物。”又《牧人》云：“掌牧六牲而阜蕃其物。”以此知物中有畜有獸也。云“辟名，詐爲書，以空作見，文書與實不相應也”者，其人失財用物者，則詐爲文書，以空物作見在，文書與實物不相應，是罪人也。云“官刑，在《司寇》五刑第四者”，彼司寇掌五刑，其“四曰官刑，上能糾職”是也。

以式灋掌祭祀之戒具與其薦羞，從大宰而眡滌濯。○釋曰：言“式法”者，謂祭祀大小皆有舊法式，依而戒敕，使共具之。云“與其薦羞”者，謂亦戒具之也。云“從大宰而眡滌濯”者，上《大宰職》已云“祀五帝，眡滌濯”，此宰夫又從大宰眡之也。注薦，脯醢也。羞，庶羞、内羞。○釋曰：案《儀禮·鄉飲酒》、《鄉射》、《燕禮》，諸單言“薦”者皆是“脯醢”，故知此“薦”亦脯醢。云“羞，庶羞、内羞”者，庶羞謂天子八豆、諸侯六豆之等；内羞謂祭祀食後所加。言内者，《少牢》所謂“房中之羞”，糗餌、粉餈是也。凡禮事，贊小宰比官府之具。注比，校次之。○釋曰：上《小宰》於七事已言“以法掌戒具”，此宰夫贊小宰“校次之”，使知善惡是否也。凡朝覲會同賓客，以牢禮之灋掌其牢禮、委積、膳獻、飲食、賓賜之飱牽與其陳數[1]。○釋曰：上《大宰》云“大朝覲會同”，彼言大，謂朝覲爲會同而來；今此朝覲不言大，則朝覲自是四時常朝，及會同皆有賓客也。云“以牢禮之法”者，五等諸侯來朝，天子待之自有常法，若《大行人》、《掌客》者也。云“掌其牢禮”者，下別言“委積”之等，則此牢禮謂饔飧之禮。若然，委積是賓未至時在道所設。《聘禮》云“聘日致饔”，則饔飧是朝日致之矣，今在委積上者，以饔飧是禮之大者，故先言之。且委積非直賓來時共之，賓去亦共之，在下亦其宜。若然，飱牢皆殺，而云“飱牽”者，以《掌客》云“積視飱牽”，據積而言之也。注牢禮之法，多少之差及其時也。三牲牛羊豕具爲一牢。委積，謂牢米薪芻給賓客道用也。膳獻，禽羞俶獻也。飲食，燕饗也。鄭司農云：“飱，夕食也。《春秋傳》曰：‘飱有陪鼎。’牽，牲牢可牽而行者。《春秋傳》曰：‘飱牽竭矣。’”玄謂飱，客始至所致禮。凡此禮陳數存可見者，唯有《行人》、《掌客》及《聘禮》、《公食大夫》。○釋曰：云“牢禮之法，多少之差”者，案《大行人》“上公饔飧九牢，饗禮九獻，食禮九舉”，此等其侯、伯降二等，以七爲節，子、男又降二等，以五爲節也。又《掌客》云：“上公飱五牢，五積；侯、伯飱四牢，四積；子、男飱三牢，三積。”是其數也。云“及其時也”者，案《聘禮》云，賓至，“大夫帥至于館”，即言“宰夫朝服設飱”；又云“聘日致饔”。即天子待諸侯亦然。其委積者，從來至去，在道而設之，並是時也。若然，此等之禮並是掌客所主，今此

---

[1]　孫疏云：“以經注參互校之，鄭、賈本似無‘賓賜之’三字。”所論甚詳，可以參看。

復言之者，此宰夫雖非正職，以其主陳之，當知其數，故言之耳。云"三牲牛羊豕具爲一牢"者，此依《聘禮》"卿韋弁歸饗餼"於館之時有五牢：飪一牢，設於西階；腥二牢，設於東階；牽二牢，陳于門内之西，北首。以牛一、羊一、豕一稱牢。此既以經"牢禮"爲饗餼，故還引《聘禮》，順饗餼以證之也。云"委積，謂牢米薪芻給賓客道用也"者，依《掌客》云"積視牽"^①，飱有芻薪及米，明委積在道所設亦有芻米薪蒸也。且《地官·遺人》云："十里有廬，廬有飲食；三十里有宿，宿有委；五十里有市，市有積。"是其委積給客道用也。云"膳獻，禽羞俶獻也"者，此《聘禮·記》文。彼注云"禽羞，謂成熟有齊和者。俶獻，四時珍美新物也。俶，始也。言其始可獻也。《聘義》謂之'時賜'"是也。云"飲食，燕饗也"者，鄭以燕饗解飲食，即是飲入燕饗中。不解經中食爲食禮者，經中言食，則食禮自明。今云"飲食，燕"者，欲見飲入燕禮可知，饗中又兼燕與食，以其饗有米有酒故也。司農云"飱，夕食也"者，先鄭以飱字夕下爲之，即爲夕食。但客至即設，不要待夕，故後鄭不從也。云"《春秋傳》曰：飱有陪鼎"者，《左氏》昭五年，楚薳啓彊曰"宴有好貨，飱有陪鼎"是也。云"《春秋傳》曰：饔牽竭矣"者，《左氏》僖三十三年，鄭皇武子辭秦客杞子等云"唯是脯資餼牽竭矣"是也。"玄謂飱，客始至所致禮"者，此易先鄭。案《聘禮》，客始至，"大夫帥至于館，宰夫朝服設飱"，不待至夕也。云"凡此禮陳數存可見者，唯有《行人》、《掌客》及《聘禮》、《公食大夫》"者，以《儀禮》三千條内具有諸侯之禮，但亡滅者多，今存可見者，《周禮》之内有《大行人》、《掌客》，是待諸侯之禮，《儀禮》之内有《聘禮》、《公食大夫》，是待聘客之法，皆有陳數，考校可知也。**凡邦之弔事，掌其戒令與其幣器財用凡所共者。**○釋曰："弔"，謂王使人弔諸侯，自弔諸臣。須從王行者，并有贈喪之具。百官當共，故宰夫惣"戒令"之，"與其幣器財用凡所共者"也。注弔事，弔諸侯、諸臣。幣，所用賵也。器，所致明器也。凡喪，始死弔而含襚，葬而賵贈，其間加恩厚則有賻焉。《春秋》譏武氏子來求賻。○釋曰：案《大宗伯》云："以喪禮哀死亡。"《禮記·檀弓》曰："君臨臣喪，巫、祝桃茢執戈，惡之也。"天子之禮弔諸臣之法。《春秋左氏》："王使榮叔歸含且賵。"是有弔法^②，故云"弔諸侯、諸臣"也。云"幣，所用賵也"者，案《公羊傳》，口實曰含，車馬曰賵，衣服曰襚。幣不入含襚賵中，故知是

---

①　"牽"上阮本有"飱（飱）"字，加藤謂無者脱訛。按賈疏下文"飱有芻薪及米"，即承此引《掌客》而言，"飱"字不可省，加藤説是也。

②　"弔"下疑脱"諸侯"二字。

賻也。云"器，所用致明器也"者①，案《儀禮·既夕禮》云："若就器，則坐奠于陳。"注云："就猶善也。贈無常，唯瓶好。"則此贈與人亦是賓客就器，而云明器者，相對言之，則《檀弓》云"竹不成用，瓦不成味，木不成斲，琴瑟張而不平"之等是主人之明器，賓客所致者謂之就器，就，成也，謂善作之，名爲就器；惣而言之，皆是神明死者之器，故此就器亦名明器也。云"凡喪，始死弔而含襚，葬而賵贈，其間加恩厚則有賻焉"，言此者，欲見賻非正禮，其賻乃是於死者恩厚乃加之。故《禮記》云"弔喪不能賻，不問其所費"，是恩厚之義也。云"《春秋》譏武氏子來求賻"者，隱公三年《公羊》文。案《公羊》云："武氏子來求賻。何以書？譏。何譏爾？喪事無求。求賻，非禮。"何休云："禮本爲有財者制，有則送之，無則致哀而已，不當求，求則皇皇傷孝子心。""蓋通於下。"何休云："云爾者，嫌天子財多不當求，下財少可求，故明皆不當求。"鄭引此者，見王於諸侯、諸臣有歸賻爾，諸侯、諸臣亦不得求也。顏路請子之車，孔子不與，亦是不合求，故抑之也。**大喪、小喪，掌小官之戒令，帥執事而治之。**〇釋曰：其"小官"，士以下，則此宰夫"戒令"諸官有事者也。**注** 大喪，王后、世子也。小喪，夫人以下。小官，士也。其大官則冢宰掌其戒令。治，謂共辦②。〇釋曰：《大宰》云："大喪，贊贈玉、含玉。"《宗伯》云："朝覲會同，則爲上相。大喪亦如之。"《鬱人》、《邑人》俱云："大喪之渳。"《典瑞》云："大喪，共飯玉、含玉。"彼皆據王喪③。唯《司寇》云"大喪，前王"，以爲嗣王。皆不爲后、世子喪者，彼皆不對小喪。此大喪對小喪，亦王所申服，故注爲"王后、世子"也。此不言庶子，文不具。云"小官，士也"者，宰夫下大夫所掌，而言小官，明是士可知。云"其大官則冢宰掌其戒令"者，冢宰不言者，文不具。云"治，謂共辦"者，謂當職合共者供辦之。**三公、六卿之喪，與職喪帥官有司而治之。凡諸大夫之喪，使其旅帥有司而治之。****注** 旅，冢宰下士。〇釋曰："三公、六卿喪"尊，故宰夫與春官職喪帥其於喪家有事"官有司而治之"，治之亦謂共辦之。"大夫之喪"卑，宰夫不自爲，使在己之下其"旅"三十有二人帥有事於喪家之"有司而治之"，治之亦謂共辦之也。

　　歲終則令羣吏正歲會，月終則令正月要，旬終則令正日成，而

---

① 孫校謂"用"字疑涉"所用賻也"而衍。

② "辦"字婺本、金本、阮本作"辨"。孫疏云："'辨'俗作'辦'。"

③ "王"字原無，阮本同。阮校云："'據'下脫'王'字。"兹據補。賈疏下引《大司寇職》，彼疏論"大喪"甚詳，可以參看。

以攷其治。治不以時舉者，以告而誅之。○釋曰：言周之“歲終”十二月，“則令羣吏”，羣吏則六十官，“正歲會”，正猶定也，謂一年會計文書摠句考之。歲計曰會也。“月終則令正月要”者，謂每月終則令羣吏正其月要。月要謂月計曰要也。“旬終”，謂每旬終則令羣吏“正其日成”。日成謂日計曰成也。云“而以攷其治”者，言會、要、成摠考之。云“治不以時舉者”，謂文書稽滯者，故鄭云“違時令失期會”也。云“以告而誅之”者，謂告冢宰而誅責之也。注歲終，自周季冬。正猶定也。旬，十日也。治不時舉者，謂違時令失期會。○釋曰：知“歲終”是“周之季冬”者，以其正月之吉始和，彼正月是周之正月，始和布治于天下，至今歲終考之，是一歲之終，故知非夏之歲終也。云“正猶定”者，以其文書定乃可攷之，故爲定也。云“旬，十日也”者，上文云“前期十日”，《少牢》云“旬有一日”，旬與十日正同，故知旬，十日也。正歲，則以灋警戒羣吏，令脩宮中之職事。注警，勑戒之言。鄭司農云：“正歲之正月，以法戒勑羣吏。”○釋曰：“正歲”，乃夏之正月，是其歲始，故“以法警戒羣吏，令脩宮中之職事”，以謹勑之也。書其能者與其良者，而以告于上。○釋曰：上云“令脩宮中之職事”，則此謂宮中諸吏也。正歲之正月則豫選之，擬至歲終當舉之也。注良猶善也。上，謂小宰、大宰也。鄭司農云：“若今時舉孝廉、賢良、方正、茂才異等。”[①]○釋曰：知“上”是“小宰、大宰”者，以其承上文[②]，歲始未及賞時，且長自告于王，知上非王，是小宰、大宰。先鄭云“若今舉孝廉”者，謂孝弟、廉絜。“賢良”，即經中“良者”，謂有賢行而良善也。云“方正”者，人雖無別行，而有方幅正直者也。云“茂才”者，漢光武諱秀，時號爲“茂才”，即經云“能者”也。云“異等”者，四科不同，等級各異，故云異等。此經據宮中子弟，先鄭所云，不要宮中之人，引之況義耳。

宮正掌王宮之戒令糾禁。注糾猶割也、察也。○釋曰：案下經王宮中有官府，故“掌王宮之戒令”之事。有過失者，已發則“糾”而割察之，其未發則“禁”之也。以時比宮中之官府次舍之衆寡，○釋曰：以四時校比宮中見住在王宮中者之官

---

① 孫疏云：“孝廉、賢良方正、茂才異等三者並漢時薦舉之目，賈疏謂‘異等者，四科不同，等級各異’，失之。”兹暫從賈疏之説標點。

② “文”字原作“又”，據阮本改。

府及宿衛者"次舍之衆寡"也。**注**時，四時。比，校次其人之在否。官府之在宫中者，若膳夫、玉府、内宰、内史之屬①。次，諸吏直宿，若今部署諸廬者。舍，其所居寺。〇**釋**曰：此"時"是尋常事，故爲"四時"解之。案《地官·鄉師》云："以歲時巡國及野，而賙萬民之囏阨。"鄭彼注："時，隨其事之時。"不爲四時解者，彼據囏阨非常，故爲隨其事之時，不得爲四時也。云"官府之在宫中者，若膳夫、玉府"等者，以其言在"宫中之官府"，是執掌重事、美物及飲食乃得在王宫，故知是此人等。云"次，諸吏直宿，若今時部署諸廬者"，此"次"，謂若《匠人》云"外有九室，九卿治之"，即《詩》云"適子之館兮"，鄭云："卿士所之之館，在天子之宫中，如今部署諸廬。"彼二者與此"次"爲一物。此據宫中之官府；下《宫伯》云"授八次八舍"，鄭注"衛王宫者"，彼據宫中官府子弟。云"舍，其所居寺"者，寺即舍也，是官府退息之處。**爲之版以待，**〇**釋**曰："版"，謂宿衛人名籍。謂宫正執籍校比之也。**注**鄭司農云："爲官府次舍之版圖也。待，待比也。"玄謂版，其人之名籍。待，待戒令及比。〇**釋**曰：先鄭以"版"爲"官府次舍之版圖"者，先鄭於"八成"注云："版，名籍。圖，地圖。"此注連言圖，其版即名籍，與後鄭義同。後鄭以爲"人名籍"者，增成先鄭義也。**夕擊柝而比之。**〇**釋**曰：既得名籍，至夕暮擊柝校比之，恐其懈惰也。**注**夕，莫也。莫行夜以比直宿者，爲其有解惰離部署。鄭司農云："柝，戒守者所擊也。《易》曰：'重門擊柝，以待暴客。'《春秋傳》曰：'魯擊柝，聞於邾。'"〇**釋**曰：後鄭云"莫行夜以比直宿者"，謂直宿，即坐持更之人；則行夜者擊柝校比直宿人，故先鄭云"柝，戒守者所擊也"。"《易》曰"者，是《易·繫辭》文②。彼又云："蓋取諸豫③。"鄭玄注云"豫，坤下震上。九四體震，又互體有艮。艮爲門，震，日所出，亦爲門，重門象。艮又爲手，巽爻也，應在四，皆木也，手持二木也。手持二木以相敲，是爲擊柝，擊柝爲守備警戒也。四又互體爲坎，坎爲盜④，五離爻爲甲冑戈兵。盜諸持戈兵⑤，是暴客也。又以其卦爲豫，有守備，則不可自逸"是也。云"《春秋傳》曰"者，《左氏》哀

---

① "玉府"二字原作"王府"，據婺本、金本、阮本改。下疏中"玉府"底本亦誤。

② "繫"字原作"擊"，據阮本改。

③ "豫"字原作"像"，據阮本改。

④ 二"坎"字原皆作"次"，據阮本改。

⑤ "諸"字阮本作"謂"。加藤云："黄本作'盜甲冑持戈'，云'甲冑'二字依鄭氏《易》改。"

七年：“秋，魯伐邾。茅成子請告于吳，不許，曰：‘魯擊柝，聞於邾，吳二千里，不三月不至，何及於我[①]？’”引之，證擊柝之義也。**國有故，則令宿，其比亦如之。**〇釋曰：“有故”，有災禍，及王時出行不在，皆是也。云“則令宿，其比亦如之”者，亦如上“夕擊柝”已上之事，與平常同也。**注**鄭司農云：“故，謂禍災。令宿，宿衛王宮。《春秋傳》曰：‘忘守必危，況有災乎？’”玄謂故，凡非常也。《文王世子》曰：“公有出疆之政，庶子以公族之無事者守於公宮：正室守大廟，諸父守貴宮、貴室，諸子、諸孫守下宮、下室。”此謂諸侯也。王之庶子職掌國子之倅，國有大事，則帥國子而致於大子，唯所用之者，令宿之事蓋亦存焉。〇釋曰：先鄭引《春秋傳》者，《左氏》昭十八年：“夏五月，宋、衛、陳、鄭災。子產授兵登陴。子大叔：‘晉無乃討乎？’子產：‘小國忘守則危，況有災乎？’”彼爲“則”，先鄭云“必”，讀字不同也。“玄謂故，凡非常也。《文王世子》曰：公有出疆之政”者，謂出朝覲也。云“庶子以公族之無事者守於公宮”者，此言與下爲目。庶子謂諸侯庶子之官，掌卿大夫士之適子，并掌公家之事。云“正室守大廟”者，謂公族之內適子名爲正室，使守大廟，大廟尊故也。云“諸父守貴宮、貴室”者，謂同族諸爲父行者。貴宮、貴室同爲路寢，路寢對大廟，生人之尊也。云“諸子、諸孫”者，亦謂同族之內諸爲子行、孫行者也。云“守下宮、下室”者，下宮謂親廟四，下室謂燕寢也。云“此謂諸侯也”者，謂《文王世子》文是諸侯法也。云“王之庶子職掌國子之倅”已下者，是《夏官·諸子職》文。云庶子者，諸、庶一也，於諸侯即爲庶子，於天子則爲諸子。今因諸侯言庶子，其實《夏官》所云是諸子職也。彼鄭注：“倅，謂副倅之倅。國子，謂諸侯卿大夫士之子也。”云“國有大事，則帥國子而致於大子，唯所用之者”，彼云大事，寇戎之事。卿大夫士之子屬大子，故唯大子所使用也。彼是甲兵，不云宿衛，故鄭云“令宿之事蓋亦存焉”。存焉者，宿衛之事亦在“唯所用”中。引之者，欲見“國有故”中有王出疆巡守征伐，皆須“令宿”，增成先鄭義也。**辨外內而時禁，注**鄭司農云：“分別外人、內人，禁其非時出入。”〇釋曰：先鄭云“分別外人、內人，禁其非時出入”者，謂住在王宮中有卿大夫士等，外人謂男子，內人謂婦女，皆是也。此男女自相對爲外人、內人，其內人非謂《內宰職》所云“內人”是刑女在宮中者也。**稽其功緒，糾其德行[②]。注**稽猶考也、計也。功，吏職也。緒，其志業。〇釋曰：“緒”，業也。宮正“考計”其宮中卿大夫

---

① “及”字原作“夜”，據阮本改。
② “糾”字原作“紃”，據婺本、金本、阮本改。

士功狀及職業多少^①，糾察其在身爲德、施之爲行二者也^②。**幾其出入，均其稍食。** 注鄭司農云："幾其出入，若今時宫中有罪，禁止不得出亦不得入，及無引籍不得入宫司馬殿門也。"玄謂幾苛其衣服、持操及疏數者。稍食，禄稟。○釋曰：先鄭引"今時"者，謂漢法。言"引籍"者，有門籍及引人，乃得出入也。又云"司馬殿門"者，漢宫殿門每門皆使司馬一人守門，比千石，皆號司馬殿門也。"玄謂幾呵其衣服、持操及疏數"者^③，案《閽人》云："喪服、凶器不入宫，潛服、賊器不入宫，奇服、怪民不入宫。"《司門》云："幾出入不物者。"謂衣服、視占不與衆同及所操物不如品式者。職雖不同，皆是守禁。此經直云"幾其出入"，明知兼有此呵其衣服、持操及疏數。此增成司農義也。云"稍食，禄稟"者，言稍，則稍稍與之，則月俸是也，則下士九人，中士倍下士、上士倍中士、大夫倍上士之類。其禄與之米稟，故云"禄稟"也。**去其淫怠與其奇衺之民，** 注民，宫中吏之家人也。淫，放濫也。怠，解慢也。奇衺，譎觚非常。○釋曰：此一經，並是吏之民。云"淫，放濫也。怠，解慢也"，爲此惡行也。云"民，宫中吏之家人也"者，吏即宅在宫中卿大夫士，其家人爲此惡行也者使之不爲，即是"去"也。此民，謂若秋官隸民之類。云"奇衺，譎觚非常"者，兵書有譎觚之人，謂譎詐桀出，觚角非常也。**會其什伍而教之道藝。** 注五人爲伍，二伍爲什。會之者，使之輩作輩學相勸帥，且寄宿衛之令^④。鄭司農云："道，謂先王所以教道民者。藝，謂禮樂射御書數。"○釋曰：宫正掌宫中卿大夫士，亦兼掌子弟。"會"，謂會合其宫中子弟，使之以"五人爲伍，二伍爲什"。必會合之者，欲使之宿衛時語言相體，服容相識，是其"輩作"也；及其學問，又相親及切瑳琢磨，是其"輩學"。揔是"相勸帥"也。云"且寄宿衛之令"者，《管子》云："因内政寄軍令。"在家時五家爲比，在軍還五人爲伍之類。此亦五人爲伍，二伍爲什，使之輩學，似若在家也。因使之宿衛，以寄軍令也^⑤。先鄭云"道，謂先王所以教道民者"，謂

---

① "宫中"二字原作"官中"，據阮本改。

② 孫校云："'身'當爲'心'，此二語本《師氏》注。"按《地官·大司徒職》賈疏引《師氏職》鄭注云"在身爲德，施之爲行"，《地官·鄉大夫職》、《春官·大宗伯職》疏亦云"在身爲德"，"身"字蓋賈疏原文。

③ "呵"字阮本作"荷"，與鄭注合。按《周禮》鄭注多作"苛"，孫疏謂正字當作"訶"，"荷"、"苛"皆假借字，"呵"則"訶"之俗字。

④ "令"字原作"今"，據婺本、金本、阮本改。

⑤ "以"字原作"似"，據阮本改。

若《保氏》云"掌養國子以道，而教之六藝"，道則《師氏》"三德"、"三行"也。"藝，謂禮樂射御書數"，亦《保氏職》文也。**月終則會其稍食，歲終則會其行事。注**行事，吏職也。○釋曰："稍食"，謂宮中官府等月禄，故至"月終"會計之。"歲終"則會計"行事吏職"，當考知功過也。**凡邦之大事，令于王宮之官府次舍，無去守而聽政令。注**使居其處待所爲。○釋曰：邦有"大事"，謂"國之大事，在祀與戎"，則"令于王宮之官府次舍"。"無去守"，謂使之皆在次舍，不得去部所守，而聽待政令，須有所爲。**春秋以木鐸脩火禁。**○釋曰："春"，謂季春。"秋"，謂季秋。二時火星出入之時。"以木鐸"警衆，使"脩火禁"也。**注**火星以春出，以秋入，因天時而以戒。○釋曰："火星"，則心星也，《公羊》謂之大辰。服注："《春秋》云：'火出，於夏爲三月，於商爲四月，於周爲五月。'"故云"以春出"也。季秋昏時伏於戌，火星入，故云"以秋入"。云"因天時而以戒"者，此火謂陶冶鑄鋼之火[1]，因天出火，民則爲之，因天内火[2]，民則休之，故云因天時戒之也。此施火，謂宮正於宮中特宜慎火，故脩火禁。《夏官·司爟》云"掌行火之政令，四時變國火，以救時疾"，下又云"時則施火令"，爲焚萊之時，故脩火禁也。《秋官·司烜》云"中春，以木鐸脩火禁于國中"，注云："爲季春將出火也。火禁，謂用火之處及備風燥。"是二月預脩之，三月重掌事，各有所爲，不相妨也。**凡邦之事蹕宮中、廟中，則執燭。**○釋曰："凡邦之事"，謂祭祀之事。王當出入來往時，隷僕與王蹕止行人於"宮中"及"廟中"也。王出向二處，當侵晨而行，爾時則宮正爲王"執燭"爲明也。**注**鄭司農讀"火"絶之，云："禁凡國之事蹕[3]，國有事王當出，則宮正主禁絶行者[4]，若今時衛士填街蹕也。宮中、廟中則執燭，宮正主爲王於宮中、廟中執燭。"玄謂事，祭事也。邦之祭社稷、七祀於宮中，祭先公、先王於廟中，隷僕掌蹕止行者，宮正則執燭以爲明。《春秋傳》曰："有大事於大廟。"又曰："有事於武宮。"○釋曰：先鄭"讀火絶之"，則"火"字向上爲句也。其"禁"自與"凡邦之事蹕"共爲一句。宮正既不掌蹕事，若如先鄭所讀，則似宮正爲王蹕[5]，非也。云"宮中、廟中則執燭"者，若不以"邦之

---

[1]　"鋼"字阮本作"銅"，加藤謂"銅"字是。
[2]　"内"字阮本作"入"。
[3]　"國"字婺本、金本同，阮本作"邦"，與經文合。
[4]　"主"字原作"王"，據婺本、金本、阮本改。
[5]　"正"字原作"止"，據阮本改。

事"與此"宮中"爲一事,則宮中、廟中何爲事而遣宮正執燭乎[1]？亦非也。又云"若今時衛士填街蹕也"者,《漢儀》,大駕行幸,使衛士填塞街巷,以止行人,備非常也。"玄謂事,祭事也"者,謂在宮中、廟中二處皆有祭事也。云"邦之祭社稷、七祀於宮中"者,《小宗伯》云:"左宗廟,右社稷。"在宮中中門之外也。依《祭法》:"王爲羣姓立七祀,曰司命,曰中霤,曰國行,曰國門,曰泰厲,曰户,曰竈。"案《司門》云:"凡歲時之門,受其餘。"則此七祀等是爲羣姓所立者,不在宮中也。《祭法》又云"王自爲立七祀"者,此則禱祀在宮中者也。云"《春秋傳》曰:有大事于大廟"者,《左氏》文二年,"秋八月丁卯,大事于大廟"是也。云"又曰:有事于武宮"者,昭十五年:"春二月癸酉,有事于武宫。"鄭引此者,欲見隸僕蹕于宮中,亦得兼廟中。故《公羊》云:"魯公稱世室,羣公稱宮。"則天子之廟亦有宮稱也。**大喪,則授廬舍,辨其親疏貴賤之居。**○釋曰:"大喪",謂王喪。臣子皆爲之斬衰則同,廬舍所居則異也。云"授廬舍"者,摠諸臣而"辨其親疏貴賤之居"異也。**注**廬,倚廬也。舍,堊室也。親者、貴者居倚廬,疏者、賤者居堊室。《雜記》曰:"大夫居廬,士居堊室。"○釋曰:"廬,倚廬也"者,謂於路門之外東壁倚木爲廬。云"舍,堊室也"者,舍對廬,故爲堊室。堊室者,兩下爲之,與廬異,故名堊室也。云"親者、貴者居倚廬"者,親謂大功已上,貴謂大夫已上者[2],居倚廬。云"疏者、賤者居堊室"者,疏謂小功、緦麻,賤謂士,二者居堊室。知義如此者,以其經云"辨其親疏貴賤",明當如此解之也。又引《雜記》者,彼是諸侯之臣,其大夫居廬、士居堊室。彼注:"士舍堊室[3],亦謂邑宰也。朝廷之士亦居廬。"引之者,證貴者居廬,賤者居堊室,一邊之義耳。其實彼諸侯禮,不辨親疏貴賤,而別其遠近,並爲天子之臣也。

宮伯掌王宮之士庶子凡在版者。○釋曰:宮伯掌王宮中卿大夫之適子、庶子,士之適子也[4]。"凡在版者",子弟皆有名籍,以擬校比也。**注**鄭司農云:"庶子,宿衛之官。版,名籍也,以版爲之。今時鄉户籍謂之户版。"玄謂王宮之士,謂王宮中諸吏之適子也;庶子,其支庶也。○釋曰:鄭司農云"庶子,宿衛之官",謂若夏官諸子

---

① 阮校引盧文弨説云:"'何爲'疑當作'爲何'。"
② 孫校云:"'大夫以上'下疑有'二'字,屬下句。"據上下文例而言也。
③ "舍"字阮本作"居",與傳本《雜記》鄭注合。
④ 孫校疑"士之"當作"士即":"今本誤'即'爲'之',遂不可通。'庶子'二字名義顯白,故賈不釋,而獨釋'士'字之義。"

職。後鄭不從者，彼諸子是下大夫，此宮伯中士，不合掌之，故不從也。"玄謂王宮之士，謂宮中諸吏之適子也"者，吏謂卿大夫士之摠號。云"庶子，其支庶也"者，以其宮正掌宮中官府，宮伯掌其子弟故也。案《大司馬》云："王弔勞其士庶子。"文與此同。鄭彼注云："弔其死者，勞其傷者。庶子，卿大夫之子從軍者。"彼"士"爲卿大夫士，"庶子"爲卿大夫之子，則兼適庶，與此不同者，彼更無弔勞卿大夫士身，故士爲卿大夫[①]，庶子中兼適庶。是鄭望文以爲義，故注與此不同也。**掌其政令，行其秩叙，作其徒役之事。**注秩，禄稟也。叙，才等也。作徒役之事，大子所用。○釋曰：宮伯既掌士庶子，所以有"政令"盡掌之也。"行其秩叙"者，秩，謂依班秩受禄；叙者，才藝高下爲次第。"以作其徒役"者，士庶子屬大子，隨其所用使役之也。**授八次八舍之職事。**注衛王宮者必居四角四中，於徼候便也。鄭司農云："庶子衛王宮，在内爲次，在外爲舍。"玄謂次，其宿衛所在。舍，其休沐之處。○釋曰：言"衛王宮者必居四角四中"者，以其言"八"，似若八方爲四方四維然，以四角四中解之。必於八所以爲"次"、"舍"者，相徼察來往候望皆便，故次、舍皆八也。司農云"庶子衛王宮，在内爲次，在外爲舍"者，庶子義上已破訖。先鄭意，内次外舍，有所隔絶，故后鄭不從也。"玄謂次，其宿衛所在"者，謂宿衛之處稍在前爲之館也。舍者，若"掌舍"之舍，亦舍息休止之處，故鄭爲"休沐之處"也。**若邦有大事作宮衆，則令之。**注謂王宮之士庶子於邦有大事或選當行。○釋曰："事"，亦謂寇戎之事。"作"，起也。謂起宮中之衆，使士庶子行，則宮伯戒令之。**月終則均秩，歲終則均叙。以時頒其衣裘，掌其誅賞。**○釋曰："月終則均其秩"，秩，禄稟，則與《宮正》"均稍食"亦一也。"歲終則均叙"，與《宮正》則異：彼宮中官府，故會其行事；此其子弟，故均其叙，叙即上注"才等"也。"以時頒其衣裘"，夏時班衣，冬時班裘。"掌其誅賞"者，士庶子有功則賞之，有罪即誅之也。注頒讀爲班，班，布也，衣裘，若今賦冬夏衣。○釋曰：賦，班也，班之與賦皆賜授之義。

---

① "士"字原作"上"，阮本同，阮校云："惠校本'上'作'士'，此誤。"兹據改。

周禮疏卷第四

唐朝散大夫行大學博士弘文館學士臣賈公彥等撰

膳夫掌王之食飲膳羞，以養王及后、世子。○釋曰：云"膳夫掌王之食飲"者，此一經，以其職首，故略舉其目，下別叙之。云"以養王及后、世子"者，舉尊者而言，其實群臣及三夫人已下亦養之。**注**食，飯也。飲，酒漿也。膳，牲肉也。羞，有滋味者。凡養之具，大略有四。○釋曰：云"食，飯也"者，即下文云"食用六穀"是也。云"飲，酒漿也"者，即下文"飲用六清"是也。下文不言酒，文略也。云"膳，牲肉也"者，即下文云"膳用六牲"是也。云"羞，有滋味者"，即下文云"羞用百有二十品"是也。下文仍有"珍用八物"、"醬用百有二十甕"，不言之者，珍、醬是饋之小者，略而不言，故鄭云"凡養之具，大略有四"，是舉以爲目也。**凡王之饋，食用六穀，膳用六牲，飲用六清，羞用百有二十品，珍用八物，醬用百有二十甕。**

注進物於尊者曰饋。此饋之盛者，王舉之饌也。六牲，馬、牛、羊、豕、犬、雞也。羞，出於牲及禽獸，以備滋味，謂之庶羞。《公食大夫禮》、《內則》下大夫十六，上大夫二十，其物數備焉。天子、諸侯有其數，而物未得盡聞。珍，謂淳熬、淳母、炮豚、炮牂、擣珍、漬、熬、肝膋也。醬，謂醯醢也。王舉，則醯人共醯六十甕，以五齍、七醢、七菹、三臡實之；醯人共齍菹醢物六十甕。鄭司農云："羞，進也。六穀，稌、黍、稷、粱、麥、苽。苽，彫胡也。六清，水、漿、醴、涼、醫[1]、酏。"○釋曰：鄭云"進物於尊者曰饋"者，據此文云"王之饋"，及《少牢》、《特牲》皆云"饋食"，是進物於尊者曰饋。鄭注《玉府》云"通行曰饋"者，彼對"獻"是進物於尊，則"饋"是通行也。云"此饋之盛者，王舉之饌"者，下文云"王日一舉，鼎十有二"，是王舉之饌也。云"六牲，馬、牛、羊、豕、犬、雞"者，此依《爾雅・釋畜》，亦是將用之曰牲也。云"羞，出於牲及禽獸"者，釋經"羞用百有二十品"，此羞，庶

---

[1]　"醫"字原作"醫"，婺本、金本、阮本同。阮校云："'醫'當作'醫'，《釋文》亦訛。"按《干禄字書・平聲》："醫、醫，上俗下正。"《酒正職》"四飲"、《漿人職》"六飲"內並作"醫"，前者鄭注云"醫之字，從殹、從酉省也"，茲改從"醫"。下疏中"醫"字同。

羞,皆出於牲及禽獸。案《公食大夫》下大夫十六豆中,從臑、膚、曉已下皆出於牲,不見有出禽獸者;上大夫加以雉、兔、鶉、鴽,此則出禽獸也。以其有牲及禽獸,故云"備滋味,謂之庶羞"也。引《公食大夫禮》及《內則》二文,俱言十六豆,是下大夫禮;《內則》云"雉、兔、鶉、鴽"四豆,添前十六則二十,是上大夫禮。云"其物數備焉"者,此上、下大夫禮其物備有焉。云"天子、諸侯有其數"者,此經云"百有二十"者,是天子有其數;《掌客》云"上公食四十,侯、伯三十二,子、男二十四",是諸侯有其數也。又云"而物未得盡聞"者,言未盡聞,則少有聞,所聞者,謂天子、諸侯之數皆從上大夫二十豆上加之,則二十豆聞之矣。《內則》云牛脩及爵、鷃、蜩、范、芝栭已下三十一物,鄭注云:"皆人君燕食所加庶羞也。《周禮》天子羞用百有二十品,記者不能次錄。"亦是有其物未盡聞也。云"珍,謂淳熬"已下,皆《內則》文。案《內則》:"淳熬:煎醢加于陸稻上,沃之以膏,曰淳熬。淳母:煎醢加于黍食上,沃之以膏,曰淳母。"母,模也。"炮:取豚若牂,刲之刳之,實棗於其腹中,編萑以苴之,塗之以墐塗①。炮之,塗皆乾,擘之。濯手以摩之,去其皽,爲稻、粉、糔溲之以爲酏,以付豚。煎諸膏,膏必滅之,鉅鑊湯,以小鼎薌脯於其中,使其湯母滅鼎。三日三夜毋絕火,而後調之以醯醢。擣珍:取牛、羊、麋、鹿、麕之肉,必脄,每物與牛若一,捶,反側之,去其餌,孰,出之,去其皽,柔其肉。漬:取牛、羊肉必新殺者,薄切之,必絕其理,湛諸美酒,期朝而食之,以醢若醯、醷。爲熬:捶之,去其皽,編萑,布牛肉焉。屑桂與薑,以洒諸上而鹽之,乾而食之。施羊亦如之。肝膋:取狗肝一,幪之以其膋,濡炙之,舉焦其膋,不蓼也。"是爲八珍。彼有糝與餰,彼是羞豆之實,非珍,故不取。云"醬,謂醯醢也"者,醬是摠名。知醬中兼有醯醢者,經云"百有二十甕",醯人共醯六十甕,醢人共醢物六十甕,故鄭注醯人、醢人兼引之。其"五齏、七醢"等,就《醢人》具釋。鄭司農云"六穀"知有"稌、黍、稷、粱、麥、苽"者,據《食醫》而知。云"苽,雕胡也"者,南方見有苽米,一名雕胡,異方語。云"六清,水、漿、醴、醇、醫、酏"者,《漿人》文也。**王日一舉,鼎十有二,物皆有俎。**○釋曰:言"王日一舉"者,謂一日一大牢。云"鼎十有二"者,案《禮記·郊特牲》"鼎俎奇而籩豆耦"者,謂正鼎九、陪鼎三,即是奇數,摠而言之即十二。云"物皆有俎"者,俎據正鼎,而鼎各一俎。**注**殺牲盛饌曰舉。王日一舉,以朝食也。后與王同庖。鼎十有二,牢鼎九,陪鼎三。物,謂牢鼎之實,亦九俎。○釋曰:"殺牲盛饌曰舉",知非舉樂者,以其言"鼎十有二",膳夫主飯食,故知舉

---

① "墐"字原作"瑾",據阮本改。按《內則》作"謹",鄭注云:"謹當爲墐,聲之誤也。墐塗,塗有穰草也。"故賈疏徑引作"墐"。

是殺牲盛饌。云"王日一舉,以朝食也"者,一日食有三時,同食一舉。案《玉藻》云:"皮弁以日視朝,遂以食,日中而餕。"餕者餕朝之餘,則遂以食之謂朝之食。明知先朝食,次乃日中而餕。云"后與王同庖",案《玉藻》云:"夫人與君同庖。"鄭注云:"不特殺。"明后亦與王同庖可知。云"鼎十有二,牢鼎九、陪鼎三"者,案《聘禮》致饗餼注云"飪一牢,鼎十有二"是也[①]。牢鼎九,在西階前,云"牛、羊、豕、魚、腊、腸胃同鼎、膚、鮮魚、鮮腊";云陪鼎三者,"當內廉,臐、臐、膮,並陪牛、羊、豕鼎後"是也。云"物,謂牢鼎之實"者,言實,即牛羊豕之類也。云"亦九俎"者,陪鼎三臐臐膮者謂庶羞,在於豆,唯牢鼎之物各在俎,故云亦九俎。案趙商問:"王日一舉,鼎十有二,是爲三牲備焉。商案《玉藻》'天子日食少牢,朔月大牢',禮數不同,請聞其説。"鄭荅云:"《禮記》後人所集,據時而言,或以諸侯同天子,或以天子與諸侯等,禮數不同,難以據也。《王制》之法與禮違者多,當以經爲正。"若然,此《周禮》周公大平法,《玉藻》據衰世,或是異代,故與此不同。**以樂侑食,膳夫授祭,品嘗食,王乃食。** ○釋曰:上言"王日一舉",此云"以樂侑食",即是《王制》云"天子食,日舉以樂"。案《論語·微子》云"亞飯"、"三飯"、"四飯",鄭云:"皆舉食之樂。"彼諸侯禮,尚有舉食之樂,明天子日食有舉食之樂可知。案《大司樂》云:"王大食,皆令奏鍾鼓。"彼大食自是朔食,日舉之樂大司樂或不令奏,故不言之矣,無妨日食自有舉食之樂。云"膳夫授祭"者,謂王將食,必祭先,膳夫授之。云"品嘗食"者,《玉藻》云:"火孰者,先君子。"鄭注云:"備火齊不得也。"故膳夫品物皆嘗之,"王乃食"也。**注**侑猶勸也。祭,謂刌肺、脊也。禮,飲食必祭,示有所先。品者,每物皆嘗之,道尊者也。○釋曰:殷祭肝,周祭肺。但祭肺有二種:一者名爲舉肺,亦名離肺,此爲食而有也;二者名爲祭肺,亦名刌肺,此爲祭而有也。但舉肺離而不絶,祭肺則絶之。今此膳夫授祭爲食而授,即舉肺也,鄭云"祭,謂刌肺、脊也"者,以經直云祭,不言舉,又不言離,直云祭,故鄭云祭謂刌肺也。以優至尊,故與祭祀同刌肺也。若然,《鄉飲酒》、《鄉射》無連言脊,今兼言脊者,依《士虞》、《特牲》皆言授肺、脊,故鄭依之而言。云"禮,飲食必祭,示有所先"者,凡祭,皆祭先造食者。《曲禮》云:"殽之序,徧祭之。"今徒言祭肺者,略舉其首者也。**卒食,以樂徹于造。** ○釋曰:"卒",終也。天子食終徹器之時,作樂以徹之。但天子祭祀歌《雍》以徹,徹食器之時樂章未聞也。**注**造,作也。鄭司農云:"造,謂食之故所居處也。已食,徹置故處。"○釋曰:後鄭云"造,作

① 浦鏜云:"'注'當衍字。"按浦鏜説固是,然賈疏多有此類,不勝枚舉也。

也”，先鄭云“徹置故處”，二鄭義同，皆謂造食之處，即廚是也。案《内則》云：“天子之閣，左達五，右達五。”彼亦是置食處。今此不徹於閣者，但閣内别置新饌。案《文王世子》“末有原”，即此亦不重進，故徹于造。**王齊，日三舉。** **注**鄭司農云：“齊必變食。”○釋曰：“齊”，謂散齊、致齊。齊必變食，故加牲體，至三大牢。案《玉藻》云朔食加日食一等，則於此朔食當兩大牢。不言之者，文不具。齊時不樂，故不言“以樂侑食”也。“齊必變食”，《論語》文。**大喪則不舉，大荒則不舉，大札則不舉，天地有裁則不舉，邦有大故則不舉。** ○釋曰：臣子一皆爲王喪啜粥，故“大喪不舉”也。“大荒則不舉”已下，皆爲自貶損。**注**大荒，凶年。大札，疫癘也。天裁，日月晦食。地裁，崩動也。大故，寇戎之事。鄭司農云：“大故，刑殺也。《春秋傳》曰：‘司寇行戮，君爲之不舉。’”○釋曰：言“大荒，凶年”者，則《曲禮》云“歲凶，年穀不登，君膳不祭肺”是也。云“大札，疫癘也”者，即《春秋》夭昏札瘥、民有疫癘。爲之不舉，自貶也。云“天裁，日月晦食”者，月食在望，日食在晦朔，今揔云日月晦食者，案《春秋》唯書日食，故以是不言月之望食。日食由月，故連言月也。云“地裁，崩動也”者，《左氏》書“地震”及“梁山崩”是也。云“大故，寇戎之事”者，據此經唯言大喪、大荒、大札、天地有災，故知大故是寇戎。先鄭云“大故，刑殺”，引之在下者，欲見大故中含有刑殺之事。“《春秋傳》曰：司寇行刑”者，案莊公二十年：“王子頽享五大夫，樂及徧舞。”又云：“王子頽歌舞不倦，是樂禍也。夫司寇行戮，君爲之不舉。”不舉者，謂不舉樂。此經數事不舉，司農意亦謂不舉樂，故引以爲證。但此《膳夫》云“不舉”在食科之中，不舉即是不殺牲。引司農義在下者，不舉之中含有不舉樂。**王燕食，則奉膳贊祭。** ○釋曰：案上“王日一舉”，鄭云謂“朝食”，則此云“燕食”者謂日中與夕，相接爲三時。云“奉膳”者，奉朝之餘膳。云“贊祭”者，助王祭牢肉。**注**燕食，謂日中與夕食。奉膳，奉朝之餘膳。所祭者牢肉。○釋曰：案《玉藻》，天子與諸侯相互爲三時食，故“燕食”以爲“日中與夕”。云“奉膳，奉朝之餘膳”者，則一牢分爲三時，故奉朝之餘餕也。云“所祭者牢肉”者，案《玉藻》，諸侯云“夕深衣，祭牢肉”，鄭注云：“天子言日中，諸侯言夕，天子言餕，諸侯言祭牢肉，互相挾。”則天子、諸侯朝皆祭肺，日中與夕皆祭牢肉，故言所祭者牢肉也。**凡王祭祀、賓客食①，則徹王之胙俎。** ○釋曰：云“凡王祭祀”，謂祭宗廟。有

---

① 王引之云：“‘食’上蓋脱‘饗’字，謂賓客之饗食也。”

"胙俎"者，謂若《特牲》、《少牢》"主人受尸酢，戶東西面，設主人俎於席前"。王受尸酢，禮亦當然。"賓客食"，謂王與賓客禮食於廟，賓在戶牖之間，王在阼階上，各有饌，皆設俎，故亦有胙俎。此二者皆名胙俎，膳夫徹之，故云"則徹王胙俎"也。注膳夫親徹胙俎，胙俎最尊也；其餘則其屬徹之。賓客食而王有胙俎，王與賓客禮食。主人飲食之俎皆爲胙俎，見於此矣。○釋曰：云"膳夫親徹胙俎，胙俎最尊也"者，以其胙者酢也，王與尸、賓相荅酢，故遣膳夫親徹。云"其餘則其屬徹之"者，以其經膳夫徹王之胙俎，明非王胙俎則其屬徹之可知。膳夫是上士，則其屬中士已下是也。云"賓客食而王有胙俎，王與賓客禮食"者，以其賓客與祭祀同科，故知是禮食，非是凡平燕食。案《公食大夫》，主君與聘大夫禮食，賓前有食，君前無食，退俟於廟。今此天子與諸侯禮食，王前有食俎者，天子於諸侯，其禮異於諸侯與聘大夫，故王前有俎。云"主人飲食之俎皆爲胙俎，見於此矣"者，案《特牲》、《少牢》主人之俎雖爲胙俎，直是祭祀，不兼賓客；此則祭祀、賓客俱有，故云主人飲食之俎皆爲胙俎見於此。飲據祭祀，食據賓客，故雙言之也。凡王之稍事，設薦脯醢。○釋曰：案下經"燕飲酒"謂大事與臣飲酒，則此云"王之稍事"是王小事而飲酒，故空"設薦脯醢"。若大飲與食，則有牲體。注鄭司農云："稍事，謂非日中大舉時而間食謂之稍事。膳夫主設薦脯醢。"玄謂稍事，有小事而飲酒。○釋曰：先鄭云"稍事，謂非日中大舉時而間食謂之稍事。膳夫主設薦脯醢"者，先鄭意，旦起，日中食牲牢，日中後空食脯醢。後鄭不從者，《玉藻》諸侯猶云"夕深衣，祭牢肉"，則天子夕食牢肉可知。又脯醢者是飲酒肴羞，非是食饌。若大夫已下燕食，有脯無膾，設脯無嫌；若王之日食，不得空薦脯醢，故以爲"小事飲酒"。王燕飲酒，則爲獻主。○釋曰：謂王與臣以禮"燕飲"，則膳夫"爲獻主"。案《儀禮》使宰夫爲主人，此天子使膳夫爲獻主，皆是飲食之官，代君酌臣。注鄭司農云："主人當獻賓，則膳夫代王爲主，君不敢臣也。《燕義》曰：'使宰夫爲獻主，臣莫敢與君亢禮。'"○釋曰：言"當獻賓，則膳夫代王爲主"，此約《燕禮》而知。案《燕禮》，主人酌酒獻賓，賓酢主人，主人酌酒獻君，君酢主人，主人酬賓以後，爲賓舉旅。又引《燕義》"臣莫敢與君亢禮"者，飲酒之禮，使大夫爲賓，遣宰夫爲主人，獻酢相亢荅。若君爲主人，則是臣與君相亢，故云臣莫敢亢禮。掌后及世子之膳羞。○釋曰：上云"王日一舉"，注"后與王同庖"，不言世子，則世子與王別牲。亦膳夫所掌，故云"掌后及世子之膳羞"。注亦主其饌之數，不饋之耳。○釋曰：案上文"凡王之饋，食用六穀"已下言饋，則膳夫親饋之，故云"品嘗食”。案《内饔》“共后及世子之膳羞”，則是后、世子内饔饋之，故鄭云“亦主其饌之數，不饋之耳”。**凡肉脩之頒賜皆掌之。** ○釋曰：謂王以肉及脩脯頒賜群臣，則膳夫皆掌之。**注**鄭司農云：“脩，脯也。” ○釋曰：言“脩，脯也”者，謂加薑桂鍛治者謂之脩，不加薑桂，以鹽乾之者謂之脯，則脩、脯異矣。先鄭云“脩，脯”者，散文言之，脩、脯通也。**凡祭祀之致福者，受而膳之。** ○釋曰：云“凡祭祀”者，言凡，則諸臣自祭家廟，祭訖致胙肉於王，謂之“致福”。膳夫受之，以爲王膳，故云“受而膳之”。**注**致福，謂諸臣祭祀，進其餘肉，歸胙于王。鄭司農云：“膳夫受之，以給王膳。” ○釋曰：云“致福者，謂諸臣祭祀，進其餘肉，歸胙于王”者，案《禮記·少儀》云：“膳于君子曰膳。”案《玉藻》：“膳於君，葷、桃、茢。”彼謂諸侯之臣禮。此王之臣，亦應云致膳，而云致福者，凡祭祀，主人受福，若與王受福然，故云致福。知諸臣有致胙法者，案《春秋左氏》昭十六年，子產云：“祭有受脤歸脤。”彼注云：“受脤，謂君祭，以肉賜大夫。歸脤，謂大夫祭，歸肉於公也。”今彼雖據諸侯禮，王之臣致胙亦然，故云歸胙於王也。**以摯見者亦如之。** **注**鄭司農云：“以羔、鴈、雉爲摯見者，亦受以給王膳。” ○釋曰：謂卿大夫以下新任爲臣者[①]，卿執羔、大夫執鴈、士執雉來見王，故云“以摯見者”。言“亦如之”者，先鄭云：“亦受以給王膳也。”**歲終則會，唯王及后、世子之膳不會。** ○釋曰：此膳夫所掌膳羞是其正，故世子亦不會。至下《庖人》“王及后不會”，則世子會之。彼禽獻是其加，故會之。**注**不會計多少，優尊者。其頒賜諸臣則計之。 ○釋曰：依《宰夫職》，會是歲計，故云“不會計多少”。云“優尊者”，謂若計，則似限尊者有多少，若不計，則任所用，故云不會是優尊者也。云“其頒賜諸臣則計之”者，經云“王及后、世子不會”，則上經“肉脩之頒賜”諸臣則計之可知。

　　庖人掌共六畜、六獸、六禽，辨其名物。 ○釋曰：云“掌共六畜”者，馬、牛、羊、豕、犬、雞。謂夏官校人、地官牛人、春官雞人、秋官犬人、冬官豕人摠送六畜與此庖人。“六獸、六禽”，即下獸人送之。此庖人得此六畜、六獸、六禽，共與膳夫、內外饔，故云掌共六畜、六獸、六禽。此禽獸等皆有名號物色，故云“辨其名物”。**注**六畜，六牲也。始養之曰畜，將用之曰牲。《春秋傳》曰：“卜日曰牲。”鄭司農云：“六獸，麋、鹿、

---

　　① 孫校云：“‘任’當爲‘仕’。”

熊、麢、野豕、兔。六禽，鴈、鶉、鷃、雉、鳩、鴿。"玄謂獸人冬獻狼，夏獻麋，又《內則》無熊，則六獸當有狼而熊不屬。六禽於"禽獻"及"六摯"宜爲羔、豚、犢、麛、雉、鴈。凡鳥獸未孕曰禽。《司馬職》曰："大獸公之，小禽私之。"○釋曰：云"六畜，六牲也"者，謂雖此云"六畜"，即是《膳夫》"六牲"，一也。所以彼言牲此言畜者，鄭即解其不同之意，"始養之曰畜，將用之曰牲"。膳夫共王之膳羞，即是將用之，故言牲。云"《春秋傳》曰"者，此是左氏僖公三十一年《傳》辭。彼經云："四卜郊，不從，乃免牲。"未卜日曰牛，卜得吉日，乃號爲牲。僖公既卜得吉日，名牛作牲，乃更卜可郊以否，不從乃免牲，是其怠慢。引之者，證將用曰牲。鄭司農云"六獸，麋、鹿、熊、麢、野豕、兔。六禽，鴈、鶉、鷃、雉、鳩、鴿"者，此先鄭意取《爾雅》文"四足而毛謂之獸，兩足而羽謂之禽"，故爲此解。"玄謂獸人冬獻狼"，"又《內則》"爲餚食有狼臅膏，故云"當有狼而熊不屬"，此破司農有熊無狼。云"六禽於禽獻及六摯宜爲羔、豚、犢、麛、雉、鴈"者，下文"禽獻"之內取羔、豚、犢、麛，《大宗伯》"六摯"之內亦取羔及雉、鴈，破司農六畜之內有鶉[①]、鷃、鳩、鴿四者，於經無所據；司農雉、鴈即"六摯"雉、鴈同，故從之不破。云"凡鳥獸未孕曰禽"，鄭言此者，見《爾雅》"四足而毛曰獸，兩足而羽曰禽"是對文例，若散文則通。其獸未孕時，雖曰四足，亦曰禽，是以名爲"禽獻"，其中亦有羔、豚、犢、麛；又云"以禽作六摯"，禽中亦有羔，是其未孕者也。謂若《爾雅》"飛曰雄雌，走曰牝牡"，亦是對文。案《詩》云"雄狐綏綏"，走亦曰雄，《尚書》云"牝雞無晨"，飛亦曰牝，並是散文通義。云"《司馬職》曰：大獸公之，小禽私之"者，欲見雖曰四足而毛，未孕亦曰禽。此並破司農禽中不得有四足之義。**凡其死生鱻薧之物，以共王之膳與其薦羞之物及后、世子之膳羞。**○釋曰：云"凡其死生鱻薧之物"者，此四者，或死，或生，新殺爲鱻，乾者爲薧，並獸人以與膳夫[②]，內外饔以共王之膳。云"與其薦羞之物"者，薦，進也。謂羞之所進，即備品物曰薦，亦進于王耳。"及后、世子之膳羞"者，此共后、世子之羞，故不言"薦"而言"膳"，是致滋味者也。注凡，計數之。薦亦進也。備品物曰薦，致滋味乃爲羞。王言薦者，味以不褻爲尊。鄭司農云："鱻，謂生肉。薧，謂乾肉。"○釋曰：云"凡，計數之"者，上經云"治要"、"治凡"，並是計算之稱。此"凡"亦是計數之名。死生鱻薧須知其數，故言凡揔計之。云"備品物曰薦"者，以經羞言"薦"，對后、世子羞言"膳"，故云"備品物曰

---

① 阮校云："'畜'爲'禽'之誤。"孫疏據改。

② 孫校云："'獸人'當爲'庖人'。"

薦,致滋味乃爲羞①",以其不言薦,即是致滋味之羞。若然,備品物者,謂王舉則共醯六十甕,以五齊、七醢、七菹、三臡實之,醯人共齏菹醯六十甕②,是其備品物,及三牲之俎,皆是也。致滋味乃爲羞百有二十品者,故鄭云"羞,出於牲及禽獸,以備滋味,謂之庶羞"。故《公食》云"宰夫自東房薦豆六",又云"士羞庶羞"。云"王言薦者,味以不褻爲尊"者,對后、世子不言薦,是其褻味者也。**共祭祀之好羞,**〇釋曰:尋常所共者並在内外饗,今言"好羞",則是非常之物,謂美魚之屬也。**注**謂四時所爲膳食,若荆州之鯷魚,青州之蟹胥,雖非常物,進之孝也。〇釋曰:云"四時所爲膳食"者,謂四時之間非常美食③。云"若荆州之鯷魚,青州之蟹胥"者,鄭見當時有之,又見《禮記·禮器》云"大饗,其王事與?三牲、魚、腊,四海九州之美味",苟可薦者莫不咸在;且《禹貢》徐州貢蠙珠暨魚,荆州無魚文,是文不備,是知好羞皆是魚也。**共喪紀之庶羞、賓客之禽獻。**〇釋曰:凡喪,未葬已前,無問朝夕奠及大奠,皆無薦羞之法。今言"共喪紀庶羞"者,謂虞、祔之祭乃有之。云"賓客之禽獻"者,謂若《掌客》"上公乘禽日九十雙,侯、伯七十雙,子、男五十雙"之類是也。**注**喪紀,喪事之祭,謂虞、祔也。禽獻,獻禽於賓客。獻古文爲獸,杜子春云:"當爲獻。"〇釋曰:云"喪紀,喪事之祭,謂虞、祔也"者,天子九虞後,作卒哭祭,虞、卒哭在寢,明日祔於祖廟。今直云虞、祔,不言卒哭者,舉前後虞、祔,則卒哭在其中,共庶羞可知。云"獻古文爲獸,杜子春云④:當爲獻"者,但賓客之禽由主人獻之,若直言"賓客禽獸",於義無取也。**凡令禽獻,以灋授之,其出入亦如之。**〇釋曰:凡朝聘賓客至,並致館與之。賓客既在館,此庖人乃書所共禽獻之數,令於獸人,以數授之,故云"凡令禽獻,以法授之"也。云"其出入亦如之"者,既以數授獸人,依數以禽入庖人,是入也;庖人得此禽,還依數付使者送向館,是出也。亦如之者,亦依法授之,故云其出入亦如之。若然,入先出後,不言"入出"而言"出入"者,便文也。**注**令,令獸人也。禽獸不可久處,賓客至,將獻之,庖人乃令獸人取之,必書所當獻之數與之。及其來致禽,亦以此書校數之。至于獻賓客,又以此書付使者,展而行

---

① "乃"字原作"及",據阮本改。
② "菹"字原作"陏",據阮本改。
③ 孫疏云:"依賈義,則注'膳食'疑當爲'善食'。好與善、美義同,此非正膳,不當云膳食也。"
④ "杜"字原作"社",據阮本改。

之。《掌客》，乘禽於諸侯，各如其命之數。《聘禮》，乘禽於客，日如其饔餼之數；士中日則二雙。○釋曰：知"令獸人"者，案《獸人》云："凡祭祀、喪紀、賓客，共其死獸、生獸。"故知令獸人。云"禽獸不可久處"以下至"與之"以上，解經"令禽[1]，以法授之"。云"及其來致禽，亦以此書校數之"，解經"入亦如之"。云"至于獻賓客，又以此付使者，展而行之"，解經"出亦如之"。言展而行之者，展猶省視也。行，去也。謂將向客館之時，省視禽牲，然後去。云"《掌客》，乘禽於諸侯，各如其命之數"者，謂上公九命，日九十雙之等。又引《聘禮》"乘禽於客，日如其饔餼之數"者，言此臣禮，不依命數。公、侯、伯之卿三命，子、男之卿再命，皆以爵卿也，饔餼五牢，日五雙，故言日如其饔餼之數。云"士中日則二雙"者，謂作介時，士爵一日則一雙，禽獻不以命數。中，間也，故言間日則二雙。言此者，釋經"以法授之"，法則數也。**凡用禽獻，春行羔、豚，膳膏香；夏行腒、鱐，膳膏臊；秋行犢、麛，膳膏腥；冬行鮮、羽，膳膏羶。** ○釋曰：言"凡用禽獻"者，四者不同，故言凡也。煎和謂之用，故言凡用禽獻也。云"春行羔、豚，膳膏香"者，言行者，義與用同。春用羔、豚者，草物始生，羔、豚食而肥。膳膏香者，謂牛膏。春，木王，火相，土死，羔、豚爲其大盛，牛屬中央土，故以死之脂膏殺其氣。"夏行腒、鱐，膳膏臊"者，腒謂乾雉。鱐謂乾魚。膏臊，犬膏。腒、鱐夏之暵熱而乾，故食之爲其大盛。夏時金死，犬屬西方金，故用死之脂膏煎和之。云"秋行犢、麛，膳膏腥"者，秋時草物有實，犢、麛食之而肥，故秋用犢、麛。膏腥謂鷄膏。鷄屬東方木，時木死，故用死之脂膏煎和之。云"冬行鮮、羽，膳膏羶"者，鮮謂魚，羽謂鴈。冬，魚之性定，鴈又新來，故用食之。膏羶，謂羊膏。羊屬南方火，冬時火死，魚、鴈食之大盛，故用死之脂膏煎和之。五行不言北方豕之脂膏者，以其中央土王，分於四時，土賊水，但無中央食法，故不言豕之脂膏也。**注** 用禽獻，謂煎和之以獻王。鄭司農云："膏香，牛脂也。以牛脂和之。腒，乾雉。鱐，乾魚。膏臊，豕膏也。以豕膏和之。"杜子春云："膏臊，犬膏。膏腥，豕膏也。鮮，魚也。羽，鴈也。膏羶，羊脂也。"玄謂膏腥，鷄膏也。羔、豚物生而肥，犢與麛物成而充[2]，腒、鱐暵熱而乾，魚、鴈水涵而性定。此八物者，得四時之氣尤盛，爲人食之弗勝，是以用休廢之脂膏煎和膳之。牛屬司徒，土也。鷄屬宗伯，木

---

① 浦鏜謂"禽"下脱"獻"字。按賈疏述注間有省文，下文"又以此付使者"亦省"書"字，未必脱訛。

② "麛"字原作"麇"，婺本同，據阮本改，金本誤作"麖"。

也。犬屬司寇，金也。羊屬司馬，火也。○釋曰：云“用禽獻，謂煎之以獻王”者，殺牲謂之用，煎和謂之膳，用、膳相將之言，故以煎和解用。上言“賓客之禽獻”，此“用禽”以王爲主，故言獻王。鄭司農云“膏香，牛脂也”者，案《内則》鄭注：“釋者曰膏，凝者曰脂。”彼是相對之義。通而言之，脂膏一也，故司農以脂解膏。云“腒，乾雉”者，以《士相見》云“冬用雉，夏用腒”，故知腒，乾雉也。云“鱐，乾魚”者，《籩人職》云“魚鱐”，此鱐、腒同是夏用之，腒既是乾雉，明鱐是乾魚。云“膏臊，豕膏也”者，經云“夏行腒、鱐，膳膏臊”，此經四時所膳者皆取所賊死之脂膏。火賊金，即膏臊，犬膏也，不得云北方之膏[1]。又杜子春云“膏臊，犬膏”者，於義是也。云“膏腥，豕膏也”者，於義非也。以其秋行犢、麛，秋時金王，金剋木，鷄屬東方木，則膏腥，鷄膏也，不得爲豕膏。云“鮮，魚也。羽，鴈也”者，《尚書·益稷》云：“與稷決川而鮮食。”鮮出於川，故知鮮，魚也。又此鮮對羽，故知鮮是魚。知羽是鴈者，以其禽摯中有羔、雉、鴈，此禽獻中已有羔、雉，明亦有鴈，故以羽爲鴈也。“玄謂膏腥，鷄膏也”者，破子春豕膏。云“魚、鴈水涸而性定”者，依《周語》云“天根見而水涸”，鄭注《月令》云“天根見，九月末”，是水涸在九月末、十月初。云“是以用休廢之脂膏”者，五行王相相剋：春木王，火相，土死，金囚，水爲休廢；夏火王，土相，金死，水囚，木爲休廢；已下推之可知。王所勝者死，相所勝者囚，新謝者爲休廢。若然，向來所膳膏者皆是死之脂膏，鄭云休廢者，相對死與休廢別，散則死亦爲休廢，故鄭以休廢言之也。云“牛屬司徒，土也”者，鄭於《司徒》注云：“牛能任載，地之類。”故屬土。云“鷄屬宗伯，木也”者，鷄爲貌，鷄又知時，象春，故屬木。云“犬屬司寇，金也”者，金爲言，犬亦言，屬金。云“羊屬司馬，火也”者，火爲視，羊亦視，故屬火。**歲終則會，唯王及后之膳禽不會。**注膳禽，四時所膳禽獻加。世子可以會之。○釋曰：上膳夫職所掌者是其正，此“禽獻”者是其“加”。“世子可以會”，故歲終則“唯王及后之膳不會”，世子則會之矣。

内饔掌王及后、世子膳羞之割亨煎和之事，辨體名肉物，辨百品味之物。注割，肆解肉也。亨，煮也。煎和，齊以五味。體名，脊、脅、肩、臂、臑之屬。肉物，胾、膰之屬。百品味，庶羞之屬。言百，舉成數。○釋曰：知“割，肆解肉”者，謂《士虞禮》云“四肆去蹄”，此明割是肆解肉。云“煎和，齊以五味”者，凡言“和”者

皆用酸、苦、辛、鹹、甘。云"體名，脊、脅、肩、臂、臑之屬"者，案《少牢》解羊、豕，前體肩、臂、臑，後體膊、骼，又有正脊、脡脊、橫脊，又有短脅、正脅、代脅，是其體二十一體①。云"肉物，胾、燔之屬"者，案《公食大夫禮》十六豆有胾，胾謂切肉；又案《少牢》主婦獻尸以燔從，傅火曰燔。云"百品味，庶羞之屬"，案《膳夫職》庶羞百有二十品，今言百，故鄭云"舉成數"。**王舉，則陳其鼎俎，以牲體實之。**○釋曰：言"陳其鼎俎"者，陳鼎有二處，初陳鼎於鑊西，後陳鼎於阼階下，其俎皆陳於鼎西南。云"以牲體實之"者，其牲體入鑊時已解訖，今言實者，有兩處：一者取於鑊，實於鼎，據在鑊所；二者取於鼎，實於俎。**注**取於鑊以實鼎，取於鼎以實俎。實鼎曰脀，實俎曰載。○釋曰："實鼎曰脀"者，脀，升也。案《少牢》："司馬升羊，實於一鼎。"是實鼎曰脀。案《特牲》云："卒載，加匕於鼎②。"是其"實俎曰載"。案《少牢》云："升羊，載右胖。升豕，其載如羊。"又《有司徹》亦云："乃升。"鄭云："升牲體於俎。"若然，實鼎唯有升名，無載稱，若實俎，升、載兩有。**選百羞、醬物、珍物以俟饋。注**先進食之時，恒選擇其中御者。○釋曰："百羞"者，則庶羞百二十。"醬物"者，即醬用百二十甕。"珍物"者，諸八珍之類。"俟"，待也。內饔恒預選，知當王意所欲者以待饋王。**共后及世子之膳羞。注**膳夫掌之，是乃共。○釋曰：后、世子直言"共"不言"饋"者，膳夫饋王，不饋后、世子；此內饔言共，是親饋，故鄭云"膳夫掌之，是乃共之"。**辨腥臊羶香之不可食者：牛夜鳴則庮；羊泠毛而毳，羶；犬赤股而躁，臊；鳥皫色而沙鳴，貍；豕盲眡而交睫，腥；馬黑脊而般臂，螻。**○釋曰：言"辨腥臊"者，依《庖人職》注，腥謂雞也，臊謂犬也，羶謂羊也，香謂牛也。以腥臊羶香表見云牛羊犬雞也③。言"不可食者：牛夜鳴則庮"者，其牛無事夜鳴，其肉必庮。庮，惡臭也。云"羊泠毛而毳，羶"者，泠毛謂毛長也；而毳謂毛別聚結者。此羊肉必羶也。云"犬赤股而躁，臊"者，言赤股者，股裏無毛謂之赤股，非謂肉赤。謂若《禮記·檀弓》"流矢在白肉"，非謂肉白。而走又躁疾，犬有如此者，其肉必臊，故云"而躁，臊"。云"鳥皫色而沙鳴，貍"者，皫，失色也。沙，嘶也。鳥毛失色，而鳴又嘶，其肉氣必鬱，鬱謂腐臭。云"豕盲眡而交睫，腥"

---

① "二十一"三字阮本作"十一"，加藤謂"二"字衍文。按賈疏蓋泛說體解二十一體，非特指《少牢饋食禮》"司馬升羊右胖"、"司士升豕右胖"各十一體也。

② "匕"字原作"上"，據阮本改。

③ 阮校云："'云'衍。"

者，豕乃聽物，不合望眠，此豕眼睫毛交，故云豕望眠而交睫。豕有如此，其肉必如星。
腥當爲星，其肉如米然，驗當時有如此者也。云“馬黑脊而般臂，螻”者，謂馬脊黑，前脛
般般然。其馬如此，其肉螻蛄臭。此一經，皆是不利人，故禁之也。注腥臊羶香，可食
者。是別其不可食者，則所謂者皆臭味也。泠毛，毛長總結也[①]。膻，失色不澤美也[②]。
沙，漸也。交睫腥，腥當爲星，聲之誤也。肉有如米者似星。般臂，臂毛有文。鄭司農
云：“庮，朽木臭也。螻，螻蛄臭也。”杜子春云：“‘盲眠’當爲‘望視’。”○釋曰：云“腥臊
羶香，可食者”，即上《庖人職》所云是也。云“是別不可食者”，則此是也。“則所謂者皆
臭味也”者，言所謂者，所謂《論語•鄉黨》“色惡不食，臭惡不食”。云“交睫腥，腥當爲
星，聲之誤也”者，此經腥有二字，鄭不破“腥臊”之腥，宜破“交睫腥”之腥[③]，故連取“交
睫”以解。云“般臂，臂毛有文”者，鄭荅冷剛“童牛之梏”：木在手曰梏[④]，牛無手，以前足
當之。此馬亦然，故言般臂。鄭司農云“庮，朽木臭也”者，驗今朽木，其氣實臭，故云朽
木臭也。案《內則》注引《左氏春秋》“一薰一蕕”，此司農以其朽木臭，即與一薰一蕕同，
故鄭不引之。云“螻，螻蛄臭也”者，以《內則》螻爲“漏脫”字，於義無所取，故轉爲“螻
蛄”字，螻蛄則有臭。杜子春“盲視當爲望視”者，以其盲則無所覩見，不得視。《內則》爲
“遙望”之字，故子春從《內則》爲正也。**凡宗廟之祭祀，掌割亨之事。凡燕
飲食亦如之。凡掌共羞、脩、刑、膴、胖、骨、鱐，以待共膳。**○釋曰：
內饔不掌外神，故云“宗廟之祭祀”。言“凡”者，謂四時及祫禘并月祭等皆在其中。掌
其“割亨之事”。上王、后言“煎和”，此不言煎和者，鬼神尚質，不貴褻味，故不言煎和。
云“燕飲食亦如之”者，謂王及后、世子自燕飲食皆須割亨，故云亦如之。注掌共，共當
爲具。羞，庶羞也。脩，鍛脯也。胖，如脯而腥者。鄭司農云：“刑膴，謂夾脊肉。或曰
膺肉也。骨鱐，謂骨有肉者。”玄謂刑，鉶羹也。膴，膜肉大臠，所以祭者。骨，牲體也。
鱐，乾魚。○釋曰：云“掌共，共當爲具”者，據經共字有二：“以待共膳”，不破；“掌共”，

---

①　孫疏云：“賈疏云：‘泠毛謂毛長也，毳謂毛別聚結者。’案：依賈説，則鄭自以‘毛
長’詁‘泠毛’、‘總結’釋‘毳’，疑注‘泠毛’下當有‘毳’字，而今本挩之。《內則》注云：‘泠
毛毳，毛別聚於不解者也。’彼注亦兼舉‘泠毛毳’三字，可以互證。”

②　“不”字原作“而”，據婺本、金本、阮本改。

③　浦鏜云：“‘宜’當‘直’字誤。”

④　“木”字原作“牛”，阮本同。阮校引浦鏜説云：“‘木’誤‘牛’。”兹據改。按《秋
官•大司寇職》賈疏引此《鄭志》文較詳，可以參看。

其字則破之矣[1]，故云"掌共，共當爲具。"言具者，具羞、脩、刑、膴已下。云"羞，庶羞也"者，庶羞則百二十品是也。云"脩，鍛脯也"者，謂加薑桂鍛治之。若不加薑桂不鍛治者，直謂之脯。云"胖，如脯而腥者"，乾則爲脯，不乾而腥則謂之胖。鄭司農云"刑膴，謂夾脊肉"者，刑、膴爲二物，有明文，先鄭以爲刑膴夾脊肉，故後鄭不從。云"或曰膺肉也"者，無所出，後鄭亦不從。云"骨鱐，謂骨有肉者"，骨自是牲體，鱐自是乾魚，先鄭合爲一，故後鄭亦不從。"玄謂刑，鉶羹也"者，案《特牲》有鉶羹，謂鉶器盛豕膮設於薦南，故名鉶羹。云"膴，牒肉大臠，所以祭者"，膴，魚、肉揔有也：《公食大夫禮》云"庶羞皆有大"，謂大臠，據肉而言；案《有司徹》云"主人亦一魚，加膴祭于其上"，此據魚而言也。膴又詁爲大，故云"膴，牒肉大臠，所以祭者"也。云"骨，牲體也"者，謂若體解二十一，雖據骨而言，皆擬所食，故云骨有肉。云"鱐，乾魚"者，前云"夏行腒、鱐"，與彼同，故爲乾魚。凡王之好賜肉脩，則饔人共之。注好賜，王所善而賜也。〇釋曰：言"好賜"者，謂群臣王所愛好則賜之"肉脩"，"饔人共之"。

外饔掌外祭祀之割亨[2]，共其脯、脩、刑、膴，陳其鼎俎，實之牲體、魚、腊。凡賓客之飧、饔、饗、食之事亦如之。〇釋曰：云"掌外祭祀之割亨"者，謂天地、四望、山川、社稷、五祀外神皆掌其割亨。云"共其脯、脩、刑、膴"者，如上釋。云"陳其鼎俎，實之牲體、魚、腊"者，謂若鼎十有二者也。云"凡賓客之飧、饔、饗、食之事亦如之"者，謂所陳之數如《宰夫職》所云者。皆以外饔共之，故言亦如之。注飧，客始至之禮。饔，既將幣之禮。致禮於賓客[3]，莫盛於饔。〇釋曰：言"飧，客始至之禮"者，《宰夫職》以釋訖。云"饔，既將幣之禮"者，案《聘禮·記》云："聘日致饔。"鄭注云："急歸大禮。"鄭云將幣者，即是聘享也。若諸侯來朝，亦朝日致之也。云"致禮於賓客，莫盛於饔"者，以其饔之中有飪、有腥、有牽，又有酒、有米，兼燕與食，其中芻薪米禾又多，故朝聘之日致之，是以鄭云急歸大禮，故云莫盛於饔也。邦饗耆老、孤子，則掌其割亨之事。饗士庶子亦如之。〇釋曰：云"邦饗耆老"

① "其"字阮本作"共"，加藤謂"其"爲誤字。按"其"字承上"據經共字有二"，亦無不通。

② "外饔"云云底本不提行。

③ "賓"字剜擠，婺本、金本、阮本無。阮校云："疏引注作'致禮於賓客'，惠校本據增，云余本仍無'賓'字。"

者,謂死事者之父祖,兼有國老、庶老。云"孤子"者,謂死王事者之子。云"饗士庶子"者,謂若《宫伯》注云"士,謂王宫中諸吏之適子也;庶子,其支庶也"。云饗者,即鄭云"士庶子,衛王宫。若今時之饗衛士矣"是也。注孤子者,死王事者之子也。士庶子,衛王宫者。若今時之饗衛士矣。《王制》曰:"周人養國老於東膠,養庶老於虞庠。"○釋曰:"死事者之子",謂若《左氏》哀公二十三年,"晉知伯親禽顏庚";至二十七年,"齊師將興,陳成子屬孤子,三日朝。設乘車兩馬,繫五邑焉。召顏庚之子而賜之①",是其禮孤子之法。云"《王制》曰:周人養國老於東膠,養庶老於虞庠"者,周立大學王宫之東膠,膠之言糾也,所以糾察王事。周立小學於西郊,爲有虞氏之庠制,故曰虞庠。國老,謂卿大夫致仕者。庶老,謂士之致仕者。經直言"耆老"對"孤子",則耆老者,死事者之父祖可知,但此不見饗國老、庶老之文,故鄭解耆老謂國老、庶老。師役,則掌共其獻賜脯肉之事。○釋曰:云"師役"者,謂出師征伐及巡狩、田獵。"掌共其獻"者,謂獻其將帥,并賜酒肉之事,並掌之。注獻,謂酌其長帥。○釋曰:以經"獻"謂獻酒,非獻肉,故鄭謂"酌其長帥"。長帥,軍將已下至五長②,有功者饗獻之。凡小喪紀,陳其鼎俎而實之。注謂喪事之奠祭。○釋曰:言"小喪紀"者,謂夫人已下之喪。云"陳其鼎俎"者,謂其殷奠及虞、祔之祭皆有鼎俎,故鄭云"喪事之奠祭"也。

亨人掌共鼎鑊以給水火之齊。注鑊,所以煮肉及魚、腊之器。既孰,乃脀于鼎。齊,多少之量。○釋曰:云"鑊,所以煮肉及魚、腊之器"者,案《少牢》,鑊在廟門外之東。大夫五鼎,羊、豕、腸胃、魚、腊各異鑊,鑊別有一鼎,鑊中肉孰,各升一鼎,故鄭云"既孰,乃脀于鼎"③。云"齊,多少之量"者,此釋經"給水火之齊",謂實水於鑊及爨之以火皆有多少之齊。職外內饔之爨亨煮④,辨膳羞之物。○釋曰:亨人主外內饔爨竈亨煮之事。云"辨膳羞之物"者,膳羞則牛鼎之物是也。注職,主也。爨,今

① "庚"字原作"庾",據阮本改。
② 浦鏜云:"'五'當'伍'字誤。"孫疏據改。
③ "于"字原作"千",據阮本改。
④ 王引之云:"煮即亨也,既言'亨',則無庸更言'煮'。鄭注、(賈)疏皆是以'竈'釋'爨'、以'煮'釋'亨',而經文原無'竈'、'煮'二字也。唐石經有'煮'字,即涉注文而衍,而各本遂沿其誤。"

之竈①。主於其竈煮物。○釋曰：云"爨，今之竈"者，《周禮》、《儀禮》皆言"爨"，《論語》王孫賈云"寧媚於竈"，《禮記・祭法》天子七祀之中亦言"竈"。若然，自孔子已後皆言竈，故鄭云"爨，今之竈"。祭祀，共大羹、鉶羹。賓客亦如之。注大羹，肉湆。鄭司農云："大羹，不致五味也。鉶羹，加鹽菜矣。"○釋曰：云"祭祀，共大羹"者，大羹，肉湆，盛於登，謂大古之羹，不調以鹽菜及五味，謂鑊中煮肉汁，一名湆，故鄭云"大羹，肉湆"。云"鉶羹"者，謂是陪鼎臐膮，牛用藿，羊用苦②，豕用薇，調以五味，盛之於鉶器，即謂之鉶羹。若盛之於豆，即謂之庶羞，即《公食大夫》十六豆臐膮是也。云"賓客亦如之"者，謂若致饗餼及飧禮，皆有陪鼎，則鉶羹也，饗食亦應有大羹，故云賓客亦如之。

旬師掌帥其屬而耕耨王藉③，以時入之，以共齍盛。○釋曰：言"掌帥其屬"者，謂除府、史有胥三十人、徒三百人，而耕種耘耨於王之藉田。言"以時入之"者，謂麥則夏孰，禾黍秋孰，則十月穫之，送入地官神倉，故云以時入之。云"以共齍盛"者，六穀曰粢，在器曰盛，以共祭祀，故云以共粢盛。注其屬，府、史、胥、徒也。耨，芸芋也。王以孟春躬耕帝藉，天子三推，三公五推，卿、諸侯九推，庶人終於千畝。庶人謂徒三百人。藉之言借也。王一耕之，而使庶人芸芋終之。齍盛，祭祀所用穀也④。粢，稷也。穀者稷爲長，是以名云。在器曰盛。○釋曰：云"其屬，府、史、胥、徒也"者，《敘官》知之。云"耨，芸芋也"者，《詩》云："或芸或芋。"芸，耔；芋，擁本是也。云"王以孟春"至"諸侯九推"，並是《月令》文。言"躬耕帝藉"者，天子親耕三推是也。言帝藉者，藉田之穀衆神皆用，獨言帝藉者，舉尊言之。云"天子三推"者，三推而一發。云"三公五推"者，五推而三發。"卿、諸侯九推"者，九推而五發。故《周語》云："王耕一發，班三之。"云"庶人終於千畝"，亦《周語》文。天子藉田千畝，在南郊。自"天子三推"已下，示相恭敬鬼神之法⑤，又示帥先天下，故暫時耕，終之者庶人也。鄭解《周語》"庶人"者，

① "今"字原作"人"，據婺本、金本、阮本改。
② "苦"字原作"若"，據阮本改。
③ "旬師"云云底本不提行。
④ 阮校云："'齍'當爲'粢'，經作'齍盛'，注皆作'粢盛'。"
⑤ "相"字阮本作"有"。

謂此《序官》“徒三百人”也。云“粢，稷也”者，《爾雅》文。云“穀者稷爲長，是以名云”者，此釋經及《爾雅》“特以粢爲號”。知稷爲五穀長者，案《月令》中央土云“食稷與牛”，五行土爲尊，故知稷爲五穀長。及《爾雅》以稷爲粢，通而言之，六穀皆是粢，故《小宗伯》云“辨六粢之名物”是也。**祭祀，共蕭茅。** ○釋曰：此“祭祀，共蕭茅”者，蕭謂香蒿，據祭祀宗廟時有之；若共茅，外内之神俱用。故云祭祀共蕭茅也。**注**鄭大夫云：“蕭字或爲茜，茜讀爲縮。束茅立之祭前，沃酒其上，酒滲下去，若神飲之，故謂之縮。縮，浚也[1]。故齊桓公責楚不貢包茅，王祭不共，無以縮酒。”杜子春讀爲蕭[2]，蕭，香蒿也。玄謂《詩》所云“取蕭祭脂”，《郊特牲》云“蕭合黍稷，臭陽達於牆屋，故既薦然後焫蕭合馨香”，合馨香者，是蕭之謂也。茅，以共祭之苴，亦以縮酒。苴以藉祭。縮酒，泲酒也。醴齊縮酌。 ○釋曰：鄭大夫云“蕭字或爲茜，茜讀爲縮”，鄭大夫必讀爲縮者，欲以蕭茅共爲一事解之。云“束茅立之祭前”者，此鄭大夫之意，取《士虞禮》“束茅立几東”，所以藉祭。此義蕭茅共爲一則不可，若束茅立之祭前，義得通。又引“齊桓公責楚”，謂左氏僖公四年《傳》辭。彼齊桓使管仲責楚云“爾貢包茅不入，王祭不共，無以縮酒，寡人是徵”，楚伏其罪，云“敢不共給”是也。杜子春“讀爲蕭”，於義爲是，故後鄭從之。云“玄謂《詩》所云取蕭祭脂”，見用蕭之時有脂。又引《郊特牲》者，欲見非直有脂，亦有黍稷。云“臭陽達於牆屋”者，謂饋獻之後，陰厭之節，取蕭與脂及黍稷焫燒之，取香氣上聞，故云“既薦然後焫蕭合馨香”。云“茅，以共祭之苴”者，則《士虞禮》“束茅長五寸，立於几東，謂之苴者”是也。云“亦以縮酒”者，《左氏》管仲辭是也。云“苴以藉祭”者，亦指《士虞禮》也。云“縮酒，泲酒也”者，鄭君解義語。云“醴齊縮酌”者，《司尊彝職》文。此官共茅；《司巫》云“祭祀，共蒩館”，茅以爲蒩。兩官共共者，謂此甸師共茅與司巫，司巫爲苴以共之。此據祭宗廟也。《鄉師》又云“大祭祀，共茅蒩”者，謂據祭天時。亦謂甸師氏送茅與鄉師[3]，爲苴以共之。若然，甸師氏直共茅而已，不供苴耳。**共野果蓏之薦。** **注**甸在遠郊之外，郊外曰野。果，桃李之屬。蓏，瓜瓞之屬。 ○釋

---

① 阮校云：“諸本同，《釋文》：‘浚也，荀順反，劉思順反。’浦鏜改‘浚’爲‘滲’，云‘滲誤浚’，謬甚。”孫疏云：“《左傳》僖四年孔疏及《論語‧憲問》邢昺疏引‘浚’並作‘滲’。此冢上‘酒滲’爲文，疑作‘滲’爲是。劉昌宗及陸（德明）本並作‘浚’，與孔所見本異。”

② 段考謂“爲”當作“從”：“凡二本字乖異，而用一廢一，曰‘從’。”

③ 據上下文例，“鄉師”下宜復有“鄉師”二字屬下讀。

曰：鄭言“甸在遠郊之外”者，案《載師》“公邑之田任甸地”，在二百里中。《司馬法》：“百里爲遠郊。”今言甸在遠郊外，則是二百里中。云“郊外曰野”者，釋經“野”，野在郊外。云“果，桃李之屬。蓏，瓜瓟之屬”者，案《食貨志》，臣瓚以爲“在樹曰果，在地曰蓏”，不辨有核無核；張晏以“有核曰果，無核曰蓏”。今鄭云“果，桃李之屬”，即是有核者也；“蓏，瓜瓟之屬”，即是無核者也。此從張晏之義。**喪事，代王受眚菑。** ○釋曰：言“喪事”者，謂王喪。既殯後，甸師氏於大祝取禱辭，禱藉田之神。“眚”，過也。代王受過災云[1]，若云黍稷不香，使鬼神不逞，故令王死，故喪事代王受災。此禱事於死王無益，欲止後殃，故爲此禱也。**注** 粢盛者，祭祀之主也。今國遭大喪，若云此黍稷不馨，使鬼神不逞于王。既殯，大祝作禱辭授甸人，使以禱藉田之神。受眚菑，弭後殃。 ○釋曰：言“粢盛者，祭祀之主也”者，以其遭王喪，遣甸師氏禱。意甸師種粢盛，祭祀之具以黍稷爲主，故云“今國遭大喪，若云此黍稷不馨”。逞，快也，“使鬼神不快於王”，今使王死[2]。云“既殯，大祝作禱辭授甸人”者，知大祝作禱辭在既殯後者，見《大祝職》云授甸人禱辭在大斂後，大斂則殯，故知在既殯後。**王之同姓有辠，則死刑焉。** ○釋曰：周姓姬，言“同姓”者，絶服之外同姓姬者。“有辠”者，謂凡五刑。則刑殺不於市朝，於此“死刑焉”，謂死及肉刑在甸師氏。必在甸師氏者，甸師氏在壇場[3]，多有屋舍以爲隱處，故就而刑焉。案《掌囚》云：“凡有爵者與王之同族，奉而適甸師氏，以待刑殺。”此中不云其“凡有爵者”，文不具。**注** 鄭司農云：“王同姓有罪當刑者，斷其獄於甸師之官也。《文王世子》曰：‘公族有死罪，則磬於甸人。’又曰：‘公族無宮刑，獄成，致刑于甸人[4]。’又曰：‘公族無宮刑，不踐其類也。刑于隱者，不與國人慮兄弟。’” ○釋曰：云“王同姓有罪當刑者，斷其獄於甸師之官”者，此斷獄自是秋官，罪定斷訖，始適甸師氏而刑殺之。若然，斷獄不在甸師，後鄭不破之者，案《掌囚》云：“凡有爵者與王之同族，奉而適甸師氏，以待刑殺。”此經亦云“死刑焉”，甸師氏不斷獄顯然。不破之者，見司農引《文王世子》爲證，於義是，故不復於中破之。《文王世子》已下云“公族有死罪，則磬於甸人”者，鄭彼注云：“懸縊殺之曰磬。”云“又曰：公族無宮刑，獄成，致刑於甸人。又曰：公

---

① 浦鏜云：“‘云’當‘者’字誤。”
② “今”字阮本作“令”。
③ “場”字原作“塲”，阮本同，阮校謂當據惠校本作“場”，兹據改。
④ “于”字原作“干”，據婺本、金本、阮本改。

族無宮刑,不踐其類也"者,覆解上公族無宮刑之義。云"刑于隱者,不與國人慮兄弟"者,若刑兄弟於市朝,則是與國人慮兄弟;今於隱處者,則是不使國人慮兄弟。彼是諸侯法,引之以證王之同姓刑於甸師亦是刑隱者也。**帥其徒以薪蒸役外内饔之事。** ○釋曰:"其徒"三百人,耕耨藉田千畝,其事至閑,故兼爲外内饔所役使,共其"薪蒸"。注役,爲給役也。木大曰薪,小曰蒸。○釋曰:此《纂要》文。又《左氏傳》云:"其父析薪。"即大木可析曰薪,自然小者曰蒸也。

獸人掌罟田獸,辨其名物。注罟,罔也。以罔搏所當田之獸。○釋曰:云"掌罟田獸"者,"罟,罔也",謂"以罔"搏取"當田之獸"。云"辨其名物"者,野獸皆有名號物色。案《夏官》四時田獵,春用火,夏用車,秋用羅,冬用徒。四時各有其一以爲主,無妨四時兼有罔取當田之獸。**冬獻狼,夏獻麋,春秋獻獸物。** ○釋曰:云"冬獻狼"者,狼,山獸,山是聚,故狼膏聚,聚則溫,故冬獻之。云"夏獻麋"者,麋是澤獸,澤主銷散,故麋膏散,散則涼,故夏獻。云"春秋獻獸物"者,春秋寒溫適,故獸物皆獻之。注狼膏聚,麋膏散,聚則溫,散則涼,以救時之苦也。獸物,凡獸皆可獻也,及狐狸。○釋曰:云"以救時之苦"者,夏苦其大熱,故獻麋;冬苦其大寒,故獻狼。案《内則》,取稻米與狼臅膏以爲餰。狼之所用,唯據取膏爲餰食。若麋之所用,則多矣。云"及狐狸"者,案《内則》:"狐去首,狸去正脊。"二者並堪食之物,故知"獸物"中兼獻。**時田,則守罟。** 注備獸觸攫。○釋曰:"守罟"者,謂四時田獵獸人守罟。"備獸觸攫"者,防備獸時觸罔而攫者,則取之。**及弊田,令禽注于虞中。** ○釋曰:"及弊田"者,弊,仆也,謂田止。"令禽注於虞中"者,田止,虞人致旌旗於田處之中央。注猶聚也。獸人則令所田之衆"大獸公之,小禽私之"者,輸之聚於旌旗之所,故言注於虞中。注弊,仆也。仆而田止。鄭司農云:"弊田,謂春火弊,夏車弊,秋羅弊,冬徒弊。虞中,謂虞人蘜所田之野,及弊田,植虞旗於其中,致禽而珥焉。獸人主令田衆得禽者置虞人所立虞旗之中,當以給四時社廟之祭。故曰'春獻禽以祭社,夏獻禽以享礿,秋獻禽以祀祊,冬獻禽以享烝',又曰'大獸公之,小禽私之',公之謂輸之於虞中。珥焉者,取左耳以致功,若斬首折馘。故《春秋傳》曰:'以數軍實。'"○釋曰:鄭司農云"弊田,謂春火弊,夏車弊,秋羅弊,冬徒弊",並《大司馬職》文。引之者,證弊田爲田止之事。云"虞中,謂虞人蘜所田之野"已下,《地官·山虞職》文。言"虞人萊所田之野"者,謂於教戰之所芟治草萊。云"及弊田,植虞旗於其中"者,熊虎為旗。山多虎,故用熊虎。及弊田,田止,虞人植虞旗於中。引之者,證經"虞中"之事。云"致禽而珥焉"者,謂田衆大獸公之者各割取左耳,以擬劾功。云"春獻禽以祭社"至"小禽私之",亦《司馬職》文。言"春獻禽以祭社"者,鄭彼注:"春土方施生。"云"夏獻禽以享礿"者,夏陰氣始起,鄭云:"象神之在内。"云"秋獻禽以祀祊"者,鄭注:"祊當為方,謂祭四方之神。"云"冬獻禽以享烝"者,冬陽氣始起,亦象神之在内。此祭並非四時常祭,以田獵得禽牲,因享祭之耳。云"大獸公之"者,謂已孕曰獸,輸之於公。"小禽私之"者,未孕曰禽,謂田衆得之以自入。云"若斬首折馘"者,田獵象戰伐,田獵之時取禽左耳以効功,若征伐之時於陳斬首折取左耳謂之馘,亦以擬效功,故云若斬首折馘。又引《春秋傳》曰者,案襄二十四年:"楚蒍啓彊如齊聘。齊侯祭社,蒐軍實,使客觀之。"注云:"蒐,數。軍實,兵甲器械。與隱公《傳》'三年而治兵,數軍實'一也。"引之者,證斬首折馘為軍實。若然,注《傳》"兵甲器械"與"斬首折馘"不同者,兵甲器械自為軍實,至於斬首折馘亦是軍實,仍於生執囚俘亦為軍實。是以僖公三十三年晉捨秦囚,先軫曰"墮軍實"是也。**凡祭祀、喪紀、賓客,共其死獸生獸。**○釋曰:凡此所共者,於《庖人》云"凡其死生鱻薧之物,以共王之膳"。**注共其完者。**○釋曰:知其完全者,下經云"凡獸入於腊人"是其不完者,故知此是完者。**凡獸入于腊人①,注當乾之。皮毛筋角入于玉府。注**給作器物。○釋曰:獸人所得禽獸,其中"皮毛筋角"擇取堪"作器物"者,送"入於玉府",擬給百工,飾作器物。**凡田獸者,掌其政令。**○釋曰:謂田獵取獸禽者,所有"政令"獸人掌之,以其知田獵之法故也。

敔人掌以時敔為梁。○釋曰:言"以時敔為梁"者,謂一歲三時取魚皆為梁。以時取之,故云以時漁為梁。**注**《月令》季冬命漁師為梁。鄭司農云:"梁,水偃也。偃水為關空,以筍承其空。《詩》曰:'敝筍在梁。'"○釋曰:案《月令》季冬云:"命漁師始魚②,天子親往。"此注云"季冬命漁師為梁",文句不同者,鄭以此經有"梁"字,故於

---

① "凡獸入于腊人"一經原併上經"凡祭祀、喪紀、賓客,共其死獸生獸"為一節,又脫鄭注"當乾之",茲據婺本、金本、阮本分節並增補。唯阮本將上經賈疏編次於此經之後,標起止云"凡祭至腊人",亦非妥當,賈疏明言"下經云'凡獸入於腊人'"也。

② 浦鏜云:"'始漁'誤'始魚'。"孫疏據改。

《月令》以義取之，非是《月令》正文。鄭司農“梁，水偃也。偃水爲關空，以笱承其空”者，謂偃水兩畔，中央通水爲關孔。笱者，薄簿。以簿承其關孔，魚過者以簿承取之，故《詩》云“敝笱在梁”。彼《齊詩》云：“弊敗之笱，在於魚梁。其魚唯唯，過者無制。”彼喻文姜與襄公淫通，來往不制。又《魚麗》詩云：“魚麗于罶，鱨鯊。”注云：“罶，曲梁，寡婦之笱。”笱即曲簿也。引之者，證梁以笱爲之。**春獻王鮪。**注王鮪，鮪之大者。《月令》季春：“薦鮪于寢廟。”○釋曰：謂季春三月春鮪新來。言“王鮪”，“鮪之大者”。云“獻”者，獻於廟之寢，故鄭注引《月令》云“薦鮪於寢廟”。取魚之法歲有五。案《月令》孟春云“獺祭魚”，此時得取矣，一也。季春云“薦鮪於寢廟”，即此所引者，二也。又案《鼈人》云“秋獻龜魚”，三也。《王制》云“獺祭魚，然後虞人入澤梁”，與《孝經緯‧援神契》云“陰用事，木葉落，獺祭魚”同時，是十月取魚，四也。獺則春冬二時祭魚也。案《潛》詩云“季冬薦魚”，與《月令》季冬“漁人始魚”同，五也。是一歲三時五取魚，唯夏不取。案《魯語》云[1]：“宣公夏濫於泗淵。”以其非時，里革諫之，乃止。**辨魚物，爲鱻薧，以共王膳羞。**注鱻，生也。薧，乾也。○釋曰：此所共者，共於膳夫，“以共王”。**凡祭祀、賓客、喪紀，共其魚之鱻薧。凡漁者，掌其政令。凡漁征，入于玉府。**注鄭司農云：“漁征，漁者之租税。漁人主收之，入于玉府。”○釋曰：云“凡祭祀、賓客、喪紀，共其魚之鱻薧”者，此所共者，共內外饔，以其膳夫即不掌祭祀之事。云“凡漁者，掌其政令”者，凡取魚者所有政令皆漁人掌之，以其知取之時節及處所。云“凡漁征，入于玉府”者，言漁征者，謂近川澤之民於十月獺祭魚之時，其民亦得取魚水族之類。其中須骨之事堪飾器物者，所有征税“漁人主收之，送入于玉府”，以當邦賦也。

　　鼈人掌取互物。注鄭司農云：“互物，謂有甲萬胡龜鼈之屬。”○釋曰：此文與下爲目，所取之物者即下經所云是也。**以時籍魚鼈龜蜃，凡貍物。**○釋曰：言“以時”者，即下經“春獻鼈蜃”。若然，“籍魚鼈”據所取，下經據所獻，其時一也。注蜃，大蛤。鄭司農云：“籍，謂以杈刺泥中搏取之。貍物，龜鼈之屬自貍藏伏於泥中者。”玄謂貍物亦謂鱴刀、含漿之屬。○釋曰：“蜃，大蛤”者，即《月令》云“雉入大水化爲蜃”

---

① “云”字原作“一”，據阮本改。

者是也，對雀入大水化爲蛤爲小蛤。鄭司農云"籍，謂以杈刺泥中搏取之"者，司農意，以籍爲刺，此經"魚鼈龜蜃"皆在泥水中，故須以杈刺取之。"貍物，龜鼈之屬"者，案經"龜鼈"自顯，別言"貍物"，司農貍物中更言龜鼈者，但經意所言貍物者揔龜鼈之等，故司農重以龜鼈爲貍物。"玄謂貍物亦謂鱴刀、含漿之屬"者，案《爾雅》："鮤，鱴刀也。蜌，含漿。"觀此，鄭意鱴刀爲一物，蜌爲含漿，亦一物。孫氏注《爾雅》，刀魚與鱴別，非鄭意。**春獻鼈蜃，秋獻龜魚。**注此其出在淺處可得之時。魚，亦謂自貍藏。○釋曰：鄭云"魚，亦謂是自貍藏"者，若不自貍藏，則在上漁人取之矣，故知此魚與龜鼈是自埋藏者也。**祭祀，共蠯、蠃、蚳，以授醢人。**○釋曰：案《醢人》有蠯醢、蠃、蚳醢[①]，故以此三者授醢人。注蠃，蚹蝓。鄭司農云："蠯，蛤也。"杜子春云："蠯，蜯也。蚳，蛾子。《國語》曰：'蟲舍蚳蠹。'"○釋曰："蠃，蚹蝓"者，一物兩名。司農云"蠯，蛤也"者，杜子春云"蠯，蜯也"者，蜯即蛤也，亦一物。云"蚳，蛾子"者，謂蟻之子，取白者以爲醢。"《國語》曰：蟲舍蚳蠹"者，此亦是《國語》諫宣公之言[②]，謂夏蟲内捨去蚳蠹。蚳，此經"蚳"也。蠹，謂蝗也，與蚳別，連引之也。**掌凡邦之籍事。**

腊人掌乾肉，凡田獸之脯、腊、膴、胖之事[③]。○釋曰：云"掌乾肉"已下文者，並是獸人所共，《獸人》云："凡獸入於腊人。"注大物解肆乾之謂之乾肉，若今涼州烏翅矣。薄析曰脯，捶之而施薑桂曰鍛脩。腊，小物全乾。○釋曰：云"若今涼州烏翅"者，解肉乾之狀也。云"小物全乾"者，案《特牲》云："陳鼎于門外，榛在其南，南順，實獸于上。"又云："宗人舉獸尾，告備。"是其全者。士用兔，是其小物全乾。《少牢》用麋，不云舉獸尾，則未全。若然，則天子諸侯之所用雖無文，其獸必大，亦不必全，今云全者，據有全者耳。趙商問："腊人掌凡乾肉而有膴、胖何？"鄭荅："雖鮮，亦屬腊人。"**凡祭祀，共豆脯、薦脯、膴、胖，凡腊物。**注脯非豆實，豆當爲羞，聲之誤也。鄭司農云："膴，膺肉。"鄭大夫云："胖讀爲判。"杜子春讀胖爲版，又云："膴、胖，皆

---

① 浦鏜云："'蠃'下脱一'醢'字。"孫疏據補。
② 阮校云："'國語'當作'里革'。"按此疏云"亦"者，承上《獻人職》疏"案《魯語》云：'宣公夏濫於泗淵。'以其非時，里革諫之，乃止"而言，此不云"里革"亦無不可。
③ 阮校云："'膴胖之事'四字疑衍文。"所論其詳。孫疏："阮校於義近是。《甸祝》疏引此經'掌凡田獸之脯腊'。但有此四字於義亦尚可通，未敢專輒删定也。"

謂夾脊肉。”又云:“《禮》家以胖爲半體。”玄謂《公食大夫禮》曰“庶羞皆有大”,《有司》曰“主人亦一魚,加臐祭于其上”,《内則》曰“麋鹿田豕麕皆有胖”,足相參正也。大者,戴之大臠。臐者,魚之反覆。臐又詁曰大,二者同矣,則是臐亦膞肉大臠。胖宜爲脯而腥,胖之言片也,析肉意也。《禮》固有腥、胾、爓,雖其有爲孰之,皆先制乃亨。○釋曰:知“脯非豆實”者,案《籩人職》有栗脯,則脯是籩實,故云脯非豆實也。知“豆當爲羞”者,案《籩人職》云:“凡祭祀,共其籩薦羞之實。”鄭云:“未飲未食曰薦,已飲已食曰羞。”羞、薦相對。下既言“薦脯”,明上當言“羞脯”也。鄭司農云“臐,膺肉”,鄭大夫“胖讀爲判”,杜子春“讀胖爲版”,又云“臐、胖,皆謂夾脊肉[1]”,又云“《禮》家以胖爲半體”者,文無所出,皆非也。“玄謂《公食大夫禮》曰庶羞皆有大”者,此據肉之所擬祭者也。又引《有司》曰“主人亦一魚,加臐祭於其上”者,此據主人擬祭者也。臐與大亦一也。“《内則》曰麋鹿田豕麕皆有胖,足相參正”者,引《有司》并《公食大夫》二處證臐是大臠,引《内則》明胖與臐不同,故云足相參正。云“大者,戴之大臠”者,重解《公食大夫》。云“臐者,魚之反覆”者,反覆,謂魚生時在腹下,今加之於上。云“臐又詁曰大”者,據《爾雅·釋詁》文。云“二者同矣”者[2],大共臐同是一,則臐是膞肉大臠,同將祭先也。云“胖宜爲脯而腥”,謂肉薄不煮者。云“胖之言片,析肉意”者,此解胖是薄義。云“《禮》固有腥、胾、爓,雖其有爲孰之”者,祭祀之禮,肫解而腥之,又有體解而爓之,又有薦孰之禮,《禮經》固有此三者[3],皆當先制爲胖。言此者,證胖與臐不同,破諸家之意。**賓客、喪紀,共其脯、腊,凡乾肉之事。**○釋曰:此所共者,共内外饔也。

---

[1]　“脊”字原作“有”,據阮本改。
[2]　“矣”字原作“失”,據阮本改。
[3]　“經”字原作“堅”,據阮本改。

周禮疏卷第五

唐朝散大夫行大學博士弘文館學士臣賈公彥等撰

天官冢宰下

醫師掌醫之政令，聚毒藥以共醫事。○釋曰：醫師者，眾醫之長，故"掌醫之政令"。言"聚毒藥以共醫事"者，謂所有藥物並皆聚之，以供疾醫、瘍醫等，故言以供醫事。注毒藥，藥之辛苦者。藥之物恒多毒。《孟子》曰："藥不瞑眩，厥疾無瘳。"○釋曰：言"毒藥，藥之辛苦者"，細辛、苦參雖辛苦而無毒，但有毒者多辛苦，故云"毒藥，藥之辛苦者"。又云"藥之物恒多毒"者，藥中有毒者，謂巴豆、狼牙之類是也。藥中有無毒者，謂人參、芎藭之類是也。藥之無毒亦聚之，直言"聚毒藥"者，以毒爲主，故鄭云藥之物恒多毒[1]。又引《孟子》者，案《孟子》："滕文公爲世子，將之楚，過宋見孟子，而謂之云：'今滕國絕長補短，將五十里，可以爲善國乎？《書》曰：藥不瞑眩，厥疾不瘳。'"注云："逸《書》也。藥使人瞑眩悶亂乃得瘳愈也，猶人敦德惠乃洽也。"引之者，證藥中有毒之意。此是《古文尚書·說命》之篇，高宗語傅說之言也。不引《說命》而引《孟子》者，鄭不見《古文尚書》故也。凡邦之有疾病者、疕瘍者造焉[2]，則使醫分而治之。○釋曰：國中"有疾病者"，謂若《疾醫》所云者是也。"疕瘍者"，謂若《瘍醫》所云者是也。云"造焉"者，此二者皆來造醫師也。云醫師"則使醫分而治之"者，疾病者付疾醫，疕瘍者付瘍醫，故云分而治之。下有食醫、獸醫亦屬醫師，不來造醫師者，食醫主齊和飲食，不須造醫師；獸醫，畜獸之賤便造獸醫，故亦不須造醫師。注疕，頭瘍，亦謂禿也。身傷曰瘍。分之者，醫各有能。○釋曰：言"疕，頭瘍"者，案下《瘍醫》"腫瘍"等

---

① "云"字原作"六"，據阮本改。

② 阮校云："唐石經作'有疕瘍者'，《石經考文提要》云：下《獸醫》'凡獸之有病者、有瘍者'，亦疊'有'字。"

不言疕，此特言疕者，腫瘍等可以兼之，故云“疕，頭瘍”，謂頭上有瘡含膿血者。又云“亦謂秃也”者，秃含膿血者，則入疕中；秃而不含膿血者，疕中可以兼之，故云亦謂秃也。云“身傷曰瘍”者，《曲禮》云“身有瘍則浴”是也，即《瘍醫》所云“腫瘍”已下亦是。云“分之者，醫各有能”者，疾醫知疾不知瘍，瘍醫知瘍不知疾，故云醫各有能。**歲終，則稽其醫事以制其食：十全爲上，十失一次之，十失二次之，十失三次之，十失四爲下。**○釋曰：言“歲終”者，謂至周之歲終。云“則稽其醫事”者，謂疾醫等歲始已來治病有愈有不愈，並有案記；今歲終，摠考計之，故言稽其醫事。云“以制其食”，據所治愈不愈之狀而制其食祿，而制五等之差。云“十全爲上”者，謂治十還得十，制之上等之食。云“十失一次之”者，謂治十得九，制祿次少於上者。云“十失二次之”者，謂治十得八，制祿次少於九者。“十失三次之”者，謂治十得七，制祿次少於八者。“十失四爲下”者，謂治十得六，制祿次於得七者。**注**食，祿也。全猶愈也。以失四爲下者，五則半矣，或不治自愈。○釋曰：“食，祿也”者，食即月俸，故以祿解食。依《序官》，疾醫中士，瘍醫下士。案《禮記・王制》，“下士視上農夫”，食九人祿；“中士倍下士”，十八人祿。若然，中士祿食有常，今差爲五等者，但功適中者守本祿，功高者益之，功下者損之，欲勉勵醫者，故爲此五等之差。云“失四爲下者，五則半矣，或不治自愈”者，案《漢書・藝文志》云“《神農黃帝食藥》七卷”[①]，云：“寒溫疾病之淺深，辨五苦六辛，致水火之齊，以通開結，反之於此，乃失其宜者[②]，以熱益熱，以寒益寒，積氣內傷[③]，是以獨失，故諺云‘有病不治，恒得中醫’。”若然，此經失四之類亦是以寒益寒，以熱益熱。言“有病不治，恒得中醫”，故鄭云“五則半矣，或不治自愈”，釋經所以不言十失五之意。

食醫掌和王之六食、六飲、六膳、百羞、百醬、八珍之齊。**注**和，調也。○釋曰：言“掌和王之六食”以下者，此等並是膳夫所掌，此食醫調和而已。其“六食”、“六飲”等之義，並在《膳夫》。**凡食齊眡春時，注**飯宜溫。**羹齊眡夏時，注**羹宜熱。**醬齊眡秋時，注**醬宜涼。**飲齊眡冬時。注**飲宜寒。○釋曰：言“凡食齊眡春時”者，言凡者，摠與下四時爲目，故言凡以該之。言食者，即上“六

---

① 浦鏜云：“‘禁’誤‘藥’。”
② 浦鏜謂“閉”誤“開”，下脫“解”字，“平”誤“此”，“及”誤“乃”。
③ 浦鏜云：“‘精’誤‘積’。”

食”，則《內則》所云“食齊”，一也。言飯之齊和，眡猶比也，四時常溫，比於春時，故鄭云“飯宜溫”。“羹齊眡夏時”者，謂大羹、鉶羹、菜羹等，其所齊和四時常熱，故云羹眡夏時，“羹宜熱”故也。云“醬齊眡秋時”者，案《醓人》、《醢人》唯有醓醢，不言醬，即豆醬也。案《公食大夫》“公親設醬”，醬者食之主，言醬則該諸豆實。四時皆須涼，故言醬齊眡秋時。又云“飲齊眡冬時”者，謂若《漿人》“六飲”水、漿之等，四時皆須寒，故言飲齊眡冬時，“飲宜寒”故也。**凡和，春多酸，夏多苦，秋多辛，冬多鹹，調以滑甘。**○釋曰：言“凡和”者，亦與下四時爲目。言“春多酸”者，東方木，味酸，屬春。謂和食[1]，酸多於餘味一分，故云春多酸。云“夏多苦”者，南方火，味苦，屬夏。夏時調和食，苦亦多於餘味一分，故云夏多苦。“秋多辛”者，西方金，味辛，屬秋。秋時調和食，辛亦多於餘味一分，故云秋多辛。“冬多鹹”者，北方水，味鹹，屬冬。冬時調和食，鹹亦多於餘味一分，故言冬多鹹。“調以滑甘”者，中央土，味甘，屬季夏，金木水火非土不載，於五行土爲尊，於五味甘爲上，故甘摠調四味。滑者，通利往來，亦所以調和四味，故云調以滑甘。此五味之言，出《洪範》及《月令》。**注**各尚其時味，而甘以成之，猶水火金木之載於土。《內則》曰：“棗栗飴蜜以甘之，堇荁枌榆兔薧滫瀡以滑之。”○釋曰：言“各尚其時味”者，多一分者也。必尚其時味者，所以助時氣也。又引《內則》曰“棗栗飴蜜以甘之”者，證經“甘”之所用物也。又云“堇荁枌榆兔薧滫瀡以滑之”者，證經“滑”之所用之物。鄭君注《內則》：“荁，堇類。榆白曰枌。兔，新生者。薧，乾也。齊人溲曰滫。秦人滑曰瀡。”謂將此堇已下和溲以滑之。**凡會膳食之宜，牛宜稌，羊宜黍，豕宜稷，犬宜粱，雁宜麥，魚宜苽。**○釋曰：“凡會膳食之宜”者，謂會成膳食相宜之法。言“牛宜稌”者，依《本草》、《素問》，牛味甘平，稻味苦而又溫，甘苦相成，故云牛宜稌。“羊宜黍”者，羊味甘熱，黍味苦溫，亦是甘苦相成，故云羊宜黍。“豕宜稷”者，豭豬味酸，牝豬味苦，稷米味甘，亦是甘苦相成，故云豕宜稷。“犬宜粱”者，犬味酸而溫，粱米味甘而微寒，亦是氣味相成，故云犬宜粱。又云“雁宜麥”者，雁味甘平，大麥味酸而溫，小麥味甘微寒，亦是氣味相成，故云雁宜麥。云“魚宜苽”者，魚味寒，魚族甚多，寒熱酸苦兼有，而云宜苽，或同是水物相宜，故云魚宜苽。**注**會，成也，謂其味相成。鄭司農云：“稌，稉也。《爾雅》曰：‘稌，稻。’苽，彫胡也。”○釋曰：云“稌，稉也”者，亦方俗異名。云“《爾

---

① “謂和食”三字阮本同，孫疏引作“春時調和食”，蓋據上下文例校改。

雅》曰:稴,稻也。芯,彫胡也”者,今南方見有芯米是也。凡君子之食恒放焉。**注**
放猶依也。○釋曰:上“六食”、“六飲”一經據共王,不通於下。“凡食春多酸”已下至
“魚宜芯”已上,齊和相成之事,雖以王爲主,“君子”大夫已上亦依之,故云“恒放焉”。

疾醫掌養萬民之疾病。四時皆有癘疾:春時有痟首疾,夏時有
痒疥疾,秋時有瘧寒疾,冬時有嗽上氣疾①。○釋曰:言“掌養萬民之疾
病”者,此主療治疾病,而云養者,但是療治,必須將養,故以養言之。疾病兩言之者,疾
輕病重,故注《論語》云“疾甚曰病”。謂疾病俱療,故兩言之。此直言萬民,不言王與大
夫,《醫師》雖不言,或可醫師治之。云“四時皆有癘疾”者,此言亦與下爲目。云“春時
有痟首疾”者,春是四時之首,陽氣將盛,惟金沴木,故有頭首之疾。言痟者,謂頭痛之
外別有酸削之痛。云“夏時有痒疥疾”者,四月純陽用事,五月已後陰氣始起,惟水沴
火,水爲甲,疥有甲,故有疥痒之疾。云“秋時有瘧寒疾”者,秋時陽氣漸銷,陰氣方盛,
惟火沴金,兼寒兼熱,故有瘧寒之疾。云“冬時有嗽上氣疾”者,冬時陰氣盛,陽氣方起,
惟土沴水,以土壅水,其氣不通,故有嗽上氣之疾。**注**癘疾,氣不和之疾。痟,酸削也。
首疾,頭痛也。嗽,欬也②。上氣,逆喘也。《五行傳》曰:“六癘作見。”○釋曰:言“癘疾,
氣不和之疾”者,癘謂癘疫。人君政教失所,則有五行相剋,氣叙不和,癘疫起,故云氣
不和之疾。云“痟,酸削也”者,人患頭痛,則有酸嘶而痛,酸削則酸嘶也。云“嗽,欬也”
者,謂若《內則》“不敢嚏欬”之欬,故言“嗽,欬也”。云“上氣,逆喘也”者,向上喘息謂之
逆喘。引《五行傳》曰“六癘作見”,案《五行傳》云:“五福乃降,用彰於下,六沴作見。一
曰貌之不恭,是謂不肅,惟金沴木。”又曰:“言之不從,是謂不乂,惟火沴金。”又曰:“眎
之不明,是謂不哲,惟水沴火。”又曰:“聽之不聰,是謂不謀,惟土沴水。”又曰:“思之不
睿,是謂不聖,惟木金水火沴土。”此其五沴也。言“六沴”者,天雖無沴,案《洪範》“六
極”,又案《書傳》致六極之由皆由身之五事:一曰凶短折,思不睿之誅;二曰疾,眎不明
之誅;三曰憂,言不從之誅;四曰貧,聽不聰之誅;五曰惡,貌不恭之誅;六曰弱,皇不極

---

①　“嗽”字婺本、金本同,阮本作“漱”。阮校云:“唐石經諸本‘漱’作‘嗽’。案《説
文》無‘嗽’字,此本注及疏仍作‘嗽’。《釋文》:‘嗽,本亦作欶字。’按作‘欶’爲正。”按
“嗽”即“欶”之後起增旁字。

②　“咳”字婺本、金本同,阮本作“欬”,與賈疏述注同。按《説文・欠部》:“欬,屰气
也。”口部:“咳,小兒笑也。”是“咳”爲“欬”之假借字。

之誅。據此六極,皇極爲屬天,王者不極亦有痾疾病,併前五者爲六沴。彼言“沴”,此鄭注言“痾”者,言沴,謂五行相乖沴,此言痾,痾氣與人爲疫,故不同。若據五事所置言之①,四時之疾皆據眡之不明者也。**以五味、五穀、五藥養其病,**注養猶治也。病由氣勝負而生,攻其贏,養其不足者。五味,醯、酒、飴蜜、薑、鹽之屬。五穀,麻、黍、稷、麥、豆也。五藥,草、木、蟲、石、穀也。其治合之齊,則存乎神農、子儀之術云。○釋曰:言“養猶治也”者,病者須養之,故云養猶治也。云“病由氣勝負而生”者,假令夏時熱,病者體寒即是水,水贏而勝也,火氣負而不足也,故言由氣勝負而生。云“攻其贏,養其不足者”,夏時病者則五味中食甘,五穀中食稷,以甘、稷是土之穀、味,土所剋水,是攻其贏也。土生於火,土是火之子②,食甘、稷爲子養母之道,故云養其不足也。云“五味,醯、酒、飴蜜、薑、鹽之屬”者,醯則酸也,酒則苦也,飴蜜即甘也,薑即辛也,鹽即鹹也,此即五味酸苦辛鹹甘也。鄭不言五味酸鹹等而言醯、酒之屬者,當時醫方見用醯、酒之等,故舉以言焉。又云“五穀,麻、黍、稷、麥、豆也”者,此依《月令》五方之穀。此五穀據養疾而食之,非必入於藥分。又云“五藥,草、木、蟲、石、穀也”者,草謂麻黃、勺藥之類是也,木謂厚朴、杜仲之類是也,蟲謂吳公、蠃、蠪之類是也,石謂礜石、白石之類是也,穀謂五穀之中麻、豆之等有入藥分者是也。云“其治合之齊,則存乎神農、子儀之術云”者,案劉向云:“扁鵲治趙太子暴疾尸蹶之病,使子明炊湯,子儀脈神,子術案摩。”又《中經簿》云:“《子義本草經》一卷。”儀與義一人也。若然,子義亦周末時人也。並不說神農,案張仲景《金匱》云:“神農能嘗百藥。”則炎帝者也③。言此二人能合和此術耳。**以五氣、五聲、五色眡其死生。**○釋曰:上文三五,所以治療,此經三五,觀其死生,故云“眡其死生”。注三者劇易之徵見於外者。五氣,五藏所出氣也。肺氣熱,心氣次之,肝氣涼,脾氣溫,腎氣寒。五聲,言語宮商角徵羽也。五色,面貌青赤黃白黑也。察其盈虛休王,吉凶可知。審用此者,莫若扁鵲、倉公。○釋曰:云“三者劇易之徵見於外者”,此經三者,並是人之病者氣與聲色。其病在內,人所不覩,見其聲色,則知增劇與簡易,故云劇易之徵見於外者也。云“五藏所出氣也”者,言五藏,謂氣之所藏,故知五氣出於五藏。云“肺氣熱”者,此已下並據《月令》牲南首而言。肺在上,

---

① 浦鏜云:“‘置’當‘致’字誤。”孫疏據改。
② “子”字原作“一”,據阮本改。
③ 浦鏜云:“‘者’當‘是’字誤。”

當夏,故云肺氣熱。云"心氣次之"者,心在肺下,心位當土,心氣亦熱,故言次之。云"肝氣涼"者,肝在心下,近右,其位當秋,故云肝氣涼。此三藏並在膈上。云"脾氣溫"者,於藏值春,故云溫。云"腎氣寒"者,腎位在下,於藏值冬,故言寒。此二者在膈下。此五藏寒熱等據《月令》成文而説。及其醫方之術,心屬南方,肝屬東方,肺屬西方,脾屬中央,腎屬北方,此並據五色而言,不據氣之寒熱也。云"五聲,言語宮商角徵羽也"者,宮數八十一,配中央土;商數七十二,配西方金;角數六十四,配東方木;徵數五十四,配南方火;羽數四十八,配北方水。此五聲,數多者聲濁,數少者聲清,人之言語似之,故云言語宮商角徵羽也。云"五色,面兒之青赤黄白黑也"者,此據五方,東方木色青,南方火色赤,中央土色黄,西方金色白,北方水色黑,病者面色似之。云"察其盈虚休王,吉凶可知"者,假令冬時面色黑①,其氣寒,聲應羽,此是盈而王,吉可知;若冬時其色黄,其氣熱,聲應宮,此得中央土來剋己,此是虚而休,凶可知。若得東方青色等,則子來助己,亦吉。云"審用此者,莫若扁鵲、倉公"者,依《漢書•藝文志》,大古有岐伯、榆柎,中世有扁鵲、秦和,漢有倉公。若然,扁鵲在周時,倉公在漢世,此二人知氣色之候者也。**兩之以九竅之變,參之以九藏之動。**○釋曰:上經觀其氣色,此經驗其脉候,故以"參"、"兩"言之。**注**兩、參之者,以觀其死生之驗。竅之變,謂開閉非常。陽竅七,陰竅二。藏之動,謂脉至與不至。正藏五,又有胃、旁胱、大腸、小腸。脉之大候,要在陽明、寸口。能專是者,其唯秦和乎?岐伯、榆柎則兼彼數術者。○釋曰:云"參、兩之者,觀其死生之驗"者,言兩者,謂九竅與所眂爲兩;兩與九藏爲參。云"竅之變,謂開閉非常"者,九竅之開是其常,或開或閉即是非常,故云開閉非常也。云"陽竅七"者,在頭露見,故爲陽也。"陰竅二"者,在下不見,故爲陰。云"藏之動,謂脉至與不至"者,謂九藏在内,其病難知,但診脉至與不至,即知九藏之動,故云藏之動謂脉至與不至也。又云"正藏五"者,謂五藏肺心肝脾腎,並氣之所藏,故得正藏之稱。不數之者,上已有注。云"又有胃、旁胱、大腸、小腸"者,此乃六府中取此四者,以益五藏爲九藏也。六府:胃、小腸、大腸、旁胱、膽、三焦。以其受盛,故謂之爲府。亦有藏稱,故入九藏之數。然六府取此四者,案《黄帝八十一難經》説胃爲水穀之府,小腸爲受盛之府,大腸爲行道之府,旁胱爲津滴之府。氣之所生,下氣象天故②,故寫而不實,實不滿。若

---

① "假"字原作"飲",據阮本改。
② 加藤謂"故"爲衍文。

然，此則正府也，故入九藏。其餘膽者清净之府，三焦爲孤府，非正府，故不入九藏也。云“脉之候，要在陽明、寸口”者，但醫者診脉，諸脉皆可據，若脉之大候，取其要者，在於陽明、寸口二處而已。陽明者，在大拇指本骨之高處與第二指間。寸口者，大拇指本高骨後一寸是也。云“能專是者，其唯秦和乎”者，秦和在中世，如前説。云“岐伯、榆柎則兼彼數術者”，此二人在大古，如前説。但上神農、子儀、扁鵲、倉公、秦和等各專一能，此二人兼上數術耳。**凡民之有疾病者，分而治之。死終，則各書其所以，而入于醫師。**注少者曰死，老者曰終。所以，謂治之不愈之狀也。醫師得以制其禄，且爲後治之戒。○釋曰：以疾醫中士二人[1]，醫各有能，故使“分治之”也。云“死終”者，謂民之有病，不問老少皆治之，不愈，少死則曰死，似不得壽終然，少曰死[2]；老者則曰終，謂雖治不愈，似得壽終，故曰終也。云“則各書其所以”者，謂書録其“不愈之狀”。云“而入于醫師”者，“醫師得之以制其禄”，則上“十全爲上”已下是也。

瘍醫掌腫瘍、潰瘍、金瘍、折瘍之祝藥劀殺之齊。○釋曰：瘍醫掌“腫瘍”已下四種之瘍瘡而含膿血者。“祝”，注也。注藥於瘡，乃後“刮殺”。而言“齊”者，亦有齊量之宜也。注腫瘍，癰而上生創者。潰瘍，癰而含膿血者。金瘍，刃創也。折瘍，踠跌者。祝當爲注，讀如“注病”之注，聲之誤也，注謂附著藥。刮，刮去膿血[3]。殺，謂以藥食其惡肉。○釋曰：“腫瘍，癰而上生瘡者”，謂癰而有頭未潰者。“潰瘍，癰而含膿血”，已潰破者。云“祝當爲注讀”者[4]，疾醫非主祝説之官[5]，爲祝則義無所取，故破從注，注謂注藥於中食去膿血耳。**凡療瘍，以五毒攻之，**○釋曰：言“凡”，則兼上四瘍，故云“凡療瘍，以五毒攻治之”也。注止病曰療。攻，治也。五毒，五藥之有毒者。今醫方有五毒之藥，作之，合黄堥，置石膽、丹沙、雄黄、礜石、慈石其中，燒之三日三夜，其煙上著，以雞羽掃取之，以注創，惡肉破，骨則盡出。○釋曰：言“止病曰療”者，

① 浦鏜云：“‘八’誤‘二’。”
② 浦鏜云：“‘少’當‘故’字誤。”據上下文例而言也。
③ 阮校云：“閩、監、毛本上‘刮’依經改‘劀’，非。”孫疏云：“鄭蓋謂劀、刮古今字，故經作‘劀’，注並作‘刮’，亦經用古字、注用今字之例也。”按此經賈疏云“乃後刮殺”，亦據鄭注今字。
④ 按賈疏似讀“讀”字絶句，非鄭怡。
⑤ 浦鏜云：“‘疾’疑作‘瘍’。”

治病之名，言治之則病止，故云止病曰療也。言"合黃墊"者，案《内則》有敦、墊、巵、匜，鄭注云："敦、墊，黍稷器。"不言黃。此言黃者，見今時合和丹藥者皆用黃瓦甌爲之，亦名黃墊，事出於古也。**以五氣養之，以五藥療之，以五味節之。**○釋曰：云"以五穀養之"者，亦當據病所宜，擇善而用之，故云以五穀養之。云"以五藥療之"者，義如前注。"以五味節之"者，五味，亦酸苦辛鹹甘，亦當據病所宜食之，以節成藥力者也。**注**既刮殺而攻盡其宿肉①，乃養之也。"五氣"當爲"五穀"，字之誤也。節，節成其藥之力。○釋曰：鄭云"既刮殺而攻之盡其宿肉，乃養之也"者，以經"五藥"在"五穀"之下，恐人以五穀養之乃用五藥療之，故鄭解之。若然，此五藥在五穀下者，以上已言"五毒攻之"，用此五穀養之，則此五穀爲前五毒攻之乃後用五穀養之，於理爲順。此文重言"五藥"者，爲下"五味"節成此藥，故須更言五穀也②。云"五氣當爲五穀"者，以其氣非養人之物，又《疾醫》之有五味、五藥、五穀相將之物，故破氣從穀也。云"節，節成其藥之力"者，即下文"以酸養骨"之類是也。**凡藥，以酸養骨，以辛養筋，以鹹養脉，以苦養氣，以甘養肉，以滑養竅。**○釋曰：上云"以五味節之"，即此經"酸"、"苦"之等是也。今云"凡藥，以酸養骨"，藥、味合言者，欲見五味節成五藥，故上注云"節成藥力"，故合言之。**注**以類相養也。酸，木味③。木根立地中，似骨。辛，金味。金之纏合異物，似筋。鹹，水味。水之流行地中④，似脉。苦，火味。火出入無形，似氣。甘，土味。土含載四者，似肉。滑，滑石也。凡諸滑物通利往來，似竅。○釋曰：云"以類相養也"者，謂若酸與骨、辛與筋之等是也。云"酸，木味"之等，並依《洪範》及《月令》爲說也。云"木立地中，似骨"者，謂似人之骨立肉中者，故以酸養之。云"辛，金味。金之纏合異物，似筋"者，人之筋亦纏合諸骨，故云似筋，而以辛養之也。云"鹹，水味。水之流行地中，似脉"者，血脉在人亦流行不定，故云似脉，而以鹹養之也。云"苦⑤，火味。

① "既刮"二字原空闕兩格，據婺本、金本、阮本補。按職首云"祝藥劀殺之齊"，故此注云"既刮殺"，似不得單言"殺"而已。下《獸醫》賈疏引此注亦"刮殺"兩有。又孫疏云："賈疏述注'攻'下有'之'字，疑今本誤挩。"
② 孫校云："'穀'疑'藥'之誤。"
③ "木味"二字原作"味木"，據婺本、金本、阮本乙。
④ "之"字原作"中"，據婺本、金本、阮本改。
⑤ "苦"字原作"若"，據阮本改。

火出入無形,似氣"者,火乃人所覩見,似若有形,攬之不得,亦是无形①,故云似氣,故以苦養之也。"甘,土味。土含載四者,似肉"者,金木水火非土不載,故云含載四者,似人之肉亦含載筋骨氣脉,故云似肉也,故以甘養之也。云"滑,滑石"者,以五味酸苦辛鹹甘養骨筋氣脉與肉,相配訖;前《食醫》云"調以滑甘",平常服食,五味之外有滑,彼滑用堇苴粉榆②,今此養病,五味之外亦宜有滑,但於藥分之中慎滑,則不得如平常用堇苴等,故以滑石解之。"凡諸滑物通利往來,似竅",故以滑養之也。若然,此經五味不以生成爲次,而以木金與火水相對者,此若《洪範》以"木曰曲直"、"金曰從革"、"火曰炎上"、"水曰潤下",以類相對而言也。**凡有瘍者,受其藥焉。** ○釋曰:"藥",即上"五藥"是也。凡國中有瘍,不須身來者,並於瘍醫取藥焉。

獸醫掌療獸病、療獸瘍。 注畜獸之疾病及瘍,療同醫。○釋曰:此醫唯療家畜,不療野獸,但畜獸義通,今以畜解獸,故"畜獸"連言之也。云"畜獸之疾病及瘍,療同醫"者,以上之人,疾與瘍別醫;今此畜,病之與瘍同在一醫者,重人賤畜,故略同在一醫也。**凡療獸病,灌而行之以節之,以動其氣,觀其所發而養之。** 注療畜獸必灌行之者,爲其病狀難知,灌以緩之,且强其氣也。節,趨聚之節也。氣,謂脉氣。既行之,乃以脉視之,以知所病。○釋曰:獸必先灌之者,鄭云"爲其病狀難知",故先灌而和緩之③,以其瘦弱,且强其氣力也。**凡療獸瘍,灌而劀之,以發其惡,然後藥之、養之、食之。** 注亦先攻之而後養之。○釋曰:亦上《瘍醫》"以五穀養之"義。彼注"先刮殺盡乃養之",此亦然,故云"亦先攻而後養之"也。**凡獸之有病者、有瘍者,使療之,死則計其數,以進退之。** ○釋曰:上《醫師》云"十全爲上"者,唯據疾醫與瘍醫,不據獸醫,故此云"計其數而進退之",進退亦謂據功過進退其禄也。

---

① "无"字阮本作"無"。按底本通作"無",此處補版作"无"。《説文・亡部》:"无,奇字無也。"

② "彼"字原作"似"、"苴粉"二字原作"黄粉",皆據阮本改。按"彼滑用堇苴粉榆"據上引《食醫職》"調以滑甘"鄭注所引《内則》"堇苴粉榆婉稿滫瀡以滑之"而言也。

③ "和"字原作"知",阮本同。阮校引浦鐘説云:"'知'當'和'字誤。"孫疏據改,兹從之。

酒正掌酒之政令，以式灋授酒材①。　○釋曰：酒正辨四飲，則漿之政令亦掌之，今直言"掌酒之政令"，不言漿之政令者，但據酒之尊者而言，其實漿亦掌之。云"以式法授酒材"者，式法謂造酒法式，謂米麴多少及善惡也。酒材謂米、麴蘖②，授與酒人，使酒人造酒。既言兼掌漿人，則漿之式法及漿材亦授之。不言者，亦舉尊言也。注式法，作酒之法式。作酒既有米麴之數，又有功沽之巧。《月令》曰："乃命大酋，秫稻必齊，麴蘖必時，湛饎必絜，水泉必香，陶器必良，火齊必得。"鄭司農云："授酒材，授酒人以其材。"　○釋曰：云"作酒既有米麴之數"者，謂此爲法式也。云"又有功沽之巧"者，功沽謂善惡，善惡亦是法式者也。引《月令》者，十一月之令。言"乃命大酋"監之者，彼注："酒孰曰酋。於《周禮》則爲酒人。"案下注"昔酒，今之酋久白酒"，則酋者久遠之稱，則是久孰是善③，故名酒官爲大酋。若然，彼注爲酒人，此《酒正》引之者，此酒正以法式及酒材授與酒人使造酒，故引酒人。云"秫稻必齊"者，必使齊孰。"麴蘖必時"者，造之必得時。"湛饎必絜"者，湛，漬；饎，炊也。謂漬米炊釀之時必須絜净。"水泉必香"者，謂漬麴漬米之水必須香美。"陶器必良"者，酒甕陶中所燒器者必須成孰不津。云"火齊必得"者，謂釀之時生孰必宜得所也。凡爲公酒者亦如之。　○釋曰：言"凡爲公酒"者，謂爲公事而作酒。言凡，非一，謂若鄉飲酒、鄉射之等。言"亦如之"者，亦"以式法授酒材"。注謂鄉射飲酒以公事作酒者，亦以式法及酒材授之，使自釀之。　○釋曰：言"鄉射飲酒"者，謂鄉飲酒、鄉射飲酒。鄉飲酒中有黨正飲酒、賓賢能飲酒；鄉射飲酒中有州長春秋習射於序，又有鄉大夫三年賓賢能後以五物詢衆庶用州長射禮，並是鄉射飲酒。若然，州長、黨正飲酒而謂之鄉者，或是鄉大夫所居州黨，或是鄉大夫親來臨禮，並得鄉名，故謂之鄉。此數事者，皆爲國行禮，不可橫斂於民，故得"公酒"。其百家爲族，不得公酒，族祭步神之時④，合錢飲酒。

辨五齊之名：一曰泛齊，二曰醴齊，三曰盎齊，四曰緹齊，五曰沈齊。　○釋曰：言"辨五齊之名"者，酒正不自造酒，使酒人爲之，酒正直辨五齊之名，

① "授"字原作"受"，據婺本、金本、阮本改。
② "蘖"字原作"蘖"，阮本同，兹據阮校改正。下凡"蘖"字底本皆誤作"蘖"。
③ "是善"二字阮本作"者善"。
④ 浦鐘云："'步'經作'醋'，注'故書或爲步'。"按《地官•小司徒職》賈疏亦云"族祭步"，其餘皆云"族祭醋"。

知其清濁而已。云"一曰泛齊"者，泛讀如"泛泛楊舟"之泛，言泛者①，謂此齊孰時滓浮在上泛泛然。"二曰醴齊"者，醴，體也，此齊孰時上下一體，汁滓相將，故名醴齊。又此醴齊作時恬於餘齊，與酒味稍殊，故亦入於六飲。"三曰盎齊"已下，其類可知。**注**泛者，成而滓浮泛泛然，如今宜成醪矣。醴猶躰也②，成而汁滓相將，如今恬酒矣。盎猶翁也，成而翁翁然葱白色，如今酇白矣。緹者，成而紅赤，如今下酒矣。沈者，成而滓沈，如今造清矣。自醴以上尤濁，縮酌者；盎以下差清。其象類則然，古之法式未可盡聞。杜子春讀齊皆爲粢，又《礼器》曰"緹酒之用③，玄酒之尚"。玄謂齊者，每有祭祀，以度量節作之。○釋曰：言"泛者，成而滓浮"者，此五齊皆言"成"者，謂酒孰曰成。云"如今宜成醪矣"者，宜成，説以爲地名，故曹植《酒賦》曰："宜成醴醪，蒼梧縹清。"若馬融所云"今之宜成，會稽稻米，清似宜成"，以爲酒名，故劉杳《要雅》亦以宜成爲酒名。二者未知孰是。今鄭云宜成醪矣，亦未知鄭意酒名、地名。類下酇白，則爲地名。云"如今恬酒矣"者，但於五齊中爲恬，故以恬酒況之。云"如今酇白矣"者，漢時蕭何所封南陽地名酇。云"如今下酒矣"者，下酒謂曹床下酒④，其色紅赤，故以"緹"名之。案鄭下注"五伯緹衣"⑤，亦赤黑色也。云"如今造清矣"者，漢時造清，孰則滓沈，故以況沈齊也。云"自醴已上尤濁，縮酌者"，言自醴以上，唯有泛齊。泛齊浮浮，則濁于醴齊汁滓相將者。此二者皆以茅沛之，故《司尊彝》云："醴齊縮酌。"《郊特牲》云："縮酌用茅，明酌也。"謂以事酒之上清明者和醴齊，以茅沛之，使可酌。鄭彼注云："泛從醴。"是二者皆縮酌，故云"自醴已上尤濁，縮酌也"。云"盎以下差清"者，案《司尊彝》云："盎齊挩酌。"鄭注："挩，清也。"謂以清酒沛之，則不用茅，以其盎已清故也。鄭彼注又云："泛從醴，緹、沈從盎。"則亦用清酒沛之。云"其象類則然"者，謂五者皆舉漢法況之，是其象類則然者也。云"古之法式未可盡聞"者，雖舉漢法，漢承周後，多得古之法，只可略聞，故云未可盡聞也。"杜子春讀齊皆爲粢，云《禮器》曰'緹酒之用，玄酒之尚'"者，子春意，見《禮運》

---

① "泛"字原作"之"，據阮本改。
② "躰"字金本同，婺本、阮本作"體"。按"躰"爲"體"之俗字，説見《玉篇・身部》。下凡"躰"字同。
③ 孫疏云："賈疏述注'又'作'云'，疑當作'又云'，今本似誤。"又"礼"字婺本、金本、阮本作"禮"，"礼"爲古文"禮"字。下凡"礼"、"禮"之異不復出校。
④ 孫校云："'曹'當作'糟'。"
⑤ 浦鏜云："'伍'誤'五'。"

云“粢醍在堂”，又見《禮器》云“醴酒之用”，又粢穀爲醍酒，則其餘四齊皆以粢穀爲之，故讀“齊”皆爲“粢”。“玄謂齊者，每有祭祀，以度量節作之”，謂祭有大小，齊有多少，謂若祫祭備五齊，禘祭備四齊，時祭備二齊，是以度量節作之。不從子春爲“粢”者，《禮運》唯有醍齊稱粢，於此五者皆稱齊，子春破五齊從一粢，於義不可，故鄭於《禮運》注“粢當爲齊”，破一粢從五齊，於義可也。此五齊與下三酒及春官鬯人所造鬯酒所以異者，五齊、三酒俱用秫稻麴蘖，又三酒味厚，人所飲者也，五齊味薄，所以祭者也，是以下經鄭注云“祭祀必用五齊者，至敬不尚味，而貴多品”。五齊對三酒，酒與齊異；通而言之，五齊亦曰酒，故《禮·坊記》云“醴酒在室，醍酒在堂”是也。其鬯酒者自用黑黍爲之，與此別也。**辨三酒之物：一曰事酒，二曰昔酒，三曰清酒。**○釋曰：“辨”者，豫先之名。“物”者，財也①。以三酒所成有時，故豫給財令作之。言“一曰事酒”者，此三酒並人所飲，故下云“共王四飲、三酒”也，但事酒酌有事人飲之，故以事上名酒也。“二曰昔酒”者，久釀乃孰，故以昔酒爲名。酌無事之人飲之。“三曰清酒”者，此酒更久於昔，故以清爲號。祭祀用之。此昔酒、清酒皆以酒上爲名也。**注**鄭司農云：“事酒，有事而飲也。昔酒，無事而飲也。清酒，祭祀之酒。”玄謂事酒，酌有事者之酒，其酒則今之醳酒也。昔酒，今之酋久白酒，所謂舊醳者也。清酒，今中山冬釀，接夏而成。○釋曰：先鄭云“有事而飲”者，謂於祭祀之時，乃至卑賤執事之人，祭末並得飲之。“昔酒，無事而飲”者，亦於祭末，羣臣陪位不得行事者並得飲之。“清酒，祭祀之酒”者，亦於祭祀之時，賓長獻尸，尸酢賓長，不敢與王之臣共器尊同酌之齊②，故酌清以自酢，故云祭祀之酒，故《司尊彝》云“皆有罍，諸臣之所酢”。此三酒皆盛於罍尊，在堂下。但此清酒受尸酢，故以祭祀言之。“玄謂事酒，酌有事者之酒”者，先鄭云有事而飲，據有事時飲之；後鄭云酌有事者之酒，謂有事之人③，但是有事之人，雖不當祭時，亦酌酒與之，是就足先鄭義也。云“其酒則今之醳酒”者④，事酒冬釀春成，以漢之醳酒況之。云“昔酒，今之酋久白酒”者，言昔爲久，酋亦遠久之義，故以漢之酋久白酒況之。但昔酒對事酒爲清，若對清酒則爲白，故云酋久白酒也。故《晉語》云“味厚寔昔毒”，酒久則毒也。云“所謂舊

① 浦鏜云：“‘財’當‘材’字誤，下‘給財’同。”孫疏據改。
② 孫校云：“‘臣’字誤。據《司尊彝》鄭注云‘諸臣獻者，酌罍以自酢，不敢與王之神靈共尊’，此約其義，則‘臣’即‘神’之誤，因二字聲相近也。”
③ “謂”字原作“請”，據阮本改。
④ “醳”字原作“酢”，據阮本改。

醴者”，案《禮記·郊特牲》云：“猶明、清與醆酒于舊醴之酒也。”彼上注云：“明酌者，事酒之上也。”醆酒，盎齊。沛于舊醴之酒，三酒除事酒、清酒，則云舊醴，是昔酒可知也。對事酒爲新醴，昔酒爲舊醴，清酒不得醴名。云“清酒，今中山冬釀，接夏而成”者，以昔酒爲久，冬釀接春，明此清酒久於昔酒，自然接夏也。中山，郡名，故《魏都賦》云：“醇酎中山，沈湎千日。”**辨四飲之物：一曰清，二曰醫，三曰漿，四曰酏。** ○釋曰：案《漿人》有六飲，此言四者，以《漿人》注“酒正不辨水、涼者，無厚薄之齊”，故此唯“辨四飲之物”也。云“一曰清”，則《漿人》云“醴清也”。“二曰醫”者，謂釀粥爲醴則爲醫。“三曰漿”者，今之酨漿。“四曰酏”者[1]，即今薄粥也。**注**清，謂醴之沛者。醫，《內則》所謂“或以酏爲醴”。凡醴濁，釀酏爲之則少清矣。醫之字，從殹、從酉省也[2]。漿，今之酨漿也。酏，今之粥。《內則》有黍酏。酏飲，粥稀者之清也。鄭司農説以《內則》曰“飲：重醴，稻醴清蒧，黍醴清蒧，梁醴清蒧，或以酏爲醴，漿、水、醷”。后致飲于賓客之禮有醫酏糟。糟音聲與蒧相似，醫與醷亦相似，文字不同，記之者各異耳，此皆一物。○釋曰：言“清，謂醴之沛者[3]”，此鄭據《漿人》解之。《漿人》云“醴”，此云“清”，故云清謂醴之沛者。云“醫，《內則》所謂或以酏爲醴”者，案《內則》，上言“飲”，下云“重醴”、“清糟”，又云“或以酏爲醴”，彼酏爲醴在飲中，而在清糟下，此醫又在清下，故知“酏爲醴”當此“醫”。云“凡醴濁，釀酏爲之則少清矣”者，謂經中“醫”釀粥爲之，與醴少異也。又云“醫之字，從殹、從酉省也”者，從殹省者去羽，從酉省者去水，故云從殹、從酉省也。云“漿，今之酨漿也”者，此漿亦是酒類，故其字亦從載、從酉省[4]。酨之言載，米汁相載，漢時名爲酨漿，故云今之酨漿也。云“酏，今之粥。《內則》有黍酏。酏飲，粥稀者之清也”者，案《內則》，黍酏在飲中，故知此“酏”當《內則》“黍酏”。以其爲飲，故知粥稀者之清也。“鄭司農説以《內則》曰‘飲：重醴，稻醴清’”至“或以酏爲醴”，揔當此經“一曰清”；云“漿”，當此經中“漿”；“水”，於此經無所當，連引之耳；“醷”，當此經中“醫”。云“后致飲于賓客之禮有醫酏糟”，此引下文，欲取“糟”與《內則》“蒧”一物，故云“糟音聲與蒧相

---

①　“曰”字原作“白”，據阮本改。

②　段考謂鄭注當作“醫之字，從殹、從酉省也”，傳本誤“酒”爲“酉”：“鄭意此（醫）字俗用爲‘醫藥’字，而其字上從殹，下從酒省，則四飲之一乃此字本義也。”至於賈疏所見本鄭注，孫疏引臧琳説以爲當作“從殹、從酒省”。

③　“謂”字原作“與”，據阮本改。

④　“從酉省”三字阮本同，疑亦當作“從酒省”。參上條。

似”。云“醫與醴亦相似”者，與此經“醫”爲一物。云“文字不同，記之者各異耳，此皆一物”者，《内則》彼云“蒞”，此云“糟”，《内則》云“醷”，此云“醫”，是其文字不同，皆一物也。《内則》云“重醴”者，清糟並設，則稻醴清糟、黍醴清糟、粱醴清糟，是其重醴也。向者後鄭解或以酏爲醴爲醫，今先鄭以爲醴，共重醴爲一物；又後鄭於《内則》注醷爲梅漿，亦與先鄭不同。以無正文，故引之在下，亦得爲一義故也。**掌其厚薄之齊，以共王之四飲、三酒之饌，及后、世子之飲與其酒。**○釋曰：言“掌其厚薄之齊”者，從五齊已下，非酒正所造，並是酒人、漿人所作，故云直辨其厚薄之齊。云“以供王之四飲、三酒之饌”者，謂饌陳具設之也。云“及后、世子之飲與其酒”者，不言四飲、三酒，直言飲與酒，復不言饌，鄭云“不必具設之”，是以不言饌與數也。**注**后、世子不言饌，其饋食不必具設之。五齊正用醴爲飲者，取醴恬與酒味異也。其餘四齊味皆似酒。○釋曰：云“五齊正用醴爲飲者，取醴恬與酒味異也”者，鄭意五齊之中不用餘四齊，以其醴恬，故取入六飲。“其餘四齊味皆似酒”者，三酒味厚，五齊味薄，故言似酒。醴恬，全與酒味別也。

　　凡祭祀，以灋共五齊、三酒，以實八尊。大祭三貳，中祭再貳，小祭壹貳，皆有酌數；唯齊酒不貳，皆有器量。○釋曰：言“凡祭祀”者，謂天地及宗廟等，揔目之言。云“以法共五齊、三酒”者，但祭有小大，齊有多少，各有常法，故云以法共五齊、三酒。云“以實八尊”者，五齊五尊，三酒三尊，故云以實八尊。此除明水、玄酒，若五齊加明水，三酒加玄酒，此八尊爲十六尊。不言之者，舉其正尊而言也[1]。云“大祭三貳”者，大祭謂王服大裘、袞冕所祭者也。三貳者，貳，副也。就三酒人所飲者三度副益之。云“中祭再貳”者，中祭謂王服鷩冕、毳冕所祭者也。再貳，亦謂就三酒之中再度益之。云“小祭壹貳”者，小祭謂王服希冕、玄冕所祭者也。云“皆有酌數”者，謂三等之祭副益酒尊皆有酌器盛酒益尊，故言皆有酌；云數者，謂多少之數。言“唯齊酒不貳”者，齊酒所祭祀，非人所飲，故不副益。云“皆有器量”者，器謂酌齊酒注於尊中，量謂皆有多少之量。**注**酌、器，所用注尊中者，數、量之多少未聞。鄭司農云：“三貳，三益副之也。大祭天地，中祭宗廟，小祭五祀。齊酒不貳，爲尊者質，不敢副益也。”杜子春云：“齊酒不貳，謂五齊以祭不益也，其三酒人所飲者益也。《弟子職》曰：‘周

---

① “正”字原作“在”，據阮本改。加藤引汪文臺説云：“《冪人職》疏云八尊據正尊而言。”

旋而貳，唯嗛之視。’”玄謂大祭者，王服大裘、袞冕所祭也。中祭者，王服鷩冕、毳冕所祭也。小祭者，王服希冕、玄冕所祭也。三貳、再貳、一貳者，謂就三酒之尊而益之也。《禮運》曰：“玄酒在室，醴醆在戶，粢醍在堂，澄酒在下。”澄酒是三酒也。益之者，以飲諸臣，若今常滿尊也。祭祀必用五齊者，至敬不尚味，而貴多品。〇釋曰：云“酌、器”者，釋經“皆有酌、器”二者，所用注五齊、三酒於尊中。云“數、量之多少未聞”者，數之與量，皆是多少之言，但未聞升數耳。鄭司農云“三貳，三益副之也”者，先鄭之意，注酒於尊中爲副，子春、後鄭亦與之同。云“大祭天地”等者，先鄭意，天地爲大祭，宗廟爲中祭，五祀爲小祭。其實天地自有大祭、小祭，宗廟亦有次、小。云“齊酒不貳，爲尊者質，不敢副益也”者，以其主獻尸，所用少，故不副益。杜子春引《弟子職》者，是《管子》書《弟子職》篇。謂弟子事師，師飲酒之時，弟子來往周旋而貳者，欲副益酒尊之時，嗛謂不滿，唯酒尊不滿者視之更益。“玄謂大祭者，王服大裘、袞冕所祭”已下至“玄冕所祭”，並據《司服》六冕差之。冕服有六，天地、宗廟各有三等，故以六冕配之。案《司服》，“王祀昊天上帝則服大裘而冕，祀五帝亦如之，祀先王則袞冕”，祭地亦用大裘，是天地、宗廟亦有大祭[1]，一也。云“中祭者，王服鷩冕[2]、毳冕所祭也”者，案《司服》：“先公則鷩冕[3]，四望、山川則毳冕。”是地與宗廟次祭，二也。但天之次祀不見衣服者，日月是天之次祀，以其大報天主日、配以月服大裘，故春分朝日、秋分夕月兼服玄冕[4]，故天之次祀中不見衣服。云“小祭者，王服希冕、玄冕所祭也”者，案《司服》：“社稷、五祀則希冕，羣小祀則玄冕。”鄭彼注：“山林川澤之屬。”鄭雖不言風師、雨師等，之屬中兼之也。唯見天地小祭，不見宗廟小祭者，馬融以爲宗廟小祭謂祭殤是也。祭殤之時或可亦用玄冕。若然，案《禮器》云“一獻質”謂祭羣小祀，當玄冕；“三獻文”謂祭社稷、五祀，當希冕；“五獻察”謂祭四望、山川，當毳冕；“七獻神”謂祭先公，當鷩冕。雖不言九獻，下云“大饗，其王事與”，大饗謂祫祭先王，爲九獻，當袞冕。《禮器》下文云“大饗，不足以大旅”，大旅當大裘。據此一獻至九獻，以此獻數約之，故六服差爲三。案《司服》，山川、四望服毳冕五獻，社稷服希冕三獻，社稷在山川下。案《大宗伯》“以血祭祭社稷、五祀、五嶽”，而社稷在五嶽上者，五嶽與土地異形，若畿外諸侯，服獻則尊於王朝之臣；社稷

---

① “亦”字阮本作“皆”。
② “鷩”字原作“鼈”，據阮本改。
③ “公”字原作“父”，據阮本改。
④ 加藤云：“‘故’字無落著，恐涉下‘故天’之故而誤衍，孫疏刪之，似可從。”

號曰土神,似若王朝之臣,服獻則卑於五嶽;而在五嶽上者,似若王人雖微,猶叙諸侯之上。案《王制》"宗廟之牛角握",《國語》"山川之牛角尺",社稷尊於五嶽者,彼自從國中之神,莫貴於社,故與宗廟同角握^①。引《禮運》曰"玄酒在室"者,謂鬱鬯在室中,而玄酒即明水也,配鬱鬯,故在室。"醴醆在户"者,醴謂醴齊,醆謂盎齊^②,並在户也。"粢醍在堂"者,粢當爲齊,齊醍在堂也。"澄酒在下"者,澄謂沈齊,酒謂三酒,二者並在堂下也。云"澄酒是三酒也"者,案《鄭志》,趙商問:"《禮運》注澄是沈齊,今此注澄酒是三酒,何^③?"鄭荅:"今解可去澄字。"若然,鄭本於此注時直云"酒是三酒",無"澄"字,有"澄"字者誤,當云"酒是三酒"。云"益之者,以飲諸臣"者,言益之,解經中"貳"。案《司尊彝》云:"皆有罍,諸臣之所酢。"是飲諸臣也。云"若今常滿尊也"者,言益之故常滿,故以漢法況之。云"祭祀必用五齊者,至敬不尚味,而貴多品"者,鄭意五齊味薄於三酒而數多,但鬼神享德不享味^④,故須至極敬而已,是以引《郊特牲》云"至敬不尚味,而貴多品"也。**共賓客之禮酒,共后之致飲于賓客之禮醫酏糟,皆使其士奉之。**○釋曰:云"共賓客之礼酒"者^⑤,謂王有故不親饗燕^⑥,使人致酒於客館。云"共后之致飲于賓客之礼醫酏糟"者,言致飲之中取二飲以致之^⑦。云醫酏糟者,謂醫酏不沛者也。云"皆使其士奉之"者,酒使酒人,漿使漿人,皆奄士,故云使其士奉之。**注礼酒,王所致酒也。王致酒,后致飲,夫婦之義。糟,醫酏不沛者。沛曰清,不沛曰糟。后致飲無醴,醫酏不清者,與王同體,屈也,亦因以少爲貴。士,謂酒人、漿人,奄士。**○釋曰言"礼酒,王所致酒也"者,下《酒人》云"賓客之陳酒",彼言陳,謂若致饗餼^⑧,列陳於

---

① "角握"二字原作"用握",阮本同,加藤謂當據孫疏引作"角握"爲正,兹據改。

② "盎"字原作"益",據阮本改。

③ "何"字原作"河",據阮本改。

④ 二"享"字皆原作"亨",據阮本改。《地官・土均職》賈疏"云'順於鬼神'者,鬼神享德不享味",是其比。

⑤ "酒"字原作"涵",據阮本改。

⑥ 加藤云:"'故'字無落著,恐涉下'故天'之故而誤衍,孫疏删之,似可從。""饗燕"二字原空闕兩格,據阮本補。此經鄭注之賈疏云"言禮酒不言陳,謂饗燕之酒,王當親饗燕,王有故則使人就館以酬幣致之",可資參證。

⑦ "二"字原作"一",據阮本改,此經鄭注之賈疏即云"唯有醫酏二飲"。

⑧ "饗"字原作"饗",據阮本改。《酒人職》"賓客之陳酒亦如之"鄭注云"謂若歸饗餼之酒",即此賈疏之所據。

客館中；言礼酒不言陳，謂饗燕之酒，王當親饗燕，王有故則使人就館以酬幣致之。云"王致酒，后致飲，夫婦之義"者，酒是陽，故王致之，飲是陰，故后致之，是陰陽相成，故云夫婦之義。云"后致飲無醴，醫酏不清者，與王同體，屈也"者，言"后致飲無醴，醫酏不清"者，對下《漿人》"共夫人致飲於賓客之礼清醴、醫酏糟，而奉之"，謂夫人卑於后，致三飲，醫酏糟上加之以清醴；今后尊，唯有醫酏二飲，無清醴。既無清醴，醫酏當清，今皆不清者，以其后尊，夫妻片合，與王同體，故屈；夫人卑，與王不同體，得申，故加之以清醴也。云"亦因以少爲貴"者，案《礼器》云："有以少爲貴者，天子無介，祭天特牲。"是以少爲貴。則夫人三飲，后二飲，是因以少爲貴。云"士，謂酒人、漿人，奄士"者，案《序官》："酒人，奄十人。漿人，奄五人。"皆不言士。此經注皆士者，爲官首，當是士；但非賢，故不言士。内小臣是奄而稱士，鄭云"異其賢"。**凡王之燕飲酒，共其計，酒正奉之。注**共其計者，獻酬多少度當足也。故書"酒正"無酒字。鄭司農云："正奉之，酒正奉之也。"〇釋曰：謂王與群臣燕飲之酒"共其計"者，謂計群臣多少，以足爲度。"酒正奉之"者，以其共王，故酒正自奉之。**凡饗士庶子，饗耆老、孤子，皆共其酒，無酌數。注**要以醉爲度。〇釋曰：言"饗士庶子"，謂若《宫伯》宿衛王宫者①，"士，適子；庶子，其支庶"。云"饗耆老、孤子"者，謂《外饗》注，耆老謂國老；"孤子者②，謂死王事之子"。王皆饗養之，則"共其酒"。**掌酒之賜頒，皆有灋以行之。注**法，尊卑之差。〇釋曰：云"賜頒皆有法以行之"者，謂以酒頒羣臣也。皆有法以行之者，尊者得多，卑者得少，多少皆有常法。言以行之者，謂依法給之。**凡有秩酒者，以書契授之。**〇釋曰："秩"，常也，謂若老臣年九十已上，常與之酒。云"以書契授之"者，謂酒正授使者酒，書之多少以爲契要而與之，故云以書契授之。**注**鄭司農云："有秩酒者，給事中予之酒。秩，常也，常受酒者。《國語》曰：'至于今秩之。'"玄謂所秩者，謂老臣。《王制》曰："七十不俟朝，八十月告存，九十日有秩。"〇釋曰：鄭司農云"有秩酒者，給事中予之酒。秩，常也。常受酒者"，司農之意，謂在朝羣臣親近於王，揔名給事中，王常以酒與之，故云常受酒者。又引《國語》者，案《楚語》云：鬭且廷見令尹子常，聞子常畜貨聚馬，鬭且廷以爲非，遂陳令尹子文之行，云："昔鬭子文三舍令尹，無

---

① "者"字原作"皆"，據阮本改。
② "子"字原作"予"，據阮本改。

一日之積。成王聞子文行，於是每朝設脯一束、糗一筐，以羞子文。至於今秩之。"後鄭皆不從之者，給事中與之酒不言秩，因朝而羞子文又非酒，故不從之矣。引《王制》曰"七十不俟朝"者，謂不待朝事畢即去；"八十月告存"者，謂月月使報告老人存否；"九十日有秩"者，謂日日有秩膳，即此經"秩酒"是也，故引以爲證。**酒正之出，日入其成，月入其要，小宰聽之。**○釋曰：言"酒正之出"者，謂授酒材與酒人及出酒與人。云"日入其成"者，謂酒人用多少，日計所用酒，以此成入於酒正。云"月入其要"者，謂酒正得酒人日計文書，日計其月要，至月盡以月計文書入於小宰，故云月入其要。"小宰聽之"者，小宰得酒正文書，聽斷之，知其得失。**注**出，謂授酒材及用酒之多少也。受用酒者日言其計於酒正，酒正月盡言於小宰。○釋曰：言"出，謂授酒材"者，謂授酒人以其材，《酒正》職首所言者是也。"及用酒之多少"者，謂若"共五齊、三酒"以下是也。云"受用酒者日言其計於酒正"者，受用酒謂用酒多少，是酒人也，故曰言其計於酒正也。云"酒正月盡言於小宰"者，釋經"月入其要"。**歲終則會，唯王及后之飲酒不會。以酒式誅賞。****注**誅賞作酒之善惡者。○釋曰：直言"唯王及后不會"，不云世子，以其酒與膳異：膳羞食之正，則世子亦不會；膳禽食之加，世子會之；酒亦爲加，故亦會之。"以酒式誅賞"者，作酒有舊法式，依法善者則賞之，惡者則誅責之。

　　酒人掌爲五齊、三酒，祭祀則共奉之，以役世婦。○釋曰：言"爲五齊、三酒"者，爲猶作也。云"祭祀則共奉之"者，謂酒人共而奉之。云"以役世婦"者，屬春官宮卿官也。酒人以奠送酒至世婦，因爲世婦所役使。**注**世婦，謂宮卿之官，掌女宮之宿戒，及祭祀，比其具。酒人共酒，因留與其奠爲世婦役，亦官聯。○釋曰：云"世婦，謂宮卿之官"者，所謂《春官》云"每宮卿一人"，故云世婦謂宮卿之官也。云"掌女宮之宿戒"者，此亦《世婦職》文。引此者，其職云"及祭，比其具"則此酒等是。故送酒以往，爲世婦所役。言"亦官聯"者，即《小宰》云"祭祀之聯事"是也。**共賓客之禮酒、飲酒而奉之。**○釋曰：云"共賓客之禮酒、飲酒"者，此二者酒正使酒人奉授賓客。**注**酒正使之也。禮酒，饗燕之酒。飲酒，食之酒。此謂給賓客之稍，王不親饗燕、不親食，而使人各以其爵以酬幣、侑幣致之，則從而以酒往。○釋曰：知"酒正使之"者，《酒正》云"共賓客之禮酒，使其士奉之"，士即此酒人也。彼不言"飲酒"者，"禮酒"中可以兼之矣。云"禮酒，饗燕之酒"者，謂饗燕食賓之酒也。云"飲酒，食之酒"者，謂食時有酒者。《曲禮》云："酒漿處右。"則此非獻酬酒,是酳口之酒也。云"此謂給賓客之稍"者,此禮酒、飲酒揔言,王若不親燕飲食,則使人致之於客館,任賓客稍稍用之,故云給賓客之稍。云"王不親饗燕、不親食"者,謂王有故,不得速賓親行此三者。云"使人各以其爵以酬幣、侑幣致之"者,此並《聘禮》文。案彼云:"若不親食,使大夫各以其爵,朝服致之以侑幣,致饗以酬幣亦如之。"彼雖無致燕法,案《鹿鳴》燕羣臣嘉賓有實幣帛,則致燕亦以酬幣致之,與饗同。云各以其爵者,則諸侯來朝,遣三公致饗;卿來聘,遣卿大夫致饗燕以酬幣,致食以侑幣,故云酬幣、侑幣致之。云"則從而以酒往"者,謂酒人以酒從使人欲往客館授與賓客①。**凡事,共酒而入于酒府。**注入于酒正之府者,是王燕飲之酒,酒正當奉之。○釋曰:此謂酒正所奉者,則《酒正》云"凡王之燕飲酒,酒正奉之",并"共王之四飲、三酒之饌",亦是酒正奉之。以其事非一,故言凡事共酒入於酒正之府。**凡祭祀,共酒以往。**注不言奉,小祭祀。○釋曰:上云"祭祀共奉之",謂大祭、次祭;此"不言奉",謂"小祭祀",王玄冕所祭者,故云"共酒以往"。**賓客之陳酒亦如之。**○釋曰:謂上公饗飱九牢之等。案《聘禮》云"卿韋弁歸饔餼",牲牢及芻薪米禾等並歸於客館,彼"八壺設於西序,北上",天子致禮於諸侯亦當陳於西序,故云"賓客之陳酒"。"亦如之"者,亦以酒從使人往。注謂若歸饗餼之酒,亦自有奉之者,以酒從往。○釋曰:經直云"賓客陳酒",不指斥言饗餼,鄭不敢正言,故言"若饗餼之酒"。云"亦自有奉之者",謂使卿韋弁歸之者是也。云"以酒從往"者,謂卿韋弁歸饗餼等之時,亦使人以此酒從往致之。

漿人掌共王之六飲,水、漿、醴、涼、醫、酏,入于酒府。○釋曰:言"入於酒府"者,亦入於酒正之府,與三酒同,以其酒正奉之故也。注王之六飲亦酒正當奉之。醴,醴清也。鄭司農云:"涼,以水和酒也。"玄謂涼,今寒粥,若糗飯雜水也。酒正不辨水、涼者,無厚薄之齊。○釋曰:云"王之六飲亦酒正當奉之"者,亦如酒人共酒入於酒府,酒正奉之,故此云亦酒正當奉之。言當者,《酒正》所云有不自奉者,唯共王乃奉之,故云當。云"醴,醴清也"者,《酒正》"辨四飲"言清不言醴,彼鄭云"清,醴之沛者";此《漿人》"六飲"言清②,謂醴之不沛。清濁雖殊,本是一物,故云醴清也。鄭司農

---

① 浦鏜云:"'欲'疑'而'字誤。"加藤云:"不若孫疏爲衍文刪之爲愈也。"

② "言清"二字阮本同,據上下文例,似當云"言醴不言清",涉上下二"言"字脫訛。

云"涼,以水和酒也"者,和水非人所飲,又且若以酒和水,即是厚薄之齊,酒正何因不辨之乎?故後鄭不從。"玄謂涼,今寒粥,若糗飯雜水也"者,案《内則》"飲"内有濫無涼,彼鄭云:"以《周禮》'六飲'校之,則濫,涼也。紀莒之間,名諸爲濫。"言諸者,非一之義。《内則》名涼爲濫,參驗相當,故鄭云"涼,今寒粥,若糗飯雜水也"。云"酒正不辨水、涼者,無厚薄之齊"者,此文"六飲"并有水、涼,《酒正》"辨四飲"①無水、涼,以其水則臨時取用,涼則至用乃和,二者並不須豫辨,故言無厚薄之齊。**共賓客之稍禮。**注稍禮,非殽饗之禮,留間,王稍所給賓客者。漿人所給亦六飲而已。○釋曰:云"稍禮,非殽饗之禮,留間,王稍所給賓客者",謂賓未去,留間,王稍稍所給賓者也,故以"稍"言之。云"漿人所給亦六飲而已"者,漿人不主酒、齊,唯主飲,故知此"稍禮"所給,六飲而已。

共夫人致飲于賓客之禮清醴、醫酏糟②,而奉之。○釋曰:"夫人",謂三夫人。"致飲於賓客之禮",助王養賓,亦致於客館。"清醴、醫酏糟"者,清,醴之沛者,即《酒正》所云"一曰清"是也;醫酏糟者,謂醫酏不沛者,此二飲與后同。"而奉之"者,亦使漿人奄士奉之。注亦酒正使之。三物有清有糟,夫人不體王,得備之。禮,飲醴用柶者糟也,不用柶者清也。○釋曰:云"亦酒正使之"者,亦謂酒正使酒人、漿人奄士奉之,故《酒正》云"醫酏使其士奉之",彼注:"士,酒人、漿人,奄士。"故知亦酒正使之。云"三物有清有糟,夫人不體王,得備之"者,對后體王,屈,故醫酏糟而無清醴也。云"禮,飲醴用柶者糟也"者,案《士冠禮》"禮,子用醴有柶",是用柶者糟也。但柶只爲糟設,醴既沛而清,則不假柶,則此經"清醴"是也,故云"不用柶者清也"。**凡飲,共之。**注謂非食時。○釋曰:上"共王六飲",食時以共訖,此又云"凡飲,共之",故云"謂非食時"。

凌人掌冰,正歲十有二月③,令斬冰,三其凌。○釋曰:言"掌冰"

---

① "飲"字原作"飯",據阮本改。按上文亦云"《酒正》辨四飲"。
② 按鄭注云"三物有清有糟",孫疏以爲"經'清'、'糟'通醴醫酏三者言之",謂三者皆有清有糟。而賈疏云"清,醴之沛者;醫酏糟者,謂醫酏不沛者",則以爲醴醫酏三物或清或糟。孫説爲長,兹暫從賈疏之説標點。
③ 段考云:"此鄭君用杜説,改'政'爲'正',下屬也。考《周禮》全書,言'正歲'者皆謂寅月,言'歲終'、'歲十月二月'者皆謂丑月,凡言'歲'者,皆謂夏正也。言'歲十有二月',則爲夏正已顯明,不必加'正'字,以混於全書内之謂寅月者。司農從故書'掌冰政'爲長。"

者，謂淩人揔掌藏冰出冰之事，故云掌冰也。云"正歲十有二月[①]，令斬冰"者，正歲謂夏之建寅爲正。十有二月謂建丑之月。冰堅腹厚之時，令入山斬冰。"三其淩"者，淩謂冰室之中，三倍納冰[②]，備消釋度故也。**注**正歲季冬，火星中，大寒，冰方盛之時。《春秋傳》曰："火星中而寒暑退。"淩，冰室也。三之者，爲消釋度也。故書正爲政。鄭司農云："掌冰政，主藏冰之政也。"杜子春讀"掌冰"爲主冰也。政當爲正，正謂夏正。三其淩，三倍其冰。〇釋曰：云"正歲季冬"者，周雖以建子爲正，行事皆用夏之正歲。若據殷、周，則十二月冰未堅；若據夏之十二月，冰則堅厚，故正歲據夏也。云"火星中，大寒，冰方盛之時"者，火星中謂十二月平旦火星中。於十二月小寒節大寒中，是冰方盛之時也。引《春秋傳》曰"火星中而寒暑退"者，此《左氏》昭公三年："鄭游吉如晉，送少姜之葬。張趯見之，云：'自今子其無事矣。譬如火焉，火中而寒暑乃退。'"注云："火星季冬十二月平旦正在南，大寒退；季夏六月黃昏火中，暑退。此其極也，能無退乎？"引此者，證十二月寒退之時冰最盛，故取之。云"故書正爲政"者，政是"政教"字，故先鄭從之，云"掌冰政，主藏冰之政"。後鄭不從先鄭，故引子春"讀掌冰爲主冰"，言"正謂夏正"於下，還從經"正歲"向下爲義。後鄭依子春改者，若"歲"字向下，即是周之十二月，冰未厚，故從子春也。又云"三其淩，三倍其冰"者，謂應十石，加至四十石，即是三倍其冰也。**春始治鑑。**〇釋曰："春"，謂正月。"始治鑑"者，鑑是盛冰之器，春豫治之，爲二月將出冰。**注**鑑，如甄，大口，以盛冰，置食物于中，以禦溫氣。春而始治之，爲二月將獻羔而啓冰。〇釋曰："鑑，如甄"者，漢時名爲甄，即今之甕是也，故云"如甄，大口，以盛冰"。云"春而始治之，爲二月將獻羔而啓冰"者，案《月令》仲春云："獻羔而開冰，先薦寢廟。"《七月》詩亦云："四之日其蚤，獻羔祭韭。"是二月出冰者，公始用之。**凡外內饔之膳羞鑑焉，凡酒漿之酒醴亦如之。注**酒醴見溫氣亦失味。酒漿，酒人、漿人也。〇釋曰：言"凡外內饔之膳羞鑑焉"者，謂王、后及世子，并饗耆老、孤子之等。以下文云"祭祀"，此經直云"膳羞"，明非祭祀也。二月之後，皆須鑑以盛冰，故云鑑焉。云"凡酒漿之酒醴"者，酒謂酒人之酒，謂三酒、五齊，舉酒而言；漿人之醴，謂六飲，舉醴而言。云"亦如之"者，亦以鑑盛冰。**祭祀，共冰鑑；賓客，共**

---

① "十"字原作"二"，據阮本改。
② "冰"字原作"水"，據阮本改。此經鄭注之賈疏"冰未厚"底本亦誤。

冰。○釋曰：此云“祭祀”者，謂天地、社稷及宗廟之等，皆“共鑑”。云“賓客，共冰”者，謂諸侯來朝，王禮之以飧及饔餼，直共冰以往，無鑑也。**注**不以鑑往，嫌使停膳羞。○釋曰：冰若有鑑，則冰不銷釋，食得停久，故鄭云“不以鑑往，嫌使停膳羞”。**大喪，共夷槃冰。**○釋曰：亦謂三月已後，遭“大喪”，則“共夷槃及冰”。舉王喪共，后、世子及三夫人已下小喪亦共之。但王及后有夷槃，自外當與諸侯已下同大槃等；其世婦已上有冰，則與大夫同；女御與士同無冰，見賜乃有也。**注**夷之言尸也。實冰于夷槃中，置之尸牀之下，所以寒尸。尸之槃曰夷槃，牀曰夷牀，衾曰夷衾，移尸曰夷于堂，皆依尸而爲言者也。《漢禮器制度》：“大槃廣八尺，長丈二尺，深三尺，漆赤中。”○釋曰：《喪大記》云：“君設大盤，造冰焉。大夫設夷盤，造冰焉。士併瓦盤，無冰。”下又云：“設牀，襢第，有枕。含一牀，襲一牀。”是實冰置尸牀之下以寒尸也。云“牀曰夷牀”者，《儀禮·既夕禮》文。云“夷衾”者，《喪大記》云“自小斂已後，用夷衾”是也。云“移尸曰夷於堂”者，亦《喪大記》云“既小斂，男女奉尸夷于堂”。是“皆依尸而爲言也”。云《漢禮器制度》云云者，叔孫通前漢時作《漢禮器制度》，多得古之周制，故鄭君依而用之也。依《制度》云“天子大槃，廣八尺，長丈二尺，深三尺，漆赤中”，此經雖云“夷槃”，無形制，故依焉。若然，此周謂之夷槃，漢謂之大槃，是別代異名。案《喪大記》“君設大盤”者，彼諸侯不敢與天子同名夷盤，故名大盤。彼大夫云夷盤者，卑不嫌得與天子同名，其制則小也。**夏頒冰，掌事。**○釋曰：“夏頒冰”者，據頒賜羣臣。言“掌事”者，謂主此賜冰多少、合得不合得之事。**注**暑氣盛，王以冰頒賜，則主爲之。《春秋傳》曰：“古者日在北陸而藏冰，西陸朝覿而出之。”○釋曰：謂二月之時，蠅蟲已生，公始用之。四月已後，暑氣漸盛，則賜及羣下。云“《春秋傳》曰”者，《左氏》昭四年：“正月，大雨雹。季武子問于申豐曰[1]：‘雹可禦乎？’對曰：‘聖人在上，無雹。雖有，不爲災。古者日在北陸而藏冰[2]，西陸朝覿而出之。其藏之也，深山窮谷，固陰沍寒，於是乎取之。其出之也，朝之禄位，賓食喪祭，於是乎用之。其藏之也，黑牡秬黍，以享司寒。其出之也，桃弧棘矢，以除其災。其出入也時，食肉之禄，冰皆與焉。大夫命婦，喪浴用冰。祭寒而藏之，獻羔而啟之，公始用之。火出而畢賦。’”服氏云：“火出，於夏爲三月，於商爲四月，於周爲

---

① “于”字原作“不”，據阮本改。
② “者”字原作“月”，據阮本改。

五月。”“自命夫命婦,至於老疾,無不受冰。”《爾雅》云:“北陸,虛也。”服氏云:“陸,道也。北陸言‘在’,謂十二月日在危一度。西陸朝覿不言‘在’,則不在昴,謂二月在婁四度。謂春分時,奎婁晨見東方而出冰,是公始用之。”今此鄭注引“朝覿而出之”,謂經“夏頒冰”則西陸,《爾雅》曰:“西陸,昴也。”朝覿而出冰,羣臣用之。若然,日體在昴在三月內,得爲夏頒冰者,據三月末之節氣,故證夏頒冰。此言“夏”,據得夏之節氣;《春秋》言“火出”者,據周。至於《七月》詩“二之日鑿冰,三之日納於凌室,四之日其蚤,獻羔祭韭”,孫皓問:“藏之既晚,出之又早,何?”鄭荅:“幽士晚寒,故夏正月納冰。夏二月仲春,大蔟用事,陽氣出地,始温,故礼應開冰,先薦寢廟,是公始用之也。”**秋,刷**。**注**刷,清也。鄭司農云:“刷除冰室,當更內新冰。”玄謂秋涼冰不用,可以清除其室。○釋曰:先鄭云“刷除凌室,當更納新冰”者,先鄭直云除舊納新[1],不言秋涼而冰不用,於理未當經旨,故後鄭云“秋涼冰不用,可以清除其室”,至十二月,自然更納新冰也。

籩人掌四籩之實[2]。○釋曰:言“四籩”,謂下經朝事、饋食、加籩、羞籩是也。云“之實”,籩人掌此四種籩中所實之物[3],麷、蕡、白、黑之等是也。**注**籩,竹器[4],如豆者,其容實皆四升。○釋曰:鄭知“籩”是“竹器”者,以其字竹下爲[5],亦依《漢禮器制度》而知也。云“如豆者”,皆面徑尺,柄尺,亦依《漢禮》知之也。云“其容實皆四升”者,據其籩之所受則曰容,據其所實麷、蕡等則曰實,故云容實皆四升,亦約與豆四升同也。**朝事之籩,其實麷、蕡、白、黑、形鹽、膴、鮑魚、鱐**。○釋曰:此言“朝事”,謂祭宗廟二灌之後,祝延尸於户外,后薦此八籩。八籩者,則“麷”爲熬麥,一也;“蕡”爲麻子,二也;“白”爲熬稻米,三也;“黑”爲熬黍米,四也;“形鹽”,鹽似虎形,五也;“膴”,以魚肉爲大臠,六也;“鮑”,以魚於煏室糗乾之,七也;“鱐”爲乾魚,八也。**注**

---

① “云”字原作“至”,據阮本改。

② “籩人”云云底本不提行。

③ “籩人”二字原作“籩竹”,阮本作“者謂”。按“籩竹”爲行首二字,其次行首二字爲鄭注“以其”(阮本作“籩竹”爲是),其次行首二字爲賈疏“籩之”(阮本作“以其”),加藤云:“浙本連此三行,上二字剜補,而‘籩竹’、‘以其’互易,所以文意難通也。”按“以其”、“籩竹”疑皆當移下一行,“籩之”當置於此行,“之”蓋“人”字形訛,茲徑改。

④ “籩竹”二字原作“以其”,據婺本、金本、阮本改。參上條。

⑤ “以其”二字原作“籩之”,據阮本改。參上條。

蕡,枲實也。鄭司農云:"朝事,謂清朝未食,先進寒具口實之籩。熬麥曰麷,麻曰蕡,稻曰白,黍曰黑。築鹽以爲虎形謂之形鹽,故《春秋傳》曰'鹽虎形'。"玄謂以《司尊彝》之職參之,朝事謂祭宗廟薦血腥之事。形鹽,鹽之似虎者。臐,朡生魚爲大臠。鮑者,於糗室中糗乾之,出於江淮也。鱐者,析乾之,出東海。王者備物,近者腥之,遠者乾之,因其宜也。今河間以北煮穜麥賣之名曰逢。燕人膾魚方寸,切其腴以啗所貴。○釋曰:云"蕡,枲實也"者,案《喪服》云"苴絰",子夏《傳》云:"苴,麻之有蕡。"蕡是麻之子實也。又案"疏衰裳齊,牡麻絰",子夏《傳》云:"牡麻者,枲麻也。"則枲麻謂雄麻也。若然,枲麻無實,而解蕡爲枲實者,舉其類耳。謂若圓曰簞、方曰笥不同,鄭注《論語》云"簞,笥",舉類義同也。鄭司農云"朝事,謂清朝未食,先進寒具口實之籩"者,此先鄭不推上下文勢"祭祀"爲義,直以爲生人所食解之,故後鄭不從也。云"熬麥曰麷",字從麥,知麷爲熬麥也。云"麻曰蕡"者,已釋訖。云"稻曰白"者,以其稻米見白。云"黍曰黑"者,《爾雅》有"秬,黑黍",故知黑是黍。二者亦皆熬之乃可也[1]。已上後鄭從之。云"築鹽以爲虎形",又引《春秋傳》曰者,《左氏》僖三十年:"冬,王使周公閱來聘。饗,有昌歜、白、黑、形鹽。"服氏云:"昌歜,昌本之菹。""辭曰:'國君文足昭也,武可畏也,則有備物之饗,以象其德。薦五味,羞嘉穀,鹽虎形。'"服云:"剋形。"非是築剋爲之,故後鄭不從也。"玄謂以《司尊彝》之職參之,朝事謂祭宗廟薦血腥之事"者,案《司尊彝職》,除二灌有朝踐[2]、饋獻,爲食前二節;彼又有朝獻、再獻,食後酳尸,爲一節。又參《少牢》,主人酬尸,宰夫羞房中之羞,復爲一。揔四節,亦據祭宗廟,故鄭云然也。祭宗廟無血,鄭云薦血腥者,鄭注《論語》亦云"禘祭之禮,自血腥始",皆謂毛以告純,血以告殺。是爲告殺時有血,與朝踐薦腥同節,故連言血耳,非謂祭血也。云"形鹽,鹽之似虎形者",以爲自然似虎形,此破先鄭築鹽爲虎形也。云"臐,朡生魚爲大臠"者,朡已釋訖。云"鮑者,於糗室中糗乾之,出於江淮也"者,鄭以目驗知之。言糗室者,謂糗土爲室。云"鱐者,析乾之,出東海"者,上云"夏行腒、鱐",鱐已釋訖。言出東海者,亦目驗知之。云"王者備物,近者腥之",臐是也;"遠者乾之",鮑及鱐是也。"因其宜"者,近宜濕,遠宜

---

① 按先鄭注"麻曰蕡"孫疏云:"以下三者,並蒙'熬'爲文。"謂"麻曰蕡,稻曰白,黍曰黑"三者承上"熬麥曰麷"而省三"熬"字。此賈疏云"二者亦皆熬之乃可也",則不包"麻曰蕡",經文賈疏"麷爲熬麥,一也;蕡爲麻子,二也;白爲熬稻米,三也;黑爲熬黍米,四也",亦不云"蕡爲熬麻子"。蓋後鄭此注云"蕡,枲實",與《儀禮·有司徹》及《禮記·內則》注"蕡,熬枲實"小異。或者"二"即"三"字之誤。

② "二灌"二字原作"一灌",據阮本改。

乾也。若然，經鮑、鱐二者[1]，"魚"在於中，明二物皆魚。云"今河間以北煮穜麥賣之名曰逢"，引漢法證䱒亦是熬煮之麥。云"燕人膾魚方寸，切其腴以啗所貴"者，亦引時事證臐。臐亦是腹腴，以擬祭，與啗貴者同也。**饋食之籩，其實棗、㮚、桃、乾蓤、榛實。**○釋曰：此謂朝踐薦腥後，堂上更體其犬豕牛羊，烹孰之時，后先[2]，謂之"饋食之籩"也。其八籩，"其實棗"，一也；"㮚"，二也；"桃"，三也；"乾蓤"，謂乾梅，四也；"榛實"，五也。其於八籩仍少三，案乾蓤既爲乾梅，經中桃是濕桃，既有濕桃、乾梅，明別有乾桃，則注引《內則》"桃諸"，鄭云"是其乾者"。既有濕桃，明有濕梅可知。以乾桃、濕梅二者添五者爲七籩。案桃、梅既並有乾濕，則棗中亦宜有乾濕，復取一，添前爲八也。必知此五者之中有八者，案《儀禮・特牲》、《少牢》士二籩二豆、大夫四籩四豆，諸侯宜六，天子宜八。《醢人》"饋食之豆"有八，此"饋食之籩"言六不類。又上文"朝事之籩"言八，下"加籩"亦八，豈此"饋食"在其中六乎？數事不可，故以義參之爲八。若不如此，任賢者裁之也。**注**饋食，薦孰也。今吉禮存者，《特牲》、《少牢》，諸侯之大夫、士祭禮也。不祼、不薦血腥，而自薦孰始，是以皆云"饋食之禮"。乾蓤，乾梅也。有桃諸、梅諸，是其乾者。榛，似㮚而小。○釋曰：云"饋食，薦孰也"者，謂於堂上饋孰之時，后薦之。云"今吉禮存者"，吉禮謂祭祀。以其天子、諸侯祭祀之禮亡，故云存者。云"《特牲》、《少牢》，諸侯之大夫、士祭禮也"者，以天子大夫大牢祭[3]，今用特牲、少牢，故知諸侯大夫、士祭禮也。云"不祼、不薦血腥"者，若天子、諸侯，則有室中二祼、堂上朝踐薦血腥之禮，大夫則無此二者也。云"而自薦孰始，是以皆云饋食之禮"者，天子、諸侯、大夫、士雖同名饋食，仍有少別。何者？天子、諸侯尸食前仍有饋獻一[4]，是饋孰陰厭，陰厭後，尸入室食，乃獻；大夫、士則饋孰與黍稷爲陰厭，陰厭前無饋獻，以此爲異耳。云"乾蓤，乾梅也"者，以經"乾蓤"上有"桃"，故知"乾蓤，乾梅也"。云"有桃諸、梅諸"者，《內則》文。而鄭引之者，證乾蓤中有乾桃、乾梅，故云"是其乾者"。云"榛，似㮚而小"者，今居山者見食之，似㮚而小，亦目驗知之。**加籩之實，菱、芡、㮚、脯，菱、芡、㮚、脯。**○釋曰：此"加籩"，當尸食後，王酳尸，后亞王酳尸，於時薦之。四物重

---

①　"二者"二字原作"一者"，據阮本改。

②　孫校云："'先'當作'薦'。"按孫説是也，此經鄭注之賈疏云"謂於堂上饋孰之時，后薦之"，上經疏亦云"后薦此八籩"。

③　"大夫大牢"原作"大大夫牢"，據阮本乙。

④　"一"字原作"二"，阮本同，阮校引浦鏜説云："'一'訛'二'。"孫疏據改，兹從之。

言之，則八籩。注加籩，謂尸既食，后亞獻尸所加之籩。重言之者，以四物爲八籩。蔆，芰也。芡，雞頭也。栗與饋食同。鄭司農云："蔆芡脯脩。"[1]○釋曰：知"籩"是"尸既食，后亞獻尸所加之籩"者，案《春官·内宗》云："掌宗廟之祭祀薦加豆籩。"以其内宗所薦，明主於后。又見《特牲》主婦獻尸云："宗婦執兩籩於户外，主婦受，設於敦南。"主人獻尸之時不見有設籩之事，故知唯主於后也。《少牢》主婦不設籩者，以其當日賓尸故也。其下大夫不賓尸者，亦與士同也。云"蔆，芰也"者，屈到嗜芰，即蔆角者也。云"芡，雞頭也"者，俗有二名，今人或謂之鴈頭也。先鄭云"蔆芡脯脩"者，先鄭意，恠饋食重言，故爲脩替栗。得爲一義，故引之在下也。羞籩之實，糗餌、粉餈。○釋曰：此當王酬尸，内饔進之於尸、侑等者也。云"糗餌、粉餈"者，此爲二籩，糗與粉爲一物，恐餌餈黏著籩，故分于二籩之下。注羞籩，謂若《少牢》主人酬尸，宰夫羞房中之羞于尸、侑、主人、主婦，皆右之者。故書餈作茨。鄭司農云："糗，熬大豆與米也。粉，豆屑也。茨字或作餈，謂乾餌餅之也。"玄謂此二物皆粉稻米、黍米所爲也。合蒸曰餌，餅之曰餈。糗者，擣粉熬大豆，爲餌餈之黏著以粉之耳。餌言糗，餈言粉，互相足。○釋曰：言"羞籩，謂若《少牢》主人酬尸，宰夫羞房中之羞于尸、侑、主人、主婦，皆右之者"，天子祭祀之禮亡，故取《少牢》大夫禮解之。案《有司徹》上大夫當日賓尸，正祭不設内羞，故於賓尸設之。此天子之禮，賓尸在明日，則祭祀日當設之。案《少牢》下大夫不賓尸者，賓長致爵受酢[2]，云"宰夫羞房中之羞、司士羞庶羞于尸、祝、主人、主婦，内羞在右，庶羞在左"。天子之禮，賓長受酢後亦當設此内羞、庶羞于尸、祝及王與后。然鄭不引不賓尸而引賓尸者，以其設内羞之禮同，故秖引其一。但正祭設於祝，賓尸設於侑[3]，又賓尸主人酬尸後，正祭賓長受酢後，爲異耳。云"故書餈作茨"者，此宜從食，不得從草，故先鄭破之，從經爲正。鄭司農云"糗，熬大豆與米也。粉，豆屑也"，並於義是，但於義不足，故後鄭增成之。云"茨字或作餈"者，謂故書亦有作次下食者。云"謂乾餌餅之也"者，餅之曰餈，未正乾之言，故後鄭不從。"玄謂此二物皆粉稻米、黍米所爲"者，據當時目驗而知。云"合蒸曰餌，餅之曰餈"者，謂粉稻米、黍米合以爲餌，餌既不餅，明餅

---

① 段考云："'司農云'之下脱'當言'二字，謂'蔆芡栗脯'當作'蔆芡脯脩'。脩，段脩也。栗與饋食複，故易之。"

② "受"字原作"文"，據阮本改。

③ "設"字原作"故"，據阮本改。

之曰餈。今之餈餻皆解之[1]，名出於此。云"糗者，擣粉熬大豆"者，此與司農義同。司農不言擣，故後鄭增成之。云"餌言糗，餈言粉，互相足"者，此本一物，餌言糗，謂熬之亦粉之；餈言粉，擣之亦糗之。凡言"互"者，據兩物相互。今一物之上自相互，直是理不足明，故言互相足。《内則》注"擣熬穀"，穀則大豆也；穀，揔名也。

　　凡祭祀，共其籩薦羞之實。　○釋曰：祭祀言"凡"者，謂四時禘祫祭，皆"共其籩"，籩則"薦羞之實"是也。注薦、羞，皆進也。未食未飲曰薦，既食既飲曰羞。○釋曰：云"未食未飲曰薦"者，先薦後獻，祭祀也。據朝踐、饋獻時未獻前所薦籩豆，朝事、饋食之籩是也。云"既食既飲曰羞"者，謂尸食後、酳尸訖所進羞，即加籩之實是也。喪事及賓客之事，共其薦籩羞籩。○釋曰："喪事"，謂大奠時。"賓客之事"，謂饗燕時[2]。亦"共其薦籩羞籩"。注喪事之籩，謂殷奠時。○釋曰："殷"猶大也。大奠，朔月、月半、薦新、祖奠、遣奠之類也。爲王及后、世子共其內羞。注於其飲食以共房中之羞。○釋曰：言凡共"后、世子"飲食之時，用"房中之羞"。凡籩事，掌之[3]。

―――――――――

① 阮校引段玉裁説云："'解'當'餅'字之誤。"

② "饗"字阮本作"享"。按《周禮》凡祭享字作"享"，饗燕字作"饗"，至於鄭注、賈疏及其餘經傳，二字相互假借。

③ "凡籩事掌之"五字原直接上經文"共其內羞"之下，此據婺本、金本、阮本分爲兩節。

周禮疏卷第六

唐朝散大夫行大學博士弘文館學士臣賈公彥等撰

醢人掌四豆之實。朝事之豆，其實韭菹、醓醢，昌本、麋臡，菁菹、鹿臡，茆菹、麇臡①。○釋曰：言"四豆之實"者，豆與籩並設，節數與四籩同時，亦謂朝事、饋食、加豆、羞豆之實是也，言"朝事之豆"者，亦謂朝踐節。云"其實韭菹、醓醢"者，於豆內盛菹之類菜、肉通，全物若腒爲菹，細切爲齏。又不言菹者皆是齏，則昌本之類是也。言"昌本"，本，根也，昌蒲根爲齏。言"麋臡"者，以麋肉爲醢，以其并骨爲之則曰臡。"菁菹、鹿臡，茆菹、麇臡"，爲八豆，並后設之。注醢，肉汁也。昌本，昌蒲根，切之四寸爲菹。三臡亦醢也。作醢及臡者，必先膊乾其肉，乃後莝之，雜以粱麴及鹽，漬以美酒，塗置甀中，百日則成矣。鄭司農云："麋臡，麋骭髓醢。或曰麋臡，醬也。有骨爲臡，無骨爲醢。菁菹，韭菹②。"鄭大夫讀茆爲茅，茅菹，茅初生。或曰茆，水草。杜子春讀茆爲卯。玄謂菁，蔓菁也。茆，鳬葵也。凡菹醢皆以氣味相成，其狀未聞。○釋曰：言"醢，肉汁"者，醢者以肉爲之，醢汁即是肉汁。云"昌本，昌蒲根"者，本訓根。云"切之四寸爲菹"者，但菹四寸無正文，蓋以一握爲限，一握則四寸也，即是全物若腒。云"作醢及臡"已下者，鄭以當時之法解之。案《王制》云："一爲乾豆。"鄭注云："謂腊之以爲祭祀豆實也③。"脯非豆實，亦謂作醢始得在豆，與此"先膊乾其肉"義合。鄭司農云"麋臡，麋骭髓醢"，此義後鄭不從。云"或曰麋臡，醬也。有骨爲臡，無骨爲醢"，後鄭從之。又"菁菹，韭菹"者，以菁爲韭菁，於義不可，後鄭不從。若爲菲字，菲則蔓菁④，於義

---

①　"麇"字原作"麋"，金本同，據婺本、阮本改。下疏中"麇"字底本亦誤。

②　阮校云："按韭菹已見上，不當以'韭菹'釋'菁菹'。考疏云'以菁爲韭菁，於義不可，後鄭不從'，據此，是先鄭作'菁菹，韭菁菹'也。韭華謂之韭菁，漢人語尚如此。後人奪下'菁'字，賈時不誤。"並謂賈疏述注"菁菹，韭菹"亦脫"菁"字。

③　"祭"字原作"癸"，據阮本改。

④　孫疏云："賈所見（先鄭注）別本蓋作'菲菁菹'，疏當云'菲菁則蔓菁'。"參上條。

爲是，後鄭不應破之，明本作韭不作菲也。"鄭大夫讀茆爲茅，茅菹，茅初生"者，茅草非
人可食之物，不堪爲菹。"或曰茆，水草"，後鄭從之。"杜子春讀茆爲卯"，於義亦是。"玄
謂菁，蔓菁"者，破司農爲韭菁。云"茆，鳧葵也"者，增成子春等義。云"凡菹醢皆以氣
味相成，其狀未聞"者，經云"韭菹①、醓醢"已下，兩兩相配者，皆是氣味相成之。狀不可
知，故云其狀未聞。**饋食之豆，其實葵菹、蠃醢，脾析、蠯醢，蜃、蚳醢，**
豚拍、魚醢。○釋曰：言"饋食之豆"者，亦與饋食之籩同時而薦。"其實葵菹、蠃醢"
者，此八豆之内，"脾析"、"蠯"、"豚拍"三者不言菹，皆臡也。**注**蠃，蜬蝓。蠯，大蛤。蚳，
蛾子。鄭司農云："脾析，牛百葉也。蠯，蛤也。"鄭大夫、杜子春皆以拍爲膊，謂脅也。或
曰豚拍，肩也。今河間名豚脅聲如鍛鎛。○釋曰：言"蠃，蜬蝓。蠯，大蛤。蚳，蛾子"，皆
《爾雅》文。鄭司農云"脾析，牛百葉也"者，無正文可破，故後鄭從之。云"蠯，蛤也"者，謂
小蛤，亦於《鼈人》釋訖。"鄭大夫、杜子春皆以拍爲膊，謂脅也"者，此釋經"豚拍"，謂豚脅
也。云"或曰豚拍，肩也"者，謂豚肩也。云"今河間名豚脅聲如鍛鎛"者，此子春等二人雖
復爲豚肩解之，仍從前豚脅爲義，故云聲如鍛鎛。**加豆之實，芹菹、兔醢，深蒲、**
醓醢，箈菹、鴈醢，筍菹、魚醢。○釋曰：此"加豆之實"，亦與加籩之實同時設
之。"深蒲、醓醢"者，深蒲謂蒲入水深，以爲菹；醓醢與"朝事之豆"同。"箈菹"者，謂以箈箭
萌爲菹也。云"筍菹"者，謂竹萌爲菹也。**注**芹，楚葵也。鄭司農云："深蒲，蒲蒻入水深，
故曰深蒲。或曰深蒲，桑耳。醓醢，肉醬也。箈，水中魚衣。"故書鴈或爲鶉，杜子春云：
"當爲鴈。"玄謂深蒲，蒲始生水中子。箈，箭萌。筍，竹萌。○釋曰："芹，楚葵"，出《爾
雅》。鄭司農云"深蒲，蒲蒻入水深，故曰深蒲"者，史游《急就章》云："蒲蒻藺席。"蒲蒻
只堪爲席，不可爲菹，故後鄭不從。云"或曰深蒲，桑耳"者，既名爲蒲，何得更爲桑耳？
故後鄭亦不從。云"箈，水中魚衣"者，此箈字既竹下爲之，非是水物，不得爲魚衣，故後
鄭不從。"玄謂深蒲，蒲始生水中子"者，此後鄭以時事而知，破先鄭也。云"箈，箭萌"
者，一名篠者也。"筍，竹萌"者，一名篿者也②。萌皆謂新生者也，見今皆爲菹。**羞豆**
之實，酏食、糝食。○釋曰：此"羞豆之實"，亦與羞籩之實同時設之。言"酏食"
者，謂餈，與"糝食"爲二豆。**注**鄭司農云："酏食，以酒酏爲餅。糝食，菜餗蒸。"玄謂酏，

---

① "菹"字原作"配"，據阮本改。
② "篿"字原作"蕩"，據阮本改。

糗也。《内則》曰："取稻米，舉糦溲之，小切狼臅膏，以與稻米爲酏。"又曰："糝，取牛羊豕之肉三如一，小切之，與稻米，稻米二肉一，合以爲餌，煎之。"〇釋曰：司農云"酏食，以酒酏爲餅"者，酏，粥也。以酒酏爲餅，若今起膠餅。文無所出，故後鄭不從。云"糝食，菜餗蒸"者，若今煮菜謂之蒸菜也。亦文無所出，後鄭亦不從。"玄謂酏，糗也"者，案《雜問志》云："《内則》糗次糝，《周禮》酏次糝。又酏在六飮中，不合在豆。且《内則》有糗無酏，《周禮》有酏無糗，明酏、糗是一也。"故破酏從糗也。又引《内則》曰"取稻米，舉糦溲之"者，案彼上注："舉猶皆也。糦溲，博異語。"謂取稻米皆溲之①。云"小切狼臅膏"者，鄭彼注："狼臅膏，臆中膏也。"云"以與稻米爲酏"者②，彼鄭云："若今膏糜"。云"又曰：糝，取牛羊豕之肉三如一"者，三肉等分。云"小切之"者，謂細切之。云"與稻米，稻米二肉一"者，謂米二分，肉一分，"合以爲餌，煎之"也。糗糝二者皆有肉③，《内則》文，故不從先鄭。然則上有"糗餌"，彼餌無肉，則入籩；此餌米肉俱有，名之爲糝，即入豆。案《易·鼎卦·九四》："鼎折足，覆公餗，其刑屋④，凶。"鄭注云："糝謂之餗。震爲竹。竹萌曰筍。筍者，餗之爲菜也，是八珍之食。臣下曠官，失君之美道，當刑之於屋中。"案上《膳夫》注，八珍取肝膋不取糝，鄭注《易》，糝又入八珍中者，以其糝若有菜，則入八珍，不須肝膋；若糝無菜，則入羞豆，此文所引是也，八珍則數肝膋，故注不同。

　　凡祭祀，共薦羞之豆實。賓客、喪紀亦如之。爲王及后、世子共其内羞。王舉，則共醢六十甕，以五齊、七醢、七菹、三臡實之。

〇釋曰："凡祭"至"共其内羞"，一與《籩人》同，上已釋訖。"王舉，則共醢六十甕"，此已

---

① "溲"字原作"糘"，阮本同。按此殆"溲"字涉上下文從米旁者類化，兹徑改。
② "稻"字原作"稻"，此亦類化從米旁，兹據阮本改。下文"稻米"同。
③ 孫校云："'肉'字疑衍。"則"皆有"與下文"《内則》"文連讀。
④ "刑屋"二字原作"形渥"，阮本作"刑渥"。孫校云："王《易》作'形渥'，鄭作'刑劇'，見《易釋文》及《司烜氏》疏。此'刑'不從王作'形'，則'渥'亦不當作'渥'可知。"按《秋官·司烜氏職》"邦若屋誅"賈疏云："《易·鼎卦》云：'鼎折足，覆公餗，其刑屋。'鄭義以爲若三公傾覆王之美道，屋中刑之。"此《醢人職》疏引鄭氏《易》注亦云"當刑之於屋中"。然則鄭《易》蓋作"刑屋"，《司烜氏職》注"屋讀如'其刑劇'之劇"，"劇"字殆後人所改。孫疏泥於鄭《易》作"刑劇"之誤解，更據段考之説謂鄭注"讀如"當作"讀爲"，亦非是。"屋讀如'其刑屋'之屋"乃擬其音，非易其字，"讀如"不誤。《大宰職》"六曰主，以利得民"注"利讀如'上思利民'之利"，是其比。浦鏜云："'渥'鄭本作'屋'。"最爲明快。兹據改。

下與《籩人》異，以其王舉不共籩實，唯有豆實。王舉謂王日一舉，鼎十有二，則醢人共醢六十甕。以醢爲主，其實有"五齏、七菹"等。**注**齊當爲齏。五齏，昌本、脾析、蜃、豚拍、深蒲也。七醢，醓、蠃、蠯、蚳、魚、兔、鴈醢。七菹，韭、菁、茆、葵、芹、箈、筍菹。三臡，麋、鹿、麇臡也。凡醢醬所和，細切爲齏，全物若腬爲菹。《少儀》曰"麋鹿爲菹，野豕爲軒"，皆腬而不切；"麕爲辟雞，兔爲宛脾"，皆腬而切之；"切葱若薤，實之醯以柔之"。由此言之，則齏菹之稱菜、肉通。○**釋**曰："五齏"，昌本至深蒲，此據豆內不言菹者皆是齏，以次數之，有此五而已。"七醢"，從醓醢至鴈醢，加豆、朝事醢醢有二，唯取一①，則合此七也。"七菹"者，亦從朝事至加豆，已上有七。"三臡"者，唯朝事之豆有此三。云"凡醢醬所和"者，據此五齏、七菹皆須醢醬所和，據醢人所掌五齏、七菹是也。云"細切爲齏，全物若腬爲菹"者，據上朝事、饋食、加豆之內有齏、菹不同，鄭君欲引《少儀》爲證，故先言此。云"《少儀》曰'麋鹿爲菹，野豕爲軒'，皆腬而不切"者，既言腬而不切，則野豕爲軒亦菹類。云"'麕爲辟雞，兔爲宛脾'，皆腬而切之"者，此謂報切，即皆齏類。云"切葱若薤，實之醯以柔之②"者，謂殺其氣。云"由此言之，則齏菹之稱菜、肉通"者，鄭案三豆之內七菹皆菜無肉，五齏之內菜、肉相兼，若據《少儀》，齏菹之稱菜肉、通也。**賓客之禮，共醢五十甕。注**致饗餼時。○**釋**曰："賓客"，謂五等諸侯來朝也。天子致饗餼，與之醢，故鄭云"致饗餼時"也。案《掌客》，上公之禮醢醢百有二十甕，侯、伯百甕，子、男八十甕。此"共醢五十甕"，并醢人所共醢五十甕，共爲百甕。此據侯、伯饗餼之禮，舉中言之，明兼有上公與子、男。若然，上公百二十甕與王數同者，據二王之後王所尊敬者而言。其同姓諸侯，唯魯得與二王後同，其餘同姓雖車服如上公，從侯、伯百甕而已。又案《掌客》，上公已下並是諸侯自相待法，天子待諸侯亦與之同。又案《聘禮》待聘臣亦云"醢醢百甕"，得與諸侯同者，彼別爲臣禮，禮有損之而益，故子、男之卿百甕，其數多於君。**凡事，共醢③。**

---

① "唯取一"下宜補"加豆、饋食魚醢有二，亦唯取一"十二字，涉上下"唯取一"而誤脱。

② "醯"字原作"醢"，據阮本改。

③ "凡事共醢"四字原直接上經文"賓客之禮，共醢五十甕"之下，此據婺本、金本、阮本分爲兩節。唯阮本將上經之賈疏編次於此經之後，標起止云"賓客至共醢"，則與上《籩人職》參差。

醢人掌共五齊、七菹，凡醢物。以共祭祀之齊菹，凡醢醬之物。賓客亦如之。**注**齊菹醬屬醢人者[①]，皆須醢成味。王舉，則共齊菹醢物六十甕，共后及世子之醬齊菹。賓客之禮，共醢五十甕。凡事，共醢。〇**釋曰**：云"掌共五齊、七菹，凡醢物"者，此乃是醢人所掌豆實，今在此者，鄭云"齊菹醬皆須醢成味"，故與醢人共掌。云"以共祭祀之齊菹，凡醢醬之物"者，《醢人》連言醬者，并豆醬亦掌。言"賓客亦如之"者，下經云"賓客之禮"[②]，據饗餼，此云"賓客"，據饗食致之。云"王舉，則共齊菹醢物六十甕"者，并醢人六十甕，即《膳夫》"醬用百有二十甕"是也。云"共后及世子之醬齊菹"者，案《醢人》"共其內羞"，不言齊菹，此云壅菹，以其與醢人共掌，壅菹須醢，故就《醢人》爲言。云"賓客之禮，共醢五十甕"者，與醢人五十甕，摠共爲百甕，亦據侯、伯舉中言之。

鹽人掌鹽之政令，以共百事之鹽。**注**政令，謂受入教所處置，求者所當得。〇**釋曰**："政令，謂受入教所處置"者，謂四方鹽來，鹽有數種，處置不同，故云受入教所處置也。祭祀，共其苦鹽、散鹽。〇**釋曰**："苦"當爲盬。盬謂出於鹽池，今之顆鹽是也。"散鹽"，煮水爲之，出於東海。**注**杜子春讀苦爲盬，謂出鹽直用不涷治。鄭司農云："散鹽，涷治者。"玄謂散鹽，煑水爲鹽[③]。〇**釋曰**："杜子春讀苦爲盬"者，鹽鹹非苦，故破苦爲盬，見今海傍出鹽之處謂之盬。云"直用不涷治"者，對下經"饎鹽"是涷治者也。鄭司農云"散鹽，涷治者"，下經自有"饎鹽"是涷治，故後鄭不從。賓客，共其形鹽、散鹽。**注**形鹽，鹽之似虎形。〇**釋曰**：此"形鹽"即《左氏傳》"鹽虎形"是也，《籩人》已釋訖。王之膳羞，共飴鹽。后及世子亦如之。**注**飴鹽，鹽之恬者，今戎鹽有焉。〇**釋曰**：言"飴鹽"，故云"鹽之恬者"。云"今戎鹽有焉"

---

① 上《醢人職》"以五齊、七醢、七菹、三臡實之"鄭注云"齊當爲齏"，此注"齊"字似不當徑據正文而不改字。

② "下經"二字阮本同，阮校引浦鏜說云："'上'誤'下'。"孫疏據改。按鄭注已分此《醢人職》爲二經，賈疏似不當二經並釋，據例亦當分爲兩節，前一節訖於"據饗食致之"，則此"下經"二字不誤也。

③ 孫疏云："《釋文》於下經'饎鹽'始發音，疑此注'饎'字本作'煑'，注例用今字也。"並謂下經鄭注之"饎"字亦當作"煑"。

者,即石鹽是也。凡齊事,鬻鹽以待戒令。注齊事,和五味之事。鬻鹽,湅治之。○釋曰:言"齊事"者,謂若《食醫》"春多酸,夏多苦"之類是也。今湅治鹽"以待戒令",則齊和之。

　　冪人掌共巾冪。○釋曰:"巾"者,則下經"王巾皆繡"是也。"冪"者,則"冪八尊"之類是也。注共巾可以覆物。○釋曰:據經"巾"、"冪"俱有,鄭唯言"共巾可以覆物",不言冪者,但冪唯祇覆物,其巾則兼以拭物,故特解巾可以覆物者也。祭祀,以疏布巾冪八尊,○釋曰:祭天無灌,唯有五齊、三酒實於八尊。疏布者,大功布,爲冪覆此八尊,故云"疏布冪八尊"。此據正尊而言。若五齊加明水、三酒加玄酒,則十六尊,皆以疏布冪之也。注以疏布者,天地之神尚質。○釋曰:鄭知此經"祭祀"是"天地之神"者,以其下經"畫布冪六彝"是宗廟之祭用六彝,即知此"疏布冪八尊"無灌,是天地可知。又見《禮器》云"大路素而越席,疏布冪",彼皆據祭天,則疏布是祭天地可知。舉天地,則四望、山川、社稷、林澤皆用疏布,皆是"尚質"之義也。以畫布巾冪六彝。○釋曰:言"六彝"者,雞彝、鳥彝、斝彝、黃彝、虎彝、蜼彝。此六彝皆盛鬱鬯,以畫布冪之,故云"畫布冪六彝"。此舉六彝,對上經八尊無鬱鬯,以言宗廟有鬱鬯。其實天地亦有秬鬯之彝,用疏布,宗廟亦有八尊,亦用畫布,互舉以明義也。注宗廟可以文。畫者,畫其雲氣與?○釋曰:言"宗廟可以文"者,以其用畫布,對上疏布爲質,故言宗廟可以文。云"畫者,畫其雲氣與"者,三禮通例①,所言"畫"者,解畫皆以爲畫雲氣,謂畫爲五色之雲。俱無正文,故言"與"以疑之。凡王巾,皆繡。○釋曰:凡王之覆物之巾,皆用繡文覆之。言"凡",非一,四飲、三酒之外,籩豆俎簋之屬皆用之。注四飲、三酒皆畫繡。周尚武,其用文德則黻可。○釋曰:言"四飲、三酒皆畫繡"者,鄭據《酒正》之文而言。其實酒、飲之外,巾皆用繡。繡者,白與黑作斧文,取今斧斷割之義②。云"周尚武"者,周以武得天下,故云尚武,故用繡也。云"其用文德則黻可"者,謂若夏以揖讓得天下,是文定天下③,則當用黑與青謂之黻,兩己相背也。若然,《易》云

---

① "三"字原作"二",據阮本改。
② 浦鐌云:"'今'當'金'字誤。"
③ "定"字原作"是",據阮本改。

“湯武革命”，殷亦以武得天下，則亦用韛耳。

宮人掌王之六寢之脩。　○釋曰：案《守祧職》：“其廟，則有司脩除之，其桃，則守桃黝堊之。”鄭注云：“脩除、黝堊，互言之。”此雖不主脩，亦是埽除。**注**六寢者，路寢一，小寢五。《玉藻》曰[①]：“朝，辨色始入。君日出而視朝，退適路寢聽政。使人視大夫，大夫退，然後適小寢，釋服。”是路寢以治事，小寢以時燕息焉。《春秋》書魯莊公薨于路寢，僖公薨于小寢，是則人君非一寢明矣。　○釋曰：云“六寢者，路寢一，小寢五”者，路寢制如明堂，以聽政。路，大也。人君所居皆曰路。又引《玉藻》曰“朝，辨色始入”者，謂群臣昧爽至門外，辨色始入應門。云“君日出而視朝”者，尊者體盤，故日出始出路門而視朝。“退適路寢聽政”者，謂路門外朝罷，乃退適路寢以聽政。云“使人視大夫，大夫退，然後適小寢，釋服”者，朝罷，君退適路寢之時，大夫各鄉治事之處。君使人視大夫，大夫退還舍，君然後適小寢，釋去朝服，服玄端。又引《春秋》者，《左氏》莊公三十二年“公薨于路寢”，得其正；僖公三十三年“公薨于小寢”，譏其即安。云“是則人君非一寢明矣”，言此者，時有不信《周禮》，故引諸文以證之。若然，所引者皆諸侯法，天子六寢，則諸侯當三寢，亦路寢一，燕寢一，側室一，《內則》所云者是也。**爲其井匽，除其不蠲，去其惡臭。**　○釋曰：謂於宮中爲漏井以受穢，又爲匽豬使四邊流水入焉。“井”、“匽”二者，皆所以除其不蠲絜，又去其惡臭之物。**注**井，漏井，所以受水潦。蠲猶絜也。《詩》云：“吉蠲爲饎。”鄭司農云：“匽，路廁也。”玄謂匽豬謂霤下之池，受畜水而流之者。　○釋曰：引《詩》云“吉蠲爲饎”，案《秋官·蜡氏》云：“大祭祀，令州里除不蠲。”注云：“蠲讀如‘吉圭惟饎’之圭，圭，絜也。”此云蠲，彼注云圭，不同者，彼蓋是三家《詩》，故與此不同。司農云“匽，路廁”，後鄭不從者，以其“匽”字與“規匽豬”同，故不從。後鄭以爲“霤下之池”，“受畜水”乃後流去之。**共王之沐浴。注**沐浴，所以自絜清。○釋曰：宮人掌潔清之事，“沐”用潘，“浴”用湯，亦是“自絜清”之事。**凡寢中之事，埽除、執燭、共鑪炭，凡勞事。注**勞事，勞褻之事。**四方之舍事亦如之。注**從王適四方及會同所舍。　○釋曰：爲王巡守、征伐及會同所舍之處，言“亦如之”者，亦如上掌凡勞褻之事。

---

① “玉”字原作“王”，據婺本、金本、阮本改。

掌舍掌王之會同之舍。設梐枑再重。○釋曰：言"掌王之會同之舍"者，王會同者，謂時見曰會，殷見曰同，皆爲壇於國外，與諸侯相見，而命以政禁之事焉。王至壇所舍息也。云"設梐枑再重"者，梐枑謂行馬。再重者，謂外內兩重設之。注故書枑爲拒①。鄭司農云："梐，榱梐也。拒，受居溜水涷槀者也。"杜子春讀爲"梐枑"，梐枑謂行馬。玄謂行馬再重者，以周衛有外內列。○釋曰：掌舍掌閑衛，不掌潔浄之事，又行止之處未即有蟲可涷，先鄭輒依故書"拒"而爲"溜水涷槀"，又拒非必是受溜水之物，於義未可，故後鄭不從，從子春爲"行馬"也。案《虎賁氏》云："舍則守王閑。"注云："閑，梐枑。"此梐枑是周衛之具耳。此梐枑所施，唯據下文"車宮"、"壇宮"止宿而言；其"帷宮"無宮，暫止之間未必有此梐枑也。設車宮、轅門，注謂王行止宿阻險之處②，備非常，次車以爲藩，則仰車以其轅表門。○釋曰：鄭云"王行止宿阻險之處，備非常，次車以爲藩，則仰車以其轅表門"，鄭知在險阻之處者，下文"爲壇壇宮"是平地有土可掘則爲壇宮，明此無土可以爲壇，故知此山間險阻爲此"車宮"也。言仰車以其轅表門者，謂仰兩乘車轅，相向以表門，故名爲"轅門"。爲壇壇宮、棘門，注謂王行止宿平地，築壇，又委壇土起堳埒以爲宮。鄭司農云："棘門，以戟爲門。"杜子春云："'棘門'或爲'材門'。"○釋曰：知"王行止宿平地"者，以下文二者非止宿之事，唯有此"壇宮"及上文"車宮"爲止宿，但險阻、平地二所不同，故知是止宿平地也。云"委壇土起堳埒"者③，止宿之間不可築作牆壁④，宜掘塹爲宮，土在坑畔而高，則堳埒也。鄭司農云"棘門⑤，以戟爲門"，知棘是戟者，見《左氏》隱十一年："鄭欲伐許，授兵于大宮。子都與潁考叔爭車，子都拔棘以逐之。"故知棘即戟也。杜子春云"棘門或爲材門"者，閔二年，衛文公居楚丘，國家新立，齊桓公共門材，先令豎立門户。故知棘門亦得爲材門，即是以材木爲門也。爲帷宮、設旌門，注謂王行晝止，有所展肆若食息，張帷爲宮，

---

① "拒"字婺本、金本同，阮本作"柜"。孫疏云："'拒'即'柜'之誤。"蓋據"枑"字從木而言也。

② "止"字原作"上"，據婺本、金本、阮本改。

③ "土"字原作"上"，據阮本改。

④ "壁"字原空闕一格，據阮本補。

⑤ "鄭"字原作"節"，據阮本改。

則樹旌以表門。○釋曰：知"王行晝止，有所展肆"者，見《下曲禮》云："君命，大夫與士肆。"鄭云："肆，習也。君有命，大夫則與士展習其事。"則此亦王與羣臣晝止，有所展習。云"若食息"者，非直有展習，亦有食息之時。則"張帷爲宮"，樹立旌旗"以表門"。案《司常》云："會同、賓客，置旌門。"注引此《掌舍》"爲帷宮、設旌門"，則旌門司常置之，掌舍主當之①。若然，則轅門之等皆彼他官置之，掌舍直主當取②。其云"旌門"，則《司常》所云"析羽爲旌"者也。**無宮則共人門。** 注謂王行有所逢遇若住遊觀，陳列周衛，則立長大之人以表門。○釋曰：鄭知此是"王行有所逢遇"者，一則據上三者見夜宿晝止訖，今復云"無宮共人門"，是非常之事；二則云"無宮"及"人門"，是暫駐之事，非久停止，此知是有所逢遇。若有"住游觀"，"陳列周衛"，非如上三者爲宮，"則立長大之人以表門"也。**凡舍事，則掌之。** 注王行所舍止。

幕人掌帷幕幄帟綬之事。○釋曰：云掌王"帷"，在傍施之，像土壁也。"幕"，則帷上張之，像舍屋也。"幄"，帷幕之內設之。"帟"者，在幄幕內之承塵。"綬"者，絛也，以此絛繫連帷幕。幕人掌此五者，王出宮則送與掌次張之。注王出宮則有是事。在旁曰帷，在上曰幕。幕或在地，展陳于上。帷、幕皆以布爲之。四合象宮室曰幄，王所居之帳也。鄭司農云："帟，平帳也。綬，組綬，所以繫帷也。"玄謂帟，王在幕若幄中坐上承塵。幄、帟皆以繒爲之。凡四物者，以綬連繫焉。○釋曰：言"在旁曰帷，在上曰幕"，則帷在下，幕在上，共爲室。今之設幕，則無帷在下爲異也。云"或在地，展陳於上"者，案《聘禮》云"管人布幕，官陳幣，史展幣"，皆於幕上。《聘禮》又"賓入境，至館，皆展③"，是幕在地，展陳於上。又云"帷、幕皆以布爲之"，知者，案《既夕禮》云："明衣裳用幕布。"其帷在幕下，明亦用布，故知二者皆用布。至於覆棺之幕，則用繒，故《禮記·檀弓》云："布幕，衛也。綢幕，魯也。"明天子亦用繒覆棺，不張設，故用繒也。云"四合象宮室曰幄"，知"四合象宮室"不上屬據"帷幕"爲句者，見顏延之《纂要》云"四合象

---

① 浦鏜云："'當'當'掌'字誤。"孫疏據改。按賈疏屢言"主當"，浦鏜説不可遽從。

② 加藤謂"取"當作"耳"。

③ 孫校云："'展幕'當爲'展幣'。"

宮曰幄”①，故“四合”向下據“幄”爲句也。鄭司農云“帟，平帳”，後鄭不從者，見下“王喪，張帟三重”之等皆據承塵，又“幄”已是帳，又言“帟”，明帟非帳也。先鄭又云“綬，組綬，所以繫帷”者，此語未足，故後鄭增成其義。“玄謂帟，王在幕若幄中坐上承塵”者，云在幕，謂下《掌次》云“師田，則張幕，設重帟”，是王在幕設帟之事；若幄中有帟者，《掌次》云“朝日、祀五帝，則張大次、小次，設重帟”，次即幄，是幄中坐上有承塵也。云“幄、帟皆以繒爲之”者，以其在帷幕之内，宜細密。又案《喪大記》有“素錦褚”，褚即幄。彼喪用錦，明此用繒可知。云“凡四物者，以綬連繫焉”者，此增成先鄭也。**凡朝覲、會同、軍旅、田役、祭祀，共其帷幕幄帟綬。**注共之者，掌次當以張。○釋曰：此一經，皆供與掌次使張之。此云“朝覲、會同”，即《掌次》云“諸侯朝覲、會同”是也。此云“軍旅、田役”，即《掌次》云“師田”，彼師即此軍旅，彼田即此田役是也。此云“祭祀”，即《掌次》云“大旅”及“朝日、祀五帝”是也。此數事，皆“共帷幕幄帟綬”與掌次，是以鄭云“共之者，掌次當以張”也。**大喪，共帷幕帟綬。**注爲賓客飾也。帷以帷堂，或與幕張之於庭。帟在柩上。○釋曰：云“爲賓客飾”者，王喪而有賓客者，謂若《顧命》成王喪，諸侯來朝而遇國喪，故《康王之誥》云“畢公率東方諸侯，入應門右；召公率西方諸侯，入應門左”；并有二王之後，皆是賓客，故爲之飾。云“帷以帷堂”者，謂若《喪大記》及《士喪禮》始死帷堂，小斂徹之，及殯在堂亦帷之也。云“或與幕張之於庭”者，案《尚書·顧命》云：“出綴衣於庭。”鄭云：“連綴小斂大斂之衣於庭中。”爾時在庭，應設此帷幕。無正文，故云“或”也。有解者：爲王襲絰在庭，故有帷幕。案《喪大記》，諸侯踊阼階下，襲絰於序東。雖王禮，亦當哭踊在阼階下，何因反來庭中襲絰乎？恐不可也。云“帟在柩上”者，即《掌次》云“凡喪，王則張帟三重”是也。**三公及卿、大夫之喪，共其帟。**注唯士無帟，王有惠則賜之。《檀弓》曰：“君於士有賜帟。”○釋曰：《掌次》云：“諸侯再重，孤卿大夫不重。”則此云三公不云諸侯與孤，《掌次》云諸侯與孤不云三公者，三公即是諸侯，再重；此不云孤，孤與卿、大夫同，不重。幕人不張，故略不言。鄭云“唯士無帟”者，此經及《掌次》俱不云士有帟，明無也。引《檀弓》者，欲見有賜則有帟，非常法。

①　“纂”字原作“幕”，據阮本改。按《天官·甸師職》、《地官·叙官》賈疏皆引《纂要》。

掌次掌王次之濿，以待張事。○釋曰：言“掌王次之法”者，次者，次則舍也。言次謂次止，言舍謂舍息。言“以待張事”者，王出宮，則幕人以帷與幕等送至停所，掌次則張之，故云以待張事。**注**法，大小丈尺。○釋曰：言“法，大小”者，下文有“大次”、“小次”是也。云“丈尺”者，既言大小，當時應有丈尺之數，但其未聞。**王大旅上帝，則張氊案，設皇邸。**○釋曰：云“王大旅上帝”者，謂冬至祭天於圓丘。“則張氊案”者，案謂牀也，牀上著氊，即謂之氊案。“設皇邸”者，邸謂以版爲屏風，又以鳳皇羽飾之。此謂王坐所置也。**注**大旅上帝，祭天於圓丘[1]。國有故而祭亦曰旅。此以旅見祀也。張氊案，以氊爲牀於幄中。鄭司農云：“皇，羽覆上。邸，後版也。”玄謂後版，屏風與？染羽象鳳皇羽色以爲之。○釋曰：“大旅上帝，祭天於圓丘”，知者，見下經別云“祀五帝”，則知此是昊天上帝，即與《司服》及《宗伯》“昊天上帝”一也，即是《大司樂》冬至祭天於圓丘之事也。云“國有故而祭亦曰旅”者，案《大宗伯》：“國有大故，則旅上帝及四望。”是國有故而祭謂之旅。云“此以旅見祀”者，但此下文“五帝”見正祀，其旅見於《大宗伯》。《大宗伯》“昊天”不云旅，故此見。此文不言正祀，故鄭以因旅見之。欲見有故昊天亦旅之，故云以旅見祀。云“張氊案，以氊爲牀於幄中”者，據鄭云於幄中，則知不徒設氊案皇邸而已，明知并有大次、小次之幄，與下“祀五帝”互見之也。司農云“皇，羽覆上”者，見經“皇”是鳳皇之字，故知以皇羽覆邸上。“玄謂後版，屏風與”者，此增成司農義。言後版者，謂爲大方版於坐後畫爲斧文；言屏風者，據漢法況之。無正文，故言“與”以疑之。云“染羽象鳳皇羽色以爲之”者，案《尚書·禹貢》“羽畎夏翟”，謂羽山之谷貢夏翟之羽。後世無夏翟，故《周禮》鍾氏染鳥羽，象鳳皇色以爲之，覆於版上。《明堂位》及《司几筵》皆云“黼扆”，此不在寢廟，無扆，故不得云黼扆，故別名皇邸。**朝日、祀五帝，則張大次、小次，設重帟、重案。合諸侯亦如之。**○釋曰：言“朝日”者，謂春分朝日。“祀五帝”者，謂四時迎氣。“則張大次、小次”者，次謂幄帳也，大幄、小幄。但幄在幕中，既有幄，明有帷幕可知。“設重帟”者，謂於幄中設承塵。云“重案”者，案則牀也，牀言重，謂牀上設重席。不言氊及皇邸，亦有可知。上“氊案”不言重席，亦有重席可知，互見爲義。云“合諸侯亦如之”者，謂諸侯會同亦“張大次”已下，故云亦如之。**注**朝日，春分拜日於東門之外。祀五帝於四郊。次，謂

---

[1]　孫疏云：“經注例，凡‘圓’字當作‘圜’，此疑誤。”按孫説蓋是，然注疏往往作“圓”。下凡“圓”、“圜”之異不復出校。

幄也。大幄，初往所止居也。小幄，既接祭退俟之處。《祭義》曰：“周人祭日，以朝及闇。”雖有强力，孰能支之？是以退俟與諸臣代有事焉。合諸侯於壇，王亦以時休息。重帟，複帟。重案，牀重席也。鄭司農云：“五帝，五色之帝。”○釋曰：知“朝日，春分”者，《祭義》云：“祭日於東。”故鄭約用春分也。云“拜日於東門之外”者，謂在東郊，《覲禮》文。云“祀五帝於四郊”者，案《小宗伯》“兆五帝於四郊”是也。此謂四時迎氣。案《月令》，立春於東郊，立夏於南郊，季夏六月迎土氣亦於南郊，立秋於西郊，立冬於北郊，謂祭靈威仰之屬。云“次，謂幄也。大幄，初往所止居也。小幄，既接祭退俟之處”者，必兩處設幄者，大幄，謂王侵晨至祭所，祭時未到，去壇壝之外遠處設大次，王且止居，故云“大幄，初往所止居也”。接祭者，與羣臣交接相代而祭，去壇宜近，置一小幄，退俟之處。云“《祭義》曰：周人祭日，以朝及闇”，引此已下者，欲見王與臣接祭之時須有小幄也。言“孰能支之”者，謂一日之間，“雖有强力”，誰能支持乎？云“合諸侯於壇”者，案《司儀》“合諸侯，爲壇三成”是也。云“重帟，複帟”者，謂兩重爲之。云“重案，牀重席”者，《司几筵》莞筵、繅席、次席三重，此言重席，亦當有此三重，與重帟不同。鄭司農云“五帝，五色之帝”者，謂東方青帝靈威仰，南方赤帝赤熛怒，中央黃帝含樞紐，西方白帝白招拒，北方黑帝汁光紀，並依《文耀鉤》所説。**師田，則張幕，設重帟、重案。注**不張幄者，於是臨蒞衆，王或迴顧占察。○釋曰：言“師田”者，謂出師征伐及田獵。“則張幕”者，爲王設坐。不言帷者，亦有可知。“重帟、重案”者，如上説。**諸侯朝覲會同，則張大次、小次。注**大次，亦初往所止居。小次，即宮待事之處。○釋曰：此謂與諸侯張之。若四時常朝，在國內，今言“朝覲會同”，爲會同而來，故在國外，與《大宰》“大朝覲會同”一也。言“則張大次、小次”者，亦如上文大小次，丈尺則減耳，故鄭云“大次，亦初往所止居。小次，即宮待事之處”。鄭云初往止居者，謂宮外也；即宮者，應是宮內。言宮，即《司儀》所云“宮方三百步，壝土爲之”是也。言待事者，欲於幄中待事辦否及時節。**師田，則張幕設案。**○釋曰：文承上“諸侯”，謂諸侯從王“師田”，即“張幕設案”者也。不言重，則無重席，亦應有單席於牀也。**注**鄭司農云：“師田，謂諸侯相與師田。”玄謂此掌次張之，諸侯從王而師田者。○釋曰：後鄭不從先鄭者，以其天子掌次不合與諸侯國內張幕，故云“掌次張之”，以明非“諸侯相與師田”也。此上下所云“次”者，謂以繒爲幄帳。案《聘禮·記》所云“次”，或以帷或以席皆得，與此《掌次》所云“次”別也。**孤卿有邦事，則張幕設案。**○釋曰：與上“諸侯”

所設同。注有邦事，謂以事從王若以王命出也。孤，王之孤三人，副三公論道者。不言公，公如諸侯禮。從王祭祀、合諸侯，張大次、小次；師田，亦張幕設案。○釋曰：言“有邦事，謂以事從王”者，謂若上“王大旅上帝”、“朝日”、“祀五帝”、“合諸侯”及“師田”等數事，王親行，則從王往也。云“若以王命出”者，若祭祀，則容王有故不視，羣臣攝之；若諸侯使臣時聘、殷覜①，王不親行，則於國外使羣臣受之，是王命出也。云“孤，王之孤三人，副三公論道”者，案《尚書》成王《周官》云：“立大師、太傅、太保②，兹惟三公，論道經邦，變理陰陽。”又云：“立少師、少傅、少保，曰三孤，貳公弘化，寅亮天地。”是副三公論道者也。云“不言公，公如諸侯禮”者，謂如上諸侯之禮。中唯有“會同”、“師田”，無言祭祀，鄭云“祭祀”者，王於會同與祭祀同，云“亦如之”；則諸侯從王祭祀亦與會同同；若然，三公從王祭祀亦與從王會同同也。凡喪，王則張帟三重，諸侯再重，孤卿大夫不重。○釋曰：喪言“凡”者，以其“王”以下至“孤卿大夫”，兼有后及三夫人已下，故言凡以廣之也。后與王同“三重”，世子、三夫人與諸侯“再重”，九嬪、二十七世婦與孤卿大夫同“不重”，一而已。八十一御妻與士同無帟，有賜乃得帟也。此“諸侯”謂三公、王子母弟。若畿外諸侯，掌次不張之。注張帟，柩上承塵。○釋曰：鄭知“帟，柩上承塵”者，見上文帟皆在幄中爲承塵。此言“喪，王則張帟三重”，明是張於柩上也。凡祭祀，張其旅幕，張尸次。○釋曰：祭祀言“凡”者，天地、宗廟外內祭祀，皆有羣臣助祭。其臣既多，不可人人獨設，故“張旅幕”，旅，衆也，謂衆人共幕。諸祭皆有尸，尸尊，故別“張尸次”。注旅，衆也。公卿以下即位所祭祀之門外以待事，爲之張大幕。尸則有幄。鄭司農云：“尸次，祭祀之尸所居更衣帳。”○釋曰：鄭云“公卿以下即位所祭祀之門外以待事”者，若宗廟自有廟門之外，若外神於郊，則亦有壝宮之門，門外並有立位。言“爲之張大幕”者，以其言“旅”，故知大幕也。司農云“更衣帳”者，未祭則常服，至祭所，乃更去常服服祭服也，故言更衣。射則張耦次。○釋曰：天子大射六耦，在西郊；賓射亦六耦，在朝；燕射三耦，在寢。此六耦、三耦據諸侯射者，若衆耦則多，但無常數耳。注耦，俱升射者。次在洗東。《大射》曰：“遂命三耦取弓矢于次。”○釋曰：“耦，俱升射者”，案《大射》、《鄉射》，耦皆兩兩揖讓，升自西階，鄉兩楹之

---

① “覜”字原脱，據阮本補。
② 二“太”字阮本並作“大”，與上“大師”同。底本“大”、“太”參差，蓋補版所致。

間,履射物,南面而射;射訖,又兩兩揖讓,降自西階。云"次在洗東"者,《大射》文。又引《大射》曰"遂命三耦取弓矢于次"者,證次中有弓矢,其耦立位在次北,西面。至射,乃命三耦入次取弓矢。引之者,以天子之次無文,雖六耦不同,設次則與諸侯同也。《儀禮·鄉射》乃是州長射,士禮,其中兼有鄉大夫詢衆庶之射,並無次,故堂西比耦也①。

掌凡邦之張事②。

大府掌九貢、九賦、九功之貳,以受其貨賄之入,頒其貨于受藏之府,頒其賄于受用之府。○釋曰:言"掌九貢、九賦之貳"者,大宰掌其正,此官掌其副貳者,以其物入大府故也。"九功之貳"者,謂九職之功。大宰以九職任之,成孰斂其税,則是九功也。亦大宰掌其正,物入大府③,故亦掌其副貳也。云"以受其貨賄之入"者,九貢謂諸侯九貢,自然有金玉曰貨、布帛曰賄;九賦謂畿内之九賦④,口率出泉;九職如三農、園圃之類。亦有不出貨賄者,皆言受其貨賄之入者,雖以泉穀爲主,民欲得出貨賄者,則取之以當邦賦之數,故《大宰》云"九賦斂財賄",是其不要取泉也。"頒其貨于受藏之府"者,言大府雖自有府,其物仍分置於衆府。受藏之府者,鄭云謂若内府是也。"頒其賄於受用之府"者,鄭云謂若職内是也。**注**九功,謂九職也。受藏之府,若内府也。受用之府,若職内也。凡貨賄皆藏以給用耳,良者以給王之用,其餘以給國之用。或言受藏,或言受用,又雜言貨、賄,皆互文。○釋曰:"九功,謂九職也"者,以其九職任萬民,謂任之使有職事,故《大宰》云"九職";大府斂貨賄,據成功言之,故云"九功"。其本是一,故云"九功,九職也"。云"受藏之府,若内府也"者,以其經云"頒其貨于受藏之府",金玉曰貨,物之善者藏之於内府,近王,掌之以給王用故也。云"受用之府,若職内也"者,府不在内,經云"頒其賄于受用之府",賄賤於貨,故知入職内,以給國家所用。云"凡貨賄皆藏以給用耳"者,鄭欲以藏、用互文:貨言藏者,以其善物;賄言用者,以其賤物。其實皆藏、皆用,故言凡貨賄皆藏以給用耳。云"良者以給王之用"者,覆解入内府意。云"其餘以給國之用"者,覆解入職内意。云"或言受藏,或言受用,

---

① "比"字原作"此",據阮本改。

② "掌凡邦之張事"六字原直接上經文"射則張耦次"之下,據婺本、金本、阮本分爲兩節。

③ "大"字原作"太",據阮本改。

④ "謂"字原作"調",據阮本改。

又雜言貨、賄，皆互文”者，言受藏謂内府，言受用謂職内，皆藏以給用。言藏亦用，言用亦藏，是互文也。雜言貨、賄者，言貨兼有賄，言賄亦兼有貨，亦是互文。但二者善惡不同，故别言之耳。**凡官府、都鄙之吏及執事者，受財用焉。**○釋曰：言“凡官府”者，謂王朝三百六十官有事須用官物者。云“都鄙之吏”者，謂三等采地吏，謂羣臣等有事須取官物者。“及執事”者，謂爲官執掌之事須有營造合用官物者。皆來於大府處“受財用焉”。**凡頒財，以式灋授之：關市之賦以待王之膳服，邦中之賦以待賓客，四郊之賦以待稍秣，家削之賦以待匪頒，邦甸之賦以待工事，邦縣之賦以待幣帛，邦都之賦以待祭祀，山澤之賦以待喪紀，幣餘之賦以待賜予。**○釋曰：言“凡頒財”者，《大宰》云“九賦斂財賄”，九式用之；此大府頒與九式用之，但事相因，故二處别言九賦之物也。此所頒之財即《大宰》“斂財賄”，一也。云“以式法授之”者，謂以舊法多少授與九式，故云以式法授之。云“關市之賦以待王之膳服”者，自此已下並與九式事同，但文有交錯，與九賦不次。案九賦先邦中之賦，次四郊，次邦甸，次家稍，次邦縣，次邦都，次關市，次山澤，次幣餘；此先言關市，在邦中上，此家稍又在邦甸上，所以次第不同者，見事起無常。注待猶給也。此九賦之財給九式者。膳服，即羞服也。稍秣，即芻秣也。謂之稍，稍用之物也。喪紀，即喪荒也。賜予，即好用也。鄭司農云：“幣餘，使者有餘來還也。”玄謂幣餘，占賣國之斥幣。○釋曰：云“待猶給也”者，謂大宰斂得九賦之財，大府以九賦之財給九式之用，待來則給之，故云待猶給，非是訓待爲給。云“此九賦之財給九式者”，以其此經九事與《大宰》“九式”相當，此九賦又與《大宰》“九賦”一也，故云九賦之財給九式。云“膳服，即羞服也”者，此言“膳服”，《大宰》“九式”云“羞服”，膳、羞是一，故云膳服即羞服也。自此已下事與九式是一，但文有不同，皆就九式合而解之，故云“稍秣，即芻秣也”。“謂之稍，稍用之物也”者，彼九式云“芻秣”，此改芻爲稍，以其稍稍用之故也。此云“喪紀”，即九式“喪荒”，一也。此云“賜予”，即九式“好用”，一也。鄭司農云“幣餘，使者有餘來還也”者，案《大宰》司農注“幣餘，百工之餘”，與此注不同者，蓋是司農互舉以相足。後鄭不從者，聘使之物，禮數有限，何得有餘來還？又且有餘來還，何得有賦？故後鄭不從。“玄謂幣餘，占賣國之斥幣”者，後鄭之意，百官所用官物不盡，歸入職幣，職幣得之，不入本府，恐久藏朽蠧，則有人占賣，依國服出息。謂之斥幣者，謂指斥與人，故謂之斥幣也。**凡邦國之貢以待弔用，**○釋曰：上文“大府掌九貢、九賦、九功”，受得三者之財，各各用之。上文九式已用九賦之財訖，故此云邦國之九貢以待給於弔用，下文“萬民之貢以充府庫”即上九功也。**注**此九貢之財所給也。給弔用，給凶禮之五事。○**釋**曰：云“給凶禮之五事”者，案《大宗伯》云“凶禮，哀邦國之事”，下云有喪禮、荒禮、弔禮、襘禮、恤禮。五禮皆須以財貨哀之，故云給凶禮之五事。**凡萬民之貢以充府庫，注**此九職之財。充猶足。○**釋**曰：知此“萬民之貢”是“九職”者，案《大宰》云“九職任萬民”，此上文又云“九功”，此貢即是九職之功所税，故知此是“九職之財”也。案《大行人》六服諸侯因朝所貢之物，與《大宰》“九貢”歲之常貢，雖曰時節不同，貢物有異，要六服之貢與九貢多同，亦入弔用之數。又且九貢言入弔用，九賦言入九式，有餘財亦入府庫，是以上文“掌九貢、九賦，受其貨賄，頒於受藏、受用之府”也。**凡式貢之餘財以共玩好之用。**○**釋**曰：“式”，謂九式。“貢”，謂九貢及萬民之貢。有“餘財”，以供玩好器物之用。**注**謂先給九式及弔用、足府庫，而有餘財，乃可以共玩好，明玩好非治國之用。言式、言貢，互文。○**釋**曰：經言“餘財”，明知“先給九式及弔用、足府庫”之餘也。經言“式貢”者，式即上文九賦之財給九式之餘也，貢即上文“邦國之貢”及“萬民之貢”也。“言式、言貢，互文”者，式謂九賦，貢謂九貢及萬民之貢。但賦言式，據用而言，其實亦有賦，貢據貢上爲名，亦有用，故云互文也。**凡邦之賦用，取具焉。注**賦用，用賦。○**釋**曰：上有“九貢、九賦、九功”，此特言“賦”，明兼有九貢、九功，亦“取具焉”。**歲終，則以貨賄之入出會之。**○**釋**曰：“貨賄之入”者，謂九貢、九賦、九功入來至大府。言“出”者，大府以貨賄分置於衆府及給九式之用。亦是至“歲終”摠會計之。

　　玉府掌王之金玉、玩好、兵器，凡良貨賄之藏。○**釋**曰：云“掌王之金玉、玩好、兵器”者，言玉府以玉爲主[1]，玉外所有美物亦兼掌之[2]。**注**良，善也。此物皆式貢之餘財所作。其不良，又有受而藏之者。○**釋**曰：言“此物皆式貢之餘財所作”者，案上《大府》云“式貢之餘財以共玩好之用”，彼玩好之中兼有金玉、兵器，故知式貢餘財也。云“其不良，又有受而藏之”者，即上《大府》云“受藏、受用之府”是也。共王

---

　　① “玉府”二字原作“外府”，據阮本改。
　　② “玉”字原作“王”，據阮本改。

之服玉、佩玉、珠玉。 注佩玉者，王之所帶者。《玉藻》曰：“君子於玉比德焉。天子佩白玉而玄組綬。”《詩傳》曰：“佩玉上有葱衡，下有雙璜、衝牙，蠙珠以納其間。”鄭司農云：“服玉，冠飾十二玉。”○釋曰：“佩玉者，王之所帶者”，謂佩於革帶之上者也。“《玉藻》曰：君子於玉比德焉”者，《詩》云：“言念君子，温其如玉。”是比德於玉。引此者，證王必服玉之意。云“天子佩白玉而玄組綬”者，此亦《玉藻》文。所佩白玉，謂衡、璜、琚瑀。玄組綬者，用玄組條穿連衡、璜等，使相承受。引《詩傳》曰，謂是《韓詩》。“佩玉上有葱衡”者，衡，横也，謂葱玉爲横梁。“下有雙璜、衝牙”者，謂以組懸於衡之兩頭，兩組之末皆有半璧曰璜，故曰雙璜。又以一組懸於衡之中央，於末著衝牙，使前後觸璜，故言衝牙。案《毛詩傳》，衡、璜之外別有琚瑀。其琚瑀所置，當於懸衝牙組之中央，又以二組穿於琚瑀之内角，斜繫於衡之兩頭，於組末繫於璜。云“蠙珠以納其間”者，蠙，蜯也。珠出於蜯，故言蠙珠。納其間者，組繩有五，皆穿珠於其間，故云以納其間。鄭司農云“服玉，冠飾十二玉”者①，案弁師掌五冕，衮冕十二旒，鷩冕九旒，毳冕七旒，絺冕五旒，玄冕三旒，旒皆十二玉。冕則冠也。《弁師》又有皮弁、韋弁、冠弁，亦皆十二玉，故云冠飾十二玉也。王齊，則共食玉。 ○釋曰：謂王祭祀之前，散齊七日，致齊三日，是時則共王所食玉屑。注玉是陽精之純者，食之以禦水氣。鄭司農云：“王齊當食玉屑。”○釋曰：知“玉是陽精之純者”，但玉聲清，清則屬陽。又案《楚語》云：“王孫圉與趙簡子言，曰：‘玉足以庇廕嘉穀，使無水旱之災，則寶之。珠足以禦火，則寶之。’”服氏云：“珠，水精，足以禁火。”如是，則玉是火精可知。云“食之以禦水氣”者，致齊時居於路寢，思其笑語、思其志意之類，恐起動多，故須玉以禦水氣也。鄭司農云“王齊當食玉屑”者，其玉屑研之乃可食，故云當食玉屑也。大喪，共含玉、復衣裳、角枕、角柶。 ○釋曰：“大喪”，謂王喪。“共含玉”者，含玉璧形而小，以爲口實。此不言贈玉、飯玉者，文不備。“復衣裳”者，王始死招魂復魄之衣裳。不在司服者，司服所掌是尋常衣服，玉府所掌皆王之美物，其衣服美者亦玉府掌之，但所復衣裳用死者上服，故玉府供之。“角枕”者，所以枕尸。“角柶”者，將以楔齒。注角枕以枕尸。鄭司農云：“復，招魂也。衣裳，生時服。招魂復魄于大廟，至四郊。角柶，角匕也，以楔齒。《士喪禮》

---

① 二“玉”字原皆作“王”，據阮本改。

曰：'楔齒用角柶。'楔齒者，令可飯含。"玄謂復於四郊以綏①。○釋曰：鄭司農云"復，招魂也"者，人之死者，魂氣上歸於天，形魄仍在，欲招取其魂復於魄內，故《離騷》有《招魂》篇。云"招魂復魄于太廟，至四郊"者，王有七廟及寢，皆復焉，獨言大廟，語雖不足，義猶可。又言至四郊，後鄭不從之。云"角柶，角匕也"者，案《既夕禮》："楔，貌如軶，上兩末。"狀如枇杷，拔屈中央楔齒。"玄謂復於四郊以綏"者，案《夏采》云："以冕服復於大廟②，以乘車建綏復於四郊。"故鄭云復於四郊以綏。言此者，破先鄭於四郊亦以衣服。

掌王之燕衣服、衽席、牀笫，凡褻器。 ○釋曰：言"掌王之燕衣服"者，謂燕寢中所有衣服之屬。"衽席"者，亦燕寢中臥席。"牀笫"者，謂燕寢中牀簀也。"凡褻器"者，亦謂燕寢中。以"燕"字爲目，"衣服"已下至"褻器"皆是燕。**注** 燕衣服者，巾絮、寢衣袍襗之屬，皆良貨賄所成。笫，簀也。鄭司農云："衽席，單席也。褻器，清器虎子之屬。" ○釋曰：云"燕衣服者，巾絮"者，案《內則》："左佩紛帨。"紛帨即巾也。又婦事舅姑，佩有線纊，此絮則纊也。云"寢衣"者，《論語・鄉黨》云"必有寢衣，長一身有半"，鄭注云"今之臥被"是也。又言"袍襗之屬"者，案《毛詩》云"豈曰無衣，與子同袍"、"與子同襗"是也。言之屬者，寢衣之內所言不盡，故言之屬以廣之。云"皆良貨賄所成"者，見上文云"凡良貨賄之藏"，故知此良貨賄所成。鄭司農云"衽席，單席也"者，案《曲禮》云："請衽何趾。"鄭注云："衽，臥席。"又案《斯干》詩云："下莞上簀。"《內則》云："斂枕篋、簟席、襡器而藏之。"司農云單席，則臥之簟席。云"褻器，清器虎子之屬"者，既在燕寢之中私褻之器，故知清器虎子之屬。案《內豎》："及葬，執褻器以從遣車。"彼褻器，振飾頮沐之器。彼褻器與此注不同，彼從葬於死者，不用清器，故爲頮沐之器。**若合諸侯，則共珠槃、玉敦。** ○釋曰："合諸侯"者，謂時見曰會，若《司儀》所云"爲壇十有二尋，王與諸侯殺牲歃血而盟"，"則供珠槃、玉敦"。**注** 敦，槃類，珠玉以爲飾。古者以槃盛血，以敦盛食。合諸侯，必割牛耳，取其血，歃之以盟，珠槃以盛牛耳，尸盟者執之。故書珠爲夷。鄭司農云："'夷槃'或爲'珠槃'。玉敦，歃血玉器。" ○釋曰：言"敦，槃類"者，案《明堂位》"有虞氏之兩敦"，鄭玄云："制之異同未聞。"此云槃類者，以經云"玉敦"與"珠槃"相將之物，故云槃類，其制猶自未聞也。云"珠玉以爲飾"者，此

---

① 阮校引段玉裁説云："'綏'鄭當作'緌'。"按段氏據《夏采職》鄭注而言。

② 浦鏜云："'廟'經作'祖'。"孫疏據改。按賈疏承上文而言"大廟"，固無不可，不必定與《夏采職》文相同。

槃、敦應以木爲之，將珠玉爲飾耳。云“古者以槃盛血，以敦盛食”者，案《特牲》、《少牢》，皆敦盛黍稷。以槃盛血雖無文，郊血及血以告殺當以槃盛血也。云“合諸侯者，必割牛耳，取其血，歃之以盟，珠槃以盛牛耳”者，祭祀之時有黍稷，故敦中盛黍稷。今盟無黍稷，敦中宜盛血，牛耳宜在槃。云“尸盟者執之”者，案《左氏》哀公十七年：“公會齊侯，盟于蒙。孟武伯問於高柴曰：‘諸侯盟，誰執牛耳？’季羔曰：‘鄟衍之役，吳公子姑曹；發陽之役，衛石魋。’武伯曰：‘然則彘也。’”注云：“彘，武伯名也。魯於齊爲小國，故曰彘也。”是盟小國執牛耳。尸猶主也。小國主盟，故使執牛耳也。知此珠槃、玉敦爲盟而設者，案《戎右》云：“盟，則以玉敦辟盟，遂役之。贊牛耳桃茢。”彼注云：“役之者，傳敦血，授當歃者。割牛耳取血，助爲之，及血在敦中，以桃茢拂之。”是以知珠槃、玉敦爲盟而設。若然，執牛耳是小國尸盟者也。若以歃血，則大國在先。故哀公十三年“吳、晉爭先”，《國語》曰：“吳公先歃，晉亞之。”既言爭先，是以知大國當在先。若諸侯相與盟，則大國戎右贊牛耳也。**凡王之獻金玉、兵器、文織、良貨賄之物，受而藏之。**　○釋曰：言“凡王之獻金玉”者，此金玉已下皆是擬王獻遺諸侯，故云“受而藏之”。**注**謂百工爲王所作，可以獻遺諸侯。古者致物於人，尊之則曰獻，通行曰饋。《春秋》曰“齊侯來獻戎捷”，尊魯也。文織，畫及繡錦。　○釋曰：云“謂百工爲王所作”者，謂“金玉”已下皆是百工爲王所作者，“可以獻遺諸侯”也。云“古者致物於人，尊之則曰獻”者，若正法，上於下曰賜，下於上曰獻；若尊敬前人，雖上於下亦曰獻，是以天子於諸侯云獻。案《月令》“后妃獻繭”，鄭注：“謂獻於后妃。”知此“王之獻金玉”非是獻金玉於王者，案下《內府職》“凡四方之幣獻之金玉”，彼是諸侯獻王，入內府藏之，不得在此，故知“金玉”是獻遺諸侯者也。況諸侯中兼有二王之後，二王之後王所尊敬，自然稱獻也。若王肅之義，取《家語》曰“吾聞之，君取於臣曰取，與於臣曰賜；臣取於君曰假，與於君謂之獻”，以此難鄭君。鄭君弟子馬昭之等難王肅：“《禮記》曰：‘尸飲五，君洗玉爵獻卿。’況諸侯之中有二王之後，何得不云獻也？”云“通行曰饋”者，言通行者，上於下、下於上及平敵相於皆可云饋。康子饋藥，陽貨饋孔子豚，皆是上於下曰饋；《膳夫職》云“王饋用六穀”，及《少牢》、《特牲》稱“饋食之禮”，並是於尊者曰饋；“朋友之饋，雖車馬不拜”，是平敵相饋。故鄭云通行曰饋。“《春秋》曰齊侯來獻戎捷，尊魯也”者，案莊公三十一年《公羊》云：“齊侯來獻戎捷。齊，大國也，曷爲親來獻戎捷？威我也。”《左氏》云：“非禮也。凡諸侯有四夷之功，則獻于王。中國則否。”《穀梁》云：“齊侯來獻捷者，內齊侯也。”注云：“泰曰：齊桓內救中國，外攘夷狄，親倚之情，不以齊爲異國，故不稱使，若同一國也。"然三《傳》皆不解"獻"義，今鄭引者，以齊大於魯，言"來獻"，明尊之則曰獻，未必要卑者於尊乃得言獻。**凡王之好賜，共其貨賄。** ○釋曰：此謂王於羣臣有恩好[①]，因燕飲而賜之貨賄者也。

内府掌受九貢、九賦、九功之貨賄、良兵良器，以待邦之大用。○釋曰："掌受九貢、九賦、九功"者，此九貢以下而言"受"，即是《大府》所云九貢已下頒之於"受藏之府"是也，故彼注云"受藏之府，若内府也"，則此九貢等由大府而來，此内府受藏之也。云"良兵良器"者，此是冬官百工所作，亦由大府而來。良兵謂弓矢、殳、矛、戈、戟五兵之良者，良器謂車乘及禮樂器之善者。云"以待邦之大用"者，謂諸侯來朝覲所頒賜者也。**注**大用，朝覲之班賜。○釋曰：掌給九式及弔用[②]，是大府所給也；玩好之用[③]，玉府所給也；此又言"以待邦之大用"，明是"朝覲頒賜"可知。**凡四方之幣獻之金玉、齒革、兵器，凡良貨賄入焉。** ○釋曰：云"凡四方之幣獻"者，謂四方諸侯來朝覲，及遣卿大夫來聘問，將幣三享，貢獻珍異，有此"金玉"及"齒革"之等。金者，謂若《禹貢》"惟金三品"之類。玉者，謂若《禹貢》"球琳琅玕"之類。齒，謂若象牙之類。革，謂若犀皮之類。"兵器"者，《禹貢》無貢兵器之法，此周時有之。"凡良貨賄"，其不良者入於職内，給國之用；此良者入内府，以給王之用。**注**諸侯朝聘所獻國珍。○釋曰："諸侯朝聘所獻國珍"者，《覲禮》所云"一馬卓上，九馬隨之，龜金竹箭，分爲三享"是也。諸侯遣臣聘所獻國珍者，謂若《聘禮》"束帛加璧"、"庭實乘皮"之等是也。此因朝聘而貢，先入於掌貨賄，入其要於大府，乃始通之於内府也。**凡適四方使者，共其所受之物而奉之。** ○釋曰：言"凡適四方使者"，謂使公卿已下聘問諸侯，若《大行人》所云間問"省"、"覜"之等。"共其所受之物"，謂使者受將行之物，則内府奉而與之。**注**王所以遺諸侯者。○釋曰：即上"王之獻金玉、兵器"已下是也。彼據藏之，此據用之。**凡王及冢宰之好賜予，則共之。** **注**冢宰待四方賓客之小

---

① "王"字原作"玉"，據阮本改。

② "掌"字原作"常"，據阮本改。

③ 孫校云："玩好之用亦大府所給，不當别云'玉府所給'，'玩好'疑'好賜'之誤。"按《玉府職》云"凡王之好賜，共其貨賄"。

治,或有所善,亦賜予之。○釋曰:云"冢宰待四方賓客之小治"者,《大宰職》文。大事決於王,小事冢宰專平之。以其冢宰貳王治事,"或有所善,亦得賜予之"。云所善,釋經中"好"也。

外府掌邦布之入出,以共百物,而待邦之用,凡有灋者[1]。○釋曰:云"掌邦布之入出"者,邦,國也。布,泉也。謂國之所有泉皆來入外府,是其邦布之入也;國之用泉者皆外府出與之,是邦布之出也。故摠云邦布之入出,此言與下爲目。云"以共百物"者,謂共國家器物之泉也。"而待邦之用"者,謂國家非常所用,亦出泉與之也。"凡有法者",謂在朝官府依常法用之者,亦出泉與之。注布,泉也。布讀爲"宣布"之布。其藏曰泉,其行曰布,取名於水泉,其流行無不徧。入出,謂受之復出之。共百物者,或作之,或買之。待猶給也。有法,百官之公用也。泉始蓋一品,周景王鑄大泉而有二品。後數變易,不復識本制。至漢唯有五銖久行。王莽改貨而異作,泉布多至十品,今存於民間多者,有貨布、大泉、貨泉。貨布長二寸五分,廣寸,首長八分有奇,廣八分,其圜好徑二分半,足枝長八分,其右文曰"貨",左文曰"布",重二十五銖,直貨泉二十五。大泉徑一寸二分,重十二銖,文曰"大泉",直十五貨泉。貨泉徑一寸,重五銖,右文曰"貨",左曰"泉",直一也。○釋曰:"布,泉也"者,此言"布",《地官·泉府》云"泉",是布、泉一也。云"布讀爲宣布之布"者,此讀如《秋官》"布憲",彼布是"宣布"之布[2],此布亦是宣布,故讀從之。云"其藏曰泉,其行曰布"者,此鄭欲解泉、布一物兩名之意。《地官·泉府》不言外、不言布,據其所藏爲名;此官言外、言布,取名於其流行而外爲稱,故鄭即云"取名於水泉,其流行無不徧",無不徧即布之義也。云"共百物者,或作之,或買之"者,或作之,謂出物使百工所營作;或買之,以充國用也。云"泉始蓋一品"者,即此經泉布是也。云"周景王"已下,並《漢書·食貨志》文。案彼:周景王時患泉輕,將更鑄大泉。單穆公曰:"不可。"王不聽,鑄大泉,文曰"寶貨"。漢興,爲秦泉重難用,更令民鑄榆莢錢。至孝文,有司言榆莢三銖輕,易姦詐,請鑄五銖。至王莽居攝,變漢

---

①　按鄭注云"有法,百官之公用也",孫疏云:"謂官府之公用著於《大宰》'九式'之法者。鄭意經云'待邦之用凡有灋者',與《倉人》'灋'用義正同。賈疏以'待邦之用'謂國家非常所用、'凡有灋者'謂在朝官府依常法用之,強生分別,非鄭恉也。"孫説爲長,兹暫據賈疏之説標點。

②　"彼"字原作"被",據阮本改。

制,更造大泉,徑寸二分,重一十二銖,文曰"大泉直五十"。又造契刀,形如刀,直五百。又造錯刀,以黄金錯其文,曰"一刀直五千"。與五銖錢凡四品,並行。至莽即真,罷五銖錢,異作泉布,多至十品。其布有大布、次布、弟布、壯布、中布、差布、厚布、幼布、幺布、小布,是爲貨十品也。其泉十品者,莽居攝,作大泉、錯刀、契刀;即真,作小錢、幺錢、幼錢、中錢、壯錢;元鳳年①,更造貨布,與貨錢爲十品。莽以"劉"有金刀,罷契刀、錯刀。若然,鄭云"後數變易,不復識本制"者,據秦漢至莽已前而言也。云"唯有五銖久行"者,從漢孝文作五銖錢,至莽,世數既多,故云久行也。云"今存於民間多者,有貨布、大泉"已下者,是從莽至漢末鄭君時見行此三者,故云今存於民間也。案彼文,其"貨布"直云"長二寸五分,廣寸,首長八分,圜好徑二分",無"有奇廣八分半足支長八分"等十一字。今鄭言之者,此並鄭君目所覩見,以義增之耳。又案彼"大泉直五十",不云"五十"言"十五"者,亦誤,當從"五十"爲正也。且王莽之大泉蓋與景王所鑄大泉亦異也。**共王及后、世子之衣服之用。凡祭祀、賓客、喪紀、會同、軍旅,共其財用之幣齎、賜予之財用。** ○釋曰:從"王"至"軍旅",所須財用皆外府供其泉也。云"幣齎之財用",謂王使公卿已下聘問諸侯之行道所用,則曰幣齎。云"賜予之財用"者,謂王於羣臣有所恩好,賜予之也。**注**齎,行道之財用也。《聘禮》曰:"問幾月之齎。"鄭司農云:"齎或爲資,今《禮》家定齎作資。"玄謂齎、資同耳,其字以齊、次爲聲,從貝變易,古字亦多或。○釋曰:"問幾月之齎"者,案《聘禮·記》:"使者既受行出,遂見宰,問幾月之資。"注云:"資,行用也。古者君臣謀密草創,未知所之遠近,問行用,當知多少而已。"是其問幾月之資。鄭司農云"齎或爲資,今《禮》家定齎作資"者,齎、資義一,何得言《禮》家定作資,故後鄭不從,齎、資兩字直是"齊、次爲聲,從貝變易"耳。**凡邦之小用,皆受焉。注**皆來受。○釋曰:但外府所納泉布,所積既少,有"小用"則給之,若大用即取餘府。**歲終則會,唯王及后之服不會。** ○釋曰:言"王及后不會",以衣服異於膳羞與所加禽獻,故通世子可以會之也。

司會掌邦之六典、八灋、八則之貳,以逆邦國、都鄙、官府之治。**注**逆,受而鉤考之②。○釋曰:云"掌六典、八法、八則之貳"者,案《大宰》云:"六

---

① "元鳳"二字阮本同,阮校謂當據惠校本、《漢制考》作"天鳳"。
② "之"下據全書體例當空一格,底本補一横劃,加藤以爲"一"字。

典治邦國，八法治官府，八則治都鄙。”但司會是鉤考之官，還以六典逆邦國之治，八法逆官府之治，八則逆都鄙之治。逆皆謂“鉤考”，知得失。以九貢之灋致邦國之財用，以九賦之灋令田野之財用，以九功之灋令民職之財用，以九式之灋均節邦之財用。掌國之官府、郊野、縣都之百物財用凡在書契版圖者之貳，以逆羣吏之治，而聽其會計。○釋曰：言“以九貢之法致邦國之財用”者，九貢即是《大宰》“九貢”，其所貢之物出於諸侯邦國。言“之法”者，謂諸侯於其民什一取之，既取得民物，大國貢半，次國三之一，小國四之一。所貢之物皆市取土毛貢於天子，則《禹貢》所云“厥篚”、“厥貢”是也，故云致邦國之財用。此即《小行人》云“春令入貢”，是謂歲之常貢。《大行人》因朝而貢者，所貢無常，不應使司會致之。云“以九賦之法令田野之財用”者，此九賦即《大宰》所云“九賦斂財賄”是也。言“法”者，謂口率出錢多少有其定法。令田野之財用者，九賦之內唯有關市、幣餘、國中非田野，自外四郊、邦甸、家稍、邦縣、邦都、山澤盡是田野，據多言之，故言令田野之財用。云“以九功之法令民職之財用”者，九功即是《大宰》“九職”之功所稅。言“之法”者，亦是稅法什一爲常。言令民職之財用者，以其九職任萬民，使之出稅，故云令民職之財用。云“以九式均節邦之財用”者，九式所以用九賦，使均平有節，故云均節邦之財用。云“掌國之官府”者，案《大宰》“九賦”，一曰邦中，二曰四郊；此不言邦中而言官府者，以官府在邦中，故舉官府以表邦中，其實官府不出賦也。云“郊野、縣都之百物財用”者，以其民之出賦不必皆使出泉，以百物當之亦得，故《大宰》云“九賦斂財賄”，則此“百物財用”，一也。但九式用九賦，大宰均節而用之，此司會主鉤考，故亦言之矣。“凡在書契版圖者之貳”者，此書契版圖，下文司書掌其正，此司會主鉤考，故掌其副貳。云“以逆羣吏之治”者，群吏謂朝廷官府，下及羣都、縣鄙羣臣之治，皆逆而鉤考之。云“而聽其會計”者，謂羣吏以會計文書送於司會者，司會皆聽斷之。注郊，四郊，去國百里。野，甸、稍也。甸去國二百里，稍三百里，縣四百里，都五百里。書，謂簿書。契，其最凡也。版，戶籍也。圖，土地形象，田地廣狹。○釋曰：此九式用九賦，故以“郊”、“野”已下依託《大宰》“九賦”次第以釋之[1]。彼九賦“一曰邦中之賦”，當此“官府”。此“郊”當彼“四郊之賦”，據遠郊言之，故云“去國百里”。郊外曰野，大摠之言，故此“野”當彼“三

---

① “託”字右半殘泐，加藤云：“似‘託’字殘闕，正、人、韓、何本作‘託’，是也。”阮本作“此”。

曰邦甸”，去國二百里；又當彼“四曰家稍”，故鄭云“甸去國二百里，稍三百里”也。此經“縣”當彼“五曰邦縣之賦”，故云“縣四百里”。此經“都”即彼“六曰邦都之賦”，故云“都五百里”。云“書，謂簿書”者，漢時以簿書記事，至於餘物記事，亦謂之簿書，故舉漢法而言也。“契，其最凡也”者，此之書契即《小宰》“八成”取予以書契之類，最凡謂計要之多少以爲契要。云“版，户籍也”者，漢之户籍皆以版書之，故以漢法况。云“圖，土地形象，田地廣狹”者，下《司書》云“土地之圖”，有其形象，即是民之田地廣狹多少皆在於圖也。**以參互攷日成，以月要攷月成，以歲會攷歲成。**○釋曰：“以參互考日成”者，司會鉤考之官，以司書之等相參交互考一日之成，一日之中計筭文書也。“以月要考月成”者，月計曰要，亦與諸職參互考一月成事文書也。“以歲會考歲成”者，歲計曰會，以一歲之會計考當歲成事文書[1]。**注**參互，謂司書之要貳與職内之入、職歲之出。故書互爲巨，杜子春讀爲“參互”。○釋曰：言“參互，謂司書之要貳”者，案《司書職》云：“凡税斂，掌事者受法焉。及事成，則入要貳焉。”又案《職内》云：“掌邦之賦入。”又案《職歲》云：“掌邦之賦出。”云參互鉤考，明知有此三官[2]，出内事共鉤考之。**以周知四國之治，以詔王及冢宰廢置。**○釋曰：“周”，徧也。“四國”，謂四方諸侯之國。徧知諸侯之治者，以是鉤考之官，須知諸侯得失。以此治職文書“以詔王及冢宰”，有功者升進而置之，有罪者黜退以廢之。所詔告及冢宰者，以其冢宰者副貳王之治事，故并告之。**注**周猶徧也。言四國者，本逆邦國之治，亦鉤考以告。○釋曰：“言四國者，本逆邦國之治”者，案上云“掌邦之六典，以逆邦國之治”，逆即鉤考也，故云“亦鉤考以告”也。

① “當”字原作“冨”，據阮本改。

② “三官”二字原作“二官”，據阮本改。三官即指鄭注所云司書、職内、職歲，《職内職》賈疏引此《司書職》注，即接云“以三官相鉤考”也。

周禮疏卷第七

唐朝散大夫行大學博士弘文館學士臣賈公彦等撰

司書掌邦之六典、八灋、八則、九職、九正、九事邦中之版、土地之圖，以周知入出百物，以叙其財，受其幣，使入于職幣。○釋曰：言"掌邦之六典"已下至"周知入出百物"已上，所掌與司會同者，以其司會主鉤考，司書掌書記之，司書所記司會鉤考之，故二官所掌其事通焉。"九職"即《司會》"九功"也，"九正"即《司會》"九賦"、"九貢"也，"九事"即《司會》"九式"也，"邦中之版、土地之圖"即《司會》"版圖"也，"周知入出百物"者即《司會》"百物財用"，一也。云"以叙其財"者，叙謂比次其財①，知用多少。云"受其幣"者，百官所用餘財送來與司書，司書受其幣，使入於職幣之官，不入本府。**注**九正，謂九賦、九貢正稅也②。九事，謂九式。變言之者，重其職，明本而掌之，非徒相副貳也。叙，猶比次也。謂鉤考其財幣所給及其餘見，爲之簿書。故書受爲授。鄭司農云："授當爲受，謂受財幣之簿書也。"玄謂亦受録其餘幣，而爲之簿書，使之入于職幣。幣物當以時用之，久藏將朽蠹。○釋曰：知"九正，謂九賦、九貢"者，案上《司會》有"九賦"、"九貢"，此《司書》則有"九正"無九賦、九貢，故知九正則是九賦、九貢也。言九正者，謂此二者之財皆出於正稅，故鄭云"正稅也"。又云"九事，謂九式"者，云九式，據用財言之，九事，據用財所爲之事，其理一也。云"變言之者，重其職"，謂變九賦、九貢言"九正"，變九式言"九事"也，重以其職，"明本而掌之，非徒相副貳也"。其相副貳者，謂《司會》"八法③、八則之貳"是也。云"所給及其餘見，爲之簿書"者，司書周知入出百物，以叙其財，明知叙其財者，所給諸官餘不盡者即以餘見

---

① "比"字原作"北"，據阮本改。

② 孫疏云："云'正，稅也'者，讀正爲征也，正、征字通。賈讀'正'如字，以'謂九賦、九貢正稅也'爲句，'謂此二者之財皆出於正稅'。依其說，則正爲正共之義，非鄭怡也。"兹暫據賈疏之説標點。

③ 孫疏引此"八法"上有"六典"二字，所補是也。

爲之簿書，擬與司會鉤考之。"玄謂亦受録其餘幣，而爲之簿書"者，此增成先鄭"受謂受財幣之簿書"。云"幣物當以時用之，久藏將朽蠹"者，釋經百官餘幣不入於本府而"入於職幣"之意。若入本府，即是久藏，將恐朽爛蠹敗，故入職幣，使人占賣之，中正生利也①。凡上之用財②，必攷于司會。注上，謂王與冢宰。王雖不會，亦當知多少而闕之。司會以九式均節邦之財用。○釋曰：知"上，謂王與冢宰"者，案《内府職》云："凡王及冢宰賜與，則共之。"明此"上"中有冢宰可知。云"王雖不會，亦當知多少而闕之"者，案上《膳夫》、《庖人》及《外府》等皆言"王及后不會"；此經"上之用財，必考於司會"者，此之所考但知多少而闕之，非是會計與王爲限。云"司會以九式均節邦之財用"者，欲見司書用財必考於司會之意。三歲則大計羣吏之治，以知民之財用、器械之數③，以知田野、夫家、六畜之數，以知山林、川澤之數，以逆羣吏之徵令。○釋曰：言"三歲"者，三年一閏，天道小成，考校羣吏，須有黜陟，故云"三歲則大計羣吏之治"，羣吏則百官也。"以知民之財用、器械之數"者，民之財用謂幣帛多少，器謂禮樂之器，械謂兵器弓矢、戈、殳、戟、矛，此等則器械之數皆知之④。"以知田野"，謂百畝之田在野。"夫家"者，謂男夫婦女。"六畜"者，謂馬牛羊豕犬雞之數。又云"以知山林、川澤之數"者，案《大司徒》地有十等，不言丘陵、墳衍、原隰者，略言之也。又云"以逆羣吏之徵令"者，逆謂鉤考。此司書知"民之財器"已下、"川澤"已上，恐其羣吏濫徵斂萬民，故知此本數，乃鉤考其徵令之。注械猶兵也。逆，受而鉤考之。山林、川澤童枯則不税。○釋曰："山林、川澤童枯則不税"者，山林不茂爲童，川澤無水爲枯。所税者，税其有。今山林不茂，則無材木⑤，川澤無水，則無魚鼈、蒲葦，故不税之。凡税斂，掌事者受灋焉。及事成，則入要貳焉。○釋曰：言"凡税

---

① "中正"二字阮本作"本在"。

② "用財"二字原作"用財用"，婺本、金本、阮本同。王引之云："經兩'用'字複出，文不成義，下'用'字蓋因注而衍。"並據賈疏述經爲證。孫疏云："此'用'字，疑即下經'民之財用'之挩文誤移著此者。"兹徑乙。

③ "用"字原脱，婺本、金本、阮本同，據孫疏説補，賈疏述經云"以知民之財用、器械之數"，正有"用"字。參上條。

④ 加藤云："'則'當'財'之誤。"如其説，則"械"爲衍字，賈疏下文云"此司書知民之財器已下"，下經疏亦云"以司書知財器已下之數"，"財器"皆經文"財用器械"之簡稱。

⑤ "材木"二字原作"林木"，據阮本改。

斂"者,謂若地官閭師、旅師徵斂之官所欲税斂,"掌事者"皆來司書處"受法焉"。"及事成",收斂畢。"入要",謂寫一通副貳文書,名爲要,入司書,故云"入要貳焉"。必來受法、又入要貳者,以司書知"財器"已下之數,擬後鉤考之也。〖注〗法猶數也,應當税者之數。成猶畢也。○釋曰:云"應當税者之數"者,即上"田野、夫家"之等,是其本出税者之數也。凡邦治,攷焉。〖注〗考其法於司書。○釋曰:邦之所治有善惡,皆來考於司書者,以司書大計羣吏之治,知其功過故也。

職内掌邦之賦入,辨其財用之物而執其總,以貳官府、都鄙之財入之數,以逆邦國之賦用。○釋曰:云"掌邦之賦入"者,謂九職、九貢、九賦之税入皆掌之。獨云賦入者,賦是摠名,下言"賦"者皆此類也。"辨其財用之物",凡所税入者種類不同,須分別之。"而執其總"者,總謂税入多少總要簿書。又云"以貳官府、都鄙之財入之數"者,官府財入,謂若關市之税;都鄙之財入,都鄙謂三等采地,采地之税四之一。言貳者,謂職内受取一通副貳文書,擬鉤考。"以逆邦之賦用"之者[①],職内既知財入之數,鉤考用賦多少,知其得失。〖注〗辨財用之物,處之使種類相從。總,謂簿書之種別與大凡。官府之有財入,若關、市之屬。○釋曰:言"辨財用之物,使種類相從"者,但賦之所入,先由職内,始至大府,大府分致於衆府,以是分別,使衆類相從。云"官府之有財入,若關、市之屬"者,司關、司市皆屬地官,關、市皆有出税,故知官府之有財入若關、市也。言之屬者,兼有城十二門亦有税入。凡受財者,受其貳令而書之。○釋曰:其有官府合用官物而"受財者",並副寫一通勑令文書與職内,然後職内依數付之,故云"受其貳令書之"。〖注〗受財,受於職内以給公用者。貳令者,謂若今御史所寫下本奏王所可者。書之,若言某月某日某甲,詔書出某物若干,給某官某事。○釋曰:云"貳令,謂若今御史所寫下本奏王所可者",案《御史職》云:"掌贊書。"彼注云:"王有令,則以書致之,則贊爲辭,若今尚書作詔文。"是其用官財者先奏白於王,王許可,則御史贊王爲辭,下職内,是其貳令;職内則書之爲本案,然後給物與之。若然,職内主入,職歲主出,職内分置於衆府,所以得有物出與入者[②],職内雖分置衆府,職内亦有府,

---

① "之者"二字阮本同,加藤謂"之"爲衍字。
② 阮校引盧文弨説云:"'入'當作'人'。"

貨賄留之者故得出給，故《大府職》云“頒其賄於受用之府”，鄭注云“受用之府，若職内”是也。**及會，以逆職歲與官府財用之出，**〇釋曰：言“會”者①，謂至歲終會計。“以逆職歲”者，逆謂鉤考也。職歲主出，職内主入，以己之入財之數鉤考職歲出財之數。又云“與官府財用之出”者，謂職歲出財與官府所用之數，並鉤考之。**注**亦參互鉤考之。〇釋曰：鄭云“參互鉤考”者，案《司會》“以參互考之成”，彼注云：“參互，謂司書之要貳、職内之入、職歲之出。”以三官相鉤考。此職内逆職歲，明兼有司書之要貳，故言參互。言“亦”者，亦如《大府》也。**而叙其財以待邦之移用。注**亦鉤考今藏中餘見，爲之簿。移用，謂轉運給他。〇釋曰：案《司書》云：“以叙其財。”鄭彼注云：“叙，猶比次。謂鉤考其財幣所給及其餘見，爲之簿書，入職幣也。”此言“叙財”，亦謂比次職内“藏中餘見”，爲簿書，“以待邦之移用”，更給他官。若然，職内既非常府，其所藏者唯當歲所用，故用不盡者移用之也。

職歲掌邦之賦出，以貳官府、都鄙之財出賜之數，以待會計而攷之。〇釋曰：云“掌邦之賦出”者，職内主入，職歲主出，職内所入於衆府、所用之多少皆主之，故云掌邦之賦出。但九貢、九賦、九功之用皆主之，特言“賦”者，亦如《職内》云“賦”，賦是摠稱也。云“以貳官府、都鄙之財出賜之數”者，《職内》云：“以貳官府、都鄙之財入之數。”此職歲以貳官府、都鄙之財出賜之數，二官一入一出，皆書其貳，共相鉤考，故《職内》云“以逆邦之賦用”，此《職歲》云“以待會計而考之”，其事通。**注**以貳者，亦如職内書其貳令而編存之②。〇釋曰：云“亦如職内書其貳令而編存之”者，《職内》云：“凡受財者，受其貳令而書。”此官主出，所出亦皆由上令。所出前後不同，亦皆書其貳令，編存爲案，以待會計而考之也。**凡官府、都鄙羣吏之出財用，受式灋于職歲。注**百官之公用式法多少，職歲掌出之舊用事存焉。〇釋曰：“官府、都鄙出財用”皆來“受法”者，以其出財用皆爲有事，事有舊法，用有常，職歲出財皆有舊法式在於職歲，故須“受法於職歲”也。**凡上之賜予，以叙與職幣授之。注**叙，受賜者之尊卑。〇釋曰：“上”，謂王與冢宰。所有小賜予之事，則《職幣》所云

---

① “言”字阮本同，阮校云：“惠校本‘言’作‘及’，此誤。”

② “令”字原作“今”，據婺本、金本、阮本改。

“小用賜予”是也，故云“以叙與職幣授之”。**及會，以式灋贊逆會**。注助司會鉤考羣吏之計。○釋曰：案司會以逆羣吏之治而聽其會計，此官主式法出財用。“及”，至也。至歲終會計之時，則以式法贊助司會鉤考會計之事，故云“以式法贊逆會”。

　　職幣掌式灋以斂官府、都鄙與凡用邦財者之幣，○釋曰：職幣主餘幣，給諸官之用，亦依法式與之，故云“掌式法以斂官府已下之幣”，幣則餘幣也。注幣，謂給公用之餘。凡用邦財者，謂軍旅。○釋曰：云“幣，謂給公用之餘”者，以其此官主斂餘幣，故知幣謂給公用之餘。知“凡用邦財”是“軍旅”者，見經“斂官府、都鄙”別言“用邦財”，故知用邦財謂國之大事，唯有軍旅。**振掌事者之餘財。**○釋曰：“振”者，抍也、檢也。以財與之謂之抍，知其足剩謂之檢。掌事奉王命有所造爲，故職幣檢掌事者，有餘則受取，故云“振掌事者之餘財”。注振猶抍也、檢也。掌事，謂以王命有所作爲。先言斂幣，後言振財，互之。○釋曰：知“掌事，謂以王命有所作爲”者，以其上經“官府”已下是其國家常事，此別言“掌事”，是王命有所作爲。又云“先言斂幣，後言振財，互之”者，凡用國家財物，皆先振而後斂；今於上文直言斂不言振，亦振之，下言振財，有餘亦斂之可知，故言互之也。**皆辨其物而奠其録，以書楬之，以詔上之小用賜予。**注奠，定也。故書録爲禄。杜子春云：“禄當爲録，定其録籍。”鄭司農云：“楬之，若今時爲書以著其幣。”○釋曰：上經既斂得幣，皆當“辨其物”，知其色類及善惡。“而奠其録”者，謂定其所録簿書色別，各入一府。“以書楬之”者，謂府別各爲一牌書，知善惡價數多少，謂之楬。又云“以詔上之小用賜予”者，詔猶告也。職幣既知府内，則告上之王與冢宰小用賜予之事。此謂常賜予。《玉府》所云“凡王之好賜，共其貨賄”，及《内府》云“凡王、冢宰之好賜”，此二者非常賜與。外府及典絲、枲三官言“賜予”者，與此職幣同，亦是國家常賜予。**歲終，則會其出。**○釋曰：以其職幣主出，故“歲終”與司會會之。下“贊之”亦謂贊司會會之事也。**凡邦之會事，以式灋贊之**[1]。

　　司裘掌爲大裘，以共王祀天之服。○釋曰：言“爲大裘”者，謂造作黑

　　[1]　“凡邦”至“贊之”十字原直接上經文“歲終則會其出”之下，按賈疏云“下‘贊之’亦謂贊司會會之事也”，則阮本分爲兩節者是也，底本多有此類合併。

羔裘。裘言大者，以其祭天地之服，故以大言之，非謂裘體侈大，則義同於"大射"也。云"以共王祀天之服"者，謂四時所有祀天之事皆共之，不限六天之大小。直言祀天，案《孝經緯・鉤命決》云："祭地之禮與天同。"牲、玉皆不同，言同者唯據衣服，則知崐崘、神州亦用大裘可知。注鄭司農云："大裘，黑羔裘。服以祀天，示質。"○釋曰：先鄭知"大裘，黑羔裘"者，祭服皆玄上纁下，明此裘亦羔裘之黑者，故知大裘，黑羔裘。又云"服以祀天，示質"者，以其袞已下皆有采章，爲此大裘更無采章①，故云質。案《鄭志》："大裘之上又有玄衣，與裘同色。"亦是無文采。**中秋獻良裘，王乃行羽物。**○釋曰："良"，善也。仲秋所獻善裘者，爲八月誓獮田所用，故獻之。"王乃行羽物"者，行，賜也。以羽鳥之物賜羣臣，以應秋氣也。注良，善也。中秋鳥獸毨毦②，因其良時而用之。鄭司農云："良裘，王所服也。行羽物，以羽物飛鳥賜羣吏。"玄謂良裘，《玉藻》所謂"黼裘"與？此羽物，小鳥鶉雀之屬鷹所擊者。中秋鳩化爲鷹，中春鷹化爲鳩，順其始殺與其將止，而大班羽物。○釋曰：云"仲秋鳥獸毨毦"者，此是《尚書・堯典》文。案彼注："毨，理也，毛更生整理。"引之者，證仲秋有良裘意，故鄭云"因其良時而用之"也。司農云"良裘，王所服"者，先鄭意，良裘王所服，故仲秋獻之，羣臣所服裘在下經"季秋獻功裘"是也。後鄭不從之者，《月令》云："孟冬，天子始裘。"此良裘若是王之所服裘，何得在仲秋？故後鄭不從。"玄謂良裘，《玉藻》所謂黼裘與"者，案彼文云："唯君有黼裘以誓獮。"獮是仲秋田獵之名，彼獮田用黼裘，與此仲秋獻良裘同時，皆不爲寒設，故知此良裘則與彼黼裘一也。但無正文，約與之同，故言"與"以疑之也。言"黼裘"者，白與黑謂之黼，謂狐白與黑羔合爲黼文，故謂之黼裘。秋氣嚴猛，取斷割之義，故用黼。謂之"良裘"者，下經"功裘"之等臣所服，見人功麤；良裘與大裘皆君所服，針功細密，故得良裘之名。又云"此羽物，小鳥鶉雀之屬鷹所擊者"，案《夏官・羅氏》："仲春，羅春鳥，行羽物。"彼注云："羽物，若今南郡黃雀之屬。"彼黃雀即此雀之屬。此鶉與雀亦是鷹所擊，故連言鶉也。云"仲秋鳩化爲鷹，仲春鷹化爲鳩"者，此並《月令》文。引此者，證此"仲秋行羽物"與《月令》"仲秋鳩化爲鷹"殺物之時，是"順其始殺"也，故行羽物。又云仲春鷹化爲鳩者，證《羅氏》"仲春行羽物"與《月令》"仲春鷹化爲鳩"止殺之時，故云"與其將

---

①　"爲"字阮本同，阮校謂當據惠校本作"惟"。孫疏據改。

②　阮校引惠棟《九經古義》云："'毨'當爲'毦'，字之誤也。鄭氏《尚書》云'中秋鳥獸毦毨'、'中冬鳥獸毨毦'，涉下而誤耳。"

止"。云"班羽物"者，摠結春秋二時皆大班行羽物。**季秋獻功裘，以待頒賜。**
〇釋曰：案《詩》云："七月流火，九月授衣。"此"季秋"則是九月授衣之節。"季秋獻功
裘，以待頒賜"者，功裘之內有羣臣所服之裘，故言以待頒賜。**注**功裘，人功微麤，謂狐
青、麛裘之屬。鄭司農云："功裘，卿大夫所服。"〇釋曰：言"功裘，人功微麤"者，此對
"良裘"與"大裘"人功微密，此裘人功麤，故名功裘。又云"謂狐青、麛裘之屬"者，案《玉
藻》："君子狐青裘豹褎，麛裘青豻褎。"彼云君子，鄭云："君子，大夫士也。"以其彼云豹
褎、青豻褎，褎用雜，故爲大夫士；若君，則用純。引此者，證功裘中有此狐青、麛裘，以
待頒賜。《玉藻》仍有"羔裘"、"狐裘"，亦是臣之所服裘，不引之者，之屬中含之矣。若
然，狐青裘者，鄭《玉藻》注云："蓋玄衣之裘。"天子下士玄端之服皆服之[①]。又云麛裘
者，鄭彼注引孔子"素衣麛裘"，謂是君臣視朔之服。彼云羔裘，注引孔子"緇衣羔裘"；
鄭注《論語》云："君之視朝之服，亦卿大夫士祭於君之服。"若然，卿大夫助祭用冕服，士
用爵弁。君朝服冕服羔裘，卿大夫士弁冕用羔裘，至於朝服亦用羔裘，即是君臣祭服、
朝服同服羔裘也。又云狐裘者，鄭注《玉藻》引孔子"黃衣狐裘"，謂是十月農功畢臘祭
先祖之服。據鄉來所解四種之裘，君臣同有，以其經云"以待頒賜"唯據其臣，若據天
子、諸侯，除大裘之外，亦入此功裘之中。案《玉藻》仍有"狐白裘"，據天子之朝大夫已
上所服，亦入此功裘之中。鄭司農云"功裘，卿大夫所服"者，先鄭之意，以良裘王所服，
故此功裘是卿大夫所服。後鄭引之在下者，經云"以待頒賜"據臣而言，司農云功裘卿
大夫所服，得爲一義，故引之在下。**王大射，則共虎侯、熊侯、豹侯，設其**
鵠。諸侯則共熊侯、豹侯，卿大夫則共麋侯，皆設其鵠。〇釋曰：言
"王大射"者，王將祭祀，選助祭之人，故於西郊小學之中，王與諸侯及羣臣等行大射之
法，故云王大射也。"則共虎侯、熊侯、豹侯"者，虎侯者，謂以虎皮飾其側，九十步之侯，
王自射之也；熊侯者，以熊皮飾其側，七十步之侯，諸侯射之也；豹侯者，謂以豹皮飾其
側，五十步之侯，孤卿大夫已下射之也。云"設其鵠"者，其鵠還以虎熊豹皮爲之。方制
之，三分其侯，鵠居其一，故云設其鵠也。云"諸侯則共熊侯"者，謂畿內諸侯三公、王子
母弟熊侯，亦如王之熊侯，諸侯自射之；"豹侯"者，亦如王之豹侯，羣臣共射之也。"卿大
夫"者，謂王朝卿大夫。"則共麋侯"者，亦五十步，以麋皮飾其側，君臣共射之。云"皆設

---

① 孫校云："'下士'當云'下至士'，謂天子、諸侯、卿、大夫、士，凡玄端皆衣青裘
也。今本挩'至'字，義不可通，玄端不僅天子下士之服也。"

其鵠"者,熊侯已下亦以熊豹麋之皮爲鵠,三分其侯,鵠居一焉,故云設其鵠也。**注** 大射者,爲祭祀射,王將有郊廟之事,以射擇諸侯及羣臣與邦國所貢之士可以與祭者。射者可以觀德行,其容體比於禮,其節比於樂,而中多者,得與於祭。諸侯,謂三公及王子弟封於畿內者。卿大夫亦皆有采地焉。其將祀其先祖,亦與羣臣射以擇之。凡大射,各於其射宮。侯者,其所射也。以虎熊豹麋之皮飾其側,又方制之以爲羣,謂之鵠,著于侯中,所謂皮侯。王之大射:虎侯,王所自射也;熊侯,諸侯所射;豹侯,卿大夫以下所射。諸侯之大射:熊侯,諸侯所自射;豹侯,羣臣所射。卿大夫之大射:麋侯,君臣共射焉。凡此侯道,虎九十弓,熊七十弓,豹、麋五十弓。列國之諸侯大射,大侯亦九十,參七十,干五十,遠尊得伸可同耳。所射正謂之侯者,天子中之則能服諸侯,諸侯以下中之則得爲諸侯。鄭司農云:"鵠,鵠毛也。方十尺曰侯,四尺曰鵠,二尺曰正,四寸曰質。"玄謂侯中之大小取數於侯道。《鄉射・記》曰:"弓二寸以爲侯中。"則九十弓者侯中廣丈八尺,七十弓者侯中廣丈四尺,五十弓者侯中廣一丈。尊卑異等,此數明矣。《考工記》曰:"梓人爲侯,廣與崇方,參分其廣而鵠居一焉。"然則侯中丈八尺者鵠方六尺,侯中丈四尺者鵠方四尺六寸大半寸,侯中一丈者鵠方三尺三寸少半寸。謂之鵠者,取名於鳱鵠。鳱鵠小鳥而難中,是以中之爲儁。亦取鵠之言較,較者直也,射所以直己志。用虎熊豹麋之皮,示服猛討迷惑者。射者大禮,故取義衆也。士不大射,士無臣,祭無所擇。故書"諸侯則共熊侯虎侯"。杜子春云:"虎當爲豹。"○**釋曰**:知"大射,爲祭祀射"者,見《禮記・射義》云"天子大射,謂之射侯"即云①"天子將祭,必先習射",故知大射是將祭而射也。云"王將有郊廟之事"者,郊謂祭五天帝於四郊。不言圓丘祭昊天,亦有可知。廟謂祭先王、先公皆是也。云"以射擇諸侯"至"得與於祭",皆《禮記・射義》文。案彼云"天子以射選諸侯卿大夫士"即云"是故古者天子之制,諸侯歲獻,貢士於天子,試之射宮。其容體比於禮,其節比於樂,而中多者,得與於祭,而中少者,不得與於祭",是其大射擇諸侯、羣臣、貢士得與祭之事也。云"諸侯,謂三公及王子弟封於畿內者",若"六命賜官"及"建其長,立其兩",可得及卿;此經"卿"與"大夫"同麋侯,明"諸侯"之內唯有三公、王子弟也。言封畿內者,此謂王子弟無官,直得采地而已。言封畿內者,對魯、衛、晉、鄭之等封在外爲諸侯者也。云"卿大夫亦皆有采地焉"者,案《載師》"大都任畺地",是此諸侯也;又云"小都任縣地,家邑任稍地",是其卿大夫亦皆有采地

---

① "即"字原作"既",阮本同,阮校引浦鏜説云:"'即'誤'既'。"兹據改。賈疏下文引《射義》,其例亦同。

焉。云“其將祀其先祖，亦與其羣臣射以擇之”者，諸侯亦與畿外諸侯同五廟，卿大夫亦三廟。此經不云孤，孤六命，亦與卿同，是其祀先祖之事也。云“凡大射，各於其射宮”者，謂從“王”已下至“大夫”，大射各自於其西郊之學射宮之中。知然者，案《儀禮·大射》云：“公入，《驁》。”自外而來入，明王已下皆於郊學也。云“侯者，其所射也”者，以其雖有正、鵠之別，侯是摠名，故云“侯者，所射也”。云“以虎熊豹麋之皮飾其側”者，侯中上下俱有布一幅夾之，所飾者唯有兩傍之側，故云飾其側也。云“又方制之以爲辜，謂之鵠，著于侯中”者，梓人爲侯，廣與崇方，故云方制之。質者正也，所射之處，故名爲質①。三分其侯，鵠著於侯中。云“所謂皮侯”者，所謂《梓人》“張皮侯而棲鵠”。云“王之大射：虎侯，王所自射也”者，遠近三等，人有尊卑，分爲三節，尊者射遠，卑者射近，故知王射虎侯。諸侯卑於天子，其自射射熊侯，明助王祭亦射熊侯。卿大夫卑於諸侯，以其自家射射麋侯五十步，明助王亦射豹侯五十步，故知射豹侯。卿大夫更言“已下”者，兼有士，亦射豹侯。“諸侯之大射：熊侯，諸侯所自射；豹侯，羣臣所射”，以其唯有二侯，故分爲二等。云“卿大夫之大射：麋侯，君臣共射焉”者，以其唯有一侯故也。云“凡此侯道，虎九十弓”至“五十弓”，並約《鄉射·記》。案《鄉射·記》云“鄉侯侯道五十弓”，案《大射》大侯、糝侯、豻侯直言“九十”、“七十”、“五十”，不云“弓”，故注《鄉射·記》云：“大侯九十弓，糝侯七十弓，豻侯五十弓。”並約鄉侯有“弓”字，則《大射》所云“九十”者九十弓，“七十”者七十弓、“五十”者五十弓可知也。天子三侯，與彼畿外諸侯同，但用皮別耳，故此注“虎侯九十弓，熊侯七十弓，豹、麋五十弓”。云“列國之諸侯大射，大侯亦九十，參七十，干五十”者，《大射》所云者是也。鄭注《大射》云：“大侯者，熊侯也。糝侯者，糝，雜也。豹鵠而麋飾，下天子大夫也。豻侯者，豻鵠豻飾也。”云“遠尊得伸可同耳”者，對此經畿內諸侯之近尊，不得同於天子三侯。云“所射正謂之侯者，天子中之”已下，皆《禮記·射義》文。鄭司農云“鵠，鵠毛也”者，先鄭意，以鵠字與鴻鵠字同，故爲鵠毛解之。案《梓人》云：“張皮侯而棲鵠。”毛非可棲之物，故後鄭不從。云“方十尺曰侯”者，此先鄭之意，見《鄉射》“鄉侯五十弓，弓二寸以爲侯中”，侯中一丈，故云十尺。此先鄭唯解五十步侯，於義則可。若九十、七十、五十其侯摠方一丈，則不可，故後鄭不從。云“四尺曰鵠”者，案《梓人》：“三分其侯，鵠居一焉。”則無此方四尺曰鵠，故後鄭亦

---

① 孫疏謂鄭注“辜”字賈疏所據本作“質”：“賈釋質爲正，而不及辜。《詩·小雅·賓之初筵》孔疏引鄭此注亦作‘質’，是孔、賈所見本同。今本疏述注仍作‘辜’者，宋人以疏合注時改。”

不從。云"二尺曰正"者,案《梓人》"張皮侯而棲鵠",大射之侯也;又云"張五采之侯,遠國屬",賓射之侯也。若然,賓射射正,大射射鵠。此既大射,正、鵠雜言,故後鄭亦不從也。云"四寸曰質"者,言質,即《詩》云"發彼有的",及鵠皆是一物。其鵠不止四寸而已,故後鄭亦不從。"玄謂侯中之大小取數於侯道"者,其侯道則去侯遠近之道,故引《鄉射·記》。《鄉射·記》曰:弓二寸以爲侯中"者,二寸據把中側骨中身也,弓別取二寸以爲侯身也。"則九十弓者侯中廣丈八尺"者,據虎侯也。又云"七十弓者侯中廣丈四尺"者,據熊侯也。"五十弓者侯中廣一丈也"者,據豹侯、麋侯也。云"尊卑異等,此數明矣"者,破司農摠方十尺曰侯之言。云"《考工記》曰:梓人爲侯,廣與崇方"者,崇,高也。上下爲崇,橫度爲廣。如鄉者侯中丈八、丈四、一丈,皆方,故云廣與崇方也。云"參分其廣鵠居一焉"者,謂三分丈八、丈四、一丈之侯,各取一分而爲鵠,故云三分其廣鵠居一焉。又云"然則侯中丈八尺者鵠方六尺",自此已下,皆重釋"鵠居一焉"之義。以其侯中丈八,三六十八,故鵠居六尺。"侯中丈四尺者鵠方四尺六寸大半寸"者,以其侯中丈四尺,取丈二尺,三四十二,得四尺;有二尺在,又取尺八寸,三六十八,又得六寸;有二寸在,寸各爲三分,二寸併爲六分,取二分,名爲三分寸之二,即是大半寸也。故云鵠方四尺六寸大半寸也。"侯中一丈者鵠方三尺三寸少半寸"者,一丈取九尺,三三而九,得三尺;一尺在,又取九寸,得三寸;仍有一寸,分爲三分,得一分,名爲少半寸。故云鵠方三尺三寸少半寸。云"謂之鵠者",此鄭釋鵠還是虎豹等皮名爲鵠意,故云"謂之鵠者,取名於鴅鵠"。鴅鵠者,案《淮南子》:"鴅鵠知來。"俗云鴅鵠是小鳥捷點者也,故云"鴅鵠小鳥而難中"。云"亦取鵠之言較,較者直也,射所以直己志"者,案《禮記·射義》云:"循聲而發,不失正鵠。"若然,正、鵠相對之物:若鵠爲鳥,正亦爲鳥;若鵠爲直,正則爲"正直"之正,故《射義》云:"射者内志正,外體直。"是正、鵠之名各有二義。又云"用虎熊豹麋之皮,示伏猛討迷惑者",虎熊豹是猛獸,將以爲侯,侯則諸侯也,是示能伏得猛屬諸侯;麋者迷也,將以爲侯,示能討擊迷惑諸侯。云"射者大禮,故取義衆也"者,以其祭者是大事,射者觀德,故爲大禮,故於三侯之上取義衆多。云"士不大射,士無臣,祭無所擇"者,案《孝經》云天子、諸侯、大夫皆言"爭臣",士則言"爭友",是無臣也。大射者所以擇臣,士則無臣可擇,故經不言士之大射,士自無大射之禮。得與天子大射者,以其得助祭故也,是以鄭注云"豹侯,卿大夫已下所射",已下即士也。至於賓射,士自爲賓射,故《射人》云:"士豻侯,二正。"不得與天子賓射,是以鄭《射人》注云"此與諸侯射,士不與"是也。云"故書諸侯則共熊侯虎侯。杜子春云:虎當爲豹",不從故書者,虎侯是天子大侯,不宜在諸侯熊侯之下,故不從也。**大喪,廞裘,飾皮車。**○釋曰:

“大喪”，謂王喪。“廞”，猶興也。興象生時裘而爲之，謂明器中之裘，即上“良裘”、“功裘”等。云“飾皮車”者，亦謂明器之車以皮飾之。注皮車，遣車之革路。故書廞爲淫。鄭司農云：“淫裘，陳裘也。”玄謂廞，興也。若《詩》之興，謂象似而作之。凡爲神之偶衣，物必沽而小耳①。○釋曰：“皮車，遣車之革路”者，案《冬官·考工記》：“飾車欲侈，棧車欲弇。”除棧車之外，皆用革鞔，即此皮車非專革路。鄭特云“皮車，革路”者，此司裘所飾唯革路而已。云“故書廞爲淫。鄭司農云：‘淫裘，陳裘也’”者，此《周禮》一部之內，稱“廞”者衆多，故書皆爲“淫”，先鄭皆爲“陳”，後鄭皆破從“興”。興謂興象生時之物而作之。必知爲陳非、爲興是者，《車僕》云：“大喪，廞革車。”《圉人》云：“廞馬亦如之。”即是所廞車馬。又《禮記·檀弓》云：“竹不成用，瓦不成味，琴瑟張而不平，竽笙備而不和。”皆是興象所作明器，非陳設之理，故不從先鄭。“玄謂廞，興也。若《詩》之興，謂象似而作之”者，象似生時而作，但麤惡而小耳。云“凡爲神之偶衣，物必沽而小耳”者，案《禮記·檀弓》，孔子云：“謂爲俑者不仁。”鄭以俑爲偶也，故鄭云神之偶衣，謂作送死之衣與生時衣服相似。又云物沽而小者，沽，麤也。謂其物沽略而又小，即“竹不成用②，瓦不成味”是也。**凡邦之皮事，掌之。歲終則會，唯王之裘與其皮事不會。**

　　掌皮掌秋斂皮，冬斂革，春獻之。○釋曰：云“秋斂皮，冬斂革，春獻之”者，許氏《說文》：“獸皮治去其毛曰革。”秋斂皮者，鳥獸毛毨之時其皮善，故秋斂之。革乃須治，用功深，故冬斂之。乾久成善乃可獻，故春獻之也。注皮革踰歲乾久乃可用。獻之，獻其良者於王，以入司裘，給王用。○釋曰：知“良者入司裘”者，以其司裘掌爲王大裘以下，故知良者入司裘也。**遂以式灋頒皮革于百工。**○釋曰：上文獻良者入司裘，其餘入百工，因上事，故云“遂”也。“百工”者，即冬官六十官，主作器物，若裘氏、韋氏、函人之類用皮者也。注式法，作物所用多少故事。○釋曰：云“式法，作物所用多少故事”者，作，若裘氏作裘，函人作甲冑。謂皮革皆有用物多少之數，有舊法

---

① 阮校云：“案賈疏讀‘凡爲神之偶衣’句絕、‘物必沽而小耳’句絕，惠士奇云‘物’當屬上句。按惠説是。”孫疏云：“偶衣物謂明器，賈疏讀‘偶衣’句斷，失之。”兹暫據賈疏之説標點。

② “竹”字原作“木”，據阮本改。

者也。**共其毳毛爲氊，以待邦事。** 注當用氊則共之。毳毛，毛細縟者。〇釋曰：鄭云"當用氊則共之"，謂若掌次張氊案，是當其用氊，則掌皮"共毳毛"與冬官，使作氊與掌次也。**歲終，則會其財齎。** 〇釋曰："歲終"，周之十二月。則會計其皮之本數之財及出與人物之齎①，計知多少也。注財，斂財本數及餘見者。齎，所給予人以物曰齎。今時詔書或曰齎計吏。鄭司農云："齎或爲資。"〇釋曰："財，斂財本數"者，經云"財"與"齎"二者並據皮革而言也，言斂財本數者，謂四方所有皮革之入掌皮之數，是本數也。云"及餘見"者，謂出給不盡見在庫者也。云"予人以物曰齎"者，齎有兩義，上《外府》注"行道曰齎"②，此皮革無行道所用之義，故齎爲出給與人物解之也。云"今時詔書或曰齎計吏"者，漢時考使謂之計吏，有詔賜與之則曰齎。引之，證齎是與人物也。鄭司農云"齎或爲資"，先鄭意，一部書齎或爲資也③。

内宰掌書版圖之灋以治王内之政令，均其稍食，分其人民以居之。注版，謂宮中閽、寺之屬及其子弟録籍也。圖，王及后、世子之宮中吏官府之形象也。政令，謂施閽、寺者。稍食，吏禄禀也。人民，吏子弟。分之使衆者就寡，均宿衛。〇釋曰：内宰既職當内事，與大宰主外事相似，故知"版"之所書者，"謂宮中閽、寺之屬"，并宮中官之"子弟"，皆屬内宰，書之於版焉。既主内事，故知所"圖"者，不出"王及后、世子之宮中吏官府之形象也④"。又知"政令，謂施閽、寺者"，以其閽人主中門之禁，寺人掌王之内人之戒令，内宰爲之長，故知政令者施之於閽人、寺人也。不言内小臣及内豎者，蓋亦施之也。云"稍食，吏禄禀也"者，吏即閽、寺弟子宿衛后宮者⑤。宮正所均謂宿衛王宮者。以米禀爲禄之月俸。均之者，當知見在空闕也。云"人民，吏子弟"者，以其所均稍食是吏之子弟，明所分宿衛還是吏之子弟也。**以陰禮教六宮，** 〇釋曰：先鄭意，以"陰禮"婦人之禮"教六宮"之人，自后已下至女御。後鄭意，以婦人

---

① "人"字原作"入"，據阮本改。此經鄭注之賈疏兩言"與人物"。
② 浦鏜謂"行道"下脱"之財用"三字。按《典婦功》賈疏亦云"行道曰齎"，此賈疏省文例。
③ 阮校云："'書'下當脱'内'。"
④ "宮"字原作"官"，據阮本改。
⑤ "弟子"二字阮本同，阮校云："惠校本作'子弟'，此誤倒。"按惠氏蓋據鄭注校改。

之禮教后一人，六宫即后也。注鄭司農云：“陰禮，婦人之禮。六宫後五前一，王之妃百二十人：后一人，夫人三人，嬪九人，世婦二十七人，女御八十一人。”玄謂六宫謂后也。婦人稱寢曰宫。宫，隱蔽之言。后象王，立六宫而居之，亦正寢一、燕寢五。教者，不敢斥言之，謂之六宫，若今稱皇后爲中宫矣。《昏禮》：“母戒女曰：夙夜毋違宫事。”○釋曰：先鄭知“陰禮，婦人之禮”者，以其將用教婦人，故知陰禮是婦人之禮也。云“六宫後五前一”者，天子謂之六寢，《宫人》所云者是也；后亦象王，立宫亦後五前一，在王六寢之後爲之，南北相當耳。云“王之妃百二十人”至“八十一人”，此是《禮記·昏義》之文，彼據周法。引之者，先鄭意，欲見内宰教此六宫之人也。“玄謂六宫謂后”，不從先鄭者，若此文兼后至女御，應言“及”與“凡”殊之。下别自教三夫人已下，此文既在於上，明專教后一人而已。云“若今稱皇后爲中宫矣”者，《漢舊儀》有此事也。引《昏禮》者，證婦人稱宫之意也。**以陰禮教九嬪，**注教以婦人之禮。不言教夫人、世婦者，舉中，省文①。○釋曰：司農意，上文教六宫之人訖，此復“教九嬪”者。先鄭意，以九嬪掌婦學之法，使之教九御，故《内宰》特更别教之也。後鄭意，下文别教九御，故知此教三夫人已下。“不言三夫人、世婦者”，“舉中”以見上下，“省文”。**以婦職之灋教九御，使各有屬以作二事，正其服，禁其奇衺，展其功緒。** ○釋曰：内宰以婦人職業之法教九御。上文世婦已上皆直言“陰禮”不言“職”，此言“職”者，以其世婦以上貴，無絲、枲等職業之法故也。云“使各有屬”者，女御八十一人，九人爲一屬，屬猶聚也。九人同時御，又同爲絲、枲之事。注婦職，謂織紝、組紃、縫線之事。九御，女御也，九九而御于王，因以號焉。使之九九爲屬，同時御，又同事也。正其服，止踰侈。奇衺，若今媚道。展猶録也。緒，業也。故書二爲三，杜子春云：“當爲二，二事謂絲、枲之事。”○釋曰：“婦職，謂織紝”，織紝爲一事，組紃又爲一事，縫線又爲一事，三者皆婦職也。案《詩》注云：“王后織玄紞，公、侯夫人紘綖，卿之内子大帶，大夫命婦成祭服，士妻朝服，庶士以下各衣其夫。”貴賤皆有職者，彼示雖貴無得遊手率先之意，非如此絲、枲二事責其功緒也。又云“九御，女御也”者，《序官》云“女御”，故就而釋之也。云“九九而御于王，因以號焉”者，案下《女御職》云：“掌御叙于王之燕寢。”此云九御，是九九而御于王，因以號焉。云“使之九九爲屬，同時御，又同事也”者，此鄭釋九人爲屬之意也。云“正

---

① “文”字原作“丈”，據婺本、金本、阮本改。

其服,止蹦侈"者,女御褖衣是正,不得蹦侈服展衣以上也。云"奇衺,若今媚道"者,案《漢書》,漢孝文時婦人蠱惑媚道,更相呪詛,作木偶人埋之於地。漢法又有官禁[1],云"敢行婦道者"[2]。若然,媚道謂道妖衺巫術以自衒媚[3],故鄭舉漢法證經"奇衺"也。

大祭祀,后裸、獻,則贊。瑤爵亦如之。 ○釋曰:"大祭祀",謂祭宗廟也。"后裸"者,謂室中二裸,后亞王裸尸。"獻",謂朝踐、饋獻,后以玉爵亞王而獻尸。"則贊"者,此三事内宰皆佐后。裸時以璋瓚授后,獻時以玉爵授后,故云則贊也。"瑤爵亦如之"者,謂尸卒食,王酳尸,后亞王而酳尸,則内宰以瑤爵授后,后親酌盎齊以酳尸。云瑤爵亦如之者,亦贊之也。 注 謂祭宗廟,王既裸而出迎牲,后乃從後裸也。《祭統》曰:"君執圭瓚裸尸,大宗執璋瓚亞裸。"此大宗亞裸謂夫人不與而攝耳。獻,謂王薦腥、薦孰,后亦從後獻也。瑤爵,謂尸卒食,王既酳尸,后亞獻之,其爵以瑤爲飾。 ○釋曰:以其天地、山川、社稷等外神后夫人不與,又天地無裸,此云"裸",故知經云"大祭祀"者據"宗廟"而言也。但宗廟之祭,四時與禘祫六享皆有此裸、獻、瑤爵之事,故摠言宗廟也。云"王既裸而出迎牲,后乃從後裸也"者,案《郊特牲》云:"既灌,而出迎牲。"彼據君而言,則知王既裸而出迎牲,后乃從裸。案《司尊彝》注,后亞王灌訖乃出迎牲者,以《郊特牲》云"既灌,而出迎牲",以既灌之中不言無后灌,是以鄭云后灌後乃迎牲;此云迎牲後后乃裸,鄭以迎牲是王事,欲取王事自相亞,故退后裸於迎牲後也。又引《祭統》已下者,彼雖諸侯禮,欲見后有從王亞裸之事,與諸侯同也。又云"獻,謂王薦腥、薦孰,后亦從後獻也"者,案《禮記・禮運》云:"腥其俎,孰其殽。"鄭云:"腥其俎,謂豚解而腥之。孰其殽,謂體解而爓之。"是其薦腥、薦孰也。此二者是堂上朝踐、饋獻之節。室中二灌訖,王出迎牲時,祝延尸於户外之西,南面,后薦八豆八籩,王牽牲入,以血毛告訖,以此腥其俎薦於神前,王以玉爵酳醴齊以獻尸,后亦以玉爵酳醴齊以獻尸也。朝踐訖,乃孰其殽薦於神前,王以玉爵酳盎齊以獻尸,后亦玉爵酳盎齊以獻尸,名爲饋獻。云"瑤爵,謂尸卒食,王既酳尸,后亞獻之"者,案《儀禮》鄭注云:"諸侯尸十三飯,天子尸十五飯。"尸食後,王以玉爵酳朝踐醴齊以酳尸,謂之朝獻;后亦於後以瑤爵酳饋獻時盎齊以酳尸,謂之再獻,故云后亞獻也。云"其爵以瑤爲飾"者,鄉來所解知后以瑤爵亞酳尸者,約《明堂位》云"爵用玉醆仍彫,加以璧散、璧角"。食後稱加,彼魯用王禮,即知王酳

尸亦用玉醆，后酳尸用璧角，賓長酳尸用璧散。彼云“璧”、此云“瑤”不同者，瑤，玉名，瑤玉爲璧形，飾角口則曰璧角。角受四升，爵爲揔號，故鄭云其爵以瑤爲飾也。**正后之服位而詔其禮樂之儀。**○釋曰：云“正后之服位”者，服，謂若《内司服》“褘衣”已下六服。皆正之，使服當其用。位，謂后助祭之位。正之，使不失其所。“而詔其禮樂之儀”者，后之行禮之時，皆合于樂節，各當其威儀，皆内宰告后，使依於法度，故云詔其禮樂之儀也。**注**薦徹之禮當與樂相應。位，謂房中、户内及阼所立處。○釋曰：案《九嬪職》云：“贊后薦徹豆籩。”是后“薦徹”也。天子之禮①，薦時歌《清廟》，及徹歌《雍》，是薦徹皆有樂節。但内宰所詔，唯詔禮耳，經兼云樂者，禮樂相應也。云“位，謂房中、户内及阼所立處”者，但天子、諸侯祭禮亡，今云位謂房中者，案《儀禮·特牲》云：“主婦亞獻尸，尸拜受，主婦北面拜送。”主婦北面拜者，避内子。及尸酢主婦，主婦適房中，南面祭酒。及主人致爵于主婦，亦於房中南面拜受爵。至於《少牢》，主婦入户，西面獻尸，及酢，主婦無入房之文。即此位謂房中、户内者，據《特牲》士禮而言也。云及阼所立處者，案《少牢》、《有司徹》云：主人位于阼階上②，獻尸侑訖，“主婦乃洗爵于房中，出，實爵，尊南西面獻尸。尸拜于筵上，受。主婦西面于主人席北拜送爵。”云主人席北，即當阼階，故云阼所立處，此約《有司徹》而言也。**贊九嬪之禮事。注**助九嬪贊后之事。九嬪者贊后薦玉籩，薦徹豆籩。○釋曰：“贊”，助也。鄭云“助九嬪贊后之事”者，以經云“贊九嬪之禮事”，則助九嬪經自明矣，知九嬪贊后者，即鄭所引《九嬪職》“贊后”，爲后“薦玉籩，薦徹豆籩”等，是九嬪贊后之事。即是内宰助九嬪，九嬪贊后也。**凡賓客之祼、獻、瑤爵，皆贊。**○釋曰：“賓客”，則王同姓及二王後。以其非一，故云凡以廣之。云“祼”者，謂行朝覲禮訖，即行三享之禮，享訖，乃禮賓於户牖之間。“獻”，謂饗燕賓客，后亦助王獻賓。“瑤爵”，謂王饗燕酬賓時，后亦助王酬賓。“皆贊”助于后也。**注**謂王同姓及二王之後來朝覲爲賓客者。祼之禮，亞王而禮賓。獻，謂王饗燕，亞王獻賓也。瑤爵，所以亞王酬賓也。《坊記》曰：“陽侯殺穆侯而竊其夫人，故大饗廢夫人之禮。”○釋曰：鄭知賓客是“王同姓及二王之後”者，見《大行人》云“上公之禮再祼而酢，侯、伯一祼而酢，子、男一祼不酢”，則是上公乃有再祼，王先一祼，次后再

---

① “天”字原作“夫”，據阮本改。
② “主”字原作“王”，據阮本改。

裸。案《孝經緯》云:"二王之後稱公。"則知二王之後有后裸也。又案《巾車》云:"同姓金路。"鄭云:"王子母弟雖爲侯、伯,畫服如上公。"則此云王之同姓亦謂爲侯、伯,得與上公同再裸,亦有后裸可知。若同姓爲子、男者,則與異姓同一裸,無后裸也。故鄭云"謂王同姓及二王之後來朝覲爲賓客者"。但裸時大宗伯代后,至于拜送則后,則内宰亦贊后拜送爵。云"裸之禮,亞王而禮賓"者,案《聘禮》有以醴禮賓之言,故鄭依而言之。若據《大行人》,則云裸也。云"獻,謂王饗燕,亞王獻賓也"者,后之裸者,饗燕亦與焉。案《大行人》云:"上公三饗、三食、三燕,侯、伯再饗、再食、再燕,子、男一饗、一食、一燕。"無飲酒之禮,唯有饗燕耳。饗者,亨大牢以飲賓。立行禮,在廟,獻依命數,爵盈而不飲。燕禮,其牲狗,行一獻之禮,四舉旅[1],降,脱屨升坐,其爵以醉爲度。饗燕皆有獻賓酬賓、后亦助王獻賓酬賓之事,内宰皆贊后也。引《坊記》者,陽國之侯來朝於穆侯,穆侯饗陽侯之時,穆侯夫人亦助君獻酬于賓。其時陽侯見穆侯夫人色美,遂"殺穆侯而竊其夫人"歸國,"故大饗廢夫人之禮"。引之者,證古者諸侯夫人助君饗賓,明天子后亦有助王饗燕賓,故經云"后裸、獻"之事也。**致后之賓客之禮。**注謂諸侯來朝覲及女賓之賓客。○釋曰:"致后之賓客之禮"者,謂若《酒正》云"致后之賓客之禮"。其《掌客》致夫人之禮,彼諸侯夫人致禮于賓客法,明后亦致牢禮於賓[2]。鄭注《掌客》:"凡夫人禮,皆使下大夫致之。"則此内宰亦下大夫也。云"女賓之賓客"者,謂畿内同姓諸侯夫人,有會見王后之法,故亦致禮焉。**凡喪事,佐后使治外内命婦,正其服位。**○釋曰:喪言"凡",則王及后、世子已下皆是,以其皆有服位,故云凡以廣之。凡有喪事,内宰皆"佐后",使其屬官"治外内之命婦",正其"服"之精麤、"位"之前後也。注使,使其屬之上士。内命婦,謂九嬪、世婦、女御。鄭司農云:"外命婦,卿大夫之妻。王命其夫,后命其婦。"玄謂士妻亦爲命婦。○釋曰:以外内命婦卑,故内宰不自治之,故經云"使",明"使其屬之上士"治之。云"内命婦,謂九嬪、世婦、女御"者,以其對外命婦,故知内命婦是九嬪已下可知也。不言三夫人者,三夫人從后,不在治限,故不言也。司農云"王命其夫,后命其婦"者,先鄭見《禮記·玉藻》云"君命屈狄"是子、男夫人,彼是后命之,明王朝之臣亦王命其夫、后命其婦可知。"玄謂士妻亦爲命婦"者,

---

①　浦鏜云:"'四'疑'至'字誤。"加藤引汪文臺説云:"案'四舉旅'者,謂君舉旅、卿舉旅、大夫舉旅、士舉旅也,《燕義》有其文。浦疑'四'爲'至',恐非。"

②　阮校云:"惠校本'賓'下有'客',此脱。"

夏、殷之禮，爵命不及於士；周之禮，上士三命，中士再命，下士一命。夫尊于朝，妻榮于室，明士妻亦爲命婦可知。若然，《喪服》"命夫"、"命婦"皆據大夫不含士者，彼據降服不降服爲説，故唯據大夫爲命夫，其妻爲命婦，不及士也。**凡建國，佐后立市，設其次，置其叙，正其肆，陳其貨賄，出其度量淳制，祭之以陰禮。** ○釋曰：王者"建國"，非定一所，隨世而遷，謂若自契至湯八遷，大王遷岐，文王遷豐，武王遷鎬，成王營洛，皆是建國，故云"凡"以該之也。凡建國，内宰"佐后立市"。"設其次"，謂司市所居。"置其叙"，謂胥師、賈師等所居。"正其肆"，謂諸行列肆之等。"陳其貨賄"，貨賄爲有諸物皆陳列之也[1]。"出其度量"，謂内宰佐后出度之丈尺、量之斗斛，及出淳之幅廣狹，并制之丈八尺。又於市中"祭之以陰禮"，謂婦人之祭禮也。**注**市朝者，君所以建國也，建國者必面朝後市。王立朝而后立市，陰陽相成之義。次，思次也。叙，介次也。陳猶處也。度，丈、尺也。量，豆、區之屬。鄭司農云："佐后立市者，始立市，后立之也。祭之以陰禮者，市中之社，先后所立社也。"故書淳爲敦，杜子春讀敦爲純。純謂幅廣也。制謂匹長。玄謂純制，《天子巡守禮》所云"制幣丈八尺，純四鴘"與？陰禮，婦人之祭禮。○釋曰：云"市朝者，君所以建國也"者，謂建國必須有市朝，故鄭即覆釋云"建國者必面朝後市"，面朝後市乃《冬官•匠人》文。云"王立朝"者，即三朝皆王立之也。"而后立市"者，即此文是也。云"陰陽相成之義"者，朝是陽，王立之；市是陰，后立之。獨陽不生，獨陰不成，故云陰陽相成之義也。云"次，思次也"者，《地官•司市》云"思次"、"介次"，彼注破"思"爲"司"字解之。云"叙，介次也"者，亦《司市》文。介，副也。謂若胥師、賈師等所居也。案《司市》注："次，謂吏所治舍，思次、介次也，若今市亭然。叙，肆行列也。"與此注不同者，鄭望文解之：彼經無"肆"文，故以"叙"爲行列，并思次、介次共爲一所解之；此文自有"肆"文，故分思次、介次別釋也。云"陳猶處也"者，謂處置其貨賄也。云"度，丈、尺也"者，《律曆》有分、寸、尺、丈、引五度，今只言丈、尺，略言之也。云"量，豆、區之屬"者，此案左氏昭公《傳》晏子云："齊舊四量，豆、區、釜、鍾。"又案《律曆》："五量，籥[2]、合、升、斗、斛。"此獨言豆、區者，之屬中含之。又云"祭之以陰禮者，市中之社，先后所立社也"者，市乃先后所立，故以陰禮，爲市中之社亦先后所立

---

① 加藤云："'爲'當作'所'。"

② 阮校云："惠校本'籥'作'侖'，此誤。"按惠氏蓋據《漢書•律歷志》原文而言，賈疏多引作"籥"。

社也。云"故書淳爲敦,杜子春讀敦爲純。純謂幅廣也。制謂匹長。玄謂純制,《天子巡守禮》所云'制丈八尺,純四抈'與",此二者,並增成子春義。趙商問云:"《天子巡守禮》'制丈八尺,純四抈',何?"荅云:"《巡守禮》制丈八尺,咫八寸。四咫三尺二寸,又大廣,四當爲三,三八二十四,二尺四寸,幅廣也。古三、四積畫,是以三誤爲四也。"

中春,詔后帥外内命婦始蠶于北郊,以爲祭服。 ○釋曰:云"中春,詔后帥外内命婦始蠶于北郊"者,内宰以仲春二月,詔,告也,告后帥領外命婦諸臣之妻、内命婦三夫人已下,始蠶於北郊。云"以爲祭服"者,《禮記·祭義》亦云:"蠶事既畢,遂朱緑之,玄黄之,以爲祭服。"此亦當染之以爲祭服也。注蠶于北郊,婦人以純陰爲尊。郊必有公桑蠶室焉。 ○釋曰:云"蠶於北郊,婦人以純陰爲尊"者,案《禮記·祭統》云:"天子親耕於南郊。"鄭以諸侯爲少陽,是天子以純陽爲尊,則后蠶于北郊,純陰爲尊也。云"郊必有公桑蠶室焉"者,案《月令》三月:"后妃親東鄉躬桑。"此云二月,與彼不同者,案《馬質》云:"禁原蠶者。"彼注:"天文辰爲馬。"引《蠶書》曰:"'蠶爲龍精。月值大火,則浴其種。'是蠶與馬同氣。"故此亦仲春始蠶。蠶者,亦謂浴種。至三月臨生蠶之時,又浴種,乃生之,故設文有異也。歲終,則會内人之稍食,稽其功事。 ○釋曰:"歲終",亦謂周之季冬,内宰則會計"内人"女御之"稍食"。稍食則月請是也[1]。云"稽其功事"者,稽,計也。又當計女御絲、枲二者之功事,以知多少。注内人,主謂九御。 ○釋曰:知"内人"主是"女御"者,案《典婦功》:"授嬪婦及内人女功之事齎。"嬪婦既是九嬪、世婦,明内人是九御也。佐后而受獻功者,比其小大與其麤良而賞罰之。 ○釋曰:"佐后而受獻功者",謂内宰佐助后而受女御等獻絲枲之功布帛等。云"比其小大與其麤良"者,布帛之等縷小者則細良,縷大者則麤惡,今言麤不云惡、言良不云細者,互見爲義也。云"而賞罰之"者,良則賞之,麤則罰之,以示懲勸也。注獻功者,九御之屬。鄭司農云:"烝而獻功。"玄謂《典婦功》曰"及秋獻功"。 ○釋曰:鄭知"獻功"是"九御之屬"者,上文云"以婦職之法教九御",明所受獻功還是九御之屬可知。司農云"烝而獻功",謂冬獻功。玄引《典婦功職》"秋獻功",不從先鄭者,以其内宰佐后受,明是婦官所造,還是典婦功、女御等秋獻功也。會内宫之財用。注

---

① 阮校云:"案'月請'乃'月俸'之誤。下經'均其稍食'疏云'所受稍食月俸之人'可證。"按"均其稍食"鄭注"均猶調度也"疏云"受月請者尊卑各有常度",亦作"月請",加藤謂"賈疏本文自爾",較阮校爲妥當。

計夫人以下所用財。○釋曰：以其云"内宫"，是捴六宫之内所有用財皆會計之，故鄭云"計夫人以下所用財"也。**正歲，均其稍食，施其功事，憲禁令于王之北宫而糾其守①。**○釋曰："正歲"，謂建寅之月。歲始，故捴均宫中所受"稍食"月俸之人。因歲始，又施其女功絲枲之事②。"憲禁令于王之北宫"者③，亦以歲始，憲謂表縣禁令于王之北宫，北宫則后宫。"而糾其守"者，謂宿衞之子弟糾其惰慢者也。**注**均猶調度也。施猶賦也。北宫，后之六宫。謂之北宫者，繫于王言之，明用王之禁令令之。守，宿衞者。○釋曰：鄭以"均"爲"調度"者，受月請者尊卑各有常度，今均之者，謂調之使依常度。云"謂之北宫者，繫於王言之，明用王之禁令令之"者，欲見王有六寢，后有六宫，各自不同④，必繫王而言者，婦人有三從之義，后雖自有六宫，必資王之禁令，故繫王而言也。云"守，宿衞者"，謂若宫伯所掌士庶子者也。**上春，詔王后帥六宫之人而生穜稑之種，而獻之于王。**○釋曰："上春"者，亦謂正歲。以其春事將興，故云上春也。内宰以上春建寅之月，又詔告王后帥領"六宫之人而生穜稑之種，而獻之于王"者，一則助王耕事，二則示於宫内無傷敗之義也。**注**六宫之人，夫人以下分居后之六宫者。古者使后宫藏種，以其有傳類蕃孳之祥。必生而獻之，示能育之，使不傷敗，且以佐王耕事共禘郊也。鄭司農云："先種後孰謂之穜，後種先孰謂之稑，王當以耕種于藉田。"玄謂《詩》云"黍稷穜稑"是也。夫人以下分居后之六宫者，每宫九嬪一人，世婦三人，女御九人；其餘九嬪三人，世婦九人，女御二十七人，從后唯其所燕息焉。從后者五日而沐浴，其次又上，十五日而徧云。夫人如三公，從容論婦禮。○釋曰：云"古者使后宫藏種，以其有傳類蕃孳之祥"者，王妃百二十人，使之多爲種類；藏種者亦是種類蕃孳之祥，故使藏種也。云"必生而獻之，示能育之，使不傷敗"者，生此種乃獻之，非直道此種不傷敗，示於宫内懷孕者亦不傷也。云"且以佐王耕事"者，王親耕，后親蠶，皆爲祭事。今后雖不耕，藏種獻之者，亦是佐王耕事。云"共禘郊也"者，禘謂祭廟，郊謂祀天。舉尊言之，其實山川、社稷等皆用之也。鄭司農云"先種後孰謂之穜，後種先孰謂之稑"者，今世見有此先種後孰、後種先孰，目驗可知也。"玄謂《詩》云黍稷穜稑是

---

① "令"字原作"今"，據婺本、金本、阮本改。
② "又施"二字原作"人於"，據阮本改。
③ "宫"字原作"官"，據阮本改。
④ "各"字原作"名"，據阮本改。

也”①，此增成先鄭義，亦以其先鄭直云先種、後種，不見穀名，後鄭意，黍稷皆有穜稑。
云“夫人以下分居后之六宫”者，此已下亦是增成鄭義②。所分居者，唯據九嬪以下，三
夫人不分居。而云三夫人以下，則除三夫人亦得爲三夫人以下也。云“每宫”者，后六
宫，故云每。此言與下爲目也。“九嬪一人”者，九嬪九人，六宫各一人，則三人在也。“世
婦三人”者，世婦二十七人，六宫每宫三人，則九人在也。“女御九人”者，女御八十一人，
六宫宫各九人，餘二十七人在也。“其餘”，謂不分者，故云“其餘九嬪三人，世婦九人，女
御二十七人”也。云“從后唯其所燕息焉”者，后不專居一宫，須往即停，故云唯其燕息
焉。云“從后者五日而沐浴”者，凡侍尊者須絜浄，故須沐髮浴身體也。“其次又上，十五
日而徧云”者，鄉所分居六宫，九嬪以下皆三分之，一分從后，兩分居宫。假令月一日一
分從后，至月五日，從后者五日滿，則右邊三宫之中舊居宫者來替此從后者，從后者又
來入右邊三宫；從后者至十日又滿，則左邊三宫者來替此從后者，從后者來居左邊三
宫；又至十五日，則三番揔遍，故云十五日而遍。“云”者，無正文，鄭以意配之，故言“云”
以疑之。云“夫人如三公，從容論婦禮”者，王后六宫，夫人有三，分居不遍，因即尊之。
三公坐與王論道，三夫人尊卑與三公同。三公侍王，三夫人亦侍后，故取並焉者，以證
三夫人不分居宫之義也。

内小臣掌王后之命，正其服位。○釋曰：《叙官》云：“奄上士四人。”案
《夏官·大僕》云“掌正王之服位，出入王之大命”，則大僕掌王命及服位，此《小臣》亦云
“掌王后之命，正其服位”，則小臣侍后與大僕侍王同也。<u>注</u>命，謂使令所爲。或言王
后，或言后，通耳。○釋曰：云“命，謂使令所爲”者，以其后無外事，明云“命”者是使令
所爲。云“或言王后，或言后，通耳”者，以此經及上經皆云“王后”，下文則皆云“后”，鄭
恐人以爲别有義意，故云通耳，無義例也。后出入，則前驅。<u>注</u>道之。○釋曰：
此小臣是奄人，與后導道，是其常也。若有祭祀、賓客、喪紀，則擯，詔后之
禮事，相九嬪之禮事，正内人之禮事，徹后之俎。○釋曰：云“若有祭
祀、賓客、喪紀，則擯”者，此三者事至無常，故云“若”，若，不定之辭也。則擯者，此三者
后皆有事，九嬪以下從后往也，三事皆與后爲擯贊也。云“詔后之禮事，相九嬪之禮事，

---

① “黍”字原作“恭”，據阮本改。
② 阮校云：“‘鄭’上當脱‘先’字。”孫疏據補。

正內人之禮事”者，詔、相、正皆是上“擯”，但據尊卑不同，故以詔、相別之。云“徹后之俎”者，謂后於東房中受尸酢之俎，內小臣徹之。**注**擯，爲后傳辭，有所求爲。詔、相、正者，異尊卑也。俎，謂后受尸之爵飲于房中之俎。○釋曰：言“擯，爲后傳辭，有所求爲”者，后爲上三事須物，則小臣擯贊而傳辭，與諸司求物，供所爲也。云“詔、相、正者，異尊卑也”者，后尊云詔，詔告而已；九嬪稍卑則言相，相，佐助之言也；女御卑，直正之而已。云“俎，謂后受尸之爵飲於房中之俎”者，天子、諸侯祭禮亡，案《特牲》，薦俎，乃受尸之酢，次主婦酳尸，尸酢主婦，於東房中受尸之酢，亦有薦俎。后之俎小臣所徹，亦約與士禮主婦之俎同也。**后有好事于四方，則使往；有好令於卿大夫，則亦如之。注**后於其族親所善者，使往問遺之。○釋曰：“后於其族親”者，后有族親在四方，謂畿外諸侯於王有親，謂若魯、衛、晉、鄭之等也。“於卿大夫”，亦謂同姓族在朝廷者也。王后意有所善，遣小臣往，以物“問遺之”。四方諸侯言“事”、卿大夫言“令”者，后雖無正令施與卿大夫，時有言教至焉，故云令也；后於畿外全無言教所及，故以事言之也。**掌王之陰事、陰令。注**陰事，羣妃御見之事，若今掖庭令畫漏不盡八刻，白錄所記推當御見者。陰令，王所求爲於北宮。○釋曰：云“陰事，羣妃御見之事”者，謂若《九嬪職》後鄭所云者是也。又云“陰令，王所求爲於北宮”者，王於北宮求爲，謂若縫人、女御爲王裁縫衣裳及絲枲織紝之等，皆是王之所求索、王之所造爲者也。言北宮者，對王六寢在南，以后六宮在北，故云北宮也。

閽人掌守王宮之中門之禁①。○釋曰：言“閽人”者，墨者使守門，閽人守王宮中門耳。“中門”者，王有五門，雉門爲中門。掌守雉門之禁，譏其出入之者也②。**注**中門③，於外內爲中，若今宮闕門。鄭司農云：“王有五門，外曰臯門，二曰雉門，三曰庫門，四曰應門，五曰路門。路門一曰畢門。”玄謂雉門，三門也。《春秋傳》曰：“雉門災，及兩觀。”○釋曰：“中門，於外內爲中”者，雉門外有臯、庫，內有應、路，故云於外內爲中也。鄭司農云“王有五門”，庫門在雉門內爲中門。“路門一曰畢門”者，取《尚書·顧命》云“二人爵弁，立於畢門之內”。言路門者，路，大也，人君所居皆曰路，以大爲名；言

---

① “閽人”云云底本不提行。
② 孫校云：“‘出入’下‘之’字疑誤衍。”
③ “中”字原作“守”，據婺本、金本、阮本改。

畢門者,從外而入,路門爲終畢。"玄謂雉門爲三門"者,破先鄭雉門爲二門。必知雉門爲中門者,凡平諸侯三門,有皋、應、路,《詩》云"乃立皋門,皋門有伉。乃立應門,應門將將"者是也。若魯三門,則有庫、雉、路,故《明堂位》説魯制二兼四[①],云"庫門,天子皋門",則庫門向外兼皋門矣;又云"雉門,天子應門",則雉門向內兼應門。既言庫門向外兼皋門、雉門向內兼應門,則天子五門,庫門在雉門外明矣。又引《春秋傳》者,定公二年:"夏五月壬辰,雉門及兩觀災。"《公羊傳》曰:"曷爲不言雉門災及兩觀?主災者兩觀也。主災者兩觀,則曷爲後言之?不以微及大也。"今鄭所引不與彼《傳》同者,鄭勦《傳》非彼正文也。引之者,證魯有三門,雉門有兩觀爲中門,則知天子五門,雉門亦爲中門有兩觀矣。**喪服、凶器不入宮,潛服、賊器不入宮,奇服、怪民不入宮。**注喪服,衰絰也。凶器,明器也。潛服,若衷甲者[②]。賊器,盜賊之任器。兵物皆有刻識。奇服,衣非常。《春秋傳》曰:"尨奇無常。"怪民狂易。○釋曰:鄭云"喪服,衰絰也"者,案《下曲禮》云:"苞屨、扱衽、厭冠,不入公門。"苞屨,謂杖齊衰;扱衽,斬衰初死服;厭冠,緦、小功冠。《檀弓》云:"士唯公門脱齊衰。"《服問》云:"大功免絰。"鄭云衰絰,義出於彼也。云"凶器,明器也"者,案《士喪禮》,主人所造曰明器,賓客所致曰就器。此經"凶器"亦應兼有就器,而云"凶器,明器"者,以主人明器爲主也。云"潛服,若衷甲者",謂若襄公二十七年"將盟于宋西門之外,楚人衷甲"是也。云"兵物皆有刻識"者,案定十年"侯犯以郈叛,叔孫氏之甲有物"是也。云"奇服,衣非常。《春秋傳》曰:尨奇無常"者,案閔二年:"晉使大子申生伐東山皋落氏,衣以偏衣,佩之金玦。罕夷曰:'尨奇無常,金玦不復。'先丹木曰:'狂夫阻之。'"是也。**凡內人、公器、賓客,無帥則幾其出入。**注三者之出入,當須使者符節乃行。鄭司農云:"公器,將持公家器出入者。幾,謂無將帥引之者則苟其出入。"○釋曰:云"當須使者符節"者,道路用旌節乃得行耳。**以時啓閉。**注時,漏盡。○釋曰:"漏盡"者,謂若夏至,晝則日見之漏六十刻,夜則四十刻;冬至,晝則日見漏四十刻,夜則六十刻。就時之間,大判九日校一刻。**凡外內命夫命婦出入,則爲之闢。**注辟行人,使無干也。內命夫,卿大夫士之在宮中者。○釋曰:"內命夫,卿大夫士之在宮中者",謂若宮正所掌者也,對

---

① "二"字原作"三",阮本同。孫校云:"'三'當爲'二'。"茲據改。按賈疏本諸《秋官·朝士職》鄭注,彼疏論"制二兼四"甚詳,可以參看。

② "甲"字原作"申",據婺本、金本、阮本改。

在朝卿大夫士爲外命夫。鄭雖不解“外内命婦”，其外命婦則揔外内命夫之妻，内命婦即三夫人已下也。**掌埽門庭。**注門庭，門相當之地。○釋曰：閽人掌中門，則“門相當之地”唯中門外之地謂之“門庭”也。若餘門庭，則各有守門者埽之也。**大祭祀、喪紀之事，設門燎，蹕宮門、廟門。**○釋曰：“喪紀，設門燎，蹕宮門、廟門”者，大喪以下朝廟及出葬之時，宮中及廟門皆設門燎，蹕止行人也。注燎，地燭也。蹕，止行者。廟在中門之外。○釋曰：“燎，地燭也”者，燭在地曰燎，謂若天子百，公五十，侯、伯、子、男皆三十。所作之狀，蓋百根葦皆以布纏之，以蜜塗其上，若今臈燭矣。對人手執者爲手燭，故云地燭也。又云“廟在中門之外”者，謂若《小宗伯》云“左宗廟，右社稷”。**凡賓客亦如之。**○釋曰：賓客在宮中、廟中，謂若饗食在廟，燕在寢，皆爲設門燎及蹕止行人。

　　寺人掌王之内人及女宮之戒令，相道其出入之事而糾之。注内人，女御也。女宮，刑女之在宮中者。糾猶割察也。○釋曰：“女宮，刑女之在宮中者”，謂男女没入縣官爲奴者也。**若有喪紀、賓客、祭祀之事，則帥女宮而致於有司。**注有司，謂宮卿世婦。○釋曰：知“有司”是“宮卿世婦”者，案《春官•宮卿世婦》云：“掌女宮之宿戒，及祭祀，比其具。”此既言“致於有司”，明是男子官宮卿所掌女宮也[1]，非是下文“世婦”之帥女宮者也。**佐世婦治禮事。**注世婦，二十七世婦。○釋曰：上云“有司”是宮卿世婦，恐此亦是彼世婦，故鄭云“二十七世婦”。以寺人是奄者，故得“佐世婦治禮事”，禮事即世婦所掌祭祀、賓客、喪紀之事是也[2]。**掌内人之禁令，凡内人弔臨于外，則帥而往，立于其前而詔相之。**注從世婦所弔，若哭其族親。立其前者，賤也。賤而必詔相之者，出入於王宮，不可以闕於禮。○釋曰：鄭知“從世婦”，不自弔臨者，此直言“凡内人弔臨于外”，不指斥其事，故知不自弔臨。案《世婦職》云：“掌弔臨于卿大夫之喪。”故内人得從之也。云“若哭族親”者，世婦所掌弔唯云“弔卿大夫”，云哭族親，據理而言，王后有哭族親之法，則内人女御亦往哭之。

----

① 後“宮”字原作“官”，據阮本改。
② “紀”字原作“絶”，據阮本改。

內豎掌內外之通令，凡小事。注內，后六宮；外，卿大夫也。使童豎通王內外之命給小事者，以其無與爲禮，出入便疾。內外以大事聞王，則俟朝而自復。○釋曰：鄭知豎是童子者，謂若《春秋左氏》叔孫穆子於庚宗婦人生牛，牛能奉雉，使爲豎也。又知童子“無與爲禮”者，案《禮記·玉藻》云：“童子無事，則立於主人之南，北面。”云“內外以大事聞王，則俟朝而自復”者，經云“凡”，通“小事”。復，白也。明大事待朝自復，不使內豎也。若有祭祀、賓客、喪紀之事，則爲內人蹕。○釋曰：此豎爲“祭祀、賓客、喪紀”三事“爲內人蹕”者，皆謂在廟時。若然，祭祀在廟，謂禘祫四時之祭祀也；賓客在廟，謂饗食時也；喪紀在廟，謂喪朝廟，爲祖奠、遣奠時也。皆爲內人蹕止行人也。注內人，從世婦有事於廟者。內豎爲六宮蹕者，以其掌內小事。○釋曰：鄭知“內人，從世婦者”，內人卑，不專行事。案下《世婦職》云“掌祭祀”已下三事，與此經三事同，明此內人從世婦而濯摡及爲粢盛也。云“內豎爲六宮蹕者，以其掌內小事”者，以其蹕止行人既是小事，故還使內豎掌小事者蹕也。王后之喪遷于宮中，則前蹕；及葬①，執褻器以從遣車。○釋曰：“后喪遷於宮中”，謂七月而葬，將葬而朝七廟，則亦使內豎在車前蹕止行人也。云“及葬，執褻器以從遣車”者，謂朝七廟訖，且將行，在大祖廟中爲大遣奠，苞牲取下體。天子大牢苞九个，遣車九乘，后亦同。使人持之，往如墓，則此內豎執褻器從遣車之後。以其遣車載牲體，鬼神依之，故使執褻器從之，若生時亦執褻器從也。注喪遷者，將葬朝于廟。褻器，振飾頮沐之器。○釋曰：鄭知“喪遷”是“將葬朝於廟”者，以其喪柩遷在宮中唯有朝廟時，故《禮記·檀弓》云“周朝而遂葬”是也。云“褻器，振飾頮沐之器”者，以其從遣車，若生時從后。后之私褻小器唯有振飾頮沐之器，故爲此解也。若然，《玉府》云“凡褻器”，鄭注以爲清器虎子，不爲振飾頮沐器者，彼據生時，故與牀笫等連文。但死者器物雖皆不用，仍法其威儀者，故此注“褻器”爲振飾頮沐之器，不爲清器虎子也。知有振飾頮沐器者，案《特牲》，爲尸而有槃匜，并有簞巾。巾爲振飾，槃匜爲盥手，明其頮面沐髮亦有之。故《既夕禮》用器之中有槃匜，是送葬之時有褻器也。

---

① “及”字原作“乃”，據婺本、金本、阮本改。

周禮疏卷第八

唐朝散大夫行大學博士弘文館學士臣賈公彥等撰

九嬪掌婦學之灋，以教九御婦德、婦言、婦容、婦功，各帥其屬而以時御叙于王所。○釋曰：云“掌婦學之法”者，謂婦人所學之法，即“婦德”已下是也。言“以時御叙于王所”者，謂月初卑者爲始，望後尊者爲先是也。**注**婦德，謂貞順。婦言，謂辭令。婦容，謂婉娩。婦功，謂絲枲。自九嬪以下，九九而御於王所。九嬪者既習於四事，又備於從人之道，是以教女御也。教各帥其屬者，使亦九九相與從於王所息之燕寢。御猶進也、勸也，進勸王息，亦相次叙。凡羣妃御見之法，月與后妃其象也，卑者宜先，尊者宜後。女御八十一人當九夕，世婦二十七人當三夕，九嬪九人當一夕，三夫人當一夕，后當一夕，亦十五日而徧云。自望後反之。孔子云：“日者天之明，月者地之理。陰契制，故月上屬爲天使，婦從夫放月紀。”○釋曰：鄭知“婦德，謂貞順”已下義如此者，但此經雖有四事之言，無事別目。案《内則》云：“姆教婉娩聽從，執麻枲，治絲繭，織紝組訓。”故鄭此注“婦德，謂貞順”，當彼聽從；此云“婦容，謂婉娩”，還當彼婉娩也；此云“婦功，謂絲枲”，還當彼執麻枲已下。惟婦言注與彼少異，此注以“婦言，謂辭令”，彼《内則》注以“婉爲言語，娩之言媚也，謂容貌也”，不同者，以彼經無四事之言，故分婉娩爲二事，以充四德；此有四事之言，故并婉娩爲容貌，別以辭令解婦言。然彼以婉娩亦兼婦言者，以其言語婉順亦得爲容貌故也。云“自九嬪以下，九九而御於王所”者，欲見三夫人及后各當一夕，不爲九御也。言此者，釋經稱女御爲“九御”之意。云“九嬪者既習於四事，又備於從人之道，是以教女御也”者，釋經使九嬪教女御之意。云既習於四事，即經“婦德”之等是也；云又備於從人之道，謂御序之事，即經“各帥其屬以時御叙於王所”是也。云“各帥其屬者，使亦九九相與從於王所息之燕寢”者，此釋經“以時御叙于王所”之事。云亦九九相與從王者，亦上居宮及“以作二事”皆九人相配，故以“亦”之也。云“御猶進也、勸也，進勸王息”者，案《左傳》云：“君子晝以訪問，夜以安身。女者定男於夜，節宣其氣。”故云勸王息也。云“亦相次叙”者，亦上居宮有次叙也。云“凡羣妃御見”已下，無正文，鄭以意消息。婦人者陰象月紀，故“月與后妃其象也"。云"卑者宜先,尊者宜後"者,案《禮運》云:"三五而盈,三五而闕。"后以下法之,故從微嚮著,卑者宜先;從著嚮微,卑者宜後也。云"亦十五日而徧云"者,言亦者,亦上居宫。言云者,亦無正文,故以"云"疑之也。云"孔子云"已下者,《孝經援神契》文,但彼是孔子所作,故言"孔子云"也。云"日者天之明"者,本合在天。云"月者地之理"者,本合在地。今以陽尊而陰卑,月乃爲天契制所使,故云"陰契制,上屬爲天使",是以月上屬於天,隨日而行。云"婦從夫放月紀"者,解后已下就王燕寢而御之意。**凡祭祀,贊玉齍,贊后薦徹豆籩。**○釋曰:言"凡祭祀"者,后無外事,唯有宗廟禘祫與四時月祭等,故云凡祭祀。"贊玉齍"者,但祭祀之時,男子進俎,婦人設豆籩簠簋。贊,助也。助后薦玉齍也。云"贊后薦徹豆籩"者,豆籩之薦與徹皆助后也。**注**玉齍,玉敦,受黍稷器。后進之而不徹。故書玉爲王,杜子春讀爲玉。○釋曰:云"玉齍,玉敦,受黍稷器"者,案《明堂位》云:"有虞氏之兩敦,周之八簋。"則周用簋。《特牲》、《少牢》大夫、士用敦。今周天子用玉敦者,《明堂位》賜魯得兼用四代之器用敦,明天子亦兼用可知。云玉敦者,謂以玉飾敦,謂若《玉府》云"珠槃玉敦",但彼以珠槃盛牛耳、玉敦盛血,此玉敦盛黍稷爲異耳。云"后進之而不徹",知者,豆籩云"贊薦徹",玉齍直"贊"不云"薦徹",明直贊進之而已。案《禮器》云:"管仲鏤簋。"注云:"天子飾以玉。"此直云玉敦,則簋亦飾以玉。而不云者,但玉敦后親執而設之,故特言之;其簋則九嬪執而授后,后設之,若《少牢》主婦親受韭菹醓醢,其餘婦贊者授主婦,主婦設之,故不言也。**若有賓客,則從后。**注當贊后事。○釋曰:后之有事於"賓客"者,唯有諸侯來朝,王親饗燕,后當助王饗燕。時九嬪"從后"往也。**大喪,帥叙哭者亦如之。**注亦從后。帥猶道也。后哭,衆之次叙者乃哭[1]。○釋曰:"大喪",謂王喪。"帥叙哭"者,謂若外内命婦哭時皆依尊卑命數,在后後爲前後列位哭之,故須帥導,使有次叙也。

　　世婦掌祭祀、賓客、喪紀之事帥女宫而濯摡,爲齍盛。○釋曰:此婦人所掌"祭祀",謂祭宗廟;"賓客",謂饗食諸侯在廟;"喪紀",謂大喪朝廟設祖奠與大遣奠時。爲此三事,則"帥女宫而濯摡"。案《少牢》:"饔人摡鼎俎,廩人摡甑甗,司宫摡豆籩。"皆使男子官,不使婦人者,彼以大夫家無婦官及無刑女,故并使男子官;此天

---

① 阮校云:"嘉靖本作'衆之次序者乃哭',經作'叙',注作'序',須人易曉是也。"

子禮，有刑女及婦官，故與彼異也。注概，拭也。爲，猶差擇。○釋曰：祭祀黍稷，舂人舂之①，饎人炊之，皆不使世婦，故此"爲"非舂、非炊，是"差擇"可知也。及祭之日，涖陳女宮之具，凡内羞之物。注涖，臨也。内羞，房中之羞。○釋曰：案《春官•世婦宮卿》云："掌女宮之宿戒，及祭祀，比其具。"此官直臨之而已。云"凡内羞之物"者，謂糗餌、粉餈。案《少牢》皆從房中而來，故名爲内羞，是以鄭云"内羞，房中之羞"也。掌弔臨于卿大夫之喪。注王使往弔。○釋曰：案《内宗》云："凡卿大夫之喪，掌其弔臨。"注云："王后弔臨諸侯而已，是以言掌卿大夫云。"文同而注異者，彼上文云："王后有事則從。大喪，序哭者。哭諸侯亦如之。"彼文與后事相連，彼主於后；此上文無后，故知此王使往可知也。若然，后無外事，彼弔諸侯，謂三公、王子母弟。若畿外諸侯，則后不弔。以其王爲三公六卿錫衰，諸侯緦衰，后不弔。畿外諸侯既輕於王之卿，卿既后不親弔，畿外諸侯不親弔可知。若然，《喪大記》諸侯夫人弔卿大夫士之喪者，以其諸侯臣少，故不分別尊卑，夫人皆弔之也。案《司服》，公卿大夫皆王親弔；此文使世婦往弔者，此蓋使世婦致禮物。但弔是大名，雖致禮亦名爲弔，是以《大僕》云"掌三公六卿之弔勞"，注云："王使往。"《小臣》云"掌士大夫之弔勞"，注云："致禮同名爲弔。"②是其事也。此所弔不言三公與孤者，文不具也。

女御掌御叙于王之燕寢。注言掌御叙，防上之專妬者。于王之燕寢，則王不就后宮息③。○釋曰：鄭云"掌御叙，防上之專妬者"，鄭解不使九嬪、世婦掌房之意。若使在上掌之，則有妬疾自專之事④。今使女御掌之，官卑不敢專妬故也。云"于王之燕寢，則王不就后宮息"者，破舊説云王就后宮者，故鄭云此也。以歲時獻功事。注絲枲成功之事。○釋曰：上《内宰》云："教九御，使各有屬以作二事。"即此獻功之事，故知此經"獻功事"是"絲枲"爲布帛成而獻之也。凡祭祀，贊世婦。注助其帥涖女宮。○釋曰：上《世婦職》云："掌祭祀、賓客、喪紀帥女宮；及祭之日，涖女宮

---

① 二"舂"字原皆作"春"，據阮本改。下文"舂"字同。
② 孫疏云："賈引《小臣》注'致禮'，今本彼注無此文，彼疏述注亦無，所未詳也。"
③ "息"下據全書體例當空一格，底本補一"也"字，婺本、金本、阮本無，賈疏述注同。浦鏜云："'也'衍字。"茲據删。
④ 阮校云："'疾'當'嫉'字誤。"

之具。"故知此"贊"者,"助其浴女宫"也。**大喪,掌沐浴。注**王及后之喪。○**釋**曰:"王及后喪",沐用潘,浴用湯,始死,爲之於南牖下①。但男子不死於婦人之手,今王喪亦使女御浴者,案《士喪禮》浴時男子抗衾,則不使婦人;今王喪,沐或使婦人,而浴未必婦人,或亦供給湯物而已,亦得謂之"掌"也。**后之喪,持翣。注**翣,棺飾也。持而從柩車。○**釋**曰:案《禮器》云"天子八翣",又《漢制度》皆戴璧,后喪亦同。將葬向壙之時,使此女御持之,左右各四人,故鄭云"持而從柩車"也。**從世婦而弔于卿大夫之喪。注**從之數蓋如使者之介云。○**釋**曰:王之妃姜,三夫人象三公,九嬪象孤②、卿,二十七世婦象大夫,女御象元士。但介數依命數爲差,則王之大夫四命,世婦之從亦四人。以無正文,故言"蓋"、言"云"以疑之也。

女祝掌王后之内祭祀,凡内禱祠之事。**注**内祭祀,六宫之中竈、門、户。禱,疾病求瘳也。祠,報福。○**釋**曰:依《祭法》,王立七祀,有户、竈、中霤、門、行、泰厲、司命。后亦與王同,今鄭直云"内祭祀,竈、門、户"者,以其婦人無外事,無行與中霤之等;其竈與門、户,人所出入,動作所由,后亦當祀之,故言竈與門、户也。案《月令》,春祀户,夏祀竈,秋祀門③。后祀之時亦當依此也。云"禱,疾病求瘳也。祠,報福"者,以其后無外事,禱祠又是非常之祭,故知唯有求瘳、報福之事也。**掌以時招、梗、禬、禳之事,以除疾殃。**○**釋**曰:云"掌以時招、梗、禬、禳"者,此四事,並非常求福去殃之事。云以時者,謂隨其事時,不必要在四時也。云招者,招取善祥;梗者,禦捍惡之未至;禬者,除去見在之災;禳者,推卻見在之變異④。此四者皆與人爲疾殃,故云"以除疾殃"也。**注**鄭大夫讀梗爲亢,謂招善而亢惡去之。杜子春讀梗爲更。玄謂梗,禦未至也。除災害曰禬,禬猶刮去也。卻變異曰禳,禳,攘也。四禮唯禳其遺象今存。○**釋**曰:鄭大夫以"梗"爲"亢惡去之",玄不從,以爲"禦未至"者,以"禬"、"禳"二者已是去惡,復以"梗"爲亢惡去之,文煩,而無"禦未至"之事,故不從鄭大夫爲亢惡

---

① "牖"字原作"牗",據阮本改。
② "象"字原作"爲",據阮本改。
③ "祀門"二字原作"犯門",據阮本改。
④ "卻"字原作"郤",據阮本改。此經鄭注"卻"字同。

也。鄭大夫云“招善”者，玄從之也。杜子春云“讀梗爲更”，義無所取，玄亦不從之也。云“四禮唯襄其遺象今存”者，此四禮至漢時，招、梗及襘不行，唯襄一禮漢日猶存其遺象，故云遺象今存也。

女史掌王后之禮職，掌内治之貳，以詔后治内政。○釋曰：案上《叙官》鄭注云：“女史，女奴曉書者。”是以掌王后禮之職事。**注**内治之法，本在内宰，書而貳之。○釋曰：云“内治之法，本在内宰”者，案《内宰職》云：“掌書版圖之法以治王内之政令。”今此云“掌内治之貳”，故知内治之法本在内宰掌，此女史“書而貳之”也。**逆内宮，注**鉤考六宮之計。○釋曰：“逆”，謂逆而鉤考之。言“内宮”，亦對王之六寢爲内宮。謂六宮所有費用財物及米粟皆當鉤考之也。**書内令。注**后之令。○釋曰：“内令”，亦對王令爲内，故鄭云“后之令”。謂書而宣布於六宮之中也。**凡后之事，以禮從。注**[1]亦如大史之從於王。○釋曰：案《大史職》云：“大會同朝覲，以書協禮事；及將幣之日，執書以詔王。”鄭注云：“告王以禮事。”此女史亦執禮書以從后，故云“如大史之於王”。

典婦功掌婦式之灋，以授嬪婦及内人女功之事齎。**注**婦式，婦人事之模範。法，其用財舊數。嬪婦，九嬪、世婦。言“及”以殊之者，容國中婦人賢善工於事者。事齎，謂以女功之事來取絲枲。故書齎爲資，杜子春讀爲資[2]。鄭司農云：“内人，謂女御。女功事資，謂女功絲枲之事。”○釋曰：云“法，其用財舊數”者，此即典絲、典枲所授絲枲多少並有舊數，依而授之。云“嬪婦，九嬪、世婦”者，案《内宰》“以作二事”及婦功唯據九御而言，不見九嬪、世婦有絲枲之事；此言“嬪婦”者，但三夫人無職，九嬪已下皆有之。但女御四德不備，須教之，九嬪、世婦素解，不須教之，其實有婦職也。是以《魯語》云：“王后織玄紞，公、侯夫人紘綖，卿之内子大帶。”則貴賤皆職事也。

---

①　“注”字原作“汪”，據全書體例改。

②　段考云：“此故書作‘資’，子春易作‘齎’，而鄭君從之也。今本作‘杜子春讀爲資’，便是讀資爲資，不可通矣。”孫疏云：“段説是也。杜意經文故書‘齎’、‘資’錯出，凡爲給予之義者當從‘齎’，凡爲財貨之義者當從‘資’。故此故書作‘資’而杜讀爲‘齎’，《巾車》‘毀折入齎于職幣’故書作‘齎’而杜讀爲‘資’，二注正相反，可以推其分別二字之例矣。”

云“言及以殊之者，容國中婦人賢善工於事者”，案下《内司服》注：“言‘及’、言‘凡’，殊貴賤也。”此云言及容國中婦人者，此云“及”，非直殊貴賤，亦含國中婦人，故云容也。必知有國中婦人者，以下《典絲》云“頒絲于外内工”，注云：“外工，外嬪婦也。”故《大宰》“九職”云“嬪婦化治絲枲”，是其國中婦人有嬪婦之稱也。云“事齎，謂以女功之事來取絲枲”者，以其行道曰齎，經云“女功事齎”，故知以女功之事來取絲枲也。“故書齎爲資，杜子春讀爲資”，案上玄注“以齊、次爲聲，從貝變易”，則兩字俱得。今不破子春者，從上注義可知，不復重言也。**凡授嬪婦功，及秋獻功，辨其苦良、比其小大而賈之，物書而楬之。** 注授當爲受，聲之誤也。國中嬪婦所作，成即送之，不須獻功時。賈之者，物不正齊，當以泉計通功。鄭司農苦讀爲鹽。謂分別其縑帛與布紵之麤細，皆比方其大小，書其賈數而著其物，若今時題署物[①]。○釋曰：鄭知“授當爲受”者，以其上文已“授女功”，故知此爲受。云“國中嬪婦所作，成即送之，不須獻功時”者，以其經“受嬪婦功”在“秋獻功”上，故不待秋獻功也。云“賈之者，物不正齊，當以泉計通功”者，婦人雖等受絲枲，作有麤細善惡，故以泉計而通爲功。布絹惡者，盡其材猶不充功，布絹善者，少送以充功直，故云泉計通功也。司農云“苦讀爲鹽”已下云云者，司農之意，以典婦功是都司摠掌，故分別布帛；其典絲即唯主絲，絲爲良者也；典枲唯主布，布爲苦者也。若後鄭之義，即以典婦功主良，典絲、典枲主苦者，又以絲枲之中各自有苦良。若然，經云“苦”，謂就良中苦者也。云“皆比方其大小”者，謂比方其細小者，復比方其麤大也。**以共王及后之用，頒之于内府。** ○釋曰：此於典絲、典枲處受其良好者，入此典婦功藏之，以待“王及后之用”，故藏之於内府也。

　　典絲掌絲入而辨其物，以其賈楬之。 ○釋曰：云“辨其物”者，典絲唯受“絲入”，而云辨其物，謂絲有善惡麤細不同，非謂別有餘物也。注絲入，謂九職之嬪婦所貢絲。○釋曰：后宮所蠶之絲，自於后宮用之以爲祭服，不入典絲；其歲之常貢之絲，若《禹貢》兖州貢漆絲之等，且餘官更無絲入之文，亦當入此典絲也[②]。**掌其藏與其出，以待興功之時。** 注絲之貢少，藏之、出之可同官也。時者，若温煖宜縑帛，

---

① “署”字原作“者”，據婺本、金本、阮本改。
② “入”字原空闕一格，據阮本補。

清涼宜文繡。○釋曰：案經餘官內府、玉府等皆不云掌其藏與其出，此官獨云“掌其藏與其出”，故云“絲之貢少，藏之、出之可同官也”。云“時者，若溫煖宜縑帛，清涼宜文繡”者，鄭以目驗知之。文繡必於清涼者，以其文繡染絲爲之，若於夏暑損色，故待秋涼爲之也。**頒絲于外內工，皆以物授之。**○釋曰：言“以物授之”者，若縑帛則授之以素絲[1]，若文繡則授之以綵絲，故以物而言也。**注**外工，外嬪婦也。內工，女御。○釋曰：上《典婦功》云“凡授嬪婦功”，并有九嬪、世婦，此注“內工”不言嬪婦，直云“女御”者，案內宰職教女御以作二事，及九嬪職教九御以婦職，則女御專於絲枲也。九嬪、世婦四德自備，不常爲絲枲；假使爲之，以其善事所造，唯典婦功以共王及后所用，不在典絲、典枲，故鄭注內工中不言也。**凡上之賜予，亦如之。**注王以絲物賜人。○釋曰：云“亦如之”者，亦“以物授之”，謂“王以絲物賜人”者也。**及獻功，則受良功而藏之，辨其物而書其數，以待有司之政令、上之賜予。**注良當爲苦，字之誤。受其麤惡之功，以給有司之公用。其良功者典婦功受之，以共王及后之用。鄭司農云：“良功，絲功，縑帛。”○釋曰：鄭破“良”爲“苦”者，以其典絲、典枲授絲枲使外內工所造縑帛之等，良者入典婦功，以共王及后之用，故故枲直有苦者而無良者，明典絲亦不得有良者，故破良爲苦。必從苦者，見《典婦功》有“良苦”之字，故破從苦，苦即“麤惡”者也。先鄭言“良功，絲功，縑帛”者，先鄭之意，以爲絲功爲良，枲功爲惡，故不破良爲苦。玄既不從，引之在下者，亦得爲一義故也。**凡祭祀，共黼畫組就之物。**○釋曰：言“凡祭祀”者，謂祭祀天地、宗廟、社稷、山川之等，故言凡以廣之。云“共黼畫”者，凡祭服皆畫衣繡裳，但裳繡須絲，衣畫不須絲，而言共絲者，大夫已上，裳皆先染絲，則玄衣亦須絲染之乃後畫，故兼衣畫而言之也。“組就”者，謂以組爲冕旒之就，故組就連言之。云“之物”者，謂絲之物色共之。**注**以給衣服、冕旒及依、鹽巾之屬。白與黑謂之黼。采色一成曰就。○釋曰：云“以給衣服”者，經云“共”，據王而言，注云“給”，據臣而言，鄭欲見尊卑皆授絲物也。言衣物[2]，釋經“黼畫”。但周之冕服九章，衣五章裳四章，龍袞已下直言黼者，據美者而言，謂若《詩》云“玄袞及黼”，《商書》云“麻冕黼裳”之類。云“冕旒”者，釋經“組就”，謂若《弁師》云十二就之等。云“及依”

---

[1] “則”字原作“財”，據阮本改。

[2] 浦鏜云：“‘服’誤‘物’。”

者,亦釋經"黼"。此據祭祀,謂若《掌次》"大旅上帝,設皇邸",邸即屏風爲黼文。云"盥巾"者,亦釋經"黼",謂若《冪人職》云"王巾皆黼"之類。云"之屬"者,殯有加斧於棹上及綃黼丹朱之類也。云"白與黑謂之黼"者,《繢人職》文。云"采色一成曰就"者[①],謂若《典瑞》云"五采五就"、《弁師》十二就之等,皆是采色一成爲就也。**喪紀,共其絲纊組文之物。**注以給線縷、著盰口綦握之屬。青與赤謂之文。○釋曰:此鄭並據《士喪禮》而言。云"以給線縷"者,謂所裁縫皆用線縷,釋經"絲"也。云"著盰口綦握之屬"者,釋經"纊組"。案《士喪禮》:"握手,玄,纁裏,著,組繫。"案《喪大記》:"屬纊以俟絶氣。"《內則》云:"屨著綦。"鄭云:"綦,屨繫。"是用纊組之事也。云"青與赤謂之文",《繢人職》文。繡之屬亦用絲,故連言也。**凡飾邦器者,受文織絲組焉。**注謂茵、席、屏風之屬。○釋曰:上既言"祭祀"、"喪紀"所用絲纊訖,今復云"飾邦器",故知此據生人所飾器物言。"茵"者,謂若《少儀》云"枕几茵顈"之等,鄭云"茵,著褥"是也。云"席"者,謂席之四緣,若《司几筵》云"紛純"、"畫純"、"黼純"之等是也。"屏風"者,即上文注黼依也。重言之者,上據祭祀時,此據爲王所用,謂若《司几筵》云"宸前"者是也。云"之屬"者,謂國家所用"文織絲組"處皆受之,故云之屬以廣之。**歲終,則各以其物會之。**注種別爲計。鄭司農云:"各以其所飾之物計會傅著之。"○釋曰:言"種別爲計"者,自上經所用"掌其藏與其出",及"黼畫"已下,各別爲計。故司農云"各以其所飾之物計會傅著"者,謂此物之多少作文書使相傅著共一簿也。

典枲掌布緦縷紵之麻草之物,以待時頒功而授齎。○釋曰:云"掌布緦縷紵之麻草之物"者,欲見布緦縷用麻之物,紵用草之物,布中可以兼用葛蕢之草爲之。云"以待時頒功而授齎"者,上《典絲》鄭注解"時"者,用絲有四時之別;此鄭不解,麻草所爲四時皆得,故不釋也。云授齎者,亦如《典婦功》注"謂以女功事來取"者。注緦,十五升布抽其半者。白而細疏曰紵。雜言此數物者,以著其類衆多。草,葛蕢之屬。故書齎作資。○釋曰:鄭知"緦,十五升布抽其半者",《禮記·雜記》文。"白而細疏曰紵"者,鄭目驗而知之。**及獻功,受苦功,以其賈楬而藏之,以待時頒。**○釋曰:"獻功"者,即上《典婦功》云"秋獻功"是也。云"以待時頒"者,即下文"頒衣

———————————

① "一"字原空闕一格,據阮本補。

服”及“賜予”是也。<注>其良功亦入於典婦功，以共王及后之用。鄭司農云：“苦功，謂麻功，布紵。”</注>〇釋曰：云“其良功亦入於典婦功”者，亦欲見典絲、典枲良功皆入典婦功，苦功自入，故此與《典絲》同爲此解也。司農云“苦功，謂麻功，布紵”者，先鄭意，絲功爲良，故彼注不破“良”字，云“良功，縑帛”也，此《典枲》云“苦功，謂麻功”，爲鹽鹺之功。玄引之在下，亦見得通一義也。頒衣服，授之，賜予亦如之。<注>授之，授受班者。帛言“待有司之政令”，布言“班衣服”，互文。</注>〇釋曰：言“授受班者”，謂王賜無常。云“帛言待有司之政令，布言班衣服”者，帛謂《典絲》，布謂《典枲》，據成而言。知爲“互文”者，以其典絲、典枲俱不爲王及后之用，皆將頒賜，故知互見爲義也。歲終，則各以其物會之。〇釋曰：鄭無注者，以其義與《典絲》同，彼已注，故於此略也。

內司服掌王后之六服，褘衣、揄狄、闕狄、鞠衣、展衣、緣衣，素沙。〇釋曰：云“掌王后之六服”者，自“褘衣”至“緣衣”是六。“褘衣”者，亦是翟，而云衣者，以其衣是服之首，故目言“衣”也。褘當爲翬，即翬雉，其色玄也。“揄狄”者，揄當爲搖，狄當爲翟，則搖雉，其色青也。“闕狄”者，其色赤。上二翟則刻繒爲雉形，又畫之；此闕翟亦刻爲雉形，不畫之爲彩色，故名闕狄也。此三翟皆祭服也。“鞠衣”者，色如鞠塵色，告桑之服也。“展衣”者，色白，朝王及見賓客服。“緣”當爲“褖”，褖衣者，色黑，御於王服也。“素沙”者，此非服名，六服之外別言之者，此素沙與上六服爲裏，使之張顯。但婦人之服不殊裳，上下連，則此素沙亦上下連也。王之吉服有九，韋弁已下，常服有三，與后鞠衣已下三服同；但王之祭服有六，后祭服唯有三翟者，天地、山川、社稷之等后夫人不與，故三服而已。必知外神后夫人不與者，案《內宰》云：“祭祀裸、獻，則贊。”天地無裸，言裸唯宗廟。又《內宗》、《外宗》佐后皆云“宗廟”，不云外神，故知后於外神不與。是以《白虎通》云：“《周官》祭天后夫人不與者，以其婦人無外事。”若然，《哀公問》云“夫人爲天地社稷主”者，彼見夫婦一體而言也。<注>鄭司農云：“褘衣，畫衣也。《祭統》曰：‘君卷冕立于阼，夫人副褘立于東房。’揄狄、闕狄，畫羽飾。展衣，白衣也。《喪大記》曰：‘復者朝服，君以卷，夫人以屈狄，世婦以襢衣。’屈者音聲與闕相似，襢與展相似，皆婦人之服。鞠衣，黃衣也。素沙，赤衣也。”玄謂狄當爲翟。翟，雉名，伊雒而南，素質，五色皆備成章曰翬；江淮而南，青質，五色皆備成章曰搖。王后之服，刻繒爲之形而采畫之，綴於衣以爲文章。褘衣，畫翬者；揄翟，畫搖者；闕翟，刻而不畫。此三</注>

者皆祭服，從王祭先王則服褘衣，祭先公則服揄翟，祭羣小祀則服闕翟。今世有圭衣者，蓋三翟之遺俗。鞠衣，黃桑服也，色如鞠塵，象桑葉始生。《月令》三月"薦鞠衣于上帝"，告桑事。展衣，以禮見王及賓客之服。字當爲襢，襢之言亶，亶，誠也。《詩·國風》曰"玼兮玼兮，其之翟也"，下云"胡然而天也，胡然而帝也"，言其德當神明；又曰"瑳兮瑳兮，其之展也"，下云"展如之人兮，邦之媛也"，言其行配君子。二者之義與《禮》合矣。《雜記》曰："夫人復稅衣、揄狄。"又《喪大記》曰："士妻以襐衣。"言襐者甚衆，字或作稅[①]。此緣衣者，實作襐衣也。襐衣，御于王之服，亦以燕居。男子之襐衣黑，則是亦黑也。六服備於此矣。褘、揄、狄、展，聲相近。緣，字之誤也[②]。以下推次其色，則闕狄赤，揄狄青[③]，襐衣玄。婦人尚專一[④]，德無所兼，連衣裳不異其色。素沙者，今之白縛也。六服皆袍制，以白縛爲裏，使之張顯。今世有沙縠者，名出于此。○釋曰：司農云"褘衣，畫衣也"者，先鄭意，褘衣不言狄，則非翟雉。知畫衣者，以王之冕服而衣畫，故知后衣畫也。又引《祭統》者，彼據二王後夫人助祭服褘衣，與后同也。"揄狄、闕狄，畫羽飾"者，以其言狄，是翟羽故也。云"展衣，白衣也"者，見鞠衣黃，以土色，土生金，金色白，"展衣"文承"鞠衣"之下，故知展衣白也。引《喪大記》，證闕狄與展衣爲婦人服故也。彼"君以卷"據上公而言，"夫人以屈翟"據子、男夫人復時，互見爲義。云"世婦以襢衣"者，彼亦據諸侯之世婦用襢衣，復之所用也。云"鞠衣，黃衣也。素沙，赤衣也"者，先鄭意，以素沙爲服名，又以素沙爲赤色，義無所據，故後鄭不從之。"玄謂狄當爲翟"者，破經二"狄"從"翟雉"之翟也。"伊洛而南"已下至"曰搖"，皆《爾雅》文。言伊水而南有雉，素白爲質，兼青赤黃黑，五色皆備，成其文章，曰翬雉；云江淮而南，青質，五色皆備，有以成文章，曰搖雉。玄引此者，證褘、揄爲雉也。又云"翬衣，畫翬者"，以先鄭褘衣不言翟，故

---

① 阮校云："今本《雜記》、《喪大記》皆作'稅衣'，據此注所引，知本作'襐衣'。下云'字或作稅'，當兼《雜記》、《喪大記》言之。賈疏云'或《雜記》文'，蓋賈所據《雜記》已作'稅'矣。"孫疏云："鄭所見《雜記》、《喪大記》'稅衣'字蓋並作'襐'，故定'襐'爲正字，而據以讀此經。《士喪禮》、《玉藻》亦並作'襐衣'，此不備引，故云'言襐者甚衆'也。"

② 段考謂經注疏"緣"字皆當作"綠"："正義云'綠與襐不得爲聲相近，但字相似，故爲字之誤也'，《詩·綠衣》正義'綠衣與《內司服》綠衣字同。《內司服》掌王后之六服，五服不言色，惟綠衣言色，明其誤。彼綠衣宜爲襐衣，故此綠衣亦爲襐衣也'，然則《周禮》經文作'綠'甚是，故鄭定爲'字之誤'。若本是'緣'字，則緣、襐皆象聲，當與褘、揄、狄、展皆爲'聲相近'，或當云'聲之誤'，不得別爲'字之誤'矣。"

③ 孫疏云："'狄'依前破字當作'翟'，各本並誤。"

④ 阮校云："'一'當作'壹'。"

增成。“搖狄，畫搖者”，亦就足先鄭之義。云“闕翟，刻而不畫”者，此無正文，直以意量之。言翟而加闕字，明亦刻繪爲雉形，但闕而不畫五色而已。云“此三者皆祭服”者，對鞠衣已下非祭服也。云“從王祭先王則服褘衣，祭先公則服搖翟①，祭羣小祀則服闕翟”，鄭言此者，欲見王后無外事，唯有宗廟分爲二，與王祀先王衮冕、先公鷩冕同差；羣小祀王玄冕，故后服闕翟也。云“今世有圭衣者，蓋三翟之遺俗”者，漢時有圭衣，刻爲圭形綴於衣，是由《周禮》有三翟，別刻繪綴於衣，漢俗尚有，故云三翟遺俗也。云“鞠衣，黄桑服也”者，謂季春將蠶，后服之，告先帝養蠶之服。云“色如鞠塵”者，麴塵不爲“麴”字者，古通用。云“象桑葉始生”者，以其桑葉始生即養蠶，故服色象之。引《月令》者，證鞠衣所用之事，故云“告桑事”也。云“展衣，以禮見王及賓客之服”，知義然者，以其鞠衣在上，告桑之服，褖衣在下，御於王之服，展衣在中，故以爲見王及賓客之服。但后雖與王體敵，夫尊妻卑，仍相朝事與賓同，諸侯爲賓客於王，后助王灌饗賓客，則后有見賓客之禮，是以亦服展衣也。云“字當爲禮，禮之言亶，亶，誠也”者，案《禮記》作“禮”，《詩》及此文作“展”，皆是正文，鄭必讀從“禮”者，二字不同，必有一誤，禮字衣傍爲之，有衣義；且《爾雅》“展”、“亶”雖同訓爲誠，展者言之誠，亶者行之誠，貴行賤言，禮字以亶爲聲，有行誠之義，故從禮也。又引《詩》者，《鄘風》刺宣姜淫亂不稱其服之事。云“其之翟也”、“胡然而天也，胡然而帝也”，言其德當神明；又曰“其之展也”、“展如之人兮，邦之媛也”，言其行配君子。云“二者之義與《禮》合矣”者，言服翟衣，尊之如天帝，比之如神明，此翟與彼翟俱事神之衣；服展則邦之爲媛助②，展衣朝事君子之服，是此禮見王及賓客服，故云二者之義與《禮》合。若然，《内則》注“夫人朝於君，次而褖衣也”者，彼注謂御朝也。引《雜記》及《喪大記》者，欲破“緣衣”爲“褖衣”之事。云“字或作稅”者，或《雜記》文。故《雜記》云“夫人稅衣”，又云“狄稅素沙”，並作稅字，亦誤矣，故云“此緣衣者，實褖衣也”。云“褖衣，御于王之服，亦以燕居”者，案《尚書多士傳》云：“古者后夫人侍於君，前息燭，後舉燭，至於房中，釋朝服，然後入御於君。”注云：“朝服，展衣，君在堂。”“大師《雞鳴》于簪下③，然後

---

① “搖”字阮本作“揄”，加藤云：“諸本‘揄’作‘搖’，阮校本誤。”按阮本“揄”字雖與鄭注合，然賈疏上文“又云‘鞏衣，畫翬者’，以先鄭褘衣不言翟，故增成；‘搖狄，畫搖者’，亦就足先鄭之義”，“鞏衣”、“搖狄”皆不同鄭注。蓋鄭注雖不明言“褘當爲鞏”、“揄當爲搖”，引《爾雅》“伊雒而南”云云實即破讀之意，猶言“狄當爲翟”也。賈疏從其破讀，故徑云“鞏衣”、“搖狄”，此處“搖”字蓋不誤，阮本乃據注而改，未必爲賈疏原貌，故獨異也。

② 阮校云：“‘媛’當作‘援’。”

③ 浦鏜謂“大師”上脫“雞鳴”二字、下脫“奏”字。

后夫人鳴珮玉于房中，告燕服入御。”以此而言，云釋展衣朝服，告以燕服，然後入御，明入御之服與燕服同褖衣，以其展衣下唯有褖衣，故知御與燕居同褖衣也，以其御與燕居同是私褻之處，故同服^①。云“男子之褖衣黑，則是亦黑也”者，男子褖衣黑，《禮》雖無文，案《士冠禮》陳服於房，爵弁服、皮弁服、玄端服；至於《士喪禮》陳襲事于房，亦云爵弁服、皮弁服、褖衣。“褖衣”當“玄端”之處，變言之者，冠時玄端衣裳别，及死襲時，玄端連衣裳，與婦人褖衣同，故雖男子之玄端亦名褖衣。又見子羔襲用褖衣纁裑，譏襲婦服，纁裑與玄衣相對之物，則男子褖衣黑矣。男子褖衣既黑，則是此婦人褖衣亦黑可知。鄭言此者，以六服之色無文，欲從此向上推次其色^②，以此爲本，故言之也。云“六服備於此矣”者，經傳云婦人之服多矣，文皆不備，言六服唯此文爲備，故言六服備於此矣。鄭言此者，亦欲推次六服之色故也。云“褘、揄、狄、展，聲相近”者，褘與翬、揄與搖、狄與翟、展與襢，四者皆是聲相近，故云“誤也”。云“緣，字之誤也”者，緣與褖不得爲聲相近，但字相似，故爲字之誤也。云“以下推次其色，則闕翟赤，揄翟青，褖衣玄”者，王后六服，其色無文，故須推次其色。言推次者，以鞠衣象麹塵，其色黄，褖衣與男子褖衣同，其色黑，二者爲本。以五行之色從下向上以次推之：水色既黑，褖衣象之；水生於金，褖衣上有展衣，則展衣象金色白，故先鄭亦云“展衣，白衣也”；金生於土，土色黄，鞠衣象之；土生於火，火色赤，鞠衣上有闕翟，則闕翟象之赤矣；火生於木，木色青，闕翟上有揄翟，象之青矣。五行之色已盡，六色唯有天色玄，褘衣最在上，象天色玄。是其以下推次其色也。云“婦人尚專一，德無所兼，連衣裳不異其色”者，案《喪服》上云“斬衰裳”，下云“女子髽衰三年”，直言衰不言裳，則連衣裳矣。又《昏禮》云“女次，純衣”，亦不言裳，是其婦人連衣裳。裳衣既連，則不異其色。必不異色者，爲婦人尚專一，德無所兼故也。云“素沙者，今之白縛也”者，素沙爲裏無文，故舉漢法而言，謂漢以白縛爲裏，以周時素沙爲裏耳。云“六服皆袍制，以白縛爲裏，使之張顯”者，案《雜記》云：“子羔之襲，繭衣裳。”則是袍矣。男子袍既有衣裳，今婦人衣裳連，則非袍，而云袍制者，正取衣複不單與袍制同，不取衣裳别爲義也。云“今世有沙縠者，名出于此”者，言漢時以縠之衣有沙縠之名，出于《周禮》“素沙”也。**辨外內命婦之服，鞠衣、展衣、緣衣，素沙。**○釋曰：上言“王后六服”，此論“外內命婦”不得有六服，唯得

---

① “同”字原作“司”，據阮本改。
② “此”字阮本作“下”。

"鞠衣"已下三服,尊卑差次服之而已。亦以素沙爲裏,故云"素沙"也。<u>注</u>内命婦之服:
鞠衣,九嬪也;展衣,世婦也;緣衣[1],女御也。外命婦者:其夫孤也,則服鞠衣;其夫卿、
大夫也,則服展衣;其夫士也,則服緣衣。三夫人及公之妻,其闕狄以下乎[2]?侯、伯之
夫人揄狄,子、男之夫人亦闕狄,唯二王後褘衣。○釋曰:鄭以内命婦無過三夫人已下,
外命婦無過三公夫人已下,但經云鞠衣以下,則三夫人、三公夫人同,皆得闕狄以下,則
此"命婦"之中無三夫人及三公夫人矣,故内命婦從九嬪爲首也。鄭必知九嬪已下服鞠
衣已下者,但九嬪下有世婦、女御三等,鞠衣已下服亦三等,故知鞠衣以下九嬪也,展衣
以下世婦也,緣衣女御也。云"外命婦者:其夫孤也,則服鞠衣;其夫卿、大夫也,則服展
衣;其夫士也,則服緣衣"者,此約《司服》孤絺冕、卿大夫同玄冕、士皮弁三等而言之。
孤已下妻其服無文,故以此三等之服配三等臣之妻也。孤妻亦如九嬪,三服俱得也;
卿、大夫妻亦如世婦,展衣、緣衣俱得也;士妻緣衣而已。但《司服》孤、卿、大夫、士文承
"諸侯"之下,皆據諸侯之臣而言。若然,諸侯之臣妻亦以次受此服。是以《玉藻》云:
"君命闕狄,再命褘衣,一命禕衣,士緣衣。"注云:"此子、男之夫人及其卿、大夫、士之妻
命服也。褘當爲鞠。諸侯之臣皆分爲三等,其妻以次受此服。"若然,五等諸侯之臣命
雖不同,有孤之國,孤絺冕,卿、大夫同玄冕;無孤之國,則卿絺冕,大夫玄冕。其妻皆約
夫而服此三等之服。其天子之臣服無文,亦得與諸侯之臣服同,是以此"外命婦服"亦
得與諸侯臣妻服同也。云"三夫人及公之妻,其闕狄以下乎"者,婦人之服有六,從下向
上差之,内命婦三夫人當服闕狄,外命婦三公夫人亦當闕狄。若三夫人從上向下差之,
則當揄狄。是以《玉藻》云:"王后褘衣,夫人揄狄。"注:"夫人,三夫人。"若三公夫人,不
得過闕狄。知者,《射人》云"三公執璧",與子、男執璧同,則三公亦毳冕。《玉藻》"君命
屈狄",據子、男夫人,則三公之妻當闕狄。三夫人其服不定,三公夫人又無正文,故摠
云"乎"以疑之也。云"侯、伯之夫人揄狄,子、男夫人亦闕狄,唯二王之後褘衣"者,《玉
藻》云:"夫人揄狄。"夫人,三夫人,亦侯、伯之夫人。鄭必知侯、伯夫人揄翟者,以《玉
藻》云"君命闕狄,再命鞠衣,一命禕衣",夫並是子[3]、男之國;闕翟既當子、男夫人,以上
差之,侯、伯夫人自然當揄翟,二王後夫人當褘衣矣。案《喪大記》云:"復,君以卷。"注

---

①　孫疏云:"'緣'當作'褖',賈疏述注不誤,下同。"按《追師》鄭注正作"褖衣"。

②　孫疏云:"'狄'亦當作'翟',下並同。"

③　加藤云:"諸本作'夫',讀難通,故殿本刪。疑本或作'云',形似而誤,'云'蓋
'謂'之意歟?"

云："上公以袞，則夫人用褕衣。"又案隱五年《公羊》云："諸公者何？天子三公稱公。"若然，天子三公有功加命服袞冕，其妻亦得命服褕衣矣。此注直云二王後，不云三公之內上公夫人者，以其八命則毳冕，夫人服闕翟，不定，故不言。若然，《喪大記》注云"公之夫人"，容三公夫人兼二王後夫人矣。《明堂位》云："夫人副褘。"是魯之夫人亦得褘衣，故彼鄭注："副褘，王后之上服，唯魯及王者之後夫人服之。"以此而言，則此注亦含有九命上公夫人，與魯夫人同也。**凡祭祀、賓客，共后之衣服；及九嬪、世婦凡命婦，共其衣服。共喪衰亦如之。** ○釋曰：上陳尊卑以次受服之事，此文陳所用之時。云"凡祭祀"者，婦人無外事，言凡祭祀，唯據宗廟大小祭祀。云"賓客"者，謂后助王灌饗諸侯來朝者。云"共后之衣服"者，祭祀共三翟，賓客共展衣。云"九嬪、世婦"者，謂助后祭祀、賓客時。云"凡命婦"者，兼外內命婦也。云"喪衰亦如之"者，外命婦喪衰，謂王服齊衰[1]，於后無服；若九嬪已下及女御，於王服斬衰，於后服齊衰也。**注**凡者，凡女御與外命婦也。言"及"、言"凡"，殊貴賤也。《春秋》之義，王人雖微者，猶序乎諸侯之上，所以尊尊也。臣之命者，再命以上受服，則下士之妻不共也。外命婦唯王祭祀、賓客以禮佐后得服此上服，自於其家則降焉。○釋曰：鄭知"凡"中內命婦唯有"女御"者，據上文，外內命婦服唯有鞠衣已下，此經上已云"九嬪、世婦"，則內命婦中唯有女御也。其外命婦中則有孤妻以下。云"言及、言凡，殊貴賤也"者，言"及"者，欲見九嬪賤於后；言"凡"者，欲見外命婦及女御賤於世婦。云"《春秋》之義，王人雖微者，猶序於諸侯之上，所以尊尊也"者，以其內命婦中女御卑於世婦，可以言"凡"以殊之；於外命婦中有公、孤、卿、大夫之妻尊於女御，而使外命婦摠入女御中言"凡"以殊之者，案僖公八年："春王正月，公會王人、齊侯、宋公以下盟於洮。"《傳》曰："王人者何？微者也。曷爲序乎諸侯之上？先王命也。"是以"微者"即士，以其天子中士已上於經見名氏，天子下士名氏不見，今直云"人"，是天子下士。序在諸侯上，是尊王命。若九嬪雖卑於三公夫人[2]，世婦卑於孤、卿妻，言"凡"以殊之在上，亦是尊尊此王之嬪婦也。云"臣之命者，再命以上受服，則下士之妻不共也"者，此約《大宗伯》男子之服。彼云"一命受職，再命受服"，則天子上士三命、中士再命乃受服，天子下士一命則不受，故鄭云下則不共也。云"外命婦唯王祭祀、賓客以禮佐后得服此上服"者，案此上經，士妻褖

---

① 浦鏜云："'爲'誤'謂'。"
② "嬪"字原作"殯"，據阮本改。

衣,大夫妻展衣;案《特牲》"主婦纚筓綃衣"①,《少牢》"主婦髲鬄衣侈袂",士妻不衣褖衣,大夫妻侈綃衣袂,不衣展衣,如其夫自於家祭降服,是"自於其家則降"。上經"祭祀、賓客,共后之服",是外命婦助后祭祀、賓客乃服上服也。**后之喪,共其衣服,凡内具之物。** ○釋曰:"后喪"所"共衣服"者,正謂襲時十二稱,小斂十九稱,大斂百二十稱,及"内具之物"。**注**内具,紛帨、線纊、鞶袠之屬。 ○釋曰:知"内具之物"是"紛帨、線纊、鞶袠之屬"者,案《内則》,婦事舅姑有紛帨、線纊、鞶袠,故死者入壙亦兼有數物。言之屬者,案《内則》更有刀礪、小觿之等,故云之屬以摠之也。

縫人掌王宮之縫線之事,以役女御,以縫王及后之衣服。○釋曰:云"掌王宮之縫線之事"者,謂在王宮須裁縫者皆縫人縫之。"以役女御,以縫王及后之衣服"者,役女御,謂爲女御所使役,而縫王及后服也。**注**女御裁縫王及后之衣服,則爲役助之;宮中餘裁縫事則專爲焉。鄭司農云:"線,縷。"○釋曰:云"女御裁縫王及后之衣服,則爲役助之"者,釋經"以役女御,縫王及后之衣服"之文也。云"宮中餘裁縫事則專爲焉"者,釋經"掌王宮之縫線之事"也。喪,縫棺飾焉,○釋曰:此"喪",以王爲主,但是王家后、世子已下,亦"縫棺飾焉"。**注**孝子既啓,見棺猶見親之身,既載,飾而以行,遂以葬,若存時居于帷幕而加文繡。《喪大記》曰:"飾棺,君龍帷,三池,振容,黼荒,火三列,黻三列,素錦褚,加僞荒,纁紐六,齊五采,五貝,黼翣二,黻翣二,畫翣二,皆戴圭,魚躍拂池。君纁戴六,纁披六。"此諸侯禮也。《禮器》曰:"天子八翣,諸侯六翣,大夫四翣。"《漢禮器制度》,飾棺,天子龍火黼黻皆五列,又有龍翣二,其戴皆加璧。故書焉爲馬,杜子春云:"當爲焉。"○釋曰:云"孝子既啓,見棺猶見親之身"者,鄭欲釋與棺爲飾之意。云"既載,飾而以行,遂以葬"者,案《既夕禮》,日側,遂匠納車於階間,卻柩而下,載之於脣車之上,乃加帷荒;飾棺訖,乃還車向外,移柩車去載處;設祖奠;明日旦,乃更徹祖奠,設遣奠;苞牲,取下體,乃引向壙。故云"既載,飾而以行,遂以葬"也。云"若存時居於帷幕而加文繡"者,《幕人》"共帷幕幄帟綬",鄭注云:"在傍曰帷,在上曰幕。"是存時居於帷幕。而云加文繡者,生時帷幕無文繡,今死,恐衆惡其親,更加文繡,即所引《喪大記》已下是也。云"君龍帷"者,鄭彼注:"畫龍爲帷。"云"三池"者,鄭云:

---

① "主"字原作"生",據阮本改。

“象生時有承霤，以竹爲之。”闕於天子，故有前及左右而已。云“振容”者，謂於竹池之内畫搖雉於絞繒之上，垂之於下，車行振動，以爲容儀。云“黼荒”者，鄭云：“荒，蒙也。”謂車上蒙覆之。黼，白黑文，於荒之四畔也。“火三列，黻三列”，黑與青謂之黻，兩己相背；火形如半環然。列，行也。爲火形三行，爲兩己相背三行^①。云“素錦褚”者，謂幄帳。諸侯以素錦爲幄帳，以覆棺上。云“加僞荒”者，僞即帷也。既覆棺以褚，乃加帷、加荒於其上。云“纁紐六”者，紐謂繫連帷荒，以纁色爲之。左右各三紐，并之六耳。云“齊五采，五貝”者，謂於荒之中央以五采繒爲之，綴貝絡其上，形如瓜瓣然。“黼翣二，黻翣二，畫翣二”者，案彼注引《漢禮》“翣，方扇，以木爲匡，廣三尺，兩角高二尺四寸，柄長五尺，以布覆之”。爲白黑文則曰黼翣，以青黑文則曰黻翣，爲雲氣則曰畫翣也。云“皆戴圭”者，謂置圭於翣之兩角爲飾也。云“魚躍拂池”者，謂於池内懸銅魚，車行振動，以拂池。云“纁戴六，纁披六”者^②，謂於車輿兩廂各豎三隻輨子。戴，值也。謂以纁爲值，靬其輨子，各使相值，因而繫前後披，兩廂各使人持制之，以備車之傾側也。其實兩廂各三，而云六者，人君禮文，圍數而傍言六耳。云“此諸侯禮也”者，天子無文，故取諸侯法以推天子禮也。云“《禮器》：天子八翣”已下者，欲明天子加數之意。云《漢禮器制度》者，亦明天子加數，與《喪大記》不同之義也。衣翣柳之材。○釋曰：“翣”，即上注“方扇”是也。“柳”，即上注引《喪大記》“帷荒”是也。二者皆有材，縫人以采繒衣纏之，乃後張飾於其上，故云“衣翣柳之材”也。注必先纏衣其木，乃以張飾也。柳之言聚，諸飾之所聚。《書》曰：“分命和仲，度西曰柳穀。”故書“翣柳”作“桵欇”。鄭司農云：“桵讀爲涩，欇讀爲柳，皆棺飾。《檀弓》曰：‘周人牆置涩。’《春秋傳》曰：‘四涩，不蹕。’”○釋曰：云“柳之言聚，諸飾之所聚”者，即龍帷、黼荒、火三列、黻三列之屬是也。“《書》曰”者，是濟南伏生《書傳》文，故云“度西曰柳穀”，見今《尚書》云“宅西曰昧谷”，度亦居也。柳者諸色所聚，日將没，其色赤，兼有餘色，故云“柳穀”。引之者，見柳有諸色。又云《春秋》，襄二十五年《左氏傳》“齊崔杼弒莊公，側之於北郭。丁亥，葬諸士孫之里，四翣，不蹕，下車七乘”是也。引之者，證有翣義也。掌凡内之縫事。

---

① “爲兩”二字原作“謂兩”，阮本同，阮校引浦鏜説云：“‘爲’誤‘謂’。”按“爲火形三行”與“爲兩己相背三行”平列，“謂”當音訛字，兹據改。

② “披”字原作“彼”，據阮本改。

染人掌染絲帛。凡染，春暴練，夏纁玄，秋染夏，冬獻功。○釋曰：云“凡染，春暴練”者，以春陽時，陽氣燥達，故暴曬其練。“夏纁玄”者，夏暑熱潤之時，以朱湛丹秫易可和釋，故夏染纁玄而爲祭服也。“秋染夏”者，夏謂五色，至秋氣涼，可以染五色也。“冬獻功”者，纁玄與夏摠染，至冬功成，並獻之於王也。**注**暴練，練其素而暴之。故書纁作窸。鄭司農云：“窸讀當爲纁，纁謂絳也。夏，大也，秋乃大染。”玄謂纁玄者，謂始可以染此色者。玄纁者，天地之色，以爲祭服。石染當及盛暑熱潤始湛研之，三月而后可用①。《考工記·鐘氏》則染纁術也②，染玄則史傳闕矣。染夏者，染五色。謂之夏者，其色以夏狄爲飾。《禹貢》曰：“羽畎夏狄。”是其惣名。其類有六：曰翬，曰搖，曰鷮，曰甾，曰希，曰蹲。其毛羽五色皆備成章，染者擬以爲深淺之度，是以放而取名焉。○釋曰：云“暴練，練其素而暴之”者，素即絹也，先練乃暴。此謂國家須練而用者，非謂祭服。若祭服，則先染絲乃織之，不得爲練也。司農云“纁謂絳也”者，絳即《爾雅》及《鐘氏》所云“三入爲纁”者是也。云“夏，大也，秋乃大染”，後鄭不從者，下文有夏采，及《禹貢》“羽畎夏狄”，皆謂夏爲五色之翟。“玄謂纁玄者，謂始可以染此色者”，以其石染當及夏日乃可染之③，故云始可。云“玄纁，天地之色”者，案《易·九事章》云：“黃帝、堯、舜垂衣裳，蓋取諸乾坤。”乾坤即天地之色。但天玄地黃，而玄纁者，土無正位，託位南方火，火色赤，與黃共爲纁也。凡六冕之服皆玄上纁下，故云“以爲祭服”，即《祭義》云“玄黃之”者是也。云“石染當及盛暑熱潤始湛研之，三月而后可用”者，並約《考工記·鐘氏職》而言。故彼云“以朱湛丹秫三月，而熾之”，是以鄭云“《考工記·鐘氏》則染纁術也”。鄭意以染纁《鐘氏》有其法術，欲推出染玄。無正文，故云“染玄則史傳闕矣”。染玄雖史傳闕，推約則有之，故鄭注《鐘氏》及《士冠禮》云“玄則六入與”是也。云“染夏者，染五色”者，謂夏即與五色雉同名夏，故知染五色也，故鄭即云“謂之夏者，其色以夏狄爲飾”，是以《繢人職》云：“五色備謂之繡也。”引《禹貢》曰以下者，畎，谷也。羽山之谷有夏之五色之翟雉貢焉。云“夏狄是其惣”者，直云夏狄，不別云雉名，故知是其惣也。云“其類有六”以下者，是《爾雅·釋鳥》文。云“其毛羽五色皆備成章”者，即《爾雅》云“伊洛之南，素質，五色皆備成章

---

① “后”字婺本、金本同，阮本作“後”。阮校云：“注當用‘後’字。”

② “鐘”字金本同，婺本、阮本作“鍾”。按孫詒謂《考工記》所云“鍾氏”者“名義未詳”，則“鍾”、“鐘”二字未知孰爲正字、孰爲借字。

③ “之”字阮本無。

曰罩;江淮之南,青質,五色皆備成章曰搖"。舉此二者[1],餘四者亦然,是其五色皆備成章也。云"染者擬以爲深淺之度,是以放而取名焉"者,但夏狄五色是自然之色,今染五色者準擬以爲深淺之度。染五色與雉同名,故云是放而取名也。**掌凡染事。**

追師掌王后之首服,爲副、編、次,追衡、笄,爲九嬪及外内命婦之首服,以待祭祀、賓客。○釋曰:云"掌王后之首服"者,對夏官弁師掌男子之首服。首服則"副、編、次"也。云"追衡、笄"者,追,治玉石之名。謂治玉爲衡、笄也[2]。云"爲九嬪及外内命婦之首服"者,此云"及",則與上《内司服》同,亦是言"及"殊貴賤。九嬪下不言世婦,文略。則外命婦中有三公夫人、卿大夫等之妻,内命婦中唯有女御也。云"以待祭祀、賓客"者,亦謂助后而服之也[3]。**注**鄭司農云:"追,冠名。《士冠禮·記》曰:'委貌,周道也。章甫,殷道也。牟追,夏后氏之道也。'追師掌冠冕之官,故并主王、后之首服。副者,婦人之首服。《祭統》曰:'君卷冕立于阼,夫人副褘立于東房。'衡,維持冠者。《春秋傳》曰:'衡紞紘綖。'"玄謂副之言覆,所以覆首爲之飾,其遺象若今步繇矣,服之以從王祭祀。編,編列髮爲之,其遺象若今假紒矣,服之以桑也。次,次第髮長短爲之,所謂髲髢,服之以見王。王后之燕居,亦纚笄總而已。追猶治也。《詩》云:"追琢其璋。"王后之衡、笄皆以玉爲之。唯祭服有衡,垂于副之兩旁,當耳,其下以紞縣瑱。《詩》云:"玼兮玼兮[4],其之翟也。鬒髮如雲,不屑髢也,玉之瑱也。"是之謂也。笄,卷髮者。外内命婦衣鞠衣、襢衣者服編,衣褖衣者服次。外内命婦非王祭祀、賓客佐后之禮,自於其家則亦降焉,《少牢饋食禮》曰"主婦髲髢衣移袂"、《特牲饋食禮》曰"主婦纚笄宵衣"是也。《昏禮》"女次,純衣",攝盛服耳;主人爵弁以迎。移袂,褖衣之袂。凡諸侯夫人於其國,衣服與王后同。○釋曰:司農云"追,冠名"者,見《士冠禮》夏后氏牟追,故引《士冠》爲證。云"追師掌冠冕之官,故并主王、后之首服"者,此鄭意,以追師掌作冠冕,弁師掌其成法,若縫人掌縫衣,別有司服、内司服之官相似,故有兩官共

---

① "此"字原作"比",據阮本改。

② "玉"字原作"王",據阮本改。

③ 阮校云:"惠校本'后'上有'王',此脱。"按賈疏據後鄭以經文"王后"單指后,與先鄭説不同。然則"王"字不必遽定爲脱文,《内小臣職》鄭注云"或言王后,或言后,通耳"。

④ "玼兮玼兮"四字原作"玼兮",金本同,婺本剟擠"玼兮"二字,與阮本合,兹據補。

掌男子首服也。後鄭不從者，此追師若兼掌男子首服，亦當如下《屨人職》云"掌王及后之服屨"，兼"王"爲文。今不云"王"，明非兩官共掌，此直掌后已下首服也。又引《祭統》者，證副是首飾。又引《春秋》者，是桓二年臧哀伯辭。彼云"衡紞紘綖"，則據男子之衡。引證此者，司農意，男子、婦人皆有衡。後鄭意亦爾，但後鄭於此經無男子耳。"玄謂副之言覆，所以覆首爲之飾"者，副者是"副貳"之副，故轉從覆爲蓋之義也。云"其遺象若今步繇矣"，漢之步繇，謂在首之時行步繇動。此據時目驗以曉古，至今去漢久遠，亦無以知之矣。案《詩》有"副笄六珈"，謂以六物加於副上，未知用何物，故鄭注《詩》云"副既笄而加飾，古之制所有，未聞"是也。云"服之以從王祭祀"者，鄭意三翟皆首服副。祭祀之中含先王、先公、羣小祀，故以祭祀摠言之也。云"編，編列髮爲之"者，此鄭亦以意解之，見編是"編列"之字，故云編列髮爲之。云"其遺象若今假紒矣"者，其假紒亦是鄭之目驗以曉古，至今亦不知其狀也。云"服之以桑也"者，上注"鞠衣以告桑"，此下注及《鄭苔志》皆云"展，首服編"，此直據鞠衣服之以桑，不云展衣者，文略，其編亦兼於展衣也。云"次，次第髮長短爲之"者，此亦以意解之，見其首服而云"次"，明次第髮長短而爲之。云"所謂髲髢"者，所謂《少牢》"主婦髲髢"，即此"次"也。言髲髢者[①]，鬄髮也，謂剪鬄取賤者、刑者之髮而爲髢。鄭必知三翟之首服副、鞠衣展衣首服編、褖衣首服次者，王之祭服有六，首服皆冕，則后之祭服有三，首服皆副可知；《昏禮》"女次，純衣"，純衣則褖衣，褖衣而云"次"，則褖衣首服次可知；其中唯有編，明配鞠衣、展衣也。云"服之以見王"者，上注"展衣"云"以禮見王"，則展衣首服編以禮見王；此又云"次以見王"者，則見王有二：一者以禮朝見於王，與見賓客同，則服展衣與編也；一者褖衣首服次，接御見王則褖衣與次，則此注見王是也。故二者皆云"見王"耳。云"王后之燕居，亦纚笄總而已"者，案《士冠禮》，"纚長六尺"，以韜髮；笄者，所以安髮；總者，既繫其本，又總其末。燕居，謂不至王所，自在燕寢而居時也。案《雞鳴》詩云："東方明矣，朝既昌矣。"毛云："東方明，則夫人纚笄而朝。"但諸侯夫人於國衣服與王后同，而得服纚笄而朝者，此經云"副、編、次以待祭祀、賓客"，明燕居不得著次，自然著纚笄；而毛云著纚笄朝者，毛更有所見，非鄭義。若然，彼鄭不破之者，以其纚笄燕居無正文，故且從毛也，其實朝王時首服編也。引《詩》"追琢其璋"者，證追是治玉石之名。云"王后之衡、笄皆以玉爲之"者，以《弁師》王之笄以玉，故知后與王同用玉也。《弁師》云諸公用玉爲瑱，《詩》云"玉之瑱也"，據諸侯夫人，夫人與君同用玉瑱，明衡、笄亦用玉矣。其三夫

---

① "髲"字原作"髮"，據阮本改。

人與三公夫人同服翟衣，明衡、笄亦用玉矣。其九嬪、命婦等當用象也。云"唯祭服有衡"，知者，見經"后"與"九嬪"以下別言，明后與九嬪以下差別，則衡、笄唯施於翟衣，餘鞠衣以下無衡矣[1]。又見桓二年哀伯云[2]："袞冕黻珽，帶裳幅舄[3]，衡紞紘綖。"並據男子之冕祭服而言，明婦人之衡亦施於三翟矣，故鄭云唯祭服有衡也。鞠衣已下雖無衡，亦應有紞以懸瑱，是以《著》詩云"充耳以素、以青、以黄"，是臣之紞以懸瑱，則知婦人亦有紞以懸瑱也。云"垂于副之兩旁，當耳，其下以紞懸瑱"者，《傳》云"衡紞紘綖"，與衡連，明言紞爲衡設矣[4]。笄既橫施，則衡垂可知。若然，衡訓爲橫，既垂之，而又得爲橫者，其笄言橫，據在頭上橫貫爲橫；此衡在副旁當耳，據人身豎爲從，此衡則爲橫，其衡下乃以紞懸瑱也。引《詩》者，彼《鄘風》。注云："玼，鮮明貌。鬒，黑髮。如雲，言美長也。屑，用也。髢，髮也。"引之者，證服翟衣首有玉瑱之義，故云"是之謂也"。其紞之采色、瑱之玉石之別者，婦得服翟衣者，紞用五采，瑱用玉；自餘鞠衣以下，紞則三采，瑱用石。知義然者，案《著》詩云"充耳以素"，鄭彼注云："謂從君子而出，至於著，君子揖之時也。我視君子則以素爲充耳。謂所以懸瑱者，或名爲紞，織之，人君五色，臣則三色而已[5]。此言素者，目所先見而云。"下云"尚之以瓊華"，注云："美石。"彼下經又云"充耳以青"、"充耳以黄"，據臣三色，故云人君五色矣。《詩》云"玉之瑱"，據君夫人云用玉，則臣之妻與夫同美石。彼毛注以"素"爲"象瑱"，鄭不從者，若素是象瑱，又何以更云"瓊華"、"瓊英"之事乎？故鄭以爲紞也。云"笄，卷髮者"，鄭注《喪服小記》亦云："笄帶，所以自卷持。"云"外内命婦衣鞠衣、禮衣者服編，衣褖衣者服次"，知者，案《昏禮》云："女次，純衣。"純衣則褖衣。據士服爵弁親迎攝盛，則士之妻服褖衣首服次亦攝盛。褖衣既首服次，三翟首服副，則鞠衣、禮衣首服編可知。云"外内命婦非王祭祀、賓客佐后之禮，自於其家則亦降焉"，知者，大夫妻服禮衣首服編，士妻服褖衣首服次，《少牢》、《特牲》是大夫、士妻，《特牲》云"主婦纚笄宵衣"，《少牢》云"主婦髲鬄衣移袂"，但大夫妻移袂爲異，又不服編，故知自於其家則降，是以即引《少牢》爲證耳。云"移袂，褖

① "餘"字原作"取"，阮本同，阮校引浦鏜説云："'取'當'餘'字誤。"按賈疏下文亦云"自餘鞠衣以下"與"翟衣"相對，兹據改。

② 阮校云："惠校本'哀'上有'臧'，此脱。"按賈疏引《左傳》大多作"臧哀伯"，然《春官・司服職》疏云"所謂桓公二年哀伯辭"，亦無"臧"字。

③ "舄"字原作"寫"，據阮本改。

④ 加藤云："'明言'恐誤倒。"以"言"字上屬。

⑤ "三"字原作"二"，據阮本改。

衣之袂”者，此鄭覆解《少牢》“主婦衣移袂”者是移褖衣之袂。上既云移袂，今又云移褖衣之袂，不同者，但士之妻服綃服褖衣助祭及嫁時不移其袂，今大夫妻綃衣移而以褖衣袂者，以大夫妻與士妻綃衣名同，不得言移於綃衣之袂，故取褖衣也。云“凡諸侯夫人於其國，衣服與王后同”者，以其諸臣之妻有助后與夫人祭之事，諸侯夫人無助后之事，故自於本國衣服得與王后同也。所同者，上公夫人得褘衣已下至褖衣：褘衣從君見大祖，揄翟從君祭羣廟，闕翟從君祭群小祀，鞠衣以告桑，展衣以禮見君及賓客，褖衣以接御。侯、伯夫人得揄翟已下：揄翟從君見大祖及羣廟，闕翟已下與上公夫人同。子、男夫人得闕翟已下：闕翟從君見大祖及羣廟與羣小祀，鞠衣已下與侯、伯同。並纚筓綃衣以燕居也。二王之後與魯夫人亦同上公之禮，故《明堂位》云“季夏六月，以禘禮祀周公於大廟，夫人褘衣”是也。**喪紀，共笄経，亦如之。**

屨人掌王及后之服屨。爲赤舃、黑舃，赤繶、黃繶、青句；素屨；葛屨。○釋曰：云“掌王及后之服屨”者，但首服在上，尊，又是陽，多變，是以追師與弁師男子、婦人首服各別官掌之；屨舃在下，卑，又是陰，少變，故男子、婦人同官掌之也。云“爲赤舃”以下，謂掌而營造之，故云爲也。“赤舃”者，男子冕服、婦人闕翟之舃也。“黑舃”者，天子、諸侯玄端服之舃也。“赤繶”已下云“繶”云“句”者，欲言繶絇以表見其舃耳。“赤繶”者，是天子、諸侯黑舃之飾也。“黃繶”者，與婦人爲玄舃之飾也。“青句”者，與王及諸侯爲白舃之飾也。凡屨舃皆有絇繶純，三者相將，各言其一者，欲互見其屨舃，故多舉一邊而言也。“素屨”者，大祥時所服，去飾也。“葛屨”者，自赤舃以下，夏則用葛爲之，若冬則用皮爲之。在“素屨”下者，欲見素屨亦用葛與皮故也[1]。**注**屨自明矣，必連言服者，著服各有屨也。複下曰舃，禪下曰屨。古人言屨以通於複，今世言屨以通於禪，俗易語反與？屨屨有絇、有繶、有純者，飾也。鄭司農云：“赤繶、黃繶，以赤黃之絲爲下緣。《士喪禮》曰：‘夏葛屨，冬皮屨，皆繶緇純。’《禮》家說繶亦謂以采絲礫其下。”玄謂凡屨舃各象其裳之色，《士冠禮》曰“玄端黑屨，青絇繶純；素積白屨，緇絇繶純；爵弁纁屨，黑絇繶純”是也。王吉服有九，舃有三等，赤舃爲上，冕服之舃。《詩》云：“王錫韓侯[2]，玄袞赤舃。”則諸侯與王同。下有白舃、黑舃。王后吉服六，

---

① “屨”字原作“履”，據阮本改。此經注疏皆云“素屨”。

② “錫”字阮本同，婺本、金本作“賜”。孫疏云：“《毛詩》‘賜’作‘錫’，俗本多依《詩》改作‘錫’，非。”

唯祭服有舄。玄舄爲上，褘衣之舄也。下有青舄、赤舄。鞠衣以下，皆屨耳。句當爲絇，聲之誤也。絇繶純者同色，今云赤繶、黃繶、青絇，雜互言之，明舄屨衆多，反覆以見之。凡舄之飾，如繢之次。赤繶者，王黑舄之飾。黃繶者，王后玄舄之飾。青絇者，王白舄之飾。言繶必有絇、純，言絇亦有繶、純，三者相將。王及后之赤舄皆黑飾，后之青舄白飾。凡屨之飾，如繢次也。黃屨白飾，白屨黑飾，黑屨青飾。絇謂之拘，著舄屨之頭，以爲行戒。繶，縫中紃。純，緣也。天子、諸侯吉事皆舄，其餘唯服冕衣翟著舄耳。士爵弁纁屨黑絇繶純，尊祭服之屨，飾從繢也。素屨者，非純吉，有凶去飾者。言葛屨，明有用皮時。

○釋曰：云“屨自明矣，必連言服者，著服各有屨也”者，屨舄從裳色，裳既多種，故連言服也。云“複下曰舄，禪下曰屨”者，下謂底。複，重底。重底者名曰舄，禪底者名曰屨也。無正文，鄭目驗而知也。云“古人言屨以通於複”者，首直云“屨人”不言“舄”，及經“舄”、“屨”兩有，是言屨通及舄。周公即古人也，故云古人言屨以通於複也。云“今世言屨以通於禪”者，謂漢時爲今世。但漢時名複下者爲屨，并通得下禪之屨，故云“俗易語反與”。云與者，無正文，鄭以意解之，故云與以疑之也。云“舄屨有絇、有繶、有純者，飾也”者，言繶，是牙底相接之縫，綴條於其中；言絇，謂屨頭以條爲鼻；純，謂以條爲口緣。經不云純者，文略也。鄭司農云“赤繶、黃繶，以赤黃之絲爲下緣”者，此即牙底相接之縫也。引《士喪禮》者，證繶爲下緣。云“皆繶緇純”者，葛屨、皮屨皆有繶也。緇純，純用緇，則繶絇亦用緇色也。“玄謂凡屨舄各象其裳之色”者，屨舄與裳俱在下體，其色同，制舄屨與裳色同也。引《士冠禮》者，證屨同裳色。云“玄端黑屨”者，凡玄端，有上士玄裳、中士黃裳、下士雜裳，今云“黑屨”者，據玄裳爲正也。云“青絇繶純”者，屨飾從繢次也。云“素積白屨”者，皮弁服素積以爲裳，故白屨也①。云“緇絇繶純”者，亦飾從繢次也。云“爵弁纁屨，黑絇繶純”者，鄭云：“尊祭服，飾從繢次。”言“是也”者，是屨從裳色之義也。云“王吉服有九”者，則《司服》六冕與韋弁、皮弁、冠弁是也。云“舄有三等”者，謂赤舄、黑舄、白舄也。云“赤舄爲上②，冕服之舄”者，此經先言“赤舄”，是舄中之上，是六冕之舄也。引《詩》者，是韓侯之詩也。“玄袞”者，冕服皆玄上纁下，而畫以袞龍③。云“赤舄”者，象纁裳故也。引之者，證諸侯得與王同有三等之舄，赤舄爲上也。云“下有白舄、黑舄”者，白舄配韋弁、皮弁，黑舄配冠弁服。案《司服》注：“韋弁，以韎韋爲弁，又以爲衣裳。”則韋弁其裳以韎之赤

---

① “白”字原作“曰”，據阮本改。
② “上”字原作“正”，據阮本改。
③ “畫”字原作“晝”，據阮本改。

色韋爲之。今以白舄配之，其色不與裳同者，《鄭志》及《聘禮》注“韋弁服”皆云“以素爲裳”，以無正文，鄭自兩解不定，故得以白舄配之。冠弁服則諸侯視朝之服，是以《燕禮‧記》云“燕，朝服”，鄭云：“諸侯與其羣臣日視朝之服也。謂冠玄端、緇帶、素韠、白屨也。”白屨即與皮弁素積白屨同。今以黑舄配之，不與裳同色者，朝服與玄端大同小異，皆玄冠緇布衣，而裳有異耳：若朝服，則素裳白屨；若玄端之裳，則《玉藻》云“韠，君朱，大夫素，士爵韋”，是韠從裳色，則天子、諸侯朱裳，大夫素裳。皆不與裳同色者，但天子、諸侯舄有三等，玄端既不得與祭服同赤舄，若與韋弁、皮弁同白，則黑舄無所施，故從上士玄裳爲正而黑舄也，大夫玄端素裳亦從玄裳黑屨矣。云“王后吉服六，唯祭服有舄”者，以王舄有三，后舄不得過王，故知后舄亦三等。但冕服有六，其裳同，故以一舄配之；后翟三等，連衣裳而色各異，故三翟三等之舄配之。云“玄舄爲上，褘衣之舄也。下有青舄、赤舄①”者，玄舄配褘衣，則青舄配揄翟、赤舄配闕翟可知。云“鞠衣以下，皆屨耳”者，六服三翟既以三舄配之，且下文“命夫命婦”唯言屨不言舄，故知鞠衣以下皆屨也。云“句當爲絇”，知者，以此屨舄無取句之義。案《士冠禮》皆云“絇”，故知當爲絇。云“絇繶純者同色”，知者，案《士冠禮》三冠絇繶純各自同色故也。云“今云赤繶、黃繶、青絇，雜互言之，明舄屨衆多，反覆以見之”者，以其男子有三等屨舄，婦人六等屨舄，若具言其屨舄，於文煩，故雜互見之，明其衆多也。云“凡舄之飾，如繢之次”者，無正文，此約皮弁白屨黑絇繶純，白黑比方爲繢次；爵弁纁屨黑絇繶純，黑與纁南北相對，尊祭服，故對方爲繢次也。以此而言，則知凡舄皆不與屨同，而爲繢次可知。云“赤繶者，王黑舄之飾”者，以其舄飾從繢之次，赤是南方火色，與北方黑對方，更無青屨取赤爲繶，知是王黑舄之飾也。云“黃繶者，王后玄舄之飾”者，以其天玄與地黃相對爲繢次，故知是王后玄舄之飾也。上公夫人得服褘衣者，亦得玄舄也。云“青絇者，王白舄之飾”者，亦以對方飾之。亦得與褖衣黑屨爲飾，但據舄尊者而言王，亦與諸侯白舄爲飾也。云“言繶必有絇、純，言絇亦有繶、純，三者相將”者，以《士冠禮》三冠各有絇繶純，故知三者相將；但經互見，故各偏舉其一耳。云“王及后之赤舄皆黑飾，后之青舄白飾”者，以舄皆對方以繢次爲飾，故義然也。云“凡屨之飾，如繢次也”者，亦約《士冠禮》白屨黑絇繶純之等而知也。云“黃屨白飾，白屨黑飾，黑屨青飾”者，此據婦人之屨，鞠衣已下之屨，故有黃屨、黑屨也。以屨從繢次爲飾，故知義然也。云“絇謂之拘，著於舄屨之頭，以爲行戒”者，鄭注《士冠》亦云：“絇之言拘也，以爲行戒，狀如刀衣鼻，在屨頭。”言拘，取自拘持；爲行戒者，謂使低目不妄顧視也。云“其餘唯服冕衣翟

---

① “赤”字原作“亦”，據阮本改。

著爲耳”者，服冕謂后以下婦人也①。云“素屨者，非純吉，有凶去飾者”，下經注“散屨”與此“素屨”同，是大祥時，則大祥除衰杖後，身服素縞麻衣而著此素屨，故云非純吉。言去飾者，經“素屨”不云繶純，故知去飾無絇繶純也。云“言葛屨，明有用皮時”者，《士冠禮》云：“夏葛屨，冬皮屨。”此經云“葛屨”，據夏而言；若冬，明用皮，故鄭云有用皮時也。**辨外内命夫命婦之命屨、功屨、散屨。**〇釋曰：上明“王及后”等尊者爲屨訖，此明臣妻及嬪已下之屨也。言“外内命夫”，案《肆師職》云：“禁外内命男女之衰不中法者。”鄭彼注：“外命男，六鄉以出也。内命男，朝廷卿大夫士也。其妻爲外命女。”彼外内命男則此外内命夫。若然，此外内命夫其妻爲“外命婦”。鄭雖不注，亦與彼同也。“内命婦”自是九嬪以下也。**注**命夫之命屨，繶屨。命婦之命屨，黄屨以下。功屨次命屨，於孤卿大夫則白屨②、黑屨，九嬪、内子亦然，世婦、命婦以黑屨爲功屨。女御、士妻命屨而已。士及士妻謂再命受服者。散屨，亦謂去飾。〇釋曰：云“命夫之命屨”者，以其經不云爲唯云屨，大夫以上衣冠則有命爲無命屨，故知命屨中唯有屨而已。士之命服爵弁，則繶屨，故云“命屨，繶屨”而已。云“命婦之命屨，黄屨以下”者，以其外命婦孤妻已下、内命婦九嬪已下不得服爲，皆自鞠衣以下③，故云黄屨以下。言以下者，兼有卿、大夫妻及二十七世婦皆展衣白屨，士妻與女御皆褖衣黑屨，故云以下以廣之。云“功屨次命屨，於孤卿大夫則白屨、黑屨”者，案《司服》：“孤希冕，卿、大夫玄冕。”皆以赤爲爲命爲。以下仍有韋弁白屨、冠弁黑屨，故云次命屨。命屨據婦人而言，其實孤卿大夫身則功屨次命爲也。云“九嬪、内子亦然”者，九嬪與孤妻内子既以黄屨爲命屨，功屨之中有禕衣白屨、褖衣黑屨，故云亦然。云“世婦以黑屨爲功屨”者，以其皆以禕衣白屨爲命屨④，其功屨唯有褖衣黑屨也。云“女御、士妻命屨而已”者，以二者唯有褖衣黑屨爲命屨，故云命屨而已。云“士及士妻謂再命受服者”，案《大宗伯》云：“一命受職，再命受服。”但公、侯、伯之士一命，子、男之士不命，及王之下士，皆受職不受服。王之中士再命，上士三命，已上乃受服。受服則并得此屨，故云再命受服者也。云“散屨，亦謂去飾”者，據臣言“散”，即上之“素”，皆是無飾，互换而言，故云謂

---

① 孫校云：“‘服冕謂后以下婦人也’九字有奪誤，疑當作‘服冕謂卿大夫以下，衣翟謂后以下婦人也’。”
② “白”字原作“曰”，據婺本、金本、阮本改。
③ “自”字原作“目”，據阮本改。
④ “禕”字原作“禮”，據阮本改。

去飾者也。《鄭志》，趙商問："《司服》王后之六服之制自不解[1]，請圖之。"荅曰："大裘、袞衣、鷩衣、毳衣、絺衣、玄衣，此六服皆纁裳赤舄。韋弁衣以靺，皮弁衣以布，此二弁皆素裳白舄。冠弁服黑衣裳而黑舄。冠弁玄端。褘衣玄舄首服副，從王見先王。揄翟青舄首服副，從王見先公。闕翟赤舄首服副，從王見羣小祀。鞠衣黃屨首服編，以告桑之服。襢衣白屨首服編，以禮見王之服。褖衣黑屨首服次，以御於王之服。后服六，翟三等，三舄玄、青、赤；鞠衣以下，三屨黃、白、黑。婦人質，不殊裳，屨舄皆同裳色也。"凡四時之祭祀，以宜服之。〇釋曰：言"以宜服之"者，謂各以尊卑所宜之服服之。**注**祭祀而有素屨、散屨者，唯大祥時。〇釋曰：鄭知此經"四時祭祀"含有"素屨、散屨"者，以此經"四時祭祀"揔結上文諸屨，故知有此二屨也。云"唯大祥時"者，此據外内命夫爲王斬衰而言[2]。初死著菅屨，卒哭與齊衰初死同疏屨，既練與大功初死同繩屨，大祥與小功初死同吉屨無絇、吉屨無繶純，是以上經注云"非純吉"，故云唯大祥時也。但上經據卑云散，散與素一也。

　　夏采掌大喪以冕服復于大祖，以乘車建綏復于四郊。〇釋曰："大喪"，謂王喪也。云"以冕服復于大祖"者，謂初死屬纊絶氣之後，即以冕服自袞冕以下六冕及爵弁、皮弁之等復，謂招魂。復者各依命數，天子則十二人，各服朝服而復於大祖之廟，當升自東霤，北面，履危西上，云"皋天子復"，如是者三，乃卷衣投於前，有司以篋受之，升自阼階，入，衣於尸。復而不蘇，乃行死事也。故云復於大祖也。云"以乘車建綏復於四郊"者，以冕服不出宫，旌旗之綏又是行道之物[3]，故乘玉路之乘車，建綏而復於四郊也。必於大祖、四郊者，欲死者復蘇，故於平生有事之處皆復也。**注**求之王平生常所有事之處。乘車，玉路。於大廟以冕服，不出宫也。四郊以綏[4]，出國門，此行

道也。鄭司農云："復，謂始死招魂復魄。《士喪禮》曰：'士死于適室，復者一人，以爵弁服升自東榮，中屋北面，招以衣，曰皋某復，三，降衣于前，受用篋，升自阼階，以衣尸。'《喪大記》曰：'復，男子稱名，婦人稱字，唯哭先復。'言死而哭，哭而復，冀其復反。故《檀弓》曰：'復，盡愛之道也。望反諸幽，求諸鬼神之道也。北面，求諸幽之義也。'《檀弓》又曰：'君復於小寢、大寢，小祖、大祖，庫門、四郊。'《喪大記》又曰：'復者朝服，君以卷，夫人以屈狄，大夫以玄赬，世婦以襢衣，士以爵弁，士妻以稅衣。'《雜記》曰：'諸侯行而死於館，則其復如於其國；如於道，則升其乘車之左轂，以其綏復。大夫死於館，則其復如於家；死於道，則升其乘車之左轂，以其綏復。'《喪大記》又曰：'爲賓則公館復，私館不復。'夏采天子之官，故以冕服復于大祖，以乘車建綏復于四郊，天子之禮也。大祖，始祖廟也。"故書綏爲緌，杜子春云："當爲綏，緌非是也。"玄謂《明堂位》曰"凡四代之服器，魯兼用之"，"有虞氏之旂，夏后氏之綏"。則旌旂有是綏者，當作緌，字之誤也。緌以旄牛尾爲之，綴於橦上，所謂注旄於干首者。王祀四郊，乘玉路，建大常，今以之復，去其旒，異之於生，亦因先王有徒綏者。《士冠禮》及《玉藻》冠緌之字，故書亦多作緌者[①]，今《禮》家定作蕤。○釋曰：云"求之王平生常所有事之處"者，鄭欲廣解所復之處，故云平生以揔之。天子七廟，此經直云"大祖"，大祖則后稷廟也。餘六廟此不云復，案《祭僕》云"大喪，復于小廟"，注云："小廟，高祖以下。"是親廟四也。其五寢則隸僕復，故《隸僕職》云"大喪，復於小寢、大寢"，注："小寢，高祖以下廟之寢也。始祖曰大寢。"唯二祧無復文者，案《祭法》，親廟四與大祖皆月祭，"二祧享嘗乃止"，無月祭，則不復也。《禮記・檀弓》云："復於小祖、大祖，庫門、四郊。"《周禮》不言五門者[②]，文不具。云"乘車，玉路"者，案《巾車》云："玉路以祀。"祭天地於郊用玉路，明於四郊復乘玉路可知。云"于四郊"者，案《小宗伯》云[③]："兆五帝於四

郊。”平生在四郊郊事神之處，故復之也。云“於大廟以冕服，不出宮也”者，鄭欲見於四郊不用冕服之意也。云“四郊以緌，出國門，行道也”者，案《巾車》云：“一曰玉路，建大常十有二斿，以祀。”故云“以緌，出國門，此行道”，對在廟用冕也。鄭司農云“復，謂始死招魂復魄”者，精氣爲魂，耳目聰明爲魄。人死魂氣上去，故招之而復之於魄也。自《士喪》以下至“私館不復”，引此諸文者，先鄭意，《禮記》諸言“復”，皆與此經“復”事同，故皆引爲證也。云“士死於適室”者，適室則適寢也，大夫、士謂之寢，天子、諸侯謂之路寢也。云“復者一人”者，命士、不命之士皆一人。若大夫以上，皆依命數也。云“以爵弁”者，凡復者皆用上服，故用士助祭之服。云“升自東榮”者，升屋從東榮而上。天子、諸侯言東霤。“皐”，謂長聲而言。又引《喪大記》“復，男子稱名，婦人稱字”者，男子稱名，據大夫、士。若天子，稱“天子復”，諸侯，稱“某甫”，臣不名君故也。引《喪大記》云“君以卷，夫人以屈狄”者，彼注云：“君以卷，謂上公也。夫人以屈狄，謂子、男夫人。”若上公夫人用褕衣，子、男則用毳，互見之者，欲揔五等諸侯及夫人也。云“大夫以玄赬，世婦以禭衣”者，赬，赤也，謂纁裳，則玄冕也。世婦謂君之世婦。不言命婦與姪娣，亦互見爲義也。玄謂引《明堂位》“凡四代之服器，魯兼用之”者，鄭欲推出緌是有虞氏旌故也。云“有虞氏之旂，夏后氏之緌”者，彼注云①：“有虞氏當言緌，夏后氏當言旂。”云“則旌旂有是緌，當作緌，字之誤也”者，旌旂有是緌，謂糸傍著妥。此非字之體，故破之。云當作緌，爲糸傍著委，故云字之誤也。云“緌，以旄牛尾爲之，綴於橦上，所謂注旄於干首者”，《爾雅》云“注旄於干首”是也。案鍾氏染鳥羽，以爲王后之車飾，亦爲旌旗之緌，則旌旗亦有鳥羽；獨云旄牛尾，舉一邊而言，其實兼有也。云“王祀四郊，乘玉路，建大常”者，此《巾車》文。云“今以之復，去其斿，異於生②”者，生時九旗有緌有斿，今死去斿，是異。有虞氏也③。徒，空也。有虞氏空緌，未有在下斿旒，故云徒緌也。云“《士冠禮》及《玉藻》冠緌之字”者，欲見二冠緌之字與此旌旗之緌字同也。云“故書亦多作緌”者，謂作糸傍委也。云“今《禮》家定作蕤”者，謂今説《禮》之家定作蕤，謂爲“蕤賓”之蕤。必定緌作蕤者，蕤賓在午月，一陰爻生，陰氣委蕤於下，故旌旗之緌亦定作蕤也。

---

①　“注”字原作“注”，據阮本改。

②　“異”下阮本有“之”字，與注合。

③　“有虞氏也”上當有脱文，加藤謂可補“云亦因先王有徒緌者先王”十一字。

周禮疏卷第九

唐朝散大夫行大學博士弘文館學士臣賈公彥等撰

地官司徒第二《鄭目録》云："象地所立之官。司徒主衆徒。地者載養萬物，天子立司徒掌邦教，亦所以安擾萬民。"○釋曰：既言"象地所立"，則此六十官皆法地，與天官言"象天"義異矣。

惟王建國，辨方正位，體國經野，設官分職，以爲民極。○釋曰：六官皆有此叙者，欲見六官所主雖異，"以爲民極"是同故也。乃立地官司徒，使帥其屬而掌邦教，以佐王安擾邦國。○釋曰：此經所云，爲立官之意。六官亦同有此語，唯"地官司徒"與"安擾"之字不同，欲見所主雖曰有殊，佐王之事是一故也。注教所以親百姓，訓五品。有虞氏五，而周十有二焉。擾亦安也，言饒衍之。○釋曰：云"教所以親百姓"者，案《尚書・舜典》云："帝曰：'契，百姓不親，五品不遜，汝作司徒，敬敷五教，在寬。'"彼舜欲使契布五教，親百姓，遜五品，是鄭君所取義也。但五教據所施而言，五品據人品列有五，所從言之異，其義一也。云"有虞氏五，而周十有二焉"者，有虞氏五，即《舜典》所云"敬敷五教"，又文十八年云"舜臣堯，舉八元，使敷五教于四方，父義、母慈、兄友、弟恭、子孝"是也；而周十有二者，據《司徒》之職云"一曰以祀禮教敬"以下是也。案成王《周官》云"司徒敷五典，擾兆民"，則周亦有五教，而云至周十有二者，鄭據此《周禮》之文言十二，以對於虞，其實五中雖不含十二，亦含有五[①]。云"擾亦安也，言饒衍之"者，以言饒益衍長亦是安義。以其民爲邦本，不安則散，特須安而復安，故云擾亦安也。案《天官》"教典"鄭注"擾"爲"馴"者，以其司徒主教，教使馴順，馴亦是安之義也。

教官之屬：大司徒，卿一人；小司徒，中大夫二人；鄉師，下大

---

① 浦鏜謂"亦"上脱"十二中"三字。

夫四人，上士八人，中士十有六人，旅下士三十有二人，府六人，史十有二人，胥十有二人，徒百有二十人。○釋曰：上經説立官之意，此經説立官尊卑相副貳。云“教官之屬”者，自此以下至槀人，摠六十官，皆是教官之屬。若然，“教官”摠目於下也。云“大司徒，卿一人”，六命。“小司徒，中大夫二人”，四命。“鄉師，下大夫四人”，與小司徒同四命，分爲中、下。“上士八人”，三命。“中士十有六人”，再命。“旅下士三十有二人”，一命。自此已上皆得王命，謂之王臣。以卑佐尊，尊少卑多，各與上一倍。云“府六人”，主藏文書。“史十有二人”，主作文書。“胥十有二人”，爲什長。“徒百有二十人”，給徭役。此四者皆不得王命，官長所自辟除者也。<u>注</u>師，長也。司徒掌六鄉，鄉師分而治之，二人者共三鄉之事，相左右也。○釋曰：此鄉師，司徒之老[1]，謂之鄉師者，謂佐司徒主六鄉，亦與在下民臣爲長，故云“師，長也”。云“司徒掌六鄉”者，案下云“鄉老，二鄉則公一人”已下，是主六鄉之事。云“鄉師分而治之”者，以其鄉師佐司徒主六鄉，故言分而治之。以鄉有六，其人有四，故“二人共三鄉”。云“相左右”者，左右，助也。以其二人共主三鄉，不得各專其鄉事，故相助而已。

　　鄉老，二鄉則公一人。鄉大夫，每鄉卿一人。州長，每州中大夫一人。黨正，每黨下大夫一人。族師，每族上士一人。閭胥，每閭中士一人。比長，五家下士一人。○釋曰：“鄉老”者，謂三公。案《下曲禮》，三公“於諸侯曰天子之老”，此鄭注云“老，尊稱”，未必是年老。“二鄉則公一人”者[2]，在朝三公八命，即《典命》云“三公八命”是也；分陝而治則九命，則《大宗伯》云“九命作伯”是也。“鄉大夫，每鄉卿一人”者，六鄉則卿六人，各主一鄉之事，然摠屬司徒，非六官典兼鄉大夫。知者，以鄭注《大司馬》云軍吏“選於六官、六鄉之吏”爲之，既六官、六鄉並言，故知別置。“州長，每州中大夫一人”者，每鄉有五州，州長以中大夫爲之，亦四命。“黨正，每黨下大夫一人”者，五黨爲州，黨正使下大夫爲之，亦四命。“族師，每族上士一人”者，五族爲黨，族師使上士一人爲之，亦三命。“閭胥，每閭中士一人”者，四閭爲族。巷門爲閭。胥，有才智之稱。閭胥使中士一人爲之，亦再命。“比長，五家下士一人”者，五比爲閭，比長使下士一人爲之，亦一命。特言五家者，明“閭胥”已上至“鄉”皆

---

　　① 阮校引盧文弨説云：“‘老’當作‘考’。”

　　② 阮校引惠棟説云：“此下有脱文。”按此下“在朝三公”至“九命作伯是也”，孫疏移接上文“謂三公”之下。

有家數,故其職云:"五家爲比,五比爲閭,四閭爲族,五族爲黨,五黨爲州,五州爲鄉。"
從少至多,故於比言"五家"爲本也。**注**老,尊稱也。王置六鄉,則公有三人也。三公者
内與王論道,中參六官之事,外與六鄉之教,其要爲民,是以屬之鄉焉。州、黨、族、閭、
比,鄉之屬別。正、師、胥,皆長也。正之言政也。師之言帥也。胥,有才智之稱。《載師
職》曰:"以官田、牛田、賞田、牧田任遠郊之地。"《司勳職》曰:"掌六鄉之賞地。"六鄉地
在遠郊之内,則居四同。鄭司農云:"百里内爲六鄉,外爲六遂。"〇釋曰:言"老,尊稱
也"者,以其天子所父事三老者同名,故云"老,尊稱也"。云"王置六鄉,則公有三人也"
者,於《周禮》不見公之人數,六鄉之數《周禮》有其文,此經云"二鄉則公一人",明知公
有三人。案成王《周官》:"立大師、大傅、大保,兹惟三公。"亦是公有三人之事。云"三
公者内與王論道"者,成王《周官》云:"兹惟三公,論道經邦。"《考工記》云:"坐而論道,
謂之王公。"鄭雖言"天子,諸侯",公中亦含三公,是其内與王論道也。云"中參六官之
事"者,案《書傳》云:"天子三公,一曰司徒公,二曰司馬公,三曰司空公。"彼注云:"《周
禮》天子六卿,與大宰、司徒同職者則謂之司徒公,與宗伯、司馬同職者則謂之司馬公,
與司寇、司空同職者則謂之司空公。一公兼二卿,舉下以爲稱。"是其中參六官之事。
云"外與六鄉之教",即此經是也。云"其要爲民,所以屬之鄉焉"者,三公無正職,是以
三百六十官之中不見三公之任,唯此六鄉之内而言三公,故云屬之鄉焉。不言三孤者,
以其佐公論道,三公有事之所亦有三孤,故不言之。云"州、黨、族、閭、比,鄉之屬別"
者,五者皆屬於鄉,而名號有别也。云"正、師、胥,皆長也"者,自州已下至比長五官,
州、比自稱長矣,唯有黨正、族師、閭胥不言長,故鄭云正、師、胥皆長也。云"正之言政
也"者,取施政教者先自正故也。云"師之言帥也"者,以其帥領百家,故言帥也。云
"胥,有才智之稱"者,此釋"閭胥",以其有才智,故爲中士,以領一閭。雖不稱長,亦有
長義。引《載師職》云"賞田任遠郊之地",又引《司勳職》言"掌六鄉之賞地"者,欲見賞
地在六鄉之中,同在遠郊之内。云"六鄉地在遠郊之内,則居四同"者,案《司馬法》:"王
城百里爲遠郊。"於王城四面則方二百里,開方之,二二如四,故云居四同。言此者,破
賈、馬六鄉之地在遠郊五十里内,五十里外置六遂。鄭司農云"百里内爲六鄉,外爲六
遂"者,司徒掌六鄉,在百里内,上以釋訖;百里外爲六遂,以其遂人掌六遂。案《遂人
職》云"掌邦之野",郊外曰野,故知百里外爲六遂。

　　封人,中士四人,下士八人,府二人,史四人,胥六人,徒六十
人。**注**聚土曰封,謂壝埒圻堮及小封疆也。〇釋曰:封人在此者,以其掌設王之社壝及

畿封，又大司徒設社稷壇相左右，故在地官而爲職首也。胥、徒多者，以其畿封事廣故也。

鼓人，中士六人，府二人，史二人，徒二十人。○釋曰：鼓人在此者，以其主教六鼓、四金，以是教官，故在此也。

舞師，下士二人，胥四人，舞徒四十人。○釋曰：舞師在此者，以其主教野人之舞，亦是教官之類故也。若然，樂師亦教舞，不在此者，彼教國子學樂，必須合於禮，故入《春官》也。注舞徒，給繇役能舞者以爲之。○釋曰：餘官直言“徒”，此官徒言“舞”者，徒是“給繇役”之人，今兼云舞，即徒中使“能舞者”以充徒數也。

牧人，下士六人，府一人，史二人，徒六十人。○釋曰：牧人在此者，以其掌牧六牲以供祭祀，亦是地事故也。注牧人，養牲於野田者^①。《詩》云：“爾牧來思，何蓑何笠，或負其餱。三十維物，爾牲則具。”○釋曰：鄭云“養牲於野田”者，對充人養牲於國中。又引《詩》曰者，謂《無羊》詩，美宣王之事也。“爾”，宣王。牧人來之時，荷揭蓑之與笠，蓑所以禦雨，笠所以禦暑，或負其餱糧也。“三十唯物”，物，色也。異毛色者三十，爾宣王牲則備矣。引之者，以證牧人牧六牲之事也。

牛人，中士二人，下士四人，府二人，史四人，胥二十人，徒二百人。注主牧公家之牛者。《詩》云：“誰謂爾無牛，九十其犉。”犉者九十，其餘多矣。○釋曰：“主牧公家之牛者”，亦是地事。又鄭下注云“牛能任載，地之類”，故在此也。“《詩》云”者，亦《無羊》詩。言誰謂爾宣王無牛，“九十其犉”^②。黄牛黑脣曰犉。云“犉者九十，其餘多矣”者，證經牛多，故徒有二百人牧之也。

充人，下士二人，史二人，胥四人，徒四十人。注充猶肥也。養繫牲而肥之。○釋曰：祭祀之牲本以諸官堪入祭祀者送付牧人，至祭前三月選入充人，芻之使之肥充，故其職云“祀五帝則繫于牢，芻之三月”，故與牧人連類在此也。

載師，上士二人，中士四人，府二人，史四人，胥六人，徒六十人。○釋曰：案其職云“掌任土之法，以物地事”，皆是土地之事，故在此。注載之言事也。事民而稅之。《禹貢》曰：“冀州既載。”載師者，閭師、縣師、遺人、均人官之長。

---

① “牲”字原作“生”，金本同，據婺本、阮本改。

② “犉”字原作“捸”，據阮本改。下文“犉”字同。

○釋曰：鄭知“事民而稅之”者，案其職上云“任土之法”，下云“近郊什一”之等，是其任民而稅之者也。云“《禹貢》曰：冀州既載”，引之者，彼是禹治洪水訖事而稅之，引之證此事民之類也。云“載師者，閭師、縣師、遺人、均人官之長”者，以其閭師、縣師徵斂之官，所斂之賦有入遺人者，均人主當地守、地職，皆與載師事通，故載師與之爲長。

　　閭師，中士二人，史二人，徒二十人。注主徵六鄉賦貢之稅者。鄉官有州、黨、族、閭、比，正言閭者，徵民之稅宜督其親民者。凡其賦貢入大府，穀入倉人。

○釋曰：知“主徵六鄉賦貢之稅”者，案其職云“任農以耕事，貢九穀；任圃以樹事，貢草木”，六鄉之內有二十五家爲閭，今以閭爲名，故知閭師主徵六鄉賦貢者也。云“鄉官有州、黨、族、閭、比，正言閭者，徵民之稅宜督其親民者[1]”，鄉官有五者之名，正取二十五家爲閭以爲徵斂之官號者，徵民之稅恐不能細委其民，故以近民之官爲號。云“凡其賦貢”者，此貢非是《大宰》“九貢”，正是九職之貢，即其職云“任農以耕事，貢九穀”之類是也；此云賦，謂《大宰》“九賦”之內，則“國中”、“四郊”二者是也。故其職云“掌國中及四郊之人民、六畜之數”，又云“凡無職者出夫布”，是其九職之內，故云“凡其賦貢入大府”，故《大府職》云“掌九賦、九貢、九功之貳[2]，以受其貨賄之入焉”。云“穀入倉人”者，案《倉人》云：“掌粟入之藏。”故知穀入倉人也。

　　縣師，上士二人，中士四人，府二人，史四人，胥八人，徒八十人。注主天下土地人民已下之數，徵野賦貢也。名曰縣師者，自六鄉以至邦國，縣居中焉。鄭司農云：“四百里曰縣。”○釋曰：“主天下土地人民已下之數”者，案其職云“掌邦國、都鄙、稍甸、郊里之地域，辨其夫家、六畜、車輦”，是其主天下土地人民已下之數。人民之外仍有六畜、車輦，故言已下。云“徵野賦貢也”者，案其職云“以歲時徵野之賦貢”，郊外曰野。以其二百里外至邦國，以其地廣，縣師徵之，旅師斂之，徵斂別官；百里之內六鄉之中，閭師徵之，閭師斂之，以其地狹，徵斂同官。又云“名曰縣師者，自六鄉以至邦國，縣居中焉”，自百里以至邦國分爲五等：二百里曰甸，三百里曰稍，四百里曰縣，五百里曰都[3]，畿外邦國。是其縣居中焉。以其徵外內之賦，舉中爲名。鄭雖言“自六鄉”，六鄉仍舊郊內，據六鄉已外而言。鄭司農云“四百里曰縣”者，據《載師職》

---

① “督”字原作“篤”，據阮本改。
② “九功”二字原作“者功”，據阮本改。
③ “四百里曰縣五百里曰都”二“里”字剜擠，阮本無。

“小都任縣地”在四百里中，故云四百里曰縣。此縣師與閭師並在此者，以其徵斂地稅，故與載師連類在此。

遺人，中士二人，下士四人，府二人，史四人，胥四人，徒四十人。○釋曰：在此者，案其職云“掌邦之委積，以待施惠”，故與徵斂之官連類在此。注鄭司農云：“遺讀如《詩》曰‘棄予如遺’之遺。”玄謂以物有所饋遺。○釋曰：先鄭云“遺讀如《詩》曰棄予如遺之遺”者，此《小雅·谷風》詩。彼謂朋友道絕，相棄如遺忘物。“玄謂以物有所饋遺”者，此是將物與人，非是遺忘之事，故不從先鄭也。

均人，中士二人，下士四人，府二人，史四人，胥四人，徒四十人。○釋曰：均人在此者，案其職云“掌均地政，均地守，均地職”，皆是土地之事，故在此。注均猶平也。主平土地之力政者。○釋曰：知“平土地之力政者”，案其職“均地職”已下更有“均人民、牛馬、車輦之力政”，是其平土地力政者也。

師氏，中大夫一人，上士二人，府二人，史二人，胥十有二人，徒百有二十人。○釋曰：師氏在此者，以其主教，與地官掌十二教同，故亦在此。以其教國子有道藝，故使“中大夫”尊官爲之也。其“徒百有二十人”者，以其國子人多，使役處衆，故其徒多矣。注師，教人以道者之稱也。保氏、司諫、司救官之長。鄭司農云：“《詩》云：‘栝維師氏。’”○釋曰：案其職云“以三德教國子：一曰至德，以爲道本”，是其“教人以道者爲稱也”。云“保氏、司諫、司救官之長”者，以其保氏佐師氏教國子，以其司諫諫萬民、司救救萬民，皆是教之義，故師氏與爲長。鄭司農云“《詩》云：栝惟師氏”者，此《詩·小雅》刺幽王之詩。其臣氏曰栝者，惟作師氏之官。引之者，證與此師氏同也。

保氏，下大夫一人，中士二人，府二人，史二人，胥六人，徒六十人。○釋曰：保氏在此者，以其佐師氏教國子，亦是教官，故在此。既與師氏同教國子，官與府、史別者，以其教國子雖同，館舍別所，故置官有異。注保，安也。以道安人者也。《書敘》曰：“周公爲師，召公爲保，相成王，爲左右。”聖賢兼此官也。○釋曰：云“以道安人者也”者，人則是國子也。案其職云“掌教國子以道”，人有道則安，故云以道安人者也。此師氏、保氏皆稱“氏”者，案鄭下注云：“官有世功，則以官族。”此二官，父祖以來皆以道教國子，世爲師氏、保氏之官，則賜之以氏，曰師氏、保氏。自此已下，官稱"氏"者皆此類也。云"《書叙》曰:周公爲師①,召公爲保,相成王,爲左右"者,此是《尚書・君奭》篇叙。云"聖賢兼此官也"者,召公爲賢,周公爲聖,此二人爲三公,分陝;以其周公聖②,下兼此師氏官,召公爲賢,下兼此保氏官,故云聖賢兼此官。此鄭君之意,謂三公之號無師、保之名,兼此二官得師、保之稱。《鄭志》,趙商問:"案成王《周官》'立大師、大傅、大保,兹惟三公',即三公之號自有師、保之名。成王《周官》是周公攝政三年事,此《周禮》是周公攝政六年時,則三公自名師、保起之在前,何也?"鄭荅曰:"周公左,召公右,兼師、保,初時然矣。"若如此解,周公兼師在成王《周官》前,故成王《周官》稱三公爲大師、大傅、大保。若然,大傅者畢公爲之,兼世子之官,故稱大傅,是以《文王世子》云"大傅在前,少傅在後"。若孔君之義,三公之號自名師、保,不由兼師氏、保氏。

司諫,中士二人,史二人,徒二十人。 ○釋曰:司諫在此者,案其職云"掌糾萬民之德,勸之朋友,正其行,而强之道藝",此官則主諫萬民,亦是教之義。此官"徒二十人",無胥者,以得徒則了,不假長帥。上下文有徒無胥者皆此類,故無胥也。
注諫猶正也。以道正人行。 ○釋曰:鄭訓"諫"爲"正",言"以道正人行"者,案其職云"正其行",故鄭就而解之。

司救,中士二人,史二人,徒二十人。注救猶禁也。以禮防禁人之過者也。 ○釋曰:案其職云"掌萬民之衺惡過失而誅讓之,以禮防禁而救之",是其"以禮防禁人之過者"。亦是教之類,故在此。

調人,下士二人,史二人,徒十人。注調,猶和合也。 ○釋曰:言"調人"者,鄭云"調,猶和合也",人相殺傷共其難者③,此調人和合之。在此者,會赦之後,設教使之相避,是教官之類,故在此。

媒氏,下士二人,史二人,徒十人。 ○釋曰:媒氏在此者④,《集略》云:"配儷男女,取地道生息。"故在此也。注媒之言謀也。謀合異類使和成者。今齊人名

---

① "公"字原作"云",據阮本改。
② 阮校云:"'聖'上脱'爲'。"孫疏據補。
③ 加藤疑"難"當作"讎"。按《調人職》云"調人掌司萬民之難而諧和之",鄭注云"難,相與爲仇讎",加藤蓋據以而言。
④ "此"字原空闕一格,據阮本補。

麴糵曰媒。○釋曰：言“謀合異類使和成者”，異類謂別姓。三十之男，二十之女，和合使成婚姻。云“今齊人名麴糵曰媒”者，麴糵和合得成酒醴，名之曰媒。言此者，欲見謀合異姓得名爲媒之意①。

司市，下大夫二人，上士四人，中士八人，下士十有六人，府四人，史八人，胥十有二人，徒百有二十人。○釋曰：案其職云“掌市之治教、政刑、量度、禁令”，以其事治教，即教官之類；又市以聚人，猶地之容衆，故在此。以其市官之長，經紀事大，故使“下大夫”尊官爲之也，屬官及胥、徒又衆也。注司市，市官之長。○釋曰：“市官”，謂質人已下至泉府，司市與之爲長也。

質人，中士二人，下士四人，府二人，史四人，胥二人，徒二十人。注質，平也。主平定物賈者。○釋曰：在此者，案其職云“掌成市之貨賄、人民、牛馬”，鄭彼注“成，平也”，此注“質，平也。主平定物賈者”，故亦與司市連類在此。

廛人，中士二人，下士四人，府二人，史四人，胥二人，徒二十人。○釋曰：在此者，案其職云“掌斂市之絘布、總布、質布、罰布、廛布”，五種之泉入于泉府，故與司市連類在此也。注故書廛爲壇，杜子春讀壇爲廛，説云“市中空地”。玄謂廛，民居區域之稱。○釋曰：子春“讀壇爲廛”，不從故書，於義是也。又説云“市中空地”以解廛，則於義非也，故後鄭不從。“玄謂廛，民居區域之稱”者，見《遂人》云“夫一廛，田百畝”及《載師》“廛里任國中之地”，皆是民之所居區域；又其職有“廛布”，謂貨賄停儲邸舍之税，即市屋舍名之爲廛，不得爲市中空地。

胥師②，二十肆則一人，皆二史。○釋曰：自胥師至司稽，皆是府、史之類，非是命士已上。其職云“平其貨賄”。胥者，有才智之稱。師，長也。肆，謂行列。“胥師二十肆則一人”，皆有“二史”副之，助作文書。賈師，二十肆則一人，皆二史。司虣，十肆則一人。司稽，五肆則一人。胥，二肆則一人。肆長，每肆則一人。○釋曰③：“賈師”，知物價者④，其職云“凡國之賣儥，各帥其屬

---

① “謀”字原作“媒”，據阮本改。“謀合異姓”據鄭注，不當用“媒”字。
② “胥師”以下底本不提行，婺本、阮本同。阮校云：“不提行者誤也。”
③ “釋曰”二字原無，據全書體例擬補。
④ “價”字阮本作“賈”，“賈”“價”古今字。

而嗣掌其月”。亦“二十肆則一人”,亦“二史”副之。“司虣”,司猶主也,主在市虣亂。“十肆則一人”。“司稽”,司,主也,主在市稽留之人不時去者。“五肆則一人”。“胥,二肆則一人”者,此謂市中給繇役少有才智者,屬胥師。“肆長”,謂行頭。“每肆則一人”,亦是市中給繇役者。注自胥師以及司稽,皆司市所自辟除也。胥及肆長,市中給繇役者。胥師領羣胥,賈師定物賈,司暴禁暴亂,司稽察留連不時去者。○釋曰:知“胥師及司稽,皆司市所自辟除”者,以其胥師越賈師等領羣胥,則知胥師等並非官;賈師與胥師同二十肆則一人、二史,賈師非官,明胥師亦非官也,故知皆司市所自辟除也。又知“胥及肆長”是“給繇役者”,以其司稽已上是府、史之類,明此二者與胥、徒同,是給繇役者也。又知“胥師領羣胥”者,以其同名爲胥,二肆則一人,其數衆多,明有所屬,故知胥爲胥師所領也。

泉府,上士四人,中士八人,下士十有六人,府四人,史八人,賈八人,徒八十人。○釋曰:在此者,案其職云“掌以市之征布”,故與司市連類在此。注鄭司農云:“故書泉或作錢。”○釋曰:“泉”與“錢”,今古異名,故後鄭引之,得通一義。

司門,下大夫二人,上士四人,中士八人,下士十有六人[1],府二人,史四人,胥四人,徒四十人;每門下士二人,府一人,史二人,徒四人。○釋曰:司門在此者,案其職云“正其貨賄,凡物犯禁者舉之”,以其掌貨賄,與司市相連,故亦在此。注司門,若今城門校尉,主王城十二門。○釋曰:案經有“每門下士二人”,據在門開閉者。此司門,鄭云“若今城門校尉”,則是都司揔監十二門官,故舉漢法況之。知王城有十二門者,案《匠人》云:“營國九里,旁三門。”四面各三門,是有十二門。鄭注云:“十二門以通十二子。”十二子則十二辰也。

司關,上士二人,中士四人,府二人,史四人,胥八人,徒八十人;每關下士二人,府一人,史二人,徒四人。○釋曰:在此者,案其職云“掌國貨之節,以連關市”,故同與市連類在此[2]。此司關亦是揔檢校十二關,所司在國

---

[1]　王引之云:“遍考五官《叙官》,凡上士、中士、下士之屬,一官之中無再見者,不得於‘每門下士二人’之外又言‘下士十有六人’,蓋涉上文泉府‘上士四人,中士八人,下士十有六人’而衍也。”

[2]　加藤謂“同與市”三字當據殿本作“與司市”。

内；下云"每關下士二人"者，自在關門開閉①。注關，界上之門。○釋曰：王畿千里，王城在中，面有五百里，界首面置三關，則亦十二關，故云"關，界上門"也。

掌節，上士二人，中士四人，府二人，史四人，胥二人，徒二十人。○釋曰：案其職云"掌守邦節，辯其用②"，在此者，以其節連於門、市，故亦連類在此。注節猶信也。行者所執之信。○釋曰：案其職云"邦國之使節，山國虎節"，凡節者皆行道所用，無節者不達，有節乃得行，故云"行者所執之信"。

遂人，中大夫二人；遂師③，下大夫四人，上士八人，中士十有六人，旅下士三十有二人，府四人，史十有二人，胥十有二人，徒百有二十人。○釋曰：遂人主六遂，如司徒主六鄉，但官卑校一節：司徒六命卿一人，小司徒中大夫二人，鄉師下大夫四人；此"遂人中大夫二人"當小司徒處，"遂師下大夫四人"當鄉師處，但無六命卿一人。以其六鄉爲正，六遂爲副，故尊卑不同。以主事相似，故"上士"已下其數與司徒同。自此已下至旅師皆是地事，故在此。注遂人主六遂，若司徒之於六鄉也④。六遂之地自遠郊以達于畿，中有公邑、家邑、小都、大都焉。鄭司農云："遂，謂王國百里外。"○釋曰：鄭知"遂人主六遂，若司徒之於六鄉"者，既名遂人，下文承以遂大夫遂官之等，似若大司徒下即有鄉大夫鄉官之等，故知遂人主六遂若司徒之於六鄉也。云"六遂之地自遠郊以達于畿"者，案其職云"遂人掌邦之野"，下文"以達于畿"，是其義也。云"中有公邑、家邑、小都、大都焉"，但六遂之地只在二百里内亦有公邑，故《載師職》云"公邑之田任甸地"，其公邑自二百里以出至五百里皆有焉；家邑，大夫采地，在稍地三百里；小都，卿之采地，在縣地四百里；大都，三公、王子弟⑤，在

---

① "開閉"二字阮本作"關閉"，阮校云："閩、監、毛本作'開閉'，非。"加藤云："'關'、'閉'二字同義，'開'、'閉'兩義，從後者爲可，阮說恐非是。"按上"司門"賈疏亦云"據在門開閉者"。

② "辯"字阮本作"辨"，加藤謂"辯"字誤。按《説文·辡部》"辯"篆段玉裁注云："俗多與'辨'不別。"

③ "遂師"以下底本提行，阮校云："準'鄉老'至'閭胥'之式，則'遂人'至'鄰長'亦當合爲一條。"按遂人、遂師與六鄉司徒、鄉師相當，遂大夫至鄰長與六鄉鄉大夫至比長相當，鄭玄皆分爲前後兩節，"遂師"云云固當連上"遂人，中大夫二人"爲一節，下"遂大夫"云云則需另提行也。

④ "於"字原無，婺本、金本同，據阮本補。賈疏述注亦有"於"字。

⑤ 加藤謂"王子弟"下當補"采地"二字。

置地五百里。故《載師職》云："家邑任稍地,小都任縣地,大都任畺地。"遂人雖專六遂,以其言"掌野",郊外曰野,大摠之言,以言"達于畿",故知兼掌此等焉。鄭司農云"遂,謂王國百里外"者,以其在二百里中,故知百里外。

遂大夫,每遂中大夫一人。縣正,每縣下大夫一人。鄙師,每鄙上士一人。酇長,每酇中士一人。里宰,每里下士一人。鄰長,五家則一人。○釋曰:此遂大夫於六遂各主一遂,以鄉大夫各主一鄉[①]。但遂大夫已下其官皆卑於鄉官,命數皆減一等。是以"遂大夫每遂中大夫一人",不使卿爲之。差次至"鄰長五家則一人"者,是不命之士爲之。其鄉内比長亦五家一人,彼使下士爲之。注縣、鄙、酇、里、鄰,遂之屬別也。○釋曰:以其鄰長已上至縣正皆屬於遂大夫,故言"遂之屬別",與上文"州、黨、族、閭、比,鄉之屬別"相似。

旅師,中士四人,下士八人,府二人,史四人,胥八人,徒八十人。○釋曰:六鄉之内所有賦税,閭師徵之,閭師斂之;此二百里以外至五百里,其地廣,故縣師徵之,旅師斂之,徵斂別官,故官屬與胥、徒多也。注主斂縣師所徵野之賦穀者也。旅猶處也,六遂之官里宰之師也。正用里宰者,亦斂民之税宜督其親民。○釋曰:案其職云"掌聚野之鉏粟、屋粟、閒粟",言野,故知"主斂縣師所徵野之賦穀者也"。云"旅猶處也,六遂之官里宰之師也"者,里訓爲居,旅者衆也,衆之所處即與里義同,故鄭云里宰之師也。遂官之内縣、鄙已下,"正用里宰"爲徵斂之官名者,亦是"斂民之税宜督其親民"。似若六鄉之中取"閭"名爲徵斂之官,故鄭云"亦",謂亦閭師也。

稍人,下士四人,史二人,徒十有二人。○釋曰:其官在此者,其職云"掌令丘乘之政令",言丘乘,即三等采地也,故與縣師、遂人等連類在此。注主爲縣師令都鄙丘甸之政也。距王城三百里曰稍。家邑、小都、大都,自稍以出焉[②]。○釋曰:云"主爲縣師令都鄙丘甸之政也"者,案其職云"若有會同、師田、行役之事,則以縣師之法",故云主爲縣師令都鄙丘甸之政也。云"距王城三百里曰稍"者,案《載師》"家邑任稍地",在三百里内,故知三百里曰稍。云"家邑、小都、大都,自稍以出焉"者,以其家邑

---

①　浦鏜云:"'以'當'似'字誤。"按上經賈疏云"既名遂人,下文承以遂大夫遂官之等,似若大司徒下即有鄉大夫鄉官之等",是其比。

②　"自"上剜空一格,婺本、金本作"在",阮本無,賈疏述注同。

在三百里,小都在四百里,大都在五百里,從三百里向外,故言自稍以出。

委人,中士二人,下士四人,府二人,史四人,徒四十人。注主斂甸稍芻薪之賦,以共委積者也。○釋曰:案其職云"掌斂野之賦,斂薪芻,凡疏材、木材①,凡畜聚之物",故鄭云"主斂甸稍薪芻之賦"。共與遺人,在道以供賓客,故云"以供委積者也"。亦與徵斂之官連類在此。

土均,上士二人,中士四人,下士八人,府二人,史四人,胥四人,徒四十人。○釋曰:土均在此者,案其職云"掌平土地之政,均地守,均地事,均地貢",並是徵斂土地之事,故在此宜也。注均猶平也。主平土地之政令者也。○釋曰:案其職云"掌平土地,以均地守",故云"均猶平也",是"主平土地之政令也"。

草人,下士四人,史二人,徒十有二人。注草,除草。○釋曰:草人在此者,案其職云"掌土化之法以物地,相其宜而爲之種",又云"凡糞種,騂剛用牛"之等,皆是土地之事,故在此宜也。案其職唯有"糞種"之文,無殺草之事,鄭云"草,除草"者,但糞種者殺草然後種之,職雖不言殺草,名爲"草人",明知除草,故鄭云除草也。

稻人,上士二人,中士四人,下士八人,府二人,史四人,胥十人,徒百人。○釋曰:在此者,案其職云"掌稼下地",又云"澤草所生,種之芒種",是土地之事,故在此。胥、徒多者,以其并遣營種稻田。

土訓,中士二人,下士四人,史二人,徒八人。○釋曰:在此者,案其職云"掌道地圖,以詔地事",亦是土地之事,故在此。注鄭司農云:"訓讀爲馴,謂以遠方土地所生異物告道王也。《爾雅》云:'訓,道也。'"玄謂能訓説土地善惡之勢。○釋曰:司農云"訓讀爲馴",又引《爾雅》"訓,道也","玄謂能訓説土地善惡之勢",不從先鄭者,案其職云"道地圖,道地慝","道"自是道説,不得更訓以爲道,故後鄭以爲訓説土地善惡。

誦訓,中士二人,下士四人,史二人,徒八人。○釋曰:在此者,案其職云"掌道方志,以詔觀事,以知地俗",亦是土地之事,故在此。注能訓説四方所誦習及人所作爲久時事。○釋曰:知"能訓説四方所誦習事"者,其職云"掌道方志",謂所識四方久遠之事,是其能訓説四方所誦習者也。云"及人所作爲久時事"者,案其職云

---

① "木材"二字原作"木林",據阮本改。

“以知地俗”，鄭注云：“博事也。”謂博知古事，是其人所作爲久時事者也。

山虞，每大山中士四人，下士八人，府二人，史四人，胥八人，徒八十人；中山下士六人，史二人，胥六人，徒六十人；小山下士二人，史一人，徒二十人。○釋曰：山虞在此者，案其職云“掌山林之政令，物爲之厲而爲之守禁”，山林亦是土地之事，在此宜也。注虞，度也。度知山之大小及所生者。○釋曰：言“度知山之大小”者，但山之大小里數雖曰無文，據當時量度知其大小，然後設官分職使掌之。經文有“中山”，鄭唯言大小者，略言之耳。云“及所生者”，山中所出金玉、錫石、禽獸、草木或有或無是也。

林衡，每大林麓下士十有二人，史四人，胥十有二人，徒百有二十人；中林麓如中山之虞，小林麓如小山之虞。○釋曰：云“大林麓下士十有二人”者，案上山虞中士四人、下士八人，相併亦十二人。但山虞尊，使中士爲官首，下士爲之佐；此林衡卑，故下士自爲官首。胥、徒多於山虞者，以其林麓在平地，盜竊材木多者[①]，故須巡行者衆，以是胥、徒特多也。“中林麓如中山之虞，小林麓如小山之虞”，胥、徒不多者，以其大林麓據特大者，故胥、徒特多；中、小已下自如尋常法，故如山虞。自此已下至澤虞皆是地事，故在地官。注衡，平也。平林麓之大小及所生者。竹木生平地曰林。山足曰麓。○釋曰：云“衡，平也。平林麓之大小者”，經有“中林麓”，鄭不言者，亦略言也。云“竹木生平地曰林”者，對山中之林自是山虞掌，此別言林衡，故知竹木生平地者。云“山足曰麓”者，《尔雅》文[②]。山足亦有林木，與山虞別官。

川衡，每大川下士十有二人[③]，史四人，胥十有二人，徒百有二十人；中川下士六人，史二人，胥六人，徒六十人；小川下士二人，史一人，徒二十人。○釋曰：川衡者，平知川之遠近、寬狹及物之所出。官及胥、徒多者，以其川路長遠，巡行勞役故也。中川、小川之等自若常法，故差少。注川，流水也。《禹貢》曰：“九川滌源。”○釋曰：言“川，流水也”者，對澤爲停水。又引《禹貢》“九

---

① 浦鏜云：“‘多者’二字當誤倒。”又“材木”二字阮本作“林木”。

② “尔”字阮本作“爾”。“尔”爲“余”手寫變體；《説文》“余”、“爾”字別，但從古代文獻的實際使用情況來看，二字多混用不分，説見張涌泉師《敦煌俗字研究》（第二版）。

③ “下”字原作“卜”，據婺本、金本、阮本改。

川滌源”者，爲禹治洪水已訖，九州之川已滌除泉源，無壅塞矣。引之者，證川是流水。

澤虞，每大澤大藪中士四人，下士八人，府二人，史四人，胥八人，徒八十人；中澤中藪如中川之衡，小澤小藪如小川之衡。○釋曰：虞亦度也。度知澤之大小及物之所出。用中士，尊於川衡者，以其澤之所出物衆多。胥、徒少者，以其巡行處近故也。中澤、小澤已下皆如川衡者，自是常法。注澤，水所鍾也。水希曰藪。《禹貢》曰：“九澤既陂。”《爾雅》有八藪。○釋曰：“澤，水所鍾”者，鍾，聚也，謂聚水於其中，更無所注入。案《周語》：“虞大子晉云：‘山，土之聚。澤，水之鍾。’”《纂要》亦云：“水所鍾曰澤。”故知澤，水所鍾也。云“水希曰藪”者，希，乾也。案《鄭詩》云：“叔在藪，火烈具舉。”舉藪中田獵，明知無水。又案《爾雅》，“藪”在《釋地》之篇，不入《釋水》，故知水希曰藪。以其藪與澤地有水、無水爲異，故於經別立官掌之。案《職方》“澤藪曰具區”之類，及毛傳云“藪，澤”，皆同爲一者，以其有水則爲澤，無水則爲藪，元是一物，故同解之。引《禹貢》曰“九澤既陂”者，亦謂禹治洪水既訖，九州之澤既已陂障，無決溢矣。引《爾雅》“有八藪”者，《禹貢》“九澤”，通畿内一州則有九；《爾雅》云“八藪”，除畿内一州而言。引此二文者[1]，證藪、澤有異。案《爾雅》釋有十者[2]，以其周、秦同在雍州，秦有楊紆，周有焦穫，一州有二，故十。又《爾雅》秦有楊陓，《職方》冀州有楊紆，蓋異所而同名也。

迹人，中士四人，下士八人，史二人，徒四十人。注迹之言跡，知禽獸處。○釋曰：案其職云“掌邦田之政”，亦是地事，故在此。

丱人，中士二人，下士四人，府二人，史二人，胥四人，徒四十人。注丱之言礦也。金玉未成器曰礦。○釋曰：經所云“丱”是總角之丱字，此官取金玉，於丱字無所用，故轉從石邊廣，以其金玉出於石，左形右聲從礦字也。云“金玉未成器曰礦”，以其此官不造器物，直取金錫玉石以供冬官百工，故言金玉未成器曰礦。金玉之等出於地，故在此也。

角人，下士二人，府一人，徒八人。○釋曰：案其職“掌以時徵齒角凡

① “二”字原作“一”，據阮本改。

② 浦鏜云：“‘藪’誤‘釋’。”又孫疏云：“《釋地》十藪，此引作八藪，未知其説。《大司徒》疏引鄭《禹貢》‘大陸’注，亦有‘《爾雅》有八藪’之文，疑鄭所見《釋地》本如是。郭本作十藪，乃據別本增定，非其舊也。賈疏其説殊迂曲，恐不足據。”

骨物於山澤之農”，以其是徵斂之官，故亦在此。

羽人，下士二人，府一人，徒八人。○釋曰：案其職云“掌以時徵羽翮之政于山澤之農”，亦是徵斂之官，故在此。

掌葛，下士二人，府一人，史一人，胥二人，徒二十人。○釋曰：案其職云“掌以時徵絺綌之材于山農”，亦是徵斂之事^①，故在此。

掌染草，下士二人，府一人，史二人，徒八人。注染草，藍、蒨、象斗之屬。○釋曰：案其職“掌以春秋斂染草之物”，亦徵斂之官，故在此。“藍”以染青，“蒨”以染赤，“象斗”染黑。案其職注云：“染草，茅蒐、橐蘆、豕首、紫茢之屬。”二注不同者，染草既多，言不可盡，故互見略言耳。

掌炭，下士二人，史二人，徒二十人。○釋曰：案其職“掌灰物、炭物之徵令，以時入之”，以其徵斂之官，故亦在此。

掌荼，下士二人，府一人，史一人，徒二十人。注荼^②，茅莠。○釋曰：案其職云“掌以時聚荼，以共喪事，徵野疏材”，以其徵斂之官，故亦在此。

掌蜃，下士二人，府一人，史一人，徒八人。注蜃，大蛤。《月令》孟冬：“雉入大水爲蜃。”○釋曰：案其職云“掌斂互物、蜃物，以共闉壙之蜃”，亦徵斂之官，故在此。言“蜃，大蛤”者，對雀入大水化爲蛤者爲小蛤。引《月令》“雉入大水爲蜃”者，案《國語》：“大水，淮也。”

囿人，中士四人，下士八人，府二人，胥八人，徒八十人。○釋曰：案其職云“掌囿游之獸禁”，囿是地之用，故在此。注囿，今之苑。○釋曰：此據漢法以況古，古謂之“囿”，漢家謂之“苑”。

場人，每場下士二人，府一人，史一人，徒二十人。○釋曰：言“每場”者，以其九穀別場，故言每以殊之。場亦地之用，故在此。注場，築地爲墠，季秋除圃中爲之。《詩》云：“九月築場圃，十月納禾稼。”○釋曰：除地曰墠，築堅始得爲場，故云“場，築地爲墠”也。云“季秋除圃中爲之”者，以其春夏爲圃，以種菜蔬^③，至季秋，始

---

① “事”字阮本同，加藤據前後文例謂當作“官”。

② “荼”字原作“茶”，據婺本、金本、阮本改。按“茶”爲“荼”之後出俗字。

③ “菜”字原作“采”，據阮本改。

爲場。引《詩》曰"九月築場圃，十月納禾稼"者，此《七月》詩。引之，證圃中爲場之意。

廩人，下大夫二人，上士四人，中士八人，下士十有六人，府八人，史十有六人，胥三十人，徒三百人。○釋曰：此官使"下大夫"爲官首，"徒三百人"又多者，以其米廩事重，出納又多故也，故其職云"掌九穀之數"。以其米穀地之所長成，故在此。注藏米曰廩。廩人，舍人、倉人、司禄官之長。○釋曰："藏米曰廩"者，對下倉人藏穀曰倉。云"廩人，舍人、倉人、司禄官之長"者，以其舍人已下同掌米穀之事，皆以士爲之，故廩人下大夫與之爲長。

舍人，上士二人，中士四人，府二人，史四人，胥四人，徒四十人。○釋曰：在此者，案其職云"掌平宫中之政，分其財守，以法掌其出入"，謂平宫中米穀多少，故與廩人、倉人連類在此。注舍猶宫也。主平宫中用穀者也。○釋曰：鄭訓"舍"爲"宫"者，案其職云"掌平宫中之政"，故就職內"主平宫中用穀"解之。

倉人，中士四人，下士八人，府二人，史四人，胥四人，徒四十人。○釋曰：倉人在此者，案其職云"掌粟入之藏"，如廩人，米粟地之所成故也。

司禄，中士四人，下士八人，府二人，史四人，徒四十人。注主班禄。○釋曰：在此者，其職既闕，未知所掌云何，但班禄者用粟與之，司禄職次倉人，明是班多少之官，故鄭云"主班禄"也，故與倉人連類在此。

司稼，下士八人，史四人，徒四十人。注種穀曰稼，如嫁女以有所生。○釋曰：云"種穀曰稼"者，對收斂曰穡也。在此者，其職云"巡野觀稼，出斂法"，亦是徵斂地事，故連類在此。

舂人，奄二人，女舂抌二人①，奚五人。○釋曰：有"奄"者，以其與女奴同處故也。在此者，與倉人、廩人、饎人連事，故亦連類在此。其職云"掌祭祀、賓客牢禮之米"，所共多矣，而舂人少者，蓋舉其能者，亦應兼有別奚於其中矣。注女舂抌，女奴能舂與抌者。抌，抒臼也。《詩》云："或舂或抌。"○釋曰：引《詩》"或舂或抌"者，彼《生民》詩。引之，證經"舂抌"之事也。

饎人，奄二人，女饎八人，奚四十人。注鄭司農云："饎人，主炊官也。

---

① 孫疏謂"抌"字當作"抗"，即《説文·臼部》"舀"篆重文。

《特牲饋食禮》曰：'主婦視饎爨。'"故書饎作𩟄[1]。〇釋曰：在此者，其職云"凡祭祀共盛，共王及后之六食。凡賓客，共其簠簋"，不在天官而在此者，以其因舂人，又因地道之成，故在此。

稾人[2]，奄八人，女稾每奄二人，奚五人。〇釋曰：案其職云"掌共外内朝冗食者之食"，所共處多，故有"奄八人，女稾每奄二人，奚五人"也。注鄭司農云："稾讀爲'犒師'之犒。主冗食者，故謂之犒。"〇釋曰：案《左氏春秋》僖三十三年，秦人將襲鄭，鄭商人弦高將市於周，遇之，以乘韋先，牛十二頭犒秦師，遂詐之云："鄭使我犒勞軍師。"引之者，以在朝之人不得歸家，亦枯槁，以須犒勞之，故名其官爲犒人。亦同廩人，連類在此。

大司徒之職，掌建邦之土地之圖與其人民之數，以佐王安擾邦國。〇釋曰：司徒既欲"佐王安擾邦國"，故先須知"土地之圖、人民之數"。注土地之圖，若今司空郡國輿地圖。〇釋曰：案漢蕭何收秦圖籍，以知天下阨塞廣遠，至後漢，乃有司空郡國地圖。輿者車輿，其前牙曲[3]。地形不可正方，故云"輿地圖"也。案《職方》亦云"掌天下之圖"，注直云"如今司空輿地圖"，不云"郡國"者，彼以司馬主九畿并夷狄而言，故不得云郡國；此經云主人民之數，則唯據九州之中，郡國在九州之内，故此注云郡國也。以天下土地之圖周知九州之地域廣輪之數，辨其山林、川澤、丘陵、墳衍、原隰之名物。〇釋曰：上經云"土地圖"，爲"人民之數"而言之；此經云"土地圖"，據十等土地而説也，故云"周知九州之地域廣輪之數"。馬融云："東西爲廣，南北爲輪。"案《王制》，南北兩近一遥，東西兩遥一近。是南北長，東西短，謂知此數也。又"辯其山林、川澤"以下十等形狀名號及所出之物也。注周猶徧也。九

---

① 段考云："《説文》'饎'或從配作'𩟄'，疑今《周禮》'配'下譌多'火'也。"

② "稾"字金本、阮本同，婺本作"稾"。按《説文·禾部》："稾，禾稈也。"《木部》："槀，木枯也。"變體作"槁"。經典凡言槁勞者，即木枯之引伸義，"犒"則後出俗字。故阮校謂《地官·叙官》當作"稾人"、《夏官·叙官》當作"槀人"，二官名皆用假借字，先鄭注"稾讀爲槁師之槁"、"槀讀爲芻稾之稾"易其字也。孫疏云："此經兩'稾'字，石經並從禾。先鄭因作'稾'義遠，本職又正作'槁'，故讀爲'槁師'之槁，槁即槀也。後鄭讀從先鄭，而正文則仍作從禾之'稾'。"至注疏"犒"字，則皆本當作"槁"。

③ "牙"字原作"开"，據阮本改。

州,楊、荊、豫、青、兗、雍、幽、冀、并也。輪,從也。積石曰山,竹木曰林,注瀆曰川,水鍾曰澤,土高曰丘,大阜曰陵,水崖曰墳,下平曰衍,高平曰原,下濕曰隰。名物者,十等之名與所生之物。○釋曰:"九州,楊、荊"以下,據《職方》周之九州而言,故有幽、并無徐、梁。《禹貢》據夏以前九州,故有徐、梁無幽、并也。云"輪,從也"者,據南北,義與馬同。不釋"廣"者,東西可知。云"積石曰山"者,案《詩》云:"節彼南山,維石巖巖。"鄭云:"巖巖,積石貌。"鄭據此而言。案《爾雅》"山"、"丘"別釋,則丘是純土,其山皆石,亦有兼土者,故曰"石戴土謂之崔嵬"。又《周語》云:"夫山,土之聚。"是其山有土也。云"竹木曰林"者,謂生平地。以其山、林、川、澤別官,故知"竹木生平地曰林"。云"注瀆曰川"者,案《釋水》云:"注川曰谿,注谿曰谷,注谷曰溝,注溝曰澮,注澮曰瀆。"彼注云:"皆以小注大,大小異名。"言注澮曰瀆者,謂以澮中水注入瀆中,使有所去。此云注瀆曰川者,《爾雅》無此言,鄭以義增之耳,謂以瀆中水注入川。案《職方》九州皆有川,故知從瀆入川。此"瀆"與"四瀆"義異,四瀆則亦川,故《職方》云"其川三江"、"其川江、漢"也。云"水鍾曰澤"者,《周語》虞大子晉之言也。云"土高曰丘"者,《爾雅》"山"、"丘"別釋,則丘無石者也。云"大阜曰陵"者,案《爾雅・釋地》云:"高平曰陸,大陸曰阜,大阜曰陵,大陵曰阿^①,可食者曰原。"是陵與丘高下異稱,皆無石者也。其有石者亦曰陵,故《左氏》僖三十二年云:"殽有二陵,南陵,夏后皋之墓也,其北陵,文王之所避風雨。"是有石者也。云"水崖曰墳"者,案《爾雅》云:"重崖,岸。墳,大防。"是墳爲崖岸之峻者,故知水崖曰墳。故《詩》云"遵彼汝墳",是汝水之大防,亦是水崖曰墳也。云"下平曰衍"者,此十地皆兩兩相對爲名,墳既水崖而高,明衍爲下平。此"下平"又與"下濕曰隰"者別也。云"高平曰原"者,案《爾雅》云:"廣平曰原,高平曰陸。"不云高平曰原。此言高平曰原者,對"下濕曰隰"而言,其實高平即廣平者也。《爾雅》"高平曰陸"者,據山傍平者,故下云"可食者曰原"也。云"下濕曰隰"者,《爾雅・釋地》文。若然,《禹貢》云:"大陸既作。"注:"大陸地者。《爾雅・釋地》八藪,晉有大陸。"彼是藪澤之地稱,與"高平曰陸"者別也。云"十等之名"者,"山林"以下十等名異也。云"與所生之物"者,即下文"土會之法"以下是也。**而辨其邦國、都鄙之數,制其畿疆而溝封之,設其社稷之壇而樹之田主,各以其野之所宜木,遂以名其社與其野。**○釋曰:云"辨其邦國"者,謂分別畿外諸侯邦國多少之數,謂若《王制》云畿外八

---

① "阿"字原作"何",據阮本改。

州，州二百一十國也。云"辨其都鄙之數"者，謂分別畿内三等采地之數，謂若《王制》畿内九十三國也。云"制其畿疆"者，王畿内千里，中置王城，面有五百里，其邦國、都鄙亦皆有畿界也。云"而溝封之"者，謂於疆界之上設溝，溝爲封樹[1]，以爲阻固也。云"設其社稷之壝"者，謂於中門之外右邊設大社、大稷、王社、王稷，又於廟門之屛設勝國之社稷；其社稷外皆有壝埒於四面也。云"而樹之田主"者，謂藉田之内依樹木而爲田主。云"各以其野之所宜木"者，王之田主唯一而已，不得云各，今云各者，揔據邦國、都鄙并王者而言也。云"遂以名其社與其野"者，謂假令以松爲社，則名松社之野。餘皆放此也。注千里曰畿。疆猶界也。《春秋傳》曰："吾子疆理天下。"溝，穿地爲阻固也。封，起土界也。社稷，后土及田正之神。壝，壇與埒壝也。田主，田神，后土、田正之所依也[2]，詩人謂之田祖。所宜木，謂若松栢栗也。若以松爲社者，則名松社之野，以別方面。○釋曰：云"千里曰畿"者，《職方》文。云"《春秋傳》曰：吾子疆理天下"者，案《左氏傳》成二年鞌之戰，齊侯使國佐賂晉師，晉人不許，曰："使齊之封内盡東其畝。"國佐對云："先王疆理天下，物土之宜。故《詩》云：'我疆我理，南東其畝。'今吾子疆理諸侯。"彼云"先王疆理天下"，又云"吾子疆理諸侯"，此云"吾子疆理天下"，不同者，鄭以義言之，非《傳》之正文也。云"溝，穿地爲阻固也"者，謂穿地爲深溝即是阻固也。云"封，起土界也"者，穿溝出土於岸即皆爲封，封即起土界也。云"社稷，后土及田正之神"者，鄭義依《孝經緯》。社者，五土之揔神。以句龍生時爲后土官，有功於土，死配社而食。稷是原隰之神，宜五穀，五穀不可遍擧，稷者五穀之長，立稷以表神名，故號稷。棄爲堯時稷官，立稼穡之事，有功於民，死乃配稷而食，名爲田正也。故云"社稷，后土及田正之神"，雙言之耳。云"壝，壇與埒壝也"者，經直云"壝"，壝即埒壝；不云壇，以壝在壇之四面爲之，明中有壇可知，故鄭兼云壇也。案《禮記・郊特牲》云："君南面於北墉下。"鄭注云："北墉，社内北牆。"彼社雖無室，壇外四面有壁，壁外乃有壝耳。若然，《封人》云"設王之社壝"者，彼官卑，主設之；此大司徒尊官，直主其制度而已。云"田主，田

---

① 阮校云："惠校'溝'下有'上'，此脱。"孫疏據補。

② 孫疏云："上注釋社稷爲后土、田正之神，則此云后土、田正者，即指社稷之神。鄭言'田神'者，欲見土穀之神通爲田神，其所依之樹即謂之田主耳。賈未達其義，乃云'田主以神農爲主，后土、田正憑依之，同壇共位'，其説支離，疑誤後學。"是賈疏讀"田神"句絶者殊失經注之意。兹暫據賈説標點。

神，后土、田正之所依也”者，此田主當在籍田之中依樹木而爲之，故云“各以其野所宜木”。云“田主，田神”者，謂《郊特牲》云“先嗇”，與神農一也。若然，鄭意以田主爲神農，則無后土及田正之神，直以神農爲主。祭尊可以及卑，故使后土、田正二神憑依之，同壇共位耳。田正則《郊特牲》所云“司嗇”，一也。又引“詩人謂之田祖”者，《詩》云“以御田祖”，毛云：“田祖，先嗇。”《籥章》亦云“凡國祈年于田祖”，鄭云：“田祖，始耕田者，謂神農也。”引之者，證田主是神農也。云“所宜木，謂若松柏栗也”者，是《論語》哀公問社於宰我，對云：“夏后氏以松，殷人以柏，周人以栗。”彼三代所都異處，所宜之木不同：夏居平陽，宜松；殷居亳，宜柏；周居鎬京，宜栗。此經雖據周一代而言，其邦國、都鄙異處，所宜之木亦復不同，故云若松柏栗也。云“若以松爲社者，則名松社之野”者，此取松爲社假設而言耳。云“以別方面”者，但四方宜木面各不同，或一方宜松，則以松爲社，以別餘之方面耳。

　　以土會之灋辨五地之物生：一曰山林，其動物宜毛物，其植物宜皁物，其民毛而方；二曰川澤，其動物宜鱗物，其植物宜膏物，其民黑而津；三曰丘陵，其動物宜羽物，其植物宜覈物，其民專而長；四曰墳衍，其動物宜介物，其植物宜莢物，其民皙而瘠；五曰原隰，其動物宜臝物，其植物宜叢物，其民豐肉而庳。○釋曰：云“會”，計也。以土地計會所出貢稅之法，貢稅出於五地，故須説五地所生不同也，故云“以土會之法”也。云“辨五地之物生”者，但天之所覆，地之所載，地有五等，所生無過“動”、“植”及“民”耳，故云辨五地之物生。上經云十等，此云五地，不同者，上經細別而言，則十等；以類相并而言，故五等，其實一也。“一曰山林”者，此五地以高下相對，故一曰山林，山林，高之極者，“二曰川澤”，川澤，下之極者，故以爲對也。又五地之內，以民之資生取於動、植之物，故先言動、植，後言民也。山林之中，“其動物宜毛物，其植物宜皁物，其民毛而方”，此五地人物之等皆方以類聚，物以羣分，及民之所生，皆因地氣所感不同，故使形類有異也。注會，計也。以土計貢稅之法，因別此五者也。毛物，貂狐貒貉之屬縟毛者也。鱗物，魚龍之屬。津，潤也。羽物，翟雉之屬。覈物，李梅之屬。專，圓也。介物，龜鼈之屬水居陸生者。莢物，薺莢①、王棘之屬。皙，白也。瘠，臞也。臝物，虎豹

---

① 孫疏云：“以注義攷之，竊疑經注‘莢’字並當爲‘薠’。‘薠’與‘莢’形近，傳寫譌誤，遂不可通，陸（德明）、賈（公彥）所見皆誤本也。”

貔貅之屬淺毛者。叢物，萑葦之屬。豐猶厚也。庫猶短也。杜子春讀生爲性。鄭司農云："植物，根生之屬。皁物，柞栗之屬，今世間謂柞實爲皁斗。膏物，謂楊柳之屬，理致且白如膏。"玄謂膏當爲囊，字之誤也。蓮芡之實有囊韜。○釋曰：案《宰夫職》云"歲計曰會"，故云"會，計也"。鄭知"以土計貢稅之法"者，以五地中而云會計者，唯有貢稅之法，故鄭云"以土計貢稅之法，因別此五者也"。云"毛物，貂狐貒貉之屬"者，依《爾雅》而言耳。案《爾雅》云"貍狐貒貉"同文，此云貂狐不言貍者，鄭君所讀《爾雅》者爲"貂"不爲"貍"也。言之屬者，山林之中，毛者甚衆，故以之屬惣之也。言"縟毛者"，謂毛之細縟者也。云"鱗物，魚龍之屬"者，案《月令》春云"其蟲鱗"，鄭云"蛇"不言"魚"者，有足曰蟲，無足曰豸。經云"其蟲鱗"，魚無足，故不言魚，其實魚入鱗内可知也。此經云"川澤宜鱗物"，鱗物以魚爲主，有魚龍，有蛇可知，故不言蛇也。云"津，潤也"者，以其民居澤近水，故有津潤。但入水見日則黑，故民黑津也。云"羽物，翟雉之屬"者，案《禹貢》徐州貢"羽畎夏翟"，則翟雉也。以雉乃羽中之貴物，故丘陵所宜羽物者是翟雉也。云"核物，李梅之屬"者，鄭以丘陵阪險宜棗杏及李梅等，目驗可知，故云李梅之屬，中有棗杏也。云"專，圓也"者，此丘陵地氣使之然也。云"介物，龜鼈之屬水居陸生者"，此陸生謂陸地生子，及生訖，即入水而居，故云水居陸生也。《五行傳》云："貌之不恭，則有龜孽。"注云："龜，蟲之生於水者。"亦謂生居在水中，非謂初生在水，彼生與此鄭云"陸生"之生義異也。又云"荚物，薺荚、王棘之屬"者，薺荚即今人謂之皁荚，蓋誤云皁，當言薺也。王棘即《士喪禮》云"王棘若檡棘"者是也。棘雖無荚，蓋樹之枝葉與薺荚相類，故并言之也。云"晢，白也"者，此民居於墳衍，地氣宜白。又見《詩》云"楊且之晢"，晢爲白可知也。云"瘠，臒也"者，案《爾雅・釋言》云："臒、脙，瘠也。"注云："齊人謂瘠瘦爲脙。"則臒爲瘦小之貌，故鄭云瘠也。云"贏物，虎豹貔貅之屬"者，《考工記・梓人職》説大獸而云"厚脣弇口，出目短耳，大胷燿後，若是者謂之贏屬"，又《爾雅》有虎有豹，故知贏物有虎豹也。但《爾雅》及諸經不見有貅，《曲禮》云"載貔貅"，此鄭云"貔貅"，貅即貅也。云"淺毛者"，若以淺毛言之，則入贏蟲中，故《月令》中央土，"其蟲贏"，鄭云："虎豹之屬恒淺毛。"若據有毛言之，即爲毛蟲，故白虎入西方，毛蟲之長也。云"叢物，萑葦之屬"者，《詩》云"萑葦淠淠"，是二者各以類聚也。"杜子春讀生爲性"，性亦訓爲生，義既不殊，故後鄭不破之也。鄭司農云"植物，根生之屬"，先鄭對動非植生爲號也。"皁物，柞栗之屬"者，柞實之皮得染皁，故引"今世猶謂柞實爲皁斗"爲證。其栗雖不得染皁，其皮亦皁斗之類，故與柞同爲皁物也。云"膏物，謂楊柳之屬，理致且白如膏"者，先鄭以物色上解之。後鄭不從者，以其上下云植物者皆不以色上爲名，先鄭獨此一者取義於色，故後鄭易之。"玄謂膏當爲蘽"者，經云"膏"，是"脂膏"之膏，於殖物義無所取①，直是"字誤"，故破從蘽也。云"蓮茨之實有蘽韜"者，以其是川澤所生，故知是蓮茨之實，皆有外皮蘽韜其實者也。案《大司樂》"一變而致川澤之示"，先言川澤後云山林者，彼取神之易致爲先，故先言川澤；此取尊卑高下相對，故先言山林也。又彼云"五變而致土示"，注云："土祇，原隰及平地。"此中不見平地者，亦"原隰"中可以兼之也。因此五物者民之常，而施十有二教焉：一曰以祀禮教敬，則民不苟；二曰以陽禮教讓，則民不爭；三曰以陰禮教親，則民不怨；四曰以樂禮教和②，則民不乖；五曰以儀辨等，則民不越；六曰以俗教安，則民不愉③；七曰以刑教中，則民不虣；八曰以誓教恤，則民不怠；九曰以度教節，則民知足；十曰以世事教能，則民不失職；十有一曰以賢制爵，則民慎德；十有二曰以庸制禄，則民興功。○釋曰：上經云"五地之物生"，動、植及民生處不同，是其常法；今此"十二教"亦因民之所常生之處施之，故云"因此五物者之常而施十二教"也。云"一曰以祀禮教敬，則民不苟"者，凡祭祀者，所以追養繼孝，事死如事生。但人於死者不見其形，多有致慢，故《禮》云"祭極敬"也。是以一曰以祀禮教敬，死者尚敬，則生事其親不苟且也。"二曰以陽禮教讓，則民不爭"者，謂鄉飲酒之禮④。酒入人身，散隨支體，與陽主分散相似，故號鄉射飲酒爲陽禮也。鄉飲酒，即黨正飲酒之類是也。黨正飲酒之時，五十者堂下，六十者堂上，皆以齒讓爲禮，則無爭，故云以陽禮教讓則民不爭也。"三曰以陰禮教親，則民不怨"者，以陰禮，謂昏姻之禮，不可顯露，故曰陰禮也。男女本是異姓，冕而親迎，親之也。親之也者，親之也，使之親己，是昏禮相親之義。昏姻及時，則男女無有怨曠，故云以陰禮教親則民不怨也。"四曰以樂禮教和，則民不乖"者，自"一曰"至"三曰"已上，皆有揖讓周旋升降之禮；此樂亦云"禮"者，謂饗燕作樂之時舞人周旋皆合禮節，故樂亦云禮也。凡人

① "殖"字阮本作"植"。按《慧琳音義》謂"植"作"殖"者爲"通俗字"。下凡"植"、"殖"之異不復出校。

② 王引之云："'樂'下不當有'禮'字，蓋涉上'祀禮'、'陽禮'、'陰禮'而衍。自賈本衍'禮'字，而開成石經以下皆沿其誤。"

③ "愉"字婺本同，金本、阮本作"偷"。阮校云："'偷'俗字也。"

④ 浦鏜謂"鄉"下脱"射"字。按浦説據鄭注，賈疏下文亦云"故號鄉射飲酒爲陽禮也"。

乖離皆由不相和合，樂主和同民心，故民不乖也。"五曰以儀辨等，則民不越"者，儀謂以卑事尊。上下之儀有度，以辨貴賤之等，故云以儀辨等也。民知上下之節，不敢踰越，故云則民不越也。"六曰以俗教安，則民不愉"者，俗謂人之生處習學不同。若變其舊俗，則民不安，而爲苟且；若依其舊俗化之，則民安其業，不爲苟且，故云以俗教安則民不愉，愉，苟且也。"七曰以刑教中，則民不虣"者，刑者禁民虣亂，今用刑得所，民得中正，不爲虣亂，故云以刑教中則民不虣也。"八曰以誓教恤，則民不怠"者，民有厄喪，教之使相憂恤，則民不懈怠也。"九曰以度教節，則民知足"者，度謂衣服、宮室之等尊卑不同。以此法度教之，使知節數。民知禮節，自知以少爲足，故云則民知足也。"十曰以世事教能，則民不失職"者，父祖所爲之業，子孫述而行之，不失本職，故云以世事教能則民不失職也。"十有一曰以賢制爵，則民慎德"者，人有賢行，制與之爵，民皆謹慎，矜矜於善德，以求榮寵，故云以賢制爵則民慎德也。"十有二曰以庸制禄，則民興功"者，庸，功也。人有功則制禄與之，民皆興其功業，故云則民興功也。此十二教以重急者爲先，輕緩者爲後。**注**陽禮，謂鄉射飲酒之禮也。陰禮，謂男女之禮。昏姻以時，則男不曠，女不怨。儀，謂君南面臣北面、父坐子伏之屬。俗，謂土地所生習也。愉，謂朝不謀夕。恤，謂灾危相憂。民有凶患，憂之則民不解怠。度，謂宮室、車服之制。世事，謂士農工商之事。少而習焉，其心安焉，因教以能，不易其業。慎德，謂矜其善德，勸爲善也。庸，功也。爵以顯賢，禄以賞功。故書儀或爲義，杜子春讀爲儀，謂九儀。○釋曰：云"陽禮，謂鄉射飲酒之禮"者，以是陽禮而云"教讓"，其鄉射是州長射禮，鄉飲酒是黨正飲酒，皆有正齒位飲酒，爲敬讓之事，故知陽禮是二事。若然，鄉中有鄉射、鄉飲酒，以其州長、黨正皆屬於鄉大夫，或鄉大夫所居州黨，故雖州長射、黨正飲酒亦號曰"鄉"也。云"陰禮，謂男女之禮"者，以其言"陰"，又云"不怨"，故知是男女昏姻之禮也。云"昏姻以時，則男不曠，女不怨"者，此約《雄雉》詩序云[1]"軍旅數起，大夫久役，男女怨曠"，注云："國人久處軍役之事，故男多曠，女多怨也。男曠而苦其事，女怨而望其君子。"此經直云不怨，據女而言，文不具顯，故鄭兼言曠也。若然，彼詩據舊成夫婦，此文據配合得時，時雖不同，若失時，怨曠不異，故引爲證也。云"儀，謂君南面臣北面、父坐子伏之屬"者，案《易乾鑿度》云："不易也者，其位天在上地在下，君南面臣北面，父坐子伏，此其不易也。"鄭依此言其不易也。仍有天地不易不言，故云之屬以兼之也。云

---

[1] "云"字阮本作"文"。

“俗，謂土地所生習也”者，謂若《下曲禮》云“君子行禮，不求變俗。居喪之禮，哭泣之位，皆如其國之故，而審行之”，是其故俗所習也。云“愉，謂朝不謀夕”者，案《春秋左氏》襄公三十一年：“穆叔至自會，見孟孝伯，語之曰：‘趙孟將死矣，其語偷。’又孝伯曰：‘人生幾何，誰能無偷？朝不及夕，將焉用樹？’穆叔出而告人曰：‘孟孫將死矣，吾語諸趙孟之偷也，而又甚焉。’”昭元年：“天王使劉定公勞趙孟於潁，館於洛汭。劉子曰：‘美哉禹功，明德遠矣！微禹，吾其爲魚乎？吾與子弁冕端委以治民臨諸侯，禹之力也。子盍遠績禹功，而大庇民乎？’對曰：‘老夫罪戾是懼，焉能恤遠？吾儕偷食，朝不謀夕，何其長也？’劉子歸，以語王曰：‘諺所謂老將智而耄及之者。’”以此而言之，鄭似依昭元年《傳》也。云“恤，謂災危相憂。民有凶患，憂之則不解怠”者，災危凶憂，謂若遭水旱之災，歲凶，年穀不登，有無相濟，是其相憂，令不解怠也。云“度，謂宮室、車服之制”者，謂若《典命》云“上公九命，國家、宮室、車旗、衣服、礼儀”，及侯、伯、子、男已下各依命數，是其制度也。云“世事，謂士農工商之事。少而習焉，其心安焉，因教以能，不易其業”者，案《齊語》云：“桓公曰：‘成民之事若何？’管子曰：‘四民者，勿使雜處，雜處則乱。昔聖王處士就閑燕，處工就官府[①]，處商就市井，處農就田野。’”又云：“士之子恒爲士，工之子恒爲工，商之子恒爲商，農之子恒爲農。少而習焉，其心安焉，是世事也。”云“慎德，謂矜其善德，勸爲善”者，民能矜矜然求其善德，又相勸爲善也。云“庸，功也”者，此經云“以庸制禄”，《司士》云“以功詔禄”，庸即功，其理同也。云“故書儀或爲義，杜子春讀爲儀”者，不從故書，讀從《大宗伯》“九儀”，“一命”至“九命作伯”也。

以土宜之濩辨十有二土之名物，以相民宅，而知其利害，以阜人民，以蕃鳥獸，以毓草木，以任土事。○釋曰：云“以土宜之法辨十有二土之名物”者，十二土各有所宜不同，所出之物及名皆異，故云以土宜之法辨十有二土之名物也。云“以相民宅”者，謂既知十二土之所宜[②]，以相視民居，使之得所也。云“而知其利害”者，十二土之中，利處居之，害處遠之。“以阜盛人民，以蕃息鳥獸，以毓生草木”者，皆由知利害使之然也。云“以任土事”者，辨十有二土，任人性居之。注十二土分野十二邦，上繫十二次，各有所宜也。相，占視也。阜猶盛也。蕃，蕃息也。育，生也。任，謂就地所生，因民所能。○釋曰：“十二土分野十二邦，上繫十二次，各有所宜

---

① “處士”、“處工”原互易，據阮本乙。《載師職》賈疏引不誤。

② “土”字原作“士”，據阮本改。

也”者，案《保章氏》“以星土辨九州之地”，注云：“星土，星所主土也。”又云：“大界則曰九州，州中諸國之封域，於星亦有分焉。其書亡矣，《堪輿》雖有郡國所入度，非古數也。今其存可言者，十二次之分也。星紀，吴、越也；玄枵，齊也；娵訾，衞也；降婁，魯也；大梁，趙也；實沈，晉也；鶉首，秦也；鶉火，周也；鶉尾，楚也；壽星，鄭也；大火，宋也；析木，燕也。”如是，天有十二次，日月之所躔；地有十二土，王公之所國。又《周語》伶州鳩云：“昔武王伐商，歲在鶉火。”又云：“歲之所在，則我之分野。”故知分野十二邦上繫十二次，各有所宜也。若然，唐、虞及夏萬國，殷、周千七百七十三國，皆依附十二邦以繫十二次，若吴、越同次之類也。凡繫星之法，皆因王者所命屬焉。故昭元年《左傳》云：“晉侯有疾，鄭公孫僑如晉聘，且問疾。叔向問焉，曰：‘寡君之疾病，卜人曰：實沈、臺駘爲祟。史莫之知，敢問此何神也？’子產曰：‘昔高辛氏有二子，伯曰閼伯，季曰實沈，居於曠林，不相能也，日尋干戈，以相征討。后帝不臧，遷閼伯於商丘，主辰，商人是因，故辰爲商星。遷實沈於大夏，主參，唐人是因，以服事夏商。’”又云：“及成王滅唐而封大叔焉，故參爲晉星。”又襄九年晉士弱云：“陶唐氏之火正閼伯，居商丘，祀大火，相土因之，故商主大火。”是皆先王命祀之法也。案《元命包》云：“國君王者封，上應列星之位。”注云：“若角、亢爲鄭，房、心爲宋。比其餘小國不中星者以爲附庸。”若然，附庸不繫星，其餘皆繫星也。又云“任，謂就地所生，因民所能”者，地之所生，出物不同；民之所資，事業有異。謂若居山者利其金玉、錫石、禽獸、材木，居澤者利其魚鹽，居陸者利其田疇，是其任謂就地所生因民所能而居之也。**辨十有二壤之物而知其種，以教稼穡樹藝。**○釋曰：此十二壤即上十二土，上經論居人物之事，此經辨其種殖所宜，故變其文。云“辨十二壤之物”者，分別物之所生而知其所殖之種，遂即以教民春稼秋穡，以樹其木，以藝其黍稷也。**注**壤亦土也，變言耳。以萬物自生焉則言土，土猶吐也；以人所耕而樹藝焉則言壤，壤，和緩之貌。《詩》云：“樹之榛栗。”又曰：“我藝黍稷。”藝猶蒔也。○釋曰：上經既欲居民，不必皆須樹藝，故云“土”，取“萬物自生”爲名；此經據“樹藝”而言，故變云“壤”，取“和緩”爲義，故鄭云“變言耳”。《詩》云：樹之榛栗”，是《定之方中》詩。引之，證經“樹”是殖木。“又曰：我藝黍稷”，是《楚茨》之詩。引之，證經“藝”是黍稷也。

以土均之灋辨五物九等，制天下之地征，以作民職，以令地貢，以斂財賦，以均齊天下之政。○釋曰：以“土均之法辨五物”者，即上山林、川澤之等是也。云“九等”者，據五地之内分爲九等之地騂剛、赤緹之屬，糞種所宜不同也。云"制天下之地征"者,言天下,則并畿外邦國所税入天子而言也。此"地征"與下爲目也。"以作民職"者,民有職業,乃可税之。云"以令地貢"者,地貢即九職之税也。云"以斂財賦"者,斂財即《大宰》"九賦斂財賄",一也。既言財,又别言賦者,欲見財既爲九賦斂財,賦中又兼有軍賦,故財、賦殊言之。云"以均齊天下之政"者,大司徒以法均齊之,天下皆使依法,故云均齊天下之政也。〔注〕均,平也。五物,五地之物也。九等,騂剛、赤緹之屬。征,税也。民職,民九職也。地貢,貢地所生,謂九穀。財,謂泉穀。賦,謂九賦及軍賦。○釋曰:"九等"知是"騂剛之屬"者,但地或云十等,或云五地,或云十二土,皆無云九等者;案《草人職》云"騂剛"、"赤緹"之屬有九等,皆是地勢所宜糞種之法,故鄭以"騂剛、赤緹之屬"解之。云"地貢,貢地所生,謂九穀"者,案大宰以九職任萬民,即云"一曰三農,生九穀",此經云"以作民職"爲九職,即云"令地貢",明貢是九穀可知。云"財,謂泉穀"者,案《大宰》云"以九賦斂財賄",彼注亦云"財,泉穀",則以泉穀當賦泉之數也。云"賦,謂九賦及軍賦"者,以經云"財賦",不得爲一事解之。今鄭以"賦"爲軍賦者,則賦中兼軍賦,謂甲士三人、步卒七十二人之等。

周禮疏卷第十

唐朝散大夫行大學博士弘文館學士臣賈公彥等撰

以土圭之灋測土深，正日景，以求地中。日南則景短多暑，日北則景長多寒，日東則景夕多風，日西則景朝多陰。○釋曰：案《玉人職》云：“土圭尺有五寸。”周公攝政四年，欲求土中而營王城，故以土圭度日景之法，“測”，度也，度土之深，深謂日景長短之深也。“正日景”者，夏日至晝漏半①，表北得尺五寸景，正與土圭等，即地中，故云“正日景，以求地中”也。“日南則景短多暑”者，周公度日景之時，置五表。五表者，於潁川陽城置一表，爲中表，中表南千里又置一表，中表北千里又置一表，中表東千里又置一表，中表西千里又置一表。今言日南景短多暑者，據中表之南表而言，亦晝漏半立八尺之表，表北得尺四寸景，不滿尺五寸，不與土圭等，是其日南，是地於日爲近南，景短多暑，不堪置都之事也。云“日北”者，據中表之北表而言，亦晝漏半，表北得尺六寸景，是地於日爲近北，是其“景長多寒”之事也。云“日東則景夕多風”者，據中表之東表而言，亦於晝漏半中表景得正時，東表日已跌矣，是地於日爲近東，晝漏半已得夕景，故云景夕多風。云“日西則景朝多陰”者，據中表之西表而言，是地於日爲近西，亦於晝漏半中表景得正時，西表日未中，仍得朝時之景②，故云日西則景朝多陰。此經皆未得所求耳。解《洪範》之義，依《五行傳》，風屬中央，雨屬東方。今西方云“多陰”，東方云“多風”者，土爲木妻，木爲金妻，從妻所好。故月離於箕，風揚沙；月離於畢，俾滂沱。故此東方多風，西方多陰，陰即雨也。**注**土圭，所以致四時日月之景也。測猶度也，不知廣深故曰測。故書求爲救，杜子春云：“當爲求。”鄭司農云：“測土深，謂南北東西之深也。日南，謂立表處大南，近日也。日北，謂立表處大北，遠日也。景夕，謂日跌景乃中，立表處大東，近日也。景朝，謂日未中而景中，立表處大西，遠日也。”玄謂晝漏半而置土圭，表陰陽，審其南北。景短於土圭謂之日南，是地於

----

① “漏”字原作“滿”，據阮本改。

② “仍”字阮本作“乃”。

日爲近南也。景長於土圭謂之日北，是地於日爲近北也。東於土圭謂之日東，是地於日爲近東也。西於土圭謂之日西，是地於日爲近西也。如是則寒暑陰風偏而不和，是未得其所求。凡日景於地，千里而差一寸。○釋曰：案《馮相氏》云：“冬夏致日，春秋致月。”皆以土圭度之。是以《冬官·考工記》云“土圭尺有五寸，以致日”，鄭云“土圭，所以致四時日月之景也”。云“測猶度也，不知廣深故曰測”者，廣深喻遠近。以經云“測土深”，故鄭云廣深也。鄭司農云“測土深，謂南北東西之深也”者，先鄭據經云“日南”、“日北”、“日東”、“日西”皆以土圭測度之。先鄭又云“日南，謂立表處大南，近日”云云，先鄭之意，日於地中而在南，故以南表爲近日，北表爲遠日；日出東方而西流，故以東表爲近日，西表爲遠日。云“景夕，謂日跌景乃中”者，於晝漏半東表日跌，中表景乃中。又云“景朝，謂日未中而景中”者，亦於晝漏半西表日未中，而中表景乃中也。“玄謂晝漏半而置土圭，表陰陽，審其南北”者，後鄭釋景長短之意。度景之法，冬至、夏至皆可爲之。皆據晝漏半者，以取日正午乃得其端直也。云表陰陽者，東方、西方是陰陽，故別云審其南北也。又云“景短於土圭謂之日南，是地與日爲近南[1]”云云，後鄭之義與先鄭不殊，更云是地於日爲近南已下者，先鄭云“近日”、“遠日”，恐人以爲南方、東方地高爲近日，北方、西方地下爲遠日，有此地高下之嫌，故後鄭增成先鄭之義，取云“是地於日爲近北[2]”、“於日爲近東”、“於日爲近西”。四方之表皆去中表千里，而云是立表之處其地於天下之日爲近南[3]、爲近北、爲近東、爲近西也。云“如是則寒暑陰風偏而不和，是未得其所求”者，此言對下經“地中”是陰陽風雨和會，爲得所求也。云“凡日景於地，千里而差一寸”者，案《三光考靈耀》云：“四游升降於三萬里中。”下云“日至之景尺有五寸，謂之地中”，則是半三萬里而萬五千里與土圭等，是千里差一寸，筭法亦然。言此者，欲見經“日南”、“日北”之等皆去中表千里爲術[4]，景長、景短皆差一寸耳。知表皆高八尺而以晝漏半者，以其《通卦驗》云“冬日至，樹八尺之表，日中視其晷”，是以知用八尺表而以晝漏半度景也。**日至之景尺有五寸，謂之地中，天地之所合也，四時之所交也，風雨之所會也，陰陽之所和也。然則百物阜安，乃**

---

① “與”字阮本作“於”，與注合。
② “北”字原作“此”，據阮本改。又阮校云：“惠校本‘取’作‘而’，此誤。”
③ 浦鏜云：“‘而’疑‘故’字誤。”
④ “去”字原作“云”，據阮本改。

261

建王國焉,制其畿方千里而封樹之。○釋曰:上經置五表,於四方四表未得所求,今於中表,夏日至,亦晝漏半立八尺之表,表北得景尺有五寸,景與土圭等,"謂之地中"。於此地中之所,"天地之所合也"者,天地不合,萬物不生,天地合配,萬物乃生,故《樂記》云"天地訢合"是也。"四時之所交也"者,即《尚書》所云"宅南交",孔云:"言夏與春交。"舉一隅以見之,則秋與夏交、冬與秋交、春與冬交可知,故云四時所交也。"風雨之所會也"者,風雨所至,會合人心,謂若《禮器》云"饗帝於郊,風雨節,寒暑時"是也。"陰陽之所和也"者,謂若昭四年《左氏》申豐云"冬無愆陽,夏無伏陰",是其陰陽和也。"然則百物阜安"者,總結上句"所合"已下。然,猶如是。阜,盛也。如是四事得所則百物盛安也。"乃建王國焉"者,建,立也,於此盛安之處乃立王之國城焉。"制其畿方千里"者,王畿千里,以象日月之大。中置國城,面各五百里,制畿界。"而封樹之"者,於畿封之上而作深溝,土在溝上謂之爲封,封上樹木,以爲阻固,故云而封樹之。注景尺有五寸者,南戴日下萬五千里,地與星辰四遊升降於三萬里之中,是以半之得地之中也。畿方千里,取象於日一寸爲正。樹,樹木溝上,所以表助阻固也。鄭司農云:"土圭之長尺有五寸,以夏至之日立八尺之表,其景適與土圭等,謂之地中。今潁川陽城地爲然[1]。"○釋曰:云"景尺有五寸者",欲釋經"景尺有五寸"得地中之意。云"南戴日下萬五千里"者,景一寸差千里,故於地中尺五寸景去南戴日下萬五千里。云"地與星辰四游升降於三萬里之中"者,《考靈耀》文。言四游升降者,春分之時,地與星辰復本位;至夏至之日,地與星辰東南游萬五千里,下降亦然;至秋分,還復正;至冬至,地與星辰西北游亦萬五千里,上升亦然;至春分,還復正。進退不過三萬里,故云"地與星辰四游升降於三萬里之中[2],是以半之得地之中也"。云"畿方千里,取象於日一寸爲正"者,鄭注《王制》:"象日月之大,亦取暈同。"此云取象於日一寸爲正,不言象日月之大者,略不言之矣。云一寸爲正者,即是景一寸地千里,與《王制》注"暈同"一也。案《元命包》云:"日圓,望之廣尺,以應千里。"故鄭注《王制》云"象日月之大也"。又案《考靈耀》曰:"從上臨下八萬里,天以圓覆,地以方載。"《河圖括地象》曰:"天不足西北,地不足東南。西北爲天門,東南爲地户。天門無上,地户無下。"又云:"極廣長:南北,二億三萬一千五百里;東西,二億三萬三千里。"又云:"天左動,起於牽牛。地右動,起於畢。"《廣雅》云:

---

① "潁"字原作"潁",婺本、金本同,阮本依《説文》正篆作"潁",兹據改。

② "三"字原作"二",據阮本改。

"天圓:南北,二億三萬三千五百里七十五步;東西,短減四步;周六億十萬七百里二十五步。從地至天,億一萬六千七百八十七里半。下度地之厚,與天高等。"《天度》云:"東方七宿,七十五度。南方七宿,百一十二度。西方七宿,八十度。北方七宿,九十八度四分度之一。四方三百六十五度四分度之一,度二千九百三十二里,二十八宿間相距積百七萬九百一十三里,徑三十五萬六千九百七十里。"鄭司農云"潁川陽城地爲然"者,潁川郡陽城縣是周公度景之處,古跡猶存,故云地爲然也。案《春秋左氏》:"武王克商,遷九鼎於洛邑。"欲以爲都。不在潁川地中者,武王欲取河洛之間形勝之所,洛都雖不在地之正中,潁川地中仍在畿內。若然,武王已遷鼎於洛,欲以爲都,周公又度景求地中者,武王雖定鼎訖,周公更度之者,所以審慎故。案《書傳》云:"四年建侯衛,五年營成周。"建侯衛者,在《尚書•康誥》封康叔是也。案《康誥》云:"惟三月才生魄[1],周公初基,作新大邑於東國洛,四方之民大和會。"注云:"岐、鎬之域處五岳之外,周公爲其於政不均,故東行於洛邑,合諸侯,謀作天子之居。四方民聞之,同心來會,樂即功作,効其力焉。是時周公居攝四年也。"又案《召誥》:"惟三月丙午朏。"注云:"是時周公居攝五年。""越三日戊申,大保朝至於洛,卜宅。厥既得卜,則經營之。"若然,洛邑在攝政四年初爲基止,至五年,乃正營之也。

　　凡建邦國,以土圭土其地而制其域:諸公之地,封疆方五百里,其食者半;諸侯之地,封疆方四百里,其食者參之一;諸伯之地,封疆方三百里,其食者參之一;諸子之地,封疆方二百里,其食者四之一;諸男之地,封疆方百里,其食者四之一。○釋曰:上經既陳天子之國并畿內千里,此經説諸侯邦國,故云"凡建邦國,以土圭土其地"。土猶度也,以土圭度其地。假令封上公五百里,國北畔立八尺之表,夏至晝漏半得尺五寸景,與土圭等,南畔得尺四寸五分,其中減五分,一分百里,五分則五百里。減四分則四百里,封侯。減三分則三百里,封伯。減二分則二百里,封子。減一分則一百里,封男。是土其地之法。"而制其域"者,自上公五百里已下,境界皆有營域封圻。云"諸公之地,封疆方五百里,其食者半"者,言天子封公以五百里之地,其一國之税天子食其半。云"諸侯之地,

---

① "才"字阮本作"哉"。按《集韻•咍韻》:"哉,古作才。"賈疏所據本《尚書》當作"才",《春官•小宗伯職》疏引《咎繇謨》"五服五章才"、《冬官•叙官》疏引《舜典》"僉曰:垂才",及此引《康誥》"惟三月才生魄",尚存賈疏引《古文尚書》原貌。

封疆方四百里，其食者參之一”者，謂三分之，天子食其一分。云“諸伯之地，封疆方三百里，其食者參之一”者，亦與侯同。云“諸子之地”、“諸男之地”皆云“四之一”者，謂揔得一國之稅，四分之，天子食其一分，故云“其食者四之一”。其天子所食者，皆謂諸侯市取美物以貢天子，即《大宰》“九貢”是也。其公之稅有半，侯、伯有三之二，子、男有四之三，皆自入，充國家畜積、禮俗、喪紀之用也。注土其地，猶言度其地。鄭司農云：“土其地，但爲正四方耳。其食者半，公所食租稅得其半耳。其半皆附庸小國也，屬天子。參之一者亦然。故《魯頌》曰：‘錫之山川，土田附庸，奄有龜蒙，遂荒大東，至于海邦。’《論語》曰：‘季氏將伐顓臾，孔子曰：先王以爲東蒙主，且在邦域之中，是社稷之臣。’此非七十里所能容。然則方五百里、四百里，合於《魯頌》、《論語》之言。諸男食者四之一①，適方五十里，獨此與今五經家説合耳。”玄謂其食者半、參之一、四之一者，土均均邦國地貢輕重之等，其率之也，公之地以一易，侯、伯之地以再易，子、男之地以三易，必足其國禮俗、喪紀、祭祀之用，乃貢其餘。若今度支經用，餘爲司農穀矣。大國貢重，正之也；小國貢輕，字之也。凡諸侯爲牧、正、帥、長及有德者乃有附庸，爲其有禄者當取焉。公無附庸，侯附庸九同，伯附庸七同，子附庸五同，男附庸三同。進則取焉，退則歸焉。魯於周法不得有附庸，故言“錫之”也。地方七百里者包附庸，以大言之也。附庸二十四，言得兼此四等矣。○釋曰：“土其地，猶言度其地”者，案上經“以土圭之法測土深”，測猶度也；此經云“以土圭土其地”，以“土”正當“測”處，故云土其地猶言度其地也。司農云“土其地，但爲正四方耳”者，司農意，案上經天子度取土中，此封諸侯，但正四方而已②，不求土中，故云但爲正四方，謂“五百里”、“四百里”之等。云“其食者半，公所食租稅得其半耳，其半皆附庸小國也，屬天子。參之一亦然”者，司農意，以經云“其食者半”與“參之一”、“四之一”皆自食，其餘並入天子，故云“其食者半，公所食租稅得其半耳，其半皆附庸小國也，屬天子。參之一亦然”也。先鄭雖不云“四之一”，司農意，亦四分分之，三分入天子，一分自食。司農之義於經文雖似通，若然，則大國貢輕，次國、小國貢重，非字小之法，於義不可，故後鄭不從。引《魯頌》曰“錫之山川”已下至“社稷之臣”，此司農之意，上公已下盡有附庸，魯雖侯爵，受五百里之國，《明堂位》云“七百里”者，五百里外並是附庸，即公五百里者亦半爲附庸，故上注云其半皆附庸是也。云

---

① “諸男”上原剜擠“諸子”二字，婺本、金本、阮本無。阮校云：“賈疏本亦無‘諸子’二字，故云‘直舉男地而言’。”兹據删。

② “四”字原作“曰”，據阮本改。

“此非七十里所能容”者，司農之意，見孟子、何休之徒言周之制無五百里、四百里國，魯國唯有七十里而已，故破諸家。據《魯頌》、《論語》，非七十里之所能容也。云“然則方五百里、四百里，合於《魯頌》、《論語》之言”者，司農據此經公五百里、侯四百里與《魯頌》、《論語》合，亦是破諸家之意。云“諸男食者四之一，適方五十里”者，司農意，男國百里，開方得五十里者四，經云“其食者四之一”，謂三分入天子，一分自食，所食者唯有五十里。云“獨此與今五經家説合耳”者，五經家，謂若張、苞、何休、孟子等[1]，皆以爲周法公、侯方百里，伯七十里，子、男五十里。子、男五十里，故男食五十里是與五經家説合。若自子已上，以百里、七十里國於此經二百里已上四之一、三之一不合，故直舉男地而言。“玄謂其食者半、參之一、四之一者，土均均邦國地貢輕重之等”者，案下《土均》云“均地貢”，均即此所均征税邦國地貢輕重是也。云“其率之也，公之地以一易，侯、伯之地以再易，子、男之地以三易”者，其民受地有一易、再易，故此諸侯之地據貢入天子似耕之者，入諸侯者似易而不耕者。故以公之地貢半，似二百畝佃半也；侯、伯之地三之一貢入天子，似家三百畝佃百畝，留二分似荒廢者；子、男之地以三易，四之一貢與天子，似家得四百畝佃百畝，留三分似三百畝不耕者也。民但家無三易之地，直以況義耳。云“必足其國禮俗、喪紀、祭祀之用，乃貢其餘”者，後鄭意，釋公國貢半，已下漸少之意。言公受地廣，税物多，但留半自用，即足其國禮俗、喪紀及畜積之用，故以半爲餘，貢入天子。其侯、伯受地差少，則其税亦少，故三分之二留自用，乃足其國，以一分爲餘，貢入天子。其子、男受地又少，其税轉少，故四分之乃足其國[2]，亦以一分爲餘，貢入天子。注雖不言“畜積”，但言“足其國”，明畜積在中乃得云足，故《王制》云“國無九年之畜曰不足”是也。云“若今度支經用，餘爲司農穀矣”者，度支經用，似國家喪紀所用；餘爲司農穀矣者，入天子。故據漢法以況之。云“大國貢重，正之也。小國貢輕，字之也”者，謂若“四之一”是也。字，愛也。謂愛小國之法。若然，“三之一”者，是不輕不重。後鄭言此者，破先鄭“其食者四之一”三分貢與天子，“三之一”者二分貢與天子，非字小之法；又見采地之税四之一，一分貢與天子，故不從先鄭之義。云“凡諸侯爲牧、

---

① 浦鏜云：“‘包’誤‘苞’，謂後漢包咸，見《儒林傳》。”按“包”、“苞”古今字，然姓氏仍當作“包”，《春官·叙官》賈疏“當時張、包、周、孟子、何休等，不信《周禮》是周公所制”，正作“包”字。

② “四分之”三字阮本同，其下當補“三”字。

正、帥、長及有德者乃有附庸”者，案《王制》云^①：“五國以爲屬，屬有長；十國以爲連，連有帥；三十國以爲卒，卒有正；二百一十國以爲州，州有伯。”伯即牧也。此牧、正、帥、長皆是有功諸侯乃得爲之，有功即有附庸。又諸侯有德，雖不爲牧、正、帥、長，亦得有附庸。故鄭揔云諸侯牧、正、帥、長及有德者乃有附庸焉。云“爲其有禄者當取焉”者，謂取間田爲附庸，以爲禄也。云“公無附庸”者，以其天子畿方千里，上公五百里，地極，故無附庸也。云“侯附庸九同”者，以其侯有功，進受公地，但公五百里開方之，方百里者五五二十五；侯四百里，開方之四四十六，加九同則爲二十五同，與公等，故知侯附庸九同。云“伯附庸七同”者，伯地三百里，三三而九，加七同則爲十六同，與侯等，故知伯附庸七同也。云“子附庸五同，男附庸三同”者，以其子有功進受伯地，加五同與伯等；男有功受子地，男本一同，加三同與子等。開方之皆可知。云“進則取焉，退則歸焉”者，進則取焉，謂附庸者；退則歸焉者，謂爲間田者也。故《王制》一州之内二百一十國，“其餘以爲附庸、間田”，併言之矣。云“魯於周法不得有附庸，故言錫之也”者，魯雖爲侯爵，以其王子母弟，雖爲侯、伯，畫服如上公，受五百里之地，與上公等。成王以周公制典法之勳，賜魯以侯、伯、子、男四等附庸，故《明堂位》云“地方七百里”，鄭云“方七百里者，包附庸，以大言之也”。又云“附庸二十四，言得兼此四等矣”者，魯本五百里，四面各加百里，四五二十，即二十同，四角又各百里，爲四同，故云附庸二十四。言周公有德，兼侯九同、伯七同、子五同、男三同，故云兼此四等矣。凡言“同”者皆百里，地百里則爲國。周法，不滿百里乃爲附庸。今皆名附庸爲同者，但附庸實不滿百里，積集附庸成同，并數之矣。假令男附庸三同，附庸國則多矣，據成同而言三耳。自餘五同、七同已上，其義可知也。**凡造都鄙，制其地域而封溝之，以其室數制之。不易之地家百晦，一易之地家二百晦，再易之地家三百晦。**○釋曰：上言王畿及諸侯邦國^②，至此更言畿内都鄙三等采地。云“凡造都鄙，制其地域”者，案《載師職》：“家邑任稍地，小都任縣地，大都任畺地。”又下文《小司徒職》云：“四丘爲甸，四甸爲縣，四縣爲都。”家邑二十五里，小都五十里，大都百里，是造都鄙制其地域也。云“而封溝之”者，謂三等采地四境界上皆有溝，封而樹之，以爲阻固。云“以其室數制之”者，其室在都邑之内，而云制之者，依其城内室數於四野之中制地與之，謂若九夫爲井、

---

① “王”字原作“三”，據阮本改。
② “上”字原作“一”，據阮本改。

四井爲邑、四邑爲丘、四丘爲甸、四甸爲縣、四縣爲都之等是也。云“不易之地家百晦”
者，此謂上地，年年佃之，故家百晦。云“一易之地家二百晦”者，謂年別佃百晦，廢百
晦。云“再易之地家三百晦”者，以其地薄，年年佃百晦，廢二百晦，三年再易乃徧，故云
再易也。〔注〕都鄙，王子弟、公卿大夫采地。其界曰都；鄙，所居也。《王制》曰：“天子之
縣内，方百里之國九，七十里之國二十有一，五十里之國六十有三。”此蓋夏時采地之
數，周未聞矣。《春秋傳》曰：“遷鄭焉而鄙留。”城郭之宅曰室。《詩》云：“嗟我婦子，曰爲
改歲，入此室處。”以其室數制之，謂制丘甸之屬。《王制》曰：“凡居民，量地以制邑，度地
以居民，地邑民居必參相得。”鄭司農云：“不易之地歲種之，地美，故家百晦。一易之地
休一歲乃復種，地薄，故家二百晦。再易之地休二歲乃復種，故家三百晦。”〇釋曰：言
“都鄙，王子弟、公卿大夫采地”者，公在大都，卿在小都，大夫在家邑；其親王子母弟與
公同在大都，次疏者與卿同在小都，次更疏者與大夫同在家邑。故摠云“都鄙，王子弟、
公卿大夫采地”也。云“其界曰都；鄙，所居也”者，三等采地皆有城郭，是其“鄙，所居
也”；據其四境，即是“其界曰都”。又引《王制》曰“天子之縣内，方百里之國九”云云，又
云“此蓋夏時采地之數”者，案殷、周皆稱畿内，《王制》云“縣内”，疑是夏時，故云此蓋夏
時采地之數也。云“周未聞矣”者，案《洛誥傳》云：“天下諸侯入來[1]，進受於周[2]，退見文
武之尸者，千七百七十三諸侯。”注云：“八州，州立二百一十國，畿内九十三國。”云畿内
九十三國，即此都鄙之數有文矣。而云未聞者，以無正文，故疑焉。或未可聞其大國、
次國、小國各有幾國，[3]故云未聞，其實摠數則聞之矣。云“《春秋傳》曰：遷鄭焉而鄙留”
者，案桓十一年：“夏五月，鄭伯寤生卒。秋七月，葬鄭莊公。九月，宋人執鄭祭仲。”《公
羊》云：“祭仲者何？鄭相也。何以不名？賢也。何賢乎祭仲？以爲知權也。其爲知權
奈何？古者鄭國處于留，先鄭伯有善於鄶公者，通乎夫人，以取其國而遷鄭焉，而野
留。莊公死已葬，祭仲將往省于留，塗出於宋，宋人執之。謂之曰：‘爲我出忽而立突。’
祭仲不從其言，則君必死，國必亡；從其言，則君可以生易死，國可以存易亡，是以謂之
權也。”“野”、“鄙”不同者，何、鄭所見《傳》異也。案玄《發墨守》云：“鄭始封君曰桓公
者，周宣王之母弟，國在宗周畿内，今京兆鄭縣是也。桓公生武公，武公生莊公，遷居東

___
① 孫校云：“‘入’當依《禮記疏》十一引作‘之’。”
② “受”下阮本有“命”字。按上舉《禮記·王制》孔疏引亦作“受命”。
③ 浦鏜云：“‘未可’字當誤倒。”又“次國小國”以下底本原爲第十一頁，下經“乃分
地職”疏“非其不與民同”以下原爲第十頁，前後兩頁錯簡。

周畿内，國在虢鄶之間，今河南新鄭是也。武公生莊公，因其國焉。留乃在陳宋之東，鄭受封至此適三世，安得古者鄭國處於留，祭仲將往省留之事乎？"是鄭君不從《公羊》。引之者，直取"鄙，所居"爲義也，其鄭居留之事猶自不取也，所謂文取而義不取也。云"城郭之宅曰室"，又引《詩》者，是《七月》詩，取證室在城内，於其室數制城外井邑。又云"制之，謂制丘甸之屬"者，案下《小司徒》云"四井爲邑"以至"丘"、"甸"、"縣"、"都"是也。又引《王制》者，欲見邑在城外，居在城内，外内多少必參相得之事。乃分地職，奠地守，制地貢，而頒職事焉，以爲地瀍①，而待政令。注分地職，分其九職所宜也。定地守，謂衡麓、虞候之屬。制地貢，謂九職所税也。頒職事者，分命使各爲其所職之事。○釋曰："分地職，分其九職所宜也"者，上經既授上中下地，此經云"分地職"，故知分地職者是分九職所宜。九職，則《大宰》云"一曰三農，生九穀"是也；所宜，謂若《孝經》注"高田宜黍稷，下田宜稻麥"之類是也。云"定地守，謂衡麓、虞候之屬"者，案昭二十年《左氏傳》，晏子云："山林之木，衡鹿守之；澤之萑蒲，舟鮫守之；藪之薪蒸，虞候守之；海之鹽蜃，祈望守之。"注云："衡鹿、舟鮫、虞候、祈望，皆官名也。守之，令民不得取之，不共利。"時景公設此守以致疾，故晏子所非，非其不與民同。鄭引之者，以證地守之官。若然，此地官唯有衡、虞，無舟鮫、祈望者，此《周禮》舉其大綱，《左氏》言其細別，故詳略不同。云"制地貢，謂九職所税也"者，此"地貢"文承"地職"之下，明非諸侯九貢，是其九職任之，九税斂之，若"三農生九穀"則税九穀、"園圃毓草木"則税草木之類是也。云"頒職事者，分命使各爲其所職之事"者，分命之言，案《尚書·堯典》："分命羲仲宅嵎夷②，申命羲叔宅南交，分命和仲宅西曰昧谷，申命和叔宅朔方。"此間"頒職事"亦是分命使各爲其所職之事，典田之官各有所掌。

　　以荒政十有二聚萬民：一曰散利，二曰薄征，三曰緩刑，四曰弛力，五曰舍禁，六曰去幾，七曰眚禮，八曰殺哀，九曰蕃樂，十曰多昏，十有一曰索鬼神，十有二曰除盜賊。○釋曰：言"以荒政十有二"者，上經見"分地職"，則有年穀不熟之時，恐民離散，故以救荒之政十有二條以聚萬民，使不

---

　　①　"瀍"字原作"法"，據婺本、金本、阮本改。

　　②　"嵎"字阮本作"隅"。按《尚書·堯典》云"分命羲仲宅崵夷，曰暘谷"，"崵"從山，"嵎"殆涉"暘"字類化，"隅"或又涉"暘"字異文"陽"而類化，法藏敦煌寫卷伯三三一五《尚書釋文》第九行："暘，古陽字。"

離散。“一曰散利”者，謂豐時聚之，荒時散之。積而能散，使民利益，故云一曰散利。“二曰薄征”者，薄，輕也。征，税也。謂輕其税。“三曰緩刑”者，謂凶年犯刑緩縱之。“四曰弛力”者，弛放其力役之事。“五曰舍禁”者，山澤所遮禁者舍去其禁，使民取蔬食。“六曰去幾”者，幾謂呵禁。謂關市去税而幾之。“七曰眚禮”者，謂吉禮之中眚其禮數。“八曰殺哀”者，謂凶禮之中殺其禮數。“九曰蕃樂”者，蕃謂閉藏樂器而不作。“十曰多昏”者，謂凶荒殺禮，昏者多。“十有一曰索鬼神”者，謂凶年禱祈，搜索鬼神而禱祈之。“十有二曰除盜賊”者，凶年盜賊多，急其刑以除之。注荒，凶年也。鄭司農云：“救飢之政十有二品①。散利，貸種食也。薄征，輕租税也。弛力，息繇役也。去幾，關市不幾也。眚禮，《掌客職》所謂‘凶荒殺禮’者也。多昏，不備禮而娶昏者多也。索鬼神，求廢祀而修之，《雲漢》之詩所謂‘靡神不舉，靡愛斯牲’者也。除盜賊，急其刑以除之。饑饉則盜賊多，不可不除也。”杜子春讀“蕃樂”爲“藩樂”，謂閉藏樂器而不作。玄謂去幾，去其税耳。舍禁，若公無禁利。眚禮，謂殺吉禮也。殺哀，謂省凶禮。○釋曰：《下曲禮》云“歲凶，年穀不登”即此“荒”，一也，故云“荒，凶年也”。鄭司農云“救飢之政十有二品”者，年穀不熟而民飢，故設政教以救之，故云救飢之政十有二品。十二品即十二條，各有品列而不同。云“散利，貸種食也”者，謂豐時斂之，凶時散之，其民無者從公貸之，或爲種子，或爲食用，至秋熟還公。據公家爲散，據民往取爲貸，故云“散利，貸種食”。云“薄征，輕租税也”者，案《司稼》云：“巡野觀稼，出斂法。”注云：“豐年從正，儉有所殺。若今十傷二三，實除減半。”是輕租税也。云“弛力，息繇役也”者，案《均人》云：“豐年則公均用三日，中年則公均用二日，無年則公均用一日。”此云“弛力”，謂人食不能二鬴之歲，則移民就穀，無力役之事，故《均人》又云“凶札，則無力政、財賦”是也。云“去幾，關市不幾”者，此後鄭不從，以其雖凶年，猶幾呵，但去税而已。云“眚禮，《掌客職》所謂凶荒殺禮者也”者，此後鄭不從者，《掌客》所云“凶荒殺禮”，其揔目語，無所指斥，故鄭以爲眚吉禮。云“多昏，不備禮而娶昏者多也”者，昏禮有六，并有玄纁束帛。凶荒爲昏，不可備行此禮，使有女之家得減口數，有男之家易得其妻，故娶昏者多也。云“索鬼神，求廢祀而脩之”者，年有凶災，鬼神不祐，經云“索鬼神”，謂搜索鬼神而祭之，明是求廢祀而脩之。求廢祀而脩之即《雲漢》之詩“靡神不舉”是也，連引“靡愛斯牲”者，見索鬼神

---

① “飢”字斐本、金本、阮本同。阮校云：“依《説文》，則‘饑年’字當从幾，‘飢餓’字作飢。”按“饑”、“飢”二字多混用無別。

是祈禱之事，須牲體以薦之。案左氏莊二十五年《傳》云："天災，有幣無牲。"此詩云"靡愛斯牲"者，若天災之時，祈禱無牲，災成之後，即有牲體，故云靡愛斯牲。云"除盜賊，急其刑以除之。饑饉則盜賊多，不可不除也"者，上文既言"緩刑"，其"除盜賊"用急刑乃上下文爲妨，故鄭云"饑饉則盜賊多，不可不除"，故須急其刑以除之。杜子春云"讀蕃樂爲藩樂，謂閉藏樂器而不作"者，經云"蕃"者，是蕃育之字，故讀從"藩"，是藩閉之字。案《大司樂》云"大凶大烖，令弛縣"，注云："弛，釋下之，若今休兵鼓之爲。"彼又云"日月食，四鎮、五嶽崩，諸侯薨，令去樂"，注云："去樂藏之。"引《春秋傳》曰："壬午，猶繹，《萬》入去籥。"《萬》言入，則去者不入，藏之可知。彼之二文，云"令弛縣"，據路寢常縣之樂釋下之；"去樂"，據廟中祭時暫縣之樂去而藏之。此云"藩樂"，謂閉藏樂器，據廟中祭祀藏去樂器而不作。若然，祭祀不作，明路寢常縣亦釋下之，互見其義。"玄謂去幾，去其稅耳"者，破先鄭之義全不幾。後鄭必知直去其稅猶幾之者，案《司關》云："國凶札，則無門關之征，猶幾。"明知司農之義非。云"舍禁，若公無禁利"者，案《左傳》襄公九年："冬，公會晉侯伐鄭①，同盟于戲。晉侯歸，謀所以息民。魏絳請施舍，輸積聚以貸。自公以下，苟有積者，盡出之。國無滯積，亦無困人，公無禁利。"杜注云"與民共"是也。云"眚禮，謂殺吉禮也"、云"殺哀，謂省凶禮"者，此破司農之義。司農引《掌客職》"凶荒殺禮"證"眚禮"，後鄭之意，"凶荒殺禮"是摠目之言，不專於吉禮。鄭知"眚禮"專是吉禮者，以其下有"殺哀"，與"眚禮"相對，故知"眚禮"專是吉禮也。案襄公二十四年："冬，大饑。"《穀梁傳》云："五穀不升爲大饑。一穀不升謂之嗛，二穀不升謂之饑，三穀不升謂之饉，四穀不升謂之康，五穀不升謂之大侵。"大侵即大饑，一也。又案《廩人》云："人食四鬴，上也；三鬴，中也；二鬴，下也。若食不能人二鬴，則令移民就穀。"不能人二鬴之歲即是大饑年也。此云"荒政"者，亦據大凶年爲義。案《均人》云："凶札，無力政、財賦。"此既據大饑，猶云"薄征"者，此經雖主大饑，兼記一穀、二穀不熟之歲，故有輕稅也。此鄭云"荒，凶年"，則荒與凶一也。案《大司樂》"大札、大荒、大凶"荒、凶別者，其實凶、荒是一。故《宗伯》云"以荒禮哀凶札"，是凶、荒不異。《司樂》凶、荒別文者，以凶爲凶年，以荒爲荒亂，兼見斯義，故凶、荒別文也。**以保息六養萬民：一曰慈幼，二曰養老，三曰振窮，四曰恤貧，五曰寬疾，六曰安富。**

○釋曰：上經既陳凶荒不安之事，故此經陳安養萬民之道。云"以保息六養萬民"者，民

---

① "伐"字原作"代"，據阮本改。

不安即不得蕃息，安則蕃息。保，安也。民使蕃息有六條①，以養萬民，故云以保息六養萬民也。注保息，謂安之使蕃息也。慈幼，謂愛幼少也。産子三人與之母，二人與之餼，十四以下不從征。養老，七十養於鄉、五十異粮之屬。振窮，抍捄天民之窮者也。窮者有四：曰矜，曰寡，曰孤，曰獨。恤貧，貧無財業稟貸之。寬疾，若今癃不可事不筭卒②，可事者半之也。安富，平其繇役，不專取。○釋曰：云“産子三人與之母，二人與之餼”，皆是《越語》。范蠡欲速報吳，爲此權禮，使國民衆多，故令國人“壯者無取老婦，老者無取壯妻。女子十七不嫁，父母有罪；丈夫二十不娶，亦罪其父母。生丈夫，三壺酒，一犬；生女子，一壺酒，一豚；生三人，公與之母；生二人，與之餼”。引之者，見其愛幼少之法，不必盡如其禮。云“十四以下不從征”者，案《鄉大夫職》，“國中七尺，野自六尺”皆從征③。案《論語》云：“可以託六尺之孤。”注云：“六尺，謂年十五。”則十五從征，十四以下不從征可知。亦是愛幼之事也。云“養老，七十養於鄉”者，案《王制》云：“五十養於鄉，六十養於國，七十養於學。”彼謂大夫、士也。《王制》又云：“凡三王養老，皆引年。”注云：“已而引戶校年，當行復除也。老人衆多，非賢者不可皆養。”故《食貨志》云：“七十已上，所養也④。”此云七十養於鄉，亦謂有賢行者也。云“五十異粮之屬”者，是《王制》文。《禮記》常法，庶人食稷，士兼食黍，大夫又加以粱。今雖庶人，至五十，或與士、大夫同食黍粱，故云異粮。云“振窮，抍救天民之窮者也。窮者有四：曰矜，曰寡，曰孤，曰獨”者，案《王制》云：“老而無妻者謂之矜，老而無夫者謂之寡，少而無父者謂之孤，老而無子者謂之獨。”鄭依此而言。此四者，天民之窮而無告者也，皆有常餼，故曰“振窮”。云“恤貧，貧無財業稟貸之”者，案《旅師》云：“凡用粟，春頒而秋斂之。”注云：“困時施之，饒時收之。”是其恤貧之法，故云無財業稟貸之。云“寬疾，若今癃不可事不筭卒”者，漢時癃病不可給事，不筭計以爲士卒，若今廢疾者也⑤。云“可事者半之也”者，謂不爲重役，輕處使之，取其半功而已，似今殘疾者也。是其寬饒疾病之法。云“安

---

① “蕃”字原作“藩”，據阮本改。“蕃息”據鄭注，上經賈疏亦云“蕃”是蕃育之字，“藩”是藩閉之字。
② “癃”字婺本、金本同，阮本作“癃”。按“癃”即“癃”之省，《集韻·東韻》：“癃，或作癃。”
③ “皆”下原有“不”字，孫校云：“‘不’字衍，當刪。”兹據刪。
④ 孫校云：“‘所養’上據《漢志》當重‘上’字。”
⑤ 阮校云：“《漢制考》作‘癈疾’。按《漢制考》是也，經典‘癈’字多爲淺人改作‘廢’。”蓋謂興廢字與癈疾字劃然有別也。

富,平其縣役,不專取"者,言縣役均平,又不專取,則富者安,故云"安富"也。**以本俗六安萬民:一曰媺宮室,二曰族墳墓,三曰聯兄弟,四曰聯師儒,五曰聯朋友,六曰同衣服。**○釋曰:上經陳養萬民之法,此經説安民庶之道。"以本俗六安民"者,本,舊也。不依舊俗,創立制度,民心不安;若依舊俗,民心乃安,故以本俗六條以安民也。注本猶舊也。美,善也。謂約桷攻堅,風雨攸除,各有攸宇。族猶類也。同宗者生相近,死相迫。連猶合也。兄弟,昏姻嫁娶也。師儒,鄉里教以道藝者。同師曰朋,同志曰友。同猶齊也。民雖有富者,衣服不得獨異。○釋曰:云"謂約桷攻堅,風雨攸除,各有攸宇"者,此《斯干》美宣王之詩也。案彼詩云"約之閣閣",約謂搢土;"椓之橐橐",椓謂築之,橐橐,用力。是其約桷攻堅。攸,所也。能使風雨所除。宇,居也。君子小人各有所居。引之者,證美宮室也。經云"媺宮室",明不使華美,故以攻堅解之。云"族猶類也。同宗者生相近,死相迫"者,案《左氏傳》云:"非我族類,其心必異。"族、類是一,故云族猶類也。經云"族墳墓",是死相迫,明生時居住相近可知,故鄭云"同宗者生相近,死相迫"也。云"連猶合也。兄弟,昏姻嫁娶也"者,案《爾雅·釋親》云:"父之黨爲宗族,母與妻黨爲兄弟。"則兄弟之名施於外親爲正。又案《喪服·記》"兄弟皆在外邦"及"與兄弟居",彼皆據同宗小功已下。知此"兄弟"是昏姻非是同宗者,見上云"族墳墓"是同宗,明此"兄弟"施於外姓昏姻,故《爾雅》又云"婦之黨爲昏兄弟"。夫婦相名亦爲兄弟,故《曾子問》曰"不得嗣爲兄弟"。是以知兄弟是昏姻也。云"師儒,鄉里教以道藝"者,以其鄉立庠,州、黨及遂皆立序,致仕賢者使教鄉閭子弟,鄉閭子弟皆相連合同就師儒,故云連師儒。又案《保氏職》:"掌養國子以道。"故云教以道藝也。云"同師曰朋,同志曰友"者,案《學而》云:"有朋自遠方來。"是朋者在學之稱。此"友"與"朋"連文,則亦是在學之稱。且此"朋友"之文復在"師儒"之下,但朋疏而多,友親而少,故云"同師曰朋,同志曰友"。此"朋友"據在學。案《尚書·泰誓》武王云:"我友邦冢君。"是謂諸侯爲友。《洛誥》云:"孺子其朋。"謂羣臣爲朋。朋友之文,所施廣矣,鄭君皆望文爲義,是以所注不同也。云"同猶齊也。民雖有富者,衣服不得獨異"者,士已上衣服皆有采章,庶人皆同深衣而已,故云"民雖有富者,衣服不得獨異",並皆齊等也。

　　正月之吉,始和布教于邦國、都鄙。乃縣教象之灋于象魏,使萬民觀教象,挾日而斂之。乃施教灋于邦國、都鄙,使之各以教其

所治民。○釋曰："正月之吉"者，謂建子之月一日也。"始和"者，從十二教已下，於此月之時始調和也。政教皆有故法，依舊而行之，言始和者，若改造云爾，其實不改造也。始以對終，對下縣之是在建寅之月爲終也。云"布教於邦國、都鄙"者，於此正月之時調和教典訖，即布於邦國諸侯及畿內都鄙公卿大夫等。云"乃縣教象之法於象魏"者，言乃者，緩辭，是建寅之月乃縣教象之法於象魏闕上。云"使萬民觀教象"者，謂使萬民來就雉門象魏之處觀教象文書，使知一年教法。云"挾日而斂之"者，縣之從甲至甲爲挾日，而後斂藏之於明堂，月月乃更受而行之，謂之聽朔者也。云"乃施教法于邦國、都鄙"者，案《大宰》"六典"、"八法"、"八則"之等，正月前陳之，正月之下不復言施之者，以其並是當職之事，故不復言所施；且直言"施教法於邦國、都鄙"，則亦含上數事可知。云"使之各以教其所治民"者，若據邦國，使諸侯教所治民；若據都鄙，則使公卿大夫教所治民。注正月之吉，周正月朔日也。司徒以布王教①，至正歲又書教法而縣焉。
○釋曰：言"正月朔日"者，《周禮》凡言"正歲"者，則夏之建寅正月；直言"正月"者，則周之建子正月也。吉者，月朔也。故云"正月之吉，周正月朔日也"。"司徒以布王教"者，案《大宰》注云："布王治之事於天下。"此不言天下，注文略，邦國、都鄙則亦天下也。云"至正歲又書教法而縣焉"者，釋經"乃縣"是正歲縣之。必知縣在正歲者，亦取義於《小司徒》云"正歲，則帥其屬而觀教法之象"，故知縣在正歲也。令五家爲比，使之相保；五比爲閭，使之相受；四閭爲族，使之相葬；五族爲黨，使之相救；五黨爲州，使之相賙；五州爲鄉，使之相賓。○釋曰：此經説大司徒設比、閭至於州、鄉等第家數，各立其官長，教勸於民。大司徒主六鄉，故令六鄉之內，使"五家"爲一比，則有下士爲比長主之，使五家"相保"，不爲罪過。"五比爲閭"者，二十五家爲一閭，立中士爲閭胥。"使之相受"者，閭胥使二十五家有宅舍破損者受寄託。"四閭爲族，使之相葬"者，百家立一上士爲族師，使百家之內有葬者使之相助益，故云使之相葬。"五族爲黨，使之相救"者，五百家立一下大夫爲黨正，民有凶禍者使民相救助，故云使之相救。"五黨爲州，使之相賙"者，二千五百家爲州，立一中大夫爲州長，民有禮物不備使賙給之。"五州爲鄉，使之相賓"者，萬二千五百家爲鄉，立一六命卿

---

①　"王教"二字原作"五教"，阮本同，阮校謂"王教"是。按婺本、金本皆作"王教"不誤，茲據改。下疏中"王教"底本亦誤。

爲鄉大夫,鄉内之民有賢行者則行鄉飲酒之禮賓客之貢舉也①,故云使之相賓。注此所以勸民者也。使之者,皆謂立其長而教令使之。保猶任也。救,救凶災也。賓,賓客其賢者。故書受爲授,杜子春云:"當爲受,謂民移徙所到則受之,所去則出之。"又云:"賙當爲糾,謂糾其惡。"玄謂受者,宅舍有故相受寄託也。賙者,謂禮物不備相給足也。閭二十五家,族百家,黨五百家,州二千五百家,鄉萬二千五百家。○釋曰:云"此所以勸民者也"者,此經"相保"、"相受"②、"相救"、"相賙"、"相賓"等,皆是民間之事,故云所以勸民也。云"使之者,皆謂立其長而教令使之"者,民不獨治,必須君長,故云皆謂立其長而教令使之。立長,謂若比長、閭胥至鄉大夫等。杜子春云"當爲受,謂民移徙所到則受之,所去則出之"者,案《比長職》云:"五家相受,相和親。"與此文同,皆謂一閭之内無出入之法。《比長職》又云:"徙於國及郊,則從而授之。"注云:"徙,謂不便其居也。或國中之民出徙郊,或郊民入徙國中。"彼是出鄉閭外,與此閭内自相容受不同,故後鄭易之,以爲"宅舍有故相受寄託"解之。子春又云"賙當爲糾,謂糾其惡",後鄭不從者,此一經"相保"、"相受"之等皆是相勸爲善,無相糾惡之事,故後鄭存"賙"字,"謂禮物不備相給足"解之。云"閭二十五家"云云,知之者,案此經"五家爲比"、"五州爲鄉"轉相增,故其家數可知。**頌職事十有二于邦國、都鄙,使以登萬民:一曰稼穡,二曰樹藝,三曰作材,四曰阜蕃,五曰飭材,六曰通財,七曰化材,八曰斂材,九曰生材,十曰學藝,十有一曰世事,十有二曰服事。**

○釋曰:大司徒主天下人民之數,故頌下民之職事十有二條於天下邦國及畿内都鄙,使以登成萬民。此經不言鄉遂及公邑者,舉外以包内,司徒親主鄉遂、公邑,頌之可知。云"一曰稼穡"已下至"八曰斂材"已上,即《大宰》"九職"中八者是也。大宰既掌之,此又重掌者,以大宰尊官,揔知其事,此司徒是主民之官,親自頌行,義各有異也。云"一曰稼穡"者,種之曰稼,斂之曰穡。"二曰樹藝"者,樹謂植木,謂若"樹之榛栗";藝謂種黍稷,謂若"藝麻如之何"、"我藝黍稷"之類是也。案《大宰》有"九職",此"八曰斂材"已上與《大宰》同,《大宰》有九,此唯八者,《大宰》言"任萬民",隨意所云,故有九,"九曰閒民,無常職,轉移執事";此《司徒》云"頌職事",不可頌之使民轉移執事,故闕之,唯有八也。"九曰生材"已下,加此四事者,以其司徒主民,此四事者是民之事業及學問,故別增

---

① "貢舉"二字阮本作"舉貢"。
② 孫校云:"'相受'下奪'相葬'二字。"

之也。注鄭司農云：“稼穡，謂三農生九穀也。樹蓺，謂園圃育草木。作材，謂虞衡作山澤之材①。阜蕃，謂藪牧養蕃鳥獸。飭材，謂百工飭化八材。通財，謂商賈阜通貨賄。化材②，謂嬪婦化治絲枲。斂材，謂臣妾聚斂疏材。生材，謂間民無常職，轉移執事。學藝，謂學道藝。世事，謂以世事教能，則民不失職。服事，謂爲公家服事者。”玄謂生材，養竹木者。○釋曰：鄭司農云“稼穡，謂三農生九穀也”者，自此已下至“聚斂疏材”，皆與《大宰》同，但文有詳略，其言異耳。九穀須稼穡，故變言“稼穡”耳。“樹蓺”與“園圃毓草木”者同，草木須樹蓺，故亦變言樹蓺耳。云“作材，謂虞衡作山澤之材”者，此文有詳略耳。云“阜蕃，謂藪牧養蕃鳥獸”者，但養蕃不言阜，此言阜字者，欲見非直蕃息，又使阜盛。云“飭材，謂百工飭化八材”者，此亦文有詳略耳。云“通財，謂商賈阜通貨賄”者，貨賄即財也，亦文有詳略耳。云“斂材，謂臣妾聚斂疏材”者，此亦文有詳略耳。此八者之義③，以具釋於《大宰》，故此亦不復重言。云“生材，謂間民無常職，轉移執事”者，司農之意，此間民在第九，當《大宰》“九曰間民，無常職”，故以間民解“生材”也。但周公制礼，大宰任民無常職，於此“頒職事”，不可頒無常職使民行之，故後鄭易之④，以爲“養竹木”解之。云“學藝，謂學道藝”者，案《保氏職》云：“掌養國子以道，乃教之六藝。”故以藝中兼有道也。云“世事，謂以世事教能，則民不失職”者，案《管子》書云：“工之子恒爲工，士之子恒爲士，商之子恒爲商，農之子恒爲農。”是以世事教民能，則民不失職也。云“服事，謂爲公家服事者”，謂若府、史、胥、徒庶人在官者，是公家服事者也。“玄謂生材，養竹木者”，此後鄭破司農之義。案《大宰》“事典”云“以生萬民”，《小宰》“事職”云“以養萬民”，則知生爲養。山虞、林衡別官，則知此“生材”養竹木在於平地，林衡所掌是也。以鄉三物教萬民而賓興之：一曰六德，知、仁、聖、義、忠、和；二曰六行，孝、友、睦、婣、任、恤；三曰六藝，禮、樂、射、御、書、數。○釋曰：“物”，事也。司徒主六鄉，故以鄉中三事教鄉內之萬民也。“興”，舉也。三物教成，行鄉飲酒之礼尊之以爲賓客而舉之。“三物”者，則下“一曰”、

①　“材”字原作“財”，金本同，據婺本、阮本改。鄭注皆據《大宰職》“九職”而言。
②　“材”字原作“財”，金本同，據婺本、阮本改。
③　按此上但釋七者，尚缺“化材，謂嬪婦化治絲枲”之疏文。阮本同，或傳寫脱訛也。
④　“鄭”字原作“略”，據阮本改。

"二曰"、"三曰"是也。注物猶事也。興猶舉也。民三事教成，鄉大夫舉其賢者、能者，以飲酒之礼賓客之，既則獻其書於王矣。知，明於事。仁，愛人以及物。聖，通而先識。義，能斷時宜。忠，言以中心。和，不剛不柔。善於父母爲孝，善於兄弟爲友。睦，親於九族。姻，親於外親①。任，信於友道。恤，振憂貧者。禮，五禮之義。樂，六樂之歌舞。射，五射之法。御，五御之節。書，六書之品。數，九數之計。○釋曰：云"民三事教成，鄉大夫舉其賢者、能者，以飲酒之禮賓客之，既則獻其書於王矣"者，此並《鄉大夫職》文。云"知，明於事"者，謂於前事不惑，若"四十而不惑"也。云"仁，愛人以及物"者，仁者內善於心，外及於物，謂若《行葦》詩美成王云"敦彼行葦，牛羊勿踐履"，是愛人及於葦，葦即物也。云"聖，通而先識"者，案襄二十二年："臧武仲如晉，雨，過御叔。御叔在邑，將飲酒，曰：'焉用聖人？'"何休云："説《左氏傳》者曰：'《春秋》之志，非聖人孰能脩之。'言夫子聖人乃能脩之。御叔謂臧武仲爲聖人，是非獨孔子。"玄箴之曰："武仲者，述聖人之道，魯人稱之曰聖。今使如晉，過御叔，御叔不説學，見武仲而雨行，傲之云'焉用聖人爲'。《左氏傳》載之者，非御叔不説學，不謂武仲聖與孔子同。"若然，此云"聖"，亦與武仲同，皆是述聖人之道②。云"義，能斷時宜"者，義，宜也，謂斷割合當時之宜也。云"忠，言以中心"者，此以字解之，如心曰恕，如下從心；中心曰忠，中下從心。謂言出於心，皆有忠實也。云"和，不剛不柔"者，謂寬猛相濟者也。云"善於父母爲孝，善於兄弟爲友"者，案《爾雅》云："張仲孝友，善父母爲孝，善兄弟爲友。"彼不言"於"，此鄭云善於父母、善於兄弟言"於"者，凡言孝友，非直甘肴先奉、昬定晨省而已，謂若《禮記・祭義》云："孝者，先意承志，喻父母於道。國人稱之曰：'幸哉，有子若是。'"如此美行，乃所爲父母兄弟所善，故鄭云"善於父母爲孝，善於兄弟爲友"也。云"睦，親於九族"者，《堯典》云："九族既睦。"是睦，親於九族也。九族者，上至高祖，下至玄孫，旁及緦麻之內也。云"姻，親於外親"，知姻是親於外親者，上云睦施於九族，明此姻是親於外親也。《左傳》云："士踰月，外姻至。"亦據外親之等。外親者，則妻族、母族是也。此姻對睦，施於外親；若不對睦，亦施於內親。故《論語》云"因不失其親"，《喪服傳》云"與因母同"，此皆施於內親也。云"任，信於友道"者，謂朋友有道德則任信之，故《論語》云"信則人任焉"是也。云"恤，振憂貧者"者，恤訓爲憂，振訓爲救，故知恤，振憂貧者也。

---

① "親於"二字原作"新於"，據婺本、金本、阮本改。

② "皆是"二字阮本作"是皆"。

云“禮，五禮之義”，自此已下至“九數”，皆取義於《保氏》。案《保氏職》：“掌養國子以道，教之六藝：一曰五禮，二曰六樂，三曰五射，四曰五御，五曰六書，六曰九數。”案彼注云：五禮者，玄謂“吉、凶、賓、軍、嘉”；六樂者，玄謂“《雲門》、《大咸》、《大韶》、《大夏》、《大濩》、《大武》”；五射者，先鄭云“白矢、參連、剡注、襄尺、井儀”；五御者，先鄭云“鳴和鸞、逐水曲、過軍表、舞交衢、逐禽左”；六書者，先鄭云“象形、會意、轉注、處事、假借、諧聲”；九數者，先鄭云“方田、粟米、差分、少廣、商功、均輸、方程、贏不足、旁要”，此九章之術是也，彼注又云“今有重差、夕桀、句股”。此經直陳“六藝”，《保氏》各有其數，故注《保氏》具釋之，注此直取《保氏》經以釋之。五禮言“義”者，以其吉、凶之等各有其義。樂言“歌舞”者，以其作樂時有升歌下舞。射言“法”者，以其有升降揖讓之法。御言“節”者，四馬六轡有進退之節。書言“品”者，形聲、處事差品不同。數言“計”者，有多少筭計。各逐義强生稱。**以鄉八刑糾萬民：一曰不孝之刑，二曰不睦之刑，三曰不婣之刑，四曰不弟之刑，五曰不任之刑，六曰不恤之刑，七曰造言之刑，八曰亂民之刑。** ○釋曰：上設三物教萬民，民有不從教者，則設刑以刑之，故言“以鄉八刑糾萬民”也。云“一曰不孝之刑”者，有不孝於父母者則刑之。《孝經》“不孝”不在“三千”者，深塞逆源；此乃禮之通教，兼戒凡品，故不孝有刑也[1]。“二曰不睦之刑”者，不相親睦亦刑之。“三曰不婣之刑”者，不親於外親亦刑之。“四曰不弟之刑”者，謂不敬師長亦刑之。“五曰不任之刑”者，謂不信任於朋友亦刑之。“六曰不恤之刑”者，謂見災危而不憂恤亦刑之。“七曰造言之刑”者，有造浮僞之言者亦刑之。“八曰亂民之刑”者，謂執左道亂政則刑。**注** 糾猶割察也。不弟，不敬師長。造言，訛言惑衆。亂民，亂名改作，執左道以亂政也。鄭司農云：“任，謂朋友相任。恤，謂相憂。” ○釋曰：云“糾猶割察也”者，謂察取鄉中八種之過斷割其罪。云“不弟，不敬師長”者，此不弟即上六行“友”是也。上文在睦、姻之上，此變言弟，退在睦、姻之下者，上言友，專施於兄弟，此變言弟，兼施於師長，故退在睦、姻之下。云“造言，訛言惑衆”者，案《王制》：“行僞而堅，言僞而辯。”與此“造言”一也，是訛言惑衆。云“亂民，亂名改作，執左道以亂政也”者，“亂名”已下，皆《王制》文。案彼注：“亂名改作，謂變易官與物之名，更造法度。左道，若巫蠱及俗禁。”並是亂政之民也。上“三物”有六德、六行、六

---

[1] “兼戒凡品故不孝有刑也”十字原在下文“不親於外親”之上，孫校云：“‘兼戒凡品’十字當在‘通教’下，錯寫於此，義不可通。各本並誤，今迻正。”茲據乙。

藝,六德、六藝不設刑,獨於六行設刑者,鄭注《師氏》云:"在身爲德,施之爲行。"德爲在身,不施於物,六藝亦是在身之能,不施於人,故二者不設刑。其行並是施之於人,故禁其恐有怨負,故設刑以防之也。造言、亂民,民中特害,故六行之外別加此二刑。**以五禮防萬民之僞,而教之中。** ○釋曰:"以五禮防萬民之僞,而教之中"者,案《禮記・樂記》云:"禮者,著誠去僞。"故以禮防萬民之僞,而教之使得中正也。**注**禮所以節止民之侈僞,使其行得中。鄭司農云:"五禮,謂吉、凶、賓、軍、嘉。"○釋曰:禮者,辨尊卑,別貴賤,皆有上下之宜,不得奢侈僭僞,故云"禮所以節止民之侈僞"也。"使其行得中"者,上不逼下,下不僭上,得其中正是也。鄭司農云"五禮,謂吉、凶、賓、軍、嘉"者,《春官・大宗伯》文也。**以六樂防萬民之情,而教之和。** ○釋曰:案《樂記》云:"大樂與天地同和。"《孝經》云:"移風易俗,莫善於樂。"故大司徒"以六樂防萬民之情",而教之使應和也。**注**樂所以蕩正民之情思,使其心應和也。鄭司農云:"六樂,謂《雲門》、《咸池》、《大韶》、《大夏》、《大濩》、《大武》。"○釋曰:案《樂記》云:"在閨門之內,父子兄弟同聽之,莫不和親。"故云"樂所以蕩正民之情思,使其心應和也"。鄭司農云"六樂,《雲門》"已下,皆《大司樂》文,至彼具釋。案前云"六藝:禮、樂、射、御、書、數",不覆申射、御、書、數而獨申禮、樂二事,但化民以禮、樂爲急,故《樂記》云:"心中斯須不和不樂,而鄙詐之心入之矣;外貌斯須不莊不敬,而易慢之心入之矣。故樂也者,動於內者也;禮也者,動於外者也。"是致禮、樂以治外內之急也。又《孝經》云:"安上治民,莫善於禮;移風易俗,莫善於樂。"是禮、樂爲化民之急也,故特言禮、樂耳。**凡萬民之不服教而有獄訟者,與有地治者聽而斷之,其附于刑者歸于士。** ○釋曰:上以禮、樂化民,而萬民不猒服十二教則鬥爭起,"有獄訟者"。將斷割之時,恐其獄訟不審,故與其"有地治者",謂治民之官,共"聽而斷之"。若有小罪,則司徒決之;其附於五刑,則"歸於士",使秋官士師之等斷之。**注**不服教,不猒服於十二教[1],貪冒者也。爭罪曰獄,爭財曰訟。有地治者,謂鄉、州及治都鄙者也。附,麗也。士,司寇士師之屬。鄭司農云:"與有地治者聽而斷之,與其地部界所屬吏共聽斷之。士,謂主斷刑

---

① 阮校云:"疏中引注'猒'作'猒',又賈疏有'嫌猒'、'猒猒'、'陰猒'字,皆作古猒字,是賈氏所據鄭注作'猒'也。依《説文》,猒猒如此作,厭服如此作。"按賈疏云"此言不猒服十二教者,謂不猒猒服行十二教也",孫疏以爲"恐非鄭意"。

之官。《春秋傳》曰：‘士榮爲大士。’或謂歸于圜土，圜土謂獄也，獄城圜。”○釋曰：云“不服教，不猷服於十二教，貪冒者也”者，上以十二教教民，使不貪冒；其民有不猷服於十二教，即是貪冒之人也。猷有二種，有嫌猷，有猷飫之猷，謂若祭禮有陰猷之類是也。此言不猷服十二教者，謂不猷飫服行十二教也。又云“争罪曰獄，争財曰訟”者，案《秋官・大司寇》云：“以兩造禁民訟，以兩劑禁民獄。”獄、訟相對，故獄爲争罪，訟爲争財。若獄、訟不相對，則争財亦爲獄，其義具在《秋官》釋之。云“有地治者，謂鄉、州及治都鄙者也”者，司徒主六鄉，明知有鄉、州也；案上經布教於都鄙，明地治之内兼有都鄙可知。云“附，麗也”者，案《秋官》云：“麗於法。”案《尚書・吕刑》：“越兹麗刑。”故以附爲麗。云“士，司寇士師之屬”者，案秋官有士師、鄉士、遂士、縣士，並主獄訟之事，故云士師之屬也。司農云“《春秋傳》曰”者，僖公二十八年，衛侯出奔，及其反國，誤射殺弟叔武，元咺訴於晉；衛侯與元咺訟，晉使士榮爲大士而聽斷之。引此者，欲見有獄必有訟，有訟者不必有獄。故彼是争罪之事，而言“衛侯與元咺訟”。云“或謂歸於圜土，圜土謂獄也”者，司農之意，此經“士”或爲“土”字，因即解土爲圜土，圜土即獄也[①]。云“獄城圜”者，更解圜土之意。圜土之義具在《秋官・司圜職》也。

祀五帝，奉牛牲，羞其肆。　○釋曰：云“祀五帝”者，謂五時迎氣於四郊及惣享五帝於明堂，即大司徒“奉牛牲”。又云“羞其肆”者，羞，進也。肆，解也。謂於俎上進所解牲體於神坐前[②]。注牛能任載，地類也。奉猶進也。鄭司農云：“羞，進也。肆，陳骨體也。”玄謂進所肆解骨體。《士喪禮》曰：“肆解去蹄。”[③] ○釋曰：鄭解司徒奉牛之意，故云“牛能任載，地類也”，故屬地官司徒。鄭司農云“羞，進也。肆，陳骨體也”者，骨體，肩、臂、脊、脅之屬。司農以“肆”爲“四”音讀之，故云“肆，陳也”，謂陳牲體於俎上，即體解折節爲二十一體是也，故云陳骨體也。“玄謂進所肆解骨體”者，後鄭之意，以“肆”爲“摘”音讀之，肆解骨體者，爲七體解之，故引《士喪禮》曰“肆解去蹄”。案《士喪禮》曰：“特豚四鬄去蹄。”彼注云：“四解之，殊肩髀。”彼言“殊肩髀”，與此“骨體”一

---

①　“圜土即”三字原作“圜上即”，據阮本改。

②　“進”字原作“之”，據阮本改。

③　孫疏引何紹基説云：“《釋文》：‘肆，託歷反。注肆解、肆去同。’案注引《士喪禮》，蓋以‘肆’易‘鬄’，當作‘四肆去蹄’。賈疏誤作‘肆解去蹄’者，因上句‘肆解骨體’而誤也。《釋文》‘肆去’二字，足正其誤。”按賈疏所據本鄭注當亦作“四肆去蹄”，以“肆”爲《儀禮・士喪禮》“四鬄去蹄”之鬄的假借字。參下條。

也。但彼云"四鬣"，此云"四肆"①，其字不同者，鄭直以義讀之，非彼正文，此云"肆"當彼"鬣"也。後鄭必不從先鄭爲肆陳骨體爲二十一體者，案《禮運》云："腥其俎，孰其殽。"彼注云："腥其俎，謂豚解而腥之也。孰其殽，謂體解而爓之也。"祭祀之法，先豚解，後體解。經云"奉牛牲"，謂初牽入時；即言"羞其肆"，明先豚解。又案《國語》："禘郊之事②，則有全烝。"明知不得先有體解。若然，則禘郊之事先全烝，始後豚解也。若宗廟之祭則無全烝，先豚解，次體解，《禮運》所云者是也。**享先王亦如之。**○釋曰："享先王"，不辨祭之大小，彼《大宗伯》四時及禘祫六者皆稱"享"。云"亦如之"者，亦如上祀五帝"奉牛牲，羞其肆"。又不言祭地者，祭地之禮與天同。**大賓客，令野脩道委積。**○釋曰：案《大行人》，諸侯朝稱賓，卿大夫來聘稱客。彼對文例，散文賓、客通。此云"大賓客"者，唯據諸侯來朝，大司徒令遺人於野路之上脩治道塗及委積蒭薪米禾之等③，以待賓客。**注**令，令遺人使爲之也。少曰委，多曰積，皆所以給賓客。○釋曰："令，令遺人使爲之也。少曰委，多曰積"者，案《遺人》云："十里有廬，廬有飲食；三十里有宿，宿有路室，路室有委；五十里有候館，候館有積。"故知義然也。**大喪，帥六鄉之衆庶屬其六引，而治其政令。**○釋曰："大喪"，謂王喪。至七月而葬，大司徒"帥六鄉之衆庶"，取一千人"屬其六引"，挽柩鄉壙④。"而治其政令"者，大司徒則檢校挽柩之事。**注**衆庶，所致役也。鄭司農云："六引，謂引喪車索也。六鄉主六引，六遂主六紼。"○釋曰：云"衆庶，所致役也"者，但六鄉七萬五千家唯取一千人致之，使爲挽柩之役，故云所致役也。司農云"六鄉主六引"，則此經是也。云"六遂主六紼"者，案《遂人職》云："大喪，帥六遂之役而致之，掌其政令。及葬，帥而屬六紼。"在棺

---

① "四肆"二字原作"四解"，阮本作"肆解"。孫疏引俞樾說云："賈疏本作'但彼云四鬣，此云四肆，其字不同'，蓋所異者止'肆'之一字，故曰'此云肆當彼鬣也'。注文涉上有'肆解'字，誤作'肆解去蹄'，後人又改賈疏以從之，其誤遂不可正矣。"孫疏又云："《內饗》疏引《士喪禮》'四肆去蹄'，即依此注，是賈所見本與陸（德明）同之證。"按此"四解"之"四"字改而未盡，足證俞氏之卓識，茲據改。上文述注"肆解去蹄"亦當作"四肆去蹄"。

② "禘"字原脫，據阮本補。下文"則禘郊之事"即承此而言，"禘"字不可省。

③ "蒭"字阮本作"芻"。《玉篇·艸部》："芻，俗作蒭。"

④ "壙"字原作"壙"，阮本作"廣"。阮校云："當從毛本作'壙'。"茲據改。

曰紼,見繩體,行道曰引,見用力,互文以見義也①。**大軍旅、大田役,以旗致萬民,而治其徒庶之政令。** ○釋曰:凡征伐、田獵所用民徒,先起六鄉之衆,故云"大軍旅、大田役,以旗致萬民"。司徒主六鄉田②,即"治其徒庶之政令"。**注**旗,畫熊虎者也。徵衆刻日樹旗,期於其下。○釋曰:案《司常》云:"熊虎爲旗。"故鄭云"旗,畫熊虎者也"。云"徵衆刻日樹旗,期於其下"者,凡起徒役,不令而誅謂之虐,故徵衆庶預刻集日,至日樹旗,期民於其下,衆皆至,弊旗,誅後至者也。**若國有大故,則致萬民於王門,令無節者不行於天下。** ○釋曰:"若國有大故"者,大故是非常之事,故言"若"也。"則致萬民於王門"者,以待任用故也。云"令無節者不行於天下"者,大故之時恐有姦寇,節者用爲行道之信,故無節者不行於天下,所以防姦私也。**注**大故,謂王崩及寇兵也。節,六節。有節乃得行,防奸私。○釋曰:言"大故"知是"王崩及寇兵"者,下經別云"大荒、大札",故知"大故"中有王崩、寇兵二事。云"節,六節"者,案《掌節》"山國用虎節,土國用人節,澤國用龍節,門關用符節,貨賄用璽節,道路用旌節"也。**大荒、大札,則令邦國移民、通財、舍禁、弛力、薄征、緩刑。** ○釋曰:"大荒",謂大凶年。"大札",謂大疫病。"則令邦國"者,謂令天下諸侯邦國也。"移民、通財"者,此謂兩事:移民謂分口往就賤;財是米穀也,其有留守不得去者,則賤處通穀米與之。"舍禁"者,謂山澤之内舊遮禁不聽人入者,今皆舍而不禁,容民取蔬食也。"弛力"者,謂弛力役之事。"薄征"者,若據大荒,則全無征稅;今言薄征者,容有小荒,仍有征稅。案《司稼》注云"豐年從正,儉有所殺,若今十傷二三,實除減半"者也。"緩刑"者,謂有刑罰,寬而放之。**注**大荒,大凶年也。大札,大疫病也。移民,辟灾就賤。其有守不可移者,則輸之穀。《春秋》定五年"夏,歸粟於蔡"是也。○釋曰:"大荒,大凶年也"者,謂若《曲禮》云"歲凶,年穀不登"。言"大"者,《穀梁》云:"五穀不熟謂之大侵。"與此一也。"大札,大疫病也"者,謂若《左氏傳》云"夭昏札瘥"。云"其有守不可移者,則輸之穀"者,釋經"通財"也。又引《春秋》定五年"'夏,輸粟於蔡'是也"者,案彼

① "互"字原作"主",阮本同。阮校引浦鏜説云:"'互'誤'主'。"兹據改。
② 加藤云:"殿本'田'改'因',下屬。浙本'六'字剜擠。竊疑本作'主六鄉',轉寫脱'六'衍'田',後更補'六'字。"

281

《傳》定四年，楚瓦伐蔡；五年，"夏，歸粟於蔡"①。彼雖非荒札之事，直取"歸粟"一道，證經"通財"之義。

　　歲終，則令教官正治而致事。○釋曰："歲終，則令教官"者，其屬六十官也。云"正治而致事"者②，謂正直治理其文書，不得濫失，以爲公狀，然後致其職事以待考。**注歲終，自周季冬也。教官，其屬六十。正治，明處其文書。致事，上其計簿。** ○釋曰：知"歲終"是"周季冬"者，以其"正月之吉始和"是周之歲始，明此"致事"之時亦是周之歲終。云"致事，上其計簿"者，漢時考吏謂之計吏，計吏據其使人也，此言計簿據其文書也。**正歲，令于教官曰："各共爾職，脩乃事，以聽王命。其有不正，則國有常刑。"** ○釋曰："正歲，令于教官"者③，以其歲始，當除舊布新。各共爾之職，脩汝之事，"爾"、"乃"皆汝也。"以聽王命"者，聽，待也。"其不正，則國有常刑"者，謂文書不正直而濫失則有常刑。常刑者，謂二千五百條，各依輕重而受刑法。**注正歲，夏正月朔日。** ○釋曰：《周禮》上下凡言"正歲"者，皆是"夏之正月"。又知是"朔日"者，以其"正月之吉"是朔日，此雖不言"之吉"，亦是朔日爲始可知也。

---

①　"粟"字原作"栗"，據阮本改。

②　"正"字原作"政"，據阮本改。此經讀"正"如字，賈疏不當改爲"政"。

③　"于"字原作"示"，據阮本改。

周禮疏卷第十一

唐朝散大夫行大學博士弘文館學士臣賈公彥等撰

小司徒之職，掌建邦之教灋，以稽國中及四郊、都鄙之夫家九比之數，以辨其貴賤、老幼、癈疾凡征役之施舍，與其祭祀、飲食、喪紀之禁令。○釋曰：小司徒副貳大司徒之事，大司徒已掌十二教，故此小司徒又“掌建邦之教法”，言建者，非但副貳大司徒，亦得專其事。云“以稽國中及四郊、都鄙”者，大司徒掌邦國、都鄙，此小司徒亦掌之，稽，考也，故亦考其國中及四郊，但國中與四郊皆是六鄉之民所居也；併言“都鄙”者，司徒是主土地之官①，故亦兼主采地之法。云“之夫家九比之數”者，謂國中及四郊、都鄙之內夫家男女、九賦校比人民之數。云“辨其貴賤、老幼、癈疾”者，辨猶別也。謂別其貴賤、老幼、癈疾，合科役者科役之。云“凡征役之施舍”者，征，謂稅之。役，謂繇役。施舍者，貴與老幼、癈疾不科役，故言弛也。云“與其祭祀”者，謂鄉中州祭社、黨祭禜、族祭步。“飲食”者，謂若行鄉飲酒及族食。“喪紀”者，謂若“四閭爲族，使之相葬”之等。“禁令”者，“祭祀”已下皆有禁令，不使失禮法。**注**稽猶考也。夫家，猶言男女也。鄭司農云：“九比，謂九夫爲井。”玄謂九比者，《冢宰職》出九賦者之人數也。貴，謂爲卿、大夫。賤，謂占會販賣者。癈疾，謂癃病也。施當爲弛。○釋曰：“夫家，猶言男女”者，夫是丈夫，則男也。《春秋傳》曰：“云男有室②，女有家。”婦人稱家，故以家爲女。鄭司農云“九比③，謂九夫爲井”，後鄭不從者④，以經“掌國中及四郊”即是六鄉之內，但鄉與公邑並爲溝洫，無井田之法，故後鄭不從。“玄謂九比者，《冢宰職》出九賦者之人數也”者，案《大宰》云：“九賦斂財賄：一曰邦

---

① “官”字原作“宮”，據阮本改。
② 加藤謂“云”爲衍字，或當移至上文“夫家”之上。
③ “比”字原作“出”，據阮本改。
④ “不從者”三字原作“在從之”，據阮本改。

中之賦^①，二曰四郊之賦，三曰邦甸之賦，四曰家稍之賦，五曰邦縣之賦，六曰邦都之賦。”與此文“國中”、“四郊”、“都鄙”其事相當，故知此“九比”，出九賦者之人數。云“貴，謂爲卿、大夫。賤，謂占會販賣者”，鄭解諸文貴、賤相對，皆以爲貴謂卿、大夫，賤謂士；獨此賤爲占會販賣者，以其此經論九賦之事：案《大宰》“九賦”有“幣餘之賦”，幣餘謂占賣國之斥幣；此經貴與老幼、癃疾皆弛舍無賦，唯此賦當彼幣餘之賦^②，故爲販賣者解之。云“施當爲弛”者，《周禮》上下但言爲弛舍者，皆經爲“施”字，鄭皆破從“弛”。

乃頒比灋于六鄉之大夫，使各登其鄉之衆寡、六畜、車輦，辨其物，以歲時入其數，以施政教，行徵令。　○釋曰：言“乃頒比法于六鄉之大夫”者，比法，謂若下經“五人爲伍，五伍爲兩”是也。六鄉大夫皆六命卿爲之，小司徒爲校比之法，頒與六鄉大夫。又云“使各登其鄉之衆寡、六畜、車輦”者，衆寡，據人民；六畜者，馬牛羊豕犬鷄；車，謂革車及大車；輦，人挽行。又“辨其物”者，謂辨其家中財物多少。以歲之四時，具録其數入小司徒。“以施政教”者，小司徒所施政教依其數而施行之。云“以行徵令”者，以徵索於民及所施政令亦據民物等數而行之，故云行徵令也。注登，成也，成猶定也。衆寡，民之多少。物，家中之財。歲時入其數，若今四時言事。○釋曰：云“登，成也，成猶定也”者，人畜衆寡，其數不恒，家家條録，數而比之，則得成，故登爲成也、定也。云“衆寡，民之多少”者，謂六口已上爲多，五口已下爲少。云“物，家中之財”者，經既言“六畜、車輦”，下別云“辨其物”，明物是家中之財。云“歲時入其數，若今四時言事”者，漢承周後，皆四時入其數。今時白役簿皆在於冬^③，代異時殊，故有革別也。及三年，則大比，大比則受邦國之比要。　○釋曰：三年一閏，天道有成。“及”，至也。每至三年，則大案比户口。大比之時，則天下邦國送要文書來入小司徒，故“大比則受邦國之比要”也。注大比，謂使天下更簡閲民數及其財物也。受邦國之比要，則亦受鄉遂矣。鄭司農云：“五家爲比，故以比爲名，今時八月案比是也。要，謂其簿。”○釋曰：云“大比，謂使天下更簡閲民數及其財物也”者，上經“頒比法”，每歲之四時簡閲“衆寡”及“其物”等；此經“三年大比”并天下邦國而言，故鄭云大比謂使天下更簡閲民數及其財物。鄭不言“六畜、車輦”者，文略，亦簡閲可知。云

---

① “案”字原作“亲”、“斂”字原作“飯”、“之”字原作“一”，皆據阮本改。
② “此賦”之“賦”疑當作“賤”。
③ 阮校云：“閩、監、毛本‘白’作‘日’，是也。”

“受邦國之比要，則亦受鄉遂矣”者，此經但受邦國比要，上經直言“頒比法於六鄉，以歲時入其數”，不言“三年大比”，故知此文含鄉遂也，故云亦受鄉遂矣。鄭司農云“五家爲比，故以比爲名”者，凡言“比”者，是校比之言。但五家爲比者，案比之法，從少至多以五家爲始，故以比爲名。云“今時八月案比是也”者，漢時八月案比而造籍書，周以三年大比，未知定用何月，故司農以漢法八月況之。云“要，謂其簿”者，謂若今之造籍，户口地宅具陳於簿也。**乃會萬民之卒伍而用之：五人爲伍，五伍爲兩，四兩爲卒，五卒爲旅，五旅爲師，五師爲軍，以起軍旅，以作田役，以比追胥，以令貢賦。**〇釋曰：小司徒佐大司徒以掌六鄉，六軍之士出自六鄉，故預配“卒伍”，百人爲卒，五人爲伍也。“而用之”者，即“軍旅”、“田役”是也。“五人爲伍”者，下文云：“凡起徒役，無過家一人。”六鄉之内有比、閭、族、黨、州、鄉，一鄉出一軍，六鄉還出六軍。今言“五人爲伍”者，五家爲比，家出一人，則是一比也。在家爲比，在軍爲伍，伍者聚也。“五伍爲兩”者，在鄉五比爲閭，閭二十五家也；在軍五伍爲兩，兩二十五人也。“四兩爲卒”者，在鄉四閭爲族，族百家也；在軍四兩爲卒，卒百人也。“五卒爲旅”者，在鄉五族爲黨①，黨五百家；在軍五卒爲旅，旅五百人也。“五旅爲師”者，在鄉五黨爲州，州二千五百家；在軍亦五旅爲師，師亦二千五百人也。“五師爲軍”者，在鄉五州爲鄉，鄉萬二千五百家；在軍五師爲軍，軍亦萬二千五百人也。“以起軍旅”者，謂征伐也。“以作田役”者，謂田獵、役作皆是也。“以比追胥”者，追謂逐寇，胥謂伺捕盜賊。“以令貢賦”者，依鄉中家數而施政令以貢賦之事。注用，謂使民事之。伍、兩、卒、旅、師、軍，皆衆之名。兩二十五人，卒百人，旅五百人，師二千五百人②，軍萬二千五百人。此皆先王所因農事而定軍令者也，欲其恩足相恤，義足相救，服容相别，音聲相識。作，爲也。役，功力之事。追，逐寇也。《春秋》莊十八年：“夏，公追戎于濟西。”胥，伺捕盜賊也。貢，嬪婦、百工之物。賦，九賦也。鄉之田制與遂同。〇釋曰：“用，謂使民事之”者，謂使人爲事，即軍旅、田役是也。云“兩二十五人”已下，案經“五人爲伍”，轉相增數，從“五人爲伍”至“五師爲軍”，數可知也。云“此皆先王所因農事而定軍令者也”者，案《管子》書云：“因内政寄軍令。”謂在鄉五家爲比，以營農事，比長領之；及其出軍，家出一人，五人爲伍，則爲伍長領之。在家閭胥領一閭，在軍則爲兩司馬領之。在家爲族師，在軍爲卒

---

① “族”字原作“旅”，據阮本改。
② “千”字原作“十”，據婺本、金本、阮本改。

長。在家爲黨正,在軍爲旅帥①。在家爲州長,在軍爲師帥。在鄉爲大夫,在軍爲軍將。自伍長已上全與此文不同者,鄭君以義言之,非彼正文也。云"欲其恩足相恤"至"音聲相識",言此者,解"因內政寄軍令"之意,不使異人間雜於中也。云"役,功力之事"者,鄭意欲解經文"役"與"田"不同也。云"追,逐寇也",又引《春秋》莊公十八年"夏,公追戎于濟西"者,案彼《傳》,戎侵魯,魯公追之出境。服氏云:"桓公爲好,莊公獨不能脩而見侵。濟西,曹地。"《穀梁》云:"其不言戎之伐我,何也?以公之追之,不使戎邇於我也。于濟西者,大之也。"引之者,證追是逐寇也。云"胥,伺捕盜賊也"者,以追既爲逐寇,胥爲伺捕盜賊可知。云"貢,嬪婦、百工之物"者,案《大宰》九職之貢有九,此"貢"獨云嬪婦、百工二者,此六鄉之貢,不論地事,則所令之貢亦不及地貢也,故以此二事當之。云"賦,九賦也"者,案《大宰》"九賦","一曰邦中,二曰四郊",二者之賦在六鄉之內。此經既論六鄉之賦,不得有"三曰邦甸"已下。若然,此唯有二賦,而云"九賦"者,二賦是九賦中物,故摠云九賦也。云"鄉之田制與遂同"者,此經之內不見田制。案《遂人職》云:"夫間有遂,遂上有徑;十夫有溝,溝上有畛;百夫有洫,洫上有涂;千夫有澮,澮上有道;萬夫有川,川上有路。"是其遂制也,故云鄉之田制與遂同。案鄭注"遂之軍法如六鄉"者,以其遂內不見出軍之法,唯有田制而已,故知遂之軍法如六鄉。若然,彼此各舉一邊,互見爲義。**乃均土地,以稽其人民而周知其數:上地家七人,可任也者家三人;中地家六人,可任也者二家五人;下地家五人,可任也者家二人。** ○釋曰:言"乃均土地"者,以其佐大司徒掌其土地人民之數②,故制上地、下地等,使得均平,故云均土地也。云"以稽其人民"者,既給土地,則據土地計考其人民可任不可任之事。云"而周知其數"者,而周遍知其人數。云"上地家七人"者,凡給地有九等,此據中地三等,而中地之上所養者七人。云"可任也者家三人"者,七人之中,一人爲家長,餘六人在,強弱半,強而可任使者家三人。云"中地家六人"者,此謂中地之中所養者家六人。云"可任也者二家五人"者,六人之內,一人爲家長,餘五人在,強弱半,不可得言"可任者二人半",故取兩家併言"可任者二家五人"。云"下地家五人"者,謂中地之下所養者五人。云"可任也者家二人"者,五人之內,一人

---

① "帥"字原作"師",阮本同,皆"帥"之形訛字,茲徑改。
② "數"字原作"教",據阮本改。

爲家長，餘四人在，强弱半，故云可任者家二人①。<u>注</u>均，平也。周猶徧也②。一家男女七人以上，則授之以上地，所養者衆也；男女五人以下，則授之以下地，所養者寡也。正以七人、六人、五人爲率者，有夫有婦然後爲家，自二人以至於十，爲九等，七、六、五者爲其中。可任，謂丁强任力役之事者。出老者一人，其餘男女强弱相半，其大數。〇<u>釋</u>曰：云"正以七人、六人、五人爲率者，有夫有婦然後爲家，自二人以至於十，爲九等，七、六、五者爲其中"者，案《王制》："百畝之分，上農夫食九人，其次食八人，其次食七人，其次食六人，其次食五人。"彼言五等，此云七、六、五三等，其人不同，故鄭爲九等計之。此經皆云"家"，故鄭云有夫有婦乃成家。從此二人爲一等，至十人則爲九等。自二人、三人、四人，是下地之三等也；五人、六人、七人，是中地之三等；八人、九人、十人，是上地之三等。此經唯言"七"、"六"、"五"者，據中地之三等，則知有上地、下地之三等，故鄭云七、六、五者爲其中。若然，《王制》不云上上之地食十人，又不云其次食四人、其次食三人，其次食二人，直言自九以至五，不言九等者，彼欲取下士視上農夫食九人，自府、史、胥、徒四者食八人、七人、六人、五人，五等人與此五等農夫相當，故不言其餘四者。又襄公二十五年："楚蒍掩書土田③，度山林，鳩藪澤，辨京陵，表淳鹵，數疆潦，規偃豬，町原防，牧隰皋，井衍沃，以授子木，禮也。"此九等是楚之地善惡有九等，與此不同。鄭注《尚書》云"賦之差，上上出九夫税，上中出八夫税"爲九等者，以九州出賦多少不同有九等，故鄭君以井田美惡爲九等託之④，非是貢地之差也。云"出老者一人，其餘男女强弱相半，其大數"者，但一家之内二人至十人，或男多女少，或女多男少，不可齊準，今皆以强弱半者，周公設法，據其大數，故鄭云其大數也。**凡起徒役，毋過家一人，以其餘爲羨，唯田與追胥竭作。**<u>注</u>鄭司農云："羨，饒也。田，謂獵也。追，追寇賊也。竭作，盡行。"〇釋曰：云"凡起徒役，毋過家一人"者，謂起民徒役作之毋過家一人。"以其餘爲羨"者，一家兄弟雖多，除一人爲正卒，正卒之外，其餘皆爲羨卒。云"唯田與追胥竭作"者，田謂田獵。追謂逐寇。胥謂伺捕盜賊。竭，盡也。作，行也。非直正卒一人，羨卒盡行，以其田與追胥之人多故也。此謂六鄉之内上劑致甿，

---

① "二"字原作"一"，據阮本改。
② "徧"字原作"福"，據婺本、金本、阮本改。
③ "土"字原作"上"，據阮本改。
④ "託"字阮本作"計"，加藤謂"計"字是。

一人爲正卒，其餘皆爲羨卒。若六遂之内^①，以下劑致甿，一人爲正卒，一人爲羨卒，其餘皆爲餘夫，饒遠故也。**凡用衆庶，則掌其政教與其戒禁，聽其辭訟，施其賞罰，誅其犯命者。**○釋曰：言“凡用衆庶”者，則上經所云是也。其衆庶皆是六鄉之民，小司徒主教六鄉，六鄉衆是己民，故用衆庶之時，“則掌其政教與其戒禁”，又聽斷其賞罰，又誅責犯命者。**注**命，所以誓告之。○釋曰：所“誓告”者，謂若《大司馬》羣吏聽誓於陳前，司徒北面以誓之，小子斬牲，左右以徇陳，曰：“不用命者斬之。”是其誓告之事也。**凡國之大事，致民；大故，致餘子。**○釋曰：“凡國之大事”者，謂有兵戎之大事出征之時。云“致民”者，謂有兵戎大事，於六鄉之内發起民徒。云“大故，致餘子”者，謂有災寇之事。餘子，卿大夫之子弟。當大故之時，則致餘子與大子，使宿衛也。**注**大事，謂戎事也。大故，謂災寇也。鄭司農云：“國有大事，當徵召會聚百姓，則小司徒召聚之。餘子，謂羨也。”玄謂餘子，卿大夫之子當守於王宮者也。○釋曰：知“大事，謂戎事”者，見左氏成公《傳》云“國之大事，在祀與戎”，此言“致民”，明非祭祀，是戎事可知，故云大事謂戎事也。云“大故，謂災寇也”者，經云“致餘子”，明大故非王喪，是水火之災及其兵寇。司農云“餘子，謂羨也”者，以其羨卒“唯田與追胥竭作”乃使之，此經“大故”不合使羨，故鄭不從之。“玄謂餘子，卿大夫之子當守於王宮者也”，知義然者，以經云“大故”，當宿衛王宮；案《書傳》云“餘子皆入學”，則餘子不得爲羨，是宿衛之人，故云“餘子，卿大夫之子當守於王宮者也”，是破司農之義。**乃經土地而井牧其田野：九夫爲井，四井爲邑，四邑爲丘，四丘爲甸，四甸爲縣，四縣爲都，以任地事而令貢賦，凡稅斂之事。**○釋曰：此小司徒佐大司徒掌其都鄙，都鄙則三等采地是也。匠人營溝洫於田，掌其經界，故云“乃經土地”，經謂爲之里數。在土地之中立其里數，謂井方一里、邑方二里之等是也^②。云“而井牧其田野”者，井方一里，兼言牧地，是次田二牧當上地一井。授民田之時，上地不易，家百畝；中地一易，家二百畝；下地再易，家三百畝。通率三家受六夫之地，一家受二夫，與牧地同，故云井牧其田野。此與下爲惣目。云“九夫爲井”者，井方一里，九夫之田。“四井爲邑”者，邑方二里。“四邑爲丘”者，丘方四里。“四丘爲甸”者，甸方八里。旁加一

----

① “六”字原作“云”，據阮本改。
② “邑方”二字原作“邑云”，據阮本改。

里，則爲十里之成。今不言十里成而言八里甸者①，成間有洫，井間有溝，旁加一里者，使治溝洫，不出税。舉其八里之甸，據實出税者而言。“四甸爲縣”者，縣方十六里。“四縣爲都”，都方三十二里。“以任地事”者，謂若《大宰》“九職任萬民”，謂任役萬民使營地事。云“而令貢賦”者，貢則九職之貢；賦謂軍賦，出車徒之等。云“凡税斂之事”者，采地之中皆爲井田之法，一井之田一夫税入於官，故云税斂之事。注此謂造都鄙也。采地制井田，異於鄉遂。重立國，小司徒爲經之，立其五溝五塗之界，其制似“井”之字，因取名焉。《孟子》曰：“夫仁政必自經界始。經界不正，井田不均②，貢禄不平，是故暴君姦吏必慢其經界。經界既正，分田制禄可坐而定也。”鄭司農云：“井牧者，《春秋傳》所謂‘井衍沃，牧隰皋’者也。”玄謂隰皋之地九夫爲牧，二牧而當一井。今造都鄙，授民田有不易、有一易、有再易，通率二而當一，是之謂井牧。昔夏少康在虞思，有田一成，有衆一旅。一旅之衆而田一成，則井牧之法先古然矣。九夫爲井者，方一里，九夫所治之田也。此制小司徒經之，匠人爲之溝、洫，相包乃成耳。邑、丘之屬相連比以出田税，溝、洫爲除水害。四井爲邑，方二里③。四邑爲丘，方四里。四丘爲甸，甸之言乘也，讀如“衷甸”之甸。甸方八里，旁加一里則方十里爲一成，積百井九百夫。其中六十四井五百七十六夫出田税，三十六井三百二十四夫治洫。四甸爲縣，方二十里。四縣爲都，方四十里。四都方八十里，旁加十里乃得方百里爲一同也，積萬井九萬夫。其四千九十六井三萬六千八百六十四夫出田税，二千三百四井二萬七百三十六夫治洫，三千六百井三萬二千四百夫治澮。井田之法備於一同，今止於都者，采地食者皆四之一，其制三等：百里之國凡四都，一都之田税入於王；五十里之國凡四縣，一縣之田税入於王；二十五里之國凡四甸，一甸之田税入於王。地事，謂農、牧、衡虞也。貢，謂九穀、山澤之材也。賦，謂出車徒給繇役也。《司馬法》曰：“六尺爲步，步百爲畮，畮百爲夫，夫三爲屋，屋三爲井，井十爲通。通爲匹馬，三十家，士一人，徒二人。通十爲成，成百井三百家，革車一乘，士十人，徒二十人。十成爲終，終千井三千家，革車十乘，士百人，徒二百

---

① “八”字原作“入”，據阮本改。

② “井田”二字婺本、金本同，阮本作“井地”。按《孟子·滕文公上》，“使畢戰問井地”，孟子對此辭。檢《冬官·匠人》鄭注云“文公又問井田”，賈疏云“案彼是文公使畢戰問，今以爲文公問者，畢戰，文公臣，君統臣功，亦得爲文公問也”，然則鄭注蓋以“井田”代“井地”，“地”字或後人據《孟子》校改。

③ “二”字原作“二百”，據婺本、金本、阮本删。按婺本“二”下剜去一字，似原亦作“二百”。

人。十終爲同，同方百里，萬井三萬家，革車百乘，士千人，徒二千人。”○釋曰：鄭知“此謂造都鄙”者，鄉遂、公邑之中皆爲溝洫之法，此經爲井田之法，故知謂造都鄙也。云“采地制井田，異於鄉遂”者，案《遂人》“夫間有遂”之等是溝洫法，鄉田之制與遂同；此經與《匠人》爲井田法，其制與鄉遂不同，故云“采地制井田，異於鄉遂”也。此雖不言異於公邑，公邑亦與遂同，故注《匠人》云“異於鄉遂及公邑”是也。云“重立國，小司徒爲經之，立其五溝五塗之界”者，此鄭意，匠人於都鄙之中營造溝洫，此小司徒又經之，立五溝五塗之界，則經“丘”、“甸”、“縣”、“都”並據境界而言。但此都鄙是畿内之國，小司徒與匠人共掌之。云“其制似井之字，因取名焉”者，此解經“井”字。謂正方一里之内，方三百步。百步爲一截，縱亦二截，橫亦二截[1]，則爲九夫，夫各百步，其中爲井字，故云“似井字，因取名焉”，名爲井田也。云“《孟子》曰”已下至“坐而定也”者，案《孟子》，滕文公使大夫畢戰問孟子井田之法，孟子對此辭。《孟子》云“經界”者，則此經“九夫爲井”已下、“四縣爲都”以上，故引以證之。鄭司農云“井牧者，《春秋傳》所謂‘井衍沃，牧隰臯’者也”，司農引《春秋》者，襄公二十五年，楚蒍掩書土田之事。“井衍沃”者，衍沃謂上地。下平曰衍。饒沃之地九夫爲一井。“牧隰臯”者，下濕曰隰，近臯澤之地。司農之意，經有“井牧”，故引以當之。“玄謂隰臯之地九夫爲牧，二牧而當一井。今造都鄙，授民田有不易者家百畝、有一易家二百畝、有再易者家三百畝，通率二而當一”者，是三家受六夫之地，是隰臯之地二牧始當一井，故云二而當一。云“是之謂井牧”者，此就足司農之義。云“昔夏后少康在虞思，有田一成，有衆一旅”者，此是哀公元年《左氏傳》，伍員云：“昔過澆滅夏后相，后緡方娠，逃出自竇，歸於有仍，生少康焉，爲仍牧正。澆使椒求之，逃奔有虞，爲之庖正。虞思於是妻之以二姚，而邑諸綸，有田一成，有衆一旅。”是其事也。言“有田一成，有衆一旅”，則地以上中下爲率者，以爲其成方十里，九百夫之地，一旅五百夫，故知是通率之。通率之法正應四百五十人，言一旅，舉成數也，亦容不易者多。云“一旅之衆而田一成，則井牧之法先古然矣”者，鄭言此者，井牧之法自夏而有，非祇於周。云“九夫爲井者，方一里，九夫所治之田也”者，一井之内，地有九夫。假令盡是上地不易，家有百畝，中一夫入於公，四畔八夫，家治百畝尚無九夫所治，況其中或有一易、再易，所取數更少，今鄭云“方一里，九夫所治之田”，鄭據地有九夫而

---

① “縱亦二截橫亦二截”八字阮本同，“二截”疑皆當作“三截”，謂正方一里之内方三百步，縱橫各分成“百步爲一截”者三，三三而九，故賈疏下文即云“則爲九夫，夫各百步”，而“其中爲井字”也。

言，非謂有九家也。云"此制小司徒經之"者，即此文"乃經土地"是也。云"匠人爲之溝、洫"者，案《匠人》云井間有溝、成間有洫、同間有澮，是匠人爲之溝、洫也。云"相包乃成耳"者，司徒立其界，匠人爲其溝，相包含乃成其事耳。云"邑、丘之屬"者，之屬中含有甸及縣、都。云"相連比以出田税"者，從井、邑至縣、都，從內向外界相連比，井税一夫，故言以出田税。云"溝、洫爲除水害"者，《尚書·益稷》云："濬畎澮距川。"是其從畎遂溝洫次第入澮入川，故云爲除水害也。云"四井爲邑，方二里。四邑爲丘，方四里。四丘爲甸，甸之言乘也"者，欲見甸中出長轂一乘。云"讀如衷甸之甸"者，案哀十七年："衞侯爲虎幄於藉圃，成，求令名者，而與之始食焉。大子請使良夫。良夫乘衷甸兩牡，紫衣狐裘而至，袒裘，不釋劒而食。大子數之三罪而殺之。"鄭依此而言也。引之者，證"甸"得爲"乘"之義。云"甸方八里，旁加一里則方十里爲一成"者，欲就《匠人》解之。《匠人》云"成方十里"，此言"四丘爲甸"，甸與成其實一也，故鄭覆解成與甸相表裹之意。云"積百井九百夫"者，但一成之內方十里，開方之，得百井，井有九夫，故云九百夫。云"其中六十四井五百七十六夫出田税"者，此就甸方八里而言。八里之內，開方之，八八六十四，故云六十四井；井有九夫，故五百七十六夫；井税一夫，故云出田税。云"三十六井三百二十四夫治洫"者，此據甸方八里之外四面加一里爲成而言。成有百井，中央八里除六十四井，餘有三十六井；井有九夫，故三百二十四夫；治洫不使税。鄭言此者，見經"四丘爲甸"據實出税而言，故不言成也。若然，方里爲井，井間有溝，溝廣四尺深四尺；方十里爲成，成間有洫，廣八尺深八尺。治溝、洫者皆不出税，獨言"治洫"者，據外而言，其實治溝亦不出税，摠在六十四井之內，以洫言之矣。云"四甸爲縣，方二十里"者，甸方八里，縣應方十六里，云方二十里，據通治洫旁加一里爲成而言。云"四縣爲都，方四十里"者，縣方二十里，四縣爲都，故方四十里。云"四都方八十里"者，自此已上，並據通治洫而言。云"旁加十里乃得方百里爲一同也"者，案《匠人》"方百里爲同，同間有澮"，今言乃得方百里爲一同者，就《匠人》"爲同"解之。云"積萬井九萬夫"者，據百里開方而言。百里者，縱橫各百，一行方一里者百，百行故萬井；一井有九夫，故有九萬夫。云"其四千九十六井三萬六千八百六十四夫出田税"者[1]，此據從甸方八里出田税；四甸爲縣，縣方十六里；四縣爲都，都方三十二里；四都方六十四里。據六十四里之內開方之，縱橫各一里一截，爲六十四截；行別有六十四井，六十四行計得四千九十六井；井有九夫，四千九十六井計得三萬六千八百六十四夫，是實出田税者。云

---

① "夫"字原作"天"，據阮本改。

"二千三百四井二萬七千三十六夫治洫"者,此據甸方八里旁加一里爲成是不出税治洫之夫而言之也。從四成積爲一縣,縣方二十里;四縣爲都,都方四十里;四都方八十里,開方之,縱橫各一里一截,爲八十截;一行八十井,八八六十四,爲六千四百井;就裏除四千九十六井,其餘二千三百四井在;井有九夫,二千三百四井爲二萬七千三十六夫,不出税,使之治洫也。云"三千六百井三萬二千四百夫治澮"者,此據四成爲縣,縣方二十里,二十里更加五里即爲大夫家邑也。縣方二十五里,四縣是小都五十里,是六卿之采地;四都爲方百里一同,即爲三公、王子母弟之大都也。但據百里開方之,即爲萬井;就萬井之内除去六千四百井,其餘三千六百井在;井有九夫,則爲三萬二千四百夫,不出税,使之治澮。云"井田之法備於一同"者,案《匠人》云井間有溝、成間有洫、同間有澮,是井田之法備於一同也。云"今止於都者,采地食者皆四之一"者,解此"四縣爲都"據小都五十里而言,是止於都也。以其采地食者其四分之一税入天子,故云采地食者皆四之一也。案上諸男之地亦四之一,故云采地食者皆四之一。云"其制三等"者,謂家邑、小都、大都。云"百里之國凡四都,一都之田税入於王"者,百里國謂大都也。四都謂方五十里者四小都成一大都,一都之田税入王,其餘三都留自入。云"五十里之國凡四縣,一縣之田税入於王"者,五十里之國謂小都。一縣田税入於王,餘三縣留自入。云"二十五里之國凡四甸,一甸之田税入於王"者,二十五里之國謂家邑也。四甸之中以一甸之税入於王,其餘三甸留自入。鄭具言此者,欲見"四丘爲甸"是家邑,據税於王者而言[①];"四甸爲縣"是小都,亦據一縣税入於王者而言;"四縣爲都"是大都,亦據一都税入於王者而言。故鄭云"井田之法備於一同,今止於都者,采地之税四之一",故以此解之。云"地事,謂農、牧、衡虞也"者,謂采地之中亦有九職,農則"三農生九穀",牧則"藪牧以蕃鳥獸",衡虞則"虞衡作山澤之材"。九職唯言此三者,以其經言"地事",故舉以言之,其餘六者略而不言矣。云"貢,謂九穀、山澤之材也"者,此貢還出於農、衡。地事既無九職,則貢中亦無九貢也。云"賦,謂出車徒給繇役也"者,以其采地之内無口賦出錢入天子之法,故以賦爲軍賦解之。若然,《大宰》"九賦","四曰家稍之賦,五曰邦縣之賦,六曰邦都之賦"者,謂三等采地之外皆有公邑,公邑之内口率賦錢入於王家。但公邑無名,故借三等之號以表之。故《禮雜問志》云"稍縣都鄙地有公邑之民,口率出泉於王也。邦國都無口率之賦,唯有軍賦革車、匹馬、士徒而已"是也,故此鄭引

---

① 阮校云:"惠校本作'據一丘税入於王者而言'。"按此據上下文例校補,然"一丘"宜作"一甸"。

《司馬法》證之。《司馬法》者，齊景公時，大夫田穰苴作《司馬法》。至六國時，齊威王大夫等追論古法，又作《司馬法》，附於穰苴。言"晦百爲夫"，謂一夫之地方百步。"夫三爲屋"，屋，具也①，具出穀税。"屋三爲井"者，謂九夫爲井，似"井"字。云"井十爲通"者，據一成之内一里一截，從横各十截爲行，一行十井，十行，據一成一畔通頭，故名井十爲一通。"通爲匹馬"者，十井之内，井有九夫，十井爲九十夫之地；宫室塗巷三分去一，唯有六十夫地在。不易、一易、再易通率三夫受六夫之地，三十夫受六十夫之地，唯三十家，使出馬一匹，故云通爲匹馬②。云"士一人，徒二人"，三十家出三人。士謂甲士，徒謂步卒。云"通十爲成，成百井三百家，革車一乘，士十人，徒二十人"者，一成之内有十通，言三百家者，亦如前通率法。一成之内地有九百夫，宫室塗巷三分去一，不易、一易、再易通率二而當一，故一成唯有三百家，革車一乘，士十人，徒二十人。此謂天子畿内采地法。鄭注《論語》"道千乘之國"亦引《司馬法》，彼是畿外邦國法。彼革車一乘，甲士三人，步卒七十二人，甲士少，步卒多；此士十人，徒二十人，比畿外甲士多，步卒少，外内有異故也。云"十成爲終"者，謂同方百里之内十里一截，爲縱横各十截爲十行，行别十成。言十成爲終，據同一畔終頭而言。云"終千井"者，十成，成百井，故"千井三千家，革車十乘，士百人，徒二百人"。云"十終爲同，同方百里"者，謂之爲同者，取象雷震百里所聞同，故名百里爲同，故云"十終爲同，同方百里，萬井"也。云"三萬家，革車百乘，士千人，徒二千人"者，所計皆如上一成爲法，其餘可知。凡出軍之法，先六鄉。賦不止，次出六遂。賦猶不止，徵兵於公邑及三等采。賦猶不止，乃徵兵於諸侯，大國三軍，次國二軍，小國一軍，此軍等皆出於鄉遂。賦猶不止，則諸侯有遍境出之法，則千乘之賦是也。**乃分地域而辨其守，施其職而平其政。**○釋曰：小司徒佐大司徒主土地，言"分地域"者，謂"建邦國"之等各有營域遠近疆界。"辨其守"者，謂邦國、都鄙之内所有山川使衡、虞守之，故云辨其守也。"施其職"者，謂施民者之職。"平其政"者，天下所有征税皆平均之。**注**分地域，謂建邦國、造都鄙、制鄉遂也。辨其守，謂衡、虞之屬。職，謂九職也。政，税也。政當作征。故書域爲邦，杜子春云："當爲域。"○釋曰：鄭知"分地域，謂建邦國、造都鄙、制鄉遂"者，案《大司徒職》"掌天下土地之圖，周知

---

① "具"字原作"且"，據阮本改。《冬官·匠人》鄭注云"屋，具也"，即賈疏所本。此疏下句云"具出穀税"，亦與彼疏"三夫並一屋，而三夫相具以出賦税"無殊。

② "一匹"二字原作"一四"、"通"字作原"迎"，皆據阮本改。

人民之數”，小司徒佐之，明分地域者亦普及天下也，是以知分地域之中有畿外邦國、畿内都鄙及六鄉六遂。鄭雖不言公邑，地域之中亦含有四等公邑可知。云“辨其守，謂衡、虞之屬”者，以其山林、川澤皆使其地之民守之，故其官川衡、林衡、山虞、澤虞之官主當。云“職，謂九職”者，此經皆論地事，故知“職”是“九職任萬民”者也。云“政，税也”者，以其經文承“九職”之下而云“平其政”者，即是平九職之税，故云“政，税也”。但經云“政教”之政，故云“政當作征”，以爲征字也。云“故書域爲邦，杜子春云：當爲域”者，故書云“分地邦”，非其義意，故子春還從“域”。

　　凡小祭祀，奉牛牲，羞其肆。　○釋曰：《大司徒》云“祀五帝，奉牛牲，羞其肆”，今於“小祭祀”則小司徒“奉牛牲，羞其肆”。**注小祭祀，王玄冕所祭[1]。**　○釋曰：案《司服職》云：“羣小祀則玄冕。”彼注云：“小祭祀，林澤、百物。”其於天神亦有小祀，則風師、雨師之等。小祭祀既用牛，則王之祭祀無不用牛者。案《酒正》注以六冕差之，絺冕所祭亦入小祀中，今鄭不言者，以其社稷、五祀於祭饌之事入次祀中，故《宗伯》云“血祭社稷、五祀、五嶽”[2]，故於此“奉牛牲”不言絺冕矣。**小賓客，令野脩道委積。注小賓客，諸侯之使臣。**　○釋曰：案《大司徒職》“大賓客，令野脩道委積”，謂五等諸侯來朝者。此“小賓客”，諸侯使卿大夫來聘，故小司徒“令野脩道委積”。《大司徒》注：“令，令遣人。”此雖無注，亦與彼同。**大軍旅，帥其衆庶。注帥，帥而致於大司徒。**　○釋曰：案《大司徒職》“大軍旅，以旗致萬民”，明此“大軍旅，帥其衆庶”者，小司徒於六鄉之内帥其衆庶致與大司徒可知[3]。**小軍旅、巡役，治其政令。**　○釋曰：案《大司徒》“大軍旅、大田役，而治其徒庶之政令”，故此“小軍旅、巡役”，小司徒“治其政令”。**注巡役，小力役之事則巡行之。**　○釋曰：此經“小軍旅”謂使臣征伐，對“大軍旅”天子親行。此經“巡役”文承“小軍旅”下，故知“小功役之事則巡行之”。若大功役，則大司徒巡行之。**大喪，帥邦役，治其政教。**　○釋曰：“大喪”者，謂王喪。“帥邦役”者，邦，國也。帥領國民，謂六鄉衆庶役使之事，因即“治其政教”。**注喪役，正棺、引、窆、復土。**　○釋曰：鄭解經“大喪”所役，不據初死，以其初死所役無多，故據

---

　　① “王”字原作“工”，據婺本、金本、阮本改。

　　② “祭”下阮本有“祀”字。按《大宗伯職》云“以血祭祭社稷、五祀、五嶽”，此當作“祭祭”，“祭祀”非是。

　　③ “帥”字原作“師”，據阮本改。

葬時而言。言"正棺"者,謂若七月而葬,朝廟之時正棺於廟。"引",謂葬時引柩車自廟至壙。"窆",謂下棺於坎。天子六紼四碑,背碑挽引而下棺。云"復土"者,掘坎之時掘土向外,下棺之後反復此土以爲丘陵,故云復土也。**凡建邦國,立其社稷,正其畿疆之封。**○釋曰:言"邦國"者,謂立畿外諸侯邦國。"立其社稷"者,諸侯亦有三社、三稷,謂國社、侯社、勝國之社皆有稷配之。言立其社稷,謂以文書法度與之,不可國身往也。"正其畿疆"者,謂九畿畿上皆有疆界,封樹以爲阻固也。**注**畿,九畿。○釋曰:案《司馬》,除王畿以外仍有九畿,謂侯、甸、男、采、衛、要以内六服爲中國,其外更言夷、鎮、蕃三服爲夷狄。王畿四面皆有此九畿,相去各五百里,故云"畿"謂"九畿"。**凡民訟,以地比正之;注**鄭司農云:"以田畔所與比正斷其訟。"○釋曰:"民訟",六鄉之民有争訟之事,是非難辨,故以地之比鄰知其是非者共"正斷其訟"。**地訟,以圖正之。注**地訟,争疆界者。圖,謂邦國本圖。○釋曰:言"地訟,争疆界者",謂民於疆界之上横相侵削者也。"圖,謂邦國本圖"者,凡量地以制邑,初封量之時即有地圖在於官府,於後民有訟者,則以本圖正之。

　　歲終,則攷其屬官之治成而誅賞,○釋曰:"歲終"者,謂周之歲終建亥之月。"則考其屬官之治成"者,屬官謂教官六十,成謂計簿。正所治計會文書"而誅賞"者,據其考狀,有罪則誅責之,有功則賞賜之。**注**治成,治事之計。○釋曰:知"治成"是"治事之計"者,案《宰夫職》,歲計言會,月計言要,日計言成,故知此"成"是治事之計也。**令羣吏正要會而致事。**○釋曰:云"令羣吏正要會"者,羣吏謂當職六十官。此亦是歲終之時。"正要會而致事"者,上經"成",據日小成之計;此言"要會",謂是月計、歲計。揔爲簿書,而致其事之功狀以待考也。**正歲,則帥其屬而觀教灋之象,徇以木鐸,曰:"不用灋者,國有常刑。"令羣吏憲禁令,脩灋糾職以待邦治。**○釋曰:大司徒以正月之吉始和十二教之等,正歲建寅之月懸之。此小司徒佐大司徒,於正歲懸教象之時,率其六十官之屬,於雉門之外"而觀教法之象"也。"徇以木鐸"已下者,謂觀教象之時,恐衆人雜合,不聽用其教,而徇行振以木鐸,使静聽之,告之曰"不用法者,國有常刑",言此者,使人懼而用。又"令羣吏憲禁令"者,謂禁人使行不爲非。憲謂表懸之也,謂若小宰懸禁令文書,使百官用。云"脩灋糾職"者,謂脩其法制,糾察職事。"以待邦治"者,以待國家有治則供之。**注**憲,表縣之。〇釋曰:此"憲"與"布憲"之字同,彼是表縣刑禁以示人,此憲亦是將以示人,故云"憲,表縣之"也。**及大比六鄉四郊之吏,平教治,正政事,攷夫屋及其衆寡、六畜、兵器,以待政令。** 〇釋曰:言"及大比"者,亦是三年大校比户口。云"六鄉四郊之吏"者,謂是六鄉之内比長、閭胥已上布列在於四郊。云"平教治"者,以其三年大比之時,大黜陟之禮,故斷其教治文書。"正政事"者,復須正直其政事公狀。"考夫屋"者,考練其三夫爲屋,出地貢之時以相保任,不得隱誤。"及其衆寡"者,謂人民多少。"六畜、兵器"者,謂民之資生及征伐之器。"以待政令"者,以待國家政令所須則供之也。**注**四郊之吏,吏在四郊之内主民事者。夫三爲屋,屋三爲井,出地貢者三三相任。〇釋曰:"四郊之吏,吏在四郊之内主民事者",遠郊之外爲六遂,内爲六鄉。六鄉之民非直在城中,亦在四郊,故比長、閭胥六鄉之吏等布在四郊之内,主民事者也。云"三夫爲屋,屋三爲井"者,鄉遂之内既不爲井田而爲溝洫之法,今云"夫三爲屋,屋三爲井"者,以其溝洫雖爲貢,出貢之時亦三三相保任以出穀税,故鄭云"出地貢者三三相任"也。一井之内九夫,三夫爲屋,是一屋三夫自相保任,故云三三相任[①],據一井而言也。似井田之法,亦八家鋤,一夫税入於公[②],相保任以出穀者也。

----

① "云"字原空闕一格,據阮本補。
② "税"字原空闕一格,據阮本補。

周禮疏卷第十二

唐朝散大夫行大學博士弘文館學士臣賈公彥等撰

鄉師之職，各掌其所治鄉之教，而聽其治。注聽，謂平察之。○釋曰：云"各掌其所治鄉之教"者，鄉師四人，其鄉有六，二人共主三鄉，故言各掌其所治鄉之教也。云"而聽其治"者，自鄉大夫以下至伍長各自聽斷其民，今鄉師又聽其治者，恐鄉官有濫失，審察之，故鄭云"聽，謂平察之"。**以國比之灋，以時稽其夫家衆寡，辨其老幼、貴賤、癈疾、馬牛之物，辨其可任者與其施舍者，掌其戒令糾禁，聽其獄訟。**注施舍，謂應復免不給繇役。○釋曰：云"以國比之法"者，案《小司徒職》云"九比之數以辨其貴賤、老幼、癈疾"，此鄉師以小司徒國比之法。云"以時稽其夫家衆寡"者，謂四時稽考其夫家男女衆寡多少。云"辨其可任"者，謂"上地家七人，可任者家三人"之等。云"與其施舍"者，鄭云"謂應復免不給繇役"，即上云"癈疾、老幼"者是也。**大役，則帥民徒而至，治其政令；既役，則受州里之役要，以攷司空之辟，以逆其役事。**○釋曰：言"大役"者，謂築作堤防城郭等。大役使其民，鄉師則於當鄉之內"帥民徒而至"，至謂至作所也。云"治其政令"者，於所帥民徒之中政令也。云"既役，則受州里之役要"者，所役之民出於州里，今欲鈎考作所功程，須得所遣民徒本數[①]，故云"既役，則受州里之役要"，役要則役人簿要。云"以考司空之辟"者，辟謂功程。司空主役作，故將此役要以鈎考司空之功程。云"以逆其役事"者，逆則鈎考也。鈎考役事者，恐有濫失。注而至，至作部曲也。既，已也。役要，所遣民徒之數。辟，功作章程。逆猶鈎考也。鄭司農云："辟，法也。"○釋曰：云"而至，至作部曲也"者，所營作之處皆有部曲分別，故云部曲也。云"辟，功作章

---

① "本"字原作"木"，據阮本改。按《天官·司書職》"以逆羣吏之徵令"賈疏云"逆謂鈎考也。此司書知'民之財器'已下、'川澤'已上，恐其羣吏濫徵斂萬民，故知此本數，乃鈎考其徵令也"，是其比。

程”者，功作之事日日録其程限，謂之章程。鄭司農云“辟，法也”，考功作章程則是法，於義得通，故引之在下。**凡邦事，令作秩叙。** ○釋曰：邦，國也。凡國家有功作之事，故云“邦事”也。“令作秩叙”者，秩，常也。功作之處皆出政令，使多少有常，事有次叙，故云令作秩叙。**注** 事，功力之事。秩，常也。叙猶次也。事有常次，則不偪匱。○釋曰：言“事有常次，則不偪匱”者，謂營作之事多少有常，事有次叙，則民不爲偪迫，又不匱乏，故云不偪匱。**大祭祀，羞牛牲，共茅蒩。** ○釋曰：案《大司徒職》云“奉牛牲”，此又云“羞牛牲”者，鄉師佐大司徒，故此云羞牛牲也。云“共茅蒩”者，案《甸師職》“共蕭茅”，彼直共茅與此鄉師[1]，鄉師得茅，束而切之，長五寸，立之祭前以藉祭，故云茅蒩也。**注** 杜子春云：“蒩當爲菹，以茅爲菹，若葵菹也。”鄭大夫讀蒩爲藉，謂祭前藉也。《易》曰：“藉用白茅，無咎。”玄謂蒩，《士虞禮》所謂“苴，刌茅長五寸，束之”者是也。祝設于几東席上，命佐食取黍稷，祭于苴，三，取膚祭，祭如初。此所以承祭。既祭，蓋束而去之。《守祧職》云“既祭，藏其隋”是與？○釋曰：杜子春云“蒩當爲菹，以茅爲菹，若葵菹”者，但茅草不堪食，故後鄭不從。鄭大夫“讀蒩爲藉，謂祭前藉”，此後鄭從之。又引《易》曰“藉用白茅，無咎”者，《大過・初六》爻辭。引之者，證蒩爲藉之義。“玄謂蒩，《士虞禮》所謂‘苴，刌茅長五寸，束之’者是也”，引之者，欲見其蒩爲祭之藉，此增成鄭大夫之義。又云“祝設于几東”至“所以承祭”，解所以藉祭之意。云“既祭，蓋束而去之”，并引《守祧職》者，欲見此是祭神之餘，不可虛棄，必當藏之。所藏者，即《守祧職》“既祭，藏其隋”是也。言隋者，謂“祭黍稷三”及“膚祭如初”皆隋減以祭之，故名爲隋。以其無正文，故言“蓋”、“與”以疑也。**大軍旅、會同，正治其徒役與其輦輂，戮其犯命者。** ○釋曰：云“大軍旅”者，謂王行征伐。云“大會同”者，謂王於國外與諸侯行時會、殷同也。云“正治其徒役”者，謂六軍之外別有民徒使役，皆出於鄉，故鄉師治其徒役。云“與其輦輂”者，輂，駕馬，所以載輜重。輦，所以載任器。亦鄉師治之，故云與其輦輂也。云“戮其犯命者”，謂徒役之中有犯教命者亦鄉師刑戮之。**注** 輂，駕馬。輦，人輓行。所以載任器也，止以爲蓄營。《司馬法》曰：“夏后氏謂輦曰余車，殷曰胡奴車，周曰輜輦。輦一斧、一斤、一鑿、一柣、一鋤。周輦加二版、二築。”又曰：“夏后氏二十人而輦，殷十八人而輦，周十五人而輦。”故書輦作連。鄭司農云：“連

---

① “彼”字原作“被”，據阮本改。

讀爲輂。”○釋曰：知“輂”是“駕馬”者，以其“輂”是“人輓行”，故輂是駕馬可知。知輂不駕牛者，以其牛唯駕大車、柏車等。云“所以載任器也”者，謂任使之器，則《司馬法》所云者是也。引《司馬法》曰“夏后氏謂輂曰余車，殷曰胡奴車”者，胡則北狄是也。“周曰輜輂”，以其載束輜重。云“一桯”者，或解以爲插也，或解以爲鍬，鍬、插亦不殊。云“周輂加二版、二築”者，築者，築杵也。謂須築軍壘壁[①]。“又曰：夏后氏二十人而輂”以下，亦是《司馬法》文。以上説所載任器，以下説輓人多少。前代寬質，無版、築，輓人多；後代狹劣，加版、築，輓人少。引之者，證“周輂”即此經“輂”，一也，又并見所載之器。**大喪用役，則帥其民而至，遂治之；**注治，謂監督其事。○釋曰：言“大喪用役”，謂若喪時輓六引之等。鄉之大夫既主鄉民，役用鄉民之時，鄉師遂治之。云“治，謂監督”者，謂監當督察其事。**及葬，執纛以與匠師御匶而治役；**○釋曰：言“及葬”者，及至葬引向壙。“執纛”者，纛謂葆幢也。鄉師執葆幢，却行在柩車之前，“以與匠師御柩”，謂在路恐有傾覆，故與匠師御正其柩。“而治役”者，亦謂監督役人也。注匠師，事官之屬，其於司空若鄉師之於司徒也。鄉師主役，匠師主衆匠，共主葬引。《雜記》曰：“升正柩，諸侯執綍五百人，四綍，皆銜枚，司馬執鐸，左八人，右八人，匠人執翿以御柩。”天子六引，禮依此云。鄭司農云：“翿，羽葆幢也。《爾雅》曰：‘纛，翳也。’以指麾輓柩之役，正其行列進退。”○釋曰：“匠師，事官之屬”者，以其事官是主工匠之職，此官又名匠師，故知匠師事官之屬官也。云“其於司空若鄉師之於司徒也”者，地官之考稱鄉師，春官之考稱肆師，秋官之考稱士師，唯有天官之考稱宰夫，夏官之考稱軍司馬，自外皆稱“師”。此經鄉師是司徒考，明匠師亦是司空考，故云其於司空若鄉師之於司徒。案《天官》註：“《冬官》亡，未聞其考。”此云匠師冬官考者，彼據《冬官》亡，故云未聞其考；此據匠師與鄉師相對，以義約之，故云匠師冬官考也。云“鄉師主役，匠師主衆匠，共主葬引”者，《冬官》亡，雖無文，以其主匠，即知共葬也。“《雜記》曰：升正柩”者，案彼注：“謂將葬朝於祖，正棺於廟。”云“諸侯執綍五百人”，鄭彼注云：“一黨之民。”云“四綍，皆銜枚”者，謂引之時銜枚所以止讙譁。云“執鐸，左八人，右八人”者，謂

---

① “壁”字原作“璧”，據阮本改。

夾柩車。匠師執翿羽葆幢①，此諸侯之禮。引之者，以天子無文，引以況天子之法。案彼鄭注："天子千人與？"言執翿羽葆幢者，彼文唯有執翿，無羽葆幢之言，今云羽葆幢者，鄭因釋翿是羽葆幢。又引《爾雅》曰："'纛，翳也'，以指麾輓柩之役，正其行列進退"者，天子六紼，千人輓之，執翿者，柩車恐傾側，執翿者指麾輓柩之役人，役人治喪者使柩車令不傾側；又千人輓柩以持六紼，恐行列進退失所，皆以翿指麾之，故云正其行列進退也。《雜記》諸侯禮，匠師執翿，此天子禮，鄉師執翿，尊卑不同也。**及窆，執斧以涖匠師。**〇釋曰："及"，至也。"窆"，是下棺也。至壙下棺之時，鄉師"執斧以涖匠師"。匠師主衆匠，恐下棺不得所，須有用斧之事，故執斧以臨視之。注匠師主豐碑之事，執斧以涖之，使戒其事。故書涖作立。鄭司農云："窆，謂葬下棺也。《春秋傳》曰'日中而傰'②，《禮記》所謂'封'者。立讀爲涖，涖謂臨視也。"〇釋曰：云"匠事主豐碑之事"者，案《檀弓》云："公室視豐碑，三家視桓楹。"鄭彼注："天子斮大木爲之。豐，大也。天子六繂四碑，前後各一碑，各重鹿盧；兩畔各一碑，皆單鹿盧。天子千人，分置於六紼，皆背碑負引，擊鼓以爲縱舍之節。匠師主當之，故云匠師主豐碑之事也。云"執斧以涖之，使戒其事"者，鄉師執斧以臨之者，恐匠師不戒其事，須有用斧之處，故執斧助之，使匠師戒其事。又云"故書涖作立"者，於義無取，後鄭讀還從涖。司農云"窆，謂葬下棺也"者，三禮及諸文但言"窆"者，皆是下棺，故引《春秋傳》也③。案《左氏》昭十二年："三月，鄭簡公卒。將葬，司墓之室有當道者。毁之，則朝而塴；弗毁，則日中而塴。子大叔請毁之，子産遂不毁，日中而葬。"又引《禮記》"所謂封者"，案《王制》："庶人縣封而葬。"《喪大記》亦云："以鼓封。"皆爲"封"字。"塴"、"封"及此經"窆"字雖異，皆是下棺之事。云"立讀爲涖，涖謂臨視也"者，謂臨視匠師也。

凡四時之田，前期，出田灋于州里，簡其鼓鐸、旗物、兵器，脩

---

①　阮校云："《經義雜記》曰：'匠人'作'匠師'，訛，當改正。案下引《雜記》同誤。"孫疏云："臧說近是。但賈疏述注作'匠人執翿羽葆幢'，又釋之云'彼文唯有執翿，無羽葆幢之言，鄭因釋翿是羽葆幢'，與注又不相應。疑賈所見注本'匠人執翿'下挩'以御柩'至'鄭司農云翿'十六字，而誤以'執翿'與'羽葆幢'牽連讀之，故不知'羽葆幢'爲先鄭説，又於'天子六引，禮依此云'二語全無疏述。"

②　"傰"字金本同，婺本、阮本作"塴"。按賈疏作"塴"：《遂人職》、《大僕職》先鄭注亦引《春秋傳》，諸本皆有"傰"、"塴"之異，孫疏謂先鄭所據《左傳》蓋與杜預注本從"土"旁者不同。

③　"引"字原作"收"，據阮本改。

其卒伍；○釋曰：言“四時之田”者，謂春蒐、夏苗等。凡田獵，人徒等皆出於州里，故未田獵之前，須“鼓鐸、旗物”之器，故預簡閱。云“脩其卒伍”者，謂百人爲卒，五人爲伍，皆須脩治，預爲配當。注田法，人徒及所當有。○釋曰：云“人徒”者，即經“卒伍”是也。“及所當有”者，則經“鼓鐸、旗物、兵器”是也。**及期，以司徒之大旗致衆庶，而陳之以旗物，辨鄉邑而治其政令刑禁，巡其前後之屯，而戮其犯命者，斷其爭禽之訟。**○釋曰：云“及期”者，謂至田獵之期日。云“以司徒之大旗致衆庶”者，鄉師爲司徒致衆庶，故還用司徒之大旗。言致衆庶者，謂植旗期民於其下。云“而陳之以旗物”者，陳列衆庶之時亦植旗於行首。云“辨鄉邑”者，田獵之時，非直有六鄉之衆，亦有公邑之民，分別之。云“而治其政令刑禁”者，鄉師治其民庶政令及刑禁等。云“巡其前後之屯”者，謂兵衆屯聚，各有車徒，各於前後而巡行之。“而戮其犯命者”，但民庶之等各有軍將教命，犯命者則戮之。又云“斷其爭禽之訟”者，田獵得大獸公之，小禽私之，有爭禽之訟，鄉師斷之。注司徒致衆庶者以熊虎之旗，此又以之，明爲司徒致之。大夫致衆當以鳥隼之旗①。陳之以旗物，以表正其行列。辨，別異也。故書巡作述，屯或爲臀。鄭大夫讀屯爲課殿②，杜子春讀爲在後曰殿，謂前後屯兵也。玄謂前後屯，車徒異部也。今書多爲屯，從屯。○釋曰：云“司徒致衆庶者以熊虎之旗”者，《司常職》云：“熊虎爲旗。”此經云“司徒大旗”，故知司徒自致衆庶以熊虎爲旗也。云“此又以之，明爲司徒致之”者，此，鄉師也。經云“以司徒大旗”，明用司徒大旗，故知爲司徒致之也。云“大夫致衆當以鳥隼之旗”者，案《司常》陳九旗之次，云“日月爲常，交龍爲旂，通帛爲旜③，雜帛爲物，熊虎爲旗，鳥隼爲旟”，又云“孤、卿建旜，大夫、士建物”。大司徒既是卿官，尋常建旜，在軍建熊虎。卿既是大夫官④，尋常建物，在旜下，明在軍當以鳥隼之旗，在熊虎下可知。云“鄭大夫讀屯爲課殿”者，未知鄭大夫所讀更出何文。或謂當時俗有課殿之語，故讀從之。云“杜子春讀爲在後曰殿”者，謂軍在前曰啓，在後曰殿。云“謂前後屯兵也”者⑤，屯兵則是殿兵也。“玄謂前後屯，車徒

---

① “夫”字原作“天”，據婺本、金本、阮本改。

② 段考謂“讀屯”二字當作“讀臀”。孫疏云：“鄭大夫及杜本皆作‘臀’，故依聲類讀爲‘殿’。若作‘屯’，則義甚顯白，不煩改讀矣。”

③ “旜”字原作“旜”，即“旜”之後出俗省。底本二字錯見，凡“旜”字兹徑録作“旜”。

④ 孫校據汪文臺説改“卿”爲“鄉師”二字。

⑤ “云”字原作“玄”，阮本同。阮校以爲衍文，孫校據汪文臺説改爲“云”，兹從之。

異部也”者，謂《大司馬》云“險野人爲主，易野車爲主”，是車徒異部也。云“今書多爲屯，從屯”者，謂故書之内爲“殿”者少，爲“屯”者多，以多言之，宜從“屯”。**凡四時之徵令有常者，以木鐸徇於市朝。** ○釋曰：云“凡四時徵令有常者”，鄉師各於其鄉内“以木鐸”警戒，巡於“市朝”，使民知之。注徵令有常者，謂田狩及正月命脩封疆、二月命雷且發聲。 ○釋曰：“徵令有常者，謂田狩”，春蒐、夏苗、秋獮、冬狩四時田獵獨言狩者，略舉冬言之。云“及正月命脩封疆”者，案《月令》孟春之月，命脩封疆。謂田之界分也。云“二月命雷且發聲”者，案《月令》仲春之月：“先雷三日，奮木鐸以令兆民，曰：‘雷將發聲，有不戒其容止者，生子不備，必有凶災。’”言此等政令皆有常時，故引之以證“徵令有常者”也。**以歲時巡國及野，而賙萬民之囏阨，以王命施惠。** ○釋曰：以歲之困阨之時，鄉師巡於國及至野外，賙給萬民之有囏阨者。云“以王命施惠”者，言於其時以王命施布恩惠於下民也。注歲時者，隨其事之時，不必四時也。囏阨，飢乏也。鄭司農云：“賙讀爲‘周急’之周。”○釋曰：言“歲時者，隨其事之時，不必四時也”者，鄭知不是四時者，以其艱阨是非常之事，故不得爲四時解之。鄭司農云“賙讀爲周急之周”者，讀從《論語》“周急不繼富”之周。

　　歲終，則攷六鄉之治①，以詔廢置。 ○釋曰：云“歲終”者，謂周之季冬。云“則攷六鄉之治”者，謂鄉師責其治政文書，考其功過。云“以詔廢置”者，有功則置之，有過則廢之。詔，告也。告王與冢宰廢置之。**正歲，稽其鄉器：比共吉凶二服，閭共祭器，族共喪器，黨共射器，州共賓器，鄉共吉凶禮樂之器。** ○釋曰：“正歲，稽鄉器”者，此一句與下爲摠目。正歲謂建寅之月。稽，考也。鄉師各自考校當鄉之器服。云“比共吉凶二服”者，五家爲比，比長一人主集合五家相共吉凶二服。云“閭共祭器”者，二十五家爲閭，閭胥一人主集合祭器使相共。云“族共喪器”者，百家爲族，族師一人主集合喪器使相共。云“黨共射器”者，五百家爲黨，黨正一人主集合射器以共州長之射。云“州共賓器”者，二千五百家爲州，州長一人主集合賓器以共鄉大夫行鄉飲酒之禮。云“鄉共吉凶禮樂之器”者，萬二千五百家爲鄉，鄉大夫主集此四器，恐州、黨已下有故不能自共，即旁相共也。注吉服者，祭服也。凶服者，

---

　　①　王引之謂《鄉師職》“六鄉之治”及《鄉大夫職》“六鄉之吏”，“六”皆當作“亣”，“亣”即古“其”字。

弔服也。比長主集爲之。祭器者，簠簋鼎俎之屬。閭胥主集爲之。喪器者，夷槃、素俎、楬豆、輤軸之屬。族師主集爲之。此三者，民所以相共也。射器者，弓矢楅中之屬。黨正主集爲之，爲州長或時射於此黨也。賓器者，尊俎笙瑟之屬。州長主集爲之，爲鄉大夫或時賓賢能於此州也。吉器，若閭祭器者也。凶器，若族喪器者也。禮樂之器，若州、黨賓、射之器者。鄉大夫備集此四者，爲州、黨、族、閭有故而不共也。此鄉器者，旁使相共，則民無廢事，上下相補，則禮行而教成。○釋曰：云“吉服者，祭服也”者，當比內無祭事，其於族祭酺、黨祭禜、州祭社之等無過用朝服。又知“凶服”是“弔服”者，若人衰裳是常服，主人自共，其弔服是暫服，可以相共，故知是弔服，其庶人弔服無過素冠與深衣而已。云“比長主集爲之”者，雖五家之內，亦當有官首，若非比長主集，民不自課，故知比長主集爲之。云“祭器者，簠簋”者，案《特牲》同姓用簠，《少牢》皆用敦，同姓者乃用簠。今言簋者，況義耳。云“喪器者，夷槃”者，案《喪大記》，士併瓦盤，大夫乃用夷盤。今庶人實不得用夷盤，引之者，以況喪器，非謂庶人得用夷盤也。云“素俎、楬豆”者，案《士喪禮》，小斂有素俎，大斂有楬豆，兩簋無滕。此不言簋無滕者，文略也。云“輤軸之屬”者，案《既夕禮》，士朝廟用輤軸以載柩。此庶人無輤軸，引之者，亦以況義。知非族內有大夫、士得用夷盤、輤軸者，以其大夫自有禄位，不在共限，故知引以況義。不言棺椁，亦主人自共之也，故《閭師》云“不樹者無椁”。此三者並是罰物所爲。知者，案《載師職》云：“宅不毛者有里布，田不耕者有屋粟。”鄭玄云：“罰之以共吉凶二服及喪器。”鄭不云祭器，文略，有祭器可知。鄭知必用罰物、不用官物爲之者，以其不爲官事，明不用官物可知。云“射器者，弓矢楅中之屬”者，案《鄉射》、《大射》皆云執張弓，挾乘矢，楅在庭中；射訖，命弟子取矢置于楅，以八筭置于中，士則鹿中之等是也。云之屬者，之屬中容有侯、乏等。云“爲州長或時射于此黨也”者，一州管五黨，州長春秋二時射於序學，要在一黨之中，故云或時射於此黨。又云“賓器者，尊俎笙瑟之屬”者，案《鄉飲酒》，三年貢士之時行飲酒之禮，即有酒尊、俎實，二人鼓瑟在堂，笙入在於堂下。故言尊俎笙瑟。言之屬者，更有簋、豆之等。云“爲鄉大夫或時賓賢能於此州也”者，一鄉管五州，鄉大夫行鄉飲酒之時，必在一州之內，此州則共之，故云或時賓賢能於此州也。云“吉器，若閭祭器者也。凶器，若族喪器者也”者，以其鄉大夫備集此四器，恐閭、族已下有故不得自共，故知邊是閭、族、黨、州所當共者也，故云“吉器，若閭祭器者也。凶器，若族喪器者也”。云“禮樂之器，若州、黨賓、射之器者”，連州、黨并言之者，以其州、黨射器、賓器二者皆有禮器、樂器，故州、黨并言之。自“射器”已下，皆爲國行禮,得官物所爲,不出民物,故《酒正》云:"凡爲公酒者亦如之。"注云:"謂鄉射飲酒以公事作酒者,亦以式法及酒材授之,使自釀之。"酒材尚得公物,明此器等亦出官物可知,以其爲官行禮故也。云"上下相補"者,自"比共吉凶二服"至"州共賓器"已上,是下之相補,"鄉共吉凶禮樂之器"者,是上之相補,故云上下相補。云"禮行而教成"者,庶民乏於財物,闕於禮儀,教化不成;今以器服共之,即禮行而教成也。**若國大比,則攷教、察辭、稽器、展事,以詔誅賞。**注考教,視賢能以知道藝與不。察辭,視吏言事知其情實不。展猶整具。○釋曰:"若國大比"者,謂三年大比之時。則鄉師考教學之官,知其道藝進不。云"察辭"者,視官中之吏辭之虛實。云"稽器"者,謂考鄉中禮器、兵器之等[1]。云"展事"者,謂行事展省視之,知其善惡。詔告之在上,善者賞之,惡者誅之。

鄉大夫之職,各掌其鄉之政教禁令。○釋曰:六鄉大夫"各掌其鄉之政令"及十二教與五禁號令,皆掌之。注鄭司農云:"萬二千五百家爲鄉。"○釋曰:案上文"五州爲鄉",故知"萬二千五百家爲鄉"。**正月之吉,受教灋于司徒,退而頒之于其鄉吏,使各以教其所治,以攷其德行,察其道藝。**○釋曰:言"正月之吉"者,謂建子之月月朔之日。云"受灋於司徒"者,謂若《大司徒職》"十二教"已下,其法皆受於司徒而來。云"退而頒之于其鄉吏"者,謂已於司徒受得教法,遂分與州長已下至比長。云"使各以教其所治"者,亦謂州長已下至比長各教所治也。云"攷其德行"者,謂鄉大夫以鄉三物教萬民,遂考校其萬民有六德六行之賢者。云"察其道藝"者,謂萬民之中有六藝者,並擬賓之。注其鄉吏[2],州長以下。○釋曰:以其比長以上至州長皆屬鄉大夫,故知"鄉吏,州長以下"至比長。**以歲時登其夫家之衆寡,辨其可任者:國中自七尺以及六十,野自六尺以及六十有五,皆征之;其舍者,國中貴者、賢者、能者、服公事者、老者、疾者皆**

---

① "禮器"二字阮本作"禮樂",阮校云:"惠校本作'禮器',此作'樂',誤。"孫校云:"汪云'樂'字是。案此謂禮、樂、兵三者之器,惠改誤。"加藤云:"'禮器'、'兵器'是對語,如樂器,包'之等'中,不必言,阮説是也。"

② "吏"字原作"史",據婺本、金本、阮本改。

舍。以歲時入其書。○釋曰：云“以歲時”者，謂歲之四時。“登”，猶成也、定也。“夫家”，謂男女。謂四時成定其男女多少。云“辨其可任者”，謂分辨其可任使者。云“國中自七尺以及六十”者，七尺謂年二十[①]。知者，案《韓詩外傳》“二十行役”[②]，與此“國中七尺”同，則知七尺謂年二十。云“野自六尺以及六十有五”者，六尺謂年十五。故《論語》云：“可以託六尺之孤。”鄭注云：“六尺之孤，年十五已下。”彼六尺亦謂十五，鄭言已下者，正謂十四已下亦可以寄託，非謂六尺可通十四已下。鄭必知六尺年十五者，以其“國中七尺”爲二十，對六十；野云“六尺”，對六十五，晚校五年，明知六尺與七尺早校五年，故以六尺爲十五也。云“皆征之”者，所征税者，謂築作、挽引、道渠之役，及口率出錢。若田獵，五十則免，是以《祭義》云“五十不爲甸徒”；若征伐，六十乃免，是以《王制》云“六十不與服戎”。彼二者並不辨國中及野外之別[③]。云“其舍者”，謂不給繇役，則“國中貴者”已下是也。云“以歲時入其書”者，此上所云，皆歲之四時具作文書，入於大司徒，故云歲時入其書也。注登，成也、定也[④]。國中，城郭中也。晚賦税而早免之，以其所居復多役少。野早賦税而晚免之，以其復少役多。鄭司農云：“征之者，給公上事也。舍者，謂有復除，舍不收役事也。貴者，謂若今宗室及關內侯皆復也。服公事者，謂若今吏有復除也[⑤]。老者，謂若今八十[⑥]、九十復羨卒也。疾者，謂若今癃不可事者復之[⑦]。”玄謂入其書者，言於大司徒。○釋曰：云“登，成也、定也”者，以其“夫家衆寡”若不作文書，則多少齒歲不定，若作文書，多少成定，故云“登，成也、定也”。云“國中，城郭中也”者，以其對“野”，故知“國中”是城郭中也。云“晚賦税而早免之”者，以其經云“七尺及六十”，對野中“六尺至六十五”，是其晚賦税而早免之。云“以其所居復多役少”者，以此經云“國中貴者”至“疾者”皆舍據國中而言，是其國中復多役少也。鄭司農云四事皆“若今”者，並舉漢法況之。“玄謂入其書者，言於大司徒”，知者，以其上云“受法於司徒”，故知入其書者，言於大司徒。三年則大比，攷其德行、道藝，

---

① “二”字原作“一”，據阮本改。
② “案”字原作“衆”，據阮本改。
③ “及”字原作“反”，據阮本改。
④ “定”字原作“足”，據婺本、金本、阮本改。
⑤ “復”字原作“服”，金本同，據婺本、阮本改。
⑥ “八”字原作“入”，據婺本、金本、阮本改。
⑦ “癃”字婺本、金本同，阮本作“癃”。按“癃”即“癃”之省。

而興賢者、能者。鄉老及鄉大夫帥其吏與其眾寡,以禮禮賓之。

○釋曰:三年一閏,天道小成,則大案比當鄉之內。云"考其德行、道藝"者,德行謂六德六行,道藝謂六藝。云"而興賢者",則德行之人也。"能者",則道藝之人也。云"鄉老及鄉大夫帥其吏"者,謂州長以下。云"與其眾寡"者,謂鄉中有賢者皆集在庠學。云"以禮禮賓之"者,以,用也,用鄉飲酒之禮以禮賢者、能者,賓客舉之。注賢者,有德行者。能者,有道藝者。眾寡,謂鄉人之善者無多少也。鄭司農云:"興賢者,謂若今舉孝廉。興能者,謂若今舉茂才。賓,敬也。賓所舉賢者①、能者。"玄謂變舉言興者,謂合眾而尊寵之,以鄉飲酒之禮禮而賓之。○釋曰:云"賢者,有德行者",欲見"賢"與"德行"爲一。在身爲德,施之爲行,內外兼備,即爲賢者也。云"能者,有道藝者",鄭亦見"道藝"與"能"爲一。上注云"能者,政令行",以其身有道藝則政教可行,是能者也。云"眾寡,謂鄉人之善者無多少也"者,案《鄉飲酒》,堂上堂下皆有眾賓,不言其數;此經"眾"、"寡"兩言,無問多少,皆來觀禮,故云無多少也。鄭司農云"若今舉孝廉及茂才"者,孝悌廉絜,人之德行,故以孝廉況賢者;茂才則秀才也,才,人之技藝,故以況能者也。"玄謂變舉言興者",案《禮記•文王世子》云②:"或以事舉,或以言揚。"故今貢人皆稱舉。今變舉言興。云"謂合眾而尊寵之"者,合眾即此經云"鄉老及鄉大夫"已下是也。云"鄉飲酒之禮"者,則《儀禮》篇飲酒賓舉之法是也。厥明,鄉老及鄉大夫羣吏獻賢能之書于王,王再拜受之,登于天府,內史貳之。○釋曰:"厥明"者,謂今日行鄉飲酒之禮也,至其明日,表奏於王。注厥,其也,其賓之明日也。獻猶進也。王拜受之,重得賢者。王上其書於天府,天府掌祖廟之寶藏者。內史副寫其書者,當詔王爵禄之時。○釋曰:云"天府掌祖廟之寶藏者",是《春官•天府職》文也。引之者,欲見天府掌寶物,賢能之書亦是寶物,故藏於天府。云"內史副寫其書者",貳,副也。內史副寫一通文書,擬授爵禄。案《內史職》有策命諸侯羣臣之事,故使內史貳之。退而以鄉射之禮五物詢眾庶:一曰和,二曰容,三曰主皮,四曰和容,五曰興舞。○釋曰:言"退"者,謂獻賢能之書於王,退來鄉內。云"以鄉射之禮"者,州長春秋二時習射於序,名爲鄉射,今鄉大夫還用此鄉射之禮。云"五物詢眾庶"

①　"賓"字嫠本、金本同,阮本作"敬"。阮校:"嘉靖本'敬'作'賓',非。"
②　"王"字原作"正",據阮本改。

者，物，事也。“一曰”、“二曰”已下是也。注以，用也。行鄉射之禮，而以五物詢於衆民。鄭司農云：“詢，謀也。問於衆庶寧復有賢能者。和，謂閨門之内行也。容，謂容貌也。主皮，謂善射，射所以觀士也。”故書舞爲無。杜子春讀和容爲和頌，謂能爲樂也；無讀爲舞，謂能爲六舞。玄謂和載六德，容包六行也。庶民無射禮，因田獵分禽則有主皮。主皮者，張皮射之，無侯也。主皮、和容、興舞則六藝之射與禮、樂與？當射之時，民必觀焉，因詢之也。孔子射於矍相之圃，蓋觀者如堵牆；射至於司馬，使子路執弓矢出誓射者，又使公罔之裘、序點揚觶而語。詢衆庶之儀若是乎？○釋曰：“行鄉射之禮”者，案今《儀禮·鄉射》云：“豫則鉤楹内，堂則由楹外。”又云：“序則物當棟，堂則物當楣。”堂謂鄉學，據鄉大夫所行射禮也。豫謂州長春秋二時習射於序。司農云“和，謂閨門之内行也”者，以其父子主和，故和謂閨門之内行也。云“容，謂容貌也”者，以其容是容儀，故知容貌也。後鄭不從此義。杜子春“讀和容爲和頌，謂能爲樂也”者，興舞即舞樂，今又以和容謂能爲樂，故後鄭亦不從。“玄謂和載六德，容包六行也”者，破司農、子春之義。案大司徒以鄉三物教萬民，教成則興之，明此“詢”者還是三物之内，不是三物之外别有和、容。又且主皮、興舞是六藝之内，明此和、容是六德、六行之中。在下謂之載，和在六德之下，故云和載六德。云容包六行者，在上謂之包，容則孝也，孝在六行之上，故云容包六行。必知容得爲孝者，案《漢書》“高堂生善爲容”，容則禮也。善爲孝者必合於禮之容儀，故以孝爲容者也。云“庶民無射禮”者，天子至士有大射、燕射、賓射之等，庶人則無此射禮，故云無射禮也。云“因田獵分禽則有主皮”者，案《大司馬職》“大獸公之，小禽私之”者[1]，至舍，更與在田之人射則取之，則有云主皮。“主皮者，張皮射之，無侯也”者，自士已上張皮侯、采侯、獸侯，庶人主射此皮，故云主皮無侯也。云“主皮、和容、興舞則六藝之射與禮、樂與”者，以此三者當之，故以主皮當射，和容當禮，興舞當樂。若然，三物之中其事一十有八，今六德之中唯問和，六行之中唯問容，六藝之中唯問禮、樂[2]，獨問此者，既貢賢於王，其餘則未能盡備，故略舉五者以問之。六德是其大者，故問下之和者；六行是其小者，故問上之孝者也；六藝之中，禮以安上治民，

---

① 浦鏜云：“‘者’疑‘謂’字之誤，屬下句。”

② “禮樂”二字阮本同，其下疑脱“射”字。按賈疏上云“主皮當射，和容當禮，興舞當樂”，下云“六藝之中，禮以安上治民，樂以移風易俗，男子生，設弧於門左，射是男子之事”，明此不得單言禮、樂二者。賈疏又云“故略舉五者以問之”，正承此“今六德之中唯問和，六行之中唯問容，六藝之中唯問禮、樂、射”而言也。

樂以移風易俗，男子生，設弧於門左，射是男子之事。此者人行之急①，故特言之，自餘略而不説。又云“當射之時，民必觀焉，因詢之也”者，案《鄉射·記》：“唯君有射于國中，其餘則否。”注云：“臣不習武事於君側。”以其鄉射在城外，衆庶皆觀焉，故得詢此五物。云“孔子射於矍相之圃”已下者，此是《禮記·射義》文。天子、諸侯射，先行燕禮。卿、大夫、士射，先行鄉飲酒之禮。時孔子爲鄉大夫鄉射之禮，先行飲酒禮，故云孔子射於矍相之圃。矍相，地名。以其臣不得在國射，故射於矍相之圃。“蓋觀者如堵墙”者，以其鄉内衆庶皆集在射所，故云觀者如堵墙。云“射至於司馬”者，以其飲酒之禮必立司正，於將射，變司正爲司馬也。案《鄉射》、《大射》，司射執弓矢；今此云“子路執弓矢”，則子路爲司射也。云“子路出誓”者，以其衆庶多，不可盡與之射，故誓去之。云“又使公罔之裘、序點揚觶而語”者，案《鄉飲酒之禮》，一人舉觶爲旅酬始，二人舉觶爲無筭爵始，射在無筭爵前；今誓在無筭爵後者，但射實在無筭爵前，今未射之前用此無筭爵禮二人舉觶之法以誓衆庶耳，非謂此射在無筭爵後。云“詢衆庶之儀若是乎”者，孔子爲諸侯鄉大夫，此經是天子鄉大夫，引彼以證此，故云“乎”以疑之。**此謂使民興賢，出使長之，使民興能，入使治之。** ○釋曰：言“此謂使民興賢”者，謂上經賓舉者皆民中舉之，還使治民，故云此謂使民興賢。“出使長之”，謂使鄉外與民爲君長。云“使民興能，入使治之”者，謂能者復來入鄉中治民之貢賦。**注**言是乃所謂使民自舉賢者，因出之而使之長民，教以德行、道藝於外也；使民自舉能者，因入之而使之治民之貢賦、田役之事於内也。言爲政以順民爲本也。《書》曰：“天聰明自我民聰明，天明威自我民明威。”《老子》曰：“聖人無常心，以百姓心爲心。”如是則古今未有遺民而可爲治。○釋曰：云“使民自舉賢者，因出之而使之長民，教以德行、道藝於外也”者，以賢者德大，故遣出外，或爲都鄙之主，或諸侯，皆可也；以其自有德行、道藝，故還使之教民以德行、道藝。云“使民自舉能者，因入之而使之治民之貢賦、田役之事於内也”者，以其能者德小，不可以爲大夫、諸侯等，故還入鄉中，量德大小，以爲比長、鄰長已上之官②，治民之貢賦、田役於内也。云“言爲政以順民爲本也”者，《禮記》云：“上酌民言，則下天上施；上不酌民言，則下不天上施③。”故言爲政以順民爲本也。“《書》曰：天聰明”已

---

① “者”字阮本同，加藤謂當據殿本作“皆”。
② “鄰長”二字阮本作“鄭長”。孫疏云：“鄭長，遂官，當由遂大夫興甿之内選擇爲之，非鄉大夫所興也，賈説非。”加藤謂“鄭”誤而“鄰”是。按鄰長亦遂官。
③ “下不”二字原作“不下”，據阮本乙。

下,是《尚書·咎繇篇》之文也。自,用也。言天雖聰明,視聽既遠,不自用己之聰明,用民之聰明。民之歸者則授之以天位,謂若湯、武是也。"天明威自我民明威"者,威、畏也。天雖明察可畏,不自用己之明威,用我民明威。民所叛者則討之,謂若桀、紂是也。云"《老子》曰:聖人無常心,以百姓心爲心"者,但聖人形如枯木,心若死灰,空洞無我,故無常心,以百姓之心爲心。引之者,證"順民爲本"之意。云"如是則古今未有遺民而可爲治"者,"天聰明"是古,《老子》與此文爲今,皆順民爲治,故云古今未有遺民而可爲治也。

　　歲終,則令六鄉之吏皆會政致事。注會,計也。致事,言其歲盡文書。○釋曰:年終將考其得失,"則令六鄉之吏"州長已下皆計會教政之功狀,致其所掌之事於鄉大夫。鄉大夫得之,致與大司徒,然後考之。正歲,令羣吏攷灋于司徒,以退,各憲之於其所治。○釋曰:"正歲",建寅之月。鄉大夫令州長已下"羣吏",令使"考法於司徒",正謂受而考量行之,故云"以退,各憲之於其所治"。憲者,表縣之也。國大詢于衆庶,則各帥其鄉之衆寡而致於朝。○釋曰:國有大事,必順於民心,故與衆庶詢謀,則六鄉大夫"各帥其鄉之衆寡而致於朝",謂外朝三槐九棘之所,共詢謀之。注大詢者,詢國危、詢國遷、詢立君。鄭司農云:"大詢于衆庶,《洪範》所謂'謀及庶民'。"○釋曰:知"大詢,詢國危、詢國遷、詢立君"者,案《小司寇職》云"掌外朝之政,以致萬民而詢焉:一曰詢國危"已下,此亦云"國大詢于衆庶而致於朝",故知大詢者,詢國危之等。此三者皆是國之大事,故稱大詢。《小司寇》雖不云大,《大卜》云"大貞",即此詢國危之等也。鄭司農云"大詢於衆庶",引《洪範》"所謂'謀及庶民'"者,彼"謀及庶民"即"大詢於衆庶",一也,故引爲證。國有大故,則令民各守其閭,以待政令;○釋曰:"大故",謂災變寇戎之等。警急須人,故鄉大夫令州長已下使民各守其閭胥所治處,以待國之政令。注使民皆聚於閭胥所治處。○釋曰:二十五家爲閭,中士爲閭胥,則有治政之處以聚其民。以旌節輔令則達之。注民雖以徵令行,其將之者無節,則不得通。○釋曰:國有大事故,恐有姦寇,故使民徵令出入來往,皆須得旌節輔此徵令文書,乃得通達使過,故鄭云"民雖以徵令行,其將之者無節,則不得通"。

州長各掌其州之教治政令之灋。○釋曰：一鄉管五州，中大夫一人爲州長，故云“州長各掌其州之教”也①，教謂十二教。云“治政令之法”者，謂十二教之外所施政令皆治之。**注**鄭司農云：“二千五百家爲州。《論語》曰：‘雖州里行乎哉。’《春秋傳》曰：‘鄉取一人焉以歸，謂之夏州。’”○釋曰：“二千五百家爲州”者，雖無正文，約則有之。案上文“五家爲比，五比爲閭，四閭爲族，五族爲黨，五黨爲州”，州二千五百家也。又引《春秋傳》曰已下者，案左氏宣公十一年《傳》曰：“楚子伐陳，遂入陳，殺夏徵舒，因縣陳。申叔時諫，乃復封陳，鄉取一人焉以歸，謂之夏州。”注云：“言取討夏徵舒之州。”引此者，以證有州之義也。**正月之吉，各屬其州之民而讀灋，以攷其德行、道藝而勸之，以糾其過惡而戒之。** ○釋曰：謂建子之月一日也。“各屬其州之民”者，屬猶合也、聚也，謂合聚一州之民也。“而讀法”者，謂對衆讀一年政令及十二教之法，使知之。云“以考其德行、道藝而勸之”者，謂考量民之六德、六行及六藝之道藝而勸勉之，使之勤脩。云“以糾其過惡而戒之”者，民有過惡，糾察與之罪而懲戒之。**注**屬猶合也、聚也。因聚衆而勸戒之者，欲其善。○釋曰：言“因聚衆而勸戒之”者，謂欲勸戒之必須聚衆，故言“因聚衆而勸戒之，欲其善”也。**若以歲時祭祀州社，則屬其民而讀灋，亦如之。春秋以禮會民而射于州序。** ○釋曰：上云“歲時”，皆謂歲之四時；此云“歲時”，唯謂歲之二時春秋耳。春祭社以祈膏雨，望五穀豐熟；秋祭社者，以百穀豐稔，所以報功。故云“祭祀州社”也。云“則屬其民而讀法，亦如之”者，凡讀法，皆因節會以聚民。今既祭，因聚民而讀法，故云亦如之。云“春秋以禮會民而射于州序”者，州長因春秋二時皆以禮會聚其民，而行射禮于州之序學中。言以禮者，亦謂先行鄉飲酒之禮乃射，故云以禮也。**注**序，州、黨之學也。會民而射，所以正其志也。《射義》曰：“射之爲言繹也，繹者，各繹己之志。”○釋曰：此知“序，州、黨學”者，案下《黨正》亦云“飲酒于序”，故知州、黨學同名爲序。若鄉則立庠，故《禮記·鄉飲酒義》云：“主人迎賓于庠門之外。”彼鄉大夫行賓賢能，非州長、黨正所行，故知庠則鄉學也。云“會民而射，所以正其志也”者，凡禮射皆須存其志意，故鄭即引《射義》曰“射之爲言繹也，繹者，各繹己之志”。繹，陳也。言各陳己志者，謂若《射義》云“射者内志正，外體直，乃能中之”是也。**凡州之大祭祀、大喪，皆涖其**

---

① 阮校云：“賈意於經‘教’字一逗，然《黨正》云‘政令教治’，則賈讀非也。”

310

事。○釋曰：云"凡"者，以其大祭、大喪非一，故云凡也。云"州之大祭祀、大喪"者，則非國家祭祀、喪事，謂州之大祭，唯有春秋祭社也；州之大喪者，三公、鄉大夫之喪也。云"皆涖其事"者，二者州長皆臨其事也。注大祭祀，謂州社稷也。大喪，鄉老、鄉大夫於是卒者也。涖，臨也。○釋曰：言"大祭祀，謂州社稷"者，以上文云"歲時祭祀州社"，此經又因言"州之大祭祀"，故知還是上文州社也。知有稷者，以其天子、諸侯三社皆稷對之，故知兼有稷也。言州社者，若言大社、國社之類，又對黨祭禜、族祭酺，故此特言州社也。云"大喪，鄉老、鄉大夫"者，以其遠郊之內置六鄉，鄉老與鄉大夫死，不出六鄉，要在一鄉、一州、一黨、一族、一閭之內。今據州而言，故云"於是卒者"也。**若國作民而師田、行役之事，則帥而致之，掌其戒令與其賞罰。**○釋曰：言"若"者，不定之辭。若，如也。如有國家作起其民。"師"，謂征伐。"田"，謂田獵。"行"，謂巡狩。"役"，謂役作。此數事者皆須徵聚其民，州長則各帥其民而致之于司徒也。云"掌其戒令與其賞罰"者，州長既致其民，還自領己民為師帥，故還使州長掌之也。注致之，致之於司徒也。掌其戒令賞罰，則是於軍因為師帥。○釋曰：云"致之於司徒也"者，謂州長致與小司徒，小司徒乃帥而致與大司徒[1]，故《小司徒職》云"大軍旅，帥其衆庶"是也。云"因為師帥"者[2]，若衆屬軍吏，別有軍吏掌之，何得還自掌之？故知因為師帥也。但在鄉為州長已管其民，在軍還領己民為師帥，即是因內政寄軍令也。**歲終，則會其州之政令；正歲，則讀教灋如初。**注雖以正月讀之，至正歲猶復讀之，因此四時之正重申之。○釋曰：既不言正歲之終，《周禮》之內直言"歲終"者，皆是周之歲終也。言"則會其州之政令"者，謂會計當州黨正已下政令文書，將以考課也[3]。云"正歲，則讀教法如初"者，以其建寅之月得四時之正，於教令審，故又讀教法。言如初者，亦當屬民讀之也。**三年大比，則大攷州里，以贊鄉大夫廢興。**注廢興，所廢退、所興進也。鄭司農云："贊，助也。"○釋曰：州長至三年大案比之日"則大考州里"者[4]，謂年年考訖，至三年則大考之。言大者，時有黜陟廢興故也。

黨正各掌其黨之政令教治。○釋曰：言"各"者，一鄉有二十五黨①，故各掌其黨之政令及十二教與治職文書②。**注**鄭司農云："五百家爲黨。《論語》曰：'孔子於鄉黨。'又曰：'闕黨童子③。'"○釋曰：先鄭知"五百家爲黨"者，以其五家爲比、五比爲閭、四閭爲族④、五族爲黨，故知也。引《論語》者，證有黨義也。**及四時之孟月吉日，則屬民而讀邦灋，以糾戒之。**○釋曰："及"，至也。黨正"四時孟月吉日，則屬民而讀邦法"者，因"糾戒之"，如州長之爲也。**注**以四孟之月朔日讀法者，彌親民者於教亦彌數。○釋曰：云"以四孟之月朔日讀法者，彌親民者於教亦彌數"者，上文州長唯有建子、建寅及春秋祭社四度讀法，此黨正四孟及下文"春秋祭禜"并"正歲"一年七度讀法者，以其鄉大夫管五州，去民遠，不讀法；州長管五黨，去民漸親，故四讀法；黨正去民彌親，故七讀法。鄭云彌親民者，則非直徒解《黨正》而已，案下族師十四度讀法，彌多於此，故鄭揔釋云彌親民者於教亦彌數也。**春秋祭禜亦如之。**○釋曰：黨正不得與州同祭社，故亦春秋祭禜神也。**注**禜，謂雩禜水旱之神。蓋亦爲壇位如祭社稷云。○釋曰：鄭知"禜，謂雩禜水旱之神"者，案《禮記·祭法》云："雩禜祭水旱。"案昭公元年《左氏傳》子産云："水旱癘疫之不時，於是乎禜之。"皆是禜祭水旱神也。云"蓋亦爲壇位如祭社稷云"者，以其《大司徒》及《封人》等皆云社稷有壇，又《祭法》"王宮祭日"及"雩禜祭水旱"等皆是壇名，故知亦如社稷有壇位。無正文，故言"云"以疑之也。**國索鬼神而祭祀，則以禮屬民而飲酒于序，以正齒位：壹命齒于鄉里，再命齒于父族，三命而不齒。**○釋曰：黨正行"正齒位"之禮在十二月建亥之月爲之，非蜡祭之禮，而此云"國索鬼神而祭祀"者，以其正齒位禮在蜡月，故言之以爲節耳。當國索鬼神而祭祀之時，則黨正屬聚其民而飲酒于序學中，以行正齒位之法。當正齒位之時，民內有爲壹命已上必來觀禮，故須言其坐之處。云"壹命齒于鄉里"者，此黨正是天子之國黨正，則壹命亦天子之臣。若有壹命之人來者，即于堂下鄉里之中爲齒也。云"再命齒于父族"者，謂父族爲賓，即與之爲齒，年大在賓東，年小在賓西。"三命而不齒"者，若有三命之人來者，縱令父族爲賓，亦不與之齒；若非父

---

① "黨"字原作"掌"，據阮本改。
② "教"字原作"故"，據阮本改。
③ "童"字原作"重"，據婺本、金本、阮本改。
④ "四閭"二字原作"四間"，據阮本改。

族，是異姓爲賓，灼然不齒，位在賓東，故云不齒也。若然，《典命》雖不見天子之士命數，《序官》有上士、中士、下士，則上士三命，中士二命，下士壹命。則此"壹命"謂下士，"再命"謂中士，"三命"謂上士也。注國索鬼神而祭祀，謂歲十二月大蜡之時，建亥之月也。正齒位者，《鄉飲酒義》所謂"六十者坐，五十者立侍。六十者三豆，七十者四豆，八十者五豆，九十者六豆"是也。必正之者，爲民三時務農，將闕於禮，至此農隙而教之尊長養老，見孝弟之道也。《黨正飲酒禮》亡，以此事屬於鄉飲酒之義，微失少矣。凡射飲酒，此鄉民雖爲卿①、大夫，必來觀禮，《鄉飲酒》、《鄉射·記》"大夫樂作不入，士既旅不入"是也。齒于鄉里者，以年與衆賓相次也。齒于父族者，父族有爲賓者，以年與之相次；異姓雖有老者，居於其上。不齒者，席于尊東，所謂遵。○釋曰：云"國索鬼神而祭祀，謂歲十二月大蜡之時"，是《禮記·郊特牲》文。"建亥之月"者，是鄭君解義語。言此者，謂行正齒位之禮亦在此月也。云"正齒位者，《鄉飲酒義》所謂六十者坐"至"六豆"者，並是彼文。案彼文謂五十者立侍，六十者乃於堂上而坐。禮，年六十已上籩豆有加，故不得籩豆耦，而云"六十者三豆，七十者四豆，八十者五豆，九十者六豆"，若然，則堂下五十立者二豆而已。引之者，證此經與彼同是正齒位之法也。云"必正之者，爲民三時務農，將闕於禮，至此農隙而教之尊長養老，見孝弟之道也"者，春夏秋三時務在田野，闕於齒序之節。隙，閑也。至此十月，農事且閑，而教之。言尊長養老，即五十已上至九十正齒位是也。但孝弟施于家内，今行尊長養老，則是孝弟之道通達于外者也。云"《黨正飲酒禮》亡"者，《儀禮》篇卷並在之日，別有《黨正飲酒之禮》。見今十七篇内無《黨正飲酒之禮》，故云亡也。云"以此事屬于鄉飲酒之義，微失少矣"者，但《儀禮》未亡之時，篇内論正齒位之禮其義具悉。今將此經之事連屬於《鄉飲酒義》，則《鄉飲酒義》唯有五十已上豆數之言，此經唯有壹命已下觀禮之事②，二處相兼，比於《儀禮》篇中鄉飲酒法義理乃未足，微失於少，故云微失少矣。云"凡射飲酒"者，謂州長春秋行射③，黨正十二月行飲酒，二事俱同，故兼言射也。云"此鄉民雖爲卿、大夫，必來觀禮"者，證此經"壹命"以至"三命"齒與不齒之人來在位之法也。又引《鄉飲酒》、《鄉射·記》者，證

---

① "卿"字原作"鄉"，金本同，據婺本、阮本改。
② "已下"二字阮本作"已上"，加藤謂"已上"是。按"壹命已下"者，據經文"壹命"以下至"三命"而言，不依命數爲上下，加藤之説不可遽從。下文"證二事俱有壹命已下觀禮來入時節"亦云"壹命已下"。
③ "射"字原作"社"，阮本同。孫校云："'社'當爲'射'。"兹據改。

二事俱有壹命已下觀禮來入時節。案彼經鄉大夫皆作樂前入[①]，士未旅前入，故云"大夫樂作不入"，鄭彼注云："後樂賢也。"云"士既旅不入"，注云："後正禮也。"若然，大夫、士來觀禮者皆爲樂賢行禮而至，故大夫樂作不入，士既旅不入也。云"齒於鄉里者，以年與衆賓相次也"者，謂在堂下與五十已下衆賢賓客相次。以其壹命若據天子之國，壹命爲下士；若據諸侯之國，壹命爲公、侯、伯之士；若據子、男之士，不命，固在堂下，以其士立于下故也。云"齒于父族者，父族有爲賓者，以年與之相次"者，以其賓在户牖之間，南面。若賓是同姓父族，則與之齒也。云"異姓雖有老者，居於其上"者，既言"齒于父族"，明異姓非父族不齒可知。云"不齒者，席于尊東，所謂遵"者，案《鄉飲酒》、《鄉射》皆酒尊在室户東、房户西，賓主夾之。鄉人爲卿、大夫來觀禮，爲鄉人所遵法，謂之爲"遵"，席位在酒尊東，公三重，大夫再重，故知不齒者席于尊東也。云所謂遵者，所謂《鄉射》、《鄉飲酒》之"遵"也。案鄭注《鄉飲酒》云"此篇無正齒位之事焉"者，彼是三年一貢上，直行飲酒之禮，賢者爲賓，其次爲介，其次又爲衆賓，賓而貢之。如此，無黨正正齒位之事。案彼注又云"天子之國，三命者不齒。於諸侯之國，爵爲大夫則不齒矣"者，以其賓賢能，年幾必小於卿、大夫等，是以天子之國三命士，及公、侯、伯之卿三命、大夫二命，子、男之卿再命、大夫壹命，但是大夫以上，無問命數，皆不齒，以其大夫已上爵尊故也。但諸侯之卿當天子之上士，故天子之國三命乃不齒；天子士再命已下及諸侯之士則皆齒，以其士卑，立于下，故在堂下與鄉人立者齒也。彼是賓賢能禮。若黨正飲酒之禮，則此文是天子黨正飲酒法，則"壹命齒于鄉里"，在堂下與鄉人齒；"再命齒于父族"，父族爲賓在堂上，則天子再命之士亦在堂上。與彼賓賢能鄉飲酒義異者，案《鄉射·記》云："大夫與，則公士爲賓。"則此黨正飲酒有壹命已上觀禮，則亦以公士爲賓。但公家之士其年必大，故天子之士再命者亦與之齒。若然，賓賢能天子之士再命不齒者，彼賓賢能非正齒位法，別爲一禮，故與黨正正齒位禮異也。**凡其黨之祭祀、喪紀、昏冠、飲酒，教其禮事，掌其戒禁。**○釋曰：此一經，並是民之所行，上"州之祭祀、大喪"義異[②]。此"祭祀"已下雖是民之所行，民者冥也，非教不可，故黨正皆"教其禮事"也，因掌其戒命督禁之。**注**其黨之民。○釋曰：經云"凡其黨之祭祀"之等，言凡，是廣及之言，故云"其黨之民"也。**凡作民而師田、行役，則以其灋**

---

①　"鄉大夫"三字阮本同，"鄉"疑爲"卿"字形訛。

②　浦鏜云："'上'疑'與'字誤。"

治其政事。<注>亦於軍因爲旅帥。</注>○釋曰：此亦如上釋，非衆屬軍吏者。黨正在鄉各管五百家，出軍之時，家出一人，則五百人爲旅，黨正遷爲旅帥，亦如州長因爲師帥也。**歲終，則會其黨政，帥其吏而致事。**○釋曰：黨正以一黨之内有族師以下諸官等，故歲終則會計一黨政治功狀，則帥其族師以下之吏致其所掌之事於州長，州長又致與鄉大夫，鄉大夫致與大司徒，而行賞罰也。**正歲，屬民讀灋而書其德行、道藝。**<注>書記之。</注>○釋曰：黨正於正歲建寅朔日聚衆庶讀法，因即"書其德行、道藝"。鄭解書"書記之"者，以其三年乃一貢，今每年正歲皆書記勸勉之[①]，三年即貢之也。**以歲時涖校比。**○釋曰：案族師職以歲之四時校比，此黨正管五族，至校比之時黨正往臨之，恐其有差失故也。<注>涖，臨也。鄭司農云："校比，《族師職》所謂'以時屬民而校，登其族之夫家衆寡，辨其貴賤、老幼、癈疾可任者及其六畜、車輦'，如今小案比。"</注>○釋曰：鄭司農所云者，並《族師職》文。以其黨正所臨，臨族師，故還引族師校比之法以證成其義也。云"如今小案比"者，此舉漢法。言小案比，對三年大比爲小耳。**及大比，亦如之。**○釋曰："及"，至也。族師至三年大案比，黨正亦涖之。

---

①　"勸"字原作"勤"，據阮本改。

周禮疏卷第十三

唐朝散大夫行大學博士弘文館學士臣賈公彥等撰

族師各掌其族之戒令政事。○釋曰：云"各掌其族之戒令政事"者，以其族師主百家，各自受法于上，而掌其族戒令政事也。**注**政事，邦政之事。鄭司農云："百家爲族。"○釋曰：云"政事，邦政之事"者，謂國之征役皆是也。先鄭云"百家爲族"者，亦約五家爲比、五比爲閭、四閭爲族，故知族百家也。**月吉，則屬民而讀邦濾，書其孝弟睦婣有學者。**○釋曰：此族師亦聚衆庶而讀法，因"書其孝弟睦婣有學者"。黨正直書①，德行、道藝具言；此云孝弟睦姻，惟據六行之四事，有學即六藝也。計族師所書亦應不異黨正，但文有詳略，故所言有異，但族師親民，故析別而言耳。**注**月吉，每月朔日也。故書上句或無"事"字。杜子春云："當爲'正月吉'，書亦或爲'戒令政事。月吉，則屬民而讀邦法'。"○釋曰：云"月吉，每月朔日也"者，以其彌親民，教亦彌數，故十二月朔皆讀之。云"故書上句或無事字"者，則"月"與上"政"字連。政又爲正字，故杜子春云"當爲'正月吉'"。但族師親民，讀法宜數，若爲正月之吉，則與黨正同②，於義不可。云"書亦或爲'戒令政事。月吉，則屬民而讀邦法'"者，此義還與經同，於義爲得，後鄭從之，故引之在下也。**春秋祭醋亦如之。**○釋曰：族師於春秋祭祀醋神之時，亦如上月朔讀法也。**注**醋者，爲人物裁害之神。故書醋或爲步，杜子春云："當爲醋。"玄謂《校人職》又有"冬祭馬步"，則未知此世所云蝚蜦之醋與？人鬼之步與？蓋亦爲壇位如雩禜云。族長無飲酒之禮，因祭醋而與其民以長幼相獻酬焉。○釋曰：鄭知"醋者，爲人物裁害之神"者，凡國之祈祭者，皆恐與人物爲裁害，謂若州長、黨正所祭社、禜亦爲水旱與人物爲裁害，明此亦是恐與人物爲裁害之神也。云"故書醋或

---

① 浦鏜云："'直'疑'所'字誤。"孫疏據改。

② 阮校云："按'黨正'字乃'州長'之誤。"孫疏據改。按阮説誠是，然賈疏多有此類。

爲步，杜子春云：當爲醜"者，《校人職》云"馬步"，亦爲行步之字，而子春破之從醜者，子春亦無正文，直以此經今文爲正[①]，故依之也。"玄謂《校人職》又有冬祭馬步"者，彼是與馬爲害故祭之，引之者，證此"醜"亦與人物爲害。云"則未知此世所云蝬螟之醜與？人鬼之步與"者，但此經云"醜"，不知何神，故舉漢法以況之。但漢時有蝬螟之醜神，又有人鬼之步神，未審此經"醜"定當何醜，故兩言之。以無正文，故皆云"與"以疑之也。云"蓋亦爲壇位如雩禜云"者，上黨祭雩禜，鄭云"蓋亦爲壇位如祭社稷云"，已疑禜爲壇位。今此文約與雩禜同，故言"云"以疑之。云"族長無飲酒之礼"者，案上《州長》春秋習射有飲酒礼，《黨正》十月農功畢亦有飲酒礼，皆得官物爲之；今此族卑，不得官物爲礼，故云族無飲酒礼也。云"因祭醜而與其民以長幼相獻酬焉"者，鄭必知因祭醜有民飲酒之礼者，案《礼記•礼器》云："周旅酬六尸。曾子曰：'周礼其猶醵與？'"鄭注彼云："合錢飲酒爲醵，旅酬相酌似之也。"即引《明堂礼》"乃命國醵"。鄭據《礼器》、《明堂礼》皆有醵法，醵即合錢飲酒，以不得官酒，故須合錢耳。**以邦比之灋帥四閭之吏，以時屬民而校登其族之夫家衆寡，辨其貴賤、老幼、廢疾可任者及其六畜、車輦[②]。**注登，成也、定也。○釋曰：云"以邦比之法"者，案比之法國家有常，故據其常法以案比之，故云以邦比之法也。云"帥四閭之吏"者，族師管四閭，閭胥皆中士，又有二十比，比長皆下士，是帥四閭之吏也。云"以時屬民而校"者，謂屬聚其民而校比之也。云"登其族之夫家衆寡"者，夫家即男女也，有夫有婦乃成家，自二人以至十人爲九等，七、六、五者爲其中。若然，則六口爲中，七口已上爲衆，五口已下爲寡。云"辨其貴賤、老幼"者，貴謂卿、大夫。賤謂占賣國之斥幣，販易之人也。"廢疾"，謂廢於人事疾病，若今癃不可事者也。云"可任者"者，謂若"國中七尺以及六十，野自六尺以及六十五，皆征之"，則可任者也。"及其六畜"，馬牛羊豕犬鷄。"車"，駕牛馬。"輦"，人挽行。皆辨之也。**五家爲比，十家爲聯；五人爲伍，十人爲聯；四閭爲族，八閭爲聯。使之相保相受，刑罰慶賞相及，相共以受邦職[③]，以役國事，以相葬埋。**○釋曰：云"五家爲比，十家爲聯"，又云"五人爲

---

① "直"字原作"至"，據阮本改。
② "廢"字婺本、金本同，阮本作"癈"。阮校云："按賈云'癈疾謂廢於人事疾病'，是賈本作'廢'字，乃賈之誤耳。《說文》云：'癈，固病也。'"按唐人"廢"字俗書多作"癈"。
③ 孫疏云："鄭、賈讀'相及'句斷。案：當讀'相及相共'爲句。"

伍，十人爲聯”者，在家惟有五家爲比，比長領之，無十家爲聯相管之法；今云十家爲聯者，以在軍之時有十人爲什，本出於在家，故并二比爲十家爲聯，擬入軍時相并，故覆云“五人爲伍，十人爲聯”，明是在軍法耳。云“四閭爲族，八閭爲聯”者，張逸問：“族百家，安得有八閭？”鄭荅：“并之爲聯耳。”若然，亦如二比爲聯之類也。云“使之相保”者，謂相保不爲愆負。云“相受”者，謂宅舍有故相受寄託。云“刑罰慶賞相及”者，案趙商問：“《族師》之義，鄰比相坐；《康誥》之説，門內尚否^①。《書》、《礼》是錯，未達旨趣。”鄭荅：“《族師》之職，周公新制礼，使民相共勑之法。《康誥》之時，周法未定，又新誅三監，務在尚寬，以安天下。先後異時，各有云爲，乃謂是錯。”注相共，猶相救相賙。○釋曰：案《大司徒職》云：“五族爲黨，使之相救；五黨爲州，使之相賙。”此所戒勑亦與彼同，故引爲證也。若作民而師田、行役，則合其卒伍，簡其兵器，以鼓鐸、旗物帥而至，掌其治令、戒禁、刑罰。注亦於軍因爲卒長。○釋曰：“若作民而師田、行役，則合其卒伍”者，族師主百家，家出一人即爲一卒，卒長還使族師爲之，故鄭言亦因爲卒長也。云“簡其兵器”者，在軍即有弓矢殳矛戈戟。云“以鼓鐸、旗物”者，案《大司馬》“春辨鼓鐸：王執路鼓，諸侯執賁鼓，軍將執晉鼓，師帥執提，旅帥執鼙，卒長執鐃，兩司馬執鐸，公司馬執鐲”，又《司常》云“王建大常”已下，是鼓鐸、旗物也。“帥而至”者，族師以帥士卒具備，帥至於鄉師，以致司徒也。注“亦於軍因爲卒長”者，亦釋經“掌其治令”已下亦非衆屬軍吏，還是自爲卒長者也。歲終，則會政致事。

　　閭胥各掌其閭之徵令。注鄭司農云：“二十五家爲閭。”○釋曰：先鄭知“二十五家爲閭”者，以其五家爲比、五比爲閭，故知閭二十五家也。而云“各掌其閭之徵令”者，徵令即下文“歲時”以下之事是也。以歲時各數其閭之衆寡，辨其施舍。凡春秋之祭祀、役政、喪紀之數^②，聚衆庶；既比，則讀灋，書其敬敏任恤者。○釋曰：言“以歲時”者，謂歲之四時。云“各數其閭之衆寡”者，閭胥各自數當閭之內戶口多少。云“辨其施舍”者，亦謂“國中七尺以及六十，野自六尺以及六十有五，皆征之”，已外施舍不役。云“凡春秋之祭祀、役政、喪紀之數，聚衆庶”者，謂

---

　　① “尚否”二字阮本同，阮校云：“閩、監、毛本改作‘尚寬’，非。”按下文鄭荅即云“尚寬”，《秋官・大司寇職》賈疏引《鄭志》亦作“門內尚寬”。
　　② 王引之云：“‘數’當爲‘事’。”

州長、黨正、族師祭祀及役政與王家喪紀,閭胥皆爲之聚衆庶以待驅使也。云“既比,則讀法”者,上族師已上官尊,讀法雖稀稠不同,皆有時節;但閭胥官卑,而於民爲近,讀法無有時節,但是聚衆庶比之時即讀法,故云既比則讀法。云“書其敬敏任恤者”,以上書其德行、道藝,今此閭胥親民更近,故除任恤六行之外,兼記敬敏者也。注祭祀,謂州社、黨禜、族酺也。役,田役也。政,若州射、黨飲酒也。喪紀,大喪之事也。四者及比皆會聚民,因以讀法以勑戒之。故書既爲暨[①]。杜子春讀政爲征,暨爲既。○釋曰:知“祭祀,謂州社、黨禜、族酺”者,以其黨鄉之內所有祭祀[②],無過此三者而已,故知義然也。云“役,田役也”者,上文“師田”、“行役”並言,則役是役作;但田是國之常事,田重於功作,此文不云田,故知役是田役也。知“政”是“州射、黨飲酒”者,“政”與上“祭祀”連文,聚衆庶,故知若州射及黨飲酒也。云“喪紀,大喪之事也”者,此大喪,王之喪也。知者,以其聚衆庶,明非上“州之大喪”,故以王之喪解之。**凡事,掌其比、觵撻罰之事。**○釋曰:言“凡”,非一,則是鄉飲酒及鄉射飲酒,有失禮者須罰之,故云“凡事”。云“掌其比”者,人聚則有校比之法,皆掌之。云“觵撻罰之事”者,凡有失禮者,輕者以觵酒罰之,重者以楚撻之,故雙言觵撻罰之事。注觵撻者,失禮之罰也。觵用酒,其爵以兕角爲之。撻,扑也。故書或言“觵撻之罰事”,杜子春云:“當言‘觵撻罰之事’。”○釋曰:鄭知“觵用酒”者,以其古者失禮之罰罰用酒。又知“其爵以兕角爲之”者,見《詩》云“兕觵其觩”,故知用兕牛角爲觵爵也。云“撻,扑也”,《尚書》云:“扑作教刑。”孔云:“扑,榎楚。”故知此“撻”亦扑也。云“故書或言‘觵撻之罰事’,杜子春云:當言‘觵撻罰之事’”者,子春之意,以“觵罰”在“之”上於義爲切[③],故從經爲正也。

　　比長各掌其比之治。五家相受相和親,有辠奇衺則相及。注衺猶惡也。○釋曰:比長管五家,下士爲之。家數雖少,亦有治法,故“各掌其比之

---

　　①　阮校云:“《漢讀考》作‘故書暨爲既’,下作‘杜子春讀既爲暨’,經‘既比’作‘暨比’,今本係以注改經,又以經改注,誤甚。按注以‘及’訓‘暨’,則裁玉裁是‘既’不訓‘及’。”孫疏云:“注‘四者及比皆會聚民’者,以經先言‘祭祀、政役、喪紀聚衆庶’,而後云‘既比’,嫌比不聚衆庶,故云‘及’以類舉之,非以‘及比’詁‘既比’也。”

　　②　加藤云:“‘黨’疑‘當’之誤,上文‘當閭之內’、下文‘當鄉之內’,可以證。”

　　③　阮校云:“疑‘觵’當衍。”

治”。云“五家相受”者,宅舍有故崩壞相寄託。云“相和親”者,案《尚書》云:“爾室不睦,爾惟和哉。”五家之內有不和親,則使之自相和親。云“有辠奇衺則相及”者,五家有罪惡則連及,欲使不犯,故注云“衺猶惡也”。**徙于國中及郊,則從而授之。** ○釋曰:五家之內,人有不便其居須徙者,則使伍長“從而授之”。**注**徙,謂不便其居也。或國中之民出徙郊,或郊民入徙國中,皆從而付所處之吏,明無罪惡。○釋曰:云“徙,謂不便其居也”者,古者三歲大比之年,民有願獻於本居之處不便,則任民遷徙,故云不便其居也。周法,遠郊百里內并國中共爲六鄉。此“國中及郊”所徙者並不離當鄉之內。言“或國中之民出徙郊”者,先從近向遠,釋經“徙于郊”之文也。云“或郊民入徙國中”者,卻釋經“徙于國中”之文也。云“皆從而付所處之吏,明無罪惡”者,釋經“則從而授之”之文也。若有罪惡,則下文“無授無節,圜土內之”。其人私逃,有何付授之也?今伍長自往付授,明無罪惡,直是不便其居耳。**若徙于他,則爲之旌節而行之。** ○釋曰:上經是當鄉之內遷徙,直須伍長送付彼吏;今此經言“徙于他”,是出向外鄉,則當爲旌節乃行之。**注**徙於他,謂出居異鄉也。授之者有節乃達。○釋曰:言“徙于他”,對上經直言“國中及郊”爲鄉內,此言“徙于他”,明是“出居異鄉也”。云“授之者有節乃達”者,鄭欲見上經鄉內徙者有授無節,此徙外鄉,非直有授,兼亦有節乃可行,故鄭言此有節亦授之者也。此節即“道路用旌節”,一也。**若無授無節,則唯圜土內之。** ○釋曰:摠結上二經,故鄭云“鄉中無授,出鄉無節”,此皆罪人,故當“唯圜土內之”也。**注**鄉中無授,出鄉無節,過所則呵問,繫之圜土,考辟之也。圜土者,獄城也。獄必圜者,規主仁,以仁心求其情。古之治獄,閔於出之。○釋曰:上釋出鄉,有授兼節;此注釋“鄉中無授,出鄉無節①”,似出鄉空有節而全無授者。以其出鄉雖兼有授,直舉有節,以對鄉內有授,何妨有節兼有授也。若直有節而無授,何以分別罪惡之人。云“過所則呵問,繫之圜土,考辟之也”者,謂所過之官司見即呵問之。必知有呵問之者,若不呵問窮詰,則虛實難明,故知呵問也②。繫之圜土考辟之者,謂繫在獄中,辟,法也,考量以法,推問無授無節之由也。云“圜土者,獄城也。獄必圜者,規主仁,以仁心

---

① “節”字原脱,據阮本補。
② “呵”字原殘存右半“可”,此據阮本。

求其情”者，案《禮記·深衣》有規矩權衡，規配東方仁，矩配西方義[①]。但斷獄之法有義有仁，雖以義斷使合宜，仍以仁恩閔念求得情實，閔念出之，故獄城圜也。

封人掌設王之社壝，爲畿封而樹之。○釋曰：云“掌設王之社壝”者，謂王之三社、三稷之壇及壇外四邊之壝皆設置之。直言壝不云壇，舉外以見内，内有壇可知也。云“爲畿封而樹之”者，謂王之國外四面五百里各置畿限，畿上皆爲溝塹，其土在外而爲封，又樹木而爲阻固，故云爲畿封而樹之。**注**壝，謂壇及堳埒也。畿上有封，若今時界矣。不言稷者，稷，社之細也。○釋曰：“壝，謂壇及堳埒也”者，堳埒即壝；經不言壇，故鄭兼見之也。云“畿上有封，若今時界矣”者，漢時界上有封樹，故舉以言之。云“不言稷者，稷，社之細也”者，案《大司徒》及下文皆“社稷”俱言，此獨言社不言稷，故解之。案《孝經緯》，社是五土摠神，稷是原隰之神。原隰即是五土之一耳，故云“稷，社之細”。舉社則稷從之矣，故言社不言稷也。稷既是原隰之神，但原隰宜五穀，五穀不可遍敬，稷又爲五穀之長，故立稷以表名。《孝經》注直云“社謂后土”者，舉配食者而言耳。凡封國，設其社稷之壝，封其四疆。○釋曰：言“凡封國”者，封五等之國，非一，故云凡以廣之。云“設其社稷之壝”者，案《禹貢》徐州貢五色土，孔注云：“王者封五色土爲社，建諸侯則各割其方色土與之，使立社。燾以黄土，苴以白茅。茅取其絜，黄取王者覆四方。”是封乎諸侯立社稷之法也[②]。云“封其四疆”者，諸侯百里以上至五百里，四邊皆有封疆而樹之，故云封其四疆也。**注**封國，建諸侯，立其國之封。○釋曰：“封國，建諸侯”者，若《典命》云“三公八命，其卿六命，大夫四命，其出封皆加一等”，是建諸侯也。云“立其國之封”者，封則經云“四疆”是也。造都邑之封域者亦如之。○釋曰：云“造都邑”者，謂大都、小都、家邑三等采地，有百里、五十里、二十五里，皆有四邊封域，故云“之封域”也。云“亦如之”者，亦如上諸侯有四疆也。令社稷之職。○釋曰：春秋祭社皆有職事，令之者，使各依職司而行，故須令之也。**注**將祭之時，令諸有職事於社稷者也。《郊特牲》曰：“唯爲社事單出里，唯爲社田國人畢作，唯爲社丘乘共粢盛，所以報本反始也。”○釋曰：言“將祭之時”者，春秋祭

---

① “矩”下原脱“配”字，據阮本補。
② 阮校謂“乎”爲衍字，孫疏據刪。

社，日皆用甲，未祭之前，"令諸有職事于社稷者也"。云"唯爲社事單出里"者，單，盡也，盡往助祭于州長。此據六鄉之中。又云"唯爲社田國人畢作"者，畢亦盡也，國人盡行。鄭云："非徒羨。"謂在六遂之中以下剗致甿，當家之内一人爲正卒，一人爲羨卒，其餘爲餘夫。但田與追胥竭作，餘夫亦行，故云非徒羨也。云"唯爲社丘乘共粢盛"者，此據三等采地之中，故有丘甸井田之法①。案《小司徒職》云："九夫爲井，四井爲邑，四邑爲丘，四丘爲甸。"甸方八里，旁加一里則爲一成，成百井九百夫。一井之地九夫，八家各治一夫自入，共治一夫税入於君，以共粢盛而祭社，故云丘乘共粢盛也。云"所以報本反始也"者，社稷爲土神，是民之本，句龍、后稷是民之始。反亦報也。命民共之者，所以報本反始也。引之者，證祭社各有職事。**凡祭祀，飾其牛牲，設其楅衡，置其絼，共其水槁。**○釋曰：言"凡祭祀"，謂王之天地、宗廟先大次小之祭祀非一，故云凡以廣之。云"飾其牛牲"者，祭祀尚絜净，故飾治使净也。"設其楅衡"者，恐觚觸人，故須設楅于角；牽時須易制，故設衡于鼻。"置絼"，當牽行，故亦置之于鼻也。須洗薦牲體，故"共其水槁"也。**注**飾，謂刷治絜清之也。鄭司農云："楅衡，所以楅持牛也。絼，著牛鼻繩，所以牽者。今時謂之雉，與古者名同。皆謂夕牲時也。"杜子春云："楅衡所以持牛，令不得抵觸人。"玄謂楅設於角，衡設於鼻，如椵狀也。水槁，給殺時洗薦牲也。絼字當以豸爲聲。○釋曰：司農云"楅衡，所以楅持牛也"者，司農意，以衡爲持，故云所以楅持牛。以楅衡共一物解之，與子春同，後鄭不從之矣。云"絼，著牛鼻繩，所以牽牛者。今時謂之雉，與古者名同"者，若然，自漢以前皆謂之絼。案《禮記·少儀》云："牛則執紖。"紖則絼之别名。今亦謂之爲紖也。云"皆謂夕牲時也"者，夕牲在祭前之夕②，正祭在厥明，二時皆有此事，明據在前夕牲時而言也。杜子春云"楅衡所以持牛，令不得抵觸人"者，子春意，楅衡唯設于角，與司農義同，後鄭亦不從也。"玄謂楅設于角"者，楅者，相楅迫之義，故知設於角。云"衡設於鼻"者，衡者横也，謂横木於鼻。今之馳猶然。故知設於鼻，破先鄭、子春之義。云"如椵狀"者，漢時有置于犬之上謂之椵，故舉以之爲况衡者也③。云"水槁，給殺時洗薦牲也"者，其牛將殺，不須飼之。

---

① "甸"字原作"旬"，據阮本改。

② "夕牲"上阮本有"但"字。

③ 阮校云："閩本剜改'以之'作'之以'，監、毛本從之，非也。案'爲'字疑衍。"加藤云："此本文意難通，閩本稍可通，然不如從《漢制考》'之爲'二字爲衍之爲愈也。"

又充人已飼三月，不得將殺始以水稾飲飼。水所以洗牲，稾所以薦牲，故雙言洗薦牲也。云“絼字當以豸爲聲”者，《爾雅》：“有足曰蟲，無足曰豸。”但牛紖以麻爲之，從絲爲形，以豸爲聲，故云絼字當以豸爲聲。**歌舞牲，及毛炮之豚。**○釋曰：言“歌舞牲”者，謂君牽牲入時，封人隨後歌舞，云“博碩肥腯”也。云“及毛炮之豚”者，謂造炮豚之時，則燗去其毛以炮之也。注謂君牽牲入時，隨歌舞之，言其肥香以歆神也。毛炮豚者，燗去其毛而炮之，以備八珍。鄭司農云：“封人主歌舞其牲，云‘博碩肥腯’。”○釋曰：案《禮記•祭義》云：“君牽牲，穆荅君，卿、大夫序從。”是“君牽牲入時也”。云“隨歌舞之，言其肥香以歆神也”者，解封人隨牲後歌舞之時節及使神歆享之意。云“毛炮豚者，燗去毛而炮之”者，經直云“毛炮”，恐人以并毛炮之。案《禮記•內則》有炮豚、炮牂，皆編萑以苴之，塗之以墐塗，孰乃擘去之①。彼雖炮亦不言去毛炮之，鄭知去毛者，牂豚之毛於牲無用，空以汙損牲體，故知凡炮者皆去毛也。云“以備八珍”者，彼《內則》“八珍”之中有炮豚，此“炮豚”與彼同，故知此炮豚以備足八珍也。鄭司農云“封人主歌舞其牲，云博碩肥腯”者，此左氏桓公《傳》隨季良之辭，彼云：“奉牲以告曰‘博碩肥腯’。”引之者，證封人歌舞牲時有此辭也。**凡喪紀、賓客、軍旅、大盟，則飾其牛牲。**○釋曰：言“凡”，凡此下四事。王之“喪紀”有牲者，除朝夕奠用脯醢以外，大小斂、朔月、月半、薦新奠、祖奠、大遣等皆有牲牢。“賓客”有殺牲之者②，唯據致飧及饗餼、饗食皆有殺牲之事。“軍旅”殺牲者，謂饗獻軍吏。“大盟”，謂天子親往臨盟。此一經皆用牛牲，故摠云“飾其牛牲”也。注大盟，會同之盟。○釋曰：案《覲禮》及《司儀》，諸侯時見曰會，殷見曰同，王皆爲壇于國外，行盟誓之法，故鄭依而言焉。

鼓人掌教六鼓、四金之音聲，以節聲樂，以和軍旅，以正田役。○釋曰：言“掌教”者，必教他官。案《眡瞭職》發首云③：“掌凡樂事播鼗，擊頌磬、笙磬。”下又云：“掌大師之縣，鼗、愷獻亦如之。”雖不云擊鼓，上下文參之，其五鼓是眡瞭

① 孫校云：“‘孰’依《內則》當作‘乾’。”
② 浦鏜云：“‘之’當衍字。”孫疏據刪。
③ “發首”二字原作“發言”，據阮本改。按《春官•籥章職》賈疏“以發首云‘掌土鼓、豳籥’”、《司常職》疏“此九旗，發首雖摠爲‘大閱’，而言其‘道車載旞’、‘斿車載旌’，非爲軍事也”，“發首”猶今俗言開頭，前者特指職首，此《眡瞭職》“發首”義亦然。

擊之。則此所教者，當教眂瞭也。其晉鼓當教鑄師，故其職云"掌金奏之鼓"，此下文云
"以晉鼓鼓金奏"，故彼鄭注云"主擊晉鼓"是也。又云"六鼓、四金之音聲"者，六鼓、四
金與音聲和合，故連言音聲。云"以節聲樂"者，下云雷鼓、靈鼓、路鼓、晉鼓皆是也。
"以和軍旅"者，下云"以鼖鼓鼓軍事"是也。云"以正田役"者，下云"以鼛鼓鼓役事"是
也。田獵所以習戰，則田鼓當與軍事同，案《大司馬》云"王執路鼓，諸侯執賁鼓，軍將執
晉鼓"之等是也。此一經，是與下爲摠目之語也。**注**音聲，五聲合和者。○釋曰：案
《禮記·學記》云："鼓無當於五聲，五聲不得不和。"則五聲須鼓乃和，故鄭云"五聲合和
者"。鄭不解"音"者，單出曰聲，雜比曰音，音聲相將之物，故釋五聲則合得音[1]，故不重
云音也。**教爲鼓而辨其聲用：注**教爲鼓，教擊鼓者大小之數，又別其聲所用之
事。○釋曰：鄭云"教爲鼓，教擊鼓者大小之數"者，則雷鼓八面之等。云"而辨其聲
用"，鄭云"又別其聲所用之事"，則下文雷鼓及四金聲之所用各不同是也。**以雷鼓鼓
神祀，**○釋曰：天神稱祀，地祇稱祭，宗廟稱享。案下"靈鼓鼓社祭"，又案《大司樂》以
靈鼓祭澤中之方丘，大地祇與社同鼓，則但是地祇，無問大小皆用靈鼓。則此"雷鼓鼓
神祀"，但是天神，皆用雷鼓也。**注**雷鼓，八面鼓也。神祀，祀天神也。○釋曰：鄭知
"雷鼓八面"者，雖無正文，案韗人爲皋陶有晉鼓、鼖鼓、皋鼓，三者非祭祀之鼓，皆兩面；
則路鼓祭宗廟，宜四面；靈鼓祭地祇，尊於宗廟，宜六面；雷鼓祀天神，又尊於地祇，宜八
面。故知義然也。**以靈鼓鼓社祭，注**靈鼓，六面鼓也。社祭，祭地祇也。○釋曰：
《郊特牲》云："社祭土，神地之道。"則《孝經緯》云社是五土之摠神。是地之次祀，故舉
社以表地祇。《大宗伯》亦云"血祭祭社稷、五祀"，亦舉社以表地祇。其實地之大小之祭
皆用靈鼓也。**以路鼓鼓鬼享，注**路鼓，四面鼓也。鬼享，享宗廟也。○釋曰：案
《大宗伯》宗廟有六享，則禘祫及四時皆言享先王，則皆是大祭。縱有享先公爲次祀[2]，
祭殤爲小祀，皆用此路鼓，以其天地神祇大小同鼓故也[3]。**以鼖鼓鼓軍事，**○釋
曰：案《大司馬》云："春執鼓鐸[4]：王執路鼓，諸侯執鼖鼓，軍將執晉鼓。"鄭注云："王不執
鼖鼓，尚之於諸侯。"則在軍以鼖爲正，無妨兼有路鼓、晉鼓之等也。**注**大鼓謂之鼖，鼖

---

① "合"字阮本作"含"。
② "次"字原作"之"，據阮本改。《春官·肆師職》賈疏云"但宗廟次祀即先公是也"。
③ "天地神祇"四字阮本作"天神地祇"。
④ 孫校云："'執'疑當爲'辨'。"

鼓長八尺。○釋曰：云“大鼓謂之鼖”，是訓鼖爲大。此唯兩面而已，而稱大者，此不對路鼓已上；以其長八尺，直對晉鼓六尺六寸者爲大耳。“鼖鼓長八尺”，《韗人》文。**以鼗鼓鼓役事，**○釋曰：案《緜》詩云：“鼛鼓弗勝。”鄭云：“鼛鼓不能止之。”此云“鼓役事”，謂擊鼓起役事。與彼不同者，但起役、止役皆用鼛鼓，兩處義得相兼耳。**注**鼛鼓長丈二尺。○釋曰：“丈二尺”，《韗人》文。此既丈二尺，大於鼖鼓，不得大名者，但鼖鼓長八尺尚對晉鼓爲鼖，明鼛鼓亦大可知。不可同名爲鼖，故別以鼛鼓爲號也。**以晉鼓鼓金奏；**○釋曰：凡作樂，皆先擊鍾，故《鍾師》“以鍾鼓奏九《夏》”，鄭云：“先擊鍾，次擊鼓。”“金”則鍾也，“奏”則擊也。則是擊鍾後即擊鼓，故云“晉鼓鼓金奏”。**注**晉鼓長六尺六寸。金奏，謂樂作擊編鍾。○釋曰：“晉鼓長六尺六寸”，亦《韗人》文。云“金奏，謂樂作擊編鍾”者，案《磬師》云“擊編鍾”，鄭注云：“磬亦編，於鍾言之者，鍾有不編，不編者鍾師擊之。”若然，則磬師擊編鍾，鍾師擊不編鍾。又案《鎛師》云“掌金奏之鼓”，鄭注云：“主擊晉鼓。”則此“晉鼓”和“金奏”。但鍾之編與不編，作之皆是金奏，晉鼓皆和之矣，鄭唯言編鍾，據《磬師》而言，其實不編者亦以晉鼓和之。故《鍾師》云“以鍾鼓奏九《夏》”，鄭云：“先擊鍾，次擊鼓。”是不編之鍾亦有鼓，鼓即晉鼓也。**以金錞和鼓，**○釋曰：謂作樂之時以此金錞和於鼓節也。**注**錞，錞于也，圜如碓頭，大上小下。樂作，鳴之與鼓相和。○釋曰：“錞，錞于也”者，錞于之名，出于漢之大予樂官。并云其形“圜如碓頭，大上小下”，並出彼文而知之也。又云“樂作，鳴之與鼓相和”，此鄭以意解之。案下三金皆大司馬在軍所用，有文；此金錞不見在軍所用，明作樂之時與鼓相和，故云“和鼓”也。**以金鐲節鼓，**○釋曰：此謂在軍之時所用。“節鼓”，與鼓爲節也。**注**鐲，鉦也，形如小鍾，軍行鳴之，以爲鼓節。《司馬職》曰：“軍行鳴鐲。”○釋曰：鄭云“鐲，鉦也”者，案《詩》有“鉦人伐鼓”，就而解之。彼注：“鉦以静之。”此解以爲軍行所用，不同者，義亦一也，以其動静俱用故也。云“形如小鍾”者，亦據漢法而言也。云“軍行鳴之，以爲鼓節”，此依《大司馬》文而釋，故引彼文云“軍行鳴鐲”，對上金錞作樂爲節。案彼是公司馬所執也。**以金鐃止鼓，**○釋曰：此案《春秋左氏傳》曹劌云：“一鼓作氣，再而衰，三而竭。”哀公《傳》陳書曰：“吾聞鼓而已，不聞金矣。”是進軍之時擊鼓，退軍之時鳴鐃。**注**鐃如鈴，無舌，有秉，執而鳴之，以止擊鼓。《司馬職》曰：“鳴鐃且卻。”○釋曰：云“鐃如鈴，無舌”者，亦約漢法而知也。云“有秉，執而鳴之”者，案《大司馬》云："卒長執鐃。"故知執而鳴之也。又引《司馬職》"鳴鐃且卻"者，欲見軍卻退時鳴之，是"止鼓"時所用也。**以金鐸通鼓。**　○釋曰：此是金鈴金舌，故曰"金鐸"，在軍所振；對金鈴木舌者爲木鐸，施令時所振①。言"通鼓"者，兩司馬振鐸，軍將已下即擊鼓，故云通鼓也。**注**鐸，大鈴也，振之以通鼓。《司馬職》曰："司馬振鐸。"○釋曰："鐸，大鈴"，亦約漢法知之。引《司馬職》者，案彼"兩司馬執鐸"，所引"司馬振鐸"即兩司馬也。

　　凡祭祀百物之神，鼓兵舞、帗舞者。　○釋曰：上文"神祀"、"社祭"、"鬼享"，文局，不及小神，故此更廣見小神之事，故云"凡祭祀百物之神"也。云"鼓兵舞、帗舞者"，天地之小神，所舞不過此兵舞、帗舞二事。案下《舞師》，山川用兵舞，社稷用帗舞。今此小神等，若義近山川者舞兵舞，義近社稷者舞帗舞，故六舞之中唯言此二舞而已。**注**兵，謂干戚也。帗，列五采繒爲之，有秉。皆舞者所執。○釋曰："兵，謂干戚也"者，案《司兵》云："祭祀，授舞者兵。"鄭亦云："授以朱干玉戚。"必知兵舞是"干戚"者，見《禮記・樂記》云"干戚之舞非備樂"，《祭統》又云"朱干玉戚"，並是《大武》之舞，是知兵舞，干戚也。又知帗舞"列五采繒爲之，有秉"者，案《樂師》注："帗，析五采繒，今靈星舞子持之。"是舉今以曉古，故知之也。**凡軍旅，夜鼓鼜。**　○釋曰：在軍警戒，急在於夜，故軍旅於夜鼓其鼜鼓以警衆也。**注**鼜，夜戒守鼓也。《司馬法》曰："昏鼓四通爲大鼜，夜半三通爲晨戒，旦明五通爲發昫。"○釋曰：言鼜者，聲同憂戚，取軍中憂懼之意，故名"戒守鼓"爲"鼜"也。引《司馬法》曰"昏鼓四通爲大鼜"者，欲取從初夜即爲警戒之意，故擊鼓四通，使大憂戚也。云"夜半三通爲晨戒"者，警衆豫使嚴備，侵早當行。云"旦明五通爲發昫"者，旦明五通，晨昫之時當發，故云發昫也。**軍動，則鼓其衆。**　**注**動，且行。○釋曰：尋常在道欲行之時所擊之鼓，則上注"五通發昫"是也；今別言"軍動"，則據將臨陳之時軍旅始動，則擊鼓以作士衆之氣，故曹劌云"一鼓作氣"。鄭云"動，且行"，謂行前向陳時也。**田役亦如之。**　○釋曰：田獵圍合之時必擊鼓，象對敵，故《大司馬職》云"鼓遂圍禁"是也。**救日月，則詔王鼓。**　○釋曰：謂日月食時鼓人詔告于王擊鼓，聲大異以救之。案《大僕職》云"軍旅、田役，贊王鼓"，鄭注云"佐擊其餘面"；又云"救日月食亦如之"，大僕亦佐擊其餘面。鄭既云佐擊其餘面，則非只兩面之鼓。案上解祭日月與天神同用雷鼓，則此救日月亦宜用雷鼓八面，故《大僕》

---

① "令"字原作"今"，據阮本改。

與《戎右》俱云"贊王鼓",得佐擊餘面也。案莊二十五年《左氏傳》:"夏六月辛未朔,日有食之。鼓,用牲于社,非常也。唯正月之朔,慝未作,日有食之,於是乎用幣于社,伐鼓于朝。"若然,此救日食用鼓惟據夏四月陰氣未作,純陽用事,日又大陽之精,於正陽之月被食爲災,故有救日食之法,他月似無救理。《尚書•胤征》季秋九月日食救之者,上代之禮,不與周同。諸侯用幣于社,伐鼓于朝,退自攻責。若天子法,則伐鼓于社,昭十七年昭子曰"日食,天子伐鼓于社"是也。注救日月食王必親擊鼓者,聲大異。《春秋傳》曰:"非日月之眚,不鼓。"○釋曰:"救日月食王必親擊鼓者,聲大異",言聲大異者,但日月食始見其微兆,未有災驗,故云異也。引《春秋傳》者,亦莊二十五年《傳》辭。彼《傳》云:"秋,大水。鼓,用牲于社、于門,亦非常。凡天災,有幣,無牲。非日月之眚,不鼓。"譏其爲大水用鼓。引之,證其日月得有用鼓法。《春秋》不記救月食者,但日食是陰侵陽、臣侵君之象,故記之;月食是陽侵陰、君侵臣之象,非逆事,故略不記之也。大喪,則詔大僕鼓。注始崩及窆時也。○釋曰:案《大儀職》云:"大喪始崩,戒鼓,傳達于四方。窆亦如之。"是鄭所據也。

　　舞師掌教兵舞,帥而舞山川之祭祀;教帗舞,帥而舞社稷之祭祀;教羽舞,帥而舞四方之祭祀;教皇舞,帥而舞旱暵之事。○釋曰:云"掌教兵舞",謂教野人使知之。國有祭山川,則舞師還帥領往舞山川之祀。已下皆然。案《春官•樂師》有六舞,并有旄舞施于辟雍,人舞施于宗廟。此無此二者,但卑者之子不得舞宗廟之酎,祭祀之舞亦不得用卑者之子。彼樂師教國子,故有二者;此教野人,故無旄舞、人舞。注羽,析白羽爲之,形如帗也。四方之祭祀,謂四望也。旱暵之事,謂雩也。暵,熱氣也。鄭司農云:"皇舞,蒙羽舞。書或爲翚[1],或爲義。"玄謂皇,析五采羽爲之,亦如帗。○釋曰:但羽舞用白羽,帗舞用五色繒,用物雖異,皆有柄,其制相類,故云"形如帗"也。云"四方之祭祀,謂四望也",知者,若以"四方"連"百物",則四方不止四望[2];今單云"四方",四望。五岳、四瀆亦布在四方,故知四方即四望也。云

---

　　①　段考謂先鄭注"皇"、"翚"二字當互易:"《樂師》注曰:'故書皇作翚,鄭司農云:翚舞者,以羽冒覆頭上,衣飾翡翠之羽。翚讀爲皇,書亦或爲皇。'此《舞師》注當云'鄭司農云:翚舞,蒙羽舞。書或爲皇'。鄭君經文從皇,引仲師說則先翚後皇,今本淺人所改也。"
　　②　"望"字原作"方",據阮本改。

"旱暵之事,謂雩也"者,《春秋》所云"雩"者皆釋旱,又《祭法》云"雩禜祭水旱",故知旱暵謂雩祭也。云"暵,熱氣也"者,以其旱時多熱氣,又此暵字以日爲形、以漢爲聲省,故知暵,熱氣也。鄭司農云"皇舞,蒙羽舞"者,先鄭之意,蓋見《禮記·王制》"有虞氏皇而祭",皇是冕,爲首服,故以此"皇"爲鳳皇羽蒙于首,故云蒙羽舞。自古未見蒙羽于首,故後鄭不從之矣。云"書或爲聖,或爲義"者,《禮》本不同,故或爲聖,或爲義,皆不從之矣。"玄謂皇,析五采羽爲之,亦如帗"者,鍾氏染鳥羽,象翟鳥鳳皇之羽,皆五采;此舞者所執,亦以威儀爲飾,言皇是鳳皇之字,明其羽亦五采,其制亦如帗舞。若然,帗舞、羽舞、皇舞形制皆同也。**凡野舞,則皆教之。**注野舞,謂野人欲學舞者。○釋曰:案《序官》"舞徒四十人",其數有限,今云"皆教之"者,數雖四十,餘者有能學,皆教之,以待其闕耳。**凡小祭祀,則不興舞。**注小祭祀,王玄冕所祭者。興猶作也。○釋曰:案上文云"凡祭祀百物之神,鼓兵舞、帗舞",又案《司服》云"羣小祀則玄冕",注云:"羣小祀,林澤、墳衍、四方百物之屬。"如是,則"小祭祀"有兵舞、帗舞,而云"不興舞"者,小祭祀雖同玄冕,若外神林澤之等則有舞,若宮中七祀之等則無舞,此文是也。

牧人掌牧六牲而阜蕃其物,以共祭祀之牲牷。○釋曰:云"掌牧六牲而阜蕃其物"者,阜,盛也。蕃,息也。物,謂毛物。言使肥盛蕃息,各有毛物。謂五官各有牛人、羊人、犬人、豕人之等擇取純毛物者以供牧人,牧人又供與充人,芻之三月以祭祀,故云"以共祭祀之牲牷"也。注六牲,謂牛、馬、羊、豕、犬、雞。鄭司農云:"牷,純也。"玄謂牷,體完具。○釋曰:案《爾雅》所釋六畜,有馬、牛、羊、豕、犬、雞,故鄭依而釋之。案《膳夫》:"供六牲。"鄭注云:"始養之曰畜,將用之曰牲。"則此云"牲",亦據將用爲言也。司農云"牷,純也",後鄭不從者,《尚書》云"犧牷",對犧,不得爲純色。其純,下文"毛之"者是也,故玄易之云"牷,體完具也"。**凡陽祀,用騂牲毛之;陰祀,用黝牲毛之;望祀,各以其方之色牲毛之。**○釋曰:言"凡",與下"陽祀"、"陰祀"、"望祀"等爲目,故云凡以廣之也。注騂牲,赤色。毛之,取純毛也。陰祀,祭地北郊及社稷也。望祀,五嶽、四鎮、四瀆也。①鄭司農云:"陽祀,春夏也。黝讀

① 阮校云:"賈疏本'望祀'下有'四望'二字。"按《春官·大宗伯職》、《小宗伯職》、《大司樂職》鄭注皆云"四望,五嶽、四鎮、四瀆",故此疏云"知'望祀'是四望者,以其言望,與四望義同,故知是四望五嶽等也",以"四望"約五嶽以下三者而言,而阮校誤以四望與五嶽等三者平列。

328

爲幽，幽，黑也。①"玄謂陽祀，祭天於南郊及宗廟。○釋曰："騂牲"知是"赤色"者，見
《明堂位》"周人騂剛"，《檀弓》云"周人牲用騂"，周尚赤而云"用騂"，故知騂是赤也②。
云"毛之，取純毛也"者，對下文云"尨"是雜色，則此經云"毛之"者皆是取純毛也。云
"陰祀，祭地北郊及社稷也"，并"陽祀，祭天於南郊及宗廟"者，但天神與宗廟爲陽，地與
社稷爲陰。案《大宗伯》云："蒼璧禮天，黃琮禮地"謂圓丘、方澤，下云"牲、幣各放其器之
色"，則昊天與崐崘牲用蒼、用黃，四時迎五方天帝又各依其方色牲，則非此"騂牲"、"黝
牲"。惟有郊天及宗廟、社稷一等不見牲色，在此"陽祀"、"陰祀"之中可知。案《郊特
牲》云："郊之祭也，大報天而主日。兆于南郊，就陽位也。牲用騂。"是南郊用騂也。《檀
弓》云："殷尚白，周尚赤。"是祭宗廟用赤也。據此而言，則祭天於南郊及宗廟用騂也。
《郊特牲》云："社祭土而主陰氣也。"是社稱陰。《孝經緯•鉤命決》云："祭地于北郊，就陰
位。"彼對郊天就陽位，則是神州之神在北郊而稱陰。以是知陰祀中有祭地于北郊及社
稷也。不從先鄭"陽祀，春夏"者，周祭宗廟，四時同用騂；夏至祭地方澤，牲用黃；春夏
迎氣，牲各隨方之色。明不得同用騂，故不從也。又知"望祀"是四望者，以其言望，與
四望義同，故知是四望五嶽等也。云"黝讀爲幽，幽，黑也"者，以其幽是北方，故從幽爲
黑也。後鄭先解"陰祀"、後釋"陽祀"者，"陽祀"待先鄭釋訖，隨後破之故也。**凡時祀
之牲，必用牷物。**○釋曰：時言"凡"者③，山川已下非一，故亦言凡以廣之也。"必
用牷物"者，對上"方色"是隨其方色，下"用尨"尨是雜色，則此"牷物"者非方、非雜，雖
不得隨方之色，要於一身之上其物色須純，其體須完，不得雜也。假令東方或純黃、純
黑，南方或純白、純青，皆得也。**注**時祀，四時所常祀，謂山川以下至四方百物。○釋
曰：知"時祀"是"山川以下至四方百物"者，案《司服》，"山川"、"羣小祀"林澤四方百物
在"四望"下；此上文云天地四望，此"時祀"又在四望下；又四方山川之等亦依四時而
祀，故知"時祀"是山川至百物。鄭唯據地之時祀，若天之時祀日月已下，亦在此"時祀"
中也。**凡外祭毀事，用尨可也。**○釋曰："外祭毀事"其神非一，故云"凡"以廣
之也。**注**外祭，謂表貉及王行所過山川用事者。故書毀爲甒，尨作龍。杜子春云："甒

---

① 段考謂經文當作"幽牲"，先鄭注當作"幽讀爲黝，黝，黑也"："幽有黑意，不得徑
訓爲黑也。"
② "赤"字原作"亦"，據阮本改。
③ 孫校云："'時'下當有'祀'字。"

當爲毀，龍當爲尨。尨謂雜色不純。毀謂副辜、候禳毀除殃咎之屬。"○釋曰：知"外祭"中有"表貉"者，據上文外神之中已云天地至四方百物，依時而祭者已盡，此別言"外祭"，則外祭中唯有表貉之等。案《大司馬》田獵之時立表而貉祭，《司几筵》亦云"貉用熊席"。又知"外祭"中有"王行所過山川用事者"[1]，案《校人》云："凡將事于四海山川，則飾黄駒。"《大祝》云："大會同，過大山川，則用事焉。"亦是非常外祭之事。若然，此云"尨"，《校人》用"黄駒"者，從地色黄，亦據尨中有黄色者用之，不必純黄。云"毀謂副辜、候禳毀除殃咎之屬"者，此文承"子春"之下，不言"玄謂"，當是子春所解也。案《宗伯》云："疈辜祭四方百物。"而引"九門磔禳"。又案《小祝職》云："將事候禳。"皆是禱祈除殃咎非常之祭用尨之類，故引以爲證也。**凡祭祀，共其犧牲，以授充人繫之。**○釋曰：牧人養牲，臨祭前三月授與充人繫養之，故云"凡祭祀，共其犧牲，以授充人繫之"。**注**犧牲，毛羽完具也。授充人者，當殊養之。周景王時，賓起見雄雞自斷其尾，曰："雞憚其爲犧。"○釋曰：云"犧牲，毛羽完具也"者，云犧牲不云牷，則惟據純毛者[2]；而鄭云完具者，祭祀之牲若直牷，未必純犧，若犧，則兼牷可知，故鄭以完具釋"犧"。云"授充人者，當殊養之"者，牧人之牲未用祭者，揔在一處不殊，今將以祭者，則殊別繫養之。云"周景王時"者，此《春秋左氏傳》昭二十二年："王子朝、賓起有寵於景王，王與賓孟説之，欲立之。"又云："賓孟適郊，見雄雞自斷其尾。問之，侍者曰：'自憚其犧也。'遽歸告王，且曰：'雞其憚爲人用乎？人異於是。'"注："犧者以喻人之有純德，實宜爲君。"彼直云"自憚其犧"，不云"雞"，鄭以義增之耳。引之者，證犧是純色之意也。**凡牲不繫者，共奉之。注**謂非時而祭祀者。○釋曰：云"不繫"者，謂若上文"凡外祭毀事，用尨可也"，是"非時而祭祀者"也。

牛人掌養國之公牛，以待國之政令。○釋曰：云"掌養國之公牛，以待國之政令"者，政令則諸侯所須牛及牧人之事，則供送之也。**注**公猶官也。○釋曰：訓"公"爲"官"者，恐有"公，君"之嫌，但王家之牛若公廨之牛，故須訓公爲官，是官牛也。**凡祭祀，共其享牛、求牛，以授職人而芻之。**○釋曰：云"凡祭祀"者，祭祀

---

① "川"字原作"州"，據阮本改。
② "據"字原作"束"，據阮本改。

非一①，故亦言凡以廣之。云“享牛”者②，謂正祭之牛。云“求牛”者，謂繹祭之牛。云“以授職人而芻之”者，謂授充人繫養者也。注鄭司農云：“享牛，前祭一日之牛也。求牛，禱於鬼神祈求福之牛也。”玄謂享，獻也。獻神之牛，謂所以祭者也。求，終也。終事之牛，謂所以繹者也。宗廟有繹者，孝子求神非一處。職讀爲樴，樴謂之杙，可以繫牛。樴人者，謂牧人、充人與？芻，牲之芻。牛人擇於公牛之中而以授養之。○釋曰：先鄭云“享牛，前祭一日之牛也”者，若此以爲祭前一日夕牲時而言，仍是正祭牛，則不應以正祭而云前祭一日；若不據祭祀，以爲齊時所食，齊則十日，不應惟止一日而已。其言無據，故後鄭不從也。云“求牛，禱於鬼神祈求福之牛也”者，案上文“凡牲不繫者，共奉之”，謂非時而祭則不繫之；此經授職人繫之，明非禱祈非時祭者，故後鄭亦不從也。“玄謂享，獻也。獻神之牛，謂所以祭者也”者，以其《宗伯》祭宗廟六者皆云“享”，則享是正祭可知，破先鄭爲前祭一日之牛也。云“求，終也。終事之牛，謂所以繹也”者，今日正祭于廟，明日繹祭在門外之西室，故鄭云“孝子求神非一處”，以解“求牛”爲繹祭之牛也。故《郊特牲》云：“祭于祊，尚曰求諸遠者與？”是名繹祭爲求也。云“職讀爲樴”者，凡官皆有職，直云“職人”，無所指斥。但職、樴聲相近，誤爲職，故讀從樴。充人置樴，入地之時樴樴然作聲，故以聲名其官③。云“樴謂之杙”者，《爾雅·釋宮》文，郭注云：“橜也。”云“樴人者，謂牧人、充人與”者，與，疑辭。疑之者，凡牲堪祭祀者則牛人選入牧人，臨祭之前，牧人乃授充人，充人乃繫養之。今若即以“樴人”爲充人，則隔牧人，故連牧人而言之。明先至牧人，乃至充人，經據後而言之耳④。云“牛人擇於公牛之中而以授養之”者，鄭直言養之者，則養者之中還兼有牧人、充人也。**凡賓客之事，共其牢禮積膳之牛。**○釋曰：言“凡賓客”者，謂五等諸侯來朝，兼有臣來聘，皆“共牢禮積膳之牛”也。注牢禮，飧、饗也。積，所以給賓客之用，若《司儀職》曰“主國五積”者也。膳，所以間禮賓客，若《掌客》云“殷膳大牢”。○釋曰：鄭知“牢禮，飧、饗”者，此一經，皆謂致與賓客者。下云“饗食”，是速賓之禮也。案《大行人》、《掌客》皆云：

---

① “祀非”二字原作“以給”，據阮本改。
② “云享”二字原作“曰主”，據阮本改。按“曰主”與上條“以給”實爲下經“凡賓客之事，共其牢禮積膳之牛”之鄭注，補版時因版面位置與此相當而誤據彼文。
③ “官”字原作“宮”，據阮本改。
④ “之”下原有“中”字，據阮本刪。阮校云：“‘中’字蓋涉下‘之中’誤衍。”

"上公，飧五牢，饔餼九牢，五積。侯、伯，飧四牢，饔餼七牢，四積。子、男，飧三牢，饔餼五牢，三積。"積之多少各視飧牢，其膳則五等諸侯皆大牢，故云"牢禮，飧、饔也"。云"積，所以給賓客之用"者，謂行道之用，《遺人》所云者是也。又引《司儀職》曰"主國五積"者，據上公而言也。云"膳，所以間禮賓客"者，謂賓客未去之間致禮也。又引《掌客》云"殷膳大牢"，彼注云："殷，中也，中間未去。"即是間禮賓客也。**饔食、賓射，共其膳羞之牛。** ○釋曰："饔"者，亨大牢以飲賓，獻依命數。"食"者，亦亨大牢以食，食禮九舉、七舉、五舉亦依命數，無酒獻酬耳。皆在於廟以速賓。"射"者，謂大射及與賓客射于朝。天子、諸侯射，先行燕禮，皆有殽俎，故有牛也。云"共其膳羞之牛"者，謂獻賓時宰夫所進俎是也。**注**羞，進也，所進賓之膳。《燕禮》，小臣請執冪者與羞膳者，至獻賓而膳宰設折俎。王之膳羞亦猶此。○釋曰：引《燕禮》"小臣請執冪者與羞膳者，至獻賓而膳宰設折俎"者，案《燕禮》，立賓後，公卿大夫升就席，"小臣阼階下，北面，請執冪者與羞膳者"，注云"執冪者，執瓦大之冪也。方圓壺無冪。羞膳者，羞於公，謂庶羞"云云；至主人獻賓，"賓西階上拜，筵前受爵，反位。主人賓右拜送爵。膳宰薦脯醢，賓升筵。膳宰設折俎"。此王與賓饔及賓射，設俎時節及設人無文，故云"王之膳羞亦猶此"也。若然，饔食有牛俎。至於射禮，天子、諸侯皆先行燕禮，其牲狗[1]。得有牛者，但天子、諸侯雖用燕禮，直取一獻之禮，未旅而行射節，其用牲則《左傳》云"公當饗"。雖然，燕禮亦用牛，與饗同。若然，云膳羞則庶羞也，不言正俎之牛者，據庶羞而言，其實兼正俎矣。**軍事，共其犒牛[2]。** ○釋曰：謂將帥在軍枯犒之賜牛謂之犒牛也。**注**鄭司農云："犒師之牛。" ○釋曰：案《左氏傳》僖公三十三年，秦師襲鄭，鄭商人弦高將市於周，遇之，以乘韋先，牛十二犒師。雖非己之軍師，亦是犒師之牛，故引以爲證也。**喪事，共其奠牛。** **注**謂殷奠、遣奠也。喪所薦饋曰奠。○釋曰：喪中自未葬已前無尸，飲食直奠停置于神前，故謂之爲"奠"。朝夕之奠，無尊卑皆脯醢酒而已，無牲體。殷，大也。唯有小斂、大斂、朔月、月半、薦新、祖奠及遣奠時有牲體。大遣奠非直牛，亦有馬牲耳，故鄭云謂"殷奠、遣奠"也。鄭云"喪所薦饋曰奠"，以無尸故也。**凡會**

---

① "狗"字阮本作"猶"，加藤謂"狗"字誤。按《燕禮·記》云"其牲狗也"，即賈疏所本。下文又云庶羞、正俎，蓋謂正俎用牛，庶羞用狗。

② "犒"字婺本同，金本作"搞"，阮本作"槁"。按犒勞字本當作"槁"，"犒"爲後出俗字，經注疏中"犒"字皆當作"槁"，說已見《叙官》。"搞"、"槁"則因扌、木二旁不分而相亂。

同、軍旅、行役，共其兵軍之牛與其牽徬，以載公任器。〇釋曰：“會同”、“軍旅”兼言“行役”，謂王行巡守皆六軍從也。云“共其兵車之牛”者，但兵車駕四馬之外，別有兩轅駕牛以載任器者，亦謂之爲兵車，故云兵車之牛也。**注**牽徬，在轅外輓牛也。人御之，居其前曰牽，居其旁曰徬。任猶用也。〇釋曰：云“牽徬，在轅外輓牛也”者，上云“兵車之牛”，據在轅內者，別言“與其牽徬”，故云在轅外輓牛也。若然，轅外在前者曰牽，在旁者曰徬，故鄭覆云“人御之，居其前曰牽，居其旁曰徬”。言人御之者，以其在轅外，將御爲難，故特言人御之也。云“任猶用也”者，謂在軍所須之器物皆是也。**凡祭祀，共其牛牲之互與其盆簝，以待事。**注鄭司農云：“互，謂楅衡之屬。盆、簝皆器名。盆，所以盛血；簝，受肉籠也。”玄謂互，若今屠家縣肉格。〇釋曰：先鄭上文“楅衡”共爲一物，後鄭已不從。今以互與楅衡共一，彌不可。“玄謂互，若今屠家縣肉格”，其義可知。但祭祀殺訖即有薦爓、薦孰，何得更以肉縣于互乎？然當是始殺解體未薦之時且縣于互，待解訖乃薦之，故得有互以懸肉也。故《詩》云：“或剝或亨，或肆或將。”注云：“肆，陳也。”謂陳於互者也。

充人掌繫祭祀之牲牷。祀五帝，則繫于牢，芻之三月。〇釋曰：云“充人掌繫祭祀之牲牷”者，但祭祀之牲皆體牷具[1]，故以牷言之也。云“祀五帝”者，上云“掌繫祭祀之牲牷”，則揔養天地、宗廟之牲；下別言“祀五帝”，則略舉五帝而已，其實昊天及地祇與四望、社稷之等外神皆繫之也。注牢，閑也。必有閑者，防禽獸觸齧。養牛羊曰芻。三月一時，節氣成。〇釋曰：云“牢，閑也”者，校人養馬，謂之“閑”；此養牛羊，謂之爲“牢”。言閑見其閑衛，言牢見其牢固，所從言之異，其實一物也。云“必有閑者，防禽獸觸齧”者，案《春秋》有“郊牛之口傷”、“鼷鼠食其角”，自外恐更有禽獸觸齧，故鄭揔云焉。云“養牛羊曰芻”者，此經云“繫于牢，芻之”，惟據牛羊。若犬豕則曰豢，又不繫之矣。云“三月一時，節氣成”者，釋必以三月之意。案宣三年《公羊》云：“帝牲在于滌三月。”何休云：“滌，宮名，養帝牲三牢之處也。三牢者各主一月[2]，取三月一時，足以充天牲。”是其“三月”之義也。享先王亦如之。〇釋曰：上經天地外神已

---

① 浦鏜謂“牷”當作“全”。按《牧人職》鄭注云“牷，體完具”。
② “主”字原作“王”，據阮本改。

別于上,故今以"先王亦如之",亦"繫于牢,芻之三月"也。**凡散祭祀之牲,繫于國門,使養之。**○釋曰:云"散祭祀之牲",直言"繫于國門,使養之",不言"三月",則或一旬之内而已,不必三月也。案楚昭王問于觀射父曰:"芻豢牲則不必三月,其諸侯祭祀養牲幾何?"①對曰:"遠不過三月,近不過浹日。"孔注云:"遠,牛羊豕。近,犬雞之屬。"則諸侯祭祀養牲亦得三月及旬,則天子亦有浹日之義。若然,此"散祭祀"亦可浹日而已。**注**散祭祀,謂司中、司命、山川之屬。國門,謂城門司門之官。鄭司農云:"使養之,使守門者養之。"○釋曰:鄭知"散祭祀,謂司中、司命、山川之屬"者,見上文"陽祀"、"陰祀"、"望祀"皆云"毛之",社稷、四望已入"毛之"科内。下別云"凡時祀,用牷物",其中無社稷、四望,唯有天神司中、司命以上,地神山川以下。此"散祭祀"則上"時祀"之神也,故知散祭祀是司中以下。言之屬者,其中兼有林澤、百物之等也。云"國門,謂城門司門之官"者,司門揔主王城十二門,皆別有下士及府、史、胥、徒。今養牲者是十二門,而云司門之官者,揔官首而言之,其實非司門自養,則先鄭云"使守門者養之"是也。**展牲,則告牷;注**鄭司農云:"展,具也。具牲,若今時選牲也。充人主以牲牷告展牲者也。"玄謂展牲,若今夕牲也②。《特牲饋食之礼》曰:"宗人視牲告充,舉獸尾告備。"近之。○釋曰:先鄭以爲"選牲"時,後鄭不從者,若是選牲時,應在牧人,牧人選訖始付充人。今既在"繫"、"養"之下乃言"展牲,則告牷",明非初選牲,故不從。"玄謂展牲,若今夕牲也"者,此舉漢法以況之。又引《特牲礼》者,以其天子礼亡,故舉以言焉。案彼"宗人視牲告充",亦謂祭前之夕夕牲時。云"舉獸尾"者,士用兔、腊③,言獸尾,止謂兔也。言"近之"者,彼謂士礼,引證天子法,故云近之。**碩牲,則贊。**○釋曰:上經夕牲時,此經據正祭時。言"碩牲"者④,謂君牽牲入廟,卿、大夫贊幣而從,皆云"博碩肥腯"。此充人既是養牲之官,當助持牛紖而牽之。**注**贊,助也。君牽牲

---

① 孫校云:"此行譌舛不可讀,今以《楚語》校之,疑當作'其諸侯祭祀養牲,案楚昭王問于觀射父曰:芻豢幾何'。依此校乙,文義始可通,其'牲則不必三月'六字,乃涉上文而誤衍,當删去。"

② "玄"字原作"立"、"今"字原作"令",皆據婺本、金本、阮本改。下疏中"今"字底本皆誤。

③ "兔腊"二字原作"免道",據阮本改。

④ "牲"字原作"我",據阮本改。

入,將致之,助持之也。《春秋傳》曰:"故奉牲以告曰'博碩肥腯'。"○釋曰:鄭知有"君牽牲"者,見《祭義》云"君牽牲,穆荅君,卿、大夫序從",天子亦當然。又引《春秋傳》者,此《春秋左氏傳》[①]:"楚武王侵隨。隨少師請追楚師,季梁止之曰:'天方授楚,楚之羸,其誘我也。臣聞小之能敵大也,小道大淫[②]。'又云:'今民餒而君逞欲[③],祝史矯舉以祭,臣不知其可也。'公曰:'吾牲牷肥腯,粢盛豐備[④],何則不信?'對曰:'夫民,神之主也,是以聖王先成民而後致力於神。故奉牲以告曰博碩肥腯,謂民力之普存也。'"是其事也。

---

① "此"字原作"比",據阮本改。
② "小"字原作"少",據阮本改。
③ "今民餒"三字原作"令民餒",據阮本改。
④ "粢"字原作"粂",據阮本改。

周禮疏卷第十四

唐朝散大夫行大學博士弘文館學士臣賈公彥等撰

地官司徒下

載師掌任土之灋，以物地事、授地職，而待其政令。○釋曰：此經與下經爲目。言"任土之法"者，任謂任其力勢所能生育，即下經云"廛里任國中之地"以下是也。云"以物地事"者，此文遷於任其力勢而物色之，知其種植所宜何種。云"授地職"者，既知地勢所宜，而授有職事於地者。云"而待其政令"者，謂因其職事使出賦貢，即下經"園廛二十而一"以下是。**注**任土者，任其力勢所能生育，且以制貢賦也。物，物色之，以知其所宜之事，而授農牧衡虞使職之。○釋曰：云"任土者，任其力勢所能生育"者，力勢生育即下文物色是也。云"且以制貢賦也"者，地勢所能生育本以字民，但百姓足君孰與不足，故因民九職以制貢，故云且以制貢賦也。但地之所出唯貢而已，口率出錢及軍法乃名賦，鄭并言賦者，以民有地貢即有錢賦及軍賦，故鄭兼言賦也。且《禹貢》地貢亦名賦，故名"厥賦惟上上"之等也①。云"物，物色之，以知其所宜之事"者，此言出於《孝經緯》。故《孝經緯·援神契》云："五岳藏神，四瀆含靈，五土出利，以給天下。黃白宜種禾，黑墳宜種麥，蒼赤宜種菽，汚泉宜種稻。"所宜處多，故鄭云"之屬"也②。但《草人》所云"物地"者，據觀形色布種所宜，故二處皆云"物地"也。云"而授農牧衡虞使職之"者，既物地知所宜，須有職事。案《大宰職》"九職"皆主營地以出貢，

---

① "名"字阮本作"云"，阮校云："惠校本'云'作'名'，'名'蓋'言'之誤。"
② 加藤云："'之屬'二字見《草人》注，此注無所見，'鄭'下疑本或脫'草人注'三字。"按孫詒讓《周禮正義略例十二凡》謂賈疏蓋據沈重《周禮義疏》重修："賈疏原出沈氏，全書絕無援引沈義，而其移改之跡，尚可推案。如《載師》疏引《孝經援神契》一節，本《草人》注'黃白宜以種禾之屬'句釋義，賈移入《載師》而忘刪其述注之文，是其證。"所謂"忘刪其述注之文"即指此"之屬"也。

山虞、澤虞、川衡、林衡亦主地以出稅，故知"授地職"中有此農牧衡虞之等，但九職中略舉農牧二者。案《小司徒職》云："分地域而辯其守，施其職。"彼"守"、"職"文具，故彼鄭注："守，謂衡虞。職，謂九職。"此經無"守"，惟有"地職"，故鄭以"地職"中兼見衡虞之守也。**以廛里任國中之地，以場圃任園地**①**，以宅田、士田、賈田任近郊之地，以官田、牛田、賞田、牧田任遠郊之地，以公邑之田任甸地，以家邑之田任稍地，以小都之田任縣地，以大都之田任畺地。**

○釋曰：此一經，論任土之法。但天子畿內千里，中置國城，四面至畺各五百里，百里爲一節，封授不同。今則從近向遠，發"國中"爲始也。但自遠郊百里之內置六鄉七萬五千家，自外餘地有此"廛里"以至"牧田"九等所任也。云"以公邑之田任甸地"者，郊外曰甸。甸在遠郊之外，其中置六遂七萬五千家②，餘地既九等之人所受③，以爲公邑也。但自此以至畿畺，四處皆有公邑，故據此而言也。云"以家邑之田任稍地"者，謂天子大夫各受采地二十五里，在三百里之內。云"以小都之田任縣地"者，謂天子之卿各受五十里采地，在四百里縣地之內也。云"以大都之田任畺地"者，謂三公及親王子母弟各受百里采地，在五百里畺地之中也。名三百里地爲"稍"者，以大夫地少，稍稍給之，故云稍也；四百里爲"縣"者，以四百里采地之外地爲公邑，主之者尊卑如縣正，故《司馬法》亦名四百里爲縣也；五百里爲"畺"者，以外畔至五百里畿畺，故以畺言之。**注**故書廛或作壇，郊或爲蒿，稍或作削④。鄭司農云："壇讀爲廛。廛，市中空地未有肆、城中空地未有宅者。民宅曰宅。宅田者，以備益多也。士田者，士、大夫之子得而耕之田也。賈田者，吏爲縣官賣財與之田。官田者，公家之所耕田。牛田者，以養公家之牛。賞田者，賞賜之田。牧田者，牧六畜之田。《司馬法》曰：'王國百里爲郊，二百里爲州，三百里爲野，四百里爲縣，五百里爲都。'"杜子春云："蒿讀爲郊。五十里爲近郊，百里爲遠郊。"玄謂廛里者，若今云邑居里矣。廛，民居之區域也。里，居也。圃，樹果蓏之屬，季

---

①　"場"字原作"塲"，據婺本、金本、阮本改。按"塲"即"場"之後出別體，底本通作"塲"，此補版而作"塲"。

②　"千"字原作"于"，據阮本改。

③　浦鏜云："'既'當'即'字誤。"

④　段考云："'稍'《說文·邑部》作'鄁'。案今《周禮》無鄁字，疑注云'故書或作削'，削即鄁之譌字。鄭君從稍，許從鄁。"

秋於中爲場。樊圃謂之園①。宅田，致仕者之家所受田也。《士相見禮》曰："宅者在邦則曰市井之臣，在野則曰草茅之臣。"士讀爲仕。仕者亦受田，所謂圭田也。《孟子》曰："自卿以下必有圭田，圭田五十畮。"賈田，在市賈人其家所受田也。官田，庶人在官者其家所受田也。牛田、牧田，畜牧者之家所受田也。公邑，謂六遂餘地，天子使大夫治之，自此以外皆然。二百里、三百里其大夫如州長，四百里、五百里其大夫如縣正，是以或謂二百里爲州，四百里爲縣云。遂人亦監焉。家邑，大夫之采地；小都，卿之采地；大都，公之采地。王子弟所食邑也。罿，五百里，王畿界也。皆言任者，地之形實不方平如圖，受田邑者遠近不得盡如制，其所生育賦貢取正於是耳。以廛里任國中，而《遂人職》授民田②，"夫一廛，田百畮"，是廛里不謂民之邑居在都城者與？凡王畿内方千里，積百同，九百萬夫之地也。有山陵、林麓、川澤、溝瀆、城郭、宮室、涂巷，三分去一，餘六百萬夫。又以田不易、一易、再易上中下相通，定受田者三百萬家也。遠郊之内，地居四同，三十六萬夫之地也。三分去一，其餘二十四萬夫。六鄉之民七萬五千家，通不易、一易、再易，一家受二夫，則十五萬夫之地。其餘九萬夫。廛里也，場圃也，宅田也，士田也，賈田也，官田也，牛田也，賞田也，牧田也，九者亦通受一夫焉，則半農人也，定受田十二萬家也。《食貨志》云："農民户一人已受田，其家衆男爲餘夫，亦以口受田如比。士工商家受田，五口乃當農夫一人。"今餘夫在遂地之中，如此則士工商以事入在官，而餘夫以力出耕公邑。甸、稍、縣、都合居九十六同，八百六十四萬夫之地。城郭、宮室差少，涂巷又狹，於三分所去六而存一焉③，以十八分之十三率之，則其餘六百二十四萬夫之地，通上中下，六家而受十三夫，定受田二百八十八萬家也。其在甸七萬五千家爲六遂，餘則公邑。○釋曰：云"故書廛或作壇"已下，先鄭及子春等不從故書者，以其壇與蒿、削義無所取故也。鄭司農云"廛，市中空地未有肆、城中空地未有宅"，後鄭不從者，以其"廛"者廛縣於中，"里"又訓爲居，不得爲空地。若空地，何因有二十而税乎？且司農又不釋"里"之與"廛"義異，故後鄭以爲"民居之區域"，與《孟子》"五畝之宅"及《遂人》"夫一廛"一物解之也。司農云"民宅曰宅。宅田，以備益多也"者，司農意，以宅本一夫受一區，恐後更有子弟，國中不容，故别受宅田於近郊，以備後子弟益多，出往居之。後鄭不從者，依《士相見禮》，致仕者有宅在國、宅在野二者。依彼稱"宅"，與此"宅

---

① "謂"字原作"誰"，據婺本、金本、阮本改。
② "而"字原作"如"，據婺本、金本、阮本改。賈疏述注作"而"。
③ "三"字原作"二"，據婺本、金本、阮本改。

田”文同，故不從先鄭，依彼解之。司農云“士田者，士、大夫之子得而耕之田也”，後鄭不從者，以此“士”字言之，不得兼大夫。又《禮記》士之子不免農，大夫之子免農矣。不得爲大夫子得而耕之田，故後鄭破此“士”爲“仕”，仕謂卿、大夫已下仕宦得田，依《孟子》“圭田”解之。司農云“賈田者，吏爲縣官賣財與之田”，後鄭不從者，依《周禮》之内云“賈人”者，皆仕在官，府、史之屬，受禄於公家，何得復受田乎？故後鄭以爲“賈人其家所受田也”。司農云“官田者，公家之所耕田”，後鄭不從者，下云“近郊十一”皆據此士、官田之等，若官田是公家所耕，何得有税乎？故後鄭以爲府、史之等仕在官家人所受田也。司農云“牛田者，以養公家之牛”，後鄭不從者，若是養公家牛，何得下文有税？故後鄭亦爲牛人之家所受田也。司農云“賞田者，賞賜之田”，此即《夏官・司勳》云“賞田”，一也，故後鄭從之。司農云“牧田者，牧六畜之田”，司農意，此即牧人掌牧六牲者也。後鄭不從者，若是牧人牧六牲，則是公家放牧之地，何得下文有税乎？故後鄭亦云牧人家人所受田也。司農引《司馬法》已下者，證經遠郊百里、四百里爲縣、五百里爲畺，畺即都，一也。無取於“州”與“野”之義，連引之耳。子春云“五十里爲近郊”，後鄭義亦然，故《書序》云：“周公既没，命君陳分正東郊成周。”鄭注云：“天子之國，五十里爲近郊。今河南、洛陽相去則然。”是近郊五十里之驗也。子春又云遠郊百里，此與《司馬法》同，故後鄭從之也。“玄謂里，居也”，案《爾雅・釋言》云：“里，邑也。”今云“里，居”者，但里居城邑之中，故《爾雅》云“里，邑”，不謂訓里爲邑，故鄭云“里，居也”。云“圃，樹果蓏之屬”者，此謂田首之界家有二畝半以爲井竃葱韭者，故得種樹果蓏之屬。云“季秋於中爲場”者，《七月》詩云“九月築場圃”是也。云“樊圃謂之園”者，《大宰》“九職”有“園圃毓草木”，并“園”言之；《詩》“折柳樊圃”，故云樊圃謂之園也。引《士相見》者，破先鄭以爲宅田爲民宅之義也。云“士讀爲仕”者，後鄭之意，單“士”恐不兼卿、大夫，故破從“仕宦”之仕[1]。云“所謂圭田也”者，所謂《王制》“夫圭田無征”，復是殷法[2]，故圭田無税入天子法，故言無征；此是周法，故有近郊十一而税。引《孟子》者，證圭田卿、大夫、士皆有之義也。云“賈田”已下至“畜牧者之家所受田也”者，皆是不從司農之義。云“公邑，謂六遂餘地”者，欲見六鄉之内有九等之田[3]，無公邑之意。云“天子使大夫治

---

　①　“宦”字原作“官”，據阮本改。阮校云：“閩、監、毛本‘宦’作‘官’，誤，上云‘仕宦得田’可證。”

　②　浦鏜云：“‘復’疑誤，或衍字。”按“復”蓋“彼”之形訛字，與下文“此”相對爲言。

　③　“内”字原作“外”，孫校云：“‘外’當作‘内’。”兹據改。

339

之"者，以其四等公邑非鄉遂，又非采地，不見有主治之。以《司馬法》云"二百里曰州，四百里曰縣"言之，故知天子使大夫治之也。云"自此以外皆然"者，以《大宰》"九賦"有邦甸、家稍、邦都之賦，非采地，是公邑可知。又三百里以外其地既廣，三等采地所受無多，故唯九十三國，明自外皆是餘地爲公邑也。若然，是公邑之地有四處也。云"二百里、三百里其大夫如州長，四百里、五百里其大夫如縣正"者，此約《司馬法》"二百里曰州，四百里曰縣"而言。則從二百里向外有四百里，二百里爲一節，故二百里、三百里大夫治之尊卑如州長，中大夫也；四百里、五百里尊卑如縣正，下大夫也。云"是以或謂二百里爲州，四百里爲縣云"者，此還據《司馬法》而言。無正文，約與彼同，故言"或"又言"云"以疑之也。云"遂人亦監焉"者，案《遂人》云"掌野"，鄭云："郊外曰野①。"大摠言之，則自百里外置六遂爲野，自百里外至五百里畿皆曰野，是以彼下又云"夫間有遂"云云，而言"以達于畿"。但鄉遂及公邑皆爲溝洫法，是以遂人亦監焉。云"家邑，大夫之采地；小都，卿之采地；大都，公之采地"者，此經有"家邑"、"小都"、"大都"之文，《小司徒》有"四丘爲甸，四甸爲縣，四縣爲都"，彼據稅入天子而言，此總據采地大小而言，則家邑二十五里②，大都百里，通治溝洫及澮而言也。云"王子弟所食邑也"者，王子弟者，據《春秋》之義，凡言"弟"者皆王之同母弟。則母弟與王之庶子與公同食百里，地在畺；稍疏者與卿同食五十里，地在縣；又疏者與大夫同食二十五里，地在稍。故在下别言王子弟所食邑。云"皆言任者，地之形實不方平如圖"者，上經注"任土者③，任其力勢所能生育"，彼并言"土"，故云"任"言任其生育；此經皆單言"任"，故以任其曲直高下形實解之。言"任"義得兩含也。云"受田邑者遠近不得盡如制"者，地既不可方平如圖，明受田受邑者不得盡如制，制還是圖也。云"其所生育賦貢取正於是耳"者，此鄭還釋"任"義，非直任其形實，亦兼解任其生育貢賦取正也，是以上注云"任其生育，且以制貢賦也"。云"以廛里任國中，而《遂人職》授民田，夫一廛，田百畮"，引之者，覆破司農謂廛爲空地，故云"是廛里不謂民之邑居在都城者與"，言正是民之邑居在都城者，聲解之也④。云"凡王畿內方千里"者⑤，據《大司徒》、《大司馬》皆云王畿千里而言也。云"積百

<hr />

① "曰"字原無，浦鐘以爲脱訛，兹據補。
② 孫校云："'家邑二十五里'下據《小司徒》注當補'小都五十里'五字。"
③ "注"字原作"土"，據阮本改。
④ "聲"字阮本作"并"，阮校云："'聲'字疑誤。"
⑤ "云"字原作"玄"，據阮本改。

同”者，王畿千里，開方之，方千里爲方百里者百，百里爲一同，故云積百同。云“九百萬夫之地也”者，一同百成，成九百夫，十成九千夫，百成九萬夫，百同故九百萬夫之地也。云“有山陵、林麓、川澤、溝瀆、城郭、宮室、涂巷，三分去一，餘六百萬夫”者，案《大司徒》注：“積石曰山，大阜曰陵，注瀆曰川，水鍾曰澤。”《爾雅·釋山》：“山足曰麓。”此瀆非四瀆，其溝亦非田間廣深四尺之溝①，直是通水之溝瀆也。城，謂方十二里。郭，謂郛郭。宮室，謂城郭之內官民宮室。涂巷，謂城內九經九緯及民間街巷之等。三分去一，謂九百萬夫之中三分去一，故云餘六百萬夫也。案洛邑千里之中，山林之等多於平地，而鄭以三分去一，據大較而言也。云“又以田不易、一易、再易上中下相通”者，此相通三家受六夫之地也。云“定受田者三百萬家也”者，亦據六百萬夫相通而言也。云“遠郊之內，地居四同，三十六萬夫之地也”者，以其遠郊百里內置六鄉，四面相距二百里，二二而四，故四同。每同有九萬夫，四九三十六，故知三十六萬夫之地。云“三分去一②，其餘二十四萬夫”者，前文揔據畿內方千里三分去一，此更據四同之內山陵之等三分去一③，故其餘二十四萬夫也。云“六鄉之民七萬五千家”者，鄉有萬二千五百家，六鄉故七萬五千家。云“通不易、一易、再易，一家受二夫，則十五萬夫之地”者，此亦相通而言也。云“其餘九萬夫”者，據二十四萬夫除十五萬夫，故餘九萬夫也。云“廛里”已下至“半農人也”，鄭意九者未必各爲整萬家④，以大抵九者各爲萬家解之，據整數而言耳。云“亦通受一夫焉”者，其中亦有不易、一易、再易，相通而各受一夫焉。云“半農人也”者，農人相通各受二夫之地，此受一夫，故云半農人也。云“定受田十二萬家也”者，此鄭揔計六鄉七萬五千家，此九者二夫爲一夫，九萬爲四萬五千，四萬五千添七萬五千，爲十二萬夫。據實爲地爲定數，故云定也。云“《食貨志》云：農民戶一人已受田，其家衆男爲餘夫，亦以口受田如比”，引之者，證六鄉七萬五千家，家爲七夫爲計⑤，餘子弟多，三十壯有室，其合受地亦與正夫同，故《遂人》云：“夫一廛，田百畮，餘夫亦如之。”是其餘衆男爲餘夫亦以口受田，如正夫之比類。若然，案《孟子》云：“圭田五十畮，餘夫二十五畮。”彼餘夫與正夫不同者，彼餘夫是年二十九已下，未有妻，受口田故二十五畮；

---

① “溝”字原作“港”，據阮本改。
② “去”字原作“云”，據阮本改。
③ “一”字原作“三”，據阮本改。
④ “必”字原作“畢”，阮校云：“毛本‘畢’作‘必’，當據正。”茲據改。
⑤ “爲七夫”三字阮本作“以七夫”。

若三十有妻,則受夫田百畝①。故鄭注《内則》云:"三十受田,給征役。"《鄉大夫》注亦云:"有夫有婦乃成家。"何休亦云:"一夫一婦,受井田百畝。"云"士工商家受田,五口乃當農夫一人"者,此謂士與工、商之家丈夫成人受田各受一夫,則上云半農人者是也。其家内無丈夫,其餘家口不得如成人,故五口乃當農夫一人矣。云"今餘夫在遂地之中"者,謂百里内置六鄉,以九等受地皆以一夫爲計,其地則盡,至於餘夫,無地可受,則六鄉餘夫等並出耕在遂地之中百里之外。其六遂之餘夫並亦在遂地之中受田矣,故摠云今餘夫在遂地之中也。云"如此則士工商以事入在官,而餘夫以力出耕公邑"者,案《食貨志》:"士農工商,四民有業。學以居位曰士,闢土殖穀曰農,作巧成器曰工,通財粥貨曰商。聖王量能授事,四民陳力受職,故地無曠土。"又云:"農民户一人已受田,其家衆男爲餘夫,亦以口受田如比。"又云:"士工商家受田,五口乃當農夫一人。此謂平土可以爲法。"又見《齊語》管子對桓公②亦云:"昔者聖王②,處士以閑燕,處工就官府,處商就市井,處農就田野。"皆云"少而習焉,其心安焉"。據此二文皆有四民,但民農已於上鄉遂、公邑受地,故此唯説士工商三者也。其身得禄免農③,其子不免農,故《禮記》:"問士之子,長,曰'能耕矣'。"大夫已上之子則免農矣,故《禮運》云:"大夫有田以處其子孫。"然士既有禄沾及子弟,故其家田亦五口乃當農夫一人也。其工商比農民爲賤,故其家人亦五口乃當農夫一人。此工商則與上賈人别:彼賈人仕在官若府、史,但異名耳;此工商有事時復爲官所使,故云以事入在官。云餘夫以力出耕公邑者,還是五口之内有丈夫,非士工商之身即曰餘夫。百里内既置六鄉及九等,無地可居,故知亦出耕公邑也。云"甸、稍、縣、都合居九十六同,八百六十四萬夫之地"者,經有"任甸、稍、縣、都"。遠郊之内已入六鄉與九等,故此特據甸地已外至五百里。但王畿千里,摠計有百同,已取四同爲百里内,故餘有九十六同。同有九萬夫,百同則九百萬夫,其中除四同三十六萬夫,故餘爲九十六同、八百六十四萬夫之地也。云"城郭、宮室差少,涂巷又狹"者,鄭欲解於三分所去而存二之意④。但百里之外雖有公邑、采地,城郭、宮室比百里之内爲狹少耳。云"於三分所去六而存一焉,以十八分之十三率之"者,但百里之内則三分所去六不存一,今於此三分所去之中六内而存取其一,則十八分之十三率之是

---

① "百"字原作"吉",據阮本改。
② "昔"字原作"皆",據阮本改。按《大司徒職》疏引不誤。
③ "其身"二字阮本同,其上宜補一"士"字。
④ "二"字原作"一",據阮本改。"三分所去而存二"即鄭注所云"三分去一"。

也。言十八分之十三率之者，若不六而存一，則十八分之，三六十八，去一分，有十二存；今於所去六中存取其一，以益十二，則所去者五，所存者十三，故云十八分之十三率之也。案張逸問："注'十八分之十三率之'，何謂？"鄭荅曰："六鄉之民，上地不易家百畝，一易家二百畝，再易家三百畝，相通三夫六百畝。六遂之民，上地家百畝、萊五十畝，中地家百畝、萊百畝，下地家百畝、萊二百畝，相通三夫而六百五十畝。以三分去一之法當餘十二，遂地以有五十畝萊，於三分去一乃得十三。"若據此而言，則於三分所去六而存一，唯據上地有萊五十畝而説。而鄭云"城郭、宮室差少，涂巷又狹"者，但六而存一指據六夫受十三夫地而言，今言城郭少、涂巷狹者，鄭意遠郊外上地有萊五十畝，故言於城郭少、涂巷狹中出此萊地焉。云"則其餘六百二十四萬夫之地，通上中下，六家而受十三夫，定受田二百八十八萬家也"者，三分所去六而存一之法即於同上計之：先取九十同，更別借取九十同，添爲百八十；是十八分之十三率之，所得者百三十，所去者五十；向者借半，今於百三十中還半，餘有六十五同存；仍有六同未分，於六同別借取十二同，添六爲十八同；三分所去六而存一則得十三同，所去者五同；向借十二同，是三分借二分，今還他二分，則十三同中取十二同，還他八同，得四同，一同者分爲九萬夫，還他六萬夫，得三萬夫；將此四同三萬夫添前六十五同，揔爲六十九同三萬夫矣。一同九萬夫，取六十同，六九五十四，爲五百四十萬夫；又有九同，同有九萬夫，九九八十一，又爲八十一萬夫，通前三萬夫，爲八十四萬夫；又添五百四十萬夫，揔爲六百二十四萬夫之地。故云"十八分之十三率之，則其餘六百二十四萬夫"也。云上中下者，上地家百畝、萊五十畝，中地家百畝、萊百畝，下地家百畝、萊二百畝。云六家而受十三夫者，以上地有萊五十畝，故三夫受六夫半，六夫受十三夫矣。云定受田者二百八十八萬家也者，以六家受十三夫，則六十萬家受百三十萬夫，百二十萬家受二百六十萬夫之地，又倍之，二百四十萬家受五百二十萬夫之地。餘有四十八萬家，於上借十二萬家，爲六十萬家，是五分借一；整數計之，則六十萬家受百三十萬夫之地。向五分借一，今還五分除一，六十除十二，餘有四十八萬家在；地亦五分除一，百三十除二十六萬夫，餘有一百四萬夫地在。將此四十八萬家添前二百四十萬，爲二百八十八萬家；又將此一百四萬夫地添前五百二十萬夫，揔爲六百二十四萬夫矣。云"其在甸七萬五千家爲六遂，餘則公邑"者，鄭既揔計畿內遠郊之外訖[①]，別更計二百里之中者，以三百里已外封三等采地，采地多少不定，不可計；其六遂與六鄉相對，故特計之。以其六遂家數與六

鄉相似，但六鄉之內餘地有九等所居，六遂餘地既無九等，故以餘地爲公邑也。但邦畿千里，唯民所止，若東都地中言之，東面雖有平地，至於三面，山林徧有^①。今鄭所計雖三分去一，豈有二分平土乎？且六鄉之民猶可以數計之，其九等之地豈各萬夫爲定乎？但鄭欲以開悟後人，聊以整數爲算法耳。**凡任地，國宅無征，園廛二十而一，近郊十一，遠郊二十而三，甸、稍、縣、都皆無過十二，唯其漆林之征二十而五。** ○釋曰：上經言任地所在，此經言出稅多少不同之事。云"國宅無征"者，征，稅也，謂城內官府治處無稅也。云"園廛二十而一"者，園即上經"場圃任園地"，廛即上經"廛里任國中之地"，并言之者，以其出稅同故也。云"近郊十一"者，即上經"宅田"、"士田"、"賈田"任在近郊者同十一而稅也。云"遠郊二十而三"，即上經"官田"、"牛田"、"賞田"、"牧田"任遠郊之地同二十而稅三也。云"甸、稍、縣、都皆無過十二"者，即上經"公邑之田任甸地"已下至"任畺地"四處皆無過十而稅二。但此四處出稅不同：據上文直言"公邑之田任甸地"，則甸地之中兼有六遂矣；其稍、縣、都，上文惟言"家邑"、"小都"、"大都"三等采地爲井田助法^②，不見公邑，則三者之中皆有公邑，故上注云"自此已外皆然"。若然，則此云"十二"者，除三等采地而言，以其鄉遂、公邑皆爲夏之貢法故也。云"漆林之征二十而五"者，上之三等爲輕近重遠法；此漆林之稅特重，以其漆林自然所生，非人力所作故也。**注**征，稅也。言征者，以共國政也。鄭司農云："任地，謂任土地以起稅賦也。國宅，城中宅也。無征，無稅也。"故書"漆林"爲"桼林"，杜子春云："當爲'漆林'。"玄謂國宅，凡官所有宮室，吏所治者也。周稅輕近而重遠，近者多役也。園廛亦輕之者，廛無穀，園少利。古之宅必樹，而置場有瓜^③。

○釋曰：司農云"國宅，城中宅也。無征，無稅也"者，先鄭意，"廛"既爲空地，非民宅，則此"國宅"，城中宅，謂民宅也。後鄭不從者，後鄭意，以"廛里"既爲民宅，則此"國宅"非民宅，是以爲官府治事處解之。"玄謂國宅，凡官所有宮室，吏所治者也"者，吏即卿、大夫等，則《匠人》云"外有九室，九卿治之"是也，故無征也。云"周稅輕近而重遠，近者多役也"者，以其城內及城外近城者給公家使役多，於稅上輕而優之；遠城者役少，故於

---

①　"徧"字阮本作"雜"，加藤云："作'雜'似可。"

②　"助"字原作"鋤"，據阮本改。按"三等采地爲井田助法"對下"鄉遂、公邑皆爲夏之貢法"，賈疏於《冬官・匠人》論之甚詳，可以參看。

③　"場"字原作"塲"，婺本、金本作"塲"，據阮本改。

稅上重而苦之，故不依十一而稅，唯近郊之内當十一耳。云“園廛亦輕之者，廛無穀，園少利也”者，以其廛則五畮之宅在園中，則《孟子》云“五畮之宅，樹之以桑麻”，是廛無穀也。園少利者，此園則百畮田畔家各二畮半，以爲井竈種葱韭及瓜，是園少利，故亦輕之。云“古之宅必樹”者，即《孟子》“桑麻”是也。云“置場有瓜”者，是《信南山》詩，云“中田有廬，置場有瓜”，鄭云：“中田，田中。作廬以便其事。於其畔種瓜，瓜成又入其稅，天子剥削淹漬以爲菹，獻之皇祖①。”是其園廛皆有稅之事也。《異義》第五《田稅》：“今《春秋公羊》説：十一而稅，過於十一，大桀小桀；減於十一，大貉小貉；十一稅，天子之正②，十一行而頌聲作。故《周禮》國中、園廛之賦二十而稅一③，近郊十而稅一，遠郊二十而稅三。有軍旅之歲，一井九夫百畮之賦出禾二百四十斛，芻秉二百四十筋④，釜米十六斗。案《公羊》十一稅，遠近無差。漢制收租，田有上中下，與《周禮》同義。”“玄之聞也，《周禮》制稅法輕近而重遠者，爲民城道溝渠之役近者勞遠者逸故也。其授民田，家所養者多，與之美田；所養者少，則與之薄田。其調均之而足，故可以爲常法。漢無授田之法，富者貴美且多，貧者賤薄且少，美薄之收不通相倍蓰⑤，而上中下也與《周禮》同義⑥，未之思也。又《周禮》六篇，無云軍旅之歲一井九夫百畮之稅出禾、芻秉、釜米之事，何以得此言乎？”若然，《周禮》稅法據王畿，《公羊》稅法據諸侯邦國。諸侯邦國無遠近之差者，以其國地狹少，役賦事暇，故無遠近之差也。**凡宅不毛者有里布，凡田不耕者出屋粟，凡民無職事者出夫家之征。**○釋曰：以草木爲地毛⑦，民有五畮之宅，廬舍之外不樹桑麻之毛者，罰以二十五家之稅。“布”，謂口率出泉。漢法口百二十也。云“凡田不耕者出屋粟”者，夫三爲屋。民有百畮之田不耕墾種

---

① “菹”字原作“殖”、“皇”字原作“鼻”，皆據阮本改。

② 孫校云：“陳壽祺云當作‘天下之中正’。案：本公羊宣十五年《傳》。”按陳壽祺説見《五經異義疏證》。

③ “國”字原作“園”，據阮本改。又孫校引陳壽祺説改“故”字爲“古”。

④ “筋”字原作“六”，阮本同，孫校引陳壽祺説改爲“筋”，兹從之。

⑤ “蓰”字原作“從”，阮本同。阮校云：“惠校本‘從’作‘蓰’，此誤。”兹據改。

⑥ “而上中下也”五字阮本同，阮校云：“疑‘而’下脱‘云’，‘也’當衍。”按許慎《五經異義》云“漢制收租，田有上中下，與《周禮》同義”，故鄭玄駁云“而云上中下與《周禮》同義，未之思也”。孫疏徑據阮校增删。

⑦ “地”字原作“民”，據阮本改。

作者,罰以三夫之税粟①。云"凡民無職事者出夫家之征"者,此則《大宰》"間民無常職,
轉移執事"之人。雖不事當家田宅,無可賦税,仍使出夫税、家税之征,以勸之使樂業
也。注鄭司農云:"宅不毛者,謂不樹桑麻也。里布者,布參印書,廣二寸,長二尺,以爲
幣,貿易物。《詩》云'抱布貿絲',抱此布也。或曰布,泉也。《春秋傳》曰:'買之百兩一
布。'又《廛人職》:'掌斂市之次布、儀布、質布、罰布、廛布。'《孟子》曰:'廛無夫里之布,
則天下之民皆説而願爲其民矣。'故曰宅不毛者有里布,民無職事出夫家之征。欲令宅
樹桑麻,民就四業,則無税賦以勸之也。故《孟子》曰:'五畮之宅,樹之以桑,則五十者
可以衣帛。'不知言布參印書者何,見舊時説也。"玄謂宅不毛者罰以一里二十五家之
泉,空田者罰以三家之税粟,以共吉凶二服及喪器也。民雖有間無職事者,猶出夫税、
家税也。夫税者,百畮之税;家税者,出士徒、車輦給繇役也。○釋曰:先鄭云"不毛者,謂
不樹桑麻",據《孟子》爲説也。云"里布"至"抱此布",此説非,故先鄭自破之也。云"或
曰布,泉"以下至"廛布",此説合義也。云"《春秋傳》曰:買之百兩一布",此昭公二十六
年《左氏傳》文。案彼文:齊侯以師欲納昭公,"申豐從女賈,以幣錦二兩以適齊師,謂子
猶之人高齮:'能貨子猶,爲高氏後。'高齮以錦示子猶,子猶欲之。齮曰:'魯人買之,百
兩一布。'"杜注云:"言魯人買此甚多,布陳之以百兩爲數。"杜以爲布爲陳,不爲布泉。
此先鄭以彼"布"與此"布"及《外府》"邦布"皆爲泉,與杜義異也。云"《廛人職》:掌斂市
之次布"已下,彼注先鄭云:"次布,列肆之税布。"總布,後鄭云:"總讀如'租穮'之穮。
穮布謂守斗斛銓衡之布。質布謂質人所罰犯質劑者之布。罰布者,謂犯市令者之泉。
廛布者,貨賄諸物邸舍之税。"彼諸布皆是泉,故引以爲證也。引《孟子》"廛無夫里之
布",亦謂口率出泉。宅不毛無一里之罰布,天下民願爲之民矣。云"欲令民就四業,則
無税賦以勸之"者,案《閭師》四業,畜也、耕也、樹也、藝也。或説以四時之業。"玄謂
宅不毛者罰以一里二十五家之泉"者,此就足司農之義。"空田者罰以三家之税粟"者,
以夫三爲屋,以三夫解屋也。云"以共吉凶二服及喪器也"者,案《鄉師職》云:"比共吉

----

① "三夫"二字阮本作"三家",此經鄭注之賈疏"田不耕則罰之三夫之税粟"同。加
藤云:"注作'家'。"按《旅師職》鄭注云"屋粟,民有田不耕所罰三夫之税粟",又云"勱粟,
民相助作一井之中所出九夫之税粟也。間粟,間民無職事者所出一夫之征粟",《遂人
職》注云"王莽時,城郭中宅不樹者爲不毛,出三夫之布",是後鄭注通言"夫",《載師職》
注云"三家之税粟"者,承上"一里二十五家之泉"故也。又此經鄭注"空田者罰以三家之
税粟"賈疏云:"以夫三爲屋,以三夫解屋也。"亦云"三夫"。然則賈疏作"三家"者蓋後人
據注而改。

凶二服，閭共祭器，族共喪器，黨共射器，州共賓器。"但射器、賓器等爲國行禮，故出官物爲之，惟吉凶二服及喪器是民自共用，不可出官物，故比、族主集此罰物爲之，故鄭唯據此二事而言也。云"夫稅者，百畮之稅"，知者，以家稅爲士徒，故知是一夫之田所稅粟也。云"家稅者，出士徒、車輦給繇役"，知者，案《縣師》云："若將有軍旅、會同，作其衆庶及馬牛、車輦。"故知家稅是士徒、車輦也。趙商問："《載師職》凡宅不毛乃罰以一里布田、不耕者罰屋粟。商以田不耕，其罪莫重；宅不毛，其罰當輕。宅不毛乃罰以二十五家之布，田不耕則罰之三夫之稅粟，未達罰之云爲之旨、輕重之差。"鄭荅："此法各當罰其事於當其有故，何以假他輕重乎？"**以時徵其賦。**〇釋曰：閭師徵斂六鄉之賦貢，遂師、旅師斂六遂已外之賦貢，自有常官。但徵斂事重，以載師既掌畿内地事，因亦徵其賦，相左右也。案下《閭師》注："賦，謂九賦及九貢。"則此"賦"，貢含有也。至於里布、屋粟及間民夫家之征，亦可徵之。

閭師掌國中及四郊之人民、六畜之數，以任其力，以待其政令，以時徵其賦。〇釋曰：閭師徵斂百里内之賦貢，故云"掌國中及四郊之人民及六畜之數"。以其人民是出賦之數[1]，其六畜是營作之本，故須知數也。云"以任其力"者，謂以人民、六畜任使其力也。云"以待其政令"者，政令謂賦、役皆是也。"以時徵其賦"者，賦貢所徵當順其四時，故云以時也。**注**國中及四郊，是所主數六鄉之中自廛里至遠郊也。掌六畜數者，農事之本也。賦，謂九賦及九貢。〇釋曰：云"國中及四郊，是所主數"者，以其六鄉之民居在國中及四郊，其政教自有鄉大夫以下施之；今閭師主徵斂，直知其人數而已，故云是主數也。云"六鄉之中自廛里至遠郊也"者，此鄭重解"國中及四郊"之義。據上文，"廛里"至"任遠郊之地"，其中含有六鄉七萬五千家，故鄭指六鄉而言也。云"掌六畜數者，農事之本也"者，六畜謂馬牛羊豕犬鷄，則唯牛可爲農事，而鄭揔云"農事之本"者，羊馬犬鷄雖不用爲農事，皆是人之相資藉以爲用，故揔入農事之中。是以閭師主徵斂，亦揔知其數也。云"賦，謂九賦"者，案下又陳"貢"，故知"賦"中兼有貢，經直言賦者，以賦爲主耳。賦謂口率出泉。若然，案《大宰》"九賦"，從"邦中"以至"幣餘"爲九等，此"國中及四郊"於九賦之中惟有二賦，而言九賦者，亦大揔而言也。其"九貢"又與《大宰》别：彼九貢者，與《小行人》"春入貢"爲一，謂諸侯之九貢；即

---

① "數"字原作"敷"，據阮本改。

《大宰》九職之貢①，與下文“貢九穀”之等是一也。凡任民：任農以耕事，貢九穀；任圃以樹事，貢草木；任工以飭材事，貢器物；任商以市事，貢貨賄；任牧以畜事，貢鳥獸；任嬪以女事，貢布帛；任衡以山事，貢其物；任虞以澤事，貢其物。　○釋曰：案《大宰》“以九職任萬民”，謂任使萬民各有職事。有職事必有功，有功即有貢，故此論貢之法也。言“凡任民”，謂任使萬民使出貢，與下爲目。云“任農以耕事，貢九穀”者，案《大宰職》云：“一曰三農，生九穀。”故此還使貢九穀。九穀之數，《大宰》已注訖。云“任圃以樹事，貢草木”者，《大宰》云：“二曰園圃，毓草木。”故還使貢草木，謂菜蔬果蓏之屬。云“任工以飭材事，貢器物”者，《大宰》云：“五曰百工，飭化八材。”但八材飭治以爲器物，故此還使貢之也。云“任商以市事，貢貨賄”者，《大宰》云：“六曰商賈，阜通貨賄。”故還使貢貨賄也。云“任牧以畜事，貢鳥獸”者，《大宰》云：“四曰藪牧，養蕃鳥獸。”故還使貢鳥獸也。云“任嬪以女事，貢布帛”者，《大宰》云：“七曰嬪婦，化治絲枲。”故還使貢布帛。女即彼嬪婦也。云“任衡以山事，貢其物”者，《大宰》云：“三曰虞衡，作山澤之材。”材即物也。以其山澤所出物多，故云“物”，若《禹貢》云“海物”然也。《序官》山、澤稱“虞”，川、林稱“衡”；此文云“任衡以山事”，山不稱虞者，欲見山中可以兼川、林，亦貢物，故互見爲義也。此文次第與《大宰》不同者，彼依事大小爲次，此不依彼爲次者，欲見事無常故也。且彼有九職，仍并山、澤爲一，此文分山、澤爲二，唯有八者，但九職有“臣妾”及“間民”，此無者，以周公設經任之則有臣妾，使得自生，若貢稅則無②，以其聚斂蔬材③，無可稅故也；其間民，《載師》已見“出夫家之征”，故於此不言之矣。其分山、澤爲二者，以山、澤出貢不同，故分爲二以充八，通間民爲九耳。　注　貢草木，謂葵韭果蓏之屬。　○釋曰：案《大宰》注：“疏

---

① 孫校云：“‘即’上疑奪‘此’字。”按賈疏多有省“此”之例，《天官·酒正職》“共賓客之禮酒”鄭注“禮酒，王所致酒也”疏云“下《酒人》云‘賓客之陳酒’，彼言陳，謂若致饗餼，列陳於客館中；言禮酒不言陳，謂饗燕之酒”，又《秋官·司儀職》諸公之臣相聘節“及廟，唯君相入”疏云“與前諸公少異：彼是兩君，故云‘唯上相入’，則兩相擯介各有；上相亦不入，故據君而言也”，“言禮酒不言陳”、“上相亦不入”上皆無“此”字與其上“彼”字相對。孫校則亦謂“‘上相亦不入’上當脫‘此’字”。

② “貢”字原作“責”，據阮本改。

③ “蔬”字阮本作“疏”。按《天官·大宰職》“八曰臣妾，聚斂疏材”，即此賈疏所本，故加藤即謂“疏”字是。“疏”、“蔬”古今字，《秋官·掌交職》疏亦云“九稅唯‘臣妾聚斂疏材’者無稅，揔言九稅耳”。

材，百草根實。”與此注不同者，但百草根實即“葵韭果蓏”，百草中可以兼“木”矣。**凡無職者出夫布。**○釋曰：無職非一，故言“凡”。此“無職”即《大宰》“閒民無常職，轉移執事”者也。轉移執事即是有職，而言無職者，爲有職者執事，當家廛地不事，即無職也。云“出夫布”者，亦使出一夫口税之泉也。**注獨言無職者，掌其九賦。**○釋曰：云“獨言無職者，掌其九賦”者，上皆論貢，不言賦，惟此無職之人言“夫布”，夫布即賦也。以其掌九賦者，上雖直云貢，九賦亦掌之，故云掌其九賦。案劉琰問：“《載師職》云‘凡民無職事者出夫家之征’，《閭師職》云‘凡無職者出夫布’，夫家之征與夫布其異如何？”鄭荅云：“夫家之征者，田税，如今租矣。夫布者，如今筭斂，在九賦中者也。”以此言之，“若今租”即“夫征”，不得兼言“家”，鄭連言“家”，挾句耳。劉琰又問：“《閭師職》云‘凡任民：任農以耕事，貢九穀’，下至‘任虞’，凡八貢，不道九賦。下言‘凡無職者出夫布’，注云：‘獨言無職者，掌其九賦。’若此者，豈上八貢者復出八賦，與無職所出夫布凡爲九？將自布賦不同，重計八貢？未之能審也。”鄭荅曰：“讀《天官·冢宰職》則審矣。‘無職’在九賦中，今此不言其餘，獨言此者，此官掌斂賦[①]，嫌無職者不審出筭，故言耳。”鄭云“讀《天官·冢宰》則審”者，案《冢宰職》“九職”、“九賦”别：九賦自“邦中”以至“邦都”，六也，加以“關市”、“山澤”及“幣餘”爲九；九職不言服數，或一服之中而有職，安得八賦依八貢出之乎？言“審矣”者，審八賦不依九職爲九可知，故云審矣。若然，“無職在賦中”，其句下讀爲義，不連於上也。欲明無職之人非直在九職中，亦在九賦中，故云無職在九賦中也。**凡庶民，不畜者祭無牲，不耕者祭無盛，不樹者無椁，不蠶者不帛，不績者不衰。**注掌罰其家事也。盛，黍稷也。椁，周棺也。不帛，不得衣帛也。不衰，喪不得衣衰也。皆所以恥不勉。○釋曰：云“庶人不畜者祭無牲”者，案《孟子》云：“庶人五母鷄，二母彘，無失其時。”是以不畜者當罰之，故死後祭無牲也。庶人用牲之法，若《王制》云“韭以卵[②]，麥以魚，黍以豚，稻以鴈”，注云“庶人無常牲，取以新物相宜而已”是也。云“不耕者祭無盛”者，“黍稷”曰盛。耕者所以殖黍稷，今惰農自安，不殖黍稷，故死後祭之無盛也。云“不樹者無椁”者，庶人五畮之宅樹以桑麻，今宅不毛，非直罰以里布，死後又無五寸之椁也。云“不蠶者不帛”者，蠶則得帛。《孟子》云：“五十可以衣帛。”以不蠶，故身“不得衣帛”。云“不績者不衰”者，

---

① “掌”字原作“堂”，據阮本改。

② “卵”字原作“夘”，據阮本改。

緝續者得布。其衰裳以布爲之，其婦人不績其麻者，死則不爲之著衰裳，以罰之也。

縣師掌邦國、都鄙、稍甸、郊里之地域，而辨其夫家、人民、田萊之數及其六畜、車輦之稽。三年大比，則以攷羣吏，而以詔廢置。○釋曰：云"掌邦國"，據畿外諸侯。言"都鄙"，據畿内五百里、四百里大都、小都。言"稍"，據三百里家邑。言"甸"，據二百里六遂。言"郊里"，據從遠郊至國中六鄉之民也。從外向内而説之。言"地域"者，從邦國至六鄉各有地域廣狹。云"而辨其夫家、人民、田萊之數"者，夫家，猶言男女。人民，謂奴婢。田萊，見田及荒不耕者之萊。其數皆知，故云之數也。云"及其六畜、車輦之稽"者，六畜，馬牛羊豕犬鷄。車，所以駕馬。輦，人挽行之。稽，計也。謂所計之數皆知。云"三年大比，則以攷羣吏，而以詔廢置"者，古者亦三年一大案比户口，則考校主民之羣吏，校其功過，以詔告於上，有功者置之以進爵位，有過者廢退之。注郊里，郊所居也。自邦國以及四郊之内，是所主數周天下也。萊，休不耕者。郊内謂之易，郊外謂之萊，善言近。○釋曰：云"郊里，郊所居也"者，謂六鄉之民布在國中，外至遠郊，故有居在郊者也。案《遺人》云"鄉里之委積"，又云"郊里之委積"，彼云鄉里，據國中，云郊里，據在郊，與此同也。必知鄉民有居在郊者，見《比長》云："徙於國中及郊，則從而授之。若徙于他，則爲之旌節而行之。"國中及郊不云"他"，明郊與國中同是鄉民也。云"自邦國以及四郊之内，是所主數"者，其義若《閭師》耳。云"周天下也"者，邦國則六服，四郊則兼國中，故云周徧天下也。云"萊，休不耕"者，《詩》云："田卒汙萊。"注云："下者汙，高者萊。"是萊謂草萊之地，若"上地萊五十畮"之類也。云"郊内謂之易，郊外謂之萊，善言近"者，郊外言萊，即此經"田萊"，據郊而言，《遂人》亦云"萊五十畮、百畮"之類，是萊是草萊穢惡之稱也[①]。郊内謂之易無文，案《大司徒》云"凡造都鄙，制其地域"，云上地"不易"、中地"一易"、下地"再易"，司徒主六鄉，則六鄉之地從易可知。不言萊直言易者，善言近也。若將有軍旅、會同、田役之戒，則受灋于司馬，以作其衆庶及馬牛、車輦，會其車人之卒伍，使皆備旗鼓、兵器，以帥而至。注受法於司馬者，知所當徵衆寡。○釋曰：云"若將有軍旅"者，言若，謂若有若無，不定之辭。將有，謂事未至。

---

① "是萊是"三字阮本作"是萊爲"，"穢惡"二字作"穢污"。

軍旅，謂征伐。“會同”，謂時見、殷見。“田役”，謂四時田獵。“之戒”，有此數事則豫戒令之①。云“受法于司馬”者，司馬主將事，故先於司馬處受出軍多少及法式也。云“以作其衆庶”者，謂於司馬處得法乃作起其庶衆已下。云“會其車人之卒伍”者，謂會合車人。人則百人爲卒，五人爲伍；車亦有卒伍。云“使皆備旗鼓、兵器”者，旗，謂若《司馬》云“秋辨旗物：王載大常”已下；鼓，謂《司馬》云“春辨鼓鐸：王執路鼓”已下；兵器，謂弓矢殳矛戈戟也。“以帥而至”者，《鄉師》云“以旗致萬民”，此云“而至”者，謂帥而至鄉師也。**凡造都邑，量其地，辨其物，而制其域。** ○釋曰：言“造都”，謂大都、小都。“邑”，謂家邑也。云“量其地”者，家邑二十五里，大都百里，小都五十里也。云“辨其物”者，三等之地所有不同。云“制其域”者，即疆域大小是也②。**注**物，謂地所有也。名山大澤不以封。○釋曰：云“物，謂地所有也”者，若地物無所有，不得耕墾若山、澤者不授之，故引《王制》云“名山大澤不以封”也。**以歲時徵野之賦貢。** ○釋曰：以郊内賦貢閭師徵斂；郊外曰野，所有賦貢縣師徵之，遂師、旅師斂之，故云“徵野之賦貢”。**注**野，謂甸、稍、縣、都也。所徵賦貢與閭師同。○釋曰：知“野”含有“甸、稍、縣、都”者，以其縣師并掌天下，既邦國與畿内不同，明野中唯含有此四者也。云“所徵賦貢與閭師同”者，但閭師徵六鄉賦貢，并斂之；此縣師所徵四處賦貢與閭師同，若斂野之賦貢，是遂師、旅師也，故直云徵之同，明斂則異也。

　　遺人掌邦之委積，以待施惠：鄉里之委積，以恤民之囏阨；門關之委積，以養老孤；郊里之委積，以待賓客；野鄙之委積，以待羈旅③；縣都之委積，以待凶荒。 ○釋曰：此官主施惠，故“掌邦之委積，以待施惠”，此與下爲摠目也。云“鄉里之委積，以恤民之囏阨”者，此下數者，皆謂當年所稅多少摠送帳於上，在上商量計一年足國用外，則隨便留之，以爲恤民之囏阨之等也。囏阨謂年穀不孰，民有困乏④，則振恤之。云“門關之委積，以養老孤”者，門謂十二國門。關謂十二關門。出入皆有稅，所稅得者亦送帳多少，足國用之外，留之以養老孤。故《司

---

① “之戒”下阮本有“者謂”二字。
② “即”上阮本有“域”字，加藤謂無者脱訛。
③ “羈”字婺本、金本、阮本作“羈”。“羈”、“羇”異體字。
④ “乏”字原作“之”，據阮本改。

門》云：“以其財養死政之老與其孤。”注云：“財，所謂門關之委積也。”是其所留之財也。云“郊里之委積，以待賓客”者，里，居也。郊民所居，即六鄉之民所居郊者。其委積留之以待賓客者，其賓客至郊，與主國使者交接，因即與之廩餼，便欲以待賓客也。云“野鄙之委積，以待羈旅”者，上既言“郊里”，據遠郊；則此“野鄙”，據六遂。在郊外曰野，六遂中有五百家鄙，故以鄙表六遂耳，則野鄙中可以兼得公邑在甸地者也。旅，客也。謂客有羈繫在此未得去者，則於此惠之。但羈旅處處皆有，獨於此見惠者，但甸地在二百里中，於外內有羈旅皆得取之，故獨見於此。云“縣都之委積，以待凶荒”者，縣謂四百里。都謂五百里。不見稍三百里，則縣都中可以兼之。凶荒謂年穀不孰，則《曲禮》云“歲凶，年穀不登”是也。特於此三處見凶荒者，凶荒則畿內畿外皆有，若畿外凶荒，則入向畿內取之，畿內凶荒，則向畿外取之，是以鄭君“通給”解之，故於近畿三百里以外言待凶荒之事也[1]。 **注**委積者，廩人、倉人計九穀之數足國用，以其餘共之，所謂餘法用也。職內邦之移用亦如此也，皆以餘財共之。少曰委，多曰積。鄉里，鄉所居也。艱阨猶困乏也。門關以養老孤，人所出入，易以取餼廩也。羈旅，過行寄止者。待凶荒，謂邦國所當通給者也。故書艱阨作槿阨，羈作寄。杜子春云：“槿阨當爲艱阨，寄當爲羈。”〇釋曰：“倉人”主藏穀，“廩人”主藏米。自“計九穀之數”至“餘法用”，皆約《倉人》文。案《倉人》云：“辨九穀之物，以待邦用。若穀不孰[2]，則止餘法用；有餘，則藏之，以待凶而頒之。”注：“止猶殺。餘法用，謂道路之委積，所以豐優賓客之屬。”又案《廩人》云：“掌九穀之數，以待國之分頒。”謂若《委人》之職諸委積，“以稍聚待賓客，以甸聚待羈旅”，是《廩人》亦云委積。若然，穀不足止餘法用，則此“鄉里”已下皆無入委積之事，故云止餘法用也。雖無新物以入委積，其舊委積所藏者則給“艱阨”、“老孤”之等，故《倉人》云“藏之以待凶而頒之”。《掌客》云“凶荒則殺禮”者，謂除道路委積之外也。云“職內邦之移用亦如此也”者，《職內》所云，亦謂本司所用有餘乃移於他處，故云亦如此也。云“少曰委，多曰積”者，據此文，三十里言委，五十里言積，相對而言；若散文，則多亦曰委，《委人》所云薪蒸亦曰“委”是也。云“艱阨猶困乏也”者，案《書傳》云：“行而無資謂之乏，居而無食謂之困。”凡賓客、會同、師役，掌其道路之委積。凡國野之道，十里有廬，廬有飲食；三十里有宿，宿有路室，路

室有委；五十里有市，市有候館，候館有積。○釋曰：上經"委積"，隨其所須之處而委積；此經所陳"委積"，據"會同、師役"行道所須，故分布於道路。遠處須多，故有"積"；近處須少，故有"飲食"及"委"也。注廬，若今野候，徒有庌也。宿，可止宿，若今亭，有室矣。候館，樓可以觀望者也。一市之間^①，有三廬一宿。○釋曰：云"廬，若今野候，徒有庌也"者，此舉漢法以況義。漢時野路候迎賓客之處皆有庌舍，與廬相似。云"宿，可止宿，若今亭，有室矣"者，案漢法，十里有亭，亭有三老^②，人皆有宮室，故引以爲況也。云"一市之間，有三廬一宿"者，十里、二十里有廬，三十里有宿，四十里又有一廬，五十里有市，是其一市之間三廬一宿。凡廬有四義：十里有廬，一也；中田有廬，二也；《易·剝》之上九云"君子得輿，小人剝廬"，注云"小人傲很，當剝徹廬舍而去"，三也；《公劉》詩云"於時廬旅"，鄭云"廬舍安民，館舍施教令"，四也。凡委積之事，巡而比之，以時頒之。○釋曰：言"凡委積"，上二文"委積"之事是也。"以時頒之"，則"以待"者是也。

均人掌均地政，均地守，均地職，均人民、牛馬、車輦之力政。○釋曰：均人所均地政已下，揔均畿内鄉遂及公邑。云"均地政"者，謂均"地守"、"地職"二者之稅，使皆十一而出稅，又均"人民"已下"力征"之事也。注政讀爲征，地征謂地守、地職之稅也。地守，衡、虞之屬。地職，農、圃之屬。力征，人民則治城郭、涂巷、溝渠，牛馬、車輦則轉委積之屬。○釋曰：鄭破"政"爲"征"者，以經"政"是"政教"之政，非"征稅"之征，故破之也。鄭又知"地征"是"地守、地職之稅"者，以其出稅無過地守、地職二者，故知之也。云"地守，衡、虞之屬"者，亦謂畿内川衡、林衡、山虞、澤虞，皆遣其地之民守護之，及其入山林、川澤取之者，使出稅以當邦賦。云"地職，農、圃之屬"者，此即《大宰》"九職"云"一曰三農"、"二曰園圃"之屬，以九職任之，因使出稅也。云"力征"已下并"車輦"，並是力之征稅。若然，《土均》云："掌平地之政，以均地守，以均地事，以均地貢。"注云："所平之稅，邦國、都鄙也。"與此鄉遂及公邑別。彼又云"地貢"，鄭云："謂諸侯之九貢。"與此九職之貢又不同也。凡均力政，以歲上下：豐

---

①　"一"字原作"二"，據婺本、金本、阮本改。賈疏述注亦作"一市之間"。

②　"亭有"之"亭"字原脱，據阮本補。

年則公旬用三日焉，中年則公旬用二日焉，無年則公旬用一日焉。〇釋曰：此所均力政者，即上“人民”之力征，不通“牛馬、車輦”，故《禮記・王制》云：“用民之力，歲不過三日。”是此亦據人而言也。云“以歲上下”者，上即豐年，下即儉年也。“豐年則公旬用三日”者，公，事也。旬，均也。謂爲事均用三日也。**注**豐年，人食四鬴之歲也。人食三鬴爲中歲。人食二鬴爲無歲，歲無贏儲也。公，事也。旬，均也。讀如“螢螢原隰”之螢。《易》“坤爲均”，今書亦有作旬者。〇釋曰：鄭知“豐年，人食四鬴”已下者，案《廩人》云“人四鬴，上也；人三鬴，中也；人二鬴，下也”而知之。彼又云：“不能人二鬴，則令邦移民就穀。”此時則無力征矣。若然，此食二鬴而言“無年”，無年者，鄭云“無贏儲”，仍未移民就賤。此無年與彼不能人二鬴之歲不同，彼不能人二鬴自然無贏儲也。云“公，事也”者，此天子之法，非諸侯之禮，不得爲“公，君”解之，故從“公，事”而釋也。云“旬，均也”者，《王制》既云“用民歲不過三日”，明不得爲“旬，十日”解之，故破從“均”。恐不平，故云均也。云“讀如螢螢原隰之螢”者，彼詩“螢螢”是均田之意，故讀從之。云“《易》坤爲均，今書亦有作旬者”，彼《易》，坤爲地，地德均平，是以均爲義。今書，今《易》書。有作旬字者，旬與均俱有均平之意，故引爲證也。**凶札，則無力政，無財賦，**〇釋曰：“凶”，謂年穀不孰。“札”，謂天下疫病。則無此“力征”及“財賦”二事。此即《廩人》云“不能人二鬴”之歲。**注**無力政，恤其勞也。無財賦，恤其乏困也。財賦，九賦也。〇釋曰：云“財賦，九賦也”者，此即《大宰》“九賦”，謂口率出泉。知“賦”中惟是九賦者，以下文有“地守”、“地職”，故此惟有九賦也。若然，上“均地政”不言“均九賦”，亦均之可知。**不收地守、地職，不均地政。注**不收山澤及地稅，亦不平計地稅也。非凶札之歲當收稅，乃均之耳。**三年大比，則大均。注**有年、無年，大平計之。若久不脩，則數或闕。〇釋曰：經既云“大均”，明知“有年”及“無年”皆須大平均計之也。云“久不脩，則數或闕”者，三年一闕，是其久久不脩，謂不大平計則其中間不知其數，不知其數則是數闕也。

周禮疏卷第十五

唐朝散大夫行大學博士弘文館學士臣賈公彥等撰

師氏掌以媺詔王。○釋曰："媺"，美也。師氏掌以前世美善之道以詔告於王，庶王行其美道也。**注**告王以善道也。《文王世子》曰："師也者，教之以事而諭諸德者也。"○釋曰：引《文王世子》者，彼是師氏教世子禮，引爲"詔王"者，但詔王以道無文，彼教世子，與教王同，故取以爲證也。"諭"，曉也。"諸"，於也。彼謂教世子以君臣、父子、長幼之事而曉之以德，今詔王，亦曉之以德也。以三德教國子：一曰至德，以爲道本；二曰敏德，以爲行本；三曰孝德，以知逆惡。教三行：一曰孝行，以親父母；二曰友行，以尊賢良；三曰順行，以事師長。○釋曰："以此三德教國子"，王大子已下至元士之適子也。云"一曰至德，以爲道本"者，至德謂至極之德，以爲行道之本也。"二曰敏德，以爲行本"者，謂敏達之德，以爲行行之本也。"三曰孝德，以知逆惡"者，善父母爲孝，以孝德之孝以事父母，則知逆惡不行也。此上三德，皆在心而行不見，故鄭云"在心爲德"也。云"一曰孝行，以親父母"者，行善事父母之行，則能親父母，冬温夏清，昏定晨省，盡愛敬之事也。云"二曰友行，以尊賢良"者，此行施於外人，故尊事賢人、良人有德行之士也。云"三曰順行，以事師長"者，此亦施於外人，行遜順之行，事受業之師及朋友之長也。**注**德、行，內外之稱。在心爲德，施之爲行。至德，中和之德，覆燾持載含容者也。孔子曰："中庸之爲德，其至矣乎！"敏德，仁義順時者也。《説命》曰："敬遜務時敏①，厥脩乃來。"孝德，尊祖愛親，守其所以生者也。孔子曰："武王、周公，其達孝矣乎！夫孝者，善繼人之志，善述人之事者也。"孝在三德之下，三行之上，德有廣於孝，而行莫尊焉。國子，公卿大夫之子弟。師氏教之，

---

① "遜"字婺本、金本、阮本作"孫"。賈疏述注亦作"遜"，"孫"、"遜"古今字。

而世子亦齒焉，學君臣、父子、長幼之道。○釋曰：云"德、行，外内之稱①。在心爲德，施之爲行"者，案《禮記》云："恥有其德而無其行。"則德在内，行在外也。又見經"至德"、"敏德"，"道"、"行"爲本，道、行是施之於外之名。又"孝德"云"知逆惡"，亦是在外之事。則知三德皆在内，與外行爲本。又"三行"云"親父母"之等，故云施之爲行也。云"至德，中和之德"者，案《禮記・中庸》云："致中和，天地位焉。"故知至德是中庸之德也。云"覆燾持載含容者也"者，此"至德"即《中庸》所云"至誠"，一也。彼説"至誠無息，不息則久，久則徵，徵則悠遠，悠遠則博厚，博厚則高明。博厚所以載物，高明所以覆物"，是至德若天地覆燾持載含容者也。云"孔子曰：中庸之爲德，其至矣乎"者，此是《論語・雍也》之文。引之者，證此"至德"與"中庸之德"爲一之意。云"敏德，仁義順時者也"者，人君施政，春夏行賞爲仁，秋冬行罰爲義，是仁義順時，敏疾爲德者也。又引《説命》曰"敬遜務時敏，厥脩乃來"者，《尚書・説命》之篇傅説告高宗以學問之事。遜，順也。敏，疾也。厥，其也。爲君之法，當恭敬順道，務在順時，疾而行之，則其德之脩乃從學而來。引之者，證仁義順時之義也。云"孝德，尊祖愛親，守其所以生者也"者，孝德不如上二德，直能善父母爲孝，施德於親而已，故云守其所以生者也。又引孔子曰"武王、周公，其達孝矣乎"至"之事"，是《禮記・中庸》文，言二人通達行孝者也。云"夫孝者，善繼人之志，善述人之事"者，案《中庸》上文云："無憂者，其惟文王乎！父作之，子述之。"則善繼人之志據周公，以武王時未大平，不得制禮作樂，周公攝政六年大平，乃制作禮樂，爲善繼文王之志，則《尚書》云"考朕昭子刑②，乃單文祖德"是也；善述人之事者據武王，能述父以伐紂之事，則《尚書序》云"惟十有一年，武王伐殷"是也。云"孝在三德之下，三行之上，德有廣於孝，而行莫尊焉"者，欲見至德、敏德五帝已上所行，直明在心爲德而已，不見其行；孝德是三王已下所行，德、行兼見之矣，故三德以孝德爲下，故云德有廣於孝，則至德、敏德是二德廣於孝德也。而行莫尊焉者，三行之中，孝行施於父母，爲上；順行、友行施於外人，爲下。故云孝而行莫尊焉，莫，無也，無尊於事父母也。云"國子，公卿大夫之子弟"者，此經直言"國子"，案《禮記・王制》云"春秋教以《禮》《樂》，冬夏教以《詩》《書》"，下文云"王大子、王子、羣后之大子、卿大夫元士之適子，皆造焉"，故知"國子"之中有卿大夫之子也。鄭不言王大子及元士之適子者，略言之，其

---

① "外内"二字阮本作"内外"，與注合。按《春官・大司樂職》賈疏引此注底本及阮本並作"外内"。

② "子"字原作"于"，據阮本改。

實皆有也。《王制》惟言“大子”、“適子”，不言弟，鄭知兼有弟者，《大司樂》及此下文皆云“教國子弟”，連“弟”而言，故鄭兼言弟也。云“師氏教之，而世子亦齒焉，學君臣、父子、長幼之道”者，此約《文王世子》文也。案彼云：“行一物而三善皆得者①，惟世子而已，其齒於學之謂也。故世子齒於學，國人觀之，曰：‘將君我而與我齒讓，何也？’曰：‘有父在，則禮然。’然而衆知父子之道矣。其二曰：‘將君我而與我齒讓，何也？’曰：‘有君在，則禮然。’然而衆著於君臣之義也。其三曰：‘將君我而與我齒讓，何也？’曰：‘長長也。’然而衆知長幼之節矣。”是世子與國人學生齒焉之事。案此經有至德、敏德、孝德，《老子》亦有三等之德。案《老子·道經》云：“道可道，非常道。”河上公云：“謂經術政教之道，非自然長生之道。常道當以無爲養神，無事安民，含光藏曜，滅跡匿端，不可稱以道。”又案《德經》云：“上德不德，是以有德。”河上公注云：“上德，大古無名號之君，德大無上，故言上德。不德，言不以德教民，因循自然，其德不見，故言不德是以有德者也。”又云：“下德不失德，是以無德。”注云：“下德，謂號謚之君，德不及上德，故言不失德。以其德見，其功稱，是以謂之無德。”又云：“失道而後德，失德而後仁，失仁而後義，失義而後禮。”注云：“道衰德化，德衰而仁愛見，仁衰而忿爭明，義衰而聘行玉帛。”又案《握河紀》，堯曰：“皇道帝德，非朕所專。”又《中候義明》云：“洞五九，禮闋郵。”注云：“闋，止。郵，過。言五帝後洞三王之世，其治各九百歲，當以禮止過也。”案此諸文言之，此“至德”，覆燾持載含容之德，同於天地，與《老子》“常道”及“上德不德”爲一物，皆是燧皇已上無名號之君所行，故河上公“上德，無名號之君”所行也。此“敏德”，則《老子》云“可道”之道非常道、“下德不失德”之德，亦一也，故河上公云“政教經術”，有名號之君所行。以其三皇五帝爲政皆須仁義順時，故鄭云“敏德，仁義順時也”。若然，《老子》云“失道而有德，失德而有仁”者，是三皇行“可道”之道，五帝行“下德不失德”之德，即堯云“皇道帝德”，亦謂此道德於此經同爲“敏德”也。其三王同行“孝德”耳。其《老子》又云“失德而有仁，失仁而有義，失義而有禮”，禮專據三王之時，故云“洞五九，禮闋郵”。若然，仁義在禮前德後，則五帝與三王俱有仁義，故《禮記》云：“堯、舜率天下以仁，而民從之。”又云：“禹立三年，百姓以仁遂焉。”是以仁義關在五帝、三王之間者也。若然，《禮記》云：“生乎今之世，反古之道。”謂不行今之法，全行古之道，故非之也。**居虎門之左，司王朝。** ○釋曰：言師氏之官既知三德、三行，故居路門之左畫虎之

---

① “三”字原作“二”，據阮本改。

處司察王朝，若有善事可行者，則前告王，有所改爲也。注虎門，路寢門也。王日視朝
於路寢門外，畫虎焉以明勇猛，於守宜也。司猶察也。察王之視朝，若有善道可行者，
則當前以詔王。○釋曰：鄭知"虎門"是"路寢門"者，其路寢庭朝及庫門外之朝非常朝
之處，司士所掌路門外是常朝日所朝之所，經云"司王朝"，明據此朝，故鄭以"路寢門
外"解之。此即上文"以美詔王"之義也。掌國中失之事，以教國子弟。○釋
曰：以其師氏知德行，識其善惡得失，故掌國家中禮、失禮之事，以教國之子弟。國之子
弟即王大子已下。言弟，即王庶子。以其諸侯已下皆以適子入國學，庶子不入，故知
也。注教之者，使識舊事也。中，中禮者也。失，失禮者也。故書中爲得，杜子春云：
"當爲得。記君得失，若《春秋》是也。"○釋曰：云"教之使識舊事也"者，即"中失之事"
是也。云"中，中禮也"，又引子春之義從古書"中"爲"得"，得謂得禮者，中與得俱合於
義，故兩從之。言"若《春秋》"者，《玉藻》云："動則左史書之，言則右史書之。"是記君得
失之事，故云若《春秋》也。此《春秋》即魯史是也，謂記君之事也。凡國之貴遊子
弟[1]，學焉。○釋曰：言"凡國之貴游子弟"，即上國之子弟。言游者，以其未仕而在
學，游暇習業。注貴遊子弟，王公之子弟。遊，無官司者。杜子春云："遊當爲猶，言雖
貴猶學。"○釋曰：云"王公之子弟"者，此即《王制》云"王大子、王子、羣后之大子、卿大
夫元士之適子"，公即三公羣后卿大夫元士之子，略言之也。云"游，無官司者"，官司則
事繁，不得爲游，故鄭以無官司解之。鄭既以"游"爲無官司，又引子春"游當爲猶，言雖
貴猶學"者，亦義得兩通，故引之在下也。

　　凡祭祀、賓客、會同、喪紀、軍旅，王舉則從。○釋曰："祭祀"，則郊
廟及山川、社稷揔是也。"賓客"，謂諸侯及卿大夫來朝聘，或在朝，或在廟。"會同"，亦或
在畿内，或在畿外。"軍旅"，謂出畿外征伐。"王舉"者，舉，行也。此數事王行之時，師氏
則從，以王所在皆須詔王以美道故也。注舉猶行也。故書舉爲與，杜子春云："當爲與，
謂王與會同、喪紀之事。"○釋曰：既訓"舉"爲"行"，又引子春從故書爲"與"者，亦義得
兩通，故亦引之在下也。聽治亦如之。注謂王舉於野外以聽朝。○釋曰：即上數
事王所在皆有朝以聽治之，故從王。亦如上"虎門之左"同，故云"亦如之"。使其屬

────────

① 孫疏云："遊，俗游字。此經游觀字並作'游'，或省作'斿'，唯此職及《司諫》、《諸
子》、《司寤氏》字作'遊'。"按此職賈疏亦作"游"。

帥四夷之隸,各以其兵服守王之門外,且蹕。○釋曰:云"使其屬"者,屬即《序官》"師氏中大夫"之下有屬官上士二人,并有府、史、胥、徒之等。使此人"帥四夷之隸",若秋官蠻隸之等,各使四夷隸以其本國之兵器及其服,"以守王之門外"以衛王,并使蹕止行人,故云"且蹕"也。注兵服,旃布、弓劍不同也。門外,中門之外。蹕,止行人不得迫王宮也。故書隸或作肆,鄭司農云①:"讀爲隸。"○釋曰:云"兵服,旃布及弓劍"者,東方、南方其服布,其兵劍;西方、北方其服旃,其兵弓矢。云"門外,中門之外"者,案《閽人》"掌中門之禁",則中門内也人;不得入,明在中門之外。朝在野外,則守內列。○釋曰:云"朝在野外",即上文"聽治"是也。注內列,蕃營之在內者也。其屬亦帥四夷之隸守之,如守王宮。○釋曰:云"內列,蕃營之在內者",言蕃營之在內,謂若《司戈盾》云"及舍,設藩盾"者也。案《司隸職》云"守野舍之厲禁",上文云"使其屬帥四夷之隸",則二處皆帥四夷隸守之②,故云"其屬亦帥四夷之隸守之,如守王宮"也。

保氏掌諫王惡。○釋曰:"掌諫王惡"者,師氏掌三德、三行,以美道詔王;保氏以師氏之德、行審喻王,王有惡則諫之,故云掌諫王惡。注諫者,以禮義正之。《文王世子》曰:"保也者,慎其身以輔翼之而歸諸道者也。"○釋曰:云"諫者,以禮義正之"者,君臣主義,故知諫者以禮義諫正王也。引《文王世子》者,彼亦是教世子法。以教世子法保護王身同,故引之。以其"保"者是保安之義,故使王謹慎其身,而歸於道。而養國子以道,乃教之六藝:一曰五禮,二曰六樂,三曰五射,四曰五馭,五曰六書,六曰九數。乃教之六儀:一曰祭祀之容,二曰賓客之容,三曰朝廷之容,四曰喪紀之容,五曰軍旅之容,六曰車馬之容。○釋曰:此"道",即上《師氏》"三德"、"三行",故鄭云"以師氏之德、行審喻之"。"乃教之六藝"已下,此乃保氏所專教也。注養國子以道者,以師氏之德、行審諭之,而後教之以藝、儀也。五禮,吉、凶、賓、軍、嘉。六樂,《雲門》、《大咸》、《大韶》、《大夏》、《大濩》、《大武》也。鄭司農云:"五射,白矢、參連、剡注、襄尺、井儀也。五馭,鳴和鸞、

---

① "云"字婺本、金本、阮本同,疑衍。
② "二"字原作"三",據阮本改。按"二處"即王宮與野舍。

逐水曲、過君表、舞交衢、逐禽左①。六書,象形、會意、轉注、處事、假借、諧聲也。九數,方田、粟米、差分、少廣、商功、均輸、方程、贏不足、旁要②。今有重差、夕桀、句股也③。祭祀之容,穆穆皇皇。賓客之容,嚴恪矜莊。朝廷之容,濟濟蹌蹌。喪紀之容,涕涕翔翔。軍旅之容,闞闞仰仰。車馬之容,顛顛堂堂。”玄謂祭祀之容,齊齊皇皇。賓客之容,穆穆皇皇。朝廷之容,濟濟翔翔。喪紀之容,纍纍顛顛。軍旅之容,暨暨詻詻。車馬之容,匪匪翼翼。○釋曰:案《文王世子》云:“太傅審父子、君臣之道以示之,少傅奉世子以觀大傅之德、行而審喻之。師也者,教之以事而喻諸德者也。保也者,慎其身以輔翼之而歸諸道者也。”不云保氏“以師氏之德、行審喻之”者,鄭以義約之。少傅既以大傅之德審喻之,明保氏亦以師氏之德、行審喻之可知,故鄭言之耳云。“五禮,吉、凶、賓、軍、嘉”,《大宗伯》文。“六樂,《雲門》”已下,《大司樂》文。先鄭云“五射,白矢”已下,無正文,或先鄭別有所見,或以義而言之。云“白矢”者,矢在侯而貫侯過,見其鏃白。云“參連”者,前放一矢,後三矢連續而去也。云“剡注”者,謂羽頭高鏃低而去,剡剡然。云“襄尺”者,臣與君射,不與君並立,襄君一尺而退。云“井儀”者,四矢貫侯,如井之容儀也。云“五馭”者,馭車有五種。云“鳴和鸞”者,和在式,鸞在衡。案《韓詩》云:“升車則馬動,馬動則鸞鳴,鸞鳴則和應。”先鄭依此而言。云“逐水曲”者,無正文,先鄭以意而言。謂御車隨逐水勢之屈曲而不墜水也。云“過君表”者,謂若毛傳云“褐纏斿以爲門,裘纏質以爲槷,間容握,驅而入,擊則不得入④”,《穀梁》亦云“艾蘭以爲防,置斿

----

① 浦鏜云:“‘軍’誤‘君’,疏同。”按《大司徒職》賈疏引此《保氏職》先鄭注作“過軍表”,浦鏜蓋據以而言也。加藤引汪文臺説云:“案‘君’不誤。疏引毛傳、《穀梁》云者,蓋君在則禮然也。《大司徒》疏、《禮禮·少儀》疏、《論語》疏引皆作‘君’。”考傳世諸本先鄭注皆作“過君表”,汪氏謂“君”不誤,其説可從。然賈疏引《毛詩·小雅·車攻》毛傳“褐纏斿以爲門”及昭公八年《穀梁傳》“置斿以爲轅門”,實據“過軍表”爲説,汪氏云“蓋君在則禮然也”,殊嫌迂曲。至於傳本賈疏作“君”者,當是注疏合刻後據注而改,浦鏜説得失參半。孫疏云:“‘褐纏斿以爲門’不得謂之君表,其説殆不可通。”不知所據賈疏實爲誤本,宜其不可通也。
② “贏”字原作“羸”,據婺本、金本、阮本改。
③ 按賈疏云“馬氏注以爲‘今有重差、夕桀’,夕桀亦是算術之名,與鄭異”,則先鄭注本當作“今有重差、句股也”,“夕桀”二字後人所增。臧琳《經義雜記》論之甚詳,阮校、孫疏皆具引之。
④ “擊”字阮本作“轚”,阮校謂“轚”是而“擊”非。按《夏官·大司馬職》賈疏引此毛傳亦作“擊”,與今本毛傳合。此疏下引《穀梁傳》“御轚者不得入”,《釋文》或本亦作“擊”。據傳本《説文》,則“轚”正字,“擊”借字。

以爲轅門，以葛覆質以爲蓺，流旁握，御轊者不得入”，是其“過君表”即“褐纏旃”是也。
云“舞交衢”者，衢，道也。謂御車在交道，車旋應於舞節。云“逐禽左”者，謂御驅逆之
車逆驅禽獸，使左當人君以射之，人君自左射，故毛傳云“故自左膘而射之，達于右䯍，
爲上殺”，又《禮記》云“佐車止，則百姓田獵”是也。云“六書，象形”之等，皆依許氏《說
文》。云“象形”者，“日”、“月”之類是也，象日月形體而爲之。云“會意”者，“武”、“信”
之類是也，人言爲信，止戈爲武，會合人意，故云會意也。云“轉注”者，“考”、“老”之類
是也，建類一首，文意相受，左右相注，故名轉注。云“處事”者，“上”、“下”之類是也，人
在一上爲上，人在一下爲下，各有其處，事得其宜，故名處事也。云“假借”者，“令”、
“長”之類是也，一字兩用，故名假借也。六曰云“諧聲”者，即形聲一也，“江”、“河”之類
是也，皆以水爲形，以工、可爲聲。但書有六體，形聲實多，若“江”、“河”之類，是左形右
聲；“鳩”、“鴿”之類，是右形左聲；“草”、“藻”之類，是上形下聲；“婆”、“娑”之類，是上聲
下形；“圍”[①]、“國”之類，是外形内聲；“闈”、“闠”[②]、“衡”、“銜”之類，是外聲内形。此聲
形之等有六也。依鄭義，案《孝經緯·援神契》“三皇無文”，則五帝已下始有文字，故説
者多以蒼頡爲黄帝史而造文字，起在黄帝，於後滋益而多者也。云“九數”者，“方田”已
下皆依《九章筭術》而言。云“今有重差、夕桀、句股也”者，此漢法增之。馬氏注以爲
“今有重差、夕桀”，夕桀亦是筭術之名，與鄭異。案今《九章》以“句股”替“旁要”，則旁
要，句股之類也。云“祭祀之容，穆穆皇皇”至“堂堂”者，皆是先鄭以意所釋，不依經典，
故後鄭不從。後鄭云“祭祀之容，齊齊皇皇。賓客之容，穆穆皇皇。朝廷之容，濟濟翔
翔”，已上皆《禮記·少儀》文。“喪紀之容，纍纍顛顛。軍旅之容，暨暨詻詻”，《禮記·玉
藻》之文[③]。“車馬之容，匪匪翼翼”，亦《少儀》文。故鄭《少儀》注還引此六儀以證彼也。

　　凡祭祀、賓客、會同、喪紀、軍旅，王舉則從。聽治亦如之。使
其屬守王闈。注闈，宮中之巷門。○釋曰：言“亦如之”已上，與《師氏》同，從王之
事。“其屬守王闈”者，亦謂在國其師氏守中門外，此保氏守王闈門。

　　司諫掌糾萬民之德而勸之朋友，正其行而强之道藝，巡問而觀

---

　　① “圍”字阮本作“圁”。
　　② “闈”字阮本作“闍”，加藤謂“闈”字似是。又孫校據汪文臺説校乙“闍闠”二字至
“圁國”之下。
　　③ “玉”字原作“王”，據阮本改。

察之，以時書其德行、道藝，辨其能而可任於國事者。○釋曰："以時書其德行、道藝"者，此萬民時所習，即《大司徒》所云"以鄉三物教萬民：一曰六德，知、仁、聖、義、忠、和；二曰六行：孝、友、睦、婣、任、恤"，此德行也；彼又云"三曰六藝：禮、樂、射、御、書、數"，即此道藝也。云"辨其能而可任於國事者"，案《鄉大夫職》云"興賢者、能者"，賢謂德行，能謂道藝。彼則賢、能俱興，此直云辨其能可任於國事，不言賢者，既辨其能，則賢者自然亦辨而舉之可知也。**注** 朋友，相切磋以善道也。强猶勸也。《學記》曰："强而弗抑則易。"巡問，行問民間也。可任於國事，任吏職。○釋曰：案鄭注《論語》："同門曰朋，同志曰友。"則彼其共在學者，切磋以道義；此勸萬民爲友朋，則若《孟子》所云"守望相助，出入相友"者同，故鄭云"切磋以善道也"。云"任吏職"者，案鄉大夫所舉者，謂鄉民之有德行、道藝；云辨其能爲吏職者，亦謂以入治之[①]。若然，任吏職者，謂使爲比長、閭胥[②]、族師之類是也。**以攷鄉里之治，以詔廢置，以行赦宥。** **注** 因巡問勸强萬民，而考鄉里吏民罪過，以告王所當罪不。○釋曰：司諫"考鄉里之治"者，由上文"巡問"即察官民善不也。云"而考鄉里吏民罪過"者，以巡問觀察萬民則知吏之治不，故鄭兼吏民揔言之。

司救 掌萬民之衺惡過失而誅讓之，以禮防禁而救之。○釋曰：云"掌萬民之衺惡過失而誅讓之"者，此經與下文二經爲揔目也。則云衺惡，謂坐嘉石之罷民不入圜土者；過失，謂不坐嘉石入圜土者也。云而誅讓之者，即下二文"三讓"是也。云"以禮防禁而救之"者，此衺惡及過失皆去冠飾，其過失者又使入圜土耳。云救之者，皆使困苦，而令改惡從善，是救之也。**注** 衺惡[③]，謂侮慢長老、語言無忌而未麗於罪者。過失亦由衺惡，酗醟好訟若抽拔兵器誤以行傷害人麗於罪者。誅，誅責也。古者重刑，且責怒之，未即罪也。○釋曰："衺惡"云"未麗於罪者"，謂未附於圜土之罪

---

① "入"字阮本作"人"，加藤謂"人"字是。按上《鄉大夫職》云"三年則大比，攷其德行、道藝，而興賢者、能者"，又云"此謂使民興賢，出使長之；使民興能，入使治之"。此經所云"辨其能爲吏職者"即"能者"，故賈疏云"亦謂以入治之"，"入治之"化用《鄉大夫職》文也。

② "閭"字原作"間"，據阮本改。

③ 阮校云："《釋文》出經'之衺'二大字，云'似嗟反，注作邪，同'。此經作古'衺'字注作今'邪'字之明證，今本皆依經改作'衺'矣。下文'亦由衺惡'同。"

也。云“酗魋”者，孔注《尚書》云：“以酒爲凶曰酗。”此據字酒旁爲凶，是因酒爲凶者也。若然，魋者榮下作酉，小人飲酒，一醉曰富，亦因酒爲榮。俱是酒之省水之字也。云“麗於罪者”，謂附圜土罪者也。云“古者重刑，且責怒之，未即罪也”者，鄭云古者重刑者，據周時爲古。云責，解經“誅”；怒之，解經“罰”也[1]。云未即罪者，各有所對，此圜土對五刑之刑人則是未即罪也[2]，以其未入五刑之罪，且役之耳。鄭必知“過失亦由袞惡”者，《司寇職》云：“以嘉石平罷民。”又云：“圜土收教罷民。”二者同名罷民。以其爲惡大者皆因小以致大[3]，故知過失之重亦因袞惡之輕也。**凡民之有袞惡者，三讓而罰，三罰而士加明刑，恥諸嘉石，役諸司空；**○釋曰：此一經論袞惡嘉石之罷民也。云“三讓而罰”者，凡欲治罰人者，皆先以言語責讓之，乃行治罰。云“三罰而士加明刑”，三罰既訖，乃送司寇，使朝士於外朝坐嘉石恥之也。云“役諸司空”者，坐訖，乃送司空使役之也。**注**罰，謂撻擊之也。加明刑者，去其冠飾，而書其袞惡之狀著之背也。嘉石，朝士所掌，在外朝之門左，使坐焉以恥辱之。既而役諸司空，使事官作之也。坐役之數，存於《司寇》。○釋曰：云“加明刑者，去其冠飾”者，案《司圜》云：“凡害人者，弗使冠飾。”彼據過失入圜土者。但冠尊[4]，不居肉袒之體，豈嘉石之罷民而著冠乎？明其去冠飾也。知書其罪狀者，以其稱“明刑”，既不虧體，明知書其罪狀著於背爲明刑也。云“嘉石朝士”至“外朝之門左”，並《朝士職》文，故彼云“左嘉石，平罷民”也。云“役諸司空，使事官作之也”者，以其司空主事故也。云“坐役之數，存於《司寇》”者，《司寇》云：“重罪，旬有三日坐，朞役；其次，九日坐，九月役；其次，七日坐，七月役；其次，五日坐，五月役；其下罪，三日坐，三月役。”是其坐役之數也。**其有過失者，三讓而罰，三罰而歸于圜土。**○釋曰：此經論圜土之刑人。云“三讓而罰”者，亦如上三度責讓乃治罰之。三罰訖，乃歸與司寇使納之圜土也。**注**圜土，獄城也。過失近罪，晝日任之以事而收之，夜藏於獄，亦加明刑以恥之。不使坐嘉石，其罪已著，未忍刑之。○釋曰：云“過失近罪”者，謂對“袞惡”未近罪，此圜土之刑人近五刑之罪，故

---

[1]　加藤云：“經無‘罰’，當作‘讓’。”
[2]　“是”字原作“異”，據阮本改。
[3]　“小”字原作“卜”，據阮本改。
[4]　“但”字原作“使”。阮校云：“監、毛本‘但’改‘使’，非。”加藤則云：“此條‘但’不如‘使’之妥當，阮校恐失。”按“使”字蓋涉上文而訛，“但”爲語辭。茲據阮本改。

入圜土也。云"晝日任之以事"者，亦使司空使之。云"收之"者，以其罪重，使人收斂之，不使漫游。云"夜藏於獄"者，此與嘉石者異。云"亦加明刑"者，亦如嘉石，以書其罪狀著於背以恥之。云"不使坐嘉石，其罪已著"者，彼坐嘉石者罪輕未著，須坐嘉石使衆人知之；此等罪重已著，不須坐嘉石也。云"未忍刑之"者，比五刑之罪又輕，故未忍刑之也。**凡歲時有天患民病，則以節巡國中及郊野，而以王命施惠。**注天患，謂裁害也。節，旌節也。施惠，賙恤之。○釋曰："天患，謂裁害也"者，謂天與人物爲裁害，謂水旱之裁及疫病之害也。知"節"是"旌節"者，道路用旌節，此經"巡國及郊野"是道路之事，故知旌節也。

調人掌司萬民之難而諧和之①。○釋曰：此一經，與下經爲摠目。言"萬民之難"，即下經"凡和難"已下是也。注難，相與爲仇讎。諧猶調也。○釋曰：言"仇讎"者，案左氏桓公《傳》云"怨耦曰仇"，則仇是怨也；讎謂報也，即下文"父之讎"已下皆是。怨當報之，故云仇讎也。**凡過而殺傷人者，以民成之。**○釋曰：此謂非故心，是過誤或殺或傷於人者。"成"，平也。既非故心，故共鄉里之民共和解之。注過，無本意也。成，平也。鄭司農云："以民成之，謂立證佐成其罪也。一説以鄉里之民共和解之，《春秋傳》曰'惠伯成之'之屬。"○釋曰：先鄭雖爲兩説，後鄭以後説爲是，故下注云："上説'立證佐成其罪'似非也。"此過失即《司刺》云"再宥曰過失"是也。引《春秋》者，左氏文七年《傳》云："魯穆伯娶於莒，曰戴己，其娣聲己。戴己卒，又聘於莒，莒人以聲己辭，則爲襄仲聘焉。"又云："且爲仲迎，及鄢陵，登城見之，美，自爲娶之。仲請攻之，公將許之。叔仲惠伯諫曰：'臣聞兵作於內爲亂，於外爲寇。寇猶及人，亂自及也。今臣作亂而君不禁，以啓寇讎，若之何？'公止之。惠伯成之。"注云："平二子。""使仲舍之，公孫敖反之，復爲兄弟如初。"是其事也。**鳥獸亦如之。**注過失殺傷人之畜産者。○釋曰：亦謂過誤殺傷人之鳥獸，若鷹隼牛馬之屬，亦以民平和之。案今殺傷人牛馬之等，償其價直耳②。**凡和難，父之讎辟諸海外，兄弟之讎辟諸千**

---

① "調人"云云底本不提行。

② "耳"下原有"和之使辟於此不得就而仇之"十二字，阮本同，此係下經鄭注，不當繫於此，兹徑刪。

里之外，從父兄弟之讎不同國；君之讎眡父，師長之讎眡兄弟，主友之讎眡從父兄弟。○釋曰：云“父之讎辟諸海外”已下，皆是殺人之賊，王法所當討，即合殺之。但未殺之間雖以會赦，猶當使離鄉辟讎也。是以“父之讎辟之海外，兄弟之讎辟諸千里之外，從父兄弟之讎不同國”，別國即得。云“君之讎眡父”者，謂同國人殺君，眡猶比，比父亦辟之海外。云“師長之讎眡兄弟”者，師長謂見受業師，與兄弟同。云“主友之讎眡從父兄弟”者，注云：“主，大夫君也。”此經略言，其不言者皆以服約之。伯叔父母、姑姊妹、女子子在室及兄弟子、衆子，一與兄弟同。其祖父母、曾祖父母、高祖父母，其孫承後，皆斬衰，皆與父同；其不承後者，祖與伯叔同，曾祖、高祖齊衰三月，皆與從父兄弟同，以其同繩屨故也。自外不見者，據服爲斷也。其兄弟及從父兄弟、師長、主友皆爲無子，復無親於己者，故據己親疎爲遠近。若有子及親於己，則自從親爲斷。**注**和之使辟於此，不得就而仇之。九夷、八蠻、六戎、五狄謂之四海。主，大夫君也。《春秋傳》曰：“晉荀偃卒，而視，不可含，宣子盥而撫之，曰：‘事吳敢不如事主。’”

○釋曰：云“和之使辟於此”者，此謂“海外”、“千里外”之等。云“九夷”之等，據《職方》、《明堂位》而言。案漢時徐州刺史荀文若問玄：“《周禮》‘父之讎辟之海外’，今青州人讎在遼東，可以王法縱不討乎？”當問之時，玄已年老昏旄，意忘九夷、八蠻、六戎、五狄謂之四海。然則《周禮》謂在四海之外辟之[1]，如是亦是遠矣。近則青州、遼東作難，未達周公聖意所趣。若文若之難，海水爲四海，故今辨之。然讎近東夷之人，當辟之西戎，餘者放此[2]。引《春秋》者，襄十八年《左氏》，晉荀偃伐齊；十九年，反，“荀偃癉疽，生瘍於頭。濟河，及著雍，病，目出。士匄請見，不納。請後，曰‘鄭甥可’。甲寅，卒，而視，不可含。宣子盥而撫之，曰‘事吳敢不如事主’”是也。趙商問：“《調人職》稱父之讎辟諸海外，君亦然。注：‘使辟於此，不得就而讎之。’商以《春秋》之義，子不復讎非子，臣不討賊非臣。楚勝之徒猶言‘鄭人在此，讎不遠矣’，不可以見讎而不討，於是伐之。臣感君恩，孝子思其親，不得不報，和之而已。子夏曰：‘居父母之仇，如之何？’孔子曰：‘寢苦枕干，不仕，不與共天下，遇諸市朝，不反兵。’天下尚不反兵，海内何爲？和之豈宜，不達二禮所趣。小子曰惑，少蒙解説。”鄭荅曰：“讎在九夷之東，八蠻之南，六戎之西，五狄之北，雖有至孝之心，能往討不乎？子之所云，褊於此義。”案楚勝，平王之孫，

---

① “謂”字阮本無。

② “者”字阮本作“皆”。

子木之子。平王爲子木聘女於秦，而自納之，子木奔鄭，子木爲鄭人殺之。案哀十六年云：“子木其子勝在吴。子西召之，使處境爲白公。請伐鄭。子西曰：‘楚未節也，不然，吾不忘也。’他日，又請，許之。未起師，晉人伐鄭，楚救之，與盟。勝怒曰：‘鄭人在此，讎不遠矣。’”又云：“秋七月，殺子西、子期于朝。”是其事也。若然，鄭云“雖有至孝之心，能往討之不乎”者，欲明孝子雖會赦，恒有復讎之心，故迸之海外[①]，使絶忠臣孝子心，使無往之緣。其孔子云寢苫枕干不仕者，可通之會赦之後恒然。其君亦然，恐來入中國則殺之也。復讎之法，依《異義》：“古《周禮》説[②]，復讎可盡五世，五世之内[③]。五世之外，施之於己則無義，施之於彼則無罪。所復者，惟謂殺者之身乃在，被殺者子孫可盡五世得復之。”鄭從之也。**弗辟，則與之瑞節而以執之。**○釋曰：此經使辟者其人戀鄉不肯辟，是違王命之人，則在上與調人“瑞節”，執而付秋官，與之罪也。**注**瑞節，玉節之剡圭也[④]。和之而不肯辟者，是不從王命。王以剡圭使調人執之，治其罪。○釋曰：鄭知“瑞節”是“琰圭”者，案《典瑞》云：“琰圭以和難。”故知是琰圭也。鄭又知使調人執瑞節，不使死家執之者，此王法治之，明使調人之官執之。**凡殺人有反殺者，使邦國交讎之。**注反，復也。復殺之者，此欲除害弱敵也。邦國交讎之，明不和，諸侯得者即誅之。鄭司農云：“有反殺者，謂重殺也。”○釋曰：云“有反殺者”，反，復也。謂既殺一人，其有子弟復殺之，恐後與己爲敵而害己，故鄭云“欲除害弱敵”也。云“邦國交讎之”者，其殺人者或逃向鄰國，所之之國得則讎之，故云邦國交讎之也。**凡殺人而義者，不同國，令勿讎，讎之則死。**注義，宜也。謂父母、兄弟、師長嘗辱焉而殺之者，如是爲得其宜，雖所殺者人之父兄，不得讎也，使之不同國而已。○釋曰：《論語》云：“見義不爲，無勇也。”彼義則此有義者也，故云“義，宜也”。謂父母、兄弟、師長三者嘗辱焉，子弟及弟子則得殺，是得其宜也。云“雖所殺者人之父兄，不得讎也”者，直言父兄，不言子弟，略之也。古者質，故三者被辱即得殺之也。

---

① “迸”字阮本作“逆”，阮校引浦鏜説云：“‘逆’當‘避’字之誤。”孫疏據改。加藤云：“《禮記》云‘迸諸四夷’，《釋文》：‘皇云：迸猶屏也。’浦、孫並誤。”

② “古”字原作“占”，據阮本改。

③ “五世五世”阮本同，加藤謂當據閩、監、毛、殿本删一“五世”。

④ “玉”字原作“王”，據婺本、金本、阮本改。又阮校謂“剡”字當據《典瑞職》作“琰”：“此非經用古字、注用今字之例，直是譌字耳。下‘王以剡圭’同。”按賈疏述注正作“琰”，《掌節》鄭注同。

凡有鬭怒者，成之；不可成者則書之，先動者誅之。○釋曰：言“鬭怒”，則是言語忿爭，未至毆擊，故成之。若相毆擊，則當罪之也。故鄭云：“鬭怒，謂辯訟也。”**注**鬭怒，辯訟者也。不可成，不可平也。書之，記其姓名、辯本也。鄭司農云：“成之，謂和之也。和之，猶今二千石以令解仇怨，後復相報，移徙之①，此其類也。”玄謂上言“立證佐成其罪”似非。○釋曰：云“上言立證”者，即經云“過而殺傷人者，以民成之”，司農於彼注兩解之：初解，成謂立證佐成其罪；復一解，成爲平和之義②。此注先鄭復云“成之，謂和之”，以和解成，則上文云立證佐成其罪似非，取此以破前也。

媒氏掌萬民之判。**注**判，半也。得耦爲合，主合其半，成夫婦也。《喪服傳》曰：“夫妻判合。”鄭司農云：“主萬民之判合。”○釋曰：云“得耦爲合”者，始雖以萬民爲主，上至天子，皆得耦爲合。主於萬民而言，但士以上兼妾媵爲異耳。引《喪服傳》者，證“判”爲“合”義。凡男女，自成名以上，皆書年月日名焉。○釋曰：此經論媒氏之官合男女，必先知男女年幾，故萬民之男女自三月父名之以後，皆書年月日及名以送與媒氏。媒氏官得之，以勘男三十、女二十，配成夫婦也。**注**鄭司農云：“成名，謂子生三月③，父名之。”○釋曰：“子生三月，父名之”，《禮記•內則》文。案《內則》：“三月之末，父執子右手，咳而名之。”又云：“夫告宰名，宰辯告諸男名，書曰‘某年某月某日某生’而藏之。”注引“桓六年九月丁卯‘子同生’”是也。令男三十而娶，女二十而嫁。**注**二三者，天地相承覆之數也。《易》曰：“參天兩地而倚數焉④。”○釋曰：云“二三者，天地相承覆之數也”者，此二十女、三十男法天地相承覆之數也。云“《易》曰：參天兩地而奇數焉”者，案《易•繫辭》云：“天一地二，天三地四，天五地六。”是就生數之中，天三度生，地二度生，象天三覆地二，故云天地相承覆之數也。凡娶判妻入子

---

① “徙”字原作“徒”，據婺本、金本、阮本改。

② “平和”二字阮本作“和平”。按上疏云“亦謂過誤殺傷人之鳥獸，若鷹隼牛馬之屬，亦以民平和之”，阮本似誤倒。

③ “子”字原作“始”，據婺本、金本、阮本改。

④ “倚”字婺本同，金本、阮本作“奇”。阮校云：“《釋文》：‘奇，本作倚。’案釋曰‘就奇數之中，天三度生，地二度生，象天三覆地二’，則作‘倚’非也。”按賈疏“奇數”底本作“生數”，故加藤謂阮校不足爲據。考《周易》孔疏引鄭玄《易》注云“倚託大演之數五十”，則鄭氏《易》自作“倚數”也。

者，皆書之。 ○釋曰：云"凡"者，以其此經揔說天子已下娶妻及媵之事，故云凡以廣之。注書之者，以別未成昏禮者。鄭司農云①："入子者，謂嫁女者也。"玄謂言入子者，容媵、姪娣不聘之者。 ○釋曰：媒氏以男女既有未成昏之籍，書其已成昏者以別未昏，以待後昏也。先鄭云"入子者，謂嫁女"，後鄭不從者，經"判妻"已是嫁女，後更言"入子"，明非嫁女也，故後鄭云"玄謂言入子者，容媵、姪娣不聘之者"也。案成公九年："春二月，伯姬歸于宋。夏，晉人來媵。"是媵也。姪娣而書者，謂待年於父母者也。隱二年："冬，伯姬歸于紀。"七年："春三月，叔姬歸于紀。"何休云："叔姬者，伯姬之媵也。至是乃歸者，待年父母國也。婦人八歲備數，十五從嫡，二十承事君子。媵賤書者，後爲嫡，終有賢行。鄭君或與何休異。如是，言"娶判妻"，姪娣後去者則存焉，故"入子"謂媵與姪娣後去者也。案《昏禮》云："雖無娣，媵先。"則媵與姪娣一也。此鄭云媵、姪娣，不正是一者②：既言媵，又云姪娣，故知別；且媵與姪娣相對，則姪娣無媵稱。故莊公十九年："秋，公子結媵陳人之婦于鄄。"《公羊》云："媵者何？諸侯娶一國，則二國往媵之，以姪娣從。"是其義也。媒氏掌萬民之判，得有媵與姪娣者，庶人或無妾，亦容有者。且媒氏所掌雖以萬民爲主，亦容有尊者娶法，故鄭云容媵、姪娣不聘也。知不聘者，見《内則》云"聘則爲妻，奔則爲妾"故也。王蕭曰："《周官》云'令男三十而娶，女二十嫁'，謂男女之限，嫁娶不得過此也。三十之男，二十之女，不待禮而行之，所奔者不禁。娶何三十之限？前賢有言，丈夫二十不敢不有室，女子十五不敢不有其家。《家語》，魯哀公問於孔子：'男子十六精通，女子十四而化，是則可以生民矣。聞禮男三十而有室，女二十而有夫，豈不晚哉？'孔子曰：'夫禮言其極，亦不是過。男子二十而冠，有爲人父之端；女子十五許嫁，有適人之道。於此以往，則自昏矣。'然則'三十之男，二十之女，中春之月'者，所謂'言其極'法耳。"昭曰："《禮記·本命》曰：'中古男三十而娶③，女二十而嫁，合於中節。大古男五十而有室，女三十而嫁。'《尚書大傳》曰：'孔子

---

① "云"字原作"去"，據婺本、金本、阮本改。

② "正"字阮本作"止"，加藤謂"止"字是。按賈疏言"正"多猶言"止"，《夏官·都司馬職》疏"云'政，謂賦税'者，正謂軍之賦税，無田税、泉税之等"、《冬官·玉人職》疏"經言'諸侯'，正是朝，注兼云聘者，其臣聘，璪圭璋、璧琮亦皆降一等，與君寸數同，故兼言聘也"等，皆其例。《天官·酒正職》鄭注"五齊正用醴爲飲者，取醴恬與酒味異也"，"正"亦猶言"止"，故又云"其餘四齊，味皆似酒"，不取入六飲中。參劉淇《助字辨略》卷四。

③ "古"字原無，阮本同。阮校引《經義雜記》説云："'中'下脱'古'字，據《大戴禮記》補。"孫疏據補，兹從之。

曰：男三十而娶，女二十而嫁，通於織紝紡績之事，黼黻文章之美。不若是，則上無以孝於舅姑，而下無以事夫養子。’《穀梁傳》曰：‘男子二十而冠，冠而列丈夫，三十而娶。’尹更始云：‘男三十而娶，女十五許嫁，笄，二十而嫁。’《曲禮》：‘三十曰壯，有室。’盧氏云：‘三十盛壯，可以娶女。’《內則》：‘三十而有室，始理男事。女子十五笄，二十而嫁，有故，二十三而嫁。’經有‘夫姊之長殤’①，舊說三十而娶而有夫姊長殤者何？關盛衰。一說關畏、猒、溺而殤之。盧氏以爲衰世之禮也。”張融從鄭及諸家説。又《春秋外傳》，越王勾踐蕃育人民以速報吳，故男二十而娶，女子十七而嫁。如是，足明正禮男不二十娶、女不十七嫁可知也。**中春之月，令會男女。**注中春陰陽交，以成昏禮，順天時也。○釋曰：王肅論云：“吾幼爲鄭學之時，爲謬言，尋其義，乃知古人可以於冬②。自馬氏以來，乃因《周官》而有二月。《詩》：‘東門之楊，其葉牂牂。’毛傳曰：‘男女失時，不逮秋冬。’三星，參也，十月而見東方，時可以嫁娶。”又云：“時尚暇務，須合昏因③，萬物閉藏於冬而用生育之時，娶妻入室，長養之母，亦不失也。《孫卿》曰：‘霜降逆女，冰泮殺止。’《詩》曰：‘將子無怒，秋以爲期。’《韓詩傳》亦曰：‘古者霜降逆女，冰泮殺止，士如歸妻，迨冰未泮。’爲此驗也。而玄云：‘歸，使之來歸於己，謂請期時。’來歸之言非請期之名也。或曰親迎用昏，而曰‘旭日始旦’何用哉？《詩》以鳴雁之時納采，以感時而親迎④，而《周官》中春合會男女之無夫家者⑤，於是時奔者不禁，則昏姻之期非此日也。《孔子家語》曰：‘霜降而婦功成，嫁娶者行焉；冰泮而農業起，昏禮殺於此。’又曰：‘冬合男女，秋班時位⑥。’”昭曰⑦：“‘有女懷春，吉士誘之’，‘春日遲遲，女心傷悲’，‘綢繆束芻，三星在隅’，‘我行其野，蔽芾其樗’，‘倉庚于飛，熠燿其羽’，《詩·殷頌》曰‘天命玄

---

① “夫姊”二字原作“夫婦”，阮本同。阮校云：“《通典·嘉禮四》引作‘夫姊之長殤’，此作‘婦’，訛，當據正。按《喪服經·緦麻章》有爲夫之姑姊妹之長殤，引之者，謂三十而娶則不當有姊也。”孫疏據改，兹從之。下文“夫姊”同。

② 孫校云：“‘可以於冬’當從臧琳校作‘皆以秋冬。’”按王肅又云“三星，參也，十月而見東方，時可以嫁娶”、“萬物閉藏於冬，而用生育之時，娶妻入室”，下張融評云“《家語》限以冬，不附於《春秋》之正經”，皆不及秋時，臧校似不可遽從。

③ “須”字原殘存右半。又“時尚”至“昏因”，孫校謂當依《通典》引作“三時務業，因向休息而合昏姻”。

④ 阮校云：“《經義雜記》作‘以昏時’，云‘感’字誤。”

⑤ “合”字阮本作“令”，與經文合。

⑥ 阮校云：“《經義雜記》作‘春班爵位’，云舊作‘秋班時位’誤也。”

⑦ “昭曰”二字阮本作“詩曰”。按以下爲馬昭難王肅之辭，“昭曰”、“詩曰”或可兩有。

鳥，降而生商’，《月令》仲春‘玄鳥至之日，以大牢祠于高禖，天子親往’，玄鳥生乳之月以爲嫁娶之候，天子重之而祀焉。凡此皆與仲春嫁娶爲候者也。《夏小正》曰：‘二月，冠子、嫁女、娶妻之時。’‘秋以爲期’，此淫奔之時①。”“《夏小正》曰：‘二月，綏多士女，交昏於仲春。’《易・泰卦・六五》：‘帝乙歸妹，以祉元吉。’鄭説，之五爻辰在卯②，春爲陽中，萬物以生，生育者嫁娶之貴，仲春之月嫁娶男女之禮，福祿大吉。《易》之《咸卦》柔上剛下，二氣感應以相與。皆説男下女。《召南・草蟲》之詩，夫人待禮，隨從在塗，見采蘦者，以詩自興。又云‘士如歸妻，迨冰未泮’，舊詩云③：士如歸妻，我尚及冰未定納④。其篇義云：嫁娶以春，陽氣始生萬物，嫁娶亦爲生類，故《管子》篇《時令》云‘春以令男女’⑤。融謹案：《春秋》魯送夫人⑥、嫁女，四時通用，無譏文。然則孔子制素王之法以遺後世，男女以及時盛年爲得，不限以日月。《家語》限以冬，不附於《春秋》之正經。如是，則非孔子之言。嫁娶也以仲春，著在《詩》、《易》、《夏小正》之文，且仲春爲有期之言；秋冬春三時嫁娶⑦，何自違也，《家語》冬合男女、窮天數之語⑧。《詩》、《易》、《禮》、《傳》所載，《咸》、《泰》、《歸妹》之卦，《國風・行露》、《綢繆》‘有女懷春’、‘倉庚于飛，熠燿其羽’、‘春日遲遲’、‘樂與公子同歸’之歌⑨，《小雅》‘我行其野，蔽芾其樗’之歎，此春娶之證也。禮，諸侯越國娶女仲春，及冰未散請期，乃足容往反也。秋如期往，淫奔之女不能待年，故設秋迎之期。《摽有梅》之詩，殷紂暴亂，娶失其盛時之年，習亂思治，故戒文王能使男女得及其時⑩。陳、晉棄周禮，爲國亂禮傷，故刺昏姻不及仲春。玄説云‘嫁娶以仲春’，

①　“時”字阮本作“詩”，阮校云：“惠校本‘詩’作‘時’，此誤。”按《通典》引作“時”，阮校不可遽從。又此下“《夏小正》曰”云云爲張融評。

②　“鄭説之五爻辰在卯”八字阮本同，阮校云：“《通典・嘉禮四》引作‘舊説六五爻辰在卯’，此誤。”

③　阮校云：“《經義雜記》作‘舊説云’，此誤。”

④　阮校云：“《經義雜記》作‘及冰未泮’，此脱‘泮’字。”

⑤　阮校云：“《經義雜記》曰當作‘時令篇’。”孫校謂當作“幼官篇”，又云“以令”二字當據彼作“以合”。

⑥　浦鏜云：“‘送’當‘逆’字誤。”孫疏據改。

⑦　“且仲”以下至“嫁娶”，阮校云：“《經義雜記》曰當作‘無仲春爲期盡之言；又《春秋》四時嫁娶’。”

⑧　阮校云：“《經義雜記》曰‘也’字當在‘之語’下。”

⑨　“之”字原作“云”，據阮本改。

⑩　阮校云：“《經義雜記》曰‘戒’當作‘嘉’。”孫疏據改。

既有羣證。故孔晁曰：‘有女懷春，毛云：春，不暇待秋。春日遲遲，女心傷悲，謂蠶事始起，感事而出[1]。蔽芾其樗，喻愚惡夫[2]。熠燿其羽，喻嫁娶之盛飾。三星在隅，孟冬之月參見東方，舉正昏以刺時。’此雖用毛義，未若鄭云‘用仲春爲正禮’爲密也。”是以《詩》云“匏有苦葉，濟有深涉”，箋云：“匏葉苦而渡處深，謂八月時。時陰陽交會，始可以爲昏禮納采、問名。”又云“士如歸妻，迨冰未泮”，箋云：“歸妻，使之來歸於己，謂請期。冰未散，正月中以前，二月可以爲昏。”然則以二月爲得其實，惟爲有故者得不用仲春。**於是時也，奔者不禁。**注重天時，權許之也。〇釋曰：云“於是時”，謂是仲春時。此月既是娶妻之月[3]，若有父母不娶不嫁之者自相奔就，亦不禁之。但“人而無禮，胡不遄死”，以當禮乃可得爲配，言“奔者不禁”者，鄭云“權許之”，其實非正禮也。**若無故而不用令者，罰之。**注無故，謂無喪禍之變也。有喪禍者娶得用非中春之月。《雜記》曰：“己雖小功，既卒哭，可以冠子娶妻。”〇釋曰：言“令”者，即上“中春之月，令會男女”。男女有喪禍之故，得不用中春，今“無故不用令”，則罪罰之也。注引《雜記》者，證喪禍之故於月數滿，雖非中春，可以嫁娶也。云“己雖小功”者，彼上文有“父小功之末，可以冠娶”，故云己雖小功也。**司男女之無夫家者而會之。**注司猶察也。無夫家，謂男女之鰥寡者。〇釋曰：上文已云“令會男女”，謂無夫家者也，今又言“司察男女無夫家”，是嘗已有匹配，故鄭云“無夫家，謂男女之鰥寡者”也。**凡嫁子娶妻，入幣純帛，無過五兩。**注純實緇字也，古緇以才爲聲。納幣用緇，婦人陰也。凡於娶禮，必用其類。五兩，十端也。必言兩者，欲得其配合之名。十者，象五行十日相成也。士、大夫乃以玄纁束帛，天子加以穀圭，諸侯加以大璋。《雜記》曰：“納幣一束，束五兩，兩五尋。”然則每端二丈。〇釋曰：“凡嫁子娶妻”，含尊卑，但云“緇帛”，文主庶人耳。注“純實緇字也，古緇以才爲聲”者，緇以絲爲形[4]，才爲聲，故誤爲純字。但古之緇有二種：其緇布之緇糸旁甾，後不誤，故《禮》有緇布冠、緇布衣，存古字；若以絲帛之緇則糸旁才，此字諸處不同。絲理明者即破爲色，此“純帛”及《祭義》

---

① 阮校云：“《經義雜記》作‘感事而悲’，此誤。”
② 孫校云：“‘愚’《通典》引作‘遇’。”
③ “妻”字阮本作“女”。
④ “絲”字阮本同，加藤云：“當作‘糸’。”按此據下文“糸旁甾”、“糸旁才”而言，然上《封人職》賈疏亦云“但牛紖以麻爲之，從絲爲形，以矛爲聲，故云緧字當以矛爲聲”。

“蠶事以爲純服”，故《論語》云①“麻冕，禮也，今也純，儉”，如此之類，皆絲理自明，即爲色解之。《昏禮》云：“女次，純衣。”鄭云：“純衣，絲衣。”以《昏禮》直云“純衣”，絲理不明，故爲絲衣解之也。云“五兩，十端”者，古者二端相向卷之，共爲一兩，五兩故十端也。云“十者，象五行十日相成”者，《左傳》云：“天有六氣，降生五行。”行各有二日，東方木爲甲乙，南方火爲丙丁，中央土爲戊己，西方金爲庚辛，北方水爲壬癸，是十日。言相成者，木八爲金九妻，火七爲水六妻，土十爲木八妻，金九爲火七妻，水六爲土五妻，所剋者爲妻，是夫妻相成之數。云“士、大夫乃以玄纁束帛”者，案士昏禮玄纁束帛，大夫昏禮而有改娶者依此禮用玄纁，故云士、大夫用玄纁。云“天子加以穀圭，諸侯加以大璋”者，《玉人》文。謂加於玄纁束帛之上以行禮。引《雜記》者，證五兩、兩五尋四十尺之意。云“納幣一束，束五兩，兩五尋”者，尋八尺，則一兩四十尺，五兩，四五二十，摠二百尺，故鄭玄云“然則每端二丈”。若餘行禮，則用制幣丈八尺，取儉易共。此昏禮，每端二丈，取誠實之義，故以二丈整數爲之也。**禁遷葬者與嫁殤者。**注遷葬，謂生時非夫婦，死既葬，遷之使相從也。殤，十九以下未嫁而死者。生不以禮相接，死而合之，是亦亂人倫者也。鄭司農云：“嫁殤者，謂嫁死人也，今時娶會是也。”○釋曰：“遷葬”，謂成人鰥寡，生時非夫婦，死乃嫁之。“嫁殤”者，生年十九已下而死，死乃嫁之。不言殤娶者，舉女殤，男可知也。**凡男女之陰訟，聽之于勝國之社，其附于刑者歸之于士。**注陰訟，爭中冓之事以觸法者。勝國，亡國也。亡國之社奄其上而棧其下，使無所通②。就之以聽陰訟之情，明不當宣露。其罪不在赦宥者，直歸士而刑之，不復以聽。士，司寇之屬。《詩》云：“牆有茨，不可埽也。中冓之言，不可道也。所可道也，言之醜也。”○釋曰：云“陰訟，爭中冓之事”者，謂若《詩》之“中冓”，“以觸法”也。云“勝國，亡國也”者，此社有四名：若此往勝得彼國，將社來，謂之勝國，即此文是也；若據彼國喪亡，則謂之亡國之社，引《公羊傳》者是也；又名喪國之社，《郊特牲》云“喪國之社必屋之”是也；據其地則曰亳社，則《左傳》云“亳社災”是也。故云“勝國，亡國也”，故鄭引《公羊傳》云“勝國，亡國也”。云“亡國之社”者，《公羊傳》文。云“奄其上”者，即《郊特牲》“屋之，不受天陽者”是也。云“棧其下”者，謂於下著柴以棧之，使不通陰故也，故云“使無所通”也。云“就之以聽陰訟之情，明不當宣露”者，以其勝國社上下不通，是不宣露；中冓之言亦不宣露，故就

① 浦鏜云：“‘故’當‘又’字誤。”
② “所”字原作“听”，據婺本、金本、阮本改。

而聽之也。若然,案《詩》召伯聽男女之訟於小棠之下,不在勝國社者,彼謂周公未制禮前,此據制禮之後,故不同。云"其罪不在赦宥者,直歸士而刑之,不復以聽",釋經"附於刑者歸於士"。若然,在赦宥者媒氏聽之。云"士,司寇之屬"者,案司寇有士師之等屬司寇,故云之屬。是以鄭注《詩》亦云"士師所當審也"。"詩"者,《邶詩》刺衛宣公之詩。引之者,證經所聽者是中冓之言也。

司市掌市之治教、政刑、量度、禁令。○釋曰:此經與下文爲揔目。云"掌市之治"者,下文云"聽大治、小治"是也。"教",即此下文"以次叙分地"之等,謂教之處置貨物是也。"政"者,即下文云"以政令禁物靡"等是也。"刑"者,即下文云"以刑罰禁虣"是也。"量度",即下文云"以量度成賈"是也。"禁令"者,即下文云"以賈民禁僞"是也。注量,豆區、斗斛之屬①。度,丈尺也。○釋曰:"豆區、斗斛之屬"者,豆區,即昭三年晏子云"齊舊四量,豆、區、釜、鍾"是也;云斗斛,即《律歷志》云"籥、合、升、斗、斛"是也。此不言釜、鍾與籥、升者,之屬中兼之也。以次叙分地而經市,○釋曰:司市之官以"次"②、"叙"二事分地而置之,而以經界其市,使各有處所③,不相雜亂也。注次,謂吏所治舍,思次、介次也,若今市亭然。叙,肆行列也。經④,界也。○釋曰:云"次,謂吏所治舍"者,吏即下文司市、賈師,涖"思次、介次"者是也。云"若今市亭然"者,舉漢法而言。云"叙,肆行列也"者,以其言叙,即行肆之列,故爲行列解之。案《內宰職》云"設其次,置其叙,正其肆",注云:"次,思次。叙,介次。"不爲行列,與此注違者,彼文"次"與"叙"下更云"正其肆",則肆爲行列,故分次爲思次,以叙爲介次也;此文不具,直有"次叙",無言"正其肆",故并思、介同名爲次⑤,叙爲行列。此鄭望文爲義,故注不同。以陳肆辨物而平市,注陳猶列也。辨物,物異肆也,肆異則市平。○釋曰:"陳",列也,謂行列其廛肆而辨其物。物異則市賈平,故云"平市"也。以政令禁物靡而均市,注物靡者易售而無用,禁之則市均。鄭司農云:"靡,謂侈靡也。"○釋曰:司

---

① "斗"字原作"升",據婺本、金本、阮本改。
② "以"字原脱,據阮本補。
③ "有"字原脱,據阮本補。
④ "經"字原作"経",據婺本、金本、阮本改。
⑤ "思介"二字原作"思次",阮校云:"'思次'當爲'思介'。"兹據改。

市出政令，而禁其物貨細靡者。但物貨細靡人買之者多^①，貴而無用，令使麤物買之者少而賤，使市賈不平，令禁之則市物均平，故云"均市"也。**以商賈阜貨而行布，**注通物曰商，居賣物曰賈。阜猶盛也。鄭司農云："布，謂泉也。"○釋曰：鄭知"通物曰商"者，《易》云"至日閉關，商旅不行。除至之日，商旅則行"，故鄭注《大宰》云"行曰商"，行商則是通物者也。鄭知"居賣物曰賈"者，商既通物，明賈者在市而居賣物者也，故鄭注《大宰》云"處曰賈"也。由此二等之人或通貨或在市賣之，故貨賄阜盛而布泉得行，故云"阜貨而行布"也。**以量度成賈而徵價，**○釋曰："量"，以量穀粱之等。"度"，以度布絹之等。"成"，定也。二物以量度以定物賈。"徵"，召也。"價"，買之。物賈定則召買者來，故云"徵價"也。注徵，召也。價，買也。物有定賈則買者來也。○釋曰：知"價"爲"買"者，以言徵召買者，故以價爲買。此字所訓不定，案下文所云"貴價者"，鄭注："貴賣之。"鄭亦望文爲義，故注不同也。**以質劑結信而止訟，**○釋曰："質劑"，謂券書。恐民失信，有所違負，故爲券書結之，使有信也。民之獄訟本由無信，既結信則無訟，故云"止訟"也。注質劑，謂兩書一札而別之也，若今下手書，言保物要還矣。鄭司農云："質劑，月平。"○釋曰：下《質人》云："大市以質，小市以劑。"故知質劑是券書，是以鄭云"兩書一札而別之"。古者未有紙，故以札書。《小宰職》注云："兩書一札同而別之^②。"此不云"同"，明亦有同義也。鄭云"若今下手書"者，漢時下手書即今畫指券，與古質劑同也。先鄭云"質劑，月平"，《小宰》先鄭注亦如此解以爲月平，若今之市估文書。亦得爲一義，故後鄭每引之在下也。**以賈民禁偽而除詐，**○釋曰：司市之官用賈民知物真偽者使禁物之偽，而除去人之詐虛也。注賈民，胥師、賈師之屬。必以賈民爲之者，知物之情偽與實詐。○釋曰：知"賈民"是"胥師、賈師之屬"者，案下《胥師職》云："察其詐偽飾行儥慝者而誅罰之。"故知此"賈民禁偽"是胥師、賈師之屬，謂屬胥師、賈師受其役使也。云"知物之情偽與實詐"者，直依經解之。情則真也。情偽既據物而言，則言實詐據人而説也。**以刑罰禁虣而去盜，**○釋曰：刑期於無刑，以殺止殺，故以刑罰禁虣亂之人，又去其相盜竊也。注刑罰，憲、徇、扑。○釋曰：知"刑罰"是"憲、徇、扑"者，司市所施，惟施於市中者，故下云"小刑憲罰，中刑徇罰，大

---

① "者"字原作"有"，據阮本改。
② "札"字原作"地"，據阮本改。

刑扑罰,其附於刑者歸於士",故知惟有此三者也。**以泉府同貨而斂賒。** ○釋曰:下文有泉府職掌於市之罰布之等藏之①,今司市之官以泉府所藏之布物與民同行其貨,而民無財者賒而予之,後斂取其直,故云"同貨而斂賒"也。**注**同,共也。同者,謂民貨不售則爲斂而買之,民無貨則賒貰而予之②。○釋曰:云"同者,謂民貨不售則爲斂而買之"者,民賣物不售,則以泉府之物買取之,釋經"同貨"也。"民無貨則賒貰而予之"者,此謂所買得之物民有急須而無貨者,則貰予之,有時斂取其直,釋經"斂賒"也。但賒、貰二字通用也。

　　大市,日厢而市③,百族爲主;朝市,朝時而市,商賈爲主;夕市,夕時而市,販夫販婦爲主。 ○釋曰:案下文"市朝一夫",各方百步,就百步而分爲三時之市,恐不可。若然,則一夫者據市亭置次與叙④,司市及賈師、胥師聽事之處,取其列行肆之處則居地多矣。今經有三時之市,不先言"朝市"、"夕市",而先言"日厢"者,據向市人多而稱"大市",故先言之。此三市皆於一院內爲之,大市於中,朝市於東偏,夕市於西偏,《郊特牲》所云是也。**注**日厢,昃中也。市,雜聚之處。言主者,謂其多者也。百族必容來去,商賈家於市城,販夫販婦朝資夕賣,因其便而分爲三時之市,所以了物極衆。鄭司農云:"百族,百姓也。"○釋曰:云"日厢⑤,昃中也"者,厢者傾側之義,昃者差昃之言,故以昃解厢也。是以《尚書·無逸》云:"文王至於日中厢,不遑暇食。"是中後稱厢也。云"市,雜聚之處。言主者,謂多者也"者,謂言"百族爲主",則兼有商賈、販夫販婦;云"商賈爲主",則兼有百族、販夫販婦;云"販夫販婦爲主",則兼有百族與商賈也。云"百族必容來去"者,百族或在城內、或在城外者,容其來往,故於日厢以後主之。云"商賈家於市城"者,行曰商,居曰賈,即賈家於市。今并言之,其商雖行通物,亦容於市也。云"朝資夕賣"者,資,若冬資絺、夏資縠之類。則資者朝買資之,

① 浦鐙云:"'以'誤'於','征'誤'罰'。"按《泉府職》"掌以市之征布"賈疏云"即上《廛人》'斂布'已下之布並入泉府而藏之,故揔云征布也",斂布已下有罰布等,總而名之則曰征布。然則此疏似不得云"征布之等",其"罰"字蓋不誤,"罰布之等"猶《泉府職》疏云"斂布以下之布"。
② "貰"字原作"貫",據婺本、金本、阮本改。下疏中"貰"字底本皆誤。
③ "厢"字原作"厙",婺本、金本同,據阮本改。下注、疏中"厢"字皆同。
④ "叙"字原作"叙",據阮本改。
⑤ "日厢"二字原誤倒,據阮本乙。

至夕乃賣,故以資言之。云"所以了物極衆"者,以分爲三市者,欲了其所賣之物極盡其衆也。先鄭云"百族,百姓也"者,欲見此"百族"異於《秋官·司寇》"戒於百族":彼百族是府、史以下,此據市人稱百族,明據天下百姓,亦非百官百姓。對則正姓與氏族異,通而言之,氏族則庶姓,故以百姓爲百族。**凡市入,則胥執鞭度守門。市之羣吏平肆、展成、奠賈,上旌于思次以令市,市師涖焉,而聽大治大訟;胥師、賈師涖于介次,而聽小治小訟。**注凡市入,謂三時之市市者入也。胥,守門察僞詐也。必執鞭度,以威正人衆也。度謂殳也,因刻丈尺耳。羣吏,胥師以下也。平肆,平賣物者之行列使之正也。展之言整也。成,平也。會平成市物者也。奠讀爲定。整勑會者,使定物賈,防誑豫也。上旌者,以爲衆望也,見旌則知當市也。思次,若今市亭也。市師,司市也。介次,市亭之屬别,小者也。故書涖作立。杜子春云:"奠當爲定。"鄭司農云:"思,辭也。次,市中候樓也。立當爲涖,涖,視也。"玄謂思當爲司字,聲之誤也[①]。○釋曰:鄭知"凡市入"是上"三時之市"者,以其言凡,明揔三時之市。云"胥,守門察僞詐也"者,以其執度之故也。云"必執鞭度,以威正人衆也"者,鞭以威人衆,度以正人衆,故并言之也。云"度謂殳也"者,案下文《廬人》云:"殳兵同强。"注云:"改句言殳,容殳無刃。"此文"鞭度"連言,則一物以爲二用:若以繫鞘於上,則爲鞭;以長丈二因刻丈尺[②],則爲度。知"羣吏,胥師以下"者,見下《司稽職》云"執鞭度而巡其前",此亦執鞭度,故知是胥師以下。《叙官》云:"胥師,二十肆則一人。胥,二肆則一人。"鄭云:"胥師領羣胥。"則胥師已下非直巡行肆,亦更來守門,故鄭揔云胥師以下。知"平肆"是"平賣物者之行列使之正"者,以是經直云"平肆",肆是行列,恐其行肆不正,以正之也。云"展之言整也。成,平也。會平成市物者也"、云"奠讀爲定"者,鄭以爲"平成市","整勑會者[③],使定物價",恐有豫爲誑欺,故云"防誑豫"。先鄭云

---

① 按賈疏云"下云'介次',不爲辭,明'思'不得爲辭,直是思、司聲同,故誤爲思也。此思、司聲同,不得爲字誤。今有本云'字聲之誤'兼有'字'者,讀當云'思當爲司字','字'絶讀之,乃合義也",段考云:"據疏,知賈本本無'字'字,無者爲長。注例:'當爲某'之下,未見有贅'字'字者也。今本注内有'字'字,淺人增之。"

② 阮校云:"監、毛本'剋'作'刻'。"按"剋"即"刻"之假借字,《天官·籩人職》賈疏引《左傳》服注"剋形",並云"築剋爲之",亦其例。

③ "勑"字阮本作"敕",阮校云:"閩、監、毛本'敕'作'勑',非。"孫疏云:"'整勑'之勑當作'敕',疏作'勑',不體。此注云'整勑',借勑爲敕。敕、勑音義迥别。"按《五經文字·攵部》:"敕,古勑字,今相承皆作勑,唯整字從此敕。"

“思，辭也”，後鄭以爲思則司字。“聲之誤也”者，下云“介次”，不爲辭，明“思”不得爲辭，直是思、司聲同，故誤爲思也。此思、司聲同，不得爲字誤。今有本云“字聲之誤”兼有“字”者，讀當云“思當爲司字”，“字”絕讀之，乃合義也。**凡萬民之期于市者，辟布者、量度者、刑戮者，各於其地之叙。**○釋曰：云“凡萬民之期于市”有此已下三事，有“辟布者、度量者、刑戮者”。“各於其地之叙”，則諸物行肆之所也。**注**期，謂欲賣買期決於市也。量度者，若今處斗斛及丈尺也。故書辟爲辭。鄭司農云：“辭布，辭訟泉物者也。”玄謂辟布，市之羣吏考實諸泉入及有遺忘。○釋曰：云“期決於市也”者，謂人各自爲期限，使了市事於市也。云“若今處斗斛及丈尺”者，謂斗斛處置於米粟之肆，處置丈尺於絹布之肆。案前注“量，豆區、斗斛”，此中不云豆區，前注廣解量名，此略云市所用，故注不同。案《律歷志》，度量衡皆起於黃鍾之律，故彼云：“以子穀秬黍中者，一黍一分，九十黍黃鍾之長。則一黍爲一分，十黍爲寸，十寸爲尺，十尺爲丈，十丈爲引，五度審矣。”又云：“子穀秬黍中者，千二百黍其實一龠，合龠爲合，十合爲升，十升爲斗，十斗爲斛，五量審矣。”先鄭從故書辟布爲辭訟之布，後鄭不從，而爲“羣吏考實諸泉入”者，若辭訟之布，當歸其本主，何得各有地之叙乎？明不得爲辭訟之布也。云“考實諸泉入”者，辟，法也。謂民將物來於肆賣者，肆長各考量物數得實，稅入於市之泉府。知民將物來於市有稅者，案下文云“國凶荒，市無征”，明不凶荒有征矣。其實者則宜置於地之叙，欺者沒入官，是其法也。云“及有遺忘”者，謂羣吏考實泉之處有遺忘者，便歸令本主識認之。下文“得貨賄、六畜”之等是依列肆失者，與此文別也。**凡得貨賄、六畜者亦如之，三日而舉之。注**得遺物者亦使置其地，貨於貨之肆，馬於馬之肆，則主求之易也。三日而無職認者，舉之沒入官。○釋曰：此謂在列肆遺忘闌失者，使各歸本肆，使主識認取之。**凡治市之貨賄、六畜、珍異，亡者使有，利者使阜，害者使亡，靡者使微。注**利，利於民，謂物實厚者。害，害於民，謂物行沽者[1]。使有、使阜，起其賈以徵之也。使亡、使微，抑其賈以卻之也。侈靡細好使富民好奢，微之而已。鄭司農云：“亡者使有，無此物則開利其道使之有。”○釋曰：云“使有、使阜”者，摠釋經“亡者”、“利者”。云“起其賈”者，謂增起其賈，引物自然來，

---

[1] “沽”字金本同，婺本、阮本作“苦”。孫疏云：“‘沽’、‘苦’字通。‘苦’見《鹽人》、《典婦功》、《典枲》三職，彼注及先鄭注並讀爲‘鹽’。而‘沽’見《酒正》、《司裘》、《巾車》、《司兵》諸注，則注例用‘沽’不用‘苦’。然沽義亦當與鹽同。”

故使有、使阜盛也。云"微之而已",謂少抑其價①,使微少不絕而已。先鄭云"亡者使有,無此物則開利其道使之有",與後鄭"起其賈"義異。引之者,義得兩通,故後鄭亦從之也。**凡通貨賄,以璽節出入之。**○釋曰:金玉曰貨,布帛曰賄。其"璽節"餘物亦通,而直云"通貨賄"者,以物之貴及民之所用多者莫過貨賄,故舉以言之,無妨餘物亦通之。**注**璽節,印章,如今斗檢封矣,使人執之以通商。以出貨賄者,王之司市也;以内貨賄者,邦國之司市也。○釋曰:云"璽節,印章,如今斗檢封矣"者,案漢法,斗檢封其形方,上有封檢,其内有書;則周時印章,上書其物識事而已。云"使人執之以通商"者,以其商旅主通貨賄,故知執璽節者是通商也。云"出貨賄者,王之司市也"者,以其商旅買貨賄於市,以出向邦國,故知是王之司市給璽節也。云"内貨賄者,邦國之司市也"者,以其貨賄從邦國來,當入王畿,故知還是邦國之司市給璽節也。此經直云"入之",鄭雖云"内貨賄者,邦國之司市",亦容有從畿内入市者,故下《掌節》云"貨賄用璽節",鄭云:"變司市言貨賄者,貨賄非必由市,或資於民家。"若然,商資於民家得出向邦國。若資於民家亦容入來向王市賣之,則璽節受之於門關矣。

　　國凶荒札喪,則市無征,而作布。○釋曰:"凶荒",謂年穀不孰。"札",謂疫病。"喪",謂死喪。恤其乏困,故"市無征"也。**注**有災害,物貴,市不税,爲民乏困也②。金銅無凶年,因物貴,大鑄泉以饒民。○釋曰:以其凶年穀則貴,金銅凶年亦賤,故云"無凶年",是以諺云"豐年粟,儉年玉"。云"因物貴"者③,其物止謂米穀,餘物並賤也。**凡市僞飾之禁,在民者十有二,在商者十有二,在賈者十有二,在工者十有二。**○釋曰:云"凡僞飾之禁",此與"在民"以下爲揔目,故云凡以廣之。**注**鄭司農云:"所以俱十有二者,工不得作,賈不得粥,商不得資,民不得畜。"玄謂《王制》曰:"用器不中度,不粥於市;兵車不中度,不粥於市;布帛精麤不中數、幅廣夾不中量④,不粥於市;姦色亂正色,不粥於市;五穀不時、果實未熟,不粥於市;木不中伐,不粥於市;禽獸魚鼈不中殺,不粥於市。"亦其類也。於四十八則未聞數十二焉。○釋曰:

---

① "價"字阮本作"賈"。按"賈"、"價"古今字,賈疏中二字錯見。

② "乏"字原作"之",據婺本、金本、阮本改。

③ "云因"二字原作"因云",阮校引浦鏜説云:"'因云'字當誤倒。"兹據乙。

④ "夾"字金本同,婺本、阮本作"狹"。孫疏云:"'狹'《釋文》作'夾'。案《禮記》作'狹',夾即狹之借字。"

先鄭云"所以俱十有二者，工不得作"以下云云，謂民與商、賈及工四者皆同十二。云"工不得作"者，工匠主營作，故云不得作。云"賈不得粥"者，以其處曰賈，賈主賣粥，故云不得粥。云"商不得資"者，商主通貨賄，貨賄皆當豫資貯，故云不得資。云"民不得畜"者，萬民非作、非粥、非資，故以畜聚而言也。"玄謂《王制》曰：用器不中度，不粥於市"者，案彼鄭注云："用器，弓矢、耒耜。"耒耜長六尺，弓長六尺六寸之等，矢長三尺之類，皆有長短度數也。云"兵車不中度，不粥於市"者，案《考工記》，輪人爲兵車、乘車之輪，崇六尺六寸。成出革車一乘，出於民間，故民亦有粥兵車之法。云"布帛精麤不中數、幅廣狹不中量①，不粥於市"，布之精麤，謂若朝服十五升，斬衰三升，齊衰有三等，或四升、或五升、或六升，大功已下有七升、八升、九升，小功有十升、十一升、十二升，緦麻有十五升抽去半。其帛之升數《禮》無明文。云廣狹不中量者，布幅則廣二尺二寸，其繒幅則依朝貢禮廣二尺四寸。云"姦色亂正色，不粥於市"者，《論語》："孔子惡紫之奪朱。"則朱是南方正色，紫是北方姦色，紫奪朱色，是姦色亂正色，故孔子惡之。若然，自餘四方皆有姦色、正色，若紅綠及碧等，皆有亂正色之義也。云"五穀不時、果實未熟，不粥於市"，鄭彼注云："皆謂不利人。""木不中伐，不粥於市"者，鄭彼注引《山虞職》云"仲冬斬陽木，仲夏斬陰木"以爲證，是非此時則木不中伐。云"禽獸魚鼈不中殺，不粥於市"者，案《鼈人職》云："秋獻龜蜃，冬獻龜魚。"案《禮記·王制》云："獺祭魚，然後虞人入澤梁，豺祭獸，然後殺。"是殺禽獸魚鼈之時得粥於市，非此時則不可也。云"其類也"者②，《王制》所云不中度之類是在工者，不中數、不中量、姦色亂正色是在商者，不時及未熟是在農者，此等亦兼有在賈者，故云亦其類也。云"於四十八則未聞數十二"者，《王制》之文，從用器爲一，兵車爲二，布三，帛四，姦色五，五穀六，果實七，木八，禽九，獸十，魚十一，鼈十二，是聞之十二矣；於四十八則未聞三十六③，故云未聞數十二也。

市刑，小刑憲罰，中刑徇罰，大刑扑罰，其附于刑者歸于士。○釋曰："附于刑者歸于士"者，此刑各有所對言之：市刑雖輕，亦名爲刑；若對五刑，則五種者爲刑，故云附於刑歸於士。士謂秋官士師、鄉士、遂士之屬。其人屬彼者，各歸之使刑官斷之也。 注徇，舉以示其地之衆也。扑，撻也。鄭司農云："憲罰，播其肆也。"故書附爲

柎^①，杜子春云：“當爲附。”○釋曰：“徇，舉以示其地之衆也”者，徇者，徇列之名，故知舉其人以示其地肆之衆，使衆爲戒也。云“扑，撻也”者，《大射》云：“司射搢扑。”《尚書》云：“扑作教刑。”皆是笞撻爲扑，故云“扑，撻也”。先鄭云“憲罰，播其肆也”者，憲是表顯之名。“徇”既將身以示之，則此“憲”是以文書表示於肆，若“布憲”之類也。**國君過市則刑人赦，夫人過市罰一幕，世子過市罰一帟，命夫過市罰一蓋，命婦過市罰一帷。**注謂諸侯及夫人、世子過其國之市，大夫、内子過其都之市也。市者，人之所交利而行刑之處，君子無故不遊觀焉。若遊觀，則施惠以爲説也。國君則赦其刑人，夫人、世子、命夫、命婦則使之出罰，異尊卑也。所罰謂憲、徇、扑也^②。必罰幕、帟、蓋、帷，市者衆也，此四物者，在衆之用也。此王國之市而説國君以下過市者，諸侯之於其國與王同，以其足以互明之。○釋曰：云“大夫、内子”者，大夫中含有卿；内子，卿之妻，含大夫之妻命婦也，故經云“命婦”，注云“内子”也。若然，此經大夫、命婦是諸侯科中，不見天子卿、大夫，則天子卿、大夫與諸侯卿、大夫及命婦亦是互見爲義也。云“所罰謂憲、徇、扑也^③”者，其憲、徇，刑之輕者，而赦之使出帷、幕難備之物者，出物雖重而無恥，憲、徇雖輕而有愧，故以出物爲輕也。案《幕人》云：“掌供帷幕幄帟綬。”帷、幕用布，幄、帟用繒。在上曰幕，在旁曰帷。帟，承塵。其蓋當是於衆中障暑雨之蓋，未必是輪人所作蓋，弓二十有八在車者也。云“諸侯之於國與王同，以其足以互明之”者，此王國之市，若直見王后、世子過市，則不見諸侯已下；今以王國之市而見諸侯已下過市，足得互見王已下過市，故云互明之也。**凡會同、師役^④，市司帥賈師而從，治其市政，掌其賣儥之事。**注市司，司市也。儥，買也。會同、師役必有市者，大衆所在，來物以備之。○釋曰：王與諸侯行“會同”及“師役”征伐之等或在畿内，或在畿外，皆有市。則“市司帥賈師而從”，以其知物賈，故使從。不帥胥師者，胥師不知物賈^⑤，於事緩，故不從也。

---

① “柎”字婺本、金本、阮本作“枎”。段考云：“附麗字《周禮》多作‘付’，此作‘枎’，皆假借字也。”按“枎”、“柎”蓋因俗書木、才二旁不分所致。

② 孫校云：“‘所罰’《義疏》謂當作‘所赦’，是也，各本並誤。”

③ “扑”字原作“科”，據阮本改。

④ “役”字原作“殺”，據婺本、金本、阮本改。

⑤ “賈”字原作“價”，據阮本改。或爲“價”之形訛字。

周禮疏卷第十六

唐朝散大夫行大學博士弘文館學士臣賈公彥等撰

質人掌成市之貨賄、人民、牛馬、兵器、珍異。○釋曰：此質人若今市平準，故掌成平市之"貨賄"已下之事。注成，平也。會者平物賈而來，主成其平也。人民，奴婢也。珍異，四時食物。○釋曰：云"會者平物賈而來，主成其平也"者，會謂市人會聚買賣，止爲平物而來，質人主爲平定之，則有常估，不得妄爲貴賤也。此知"人民，奴婢也"者，以其在市平定其賈，故知非良人，是奴婢也。云"珍異，四時食物"者，見下《廛人》云"凡珍異之有滯者，斂而入于膳府"，即果實及諸食物依四時成熟者也①。**凡賣儥者質劑焉，大市以質，小市以劑。**注鄭司農云："質劑，月平賈也。質大賈，劑小賈。"玄謂質劑者，爲之券藏之也。大市，人民、馬牛之屬，用長券；小市，兵器、珍異之物，用短券。○釋曰：先鄭以質劑爲月平大小賈，若今市估文書。先鄭注《小宰》"聽賣買以質劑"亦如此解。後鄭以爲券書者，上文"成市之貨賄"之等已是市平文書，則此經云"大市以質，小市以劑"及《小宰》云"聽賣買以質劑"，文勢不得爲月平，故以券書可知也。"玄謂大市，人民、馬牛"已下，鄭以意分之爲大小。就大者而言，若人民則未成亂已下，牛馬未著齒已前，亦得爲小者也。**掌稽市之書契，同其度量，壹其淳制，巡而攷之，犯禁者舉而罰之。**注稽猶考也、治也。書契，取予市物之券也。其券之象，書兩札刻其側。杜子春云："淳當爲純。純謂幅廣。制謂匹長也。皆當中度量。"玄謂淳讀如"淳尸盥"之淳。○釋曰：云"稽猶考也、治也"者，并取治質劑并解之，故兼云治也。"書契，取予市物之券"者，并案《小宰職》云"聽取予以書契"，經既云"書契"，故知與彼同，非上"質劑"之市買者也。云"其券之象，書兩札刻其側"者，《小宰注》云："兩書一札同而別之。"云刻其側，若今畫指也。杜子春云"淳當爲純。純

---

① "諸"字原作"謂"，據阮本改。

謂幅廣。制謂匹長也”者，即丈八尺，後鄭從之。後鄭不從杜子春“純”者，純正可爲絲①、爲緇，不得爲幅廣狹，故讀從《士虞禮》“淳尸盥”之淳。故《内宰》注：“依《巡守禮》，淳四咫。”《鄭荅志》：“咫八寸。四當爲三，三咫謂二尺四寸也。”**凡治質劑者，國中一旬，郊二旬，野三旬，都三月，邦國朞。期内聽，期外不聽。**注②謂齎券契者來訟也，以期内來則治之，後期則不治，所以絕民之好訟，且息文書也。郊，遠郊也。野，甸、稍也。都，小都、大都。○釋曰：云“謂齎券契者來訟也”者，云此經總上“質劑”與“書契”來訴者。知“郊”是“遠郊”者，以其内有“國中”，外云“野”，野，遠郊之外，明知“郊”是遠郊也。知“野”是“甸、稍”者，郊外曰野，是大揔之言；下有“都”，都是四百、五百里，明此是二百里甸、三百里稍可知。又知“都”中含③“大都、小都”者，此質人揔聽畿外，明此“都”兼大小二都可知。

　　廛人掌斂市絘布、總布、質布、罰布、廛布，而入于泉府。注布，泉也。鄭司農云：“絘布，列肆之稅布。”杜子春云：“總當爲儳，謂無肆立持者之稅也。”玄謂總讀如“租稯”之稯④。稯布謂守斗斛銓衡者之稅也。質布者，質人所罰犯質劑者之泉也。罰布者，犯市令者之泉也。廛布者，貨賄諸物邸舍之稅。○釋曰：知布、泉一物者，此“布”皆入泉府，故知泉、布一也。是以《外府》云“掌布”，注云：“取其水泉流通無不徧也。”先鄭云“絘布，列肆之稅布”者，謂在行肆坐賣物之常稅也。杜子春云“總當爲儳，謂無肆立持者之稅也”者，後鄭不從，爲“守斗斛銓衡者之稅也”者，此經廛人掌依行肆者，故不得爲無肆立持，故破從“租稯”之稯，稯布是守斗斛銓衡之稅。下《肆長》云“斂其總布”，是無肆立持，故注從子春“總當爲儳”也。云“質布者，質人所罰犯質劑者之泉也”者，謂犯質劑、違券書罰泉也。云“罰布者，犯市令者之泉也”者，謂司市有教令，其人犯之，使出泉。云“廛布者，貨賄諸物邸舍之稅”者，謂在行肆官有邸舍，人有置物於中，使之出稅，故云廛布也。**凡屠者，斂其皮角筋骨，入于玉府。**○釋曰：

---

① “正”字阮本作“止”，加藤謂“止”字是。按賈疏言“正”多猶言“止”，說見上《媒氏職》。
② “注”字原作“汪”，據全書體例改。
③ “含”字原作“合”，據阮本改。
④ 段考云：“‘租稯’當是‘組總’之譌，見《巾車職》，轉寫譌從‘禾’也。”

云“屠者”，謂屠殺豕羊之類，其人亦有地税。因其屠，即取“皮角筋骨”堪飾器物者使入玉府也。注以當税，給作器物也。其無皮角及筋骨不中用，亦税之。○釋曰：知“以當税”者，謂若山虞、澤虞之等所出税，皆云“以當邦賦”，邦賦即地税之類是也。云“無皮角及筋骨不中用，亦税之”，謂若羊牛有皮角及筋骨，其豕則無之類，是不中用，亦使出物之税以當邦賦之處。**凡珍異之有滯者，斂而入于膳府。** ○釋曰：云“凡珍異之有滯者”，謂四時珍美異味買者遂少，沈滯不售者也。云“斂而入于膳府”者，謂官以泉府之財買取之，入於膳夫之府以供官食。注故書滯或作廛。鄭司農云：“謂滯貨不售者官爲居之。貨物沈滯於廛中不決，民待其直以給喪疾，而不可售賈賤者也。廛，謂市中之地未有肆而可居以畜藏貨物者也。《孟子》曰：‘市廛而不征，法而不廛，則天下之商皆説而願藏於其市矣。’謂貨物諸藏於市中而不租税也，故曰廛而不征。其有貨物久滯於廛而不售者，官以法爲居取之，故曰法而不廛。”玄謂滯讀如“沈滯”之滯。珍異，四時食物也。不售而在廛，久則將瘦臞腐敗[①]。爲買之入膳夫之府，所以紓民事而官不失實。○釋曰：先鄭云“謂滯貨不售者官爲居之”，經直爲“珍異”，非貨物，先鄭以貨物解之，故後鄭不從也。先鄭又云“廛，謂市中之地未有肆而可居以畜藏貨物者”，但廛雖非肆，是官之邸舍，不得爲空地，故後鄭不從。引《孟子》“市廛而不征”者，周則廛有征，上文“廛布”是也，云不征者非周法。又云“法而不廛”，則與此經同，故先鄭引之，後鄭增成其義也。云“久則將瘦臞腐敗”者，《考工記·梓人》云：“大胷臞後。”臞是細小之義，故云瘦臞腐敗，是以爲買之。

　　胥師各掌其次之政令，而平其貨賄，憲刑禁焉。注憲，表縣之。○釋曰：案《序官》云“胥師，二十肆則一人”，故云“各掌其次之政令”。云“憲刑禁焉”者，刑謂市中之刑憲、徇、扑；禁謂市中之禁，謂市司當時設禁令，非士師五禁也。鄭云“憲，謂表縣之”，則經“憲”非爲“憲徇扑”之憲。**察其詐僞飾行儥慝者而誅罰之。** 注鄭司農云：“儥，賣也。慝，惡也。謂行且賣姦僞惡物者。”玄謂飾行儥慝，謂使

---

①　“臞”字金本同，婺本、阮本作“臛”。阮校云：“賈疏本作‘瘦臞’。”孫疏云：“臞瘦字當作‘臞’，作‘臛’者，字形相近而譌。”

人行賣惡物於市[①]，巧飾之，令欺誑買者。○釋曰：鄭云"儥，賣也"者，此經云"飾行儥慝"，明儥爲賣，不得爲買。上文每云"賣儥"，儥不得爲賣，故爲買。是鄭望文爲義，故不定也。先鄭云"謂行且賣姦僞惡物"，以"且"間之，則"行"是"行步"之行，不爲"行濫"之行，故後鄭不從，以爲行濫解之。**聽其小治小訟而斷之。**○釋曰：上《司市》已云"胥師、賈師涖於介次，而聽小治小訟"，上揔言之，此止當職[②]，故申叙之也。

**　賈師**各掌其次之貨賄之治，辨其物而均平之，展其成而奠其買，然後令市。注辨，別也。○釋曰：案《序官》云"賈師，二十肆則一人"，與胥師數同，故云"各掌其次之貨賄之治"也。云"辨其物而均平之"，此若與胥師所掌同[③]。云"展其成而奠其買"者，則與胥師異，以其知物價故也。**凡天患，禁貴儥者，使有恒買。**注恒，常也。謂若諸米穀、棺木，而睹久雨疫病者貴賣之，因天災害阨民，使之重困。○釋曰：鄭云"謂若諸米穀、棺木"者，以其"天患"無過凶荒札喪[④]，故鄭知富人豫諸米穀以擬凶荒，豫諸棺木以擬死，"而睹久雨疫病賣之"也。**四時之珍異亦如之。**○釋曰：此"珍異"亦是富人賤時豫諸，而後貴時賣之。注薦宗廟之物。○釋曰：案《月令》，四時有珍異之物皆云"先薦寢廟"，故鄭以爲"薦宗廟"，舉重而言也。**凡國之賣儥，各帥其屬而嗣掌其月。**注儥，買也。故書賣爲買。鄭司農云："謂官有所斥賣，賈師帥其屬而更相代直月爲官賣之，均勞逸。"○釋曰：先鄭云"謂官有所斥賣"者，斥謂指斥出之，故鄭注《大宰》亦云"幣餘，謂占賣國之斥幣"，義與此同也。云"賈師帥其屬而更相代"者，賈師之下有羣賈，亦二肆則一人者，使之更互相代也。**凡師役、會同，亦如之。**○釋曰：此亦從行所在當直爲官賣買也。

---

① 孫疏據王引之説謂"行賣"當作"賣行"，今本誤倒。按賈疏云"先鄭云'謂行且賣姦僞惡物'，以'且'間之，則'行'是'行步'之行，不爲'行濫'之行，故後鄭不從，以爲行濫解之"，似所見後鄭注已作"行賣"，二鄭注唯"以'且'間之"與否爲異。
② "當"字原作闕字符"○"，據阮本補。
③ "若"字阮本無，加藤謂"若"爲衍文。
④ "札"字原作"礼"，據阮本改。

司虣掌憲市之禁令,禁其鬭囂者與其虣亂者、出入相陵犯者、以屬遊飲食于市者。**注**囂,讙也。鄭司農云:"以屬遊飲食,羣飲食者。"○釋曰:此"屬遊飲食",謂聚而羣遊飲食者禁之。若不羣遊,則得飲。**若不可禁,則搏而戮之。**

司稽掌巡市,而察其犯禁者與其不物者而搏之。**注**不物,衣服、視占不與衆同及所操物不如品式。○釋曰:案《大司徒》,民當同衣服。今有人"衣服"不與衆人同,又"視占"亦不與衆人同,"及所操物不如品式",此皆違禁之物,故"搏之"也。**掌執市之盜賊,以徇且刑之。**○釋曰:上《司市》市中之刑無過憲、徇、扑,"附於刑者歸於士";此"掌執市之盜賊,以徇且刑之",亦無過小盜徇、扑而已,故云以徇且刑之。若直徇者不必有刑,其刑者必徇,故徇、刑兩言之也。

胥各掌其所治之政[1],執鞭度而巡其前,掌其坐作出入之禁令,襲其不正者。○釋曰:案《序官》"胥,二肆則一人",故亦云"各掌其所治之政",則一人掌二肆者也。云"執鞭度而巡其前"者,此鞭度亦如上文"守門"者,謂以殳爲鞭而量物也。**注**作,起也。坐起禁令[2],當市而不得空守之屬。故書襲爲習,杜子春云:"當爲襲,謂掩捕其不正者。"○釋曰:杜子春從"襲"不從古書"習"者,習是"習學"之習,襲是"掩襲"之義,故從襲。是以《左氏》、《公羊》皆有"不聲鍾鼓爲襲",是掩其不備也。**凡有罪者,撻戮而罰之。**注罰之使出布。○釋曰:此罰布即上《廛人職》云"罰布",一也。故彼注云:"罰布者,犯市令之布也。"

肆長各掌其肆之政令[3]。陳其貨賄,名相近者相遠也,實相近者相爾也,而平正之。○釋曰:此肆長,謂一肆立一長,使之檢校一肆之事,若今行頭者也。**注**爾,亦近也。俱是物也,使惡者遠善,善自相近。鄭司農云:"謂若珠玉之

---

① "胥各掌"云云底本不提行。
② "令"字原作"今",據婺本、金本、阮本改。
③ "肆長"云云底本不提行。

屬,俱名爲珠俱名爲玉,而賈或百萬,或數萬,恐農夫愚民見欺,故別異令相遠,使賈人不得雜亂以欺人。"○釋曰:云"俱是物也"者,即司農云"俱名爲珠俱名爲玉"之類是也。云"使惡者遠善"者,釋經"名相近者相遠也"[①]。云"善自相近"者,釋經"實相近者相爾也"。先鄭云"謂若珠玉之屬"已下,直釋經"名相近者相遠",不釋"實相近者",其義可知故也。先鄭雖舉珠玉貴者,而餘物亦爾。**斂其總布,掌其戒禁。注**杜子春云:"總當爲儳。"○釋曰:此肆長各主一肆,故罰其無肆立持之布,故後鄭引而從之也。

泉府掌以市之征布斂市之不售貨之滯於民用者,以其賈買之,物楬而書之,以待不時而買者。買者各從其抵,都鄙從其主,國人、郊人從其有司,然後予之。○釋曰:云"掌以市之征布"者,即上《廛人》"斂布"已下之布並入泉府而藏之,故摠云征布也。云"各從其抵"者,抵謂本主所屬之吏乃付之,即"都鄙從其主,國人、郊人[②]"是也。云都鄙者,可兼大小都及家邑;云"國人"者,謂住在國城之内,即六鄉之民也;云"郊人"者,即遠郊之外六遂之民也。**注**故書滯爲瘇。杜子春云:"瘇當爲滯。"鄭司農云:"物楬而書之,物物爲揃書,書其賈,楬著其物也。不時買者,謂急求者也。抵,故賈也。主者,別治大夫也。然後予之,爲封符信,然後予之。"玄謂抵實柢字,柢,本也,本謂所屬吏,主、有司是[③]。○釋曰:先鄭云"抵,故賈也",後鄭不從者,假令官前買時貴,後或賤,今依故賈與之,即損民,故不得依故賈以解抵也。先鄭云"主者,別治大夫也"者,義或然,以其公卿大夫常在王朝,其都鄙別遣人治之,若季氏費宰公山弗擾之輩。天子都鄙蓋亦然。先鄭云"爲封符信,然後予之"者,封符信謂有符信文書皆封題之。計買者得主及有司然後賣,不須封信文書,但於理無害,故後鄭不破之也。後鄭破"抵"從"柢"者,經是"抵欺"之抵,故破從木傍柢,柢得爲"本"義也。云"本謂所屬吏,主、有司是"者,鄭欲解柢與主、有司爲一,云主[④]、有司是也。**凡賒**

① "近"字原作"遠",據阮本改。
② 孫校云:"'郊人'下有挩字。"按可據經文補"從其有司"四字。
③ "是"下據全書體例當空一格,底本補一"也"字,與阮本合,婺本、金本皆無。阮校云:"疏標起止云'注故書至司是',則賈疏本無'也',有者衍文。"按賈疏述注亦無"也"字,兹據删。
④ 浦鏜謂"云"上當脱"故"字。

者，祭祀無過旬日，喪紀無過三月。注鄭司農云：“賒，貰也。以祭祀、喪紀故，從官貰買物。”〇釋曰：先鄭之意，以“祭祀”、“喪紀”二者事大，故賒與民，不取利。凡民之貸者，與其有司辨而授之，以國服爲之息。〇釋曰：“貸”者，即今之舉物生利，與上文不同。云“與其有司辨而授之”者，謂别其所授之物以與之。云“以國服爲之息”者，所出之利各依國服而爲息也①。注有司，其所屬吏也。與之别其貸民之物，定其賈以與之。鄭司農云：“貸者，謂從官借本賈也，故有息。使民弗利，以其所賈之國所出爲息也。假令其國出絲絮，則以絲絮償；其國出絺葛，則以絺葛償。”玄謂以國服爲之息，以其於國服事之税爲息也。於國事受園廛之田而貸萬泉者，則朞出息五百。王莽時，民貸以治產業者，但計贏所得受息，無過歲什一。〇釋曰：云“有司，其所屬吏也”者，此則上文“有司”，一也。若然，此經不言“都鄙主”者，“有司”中兼之，故上注亦云“本，所屬吏”，是柢本中兼二者。云“與之别其貸民之物”者，但泉府中所藏之物種類不同，欲授民之時，先當分别，又當“定其賈數以與之”。先鄭“以所賈之國所出爲息”已下，後鄭不從者，凡言“服”者，服事爲名，此經以民之服事唯出税是也，則《載師》云“二十而一”已下是也，是以鄭引《載師》，“受園廛之田而貸萬泉者，則朞出息五百”，萬泉出息五百，計當二十而取一。若然，近郊十一者，萬泉朞出息一千；遠郊二十而三者，萬泉朞出息一千五百；甸、稍、縣、都之民②，萬泉朞出息二千。鄭直云園廛者，略舉以言之也。云“王莽時，民貸以治產業者，但計贏所得受息，無過歲什一”者，此則與周少異。周時不計其贏所得多少，據本徵利；王莽時雖計本多少爲定，及其徵科，唯據所贏多少。假令萬泉，歲還贏萬泉，徵一千；贏五千，徵五百；餘皆據利徵什一也。凡國事之財用取具焉③。歲終，則會其出入而納其餘。注會，計也。納，入也。入餘於職幣。〇釋曰：云“凡國事之財用取具焉”者，言事④，謂有司爲國家之事興作用財物者，皆來向泉府取財爲具焉。泉府財盡，乃於餘府别取焉。云“歲終，則會其出入”，出謂出府會計用財，入謂於廛人斂取“緫布”已下。云“納其餘”者，若國家來

① “依”字阮本作“以”。
② “民”字原作“氏”，據阮本改。
③ “事”字婺本同，金本、阮本無，阮校謂無者脱訛。按金本“國”下空闕一格，蓋原亦有“事”字。
④ 浦鏜云：“‘言’疑‘國’字誤。”

取財不盡而有餘，則納與天官職幣，職幣別出與人，故云納其餘也。

　　司門掌授管鍵①，以啓閉國門。○釋曰：云"掌授管鍵，以啓閉國門"者，謂用管籥以啓門，用鍵牡以閉門，故雙言以啓閉。國門則王城十二門者也。**注**鄭司農云："鍵讀爲騫。管，謂籥也。鍵，謂牡。"○釋曰：先鄭讀"鍵"爲"騫"者，欲取其騫澁之意②。云"管，謂籥也"者，即《月令》注"管籥，搏鍵器"是也。云"鍵，謂牡"者，以入爲牡，容者爲牝者，若《爾雅》"走曰牝牡"也。**幾出入不物者，正其貨賄，凡財物犯禁者舉之，注**不物，衣服、視占不與衆同及所操物不如品式者。正讀爲征，征，稅也。犯禁，謂商所不資者，舉之没入官。○釋曰：鄭知"不物"是"衣服"之等者，見《王制》云"關執禁以幾，禁異服，識異言"，《閽人》云"潛服、賊器不入宫，奇服、怪民不入宫"，明此司門亦然，故鄭以"不物，衣服"之等解之。但鄭釋"不物"之中有三事：一者衣服，二者占視，皆不與衆同，三者手所操持，不如尋常品式。以其特異於人，此三者皆須訶問所以也。云"正讀爲征，征，稅也"者，下文云"國凶札③，無關門之征"，明無凶札之時有征稅，故讀從征稅之字也。云"犯禁者，謂商所不資者"，商所資者，謂若《國語》云"冬資絺，夏資綌"之類，是商所豫資待時而賣者，乃不爲犯；其商所不資，謂非民常用之物，則"舉之没入官"也。**以其財養死政之老與其孤。注**財，所謂門關之委積也。死政之老，死國事者之父母也；孤，其子。○釋曰：云"財，所謂門關之委積也"者，即上《遺人》云"門關之委積，以養老孤"。云"死政之老，死國事者之父母也；孤，其子"者，即《外饔》云"邦饗耆老、孤子"，義與此同。**祭祀之牛牲繫焉，監門養之。注**監門，門徒。○釋曰：牧人六牲，至祭前三月則使充人繫而養之。若天地、宗廟，則繫於牢，芻之三月。若其散祭祀之牲，則不在牢，遣此"監門"門徒養之，不必三月也。**凡歲時之門，受其餘。注**鄭司農云："受祭門之餘。"○釋曰："凡歲時之門"者，歲之四時祭門非一，故云凡以揔之。若《月令》秋祭門者，是祭廟門。此門亦謂國門十二者。除四時祭外，仍有爲水祈禱，故《左氏》莊公二十五年秋，大水，有用牲于門之

① "司門"云云底本不提行。
② "澁"字阮本作"澀"。按"澁"爲"澀"之俗字。
③ "札"字原作"礼"，據阮本改。下文"札"字同。

事。凡四方之賓客造焉，則以告。注造猶至也。告，告於王，而止客以俟逆。

○釋曰：謂四方諸侯來朝覲，至關，關人告王；至郊，郊人告王；至國門，門人告王。王得告，皆遣人往迎，故先鄭云“止客以俟逆”也[1]。

司關掌國貨之節，以聯門市。注貨節，謂商本所發司市之璽節也。自外來者則案其節，而書其貨之多少，通之國門，國門通之司市；自內出者司市爲之璽節，通之國門，國門通之關門。參相聯以檢猾商[2]。○釋曰：案下文《掌節》云：“貨賄用璽節。”則璽節主通貨賄。若然，璽節亦可先從王司市而出。鄭今解經璽節先從邦國向內而言者，以其司關在境，而先云“掌國貨之節”，後云“以聯門市”，是從外向內之言，故鄭亦順經先從邦國司市解之也。云“案其節，而書其貨之多少，通之國門，國門通之司市”者，將送商人而執節者別有過所文書，若下文“節傳”，當載人年幾及物多少，至關、至門皆別寫一通入關家、門家，乃案勘而過。其自內出者義亦然。云“參相連以檢猾商”者，司市與關及門三處相連，恐姦猾商人或以多爲少，或隱而不出而避稅，故相連以檢括之也。其遠郊近郊雖不置官掌之，亦應有人幾問，但無稅法，故不言耳。司貨賄之出入者，掌其治禁與其征廛。○釋曰：“司”，主也。“主貨賄出入”，謂上經“以聯門市”者是也。云“與其征廛”者，征謂稅，廛謂邸舍，一事雙言也。注征廛者，貨賄之稅與所止邸舍也。關下亦有邸客舍，其出布如市之廛。○釋曰：云“關下亦有邸客舍，其出布如市之廛”者，案上文《廛人》有“廛布”，鄭云：“廛，邸舍。”此關旁亦有邸舍[3]，商人於關停止則有稅，故云如市之廛也。凡貨不出於關者，舉其貨，罰其人。注不出於關，謂從私道出辟稅者，則没其財而撻其人。○釋曰：注云“没其財”者，解經“舉其貨”；“撻其人”者，解經“罰其人”。案上“憲罰”之等皆是撻，但舉其貨已是罰物，故知罰其人是撻之可知也。凡所達貨賄者，則以節傳出之。○釋曰：此文重釋上“國貨之節”。上直云“璽節”，此經兼有“傳”，傳則過所文書。注商或取貨於民間，無

---

①　孫校云：“注不言‘司農云’，而疏云‘先鄭云’，疑有奪誤。”

②　阮校云：“賈疏引注作‘參相連以檢猾商’，注當本用‘連’，此改‘聯’，非。”按即所謂經用古字、注用今字之例。

③　“舍”字原作“合”，據阮本改。

璽節者至關，關爲之璽節及傳出之；其有璽節亦爲之傳。傳如今移過所文書。○釋曰：鄭云“商或取貨於民間，無璽節者至關，關爲之璽節”者，若本由王市而出，則司市爲之璽節；商或於民間者，或在郊内、關内民間買得物貨，不得向司市取璽節，故因向關外則便於關取節而出；若在城内民間資貨者，司門爲璽節以出之。授節者即授傳與之。**國凶札，則無關門之征，猶幾。**○釋曰：此司關所掌兼言“門”者，門、關同類，“無征”是同；《司門》既不言，故於關并言門也。**注**鄭司農云①：“凶，謂凶年飢荒也。札，謂疾疫死亡也。越人謂死爲札。《春秋傳》曰：‘札瘥夭昏②。’無關門之征者，出入關門無租税。猶幾，謂無租税猶苛察，不得令姦人出入。《孟子》曰：‘關幾而不征，則天下之行旅皆説而願出於其塗。’”○釋曰：上注“札”爲“疫病”，此司農以“札”爲“死”，則札因病而死，義得兩兼，是以引“越人謂死爲札”也。云《春秋傳》者，昭十九年《左氏》云：“鄭駟偃卒，其父兄立子瑕③。子産曰：‘寡君之二三臣札瘥夭昏。’”注云：“大死曰札，小疫曰瘥，短折曰夭，未名曰昏。”又《洪範》云：“六極，一曰凶短折。”注云：“未亂曰凶，未冠曰短，未昏曰折。”並無正文，望經爲説耳。引《春秋》者，證札爲大疫也。引《孟子》者，案《孟子》云：“尊賢使能，俊傑在位，則天下之士皆説而願立於朝矣④。市廛而不征，法而不廛，則天下之商皆説而願藏於市矣。關幾而不征，則天下之行旅皆説而願出於其塗矣。耕者助而不税，則天下之民皆説而願耕於其野矣。廛而無夫里之布⑤，則天下之民皆説而願爲之民矣。信能行此五者，則鄰國之民仰之如父母矣。率其子弟以攻其父母⑥，自有生民已來，未有能濟者也。如是，則無敵於天下。無敵於天下，然而不王者，未之有也。”此陳正法與周異，引之者，彼正法不征商旅則有説，此經有故不征亦所以説民，故取一邊爲證也。**凡四方之賓客敀關⑦，則爲之告。**○釋曰：“敀”，猶至也。畿外諸侯來朝，使卿、大夫來大聘、小聘，但至關門，皆先謁關人。關人止客，則奔

---

① “云”字原作“六”，據婺本、金本、阮本改。
② “夭”字原作“天”，金本同，據婺本、阮本改。
③ “兄”字原作“只”，據阮本改。
④ “朝”字原作“朝”，據阮本改。
⑤ “而”字阮本無，加藤謂“而”爲衍字。按《載師職》鄭注引《孟子》亦無“而”字。
⑥ “弟”字原作“第”，據阮本改。按“弟”之俗字作“苐”，俗書竹頭多寫作草頭，俚俗據“苐”楷正，則成“第”字。
⑦ “賓”字原作“實”，據婺本、金本、阮本改。

告王。王使小行人逆勞於畿也。注謂朝聘者也。叩關,猶謁關人也。鄭司農説以《國語》曰"周之《秩官》有之曰'敵國賓至,關尹以告,行理以節逆之'"。○釋曰:案《小行人》云:"凡諸侯入,王則逆勞於畿。"《聘禮》,使者至,"謁關人"。此經亦揔云"賓客敏關則爲之告"[1],是以鄭云"謂朝聘者也"。云"叩關,猶謁關人"者,猶《聘禮》"謁關人"也。先鄭説以《國語》曰"周之《秩官》有之"者,案《國語》:"定王使單襄公聘於宋。遂假道於陳,以聘楚。候不出疆,司空不視塗。單子歸,告於王曰:'陳侯不有大咎,國必亡矣。'"又云:"周之《秩官》有之曰:'敵國賓至關[2],關尹以告,行理以節逆之。'"韋昭注云:"理,吏也。行理,小行人。"掌國賓客禮以待四方,使逆賓客。"候人爲導,卿出郊勞,司里授館。"引之者,《國語》云"關尹以告"則此經司關爲之告,一也[3];云"行理以節逆之"者,證關尹告王,王使小行人以節迎之也。有外内之送令,則以節傳出内之。○釋曰:此雙言之:云"有外之送令者,則以節傳内之",謂從諸侯之國畿外而入者,則關人以節及傳内之至王;又云"有内之送令,則以節傳出之"者,謂有王命從王國而出,則亦以節傳出之,送至畿上也。注有送令,謂奉貢獻及文書,以常事往來。環人之職所送迎通賓客來至關,則爲之節與傳以通之。○釋曰:案《秋官·環人職》云:"掌送逆邦國之通賓客,以路節達諸四方。"注云:"路節,旌節也。四方,圻上。"與此義同,故引以言之。

掌節掌守邦節而辨其用[4],以輔王命。○釋曰:此一經論王國之節,對下文"邦國"是諸侯,故此王國文單言"邦"也。注邦節者,珍圭、牙璋、穀圭、琬圭、琰圭也[5]。王有命,則別其節之用,以授使者。輔王命者,執以行爲信。○釋曰:云"邦節者,珍圭"之等,皆約《典瑞》言之。案《典瑞》云:"珍圭以徵守,以恤凶荒。牙璋以起軍旅,以治兵守。穀圭以和難,以聘女。琬圭以治德,以結好。琰圭以易行,以除慝。"是其邦節也。不數自外"璧羨以起度"之等[6],以其彼是王國所用,非使者之節,故不言

----

① "揔"字原作"忽",據阮本改。
② 阮校云:"惠校本無上'關'字,此衍。"
③ "一"字原脱,據阮本補。按底本此處補版,雙行小注右行末三字佔四格,脱一字無疑。
④ "掌節"云云底本不提行。
⑤ "琰"字原作"瑗",據婺本、金本、阮本改。
⑥ "璧"字原作"壁",據阮本改。

之。云“王有命，則別其節之用，以授使者”，此釋經“而辨其用”，故《典瑞》注亦皆云“王使之瑞節”也。**守邦國者用玉節，守都鄙者用角節。注**謂諸侯於其國中，公卿大夫、王子弟於其采邑，有命者亦自有節以輔之。玉節之制如王爲之，以命數爲小大。角用犀角，其制未聞。○釋曰：云“謂諸侯於其國中”者，釋經“守邦國者用玉節”。云“公卿大夫、王子弟於其采邑”者，釋經“守都鄙者用角節”。畿內公卿大夫亦是畿內之國，但對畿外諸侯爲尊，故公卿已下言都鄙也。云“有命者亦自有節以輔之”者，亦如上文王有命有節以輔之。云“玉節之制如王爲之，以命數爲小大”者，以邦國與王同稱“玉節”，故知邦國亦有數等之節，亦皆以玉爲之。以其諸侯國內亦有徵守、好難、起軍旅之等，故知與王同。知以命數爲小大者，以其命圭之等依命數，故知亦以九、以七、以五爲節也。其天子玉節自以大小爲數，故琬圭、琰圭俱同九寸，穀圭、牙璋俱七寸，唯有珍圭無文，鄭云：“大小當與琬、琰相依。”云“角用犀角”者，案《釋獸》云：“犀似豕。”注云：“角在鼻上。”犀角是角中之貴，故知不得用玉者當用犀角。云“其制未聞”者，以其邦國之玉節可約王之玉節，都鄙之角節無可依約，既無舊制，故云其制未聞。此云“都鄙用角節”，注謂“公卿大夫、王子弟於其采邑”，是都鄙之主。案《小行人》“都鄙用管節”，注謂“公之子弟及卿大夫之采地之吏也”，故用管節，與此不同。彼諸侯采地亦同用管節，亦異外內也。若天子公卿大夫采邑之吏，下注約入“道路用旌節”。**凡邦國之使節，山國用虎節，土國用人節，澤國用龍節，皆金也，以英蕩輔之。注**使節，使卿、大夫聘於天子、諸侯，行道所執之信也。土，平地也。山多虎，平地多人，澤多龍，以金爲節，鑄象焉。必自其國所多者，於以相別，爲信明也。今漢有銅虎符。杜子春云：“蕩當爲帑，謂以函器盛此節。或曰英蕩，畫函。”○釋曰：云“使節，使卿、大夫聘於天子、諸侯，行道所執之信也”者，大聘使卿，小聘使大夫，或於天子，或於諸侯，故並言之也。云“土，平地也”者，對“山”、“澤”非平地也。云“山多虎”者，若晉國之類也。云“平地多人”者，若衛國之類也。云“澤多龍”者，若鄭國之類也。云“以金爲節，鑄象焉”者，釋經“皆金也”。云“必自以其國所多者，於以相別，爲信明也”者，山、澤與平地人、虎、龍皆雜有，今言“山國用虎，澤國用龍，土國用人”，皆據多者，相別爲信以自明也。引“漢有銅虎符”者，證周時節用銅之意也。杜子春云“蕩當爲帑”者，音以湯蕩反之，今人猶言帑也。帑則函，故云“謂以函器盛此節”也。云“或曰英蕩，畫函”者，其函猶是蕩，但以英華有畫義，故更云畫函也。經云“輔之”者，以函輔此法使不壞損也。案昭二十九年：公在鄆，“賜公衍羔裘，使獻龍輔於齊侯。”注：“龍輔，玉名，所以輔龍節。”與此別也。**門關用符節，貨賄用璽節，道路用旌節，皆有期以反節。** 注門關，司門、司關也。貨賄者，主通貨賄之官，謂司市也。道路者，主治五涂之官，謂鄉遂大夫也。凡民遠出至於邦國，邦國之民若來入，由門者司門爲之節，由關者司關爲之節，其商則司市爲之節，其以徵令及家徒則鄉遂大夫爲之節①。唯時事而行不出關不用節也。變司市言貨賄者，璽節主以通貨賄，貨賄非必由市，或資於民家焉②。變鄉遂言道路者，容公邑及小都、大都之吏皆主治五涂，亦有民也。符節者，如今宮中諸官詔符也。璽節者，今之印章也。旌節，今使者所擁節是也。將送者執此節以送行者，皆以道里日時課，如今郵行有程矣。以防容姦，擅有所通也。凡節有法式，藏於掌節。○釋曰：鄭知“門關”是“司門、司關”者，以其人之出入必由門、由關，而授節者非門、關之官不可輒授，故知主守門及關者，故以司門、司關解之也。云“貨賄者，主通貨賄之官，謂司市也”者，以其貨賄所得皆由於市乃得通之於外，亦非官不可輒授，故知“貨賄用璽節”必是王之司市也。云“道路者，主治五溝五涂之官③，謂鄉遂大夫也”，謂以其授節非官不可④，言路，即《遂人》“徑畛涂道路”之涂也。鄉之田制與遂同，故知旌節是鄉遂大夫所授也。云“凡民遠出至於邦國，邦國之民若來入，由門者司門爲之節，由關者司關爲之節”者，據此注，凡民出至邦國，若宅在國城中，先由門，則司門授之節；若宅在關內者，則由關，司關授之節也。若邦國之民來入，則先由關，司關授之節。若然，邦國之民入其節直由關，不由門，亦云由門者，因王國之民出由門，故揔言之，於義無妨也。云“其商則司市爲之節”者，此王之掌節而言“貨賄用璽節”，明是王之司市，非邦國之司市。其實商徒從邦國來，即邦國司市爲節，故上《司關》注云：“貨節，謂商本所發司市之璽節。自外來者，即案其節。”是邦國之璽節也。云“其以徵令及家徒則鄉遂大夫爲之節”者，知徵令有節者，見《鄉大夫》云“國有大故，以旌節輔令，則達之”，注云：“民雖命行⑤，其將之者無節，不得通。”是徵令有節之事。又知家徒有節者，見《比

---

① “令”字原作“今”，據婺本、金本、阮本改。下疏中“其以徵令及家徒”、“以旌節輔令”底本皆誤。

② “家”字原作“冢”，據婺本、金本、阮本改。

③ 浦鏜云：“‘五溝’二字衍。”

④ 浦鏜云：“‘者’誤‘謂’。”屬上讀。

⑤ “命”字阮本同，宜據《鄉大夫職》鄭注原文改作“以徵令”，否則與上下文不相照應。

長》云"若徙於他，則爲之旌節而行之"，是家徙有節也。又云"唯時事而行不出關不用節也"者，時事行，若《比長》云"徙於郊"、"徙於國"當鄉徙，及非徵令，皆不須節。兼言不出關者，關內當都、當邑當行不出關，皆不須節也。云"變司市言貨賄者"，司市本出璽節授商，今不言"市"而變言"貨賄"，故鄭云"璽節主以通貨賄，貨賄非必由市，或資於民家"，則由門者司門與之節，由關者司關授之節，故變言貨賄也。云"變鄉遂言道路者，容公邑及小都、大都之吏皆主治五涂，亦有民也"者，鄉遂、公邑爲溝洫法，三等采地爲井田法，井田與溝洫雖俱爲溝洫，稀稠有異。皆有五涂，以官主當，其民出入皆授旌節[1]，故變鄉遂而言道路，以容此等之官。云之吏者，以其都鄙之主在王朝，唯吏在都鄙，故以吏言之也。云"符節"已下，周法無文，故皆約漢法況之。案大史公《本紀》："漢文帝二年九月，初與郡國守相爲銅虎符、竹使符。"應劭曰："銅虎符，第一至第五，國家當發兵，遣使者至郡國合符，符合乃聽受之。竹使符者，皆以竹箭五枚，長五寸，鐫刻篆書，第一至第五。"張晏曰："符以代古之圭璋，從簡易也。"鄭引之者，欲明漢時銅虎符本出於此也。**凡通達於天下者，必有節，以傳輔之。**注必有節，言遠行無有不得節而出者也。輔之以傳者，節爲信耳，傳說所齎操及所適。○釋曰：此經揔解上經門關諸有節，并有傳輔成信驗。或有節無傳，或有傳無節，或節傳俱無，則不得"通達於天下"也。**無節者有幾則不達。**○釋曰：此亦揔解上"門關"已下應有節傳。今"無節者"非直被幾，又不通達前所也。注圍土內之。○釋曰：知"圍土內之"者，見《比長》云"無節無授，圍土內之"故也。

遂人掌邦之野[2]。注郊外曰野。此野謂甸、稍、縣、都。○釋曰：遂在遠郊百里之外，即遂人所掌之野在郊外曰野之中，故鄭云"郊外曰野"。鄭又知"此野謂甸、稍、縣、都"者，從二百里至五百里皆名野者，此遂人不言掌遂，又見下文云"以達于畿"，明遂人掌野通至畿疆也[3]。但遂人雖專掌二百里之中，乃兼掌三百里以外，其有溝洫、井田之法皆知之也。**以土地之圖經田野，造縣鄙形體之灋：五家爲鄰，五鄰爲里，四里爲酇，五酇爲鄙，五鄙爲縣，五縣爲遂，皆有地域，**

---

① "授"字阮本作"受"。按"授"據官而言，"受"據民而言，兩通。

② "遂人"云云底本不提行。

③ "畿"字原作"幾"，據阮本改。

溝樹之。使各掌其政令刑禁①，以歲時稽其人民而授之田野，簡其兵器，教之稼穡。○釋曰：遂人"以土地之圖"，據圖以經界其田野，"田野"謂田在百里之外野中，所經界者即"造縣鄙"已下是也。云"造縣鄙"者，此與下"五家爲鄰"之等爲揔目。"五家"已下有六等，略言二者耳。云"皆有地域，溝樹之"者，從"五家"已下，據地境界四邊營域爲溝，溝上而樹之也。云"使各掌其政令刑禁"者，五家則鄰長施政令，五鄰則里宰施政令，已上皆施之。云"以歲時稽其人民"者，稽，計也。人民猶言夫家，夫家，男女也。以歲之四時計其所管男女多少而損益之。云"授之田野"者，若下文"一廛，田百晦"。云"簡其兵器"者，若《族師》旗鼓兵革。云"教之稼穡"者，亦若"計耦耕事"。注經、形體，皆謂制分界也。鄰、里、鄼、鄙、縣、遂，猶郊内比、閭、族、黨、州、鄉也。鄭司農云："田野之居，其比伍之名與國中異制，故五家爲鄰。"玄謂異其名者，示相變耳。遂之軍法追胥起徒役如六鄉。○釋曰：云"經、形體，皆謂制分界也"者，以田野云"經"、縣鄙云"造形體之法"，明是爲田野云經緯、爲縣鄙云形體，二者同實而異名，明俱爲分界處所也。云"鄰、里、鄼、鄙、縣、遂，猶郊内比、閭、族、黨、州、鄉"，以家數相對是同，故云猶郊内也。先鄭云"田野之居，其比伍之名與國中異制"者，田野之居，釋經"經田野"。比伍之名，謂"夫一廛，田百晦"也。言比伍，則經中言"五"皆是也。名與國中異，制亦異，以其六遂之内上地有萊五十晦并下劑致甿，並異也。"玄謂異其名者，示相變耳"者，此後鄭直增成先鄭家數雖同、其名異之意。云"遂之軍法追胥起徒役如六鄉"者，案《小司徒》云："乃會萬民之卒伍而用之：五人爲伍，五伍爲兩，四兩爲卒，五卒爲旅，五旅爲師，五師爲軍，以起軍旅，以作田役，以比追胥，以令貢賦。"注云："鄉之田制與遂同。"但彼鄉中唯見出軍，無田制，此《遂人》唯見田制，無出軍法，故鄭彼注云"鄉之制與遂同"，此遂之軍法追胥起役如彼六鄉，互見其義，明彼此皆有也。但彼此雖相如，據大較而言，細論之仍有少異：以其六鄉上劑致民，六遂下劑致甿，六鄉上地無萊，六遂上地有萊，有萊是其稍異也②。

　　凡治野，以下劑致甿，以田里安甿，以樂昏擾甿，以土宜教甿稼穡，以興鋤利甿，以時器勸甿，以彊予任甿，以土均平政。○釋曰：云"以下劑致甿"者，對六鄉之中其家一人爲正卒，已下皆爲羨卒；此六遂之中家一人爲正

卒,第二者爲羨卒[①],自外並爲餘夫,家取二人,爲下劑致甿也。云"以田里安甿"者,田則爲百畮之田,里則五畮之宅。民得業則安,故云安甿也。"以樂昏擾甿"者,男女人所樂,故云樂昏。飲食男女,人之大欲存焉,故配以婚姻即順民意也。"以土宜教甿稼穡"者,高田種黍稷,下田種稻麥,是教之稼穡。云"以興鋤利甿"者,鋤,助也。興起其民以相佐助,是與民爲利,故云利甿也。注變民言甿,異外内也。甿猶懵懵,無知皃也。致猶會也。民雖受上田、中田、下田,及會之,以下劑爲率,謂可任者家二人。樂昏,勸其昏姻,如媒氏會男女也。擾,順也。時器,鑄作耒耜錢鎛之屬。彊予,謂民有餘力復予之田,若餘夫然。政讀爲征。土均掌均平其税。鄭大夫讀鋤爲藉。杜子春讀鋤爲助,謂起民人令相佐助。○釋曰:此案大司徒、小司徒主六鄉皆云"民"不言"甿",此變"民"言"甿"者,直是"異外内"而已,無義例。以其民者冥也,甿者"懵懵",皆是"無知之皃"也。云"雖受上田、中田、下田"者,即此下文"夫一廛"以下是也。云"以下劑爲率,謂可任者家二人"者,則其外爲餘夫是也。云"耒耜錢鎛之屬"者,《詩》云"畤乃錢鎛",仍有兹基之等,故云之屬。鄭大夫"讀鋤爲藉",藉,借也,謂借民力。所治之田民相於無此事,故後鄭謂"相佐助",從子春也。辨其野之土,上地、中地、下地,以頒田里:上地,夫一廛,田百畮,萊五十畮,餘夫亦如之;中地,夫一廛,田百畮,萊百畮,餘夫亦如之;下地,夫一廛,田百畮,萊二百畮,餘夫亦如之。○釋曰:此據在六遂之中爲野,故以"野"言之,并"上地、中地、下地,以頒其田里",此皆與已下爲揔目也。此直言上、中、下地,亦當如《小司徒》云"上地家七人,中地家六人,下地家五人"也。注萊,謂休不耕者。鄭司農云:"户計一夫一婦而賦之田,其一户有數口者,餘夫亦受此田也。廛,居也。楊子雲有田一廛,謂百畮之居也。"玄謂廛,城邑之居,《孟子》所云"五畮之宅,樹之以桑麻[②]"者也。六遂之民奇受一廛,雖上地猶有萊,皆所以饒遠也。王莽時,城郭中宅不樹者爲不毛,出三夫之布。○釋曰:案《詩》云:"田卒污萊。"注:"高者萊,下者污。"是"萊,謂休不耕者"也。先鄭引"楊子雲有田一廛,謂百畮之居也",後鄭不從,以爲"廛"與《孟子》"五畮之宅"同

---

① "二"字原作"一",據阮本改。

② 孫疏云:"《孟子》'桑'下無'麻'字。吕鵬飛云:此及《載師》、《閭師》疏,皆較《孟子》增一'麻'字;《梁書》張充與王儉書,有'五畝之宅,樹以桑麻'句。詒讓案:《載師》注引亦無'麻',此疑後鄭所增。"

者，此經上、中、下地皆云"夫一廛，田百畮"，百畮與一廛別言之，則此廛與廛人皆謂廛
縣於其中，則此乃是"廛里任國中之地"，一也，不得同爲百畮之田。《詩》所云"三百廛
兮"者自是三百家之稅，故亦以廛表稅也。云"六遂之民奇受一廛"者，釋經"餘夫亦如
之"，則餘夫皆有田、有廛，是餘夫奇別更受廛，備後離居之法，故奇受一廛。云"雖上
地猶有萊"者，對六鄉不言餘夫之廛，上地又無萊，故云"皆所以饒遠也"。引"王莽時"
事者，證廛是城郭中言。**凡治野**①，**夫間有遂，遂上有徑；十夫有溝，溝上
有畛；百夫有洫，洫上有涂；千夫有澮，澮上有道；萬夫有川，川上
有路，以達于畿。**○釋曰：遂人所掌，即六遂之中爲溝洫之法。遂地在郊外曰野
之中②，故云"凡治野"。云"夫間有遂"已下，五溝所以通水入川，五涂所以通道向都及
國城也。注十夫，二鄰之田。百夫，一鄼之田。千夫，二鄙之田。萬夫，四縣之田。遂、
溝、洫、澮，皆所以通水於川也。遂廣深各二尺，溝倍之，洫倍溝，澮廣二尋深二仞。徑、
畛、涂、道、路，皆所以通車徒於國都也。徑容牛馬，畛容大車，涂容乘車一軌，道容二
軌，路容三軌。都之野涂與環涂同，可也。萬夫者，方三十三里少半里，九而方一同。
以南畮圖之，則遂從溝橫，洫從澮橫，九澮而川，周其外焉。去山陵、林麓、川澤、溝瀆、
城郭、宮室、涂巷三分之制，其餘如此。以至于畿，則中雖有都鄙，遂人盡主其地。○釋
曰：云"十夫，二鄰之田"已下，以遂之中有鄰、里、鄼、鄙、縣、遂，故"十夫"以下還以鄰、
鄼、鄙、縣地當之。鄭知"遂廣深各二尺，溝倍之，洫倍溝，澮廣二尋深二仞"者，此雖溝
洫法，與井田異制，其遂、溝、洫、澮廣深亦與井田溝、澮廣深同，故鄭還約《匠人》井田之
法而言也。鄭知"徑容牛馬"之等義如此者，此從"川上有路"差之：凡道皆有三塗，川上
之路則容三軌，道容二軌，塗容一軌，軌皆廣八尺；其畛宜差小③，可容大車一軌，軌廣六
尺；自然徑不容車軌，而容牛馬及人之步徑，是以《春秋》有"牽牛蹊"，蹊即徑也。云"都
之野涂與環涂同，可也"者，案《匠人》云："環涂以爲諸侯經涂，野涂以爲都經涂。"鄭注

---

① 王引之云："'野'下原有'田'字，於田中設五溝五涂以治之，故曰'凡治野田'。
'凡治野'三字已見上文，此文自作'凡治野田'，與上文不同。"

② "曰"字阮本作"田"，加藤謂"田"字是。按本職首賈疏云"遂在遠郊百里之外，即
遂人所掌之野在郊外曰野之中，故鄭云郊外曰野"，與此疏相同，"曰"字是也。孫校亦據
閩本改"田"爲"曰"。

③ "宜"字阮本無。

云："經，亦謂城中道。諸侯環涂五軌，其野涂及都環涂皆三軌。"彼注亦與此注同[1]，皆以爲都之野涂與環涂同。依《內則》云："道有三涂，男子由右，女子由左，車從中央。"是以鄭鄰解川上之路及都之野涂皆容三軌也[2]。云"萬夫者，方三十三里少半里"者，此解經"萬夫有川"之意。從西北隅北畔至東頭有十洫，一洫百夫，十洫千夫，千夫萬步，萬步有三十三里百步，百步是少半里。以九澮揔而言之則萬夫矣，故言"萬夫者，三十三里少半里"矣。云"九而方一同"者，案《匠人》云"廣尺深尺謂之畎"，以至"方百里爲同，同間廣二尋深二仞"，彼井田法，溝澮稀少，而云同；此雖溝洫法，溝澮稠多，與彼井田相準擬而言也。云"以南畮圖之，遂從溝橫，洫從澮橫，九澮而川，周其外焉"者，案《詩》有"今適南畮"，又云"南東其畮"，故以南畮圖之。其田南北細分者，是一行隔爲一夫，十夫則於首爲橫溝。十溝即百夫，於東畔爲南北之洫。十洫則於南畔爲橫澮。九澮則於四畔爲大川。此川亦人造，雖無丈尺之數，蓋亦倍澮耳。此川與《匠人》澮水所注川者異，彼百里之間一川，謂大川也。云"去山林之等，其餘如此"者，鄭注《載師》亦以此等三分去一，皆大判而言之耳，是以田之法一成九百夫亦三分去一，以其餘通計出稅，故每云三百家也。云"以至于畿，則中雖有都鄙，遂人盡主其地"者，遂人主六遂，與司徒主六鄉同，唯在二百里以內；今經云"以達于畿"，明畿以內之中雖有都鄙作井田之法，遂人亦盡主其地。明不可細主井田，尚主公邑之中爲溝洫之法與鄉[3]，遂人盡主之可知也。

　　以歲時登其夫家之衆寡及其六畜、車輦，辨其老幼、癈疾與其施舍者，以頒職作事，以令貢賦，以令師田，以起政役。 ○釋曰：云"以歲時"以主其"夫家"已下[4]，亦如《族師》所云，以歲之四時成定男女之等。注登，成也，猶定也。夫家，猶言男女也。施讀爲弛。職，謂民九職也。分其農、牧、衡虞之職，使民爲其事也。《載師職》云"以物地事、授地職"，互言矣。貢，九貢也。賦，九賦也。政役，出士徒役。○釋曰：云"施讀爲弛"者，以其文承"老幼、癈疾"之下，下又別云"以起政役"，明此不得爲施政役，破施爲弛，謂弛捨其政役也。云"職，謂民九職也"者，以其頒職而作事是民之九職，使之作事而遣出九貢也。云"分其農、牧、衡虞之職"者，農即三

---

① "此注"二字原作"注此"，據阮本乙。
② 孫校謂"鄉"字於義無取，疑爲衍文。
③ 孫校云："'與鄉'下當有'遂同'二字，傳寫奪之耳。"按此蓋涉上下二"遂"字而脫。
④ 浦鏜云："'登'誤'以主'二字。"

農，牧即藪牧，衡虞即虞衡作山澤之材。不言商賈、嬪婦、臣妾之等者，略之也。云《載師職》云以物地事、授地職，互言矣”者，彼云“物地事”，不云貢，此云“令貢賦”，不云物地事，地事、貢賦當相互皆有也。云“貢，九貢也”者，即九職之九貢，非諸侯之九貢也。“賦”者，即亦《大宰》“九賦”，“一曰邦中之賦，二曰四郊之賦”之等是也。云“政役，出士徒役”者，即上注“遂之軍法如六鄉”者是也[①]。**若起野役，則令各帥其所治之民而至，以遂之大旗致之，其不用命者誅之。**○釋曰：此文“起野役”，若《小司徒》“凡起徒役，毋過家一人”之類也。云“則令各帥其所治之民而至”者，謂令縣正已下。《縣正》云：“若將用野民師田、行役、移執事，則帥而至，治其政令。”是縣正受遂人之令也。云“以遂之大旗致之”者，以其遂人雖是大夫，合用鳥隼之旗致衆[②]；今遂人掌衆與大司徒同，故致衆得用熊虎爲旗也。**注**役，謂師田若有功作也。遂之大旗，熊虎。○釋曰：知“役，謂師田若功作也”者，以其《縣正》所云“用野民師田、行役、移執事”，爲此事致之，明此“役”與彼同。其云功作，則移執事之等是也。云“大旗，熊虎”者，《司常職》文。**凡國祭祀，共野牲，令野職。注**共野牲，入於牧人以待事也。野職，薪炭之屬。○釋曰：云“共野牲，入於牧人以待事也”者，謂牛羊豕在六遂者，故曰野牲。《牧人》云“掌牧六牲，以待祭祀”，故知此“野牲”亦入牧人以待事也。云“野職，薪炭之屬”者，此官令之，委人斂之，故下《委人》云“掌斂野之賦”，又云“斂薪芻，凡疏材、木材，凡畜聚之物”。言之屬者，兼此諸物也。**凡賓客，令脩野道而委積。注**委積於廬宿市。○釋曰：案《大司徒》云：“令野脩道委積。”彼謂摠令遺人。此於百里外“野道”又令之，故注云“委積於廬宿市”，是亦令遺人也。**大喪，帥六遂之役而致之，掌其政令；及葬，帥而屬六綍；及窆，陳役。注**致役，致於司徒，給墓上事及竁也。綍，舉棺索也。葬舉棺者，謂載與説時也。用綍旁六執之者，天子其千人與？陳役者，主陳列之耳，匠師帥監之，鄉師以斧涖焉。大喪之正棺、殯、啓、朝及引，六鄉役之；載及窆，六遂役之，亦即遠相終始也。鄭司農云：“窆，謂下棺時。遂人主陳役也。《禮記》謂之‘封’，《春秋》謂之‘堋’，皆葬下棺也，聲相似。”○釋曰：鄭知“致役，致於司徒，給墓上事及竁也”者，以其殯及引皆六鄉役之，其墓上事及竁等六遂

役之，故知"致役，給墓上"，墓上則説載、下棺之等；"竁"，謂穿壙之等。不言在廟載事亦六遂役之，不言者，略也。必致於司徒者，司徒雖主六鄉，以其地官之卿，掌徒庶之役，亦兼掌六遂之役故也。云"綍，舉棺索"者，以其據在棺則曰綍，據在道則曰引，六遂之役不在道，故據在棺而言綍也。云"葬舉棺者，謂載與説時也"者，以其經云"屬六綍"，不據在道，故知在廟載時及在壙説時也。云"用綍旁六執之者，天子其千人與"者，案《雜記》："諸侯執綍五百人，大夫三百人。"以此約之，天子千人。無正文，故云"與"以疑之。云"陳役者，主陳列之耳"者，以其經云"及竁"，竁謂下棺，下棺之時千人執綍，背碑負引，須陳列其人，故知謂陳列之也。云"匠師帥監之，鄉師以斧涖焉"者，案其《鄉師職》知之。云"大喪之正棺、殯、啓、朝及引，六鄉役之；載及竁，六遂役之"，知義然者，案《大司徒職》云："大喪，帥六鄉之衆庶屬其六引。"此《遂人》云："帥六遂之役屬六綍；及竁，陳役。"鄭據此二文言之。以六鄉近，使主殯及啓、朝，爲始；在祖廟之中將行，載棺於屡車屬六綍，則六遂爲終也。至於在道言引，則還使六鄉爲始；至壙竁之下棺，則還使六遂爲終。以二處各自共爲終始，故云"即遠相終始也"，是以《大司徒》注云"六鄉主六引，六遂主六綍"也。云"《禮記》謂之封"者，據《檀弓》云"庶人縣棺而封"及《喪大記》下棺亦云"封"是也。"《春秋》謂之塴"者，《左氏》"葬鄭簡公，有司墓之室當道，毀之，則朝而塴"是也。竁、塴、封三者字雖不同，皆是下棺也。云"聲相似"者，竁、封、塴皆以去聲言之，故云聲相似也。**凡事致野役，而師田作野民，帥而至，掌其政治禁令。**○釋曰：此居職末，揔結之言也。

遂師各掌其遂之政令戒禁，以時登其夫家之衆寡、六畜、車輦，辨其施舍與其可任者。經牧其田野，辨其可食者，周知其數而任之，以徵財征。作役事，則聽其治訟。○釋曰：以遂師下大夫四人所掌六遂，亦如鄉師主六鄉，亦二人共主三遂，故云"各掌其遂之政令戒禁"，并"以時登其夫家衆寡、六畜"已下皆如鄉師之職。但《鄉師》云"輦"[①]，又云"老幼、貴賤、廢疾"，此不言之，此云"經牧其田野"之等，彼不言之，皆是互換爲義，故設文不同也。云"周知其數而

---

① "輦"字阮本作"輂"，加藤云："《鄉師職》云'與其輂輦'，本當作'輂輦'，轉寫脱一字。若存一字，則宜存'輦'。"按賈疏對比本職與《鄉師職》文句異同，本職已言"車輦"，則此固當僅存一"輦"字。

任之，以徵財征”者，謂周徧知其夫家、六畜及田野之等。任之，據人民之數；徵財征，據田野之數也。云“作役事，則聽其治訟”者，役事中可兼軍役、田獵、功作之等，皆聽其治訟也。**注**施讀亦弛也[①]。經牧，制田界與井也。可食，謂今年所當耕者也。財征，賦稅之事。○釋曰：云“施讀亦弛也”者，此注與《鄉師》同。以其與“其可任者”對而言，明“施”不得爲施功之事，故讀爲“弛”，與“舍”同爲捨放之事。云“經牧，制田界與井也”者，但六遂制溝洫法，上文所云者是；今以爲“制界與井也”又爲井田法者，以其遂人兼掌采地，故上云掌野鄙，兼言稍、縣、都，以采地有井田法，故此經云“經牧其田野”，與《小司徒》文同，故鄭亦兼言井也。云“可食，謂今年所當耕者也”者，六遂以外上地亦有萊，中、下之地自然皆有萊不耕者，故云今年所當耕者也。云“財征，賦稅之事”者，征是賦稅，財是地稅，故云“財征，賦稅之事”也。雖以地稅爲正，其中亦兼有口率出泉也。

巡其稼穡，而移用其民，以救其時事。○釋曰：遂師各自巡。其春種曰稼，秋斂曰穡。**注**移用其民，使轉相助，救時急事也。四時耕耨斂艾芟，地之宜晚早不同，而有天期地澤風雨之急。○釋曰：云“地之宜晚早不同”者，其地有宜早種早收，有宜晚種晚收，故云晚早不同。云“而有天期地澤風雨之急”者，山出雲雨，大風有隧，皆由天期而有，故以天期而言。此並須“移用其民，救其時事”，故并言之也。凡國祭祀，審其誓戒，共其野牲。**注**審，亦聽也。○釋曰：案《冢宰職》云“大祭祀，掌百官之誓戒”，大司寇涖誓百官并戒百族，此官主“審其戒”，戒遂之民，故不同也。入野職、野賦于玉府。**注**民所入貨賄以當九職、九賦，中玉府之用者。○釋曰：云“野職”，謂民九職之貢。“野賦”，謂民九賦，自邦甸、家稍、縣都之等口率出泉。以其在遠郊之外，故皆以野言之也。云“中玉府之用者”，亦是遂師自當徵其穀稅泉以入大府，分之衆府也。若然，案《大府職》云“式貢之餘財以共玩好之用”，入於玉府，彼入玉府者是式貢之餘財，財之美者，由大府乃入玉府；此徑入玉府者，非財之美，不堪王之玩好者也。賓客，則巡其道脩，庀其委積。**注**巡其道脩，行治道路也。故書庀爲比。鄭司農云：“比讀爲庀，庀，具也。”○釋曰：“巡其道脩”者，《大司徒》云“野脩道委積”據國外曰野，在六鄉之中者；此據六遂之中者。大喪，使帥其屬以幄帟先，道野役；及

---

① 阮校云：“‘亦’下當脫‘爲’，《土均》注‘施讀亦爲弛也’可證。浦改作‘施讀爲弛’，非，此承上《遂人》注‘施讀爲弛’言之，故云‘亦’。”

窆,抱歷①,共丘籠及蜃車之役。○釋曰:"大喪",謂王喪也。云"使帥其屬以
幄帟先"者,謂大宰官使其屬以幄帟先行至壙。云"道野役"者,謂司徒導引野中之役出
國城至壙。云"及窆,抱歷"者,及,至也。謂柩車至壙。窆,下棺也。下棺之時,遂師帥
其執紼者之人名歷適而校數之也。云"共丘籠"者,王曰丘②,謂共爲丘之籠器以盛土
也。云"及蜃車之役"者,謂在祖廟中將行,共蜃車以載柩之役人也。　注使以幄帟先者,
大宰也;其餘司徒也。幄帟先,所以爲葬窆之間先張神坐也。道野役,帥以至墓也。丘
籠之役,竁、復土也。其器曰籠。蜃車,柩路也。柩路載柳,四輪迫地而行,有似於蜃,
因取名焉。行至壙,乃説,更復載以龍輴。蜃,《禮記》或作樿,或作輇。役,謂執紼者。
鄭司農云:"抱歷,歷下車也。"玄謂歷者適歷,執紼者名也。遂人主陳之,而遂師以名行
校之。○釋曰:知"使以幄帟先"是"大宰"者,以其天官幕人掌共帷幕幄帟綬,屬大宰,
故知使幕人以幄帟先是大宰也。云"其餘司徒也"者,以其司徒主衆庶,故知野役之徒
皆司徒令之也。云"幄帟先,所以爲葬窆之間先張神坐也"者,謂柩至壙,脱載除飾,柩
則在地,未葬窆之間須有凶靈神坐之所③,故知大幕之下宜有幄之小帳,小帳之内而有
帟之承塵以爲神坐也。云"道野役,帥以至墓也"者,以其云導,導是帥引之言,故知從
廟帥引往至墓所也。云"丘籠之役,竁、復土也"者,竁謂穿地;復土謂下棺之後以壙上
土反復而爲丘壟。皆須籠器以盛土也。云"蜃車,柩路也"者,人君所居皆曰路,故云柩
路也。云"柩路載柳,四輪迫地而行"者,謂在祖廟中遂匠納車於階間,卻而上載之,乃
加帷荒,帷荒即柳也。四輪迫地而行,即輇車以二軸而貫四輪,四輪即許氏《説文》云
"無輻曰輇"者也。云"似於蜃,因取名焉"者,此解名爲蜃車之意。云"行至壙,乃説,更
復載以龍輴"者,以其天子、諸侯殯時用輴車,即《檀弓》所云"菆塗龍輴,天子之禮"是
也,諸侯不龍其輴而已。殯既用輴,明葬時用輴可知。云"蜃,《禮記》或作樿,或作輇"
者,案《雜記》云"載以輲車",鄭注云:"輲讀爲輇,或作樿。"④彼經作"輴"⑤,一部《禮記》

---

①　"歷"字原作"磨",阮本同,金本作"曆",據婺本改。下凡"歷"字除賈疏"故云抱
曆也"外皆誤,今訂正。
②　"王"字阮本作"土",加藤謂"土"是。按《春官·冢人職》鄭注云"王公曰丘,諸臣
曰封",此作"王曰丘"似亦可通。
③　"所"字原作"以",據阮本改。
④　按傳本《雜記》鄭注作"輲讀爲輇,或作樿",《釋文》:"輲,依注作'輇'及'樿'。"
⑤　"輴"字原作"輇",據阮本改。

作"軥"或作"榑"。彼經不爲軥者,但輴、軥字雖異,其義同,故此云或作軥也。但爲榑者非車之體,不從之,取其輴字。或有作"團"字,"團"又轉誤爲"國"字者,故《既夕·記》云"遂匠納車於階間",注云:"車,載柩車。《周禮》謂之蜃車,《雜記》謂之團車,《喪大記》又謂之國車也。"先鄭云"抱磿,磿下車也"者,於義無所當,故後鄭不從也。後鄭云"適磿,執綍者名也"者,謂天子千人分布於六綍之上,謂之適磿者,分布稀疏得所,名爲適磿也。云"遂人主陳之"者,案上《遂人》云"及窆,陳役"是也。云"而遂師以名行校之"者,但執綍之人背碑負引而退行,遂師抱持版之名字,巡行而校録之,以知在否,故云"抱磿"也。**軍旅、田獵,平野民,掌其禁令,比叙其事而賞罰。**○釋曰:"軍旅",謂征伐。"田獵",謂四時田。云"平野民"者,謂遂師平正六遂之民,故云平野民也。云"比叙其事而賞罰"者[1],遂師校比次叙其行伍而行賞罰也。**注平,謂正其行列部伍也。鄭司農云:"比讀爲庀。"**○釋曰:《周禮》之内云"比"者,後鄭皆爲校比,先鄭皆爲"庀"[2]。庀爲具,得通一義,故引之在下也。

　　遂大夫各掌其遂之政令,以歲時稽其夫家之衆寡、六畜、田野,辨其可任者與其可施舍者,以教稼穡,以稽功事,掌其政令戒禁,聽其治訟。○釋曰:此一經與《遂師職》意同,但互見其義耳。**注施讀亦爲弛。功事,九職之事,民所以爲功業。**○釋曰:云"功事,九職之事,民所以爲功業"者,《大宰》"以九職任萬民",彼云"任"即此"功事",謂任之使有功者也。**令爲邑者,歲終則會政致事。注不言其遂之吏而言爲邑者,容公邑及卿大夫、王子弟之采邑政令戒禁遂大夫亦施焉。**○釋曰:言之者,若直言"遂之吏",則不容公邑與采邑;今《遂大夫》不言"遂之吏",變云"爲邑",則遂中可以兼公邑、采邑二者,故云"政令戒禁遂大夫亦施焉",以其《遂人》云"掌野",又云"以達于畿",故知亦施政令戒禁。**正歲,簡稼器,脩稼政。注簡猶閱也。稼器,耒耜、鎡其之屬[3]。稼政,孟春之《月令》所云"皆脩封疆,審**

---

① "比"字原作"此",據阮本改。

② "庀"字原作"尢",據阮本改。

③ "鎡其"二字婺本同,金本作"玆其",阮本作"鎡基"。阮校云:"嘉靖本'鎡基'作'玆其',從金、從土蓋後人所加。"按《秋官·薙氏職》鄭注亦作"玆其"。

端徑術,善相丘陵、阪險、原隰,土地所宜,五穀所殖,以教道民,必躬親之^①"。○釋曰:
云"稼器,耒耜、銍其之屬"者,其器中含有錢、鎛之等,故云之屬也。云"稼政,孟春之
《月令》所云皆脩封疆"者,此是《月令》,鄭注彼"封疆"謂"田首之分界也"。云"審端徑
術"者,鄭彼注:"術當爲遂。"即引《遂人職》云"夫間有遂,遂上有徑"。當審之使脩理
也。云"善相丘陵、阪險、原隰"者,土之高者曰丘,大阜曰陵,坡者曰阪險,下濕者曰隰,
高平曰原也。云"土地所宜"者,即"丘陵"已下,若高田種黍稷,下田種稻麥,丘陵、阪險
種桑棗是也。云"以教道民,必躬親之"者,彼約束典田大夫必身親檢校之,以證稼政之
事。**三歲大比,則帥其吏而興甿,明其有功者,屬其地治者。**○釋曰:
云"三歲大比"已下,若《鄉大夫》"三歲大比,興賢者、能者",其義同,變之耳。云"帥其
吏"者,則遂大夫已下縣正至鄰長。_注興甿,舉民賢者、能者,如六鄉之爲也。興猶舉
也。屬猶聚也。又因舉吏治有功者,而聚勑其餘以職事。○釋曰:云"興甿,舉民賢者、
能者,如六鄉之爲也"者,此文不具,故鄭就《鄉大夫》解之。彼以鄉飲酒興賢能者,厥
明,獻賢能之書於王,王拜而受之,登於天府,內史貳之。此職亦然也。云"興猶舉也。
屬猶聚也"者,謂當興舉之時,因舉治民之吏鄰長以上吏之有功者而升之;又聚其地治
鄰長以上勑之以職事,使之不慢也。**凡爲邑者,以四達戒其功事,而誅賞廢
興之。**○釋曰:此言"爲邑"者,義如上。不言"遂之吏"而言"爲邑"者,容公邑及采邑
也。云"以四達戒其功事"者,達,通也,謂將四通之事以戒勑其功事,功事即上注"九職
之功業"也。云"而誅賞廢興之"者,此亦如《天官》注"大有功,不徒興,又賞之;大無功,
不徒廢,又誅之",故誅賞廢興連言之也。_注四達者,治民之事大通者有四:夫家衆寡
也,六畜車輦也,稼穡耕耨也,旗鼓兵革也。○釋曰:鄭知"四達"是"夫家"已下者,此
無正文,唯約上下文而知義爾。案《遂師》云"夫家衆寡、六畜車輦",此《遂大夫》亦云
"夫家衆寡,以教稼穡",《鄰長》云"以旗鼓兵革帥而至"^②,又云"趨其耕耨",鄭據而言,
故以四事當此"四達"。

　　縣正各掌其縣之政令、徵比,以頒田里,以分職事,掌其治訟,

---

①　"必躬"二字原作"徑術",據婺本、金本、阮本改。按此因補版時誤重複前一行相
同位置之"徑術"。
②　"長"字原作"是",據阮本改。

趨其稼事而賞罰之。注徵，徵召也。比，案比。○釋曰：以一遂有五縣，故云
“各掌其縣之政令”。“徵比”者，謂政教號令、徵發校比之等也。云“以頒田里”者，亦如
上文“夫一廛，田百畮”也。云“以分職事”者，即九職之功事也。若將用野民師
田、行役、移執事，則帥而至，治其政令。注移執事，移用其民。鄭司農云：
“謂轉相佐助。”○釋曰：云“若將用野民”者，言將，事未至之時預徵召野民也。言“師
田”，謂出師征伐及田獵也①。言“行役”，謂若巡狩及功役。言“移執事”，謂移徙用民以
執事也。既役，則稽功會事而誅賞。○釋曰：此經結上文功役之事，事訖，乃
稽考其功多少，當計會其事之可否，而有功者賞，無功者誅也。

鄙師各掌其鄙之政令、祭祀。○釋曰：五鄙爲縣，五百家爲鄙，故云“各
掌其鄙之政令”也。注祭祀，祭禜也。○釋曰：知鄙“祭禜”者，鄙與六鄉黨同，黨祭禜，
故知此鄙所“祭祀”謂祭禜也。凡作民，則掌其戒令。注作民，謂起役也。○釋
曰：知“作民”是“起役”者，案下《鄙長》云“若作其民而用之，則以旗鼓兵革帥而至”，又
上文每云“野役”，故知此“作民”亦是起役事也。以時數其衆庶，而察其媺惡
而誅賞。注時，四時也。○釋曰：知“時，四時”者，見《鄉師職》云“凡四時之徵令”，
則凡言“歲時”者皆是四時。唯《鄉師》云“覭萬民之囏阨”而云“歲時巡國及野”者，鄭注
云：“隨其事之時，不必四時，囏阨非常故也。”歲終，則會其鄙之政而致事。

---

① “謂”字原作“調”，據阮本改。

周禮疏卷第十七

唐朝散大夫行大學博士弘文館學士臣賈公彥等撰

鄰長各掌其鄰之政令，以時校登其夫家，比其衆寡，以治其喪紀、祭祀之事。**注**校猶數也。○釋曰：以其一鄙五鄰，故云“各掌其鄰之政令”也。云“以治其喪紀”者，謂民之喪紀，若《鄉師》所云“族共喪器”之類。“治其祭祀”者，謂若族祭酺之類。若然，縣當祭社①，與州同。《縣正》、《鄙師》②、《鄰長》皆不言所祭神者，六遂與六鄉互見其義也。**若作其民而用之，則以旗鼓兵革帥而至。若歲時簡器，與有司數之。**○釋曰：言“作其民而用之”者，謂師田及巡守之等。直言“以旗鼓兵革”，不言車輦，文不具。**注**簡器，簡稼器也，兵器亦存焉。有司，遂大夫。○釋曰：云“簡器，簡稼器也”者，見《遂大夫職》云“正歲，簡稼器，脩稼政”，則此官與遂大夫共簡之，故注云“有司，遂大夫”也。知“兵器亦存焉”者，以《遂大夫》云“簡稼器”，此不言“稼”直云“器”，故知“器”中兼有兵器，旗鼓兵革亦存在其中也。**凡歲時之戒令皆聽之，趨其耕耨，稽其女功。**○釋曰：此鄰長彌親民，故“趨其耕耨”，并稽考女功之等③。**注**聽之，受而行之也。女功，絲枲之事。○釋曰：鄭知“聽之”爲“受而行之”，非聽斷之者，以鄰長中士官，惟承受遂人已下之事，不得專聽斷，故知聽謂受聽而行之也。知“女功，絲枲”者，按《禮記・內則》論女功云“執麻枲，治絲繭”，故知“女功”亦治絲枲以爲布帛。

里宰掌比其邑之衆寡與其六畜、兵器，治其政令。○釋曰：里宰

---

① “縣”字原作“懸”，據阮本改。
② “鄙”字原作“鄉”，據阮本改。
③ “之等”二字阮本作“之事”。按似當據鄭注作“之事”。

二十五家，不言“各”者，文承《遂師》以下，皆言“各掌”，此亦各掌可知。注邑猶里也。

○釋曰：邑是人之所居之處，里又訓爲居，故云“邑猶里也”。**以歲時合耦于鋤，以治稼穡，趨其耕耨，行其秩叙，以待有司之政令，而徵斂其財賦。** ○釋曰：云“歲時”者，亦謂歲之四時。云“合耦于鋤”者，鋤，助也，謂合兩兩相佐助於里宰處。云“以治稼穡”者，謂治理其民使爲春稼秋穡之事。云“趨其耕耨”者，謂使民趨時以春耕夏耨。云“行其秩叙”者，謂使民行其合耦使有次第。云“以待有司之政令，而徵斂其財賦”者，以六遂之賦稅縣師徵之、旅師斂之，則此財賦言待有司徵斂者，謂縣師、旅師也。注《考工記》曰：“耜廣五寸，二耜爲耦。”此言兩人相助耦而耕也。鄭司農云：“鋤讀爲藉。”杜子春云：“鋤讀爲助，謂相佐助也。”玄謂鋤者，里宰治處也，若今街彈之室。於此合耦使相佐助，因放而爲名。季冬之《月令》：“命農師計耦耕事，脩耒耜，具田器。”是其歲時與？合人耦，則牛耦亦可知也。秩叙，受耦相佐助之次第。○釋曰：鄭引《考工記》者，欲證合耦爲二人共發一尺之地乃成畎以通水之意也。先鄭云“鋤讀爲藉”者，藉，借也，非相佐助之義，故後鄭不從之也。杜子春讀鋤爲助，“謂相佐助也”，於義合，但文今不足[1]，故後鄭增其義也。“玄謂鋤者，里宰治處也，若今街彈之室”者，鄭以漢法況之漢時在街置室，檢彈一里之民，“於此合耦使相助佐”[2]，因放而名鋤也。引《月令》者，證歲時合耦之事。秦、周政令或異，故云“是其歲時與”，言“與”以疑之也。云“合人耦，則牛耦亦可知也”者，周時未有牛耦耕，至漢時，搜粟都尉趙過始教民牛耕。今鄭云合牛耦可知者，或周末兼有牛耦，至漢趙過乃絶人耦專用牛耦，故鄭兼云焉。云“秩叙，受耦相佐助之次第”者，或家有一夫，二夫共耦，若長沮、桀溺耦而耕，或先後次第相佐助爲之也。

　　鄰長掌相糾相受[3]。注相糾，相舉察。○釋曰：鄰長不命之士爲之，各領五家，使五家有過各相糾察，宅舍有故又相容受也。**凡邑中之政，相贊。**注長短使相補助。○釋曰：云“邑中”者，亦謂一里之內。有上政令徵求，則五鄰共相贊助。此則

---

① 阮校云：“‘文今’疑誤。”按“今”字疑衍，賈疏屢言“文不足”。
② “助佐”二字阮本作“佐助”。
③ “鄰長”云云底本不提行。

以長補短，故鄭云"長短使相補助"也。徙于他邑，則從而授之。注從猶隨也。授猶付也。○釋曰：古者三年大比，民或於是徙，謂不便其居則徙於他。遷向他遂，非直"從授之"，明無罪過，亦當以旌節將行，如六鄉《比長》云"徙於他，則以旌節而行之。出鄉無節，則唯圜土内之"是也。

　　旅師掌聚野之鋤粟、屋粟、間粟，○釋曰：此旅師斂六遂之税，六遂在野，故云"掌聚野之鋤粟"之等。注野，謂遠郊之外也。鋤粟，民相助作一井之中所出九夫之税粟也。屋粟，民有田不耕所罰三夫之税粟。間粟，間民無職事者所出一夫之征粟。○釋曰：云"野，謂遠郊之外也"者，按《鄉大夫》"野自六尺"，彼野謂城外，此野據遠郊之外六遂之中也。云"鋤粟，民有相助作一井之中所出九夫之税粟也"者，六鄉、六遂與公邑三處皆爲溝洫法，三等采地乃爲井田，今此六遂之中鄭云"一井之中出九夫之税粟"以爲井田，與例違者，但鄉遂之中雖爲溝洫法，及其出税亦爲井田税也。是以《小司徒職》云："考夫屋。"注云："夫三爲屋，屋三爲井，出地貢者三三相任。"是出地税亦取井有九夫，三三相保而税之，故以井言之。云"屋粟，民有田不耕所罰三夫之税粟。間粟，間民無職事者所出一夫之征粟"者，此並《載師職》文。但彼云"出夫家之征"，彼注云："夫税者，百畮之税。家税者，出士徒、車輦。"此經云"粟"，無取於"家征"之義，故略不言也。而用之，以質劑致民，平頒其興積，施其惠，散其利，而均其政令。○釋曰："若用"，謂用上者之粟也①。注而讀爲若②，聲之誤也。若用之，謂恤民之艱阨，委積於野如遺人於鄉里也。以質劑致民，案入税者名，會而貸之。興積，所興之積，謂三者之粟也。平頒之，不得偏頗有多少。縣官徵聚物曰興，今云軍興是也③。是粟縣師徵之，旅師斂之而用。以贍衣食曰惠，以作事業曰利。均其政令者，皆以國服爲之息。○釋曰：鄭必讀"而"爲"若"者，所聚之粟民有艱阨乃用之，無則貯待凶年，則"若"爲不定之辭，其"而"字無義例，故鄭轉爲"若"也。云"若用之，謂恤民之艱阨"者，案《遺人》云："鄉里之委積，以恤民之囏阨。"此六遂即鄉里也，故鄭云"委積於野

───────────

①　"上者"二字阮本同，加藤謂當據殿本作"三者"。按鋤粟、屋粟、間粟三者見上經，"上"字似不必改，此經鄭注之賈疏即云"即上文聚三等粟是也"。

②　"爲"字原作"實"，金本同，據婺本、阮本改。

③　"云"字原作"之"，金本同，據婺本、阮本改。賈疏述注亦作"云"。金本似剜改。

如遺人之於鄉里也”。云“以質劑致民，按入稅者名，會而貸之”者，所聚之粟遷擬凶年振恤所輸入之人^①，欲與之粟遷按入稅者之人名，會計多少以貸之。簿書若市券有長短，故云質劑也。云“縣官徵聚物曰興”者，六遂已外縣師徵之，故云縣官徵聚物曰興。云“今云軍興是也”者，鄭舉漢法況之，興皆是積聚之義也。云“是粟縣師徵之”者，按上《縣師職》云：“歲時徵野之賦貢。”故知也。云“旅師斂之”者，即上文聚三等粟是也。云“而用之”，則“若用之”是也。云“以賙衣食曰惠”，知者，以衣食先當時用，不生其利，故云惠；所爲“事業”後即有利，故云利。此對文，惠、利兩有，故爲此釋；若通而言之，惠、利爲一，故《論語》孔子云“因民所利而利之，不亦惠而不費”，是惠、利通也。云“均其政令者，皆以國服爲之息”者，亦如《泉府》“凡民之貸者，以國服爲之息”，鄭彼注云：“以其於國服事之稅而出息也。於國事受園廛之田而貸萬泉者，則朞出息五百。”若然，近郊之田貸萬泉，朞出息一千；已外遠郊、甸稍縣都，皆依國可知。**凡用粟，春頒而秋斂之。注**困時施之，饒時收之。○釋曰：上經所云，是貸而生利；此經所云，是直給不生利也。官得舊易新，民得濟其困乏，官民俱益之也。**凡新甿之治皆聽之，使無征役，以地之媺惡爲之等。注**新甿，新徙來者也。治，謂有所求乞也。使無征役，復之也。《王制》曰：“自諸侯來徙於家^②，期不從政。”以地美惡爲之等，七人以上授以上地，六口授以中地，五口以下授以下地，與舊民同。旅師掌斂地稅，而又施惠散利，是以屬用新民焉。○釋曰：云“新甿，新徙來者也”者，即上“徙於他”者是也。云“治，謂有所求乞也”者，此無正文，鄭以意解之。以其無征役可治，又新來未有業次，故知治是求乞也。引《王制》“自諸侯來徙於家，期不從政”者，彼仍有“自家徙於諸侯，三月不從政^③”，不引之者^④，略引之以證有復除之法。云“以地美惡爲之等，七人以上授之以上地”已下者，此皆據《小司徒職》文。此三等據中地而言，故注云“有夫有婦乃成家，自二人以至十人爲九等，七、六、五者爲其中”。但彼六鄉上地無萊，此據六遂，上地有萊五十畮，已外中地、下地外內同，皆三百畮耳。

---

① 浦鏜云：“‘遷’當‘還’字誤。”孫疏據改。

② “於”字婺本、金本同，阮本無。按賈疏述注亦有“於”字，無者蓋據傳本《王制》刪改。

③ “三”字原作“二”，據阮本改。

④ “不”字原作“不不”，誤衍一字，據阮本刪。

稍人掌令丘乘之政令。○釋曰：云“掌令丘乘之政令”者，四井爲邑，四邑爲甸[①]，甸出長轂一乘，故云丘乘。不言令井邑者，舉中而言也。言令者，謂三等采地之中爲溝塗之法耳。**注**丘乘，四丘爲甸，甸讀與“惟禹敶之”之敶同，其訓曰乘，由是改云。是掌令都鄙脩治井、邑、丘、甸、縣、都之溝涂。云丘甸者，舉中言之。溝涂之人名井別邑異，則民之家數存焉。○釋曰：“丘乘，四丘爲甸”，據《小司徒》而言之也。云“甸讀與惟禹敶之之敶同”者，按《毛詩》云：“惟禹甸之。”不爲“敶”者，鄭先通《韓詩》，此據《韓詩》而言“敶”。敶是軍陳，故訓爲乘。言“由是改云”者，由甸出車一乘可以爲軍，故改云乘不爲甸也。云“是掌令都鄙脩治井、邑、丘、甸、縣、都之溝涂。云丘甸者，舉中言之”者，此據《小司徒職》云“四井爲邑，四邑爲丘，四丘爲甸，四甸爲縣，四縣爲都”而言也。知直令爲溝涂者，以下文云“若有會同，則以縣師之法作其同徒”，彼是令軍法，明此惟委治溝涂而已。云“溝涂之人名井別邑異，則民之家數存焉”者，謂甸方八里，其中六十四井使出田稅，外加一里三十六井使治溝洫，不出稅。云民之家數存者，假令上地一井，地有九夫，中央一夫助入公，傍八夫各治一夫以自入，則一井地有九夫，家則有八。四井爲邑，三十二家。據一成而言，則三十六井使治溝涂，各有人名，故云溝涂之人名井別邑異，民之家數存在於一成之中矣。**若有會同、師田、行役之事，則以縣師之灋作其同徒、輂輦，帥而以至，治其政令，以聽於司馬。**○釋曰：云“若”者，此等或有或無，故云若，爲不定之辭也。云“會同”者，謂時見曰會，殷見曰同。云“師田”者，謂出師征伐及田獵。云“行役”者，謂巡守及興役。云“則以縣師之法作其同徒”者，稍人屬縣師，縣師屬大司馬。大司馬得王進止，縣師即受法於司馬。縣師既得法，稍人又受法於縣師，故云以縣師之法作其同徒也。既作同徒，乃致與大司馬，故云“以聽於司馬”也。**注**有軍旅、會同、田役之戒，縣師受法於司馬，邦國、都鄙、稍甸、郊里，唯司馬所調。以其法作其衆庶及馬牛、車輦，會其車人之卒伍，使皆備旗鼓、兵器，以帥而至，是以書令之耳。其所調若在家邑、小都、大都，則稍人用縣師所受司馬之法作之，帥之以致於司馬也。同徒，司馬所調之同。凡用役者，不必一時皆徧，以人數調之，使勞逸遞焉。○釋曰：“有軍旅、會同、田役之戒，縣師受法於司馬，邦國、都鄙、稍甸、郊里，唯司馬所調”者，《縣師》注云：“郊里，郊所居也。”謂六鄉之民布在國中，外至遠郊，故有

居在郊者也。云“以其法作其衆庶及馬牛、車輦，會其車人之卒伍，使皆備旗鼓、兵器，以帥而至”者，並《縣師職》文。其間云“縣師”及“邦國都鄙稍甸郊里唯司馬所調以其法”，並鄭所加。加之者，欲見縣師受法於司馬，稍人又受法於縣師之意也。云“是以書令之耳”者，此鄭君之言，是以此稍人書而令作其同徒之事。云“其所調若在家邑、小都、大都，則稍人用縣師所受司馬之法作之，帥之以致於司馬也”者，此鄭取《縣師》之文合於此經，共釋此稍人受法於縣師所受司馬之法。云“同徒，司馬所調之同”者，此即縣師受法於司馬者也。云“凡用役者，不必一時”已下，此釋其同徒同其勞逸。“遞”，等也。**大喪，帥蜃車與其役以至，掌其政令，以聽於司徒。**○釋曰：此經釋天子之喪將葬使稍人帥蜃車及役人使至之事。云“以聽於司徒”者，以其司徒地官卿，掌徒庶之政令，故稍人帥衆以聽於司徒也。**注**蜃車及役，遂人共之，稍人者野監，是以帥而致之。《既夕禮》曰：“既正柩，賓出，遂匠納車于階間。”則天子以至于士，柩路皆從遂來。○釋曰：鄭知“蜃車及役，遂人共之”者，按《遂人職》云：“大喪，帥六遂之役而致之。”又云：“及葬，帥而屬六綍。”又《遂師職》亦“共丘籠及蜃車之役”，故知遂人共之也。云“稍人者野監，是以帥而致之”者，此欲釋得在《稍人》之意。以其監三等采地，是野監，故得并監六遂蜃車之事也。云“天子以至于士，柩路皆從遂來”者，此經上舉天子，《既夕》下舉士，則其中有諸侯、卿、大夫之喪，蜃車柩路皆從遂人而來可知。

委人掌斂野之賦，斂薪芻，凡疏材、木材，凡畜聚之物。**注**野，謂遠郊以外也。所斂野之賦，謂野之園圃、山澤之賦也。凡疏材，草木有實者也。凡畜聚之物，瓜瓠葵芋禦冬之具也。野之農賦，旅師斂之；工商、嬪婦，遂師以入玉府；其牧，則遂師又以共野牲。○釋曰：委人所斂，皆據六遂以外至王畿，故鄭云“野，謂遠郊以外”，摠言之也。云“所斂野之賦，謂野之園圃、山澤之賦也”者，此則九職所出貢，貢賦通言之。九職之中有“園圃毓草木”，又有“虞衡作山澤之材”，故以園圃、山澤言之也。云“凡疏材，草木有實者也”者，疏是草之實，材是木之實，故鄭並言之。九職中有“臣妾聚斂疏材”，鄭彼注云：“疏材，百草根實。”不以木解材，文略也。彼臣妾聚斂雖無貢法[①]，要知此疏材亦是草木有根實者，鄭不言根，亦略言之也。云“凡畜聚之物，瓜瓠葵芋禦冬之具也”者，《七月》詩有“八月斷壺”，壺，瓠也，有甘可食者；《信南山》詩“疆場有

---

① “聚”字原作“娶”，據阮本改。

瓜"①,《士喪禮》又有"葵菹芋",故知畜聚物中有瓜瓤葵芋之等。但《士喪禮》籩豆差之,"葵菹芋"芋爲長菹,不得爲芋子;其南方有芋子堪食,與《士喪禮》芋別也。云"野之農賦,旅師斂之"者,即上《旅師》所云"聚野之鋤粟"之等是也。云"工商、嬪婦,遂師以入玉府"者,案《遂師》云:"入野職、野賦于玉府。"雖不言工商、嬪婦,但遂師既入野之賦貢,明嬪婦、工商之賦也。知者,以其玉府掌玩好之物,其工商、嬪婦所作堪爲玩好,故入玉府者工商、嬪婦也。云"其牧,則遂師又以共野牲"者,上《遂師》云:"凡國祭祀,共其野牲。"是知九職之中"藪牧養鳥獸"者遂師共之也。**以稍聚待賓客,以甸聚待羇旅,**○釋曰:委人掌斂野賦,故以三百里稍地之聚、二百里甸之聚以待羇旅、過客之等。**注**聚,凡畜聚之物也。故書羇作奇,杜子春云:"當爲羇。"○釋曰:鄭知"聚"是"凡畜聚"者,見上文"凡畜聚之物",故知此"聚"亦是"畜聚之物"。**凡其余聚以待頒賜。注**余當爲餘,聲之誤也,餘謂縣、都畜聚之物。○釋曰:知餘聚是"縣、都"者,以其委人掌斂野物,從二百里至王畿,上已云甸、稍,明此言餘聚是縣四百里、都五百里中"畜聚之物",如上稍、甸畜聚之物也。**以式灋共祭祀之薪蒸、木材;賓客,共其芻薪;喪紀,共其薪蒸、木材;軍旅,共其委積薪芻凡疏材;共野委兵器與其野囿財用。**○釋曰:此一經,以委人掌斂野賦,故所有委積皆供之。**注**式法,故事之多少也。薪蒸,給炊及燎。麤曰薪,細者曰蒸。木材,給張事。委積薪芻者,委積之薪芻也。軍旅又有疏材以助禾粟。野委,謂廬宿止之薪芻也。其兵器,謂守衛陳兵之器也。野囿之財用者,苑囿藩羅之材。○釋曰:云"式法,故事之多少也"者,揔此一經皆當依舊法式用之,故以"式法"目之也。云"薪蒸,給炊及燎"者,以其祭祀所用薪蒸無過炊米與燔燎也。知"麤者曰薪,細者曰蒸"者,《左氏傳》云:"其父析薪。"薪既云析,明其大者曰薪;其蒸不言析,明其細也。云"木材,給張事"者,以其祭祀而云"木材"等,更無用木材之處;案《掌次》云張大次、小次及幕,並須木材,明據此所用,故云給張事。云"委積薪芻者,委積之薪芻也"者,案《大行人》《掌客》皆有委積,委積之中有牲牢米禾薪芻之等。委人所供唯供薪芻,鄭恐委積之中有米牲牢亦供之,故云"委積薪芻"是委積之中供薪芻以別之也。云"軍旅又有疏材以助禾粟"者,以其疏材是百草根實,可得助禾粟,以供馬牛,故云助禾粟也。云"野委,謂廬宿止之薪芻也"者,

---

① "場"字原作"塲",據阮本改。

案《遺人》云："十里有廬，廬有飲食；三十里有宿，宿有委；五十里有市，市有積。"委積之中有芻薪在野外，故云野委也。其六鄉之廬宿委積薪芻自六鄉供之。云"其兵器，謂守衛陳兵之器也"者，"兵"文承"野委"之下①，明與野委同爲賓客所用，故知是守衛賓客陳兵之器也。云"野囿之財用者，苑囿藩羅之材"者，委人所爲皆據二百里，上經"稍聚待賓客"據三百里②，此囿故知在野，故鄭以野囿言之。古者田獵皆在囿，故《書傳》云："嚮之取於囿，是勇力取。今之取於澤，是揖讓取。"若然，田在澤，澤中有囿，田在山，山中有苑。其苑囿藩羅以遮禽獸，故云野囿財用也。**凡軍旅之賓客館焉。**注館，舍也。必舍此者，就牛馬之用。○釋曰：言"軍旅賓客"者，謂諸侯以軍旅助王征討者，故謂之軍旅之賓客也。

土均掌平土地之政，以均地守，以均地事，以均地貢。注政讀爲征。所平之稅，邦國、都鄙也。地守，虞、衡之屬。地事，農、圃之職。地貢，諸侯之九貢。○釋曰：鄭破"政"爲"征"者，不取於"政教"之政，故破從"征稅"之征也。云"所平之稅，邦國、都鄙也"者，案下文云"以和邦國、都鄙"者，故知此平者亦據邦國、都鄙。若六鄉、六遂及公邑征稅，自均人平之。云"地守，虞、衡之屬"者，案下文山虞、澤虞、川衡、林衡之屬皆云"守"，故知地守是虞、衡之屬也。云"地事，農、圃之職"者，九職任萬民，使民事之，故知地事是九職三農、園圃之職也。云"地貢，諸侯之九貢"者，此土均邦國③、都鄙，而云"均地貢"，明據《大宰》"九貢"而言。但諸侯九貢是歲之常貢，則《小行人》"春令入貢"者是也；其諸侯九貢皆民之地稅，不貢王④，市取美物，若《禹貢》"厥篚"、"厥貢"之類是也。**以和邦國、都鄙之政令、刑禁與其施舍，禮俗、喪紀、祭祀皆以地媺惡爲輕重之灋而行之，掌其禁令。**○釋曰：土均主調，即是"和"義，故土均以和畿外邦國、畿內都鄙之政令及五刑五禁與其弛舍不役之等⑤，並

---

①　"兵"字阮本作"其"，加藤云："諸本誤'兵'。"按"兵"即經文"兵器"之省，並無不通。阮本獨異，或非賈疏原文。

②　"三"字原作"二"，阮本同。阮校云："'二'當作'三'。"兹據改。

③　浦鏜云："'土均'下當脱'掌'字。"加藤謂似當依殿本改"土"字爲"主"。

④　浦鏜云："'不貢'當'歲貢'二字之誤。"

⑤　"弛"字阮本作"施"，一據經文，一據鄭注之破讀，賈疏並有其例。

須調和之使之得所也。云"禮俗、喪紀、祭祀皆以地嫩惡爲輕重之法而行之"者,自禮俗、喪紀、祭祀三事皆以地之美惡輕重者,地美則重行之[1],地惡則輕行之,以其"禮許儉,不非無"故也[2]。云"掌其禁令"者,恐有僭踰與下逼,故禁令也。<u>注</u>施讀亦爲弛也。禮俗,邦國、都鄙民之所行先王舊禮也。君子行禮,不求變俗,隨其土地厚薄,爲之制豐省之節耳。《禮器》曰:"禮也者,合於天時,設於地財,順於鬼神,合於人心,理萬物。"○釋曰:云"施讀亦爲弛也"者,上《遂人》注已云"施讀爲弛",故此云亦。云"禮俗,邦國、都鄙民之所行先王舊禮也"者,此土均和邦國、都鄙,俗者續也,續代不易,是知先王舊禮,故引《曲禮》"君子行禮,不求變俗"以證之。謂若周公封康叔於殷墟,其民還行殷之禮俗者也。云"隨其土地厚薄,爲之制豐省之節耳"者,以"厚薄"解經"嫩惡"[3]、"豐省"解經"爲輕重之法"也。云"《禮器》曰:禮也者,合於天時"者,天有四時,四時生者則將爲禮,是合於天時也。云"設於地財"者,土地有財爲禮,是所設依於地之財也。云"順於鬼神"者,鬼神享德不享味,若不合天時、不設地財而爲禮則鬼神不享,若能合天時、設地財則鬼神享之,是順於鬼神也。云"合於人心"者,若不合天時、不設地財則不合人心,若合天時、設地財則合人心也。云"理萬物"者,若順鬼神、合人心則萬物得其道理,故可以理萬物也。引之,證行禮依地美惡之義。

草人掌土化之瀍以物地,相其宜而爲之種。○釋曰:"掌土化之法"者,即下經所云"糞種",是化土使和美。<u>注</u>土化之法,化之使美,若氾勝之術也。以物地,占其形色。爲之種,黄白宜以種禾之屬。○釋曰:云"化之使美"者,謂若騂剛用牛糞種,化騂剛之地使美也。云"若氾勝之術也"者,漢時農書有數家,氾勝爲上,故《月令》注亦引氾勝,故云氾勝之術也。云"黄白宜以種禾之屬"者,鄭依《孝經緯·援神契》而言也。凡糞種,騂剛用牛,赤緹用羊,墳壤用麋,渴澤用鹿,鹹潟用貆,勃壤用狐,埴壚用豕,彊㯡用蕡,輕㷊用犬。○釋曰:案《禹貢》,冀州云白壤,青州云白墳,兗州云黑墳,徐州云赤埴墳,揚州、荆州云塗泥,豫州云墳壚,梁州云青黎,雍州云黄壤,九等。與此"騂剛"之屬爲九等不同者,以《禹貢》自是九州大判各

---

① "之"字原空闕一格,據阮本補。

② "不"字阮本同,加藤以爲"而"之誤。按"禮許儉,不非無"爲《禮記·曲禮上》鄭注。

③ "以"字原作"以以",誤衍一字,據阮本删。

爲一等，此九等者無妨一州即有此九等之類，故不同也。<注>凡所以糞種者，皆謂煮取汁也。赤緹，縓色也。渴澤，故水處也。潟^①，鹵也。貆，貒也。勃壤，粉解者。埴壚，黏疏者。彊樂，强堅者^②。輕㺊，輕脆者。故書騂爲挈，墳作盆。杜子春挈讀爲騂，謂地色赤而土剛强也。鄭司農云："用牛，以牛骨汁漬其種也，謂之糞種。墳壤，多蚡鼠也^③。壤，白色。蕡，麻也。"玄謂墳壤，潤解。○釋曰：云"凡所以糞種者，皆謂煮取汁也"者，雖無正文，以意量之，用牛羊之類不可以肉骨^④，明煮取汁和種也。云"赤緹，縓色也"者，《爾雅》云"一染謂之縓"，故以縓赤當之也^⑤。云"渴澤，故水處也"者，以水鍾曰澤，今澤云渴，明是故時停水，今乃渴，故云故水處也。云"潟，鹵也"者，近水之處水以寫去，其地爲鹹鹵，故云"潟，鹵也"。云"貆，貒也"者，案《爾雅》云"貉子貒，或曰貆"，故以貆、貒爲一也。云"勃壤^⑥，粉解者"，壤是和緩，故爲粉解也。云"埴壚，黏疏者"，以埴爲黏，以壚爲疏，故云黏疏也。云"彊樂，彊堅者"，以樂爲監^⑦，故爲彊堅。云"輕㺊，輕脆者"，㺊、脆聲相近，故知㺊即脆也。先鄭云"用牛，以牛骨汁漬其種也"者，此與後鄭義合也。云"墳壤，多蚡鼠也。壤，白色"，後鄭皆不從者，餘八等之地皆據地之形色，唯此"墳壤"以蚡鼠外物爲名，於義不可，故還從"墳"爲正，謂"潤解"也。又《禹貢》有黄壤，則此壤不得專據色白解之^⑧，故不從"壤，白色"也。

---

①　"潟"字原作"渴"，據婺本、金本、阮本改。

②　"彊"字原作"强"，阮本作"强"。孫疏云："宋本及注疏本'彊'作'强'，宋婺州本'强'又作'彊'，未知孰是。惟嘉靖本述經作'彊'，釋義作'强'，今姑從之。"按賈疏述注作"彊樂，彊堅者"，與婺本合，底本、金本則合於嘉靖本。孫疏又云："以意求之，疑此當經作'彊'，注作'强'，即經用古字、注用今字之例。"如其後說，則鄭注述經亦不必用古字，與前說自相矛盾。今但改"彊"字爲"彊"。

③　段考云："鄭司農云'蚡壤，多蚡鼠也'，此依故書作'蚡'，如其字解之，今各本云'墳壤多蚡鼠'，殊誤。鄭君則依今書作'墳'，釋墳壤爲潤解，潤訓墳，壤訓解，別於勃壤爲粉解。"

④　"肉骨"二字阮本作"骨肉"。

⑤　浦鏜云："'赤'當'色'字誤。"

⑥　"勃"字原作"敦"，《集韻·没韻》："勃，《說文》：'排也。'或从攵。"是"敦"爲"勃"之後起別體，茲徑據經注作"勃"。

⑦　浦鏜云："'監'當'堅'字誤。"

⑧　"色白"二字阮本作"白色"。

稻人掌稼下地。注以水澤之地種穀也。謂之稼者,有似嫁女相生。○釋曰:以下田種稻麥,故云"稼下地"。**以豬畜水,以防止水,以溝蕩水,以遂均水,以列舍水,以澮寫水,以涉揚其芟作田。**○釋曰:所爲防、豬之法,皆具鄭注。注鄭司農説豬、防以《春秋傳》曰"町原防,規偃豬"。以列舍水,列者非一,道以去水也。以涉揚其芟,以其水寫,故得行其田中舉其芟鉤也。杜子春讀蕩爲和蕩,謂以溝行水也。玄謂偃豬者,畜流水之陂也。防,豬旁隄也。遂,田首受水小溝也。列,田之畦畤也。澮,田尾去水大溝。作猶治也。開遂舍水於列中,因涉之,揚去前年所芟之草,而治田種稻。○釋曰:《春秋傳》者,事在襄二十五年,楚蒍掩書土田法以授子木之事。彼云"町原防,規偃豬",是楚之惡地有防、豬之法,與此防、偃同,故引爲證也。先鄭云"以列舍水,列者非一,道去水也"者,以"舍"爲"舍去"之舍。後鄭以爲"止舍"之舍,以"澮"是寫去水,以"舍"爲止水於其中,故不從先鄭也。**凡稼澤,夏以水殄草而芟夷之**[①]。注殄,病也、絶也。鄭司農説芟夷以《春秋傳》曰"芟夷蘊崇之"。今時謂禾下麥爲夷下麥,言芟刈其禾,於下種麥也。玄謂將以澤地爲稼者,必於夏六月之時,大雨時行,以水病絶之後生者,至秋水涸,芟之,明年乃稼。○釋曰:《春秋傳》者,隱六年:"五月,鄭伯侵陳,大獲。往歲鄭伯請成於陳,陳侯不許。五父諫云:'周任有言曰:爲國家者,見惡如農夫之務去草焉,芟夷蘊崇之。'"注云:"芟,刈。蘊,積。崇,聚也。""絶其本根,勿使能殖。"引之者,證芟夷爲刈殺之義也。"玄謂必於夏六月之時,大雨時行"者,此《月令》文。引之,證經"夏以水殄草"之義也。云"至秋水涸,芟之"者,解經"芟夷"之義也。**澤草所生,種之芒種。**注鄭司農云:"澤草之所生,其地可種芒種。芒種,稻麥也。"○釋曰:"澤草所生,種之芒種"者,但水鍾曰澤,有水及鹹鹵皆不生草,即不得芒種[②],故云草所生。**旱暵,共其雩斂。**○釋曰:此旱雩,據夏五月已後脩雩。云"暵"者,旱之熱氣。若四月龍見而雩,未必旱暵也。然二種雩皆"供雩斂"也。注稻人共雩斂,稻急水者也。鄭司農云:"雩事所發斂。"○釋曰:鄭意餘官不言"共雩斂",於此官特言"共"者,以稻是水穀,急須水,故旱時特使共雩之"發斂"也。

---

① "夷"字金本同,婺本、阮本作"夷"。孫疏云:"'夷'唐石經及各刻本並作'夷',《釋文》同。惟宋婺州本及明錢求赤所藏宋本、宋注疏本作'夷',與注及《薙氏》文合,今據正。"按底本賈疏"夷"、"夷"錯見,阮本並作"夷"。

② "芒"字原作"亡",據阮本改。

喪紀，共其葦事。注葦以闉壙，禦濕之物。○釋曰：《春秋左氏》有“井闉”，闉，塞也。鄭知“葦以闉壙”，所以約之爲塞壙。言“禦水之物”，則在棺下用之。或以抗席，即是禦土，與禦水義乖，恐非也。

　　土訓掌道地圖，以詔地事。注道，説也。説地圖，九州形勢山川所宜，告王以施其事也。若云荆揚地宜稻，幽并地宜麻。○釋曰：其九州地圖乃是諸國所獻以入職方，今土訓乃於職方取九州地圖，依而説向王，使依而責其貢獻之物。云“若云荆揚地宜稻，幽并地宜麻”者，案《職方》，荆揚之州實宜稻，幽并之州並不言宜麻者，鄭以目驗見宜麻，《職方》不言麻，乃非民所要用故也。道地慝，以辨地物而原其生，以詔地求。注地慝，若障蠱然也。辨其物者，别其所有所無。原其生，生有時也。以此二者告王之求也。地所無及物未生，則不求也。鄭司農云：“地慝，地所生惡物害人者，若虺蝮之屬。”○釋曰：云“若障蠱然也”者，謂土地所生惡物。障即障氣，出於地也；蠱即蠱毒，人所爲也。云“别其所有所無”者[1]，若《職方》九州所有所無也。云“原其生，生有時也”者，雖是當州所有，而生有時也。云“以此二者告王之求也”者，謂“辨地物”、“原其生”者，告王求地所有也，“地所無及物未生，則不求也”。先鄭云“地慝，所生惡物害人者，若虺蝮之屬”者，此與後鄭“障蠱”義不同。引之在下，亦得爲一義也。王巡守，則夾王車。注巡守，行視所守也。天子以四海爲守。○釋曰：“夾王車”者，亦在國“掌道地圖”已下之事。鄭云“行視所守也”者，此解諸侯爲天子守土。云“天子以四海爲守”者，此解天子自守天下之義。若“巡守”之中，含此二義。

　　誦訓掌道方志，以詔觀事。○釋曰：云“掌道方志”者，志即今之識也，謂道四方所記識久遠之事以告王也。云“以詔觀事”者，謂告王觀博古之事也。注説四方所識久遠之事，以告王觀博古。所識若魯有大庭氏之庫，殽之二陵。○釋曰：《左氏傳》昭十八年：“宋、衛、陳、鄭皆火，梓慎登大庭氏之庫以望之。”注云：“大庭氏，古亡國之君，在黄帝前。其處高顯。”“殽之二陵”，僖三十二年：“秦之蹇叔子見師襲鄭[2]，哭而送

---

[1] “云”字原作“二”，據阮本改。
[2] “見”字疑當據《左傳》原文作“與”，或當删“子”字。“襲鄭”二字賈疏以意增之。

之，曰：'晉人禦師必於殽。殽有二陵焉：其南陵，有夏后皐之墓也；其北陵，文王之所避風雨也。'"並"所識久遠之事"，故引之以證"方志"之義。掌道方慝，以詔辟忌，以知地俗。〇釋曰：誦訓又掌説四方言語所惡之事，以詔告令王避其忌惡。所以然者，使王博知地俗言語之事，故鄭云"博事"也。注方慝，四方言語所惡也。不辟其忌，則其方以爲苟於言語也。知地俗，博事也。鄭司農云："以詔辟忌，不違其俗也。《曲禮》曰：'君子行禮，不求變俗。'"〇釋曰：引《曲禮》"君子行禮，不求變俗"者，上《土均》云"禮俗"，注亦引此文。彼謂先王舊俗，是禮事不變之；此引不求變俗，謂不變其鄉俗所嫌惡。皆是不求變俗，各證一邊之義，故不同也。王巡守，則夾王車。〇釋曰：此亦與土訓同，各以所掌以告王也。

山虞掌山林之政令，物爲之厲而爲之守禁。〇釋曰：案下文林自有衡官掌之，今《山虞》兼云"林"者，彼林是竹木生平地者，林衡掌之；此"山林"并云者，自是山内之林，即山虞兼掌之。注物爲之厲，每物有蕃界也。爲之守禁，爲守者設禁令也。守者謂其地之民占伐林木者也。鄭司農云："厲，遮列守之。"〇釋曰：但山内林木、金玉、錫石、禽獸所有不同，每物各有"藩界"，"設禁"亦不同。云"守者謂其地之民占伐林木者也"者，案下《澤虞職》云："使其地之人守其財物，以時入之于玉府，頒其餘于萬民。"彼是其地之民占取澤物者守之，明此山虞所守亦然。是以此下文亦"令萬民時斬材，有期日"，明是守山林之人也。仲冬斬陽木，仲夏斬陰木。注鄭司農云："陽木，春夏生者。陰木，秋冬生者，若松栢之屬。"玄謂陽木，生山南者。陰木，生山北者。冬斬陽，夏斬陰，堅濡調。〇釋曰：先鄭云"陽木，春夏生者。陰木，秋冬生者，若松柏之屬"，後鄭不從，以爲山南爲陽木，北爲陰木者，案《月令》十一月："日短至，伐木，取竹箭。"竹箭秋冬生，不用仲夏斬之，故知先鄭之義非也。凡服、耜斬季材，以時入之。注季猶穉也[①]。服與耜宜用穉材，尚柔刃也。服，牝服，車之材。〇釋曰："服"，謂"牝服"，即車平較，皆有鑿孔，以軨子貫之，故謂之牝服也。"耜"，謂耒耜，隨曲長六尺六寸，車人所造者。二木皆須堅刃，故"斬季材"少木爲之。云"時入"者，以其須堅刃，

① "穉"字阮本同，婺本、金本作"稺"。《五經文字·禾部》："稺、穉，上《説文》，下《字林》。"

故須依上文"仲冬"、"仲夏"之時也。**令萬民時斬材，有期日。**○釋曰：案《禮記•王制》云："草木零落，然後入山林。"彼據萬民伐木之時，謂十月之中；此云"萬民時斬材"，亦謂十月時。**注**時斬材，斬材之時也。有期日，入出有日數，爲久盡物。○釋曰：鄭云"時斬材，斬材之時也"者，正在十月也。云"有期日，入出有日數，爲久盡物"者，經直云"有期日"，鄭云"有日數"，蓋當有日數多少，但無文，不知幾日爲限也。**凡邦工入山林而掄材，不禁。**○釋曰：上文云"仲冬斬陽木，仲夏斬陰木"，彼據堅刃之極時。但國家須材不要在仲冬、仲夏，故此"邦工入山林不禁"。又不言時節，須即取足之故也。**注**掄猶擇也。不禁者，山林國之有，不拘日也。○釋曰：此對"萬民"不得非時入，入又有日數。**春秋之斬木不入禁。注**非冬夏之時，不得入所禁之中斬木也。斬四野之木可。○釋曰：上經云"邦工入山林不禁"，此又云"春秋之斬木不入禁"，與上違者，上文據國家使工取擇木，故非冬夏亦得入山林；此據萬民取木，故十月入山，"春秋之斬木不入禁"，故鄭云"斬四野之木可"。雖斬四野木①，至於三月，不得伐桑柘，故《月令》季春云"無伐桑柘"，彼注："愛蠶食也。"**凡竊木者，有刑罰。注**竊，盜也。○釋曰：此謂非萬民入山之時而民盜山林之木，與之以刑罰。**若祭山林，則爲主，而脩除且蹕。**○釋曰：此"山林"在畿內王國四方，各依四時而祭。云"則爲主"者，謂主當祭事者也。"而脩除"者，謂掃除糞灑。云"且蹕"者，且復蹕止行人也。**注**爲主，主辨護之也。脩除，治道路場壇②。○釋曰：云"爲主，主辨護之也"者，案《中候•握河紀》堯受《河圖》云："帝立壇，磬折西向，禹進迎，舜契陪位，稷辨護。"注云："辨護者，供時用，相禮儀。"則此云辨護者，亦謂共時用、相禮儀者也。云"脩除，治道路場壇"者，案《守祧職》云："其廟則有司脩除之。"鄭云："有司恒主脩除。"謂掃除糞灑。場謂墠，即除地之處；壇，神位之所也。**若大田獵，則萊山田之野，及弊田，植虞旗于中，致禽而珥焉。**○釋曰：言"大田獵"者，謂王親行。若田在山，則山虞芟萊草木於可陳之處，故云"萊山田之野"。又"及弊田，植虞旗于中"，使民得禽牲者望見之，"致禽"於其所"而珥焉"。"珥"當爲衈，謂輸禽者割取左耳以效功也。**注**萊，除其草萊也。

---

① "木"字原漫漶不可辨識，兹據阮本。
② "場"字原作"埸"，婺本同，據金本、阮本改。下疏中"場"字底本皆誤。

弊田，田者止也①。植猶樹也。田止樹旗，令獲者皆致其禽而校其耳，以知獲數也。山虞有旗，以其主山，得畫熊虎，其刊數則短也。鄭司農云："珥者，取禽左耳以效功也。《大司馬職》曰：'獲者取左耳。'"○釋曰：云"萊，除其草萊也"者，謂於防南擬教戰之處芟去草萊，南北二百五十步，東西步數雖未聞，廣狹可容六軍，三三而居一偏耳。云"山虞有旗，以其主山，得畫熊虎，其刊數則短也"者，案《司常》云："師都建旗，大夫建物②。"此山虞是士，不建物而建旗者，以其主山，山多熊虎，故得有旗。《禮緯》："旌旗之杠，天子九仞，諸侯七仞，大夫五仞，士三仞。"若軍吏是卿、大夫，則杠長五仞。今山虞是士，雖有熊虎爲旗，刊數則短，宜三仞。必"取左耳"者，以其聽鄉任左，故皆取左耳也。

林衡掌巡林麓之禁令，而平其守。○釋曰：此《林衡》兼"麓"者，以《爾雅》"山足曰麓"，雖連於山，山虞不掌，以麓上有林，故屬林衡也。**注**平其守者，平其地之民守林麓之部分。○釋曰：經直言"平其守"，明不平其稅，而平均其守而已，故云"平其地之民守林麓之部分"，謂部伍有多少遠近之分也。**以時計林麓而賞罰之。****注**計林麓者，計其守之功也。林麓蕃茂，民不盜竊則有賞，不則罰之。○釋曰：此時考校而計林麓以行賞罰者，林衡之官既平民之守護林麓，而會計民有功者賞之，損麓之財者罰之，故注云"不則罰之"也。**若斬木材，則受灋于山虞，而掌其政令。**○釋曰：上山虞官尊，故設之，是以此林衡"若斬木材"，則於虞邊受焉。**注**法，萬民入出時日之期。○釋曰：案《山虞》云"仲冬"、"仲夏"及"春秋"，是"時之期"；號令萬民"斬材有期日"，是"日之期"也。

川衡掌巡川澤之禁令，而平其守，以時舍其守，犯禁者執而誅罰之。○釋曰："川"，注瀆者皆是也。水鍾曰澤，澤與川不同官，今《川衡》兼云"澤"者，澤與川連者則川衡兼掌之。謂若濟水溢爲滎澤，滎澤則與濟連，則管濟川者兼滎澤

---

① "止"字原作"上"，據婺本、金本、阮本改。下文"田止樹旗"底本、阮本亦皆誤作"上"。

② "大夫"下宜據《司常職》原文補一"士"字，否則與下文"此山虞是士，不建物而建旗者"不相照應。

掌之,如此之類皆是。**注**舍其守者,時案視守者,於其舍申戒之。○釋曰:此“舍其守”,謂川衡之官時復巡行所守之民,當案視其所守,守人當於其舍申重戒勑之也。**祭祀、賓客,共川奠。** **注**川奠,籩豆之實魚、鱐、蜃、蛤之屬。○釋曰:鄭此注皆據《醢人》及《籩人》而言。案《籩人職》云朝事之籩有麷、蕡、白、黑、形鹽、膴、鮑魚、鱐,《醢人》云饋食之豆有蜃醢、蠯醢。蜃、蠯是蛤,則魚、鱐及蜃皆川中所生之物,故引爲證“川奠”也。言“之屬”者,具有蠃醢,亦是川奠,故云之屬。

　　澤虞掌國澤之政令,爲之厲禁,使其地之人守其財物,以時入之于玉府,頒其餘于萬民。○釋曰:案上《山虞》、《林衡》、《川衡》皆不言“國”,獨《澤虞》云“國澤”者,周公設經,二虞二衡文有不同,皆是互見爲義故也。此《澤虞》云“以時入之于玉府,頒其餘于萬民”,亦據中所出入玉府者多,故特言之,無妨山虞、川衡之等亦入玉府,亦是互見其義也。**注**其地之人占取澤物者,因以部分使守之。以時入之于玉府,謂皮角珠貝也。入之以當邦賦,然後得取其餘以自爲也。入出亦有時日之期。○釋曰:“以時入之于玉府”者,但萬民入澤雖無正文,案《王制》“獺祭魚,然後虞人入澤梁;草木零落,然後入山林”,則萬民入澤可同時。云“謂皮角珠貝也”者,澤中所出無過此四物:皮,謂犀皮;角,麋角、犀角;珠,出於蜯蛤,蜯蛤在澤;其貝,亦出澤水。故知之也。云“出入亦有時日之期”者,亦如《山虞職》所云也。**凡祭祀、賓客,共澤物之奠。** **注**澤物之奠,亦籩豆之實芹、茆、菱、芡之屬。○釋曰:案《籩人職》加籩之實有菱、芡;朝事之豆有茆菹①,加豆之實有芹菹。是皆澤中所出,故引爲證“澤物之奠”也。言“之屬”者,兼有深蒲、昌本之等,故云之屬。**喪紀,共其葦蒲之事。** **注**葦以闉壙,蒲以爲席。○釋曰:“蒲以爲席”者,謂抗席及《禮記》云“虞、卒哭,苄翦不納”者是也。**若大田獵,則萊澤野,及弊田,植虞旌以屬禽。** ○釋曰:萊所田之野,一如《山虞》之職也。**注**屬禽,猶致禽而珥焉。澤虞有旌,以其主澤,澤,鳥所集,故得注析羽。○釋曰:云“屬禽,猶致禽”者,案《山虞》“致禽”之義謂輸之於公,當致之於虞旗之中而珥焉以效功;此云“屬禽”者,謂百姓致禽訖,虞人屬聚之,別其等類,每禽

---

① 浦鏜謂“朝事”上當有“醢人職”三字。

取三十焉。若然，則"致禽"與"屬"不同，而鄭云"屬禽，猶致禽"者，鄭欲明《山虞》、《澤虞》文皆不足，故互見爲義，彼此有其事，故云"屬禽，猶致禽而珥焉"。云"澤虞有旌，以其主澤，澤，鳥所集，故得注析羽"者，以澤是鳥之所集，故得建析羽之旌。

迹人掌邦田之地政，爲之厲禁而守之。注田之地，若今苑也。○釋曰：迹人主迹，知禽獸之處，故云"掌邦田之地政"。云"爲之厲禁而守之"者，有禽獸之處則爲苑囿，以材木爲藩羅，使其地之民遮厲守之，故鄭云"田之地，若今苑也"。凡田獵者受令焉。注令，謂時與處也。○釋曰：云"時與處"者，謂若仲春、仲夏、仲秋、仲冬，是其時；云處者，謂山澤也。其"受令"者，謂夏官主田獵者。禁麛卵者與其毒矢射者。注爲其夭物且害心多也。麛，麋鹿子。○釋曰：此謂四時常禁。案《月令》孟春云"不麛不卵"，又《王制》云"國君春田不圍澤，大夫不掩羣，士不麛不卵"者，彼以春時生乳，特禁之。其《月令》季春云"餧獸之藥，毋出九門"者，彼亦禁其春時[1]。彼鄭注云："凡諸罟及毒藥，禁其出九門，明其常有，時不得用耳。"云"爲其夭物"，釋經"禁麛卵"者；"且害心多"，釋"毒矢射者"也。

卝人掌金玉錫石之地，而爲之厲禁以守之。注錫，鈏也。○釋曰：此"金玉錫石"四者皆在於山，言"地"者，即山也。"爲之厲禁"，亦謂使其地之民遮護守之。若以時取之，則物其地，圖而授之。○釋曰：取此四者雖無四時之文，當取之日應亦有時，故云"以時取之"。注物地，占其形色，知醶淡也[2]。授之，教取者之處。○釋曰：經云"物"，故以"占其形色"言之。云"知醶淡"者，鄭以當時有人採者嘗知醶淡即知有金玉，故以時事言之也。巡其禁令。注行其禁，明其令。

角人掌以時徵齒角凡骨物於山澤之農，以當邦賦之政令。○釋曰：角人止應徵"角物"，兼言"齒"、"骨"者，以其齒、骨並是角類，以細小之事，因類兼掌之。云"以當邦賦"者，言"農"，則皆有夫田出稅，今以此農近山澤，山澤有此骨、角及

---

① "禁"字原作"崇"，據阮本改。
② "醶"字婺本、金本、阮本作"鹻"。《玉篇·酉部》："醶，俗鹻字。"

齒,此三者國之所須,故使以時入採而税之以當地税,民益國之事者^①。自此已上皆不言"以當邦賦"者,皆文不具,舉此一事,餘可知,並是省文之義也。**注**山澤出齒角骨物,大者犀象,其小者麋鹿。○釋曰:鄭言"齒角骨物"者,欲見不言"川林"直言"山澤",以其不出川林,故特言山澤也。云"大者犀象,其小者麋鹿"者,無正文,鄭以意目驗而知之。犀牛有角,而象有牙,是其大者也;《月令》十一月"麋角解",五月"鹿角解",是其小者也。**以度量受之,以共財用。注**骨入漆浣者受之以量^②;其餘以度,度所中。

羽人掌以時徵羽翮之政于山澤之農,以當邦賦之政令。**注**翮,羽本。○釋曰:此羽人所徵羽者當入於鍾氏,染以爲后之車飾及旌旗之屬也。**凡受羽,十羽爲審,百羽爲摶,十摶爲縛。注**審、摶、縛,羽數束名也。《爾雅》曰:"一羽謂之箴,十羽謂之縛,百羽謂之緷。"其名音相近也。一羽則有名,蓋失之矣。○釋曰:鄭引《爾雅》説,乃云"名音相近也。一羽則有名,蓋失之矣"者,規《爾雅》誤意。所以《爾雅》一羽則有名者,只由一者十數之始,十爲百數之始,是名相近,既有十、百,故誤一羽遂有名也。

掌葛掌以時徵絺綌之材于山農,凡葛征,徵草貢之材于澤農,以當邦賦之政令。**注**草貢出澤,蒉絟之屬可緝績者。○釋曰:所以"徵絺綌於山農"者,以其葛出於山故也。"凡葛征"者,其徵絺綌之材即葛是也,又云凡葛征者,總結之也。云"徵草貢之材于澤農"者,以蒉絟出於澤故也。經直言"草貢",不言"蒉絟"者,設文以互換爲義故,以其絺綌亦以葛草,草貢亦是蒉絟者也。**以權度受之。注**以知輕重長短也。故書受或爲授,杜子春云:"當爲受。"○釋曰:上《角人》齒、骨與角不須稱,直言"度量";此經葛、草等不須量,故"以權度受之",便知斤兩長短故也^③。

---

① 加藤云:"'民益國之事者'一句,本當在上文'此三者國之所須'之下,傳寫誤移此。"

② 段考云:"'浣'當爲'垸',字之誤也。"

③ "便知"二字阮本作"使知",阮校云:"惠校本作'便知'。"孫疏據改。

掌染草掌以春秋斂染草之物。注染草,茅蒐、橐蘆、豕首、紫茢之屬。
○釋曰:案《爾雅》:"茹蘆,茅蒐。"郭注云:"今之蒨也,可以染絳。""橐蘆"者,《爾雅》無
文。"豕首"者,《爾雅》云:"茢薽,豕首。"郭注云:"《本草》曰:'彘盧,一名蟾蜍蘭。'今江
東呼豨首,可以爛疽蛹。"郭氏雖有此注,不言可染何色,則此橐蘆、豕首未審鄭之所據
也。"紫茢"者,《爾雅》云:"藐,茈草。"郭注云:"可以染紫,一名茈莫。"《廣雅》云:"即此
紫茢也。"言"之屬"者,更有藍皁、象斗之等衆多,故以之屬兼之也。以權量受之,以
待時而頒之。注權量,以知輕重多少。時,染夏之時。○釋曰:案《天官·染人》云:
"春暴練,夏纁玄①,秋染夏。"夏爲五色,至秋染五色,故鄭云"染夏之時",時謂秋時也。

掌炭掌灰物、炭物之徵令,以時入之。注灰、炭,皆山澤之農所出
也。灰給澣練。炭之所共多。○釋曰:灰、炭既出山澤,不云"徵于山澤之農"者,義可
知,經略而不言也。以權量受之,以共邦之用,凡炭、灰之事。

掌荼掌以時聚荼,以共喪事。注共喪事者,以著物也。《既夕禮》曰:"茵
著用荼。"○釋曰:云"共喪事者,以著物也"者②,即引《既夕禮》"茵著用荼"是也。案
《既夕禮》爲茵之法用緇翦布,謂淺黑色之布各一幅,合縫,著以荼;柩未入壙之時,先陳
於棺下,縮二於下,横三於上,乃下棺於茵上是也。徵野疏材之物,以待邦事,
凡畜聚之物。注荼,茅莠,疏材之類也,因使掌焉。徵者,徵於山澤,入於委人。
○釋曰:知掌荼所徵"入委人"者,以其委人掌斂野之賦,凡疏材、木材,所斂者衆,故知
此掌荼所徵亦入委人也。

掌蜃掌斂互物、蜃物,以共闥壙之蜃。○釋曰:"斂互物"者,以其互
物是蜃之類,故因類使兼掌之。又云"蜃物"者,共百事之蜃,與下"共闥壙之蜃"别。注
互物,蚌蛤之屬。闥猶塞也。將井槨,先塞下以蜃禦濕也。鄭司農説以《春秋傳》曰"始
用蜃炭",言僭天子也。○釋曰:云"互物,蚌蛤之屬"者,案《鼈人》云:"掌取互物。"先

---

① "纁玄"二字原作"縛交",據阮本改。
② "者"下原有"以著物也者"五字,蓋涉上下二"者"字而誤衍,據阮本删。

鄭云:“互物,謂有甲萌胡龜鼈之屬。”此後鄭解“互物”爲蚌蛤者,彼下文別有“廬”,廬即蛤,故從先鄭爲龜鼈;至此別爲蚌蛤,亦是有甲萌胡故也。云“將井槨,先塞下以蜃禦濕也”者,案《士喪禮》,筮宅,還井槨於殯門之外。注云:“既哭之,則往施之窆中。”是未葬前井槨材乃往施之壙中,則未施槨前已施蜃灰於槨下,以擬禦濕也。引《春秋》者,是成公二年“宋文公卒,始厚葬,用蜃炭”。雖二王之後,不得純如天子亦用蜃,故被譏。引之者,證天子之宜也。**祭祀,共蜃器之蜃。**注飾祭器之屬也。《邕人職》曰:“凡四方山川用蜃器。”《春秋》定十四年:“秋,天王使石尚來歸蜃。”蜃之器以蜃飾,因名焉。鄭司農云:“蜃可以白器,令色白。”○釋曰:經直云“蜃器之蜃”,鄭揔云“祭器之屬”,不辨宗廟及社稷之器,則宗廟、社稷皆用蜃飾之。知義然者,案此注引《左氏》云“石尚來歸蜃”,《公羊》以爲宜社之肉,以蜃器而盛肉,故名肉爲蜃,是祭社之器爲蜃也。《大行人》云:“歸脤以交諸侯之福。”彼則宗廟、社稷之器物謂之爲脤。是其宗廟、社稷之器皆蜃灰飾之事也。**共白盛之蜃。**注盛猶成也。謂飾牆使白之蜃也。今東萊用蛤,謂之叉灰云。○釋曰:言白成“謂飾牆使白之蜃也”,案《爾雅》云:“地謂之黝,牆謂之堊。黝,黑也。堊,白也。”若然,此經所云“白盛”,主於宗廟堊牆也。云“今東萊用蛤,謂之叉灰云”者,蜃蛤在泥水之中,東萊人叉取以爲灰,故以蛤灰爲叉灰云也。

囿人掌囿游之獸禁,注囿游,囿之離宮小苑觀處也。養獸以宴樂視之。禁者,其蕃衛也。鄭司農云:“囿游之獸,游牧之獸。”○釋曰:鄭云“囿游,囿之離宮小苑觀處也”者,案《孟子》:“文王之囿七十里,芻蕘者往焉。”天子之囿百里,並是田獵之處。又《書傳》云:“鄉之取於囿,是勇力取;今之取於澤,是揖讓取。”是爲蒐狩之常處也。今此云“禁”,故知非大囿,是小苑觀處也。云“禁者,其蕃衛也”者,即非守門者也。其守門則墨者,故《閽人》云“王宮每門四人,囿游亦如之”,鄭云“墨者使守門”是也。言離宮者,謂於王宮之外於苑中離別爲宮,故名離宮。以宮外爲客館,亦名離宮也。先鄭云“囿游之獸,游牧之獸”者,此與後鄭義異,謂獸之游,非人游觀。引之在下,亦得爲一義故也。**牧百獸。**注備養衆物也。今掖庭有鳥獸,自熊、虎、孔雀至於狐狸、鼂、鶴備焉。○釋曰:此於小囿中牧養百獸。言“百”者,舉成數而言。雖以百獸爲主,其中亦有飛鳥,故鄭注引漢之“掖庭有鳥獸,自熊、虎、孔雀至於狐狸、鼂、鶴備焉”爲證也。**祭祀、喪紀、賓客,共其生獸、死獸之物。**

場人掌國之場圃，而樹之果蓏珍異之物，以時斂而藏之。○釋曰："場圃"連言，場圃同地耳。春夏爲圃，秋冬爲場，其場因圃而爲之，故並言之也。**注**果，棗、李之屬。蓏，瓜、瓠之屬。珍異，蒲桃、枇杷之屬。○釋曰：張晏云："有核曰果，無核曰蓏。"臣瓚以爲"在地曰蓏，在樹曰果"，則不辨有核無核。則鄭不指定言，不知義從何者。案《閭師》云："任圃以樹事，貢草木。"此場人又掌之者，此據祭祀、喪紀、賓客者場人徵斂藏之，其餘則閭師徵斂之也。**凡祭祀、賓客，共其果蓏，享亦如之。**　**注**享，納牲。○釋曰："享，納牲"，謂祭祀宗廟二灌後，君迎牲納之於庭時，后夫人薦朝事之豆籩，豆籩中有果蓏之物，故云"享亦如之"。若然，上言"祭祀"，餘祭祀也。

廩人掌九穀之數，以待國之匪頒、賙賜、稍食。○釋曰：廩人掌米，倉人掌穀，今《廩人》云"九穀"者[1]，以廩人雖專主米[2]，亦兼主穀，故以九穀言之也。**注**匪讀爲分[3]。分頒，謂《委人》之職諸委積也。賙賜，謂王所賜予給好用之式也。稍食，祿稟[4]。○釋曰：破"匪"爲"分"者，米穀非是匪所盛之物，又以爲廬宿市在道，分頒義合，故不爲匪也。云"分頒，謂《委人》之職諸委積也"者，《委人》委積之文具於彼。云"賙賜，謂王所賜予給好用之式也"者，此即九式之中"九曰好用之式"是也，故彼注："好用，燕好所賜予也。"云"稍食，祿稟"者，此即《司士》"以功詔祿"，又《王制》云"下士視上農夫九人祿，中士倍下士"之類是也。凡廩法有數名，《春秋》桓十四年："八月，御廩災。"天子亦有御廩。單云廩則平常藏米之廩，此不言御廩，則廩中可以兼之矣。《明堂位》魯有米廩，有虞氏之學。以有虞氏尚孝，合藏粢盛之委[5]，故名學爲米廩，非廩稱也。《詩》云："亦有高廩。"又云："萬億及秭。"注云："廩，所以藏粢盛之穗。"以其萬億及秭數多，非藏米之數，故以藏穗言之，與常廩、御廩又異。**以歲之上下數邦用，以知足否，**

----

① "人"字原作"大"，據阮本改。

② "米"字原脱，據阮本補。

③ "匪"字原作"賜"，據婺本、金本、阮本改。

④ "稟"字原作"廩"，婺本、阮本同。阮校云："嘉靖本'廩'作'稟'，當據正。疏中引注亦作'祿稟'。"按祿稟字與倉廩字別，兹據金本改。

⑤ 浦鏜云："'合'疑'令'字誤。"按《禮記·明堂位》"米廩，有虞氏之庠也"鄭注云"虞帝上孝，令藏粢藏之委焉"，浦校蓋是。

以詔穀用，以治年之凶豐。注數猶計也。○釋曰："上下"，即"豐凶"。廩人之官以歲之豐凶得稅物多少之帳計國之用，"以知足否"，若歲凶稅物少而用多，則不足。廩人既知多少足否，乃詔告在上用穀之法，"以治年之凶豐"，此則《王制》云"制國用，必於歲之抄①"者是也。凡萬民之食食者，人四鬴，上也；人三鬴，中也；人二鬴，下也。○釋曰：此謂給萬民糧食之法，故云"凡萬民之食食者"，謂民食國家糧食者。"人四鬴，上也"，上謂大豐年也；人食三鬴，"中也"，謂中豐年；人食二鬴，"下也"，謂少儉年。此雖列三等之年，以中年是其常法。鬴當今六斗四升，即今給請亦然。注此皆謂一月食米也。六斗四升曰鬴。○釋曰：知"此皆謂一月食米"者，計中歲頒禄人食三鬴，不得爲數月；古今皆月月給請，故知此皆一月食米也。"六斗四升曰鬴"，昭公《傳》晏子辭。若食不能人二鬴，則令邦移民就穀，詔王殺邦用。○釋曰：此即《穀梁傳》所云"五穀不熟謂之大侵"，謂大凶年之時用如此法也。注就穀，就都鄙之有者。殺猶減也②。○釋曰：知"就都鄙之有者"，此據天子畿內六鄉、六遂及公邑純屬天子，與三等采地不同。若民有不能人二鬴之歲，移民就賤，當先嚮都鄙三等采地之中，都鄙亦凶，乃出嚮畿外也，故知就都鄙之有者也。凡邦有會同、師役之事，則治其糧與其食。○釋曰：此"會同、師役"，皆有軍人給糧食，故須治之，使均給之也。注行道曰糧，謂糒也。止居曰食，謂米也。○釋曰：案《書傳》云"行而無資謂之乏，居而無食謂之困"，是"止居曰食"，謂此廩人米也；《詩》云"乃裹糇糧③"，是"行道曰糧"。"謂糒也"者，即《尚書·費誓》云"峙乃糗糧"，即糒也。大祭祀，則共其接盛。注接讀爲"壹扱再祭"之扱④，扱以授舂人舂之。大祭祀之穀，藉田之收藏於神倉者也，不以給小用。○釋曰：此即廩人兼掌御廩所藏籍田之收⑤，以共祭祀之用者也。

---

① "抄"字阮本同，阮校引浦鏜説云："'秒'誤'抄'。"按二字之異因俗書木、才 二旁不分所致。

② "殺"字原作"叙"，據婺本、金本、阮本改。

③ "裹"字原作"裏"，據阮本改。

④ "壹"字婺本、金本同，阮本作"一"。阮校云："余本、嘉靖本'一'作'壹'，非，鄭於注中皆不用古字。《釋文》作'一扱'，可證。"

⑤ "籍"字阮本作"藉"，加藤謂"藉"是而"籍"非。按"藉"、"籍"因俗書廾、竹二旁混用而相亂。

鄭必讀“捼”爲“壹扱再祭”之扱者，此齏米與舂人舂之，當須扱與舂人，無取於捼義，故讀如《特牲》、《少牢》。云“藏於神倉者也”者，據《月令》而言。知“不給小用”者，《祭義》云：“天子藉田千畝，諸侯藉田百畝，以事天地、社稷、先公，敬之至也。”是不給小用也。

舍人掌平宮中之政，分其財守，以灋掌其出入。○釋曰：舍人揔主給米之事，而“掌平王宮中之政”，謂平其給米多少，不得特多特少也。云“分其財守”者，財即米也。故《喪大記》云“納財，朝一溢米”，亦謂米爲財。謂分米與宮正、內宰守禁之所，使頒與所使守之人。云“以法掌其出入”者，出，謂米出於廩人以出給；入，謂其有空缺則還入廩人。皆當以法，不可虛也。**注**政，謂用穀之政也。分其財守者，計其用穀之數，分送宮正、內宰，使守而頒之也。而行出於廩人，其有空缺則計之遷入。○釋曰：必送米與“宮正、內宰”者，此二官皆有宿衛之人，須米料之數故也。凡祭祀，共簠簋，實之，陳之。○釋曰：祭祀言“凡”，則天地、宗廟大次小祭皆有黍稷於“簠簋實之，陳之”，故云凡以廣之也。**注**方曰簠，圓曰簋，盛黍稷稻粱器。○釋曰：云“方曰簠，圓曰簋”，皆據外而言。案《孝經》云：“陳其簠簋。”注云：“內圓外方，受斗二升者。”直據簠而言。若簋，則內方外圓。知皆受斗二升者，《瓬人》云：“爲簋，實一觳。”豆實三而成觳，豆四升，三豆則斗二升可知。但外神用瓦簋，宗廟當用木。故《易・損卦》云：“二簋可用享。”損卦以離、巽爲之，離爲日，日圓，巽爲木，木器圓，簋象，是用木明矣。云“盛黍稷稻粱器”者，案《公食大夫》簠盛稻粱，簋盛黍稷，故鄭揔云黍稷稻粱器也。賓客亦如之，共其禮車米、筥米、芻禾。**注**禮，致饔餼之禮。○釋曰：云“亦如之”者，亦有“簠簋實之，陳之”事，故亦如祭祀也。言實之陳之，則據饔餼及饗食之時也。云“共其禮車米、筥米、芻禾”者，鄭云“禮，致饔餼之禮”，案《聘禮》曰：致饔，“使卿韋弁歸饔餼。米百筥，設于中庭。車米三十車，陳於門外，禾三十車，芻薪倍禾。”案《掌客》[1]，上公，米百有二十筥，車米四十車，禾五十車，芻薪倍禾；侯、伯，米百筥，車米三十車，禾四十車，芻薪倍禾；子、男，米八十筥，車米二十車，禾三十車，芻薪倍禾。皆言陳。是其饔餼車米、筥米[2]、芻禾所陳多少之事。喪紀，共飯米、熬穀。**注**飯所以實口，不忍虛也。君用粱，大夫用稷，士用粱，皆四升，實者唯盈。熬穀者，錯于棺

---

① “案”上阮本有“又”字。
② “筥”字原作“莒”，據阮本改。

旁,所以惑蚍蜉也。《喪大記》曰:"熬,君四種八筐,大夫三種六筐,士二種四筐,加魚、腊焉。"○釋曰:云"飯所以實口,不忍虛也"者,案《檀弓》云:"飯用米貝,不忍虛也,不以食道,用美焉爾。"故云不忍虛也。云"君用粱,大夫用稷,士用粱"者,此《喪大記》文。彼據沐時所用,今引證"飯"者,但飯米、沐米與重鬲所盛用米皆同,是以《士喪禮》云"貝三,實于笄①。稻米一豆,實於筐",據飯含所用②,下即云"祝淅米③,管人受潘,煮于垼,外御者沐",又云"鬻餘飯,盛以二鬲",是其三者用米同,故引沐法以證"飯"也。但《喪大記》注:"士沐粱④,蓋天子之士。"以其《士喪禮》諸侯之士沐稻。《喪大記》注又云:"差率而上,天子沐黍與?"則天子飯用黍也。云"皆四升"者,用米不同,別貴賤,但人口大小同,故知皆四升也。云"實者惟盈"者,《士喪禮》文,故彼云"主人左扱米,實于右,三,實一貝。左、中亦如之。又實米,惟盈"是也。云"熬穀者,錯于棺旁,所以惑蚍蜉也"者,解穀所以熬之將殯設之者,將熬穀以惑蚍蜉。又有魚、腊香,蚍蜉欲向棺,值此惑之,故云所以惑蚍蜉也。引《喪大記》者,見尊卑用筐穀多少不同之意。云"熬,君四種八筐,大夫三種六筐,士二種四筐,加魚、腊焉",鄭彼注引《士喪禮》:"'熬,黍、稷各二筐。'又曰:'設熬,旁一筐。'大夫三種,加以粱。君四種,加以稻。四筐,則首足皆一,其餘設於左右。"若然,天子當加麥、苽,六種十筐,首足亦各一筐,其餘亦設於左右也。**以歲時縣穜稑之種,以共王后之春獻種。** 注縣之者,欲其風氣燥達也。鄭司農云:"春王當耕于藉,則后獻其種也。后獻其種見《内宰職》。"○釋曰:《内宰》注云:"先種後熟謂之穜,後種先熟謂之稑。"彼《内宰》上春后獻種,示不敗壞,且助王耕事;此云"歲時縣"者,從納禾治得子即縣之,以至春獻之,是以先鄭云"春王當耕于藉,則后獻其種也"。**掌米粟之出入,辨其物。** ○釋曰:《大宰》"九職"有"九穀",《月令》有"五穀",今正言"粟"者,粟即粢也。《爾雅·釋草》:"粢,稷也。"稷爲五穀之長⑤,故特舉以配米也,其實九穀皆有。注九穀六米別爲書。○釋曰:九穀之名已見《大宰》注,今云六米者,九穀之中黍、稷、稻、粱、苽、大豆六者皆有米,麻與小豆、小麥三者無米,故云"九穀六米別爲書",釋經"辨其物"也。**歲終,則會計其政。** 注政,用穀之多少。

---

① "笄"字原作"笄",據阮本改。
② "用"字原空闕一格,據阮本補。下文"鬻餘飯"之飯字同。
③ "淅"字原作"浙",據阮本改。
④ "粱"字原作"梁",據阮本改。
⑤ "爲"字原作"皆",據阮本改。

倉人掌粟入之藏。注九穀盡藏焉，以粟爲主①。○釋曰：案《月令》"首種不入"，鄭注引舊記"首種謂稷"②，即種粟是五穀之長。下文"辨九穀"，此云"粟"，是以粟爲主也。辨九穀之物，以待邦用。若穀不足，則止餘灋用；有餘，則藏之，以待凶而頒之。注止猶殺也。殺餘法用謂道路之委積，所以豐優賓客之屬。○釋曰：知"殺餘法用"是"道路之委積"者，案上《遺人》注："委積者，廩人、倉人計九穀之數足國用，以其餘共之，所謂餘法用也。"則彼委積是法用，以此餘者爲之，是"豐優賓客"者。今倉人穀不足，故止彼餘法用，故鄭據《遺人》而言焉。鄭云"之屬"者，彼《遺人》注云："職內邦之移用亦如此也。"今穀不足亦止之，故云之屬。凡國之大事，共道路之穀積、食飲之具。注大事，謂喪、戎。○釋曰：案左氏成公《傳》："國之大事，在祀與戎。"不言喪事。今此"喪、戎"不言祀者，此經云"共道路"，惟軍戎及喪在外行於道路，故據而言焉；祭祀遠無過在近郊之內，無在道共糧之事，故不言祭祀也。

司禄。闕。

司稼掌巡邦野之稼，而辨穜稑之種，周知其名與其所宜地，以爲灋而縣于邑間。注周猶徧也。徧知種所宜之地，縣以示民，後年種穀用爲法也。○釋曰：云"巡邦野之稼"者，謂秋熟之時觀之矣。若然，春稼秋穡，不云穡而云稼者，穡由稼而有，故本之言稼也。巡野觀稼，以年之上下出斂灋。○釋曰：此"觀稼"，亦謂秋熟時觀稼善惡，則知年上下豐凶，以此豐凶而出稅斂之法。注斂法者，豐年從正，凶荒則損③。若今十傷二三，實除減半。○釋曰：鄭云"豐年從正"者，年雖豐，與中平一，皆從正法十一而稅之也。云"凶荒則損"者，凶荒謂年穀不熟，則減於十一而稅之。云"若今十傷二三，實除減半"者，鄭舉漢法以況義。十傷二三者，謂漢時十分之內傷二分三分，餘有七分八分在；實除減半者，謂就七分八分中爲實在，仍減去半不稅，於半內稅之，以凶荒所優饒民法也。掌均萬民之食，而賙其急，而平其興。注均，謂

---

① "主"字原作"王"，據婺本、金本、阮本改。
② 阮校云："'記'當'說'之誤。"
③ 浦鏜云："凶荒則損，案《大司徒職》疏兩引作'儉有所殺'。"

度其多少[①]。覜，稟其艱阨。興，所徵賦。○釋曰：《詩》云："缾之罄矣，維罍之恥。"《詩》刺王不能富分貧。以是司稼既知民之禾稼多少，則使之"均萬民之食"，減取多者以覜給其急困者。云"平其興"者，興謂"徵賦"。當各計十一而税，不得特多特少，是平其興也。

舂人掌共米物。**注**米物，言非一米。○釋曰：案上文《倉人》、《廩人》言"物"者，據米穀多者而言，故鄭言"米物，言非一米"是也。祭祀，共其齍盛之米。**注**齍盛[②]，謂黍稷稻粱之屬可盛以爲簠簋實。○釋曰：器實曰齍，則黍稷稻粱是也，在器曰盛，則簠簋是也，故鄭揔言"齍盛，謂黍稷稻粱之屬"，屬中兼有麥芤，"可盛以爲簠簋之實"也。賓客，共其牢禮之米。**注**謂可以實筐筥。○釋曰：下別言"饗食"，則此言"牢禮"謂饔餼之米。鄭云"實筐筥"，知非車米者，以其公車米四十，侯、伯車米三十，子、男車米二十，非舂人所供，故知惟謂筐筥者也。若然，車米出於民税，故《禹貢》云"五百里納米"是也。凡饗食，共其食米。**注**饗有食米，則饗禮兼燕與食。○釋曰：燕禮無食米，食禮無飲酒，若饗禮，有飲酒，有食米，故云"饗禮兼燕與食"也。若然，經云"其食米"則饗禮俱供食米也。掌凡米事。

饎人掌凡祭祀共盛[③]。**注**炊而共之。○釋曰：鄭知"炊而共之"者，以其饎人主以炊米而盛之[④]，共王及后之六食於器[⑤]，今云"共盛"，明炊而共之。共王及后之六食。**注**六食，六穀之飯。○釋曰：案《醫師》云："和王六食。"六食即飯也。《膳夫》云："饋六穀。"六穀即六食。故鄭合而解之。凡賓客，共其簠簋之實。**注**謂致飧饔。○釋曰：鄭知是"致飧饔"者，下云"饗食亦如之"，故知此是飧饔也。饗食亦如之。

---

① 孫疏云："《釋文》'度'下有'平'字，疑今本誤挩。"

② 阮校云："案經作'齍'，注作'粢'，此當作'粢盛'。"孫疏云："凡經作'齍'，注並讀爲'粢'，《甸師》、《小宗伯》、《肆師》、《大祝》注並同。"

③ 孫疏云："'饎人'者，饎、饐字同。《敘官》故書亦如是，而鄭從今書作'饎'；此古今書蓋同作'饎'，故鄭亦從之。嘉靖本依《敘官》改'饐'，非也，《槀人》注亦作'饎'可證。"

④ "米而盛之"以下至《槀人職》"掌羹祭祀之犬"疏"故雖米之潘瀾戔餘"，底本缺一頁，臺北故宮博物院影印本此頁係後人補抄，與阮本全同，尚多一誤字，此據阮本。

⑤ 孫校云："'共王及后之六食'句疑涉下經文而誤衍。"加藤謂當據殿本移"於器"二字於上文"盛之"之下。

槀人掌共外內朝冗食者之食①。**注**外朝，司寇斷獄弊訟之朝也。今司徒府中有百官朝會之殿，云天子與丞相舊決大事焉，是外朝之存者與？內朝，路門外之朝也。冗食者，謂留治文書，若今尚書之屬諸直上者。○**釋曰**：天子三朝，路寢庭朝是圖宗人嘉事之朝，大僕掌之；又有路門外朝是常朝之處，司士掌之；又有外朝在皐門內庫門外，三槐九棘之朝，是"斷獄弊訟之朝"，朝士掌之。今言"外內朝"，明據三槐與路門外二者，以其路寢庭非常朝之處也。鄭引"今司徒府"已下，說義也②。云"冗食者，謂留治文書，若今尚書之屬諸直上者"者，亦引漢法說之。謂以次當直，留在朝宿不還，須以食供之。冗食者，冗，散也。外內朝上直諸吏謂之冗吏，亦曰散吏。以上直不歸家食，槀人供之，因名冗食者。**若饗耆老、孤子、士庶子，共其食。注**士庶子，卿大夫士之子弟宿衛王宮者。○**釋曰**："耆老"，謂死王事者之父。"孤子"，謂死王事者之子。國家春饗孤子，秋食耆老及士庶子。謂若《宮伯》注③，"士，謂適子；庶子，其支庶"。"宿衛王宮者"，國家饗養之，則亦槀人供其食也。**掌豢祭祀之犬。注**養犬豕曰豢。不於饎人言，其共至尊④，雖其潘瀾、戔餘，不可褻也。○**釋曰**："養犬曰豢"，此經是也。知養豕亦曰豢者，見《禮記・郊記》云"豢豕作酒，非以為禍"，是"養豕曰豢"也。云"不於饎人言，其共至尊，雖其潘瀾、戔餘，不可褻也"者，以其饎人所炊米為祭祀及共王與后，並是至尊，故雖米之潘瀾、戔餘，亦不得褻之與犬，故於此言之也。

---

① "槀"字婺本、金本作"槁"。孫疏云："'槁'嘉靖本作'槀'，今從《釋文》、唐石經、宋本、余本、婺本正。《敘官》作'槀人'，先鄭讀為'犒師'之犒；此作'槁人'，與彼異者，此故書本不誤，故二鄭不著其改讀之說。唐石經《敘官》作'槀'，此作'槁'，兩文不同，自是鄭本之舊。凡本職字與《敘官》不必皆相應，若上'饎人'，《敘官》作'饎人'，即其比例。"又參《敘官》。

② 加藤謂"說"字似當據殿本作"況"，下文"亦引漢法說之"之"說"同。

③ "宮伯注"三字原作"宮正宮"，加藤謂當據殿本作"宮正宮伯"。按《天官・酒正職》"凡饗士庶子"賈疏云"謂若《宮伯》宿衛王宮者，'士，適子；庶子，其支庶'"，《夏官・都司馬職》"掌都之士庶子"疏云"《宮伯》注云'士，適子；庶子，其支庶'，此都之士庶子亦然"，《秋官・掌固職》"頒其士庶子"疏云"即《宮伯》所云'士，謂卿大夫士之適子；庶子，其支庶'"，皆不連"宮正"言之，茲徑改為"宮伯注"，或但作"宮伯"二字亦無不可。

④ "言其"二字金本同，"言"上婺本剜擠"言者"二字。阮校云："岳本、嘉靖本'其'作'者'，當據以訂正。"是以"不於饎人言者"六字連讀。

周禮疏卷第十八

唐朝散大夫行大學博士弘文館學士臣賈公彥等撰

春官宗伯第三《鄭目録》云[1]："象春所立之官也。宗，尊也。伯，長也。春者，出生萬物。天子立宗伯，使掌邦禮。典禮以事神爲上，亦所以使天下報本反始。不言司者，鬼神示人之所尊，不敢主之故也。"

惟王建國，辨方正位，體國經野，設官分職，以爲民極。乃立春官宗伯，使帥其屬而掌邦禮，以佐王和邦國。○釋曰：云"掌邦禮以佐王和邦國"者，樂主和同，禮主簡別。案《樂記》云："樂勝則流，禮勝則離。"鄭云："離，謂析居不和。"恐其不和，是以禮言和。《論語》云："禮之用，和爲貴也。"注禮，謂曲禮五，吉、凶、軍、賓[2]、嘉，其別三十有六。鄭司農云："宗伯，主禮之官，故《書·堯典》曰：'帝曰：咨！四岳，有能典朕三禮？僉曰：伯夷。帝曰：俞，咨！伯，汝作秩宗[3]。'宗官又主鬼神，故《國語》曰：'使名姓之後能知四時之生、犧牲之物、玉帛之類、采服之宜、彝器之量、次主之度、屏攝之位、壇場之所、上下之神祇，氏姓之所出而率舊典者爲之宗。'《春秋》'禘于大廟，躋僖公'，而《傳》曰：'夏父弗忌爲宗人。'又曰：'使宗人釁夏獻其禮。'《禮·特

---

① "鄭目録"上原有"釋曰"二字，《冬官考工記》同，則《鄭目録》云云爲賈疏。按鄭玄《三禮目録》本與經注別行，《周禮》六官篇首之《目録》六篇雖賈公彥取以具列，然天、地、冬三篇賈氏俱作疏解，則《鄭目録》據例不得視爲賈氏疏文，此及《冬官》皆衍"釋曰"二字，後者之《鄭目録》云云前後標著二"釋曰"，尤爲明證。茲徑删。阮本將六篇《目録》皆闌入疏内，殊欠妥當。

② "軍賓"二字婺本、金本、阮本作"賓軍"，阮校云："依《大宗伯職》經文次第，先賓後軍，則作'賓軍'是也。"按《小宗伯職》先鄭注"五禮，吉、凶、賓、軍、嘉"，"賓軍"二字婺本、金本同，阮本亦倒。

③ "汝"字阮本同，婺本、金本作"女"。阮校云："岳本、嘉靖本'汝'作'女'。《釋文》出'女秩'二字，則此注本云'女秩宗'也。"按賈疏述注作"女作秩宗"。

牲》曰[1]：‘宗人升自西階，視壺濯及豆籩。’然則唐、虞歷三代，以宗官典國之禮與其祭祀，漢之大常是也。”○釋曰：云“禮”是“曲禮五”者[2]，案《禮序》云：“禮者，體也，履也。”一字兩訓，蓋有以也：統之於心名爲體，《周禮》是也；踐而行之名曰履，《儀禮》是也。既名“儀禮”，亦名“曲禮”，故《禮器》云：“經禮三百，曲禮三千。”鄭玄云：“經禮，謂《周禮》也。曲猶事也。事禮，謂《今禮》也，其中事儀三千。”若然，則《儀禮》爲曲禮。今此鄭云“禮，謂曲禮五”者，對文則《儀禮》是曲禮，《周禮》是經禮，散文此《周禮》亦名曲禮。是以《藝文志》云：“帝王世有損益，至周曲爲之防。”是指此《周禮》爲曲禮也。云“吉、凶、軍、賓、嘉，其別三十有六”者，並據下文而知。鄭司農云“宗伯，主禮之官”，而引《書・堯典》“帝曰”者，謂舜咨四岳，曰：“有能典朕三禮？”三禮者，謂天地人之禮也。云“僉曰：伯夷”者，四岳同辭而對，共舉伯夷也。云“帝曰：俞”者，俞，然也，然其所舉。云“咨，伯，女作秩宗”者，帝舜命伯夷使爲秩宗。秩，次也，言宗伯主次序鬼神之事。案彼《虞書》云“脩五禮”，下又云“典朕三禮”，三、五不同者，鄭義上云“脩五禮”與下“五玉”連文，五玉是諸侯所執玉[3]，則五禮非吉、凶、賓、軍、嘉之五禮，故鄭云：“五禮，公、侯、伯、子、男之禮。”是以《禮論》云：“唐、虞有三禮，至周分爲五禮。”若然，云“三禮”不言“五禮”，則三禮中含有五禮矣。引《國語》者，是楚昭王問於觀射父，觀射父對此辭。言“名姓之後”者，孔、服注以爲聖人大德之後。云“能知四時之生、犧牲之物”者，孔、服皆以爲生謂粢盛，犧謂純毛色，牲謂牛羊豕。云“玉帛之類”者，孔、服皆以爲禮神玉帛，謂若《宗伯》云“蒼璧、黃琮，牲、幣各放其器之色”是也。云“采服之宜”者，服氏云：“祭祀之所服色。”謂若《司服》袞冕以下是也。云“彝器之量”者，服云：“量，數也。祭祀之器皆當其數。”云“次主之度”者，服云：“次廟主之尊卑先後遠近之度。”云“屏攝之位”者，服氏云[4]：“屏猶并也。謂攝主不備并之，其位不得在正主之位。”即引《曾子問》云“若宗子有罪居于他國，庶子爲大夫，其祭也，祝曰：孝子某使介子某執其常事”，又云“攝主不厭祭，不旅，不假，不綏祭，不配”。是其攝主并之事。《左氏》昭十八年，“夏五月，宋、衛、

---

① “禮特牲”三字原作“郊特牲”，婺本同，據金本、阮本改。
② “是”字阮本作“謂”，與鄭注合。按《天官・小宰職》“正歲，帥治官之屬而觀治象之灋”鄭注“正歲，謂夏之正月”，賈疏云“知‘正歲’是‘夏之正月’者”，《地官・鄙師職》“凡作民，則掌其戒令”鄭注“作民，謂起役也”，賈疏云“知‘作民’是‘起役’者”，如此之類，皆與此疏文例相同，“謂”字或後人據注而改。
③ “執玉”二字原作“執王”，據阮本改。
④ “氏”字原作“以”，據阮本改。

陳、鄭災”，時鄭子産“使子寬、子上巡羣屏攝”。彼鄭司農云：“束茅以爲屏蔽，祭神之處草易然，故巡行之。”此屏攝義與《國語》異。云“壇場之所”者，孔云：“去廟爲祧，去祧爲壇，去壇爲墠。”孔又云：“場，祭道神，《曾子問》‘道而出’是也。”云“上下之神祇”者，孔氏云：“上，謂凡在天之神，天及日、月、星。下，謂凡在地之神，謂地、山林、川谷、丘陵也。”云“氏姓之所出而率舊典者爲之宗”者，孔氏云：“既非先聖之後，又非名姓之後，但氏姓所出之後，子孫而心常能循舊典者，則爲大宗。大宗者，於周爲宗伯。”云“《春秋》禘於大廟”者，是文二年秋八月。《公羊》云：“大事者何？大祫也。大祫者何？合祭也。其合祭奈何？毁廟之主陳於大祖，未毁廟之主皆升，合食於大祖。”列昭穆，序父子。云“躋僖公”者，案《左氏》云：“逆祀也。”時“夏父弗忌爲宗人”。逆祀者，弗忌云：“吾見新鬼大，故鬼小。”躋，升也，謂升僖公主於閔公之上。引之者，證“宗”是宗人主鬼神也。云“又曰：使宗人釁夏獻其禮”者，此哀公二十四年：“公子荆之母嬖，將以爲夫人，使宗人釁夏獻其立夫人之禮。對曰：‘無之。’公怒曰：‘汝爲宗司，立夫人，國之大禮也，何故無之？’對曰：‘周公及武公娶於薛，孝、惠娶於商，自桓以下娶於齊，此禮也則有。若以妾爲夫人，則固無其禮也。’公卒立之。”引之者，亦證宗人主禮也。又引《禮•特牲》者，此《特牲饋食禮》，是宿賓之明夕，視濯，主人與衆兄弟及賓入，即堂下位，“宗人升自西階，視壺濯及豆籩，反降，東北面告濯具”，注云：“東北面告，緣賓意欲聞也。”引此者，亦證宗人主禮也。云“唐、虞歷三代，以宗官典國之禮與其祭祀”者，所云《虞書》是虞法，并云唐者，堯、舜道同，故引虞則唐亦與虞同也；言歷三代者，上舉唐、虞，下舉周法，則其中夏、殷亦宗官掌禮可知，故摠以三代言之也。云“則漢時大常是也”者，以代異法殊，禮有沿革，故至漢時祭祀之禮使大常主之，故云漢之大常是也。但此宗伯主禮并下文主鬼神自分明，必引諸文爲證者，當時張、包、周、孟子、何休等不信《周禮》是周公所制，以爲六國時陰謀之書，故先鄭以諸文爲證也。

禮官之屬：大宗伯，卿一人；小宗伯，中大夫二人；肆師[①]，下大夫四人，上士八人，中士十有六人，旅下士三十有二人，府六人，史十有二人，胥十有二人，徒百有二十人。○釋曰：此一經，與下五十九官爲長。此官大宗伯、小宗伯、肆師並別職，上士已下即三職同有此官，可謂別職同官者

---

① “肆師”以下底本提行。阮本雖連上“大宗伯”云云爲一節，然賈疏標起止云“肆師至十人”。按提行者非也，此別職同官之例。

也^①。大宗伯則摠掌三十六禮之等，小宗伯副貳大宗伯之事，肆師主陳祭位之等，此並亦轉相副貳之事也。**注**肆猶陳也。肆師佐宗伯，陳列祭祀之位及牲器粢盛。○釋曰：鄭知"肆師佐宗伯，陳列祭祀之位"者，案《小宗伯》云"掌建邦之神位"，《肆師》云"立大祀，用玉、帛、牲牷"之等，故知佐宗伯陳列祭祀之位也。知亦陳"牲器粢盛"者，案其職云"大祭祀，展犧牲，繫于牢，頒于犧人"，又云"祭之日，表齍盛，告絜；展器陳，告備"，是其陳牲器粢盛之事也。

鬱人，下士二人，府二人，史一人^②，徒八人。**注**鬱，鬱金香草，宜以和鬯。○釋曰：凡《叙官》，不以官尊爲先後^③，直以緩急，急者爲先。鬱人爲首者，祭祀宗廟先灌，灌用鬱，故其職云"掌祼器"，故宜先陳也。鄭云"鬱，鬱金香草"者，《王度記》謂之鬯，鬯即鬱金香草也。云"宜以和鬯"者，鬱人所掌者是秬米爲酒不和鬱者，若祭宗廟及灌賓客，則鬯人以鬯酒入鬱人，鬱人得之，築鬱金草煮之以和鬯酒，則謂之鬱鬯也。

鬯人，下士二人，府一人，史一人，徒八人。**注**鬯，釀秬爲酒，芬香條暢於上下也。秬如黑黍，一稃二米^④。○釋曰：鬯人在此者，案其職云"掌共秬鬯"，祭社釁門先用鬯，故宜先言。未有鬱，條暢得名。云"條暢於上下也"者，若宗廟及賓客以灌地，此雖無鬱，至於下經用鬯祭祀者，亦尸所飲以灌地。灌地者，其汁下入於地，其氣上升於天，故云條暢於上下也。云"秬如黑黍，一稃二米"者，案《爾雅》云："秬，黑黍。秠，一稃二米。"此《爾雅》上文云"秬，黑黍"，是一米之秬直以秬爲名；下文云"秠，一稃二米"，亦是黑黍，但無黑黍之名，但二米之秬貴。此鬯酒用二米者，故鄭云秬如黑黍，此據《爾雅》下文二米之秬其狀如上文黑黍者。若然，《爾雅》云"秠，一稃二米"，不言"黑黍"者，《爾雅》主爲釋《詩》。案《生民》詩云："維秬維秠。"《爾雅》云"秬，黑黍"，即是"維秬"者；《爾雅》云"秠，一稃二米"，即是"維秠"者也。若然，《爾雅》及《詩》云"秠"者即黑黍之皮，以皮而見秬。是以《鄭志》張逸問云："《鬯人職》注云'秬如黑黍，一稃二

①　浦鏜云："'可'疑'所'字誤。"按賈疏下文云"此並亦轉相副貳之事也"，"亦"者，亦上天、地二官也，則"可"疑本作"亦"。
②　王引之謂當作"府一人史二人"，下司尊彝、司几筵、司服、磬師、典庸器五職府、史人數皆當互易，説詳《天官·叙官》。
③　加藤云："'尊'下當補'卑'。"按《夏官·叙官》"司勳"賈疏云"《序官》前後亦不據尊卑，直取事急者居前，事緩者居後"，與此疏同。
④　孫疏云："鄭注本作'一秠二米'，故張逸以發問。今本作'一稃'，陸音孚，賈述注及引《鄭志》亦作'稃'，並誤。"

米’,案《爾雅》‘秠,一稃二米’,未知二者同異?”鄭荅云:“秠即其皮,稃亦皮。《爾雅》重言以曉人,更無異稱也。”鄭云重言者,“秠”既是皮,復云“稃”亦皮,是重言也。恐人不知秠是皮,故重言稃。稃、秠是一,還是秬,故云更無異稱也。

雞人,下士一人,史一人,徒四人。○釋曰:雞人在此者,案《雞人職》云“共雞牲,大祭祀,夜呼旦”,雞又屬木,在春,故列職於此也。

司尊彝,下士二人,府四人,史二人,胥二人,徒二十人。○釋曰:在此者,案職云“掌六彝、六尊之位”,尊彝是祭祀之事,故列職於此也。**注**彝亦尊也。鬱鬯曰彝,彝,法也,言爲尊之法也。○釋曰:“彝亦尊”者,以其同是酒器,但盛鬱鬯與酒不同,故異其名耳。云“鬱鬯曰彝,彝,法”者,祭宗廟在室先陳,後乃向外陳齊酒之尊,以彝爲法,故名此鬱鬯曰彝也,是以鄭云“言爲尊之法也”。

司几筵,下士二人,府二人,史一人,徒八人。○釋曰:在此者,凡祭祀先設席,故其職云“掌五几、五席,辨其用與其位”,故列職於此也。**注**筵亦席也。鋪陳曰筵,藉之曰席。然其言之筵、席通矣。○釋曰:云“鋪陳曰筵,藉之曰席”者,設席之法,先設者皆言筵,後加者爲席,故其職云“設莞筵紛純,加繅席畫純”。假令一席在地,或亦云筵,《儀禮·少牢》云“司宮筵於奧”是也。是先設者爲鋪陳曰筵,藉之曰席也。云“然其言之筵、席通矣”者,所云筵、席惟據鋪之先後爲名,其筵、席止是一物,故云然其言之筵、席通矣。

天府,上士一人,中士二人,府四人,史二人,胥二人,徒二十人。○釋曰:天府在此者,其職云“掌祖廟之守藏,大祭祀,則出而陳於廟庭”,故亦列職於此也。**注**府,物所藏。言天者,尊此所藏若天物然。○釋曰:云“府,物所藏”者,鄭揔解“府”義。府,聚也。凡物所聚皆曰府,官人所聚曰官府,在人身中飲食所聚謂之六府。《詩》云:“叔在藪,火烈具舉。”注:“藪,澤,禽之府也。”大府、玉府、外內府、泉府皆是藏財貨,鄭云“藏財貨曰府”,亦是物所藏也。云“言天者,尊此所藏若天物然”者,案其職云“凡國之玉鎮、大寶器,藏焉”,是尊此所藏若天物然,故名此府爲天府也。

典瑞,中士二人,府二人,史二人,胥一人,徒十人。○釋曰:在此者,案其職云“掌玉瑞、玉器之藏”,下又云“王搢大圭,執鎮圭,以朝日”,則是玉瑞,祭時所執玉器所以禮神。雖有餘事,以事神爲主,在此宜也。**注**瑞,節信也。典瑞,若今符璽郎。○釋曰:云“瑞,節信也”者,其天子所執者,若受天之應瑞然,其諸侯所執者,若受得玉瑞，亦如天之應瑞，故云節信也。云"典瑞，若今符璽郎"者，鄭意周時典瑞似漢時符璽郎，故舉漢法而況之。

　　典命，中士二人，府二人，史二人，胥一人，徒十人。○釋曰：在此者，案其職云"掌諸侯之五儀、諸臣之五等之命"。凡官之所屬，義有多種，以宗伯主禮及祭祀之事，故凡是祭祀及禮事皆屬焉。此典命遷秩羣臣，亦是禮事。又爵命屬陽，故《禮記》云："古者於禘也，發爵賜服。"賞以春夏，不於夏官者，貴始，故於春見之在此。**注**命，謂王遷秩羣臣之書。○釋曰：凡言"命"者，皆得簡策之命。秩，次也。命出於王，故云"命，謂王遷秩羣臣之書"，書即簡策是也。

　　司服，中士二人，府二人，史一人，胥一人，徒十人。○釋曰：在此者，案其職云"掌王之吉凶衣服"。《公羊傳》云："命者何？加我服也。"再命已上得命即得服，故司服列職於典命之下也。

　　典祀，中士二人，下士四人，府二人，史二人，胥四人，徒四十人。○釋曰：在此者，案其職云"掌外祭祀之兆守，皆有域，掌其禁令。若以時祭祀，則帥其屬而脩除"，以其職祭事，故列職於此也。

　　守祧，奄八人，女祧每廟二人，奚四人。○釋曰：遠廟爲祧。案其職"掌先王、先公之廟祧。若將祭祀，則各以其服授尸"，故列職在此。有"奄八人"者，以其與"女祧"及"奚"婦人同處，故須奄人。通姜嫄爲八廟，廟一人，故八人也。**注**遠廟曰祧。周爲文王、武王廟，遷主藏焉。奄，如今之宦者。女祧，女奴有才知者。天子七廟，三昭三穆。奚，女奴也。○釋曰："遠廟曰祧"者，案《祭法》云："遠廟爲祧，有二祧，享嘗乃止。"鄭云："祧之言超也，超上去意也。"云"周爲文王、武王廟，遷主藏焉"者，案《王制》及《祭法》云"王立七廟"，有"二祧"之文。鄭知之二祧是文、武者，鄭義二祧則祖、宗是也，故《祭法》云"祖文王而宗武王"，鄭云："祖宗通言爾。"是祖其有德，宗其有功，其廟不毀，故云祧也。知遷主藏焉者，以其顯考已下其廟毀，不可以藏遷主。文、武既不毀，明當昭者藏於武王廟，當穆者藏於文王廟可知，故云遷主藏焉。若文、武已上，父祖不可入下子孫之廟，宜藏於后稷之廟。但文、武既爲二祧，后稷爲大祖廟，不可復稱祧，故不變本名，稱大祖也。諸侯既不可與天子同有二祧，其遷主則揔藏於大祖廟，則謂大祖廟爲祧，故《聘禮》云"不腆先君之祧，既拚以俟矣"是也。云"奄，如今之宦者"，漢以奄人爲内宦，則名奄人爲宦，故舉以況之也。云"女祧，女奴有才智者"，亦若《天官》云“女酒”“女漿”“女祝”、下文云“女史”之類，皆女奴有才智者爲之。無才智者即入奚類也。云“天子七廟”已下，並《王制》文。七廟者，據周而言。若殷人已下，依《禮緯》，唐人五廟，夏亦五廟，殷六廟，與周不同也。

世婦，每宮卿二人，下大夫四人，中士八人，女府二人，女史二人，奚十有六人。注世婦，后宮官也。王后六宮。漢始，大長秋、詹事、中少府、大僕亦用士人。女府、女史，女奴有才知者。○釋曰：名“世婦”者，以其主婦人之事，王后已下至女御，言世婦，舉中以爲名也。在此者，案其職云“掌女宮之宿戒，及祭祀，比其具”，是祭事，故列職於此也。云“每宮卿二人”者，王后有六宮，每宮卿二人，則十二人也。此主婦人，則卿、大夫、士並奄人爲之。若然，《天官》云：“內小臣，奄上士四人。”鄭云：“奄稱士，異其賢。”似卿、大夫不用奄人者。案彼天官之內職內有婦人者皆用奄人，獨此宮卿、大夫、士與下女府、女史、奚同居不用奄，非其宜。但此經不言“奄”，故鄭亦不言奄，其實是奄可知，是以賈、馬皆云“奄卿也”。然鄭云“漢始[1]，大長秋”，亦見周時用奄之義也。但天官惟有小臣是上士用奄人，鄭即云“奄稱士，異其賢也”。若然，小臣上士言奄，此不言奄者，但上天官共婦人同職皆已言奄，於此略而不言耳。案王之六卿皆六命，十二小卿皆四命。此六宮十二卿不言命數，亦可當小宰、小司徒等十二小卿，同用四命中大夫爲之，以其同十二人故也。

內宗，凡內女之有爵者。○釋曰：在此者，案其職云“掌宗廟之祭祀薦加豆籩”，並是助祭之人，故列職於此也。注內女，王同姓之女，謂之內宗。有爵，其嫁於大夫及士者。凡，無常數之言。○釋曰：言“內女”，明是王之族內之女，故云“王同姓之女”爲內宗也。云“有爵，其嫁於大夫及士者”，但婦人無爵，從夫之爵，今言“內女有爵”，明嫁與卿、大夫及士。周之法，爵亦及士，故兼言士也。不言數，而言“凡”，故鄭云“凡，無常數之言”，以其王之族內之女無定數故也。

外宗，凡外女之有爵者。○釋曰：在此者，案其職云“掌宗廟之祭祀佐王后薦玉豆、眂豆籩”，亦是助祭祀之人，故亦列職於此也。注外女，王諸姑姊妹之女，謂之外宗。○釋曰：鄭知外宗是“王諸姑姊妹之女”者，以其稱“外”，明非己族，故稱外宗“外女”也。鄭不解“有爵”者，已於內宗注訖，明此亦是嫁與大夫及士可知也。言“凡”，

---

① “始”字原作“治”，據阮本改。

亦是無常數之言也。

　　冢人，下大夫二人，中士四人，府二人，史四人，胥十有二人，徒百有二十人。○釋曰：在此者，案其職云"掌公墓之地，辨其兆域，以昭穆爲左右"，雖非祭祀，亦是禮事，故亦列職於此也。注冢，封土爲丘壠，象冢而爲之。○釋曰："冢，封土爲丘壠"者，案其職云"以爵等爲丘封之度"，注云："王公曰丘，諸臣曰封。"此臣云丘不言封①，亦有封可知。案《禮記》云："適墓不登壠。"是聚土亦爲壠，故兼云壠也。又《禮記》云："古者墓而不墳。"又有墳稱。秦、漢已下，天子之丘亦謂之陵也。云"象冢而爲之"者，案《爾雅》："山頂冢。"故云象冢而爲之也。若然，云丘、陵，亦是象丘陵爲之也。

　　墓大夫，下大夫二人，中士八人，府二人，史四人，胥二十人，徒二百人。注墓，冢塋之地，孝子所思慕之處。○釋曰：案其職云"掌凡邦墓之地域，令國民族葬"，是掌天下萬民之墓地也。不云"冢"云"墓"者，《禮記》云："庶人不封不樹。"故不言冢而云墓。墓即葬地，故鄭云"墓，冢塋之地，孝子所思慕之處"也。在此者，死，葬之以禮，亦是禮事，故列職於此也。

　　職喪，上士二人，中士四人，下士八人，府二人，史四人，胥四人，徒四十人。注職，主也。○釋曰：以其主公卿大夫之喪，亦是禮事，故列職於此也。

　　大司樂，中大夫二人；樂師，下大夫四人，上士八人，下士十有六人，府四人，史八人，胥八人，徒八十人。○釋曰：大司樂掌教國子六樂、六舞等，在此者，以其宗伯主禮，禮樂相將，是故列職於此。但樂師教國子小舞，與大司樂職別而同府、史，亦謂別職同官者也。注大司樂，樂官之長。○釋曰：以其與樂師已下至鞮鞻氏已上爲長者。

　　大胥，中士四人；小胥，下士八人，府二人，史四人，徒四十人。注胥，有才知之稱。《禮記·文王世子》曰："小樂正學干，大胥佐之。"○釋曰：在此者，案其職云"掌學士之版，以待致諸子"，與大司樂教樂同類，是亦禮事，故列職在此。但小胥掌樂縣之法，亦與大胥別職而同官者也。

　　大師，下大夫二人；小師，上士四人；瞽矇，上瞽四十人，中瞽

————————

① "臣"字阮本同，阮校云："惠校本'臣'作'直'，此誤。"加藤云："當據作'直'。"

百人，下瞽百有六十人；眡瞭三百人，府四人，史八人，胥十有二人，徒百有二十人①。○釋曰：案其職云“掌六律、六同”之等，亦是樂事，故在此。此下直云瞽矇三百人，無府、史、胥、徒者，以其無目，不須人使，是以有“眡瞭三百人”而已。注凡樂之歌，必使瞽矇爲焉。命其賢知者以爲大師、小師。晉杜蒯云：“曠也，大師也。”眡讀爲“虎眡”之眡。瞭，目明者。鄭司農云：“無目眹謂之瞽，有目眹而無見謂之矇，有目無眸子謂之瞍。”○釋曰：云“凡樂之歌，必使瞽矇爲焉”者，此鄭欲解作樂使瞽矇之意。以其無目，無所覩見，無所覩見則心不移於音聲②，故不使有目者爲之也。云“命其賢知者以爲大師、小師”者，此乃師曠之徒亦無目者，故引爲證也。就瞽之中命大賢知爲大師，其次賢知小者爲小師也，其餘爲瞽矇也。云“眡讀爲虎眡之眡”者，《易•頤卦•六四》云“虎眡眈眈，其欲逐逐，無咎”是也。眡瞭，“目明者”，以其扶工，故使有目者爲之也。先鄭云“無目眹謂之瞽”已下，案《詩》有“矇瞍”，案《尚書》有“瞽瞍”，於此文有“瞽矇”，據此三文皆文不具，司農參取三處而爲三等解之。諸文皆瞽在上而矇、瞍在下，先鄭即以“瞽”爲“無目眹”，當第一。無目眹謂無目之眹脉，謂之瞽。“有目眹而無見謂之矇”，謂矇矇然有眹脉而無見也。云“有目無眸子謂之瞍”者，謂目精黑白分明而無眸子人者謂之瞍。案其職，大師、少師及瞽矇、眡瞭四者皆別職，又無府、史，而并言之者，以其大師、少師爲長，故連類言之。

典同，中士二人，府一人，史一人，胥二人，徒二十人。○釋曰：在此者，案其職云“掌六律、六同，以爲樂器”，亦是樂事，故列職於此。注同，陰律也。不以陽律名官者，因其先言耳。《書》曰：“協時月，正日同律度量衡。”《大師職》曰：“執同律以聽軍聲。”○釋曰：“同，陰律也”者，對律而爲陽律也。云“不以陽律名官者”，謂其官不名“典律”而云“典同”也。云“因其先言耳”者，謂諸文皆先云“同”後云“律”，若陰陽亦先云“陰”之類，故以“同”名官也。引《書》曰者，《堯典》之篇。彼據舜之巡守於方岳之下，命史官“協時月”者，協，合也，謂合四時節氣之早晚及月之大小定分。云“正日

<hr />

① “府四人”以下至“二十人”，孫疏云：“馮登府謂賈疏兩言無府史胥徒，此十七字爲後人所補。阮元則謂四官分職，府史胥徒統屬於四官，故經文合併爲一條，如大司樂、樂師之例。案：前後諸樂官並有府史胥徒，不宜此四職獨無，阮說是也。但數官同屬，此經常見，疏例並止云別職同官、共府史胥徒而已。此疏特詳釋之，與它職不同，似所見本實無此四句。然唐石經及宋以來版本並有，賈本實未盡善，今未敢據删。”

② “無所覩見”四字阮本不重，加藤謂不重者爲是。

同律度量衡”者,謂正定日之甲乙、陰同陽律之長短,及正度之丈尺、量之斗斛、衡之斤兩,六者皆正定之使依法。又引《大師職》曰“執同律以聽軍聲”者,所引之文皆證“同”在“律”上之義。若然,無取於時月日及度量衡,連文引之耳。案孔注《尚書》“律”爲法制,當齊同之,則“同”不爲陰律,與鄭義别也。

磬師,中士四人,下士八人,府四人,史二人,胥四人,徒四十人。○釋曰:在此者,案其職云“掌教擊磬、擊編鍾”,并“教縵樂”,亦是樂事,故列職於此也。

鍾師,中士四人,下士八人,府二人,史二人,胥六人,徒六十人。○釋曰:在此者,案其職云“掌金奏”,而“奏九《夏》”,以其樂事,故列職於此也。

笙師,中士二人,下士四人,府二人,史二人,胥一人,徒十人。○釋曰:在此者,案其職云“掌教吹竽、笙、塤、籥”已下,亦是樂事,故列職在此。

鎛師,中士二人,下士四人,府二人,史二人,胥二人,徒二十人。○釋曰:在此者,案其職云“掌金奏之鼓”,亦是樂事,故亦列職在此。**注**鎛,如鍾而大。○釋曰:“如鍾而大”者,以其形如鍾而大,獨在一簨。

韎師,下士二人,府一人,史一人,舞者十有六人,徒四十人。○釋曰:在此者,案其職云“掌教韎樂”,亦是樂事,故列職於此也。案鞮鞻氏掌四夷之樂,今此特掌韎樂,是周以木德王,又見樂爲陽,春是陽,長養之方,故特建此一官也。**注**鄭司農説以《明堂位》曰“《韎》[1],東夷之樂”,讀如“味食飲”之味。杜子春讀韎爲“韎莖著”之韎。玄謂讀如“韎韐”之韎。○釋曰:引《明堂位》者,證“韎”是“東夷之樂”。云“讀如味食飲之味”。杜子春讀韎爲韎莖著之韎”者,讀從《爾雅》也,此後鄭皆不從之。後鄭云“讀爲韎韐之韎”者,欲取韎爲赤色,是以《禮記·檀弓》云“周人大事斂用日出”,鄭云:“日出時亦赤。”則東夷之樂名《韎》者,取色赤,東方之意。

旄人,下士四人,舞者衆寡無數,府二人,史二人,胥二人,徒二十人。○釋曰:在此者,案其職云“掌教舞散樂、舞夷樂”,亦是樂事,故列職於此也。

---

① “韎”字阮本同,婺本、金本作“眛”。按官名“韎師”,故孫疏云“此先鄭據《明堂位》文改‘韎’爲‘眛’也。《説文·韋部》‘韎’從末聲,與‘眛’諧未聲異,必故破爲‘眛’,而後可讀爲味”。

此經云"舞者衆寡無數"①，其職云"凡四方之以舞仕者屬焉"，以其能爲四夷之舞者即爲之，故無數也。**注**旄，旄牛尾，舞者所持以指麾。○**釋曰**：案《山海經》"有獸如牛，四節有毛"是也，其牛尾可爲旌旗之旄也。云"舞者所持以指麾"者，案樂師掌小舞，有旄舞，是舞者所持以指麾；則此旄人舞夷樂而云"旄人"，是亦舞者所持以指麾者。若然，下《鞮鞻氏》云"主四夷之樂"，兩官共掌者，但鞮鞻氏掌而不教，此旄人教而不掌，故二官共其事也。

籥師，中士四人，府二人，史二人，胥二人，徒二十人。○**釋曰**：在此者，案其職云"掌教國子舞羽吹籥"，則此籥師所掌以教國子文樂，左手執籥，右手秉翟，故名官爲籥師也。**注**籥，舞者所吹。《春秋》宣八年："壬午，猶繹，《萬》入去籥。"《傳》曰："去其有聲者，廢其無聲者。"《詩》云："左手執籥，右手秉翟。"○**釋曰**：案公羊宣八年《傳》云："辛巳，有事于大廟。仲遂卒於垂。壬午，猶繹，《萬》入去籥。"《傳》曰："去其有聲者，廢其無聲者。"張逸問："《籥師》注'《春秋傳》曰：去其有聲者，廢其無聲者'，何謂？"鄭答："廢，置也。於去者爲廢，故曰廢。"若然，辛巳日有事於大廟，仲遂卒。卿佐卒輕於正祭，則重於繹祭，則不停正祭，合停繹祭。至於明日壬午，仍爲繹祭，故孔子爲經加"猶"以尤之。但宣公乃有慝心，於作樂之時去其有聲者，用其無聲者也。"《詩》云：左手執籥，右手秉翟"，引《傳》與《詩》者，證籥師教國子舞羽吹籥之事也②。

籥章，中士二人，下士四人，府一人，史一人，胥二人，徒二十人。○**釋曰**：在此者，案其職云"掌土鼓、豳籥"，亦是樂事，故列職於此。**注**籥章，吹籥以爲詩章。○**釋曰**：案其職有《豳詩》、《豳雅》、《豳頌》，是"吹籥以爲詩章"，故官名"籥章"也。

鞮鞻氏，下士四人，府一人，史一人，胥二人，徒二十人。○**釋曰**：在此者，案其職云"掌四夷之樂與其聲歌"，亦是樂事，故列職在此也③。**注**鞻讀如屨也，鞮屨，四夷舞者所屝也④。今時倡蹋鼓沓行者自有屝。○**釋曰**：此鄭讀從"屨人"

---

① "此"字阮本無。
② "籥"字原作"樂"，據阮本改。阮校云："'籥'是也，'樂'非也，本職可攷。"
③ "在"字阮本作"於"。
④ 阮校云："《文選·魏都賦》注引此無'所'字，自是古本。"

之屨也。案鄭注《曲禮》云："繐繐，無絇之菲也[1]。"此繐繐亦是無絇之扉。彼爲大夫欲去國行喪禮之屨，此爲四夷舞者所扉，其屨無絇一也。云"今時倡蹋鼓沓行者自有扉"者，謂漢時倡優作樂蹋地之人并擊鼓沓沓作聲者行自有扉屨[2]。引之者，證四夷舞者亦自有扉，與中國不同也。

典庸器，下士四人，府四人，史二人，胥八人，徒八十人。○釋曰：在此者，案其職"掌藏樂器、庸器"，亦是樂事，故列職於此。注庸，功也。鄭司農云："庸器，有功者鑄器銘其功。《春秋傳》曰：'以所得於齊之兵，作林鐘而銘魯功焉[3]。'"○釋曰：先鄭所引《春秋》者，《左氏》襄十九年："季武子與晉師伐齊，以所得齊之兵，作林鍾而銘魯功焉。臧武仲謂季孫曰：'非禮也。夫銘，天子令德，諸侯言時計功，大夫稱伐。今稱伐，則下等也；計功，則借人也；言時，則妨民多矣。何以爲銘？'"引之者，見其"庸器"之義。

司干，下士二人，府二人，史二人，徒二十人。○釋曰：在此者，案其職云"掌舞器，祭祀，授舞器"，亦是樂事，故列職於此也。注干，舞者所持，謂盾也[4]。《春秋傳》曰："《萬》者何？干舞也。"○釋曰：云"干，舞者所持"者，謂若《樂師》所云"干舞"，則小舞也。其《夏官·司兵》云："掌五兵。祭祀，授舞者兵。"則五兵俱掌，但無干耳。然彼注云"謂朱干玉戚"者，鄭連言朱干耳。

大卜，下大夫二人；卜師，上士四人；卜人，中士八人，下士十有六人，府二人，史二人，胥四人，徒四十人。○釋曰：此大卜有卜師及卜人，皆士官，而卜人無別職者，以其助大卜、卜師行事故也；其卜師則與大卜別職，亦是別職同官。在此者，案其職曰"掌三《兆》、三《易》"之等，但蓍龜卦兆有生數、成數之鬼神，是鬼神之事，故列職於此也。注問龜曰卜。大卜，卜筮官之長。○釋曰：卜，赴也，赴來者之心，故曰卜；對筮，問也，謂有疑來問於蓍。二者互見爲義：卜言赴來問之

---

① "菲"字阮本"扉"。孫校謂賈疏所引《曲禮》鄭注"繐"字當據彼原文作"屨"，則"菲"字似亦不必改爲"扉"。

② 孫疏云："'蹋鼓沓行'蓋謂蹋鼓疾行，不當如賈所説。"按賈所見鄭注似無"者"字，遂以"倡蹋"、"鼓沓"平列。

③ "鐘"字婺本、金本、阮本作"鍾"。按"鐘鼎"字古通用"鍾"。

④ "盾"字婺本、金本同，阮本作"楯"。阮校云："'盾'者正字，'楯'俗字。"

心，亦先問乃赴；筮言問者後，亦赴來者之心也。云"卜筮官之長"者，謂與下龜人、菙氏、占人、筮人等爲之長也。

　　龜人，中士二人，府二人，史二人，工四人，胥四人，徒四十人。○釋曰：在此者，與卜人連類在此。注工，取龜、攻龜。○釋曰：案其職云"取龜用秋時"，甲成之時也；"攻龜用春時"，風氣燥達之時故也。

　　菙氏，下士二人，史一人，徒八人。○釋曰：在此者，鑽龜用燋焌，故與大卜連類在此。注燋焌用荆，菙之類。○釋曰：案其職云"掌共燋契"，即《士喪禮》云"楚焞"是也，楚即荆，故云"用荆"。云"菙之類"者，菙所以棰笞人馬，用荆竹爲之；此亦用荆，故云菙之類也。

　　占人，下士八人，府一人，史二人，徒八人。注占蓍龜之卦兆吉凶。○釋曰：在此者，案其職云"掌占龜筮"，亦卜筮之類[1]，故列職於此也。

　　簭人，中士二人，府一人，史二人，徒四人。○釋曰：在此者，案其職云"掌九簭"，簭有生成數之鬼神，故亦列職在此。注問蓍曰筮，其占《易》。○釋曰：云"問蓍曰筮"者，鄭意以筮爲問，故《易·蒙卦》云："初筮告，再三瀆，瀆則不告。"是筮爲問也。云"其占《易》"，即《易》之九、六爻辭是也。

　　占夢，中士二人，史二人，徒四人。○釋曰：在此者，案其職云"以日月星辰占六夢之吉凶"，夢是精神所感，并日月星辰等是鬼神之事，故列職於此。

　　眡祲，中士二人，史二人，徒四人。注祲，陰陽氣相侵漸成祥者。魯史梓慎云："吾見赤黑之祲。"○釋曰：在此者，案其職云"掌十煇之法，以觀妖祥，辨吉凶"，亦是陰陽鬼神之事，故列職於此。

　　大祝，下大夫二人，上士四人；小祝[2]，中士八人，下士十有六人，府二人，史四人，胥四人，徒四十人。○釋曰：大祝與小祝別職而同官，故共府、史、胥、徒。在此者，案其職云"掌六祝之辭，以事鬼神示"，亦是事鬼神之法，故列職於此也。注大祝，祝官之長。○釋曰：以其與下小祝、喪祝、甸祝、詛祝等爲長也。

　　喪祝，上士二人，中士四人，下士八人，府二人，史二人，胥四

[1]　"卜"字阮本作"占"。
[2]　"小祝"以下底本提行。説見下條。

人，徒四十人。○釋曰：在此者，案其職云“掌大喪勸防之事，及辟，令啓”，亦是禮事及事鬼神之法，故列職於此也。

　　甸祝，下士二人，府一人，史一人，徒四人。**注**甸之言田也，田狩之祝。○釋曰：在此者，案其職云“掌四時之田表貉之祝號”，事鬼神之事，故列職於此。

　　詛祝，下士二人，府一人，史一人，徒四人。**注**詛，謂祝之使詛敗也。○釋曰：在此者，案其職云“掌盟、詛、類、造、攻、説、禬、禜之祝號”，亦事鬼神，故列職於此。注云“詛，謂祝之使詛敗也”者，凡言“盟”者盟將來，“詛”者詛往過，故云祝之使詛敗也。

　　司巫，中士二人，府一人，史一人，胥一人，徒十人。○釋曰：在此者，案其職云“若國大旱，則帥巫而舞雩”，亦是事鬼神之事，故列職於此。**注**司巫，巫官之長。○釋曰：案其職云“掌羣巫之政令”，與下男巫、女巫、神士等爲師，故云“巫官之長”。

　　男巫，無數；女巫①，無數；其師，中士四人，府二人，史四人，胥四人，徒四十人。**注**巫，能制神之處位次主者。○釋曰：巫與神通，亦是鬼神之事，故列職於此。案《神士職》云：“凡以神仕者②，掌三辰之法，以猶鬼神示之居。”注引《孝經緯》及《國語》，並是“制神之處位”及次第主之事。神仕還是男巫爲之，故引彼以解此。

　　大史，下大夫二人，上士四人；小史③，中士八人，下士十有六人，府四人，史八人，胥四人，徒四十人。○釋曰：在此者，案其職云“讀禮書，祭之日，執書以次位常”，是禮事及鬼神之事也，故列職於此也。小史與大史別職而同官，故共府、史也。**注**大史④，史官之長。○釋曰：謂與下內史、外史、御史等爲長。若然，內史中大夫，大史下大夫，大史得與內史爲長者，以大史知天道，雖下大夫得與內史中大夫爲長，是以稱“大”也。

　　馮相氏，中士二人，下士四人，府二人，史四人，徒八人。○釋

---

　　①　“女巫”以下底本提行。阮校云：“經文‘其師’以下統屬於男巫、女巫，則不跳行者是也。”按上條“小祝”以下同樣不當提行，下文“小史”云云底本提行亦欠妥當。

　　②　“仕”字阮本作“士”。按“士”爲“仕”之假借字，說詳《春官·敘官》“凡以神士者無數”孫疏。

　　③　“小史”以下底本提行。說已見上。

　　④　“大”上原衍“注”字，據婺本、金本、阮本刪。

曰：在此者，以其與大史同主天文，故其職云“掌歲、月、日、辰之位”①，故與大史連類在此。注馮，乘也。相，視也。世登高臺以視天文之次序。天文屬大史。《月令》曰：“乃命大史，守典奉法，司天日月星辰之行，宿離不貸。”○釋曰：云“世登高臺以視天文之次序”者，以其官有世功，則以官名氏，故云也。其天子有靈臺，諸侯有觀臺，皆所以視天文，故云登高臺也。云之次序者，馮相氏掌天文不變，保章氏掌天文之變，變則不依次序，不變則如常有次序，故以次序言之也。云“天文屬大史”者，案《周語》，單子謂魯成公曰：“吾非瞽、史，焉知天道？”是大史知天道之事。引《月令》曰“乃命大史”者，證大史掌天文之事。云“宿離不貸”者，鄭彼注云：“離，耦也。”謂其屬馮相氏、保章氏掌天文者也。謂其相與宿耦，當審候伺，不有差忒。

保章氏，中士二人，下士四人，府二人，史四人，徒八人。○釋曰：在此者，案其職云“掌天星，以志星辰日月之變動，以觀天下之遷”，故與馮相氏連類在此也。注保，守也。世守天文之變。○釋曰：以其稱氏也，故稱“世守天文之變”也。

內史，中大夫一人，下大夫二人，上士四人，中士八人，下士十有六人，府四人，史八人，胥四人，徒四十人。○釋曰：在此者，案其職云“掌八枋，執國法及國令之貳，策命羣臣”，皆禮事，故列職於此也。

外史，上士四人，中士八人，下士十有六人，胥二人，徒二十人。○釋曰：在此者，案其職云“掌書外令及三皇五帝之書”，亦禮書之類②，故列職於此。

御史，中士八人，下士十有六人，其史百有二十人，府四人，胥四人，徒四十人。○釋曰：在此者，案其職云“掌贊書，凡數從政者”，皆亦禮事，故列職於此也。注御猶侍也、進也。其史百有二十人，以掌贊書人多也。○釋曰：其職云“凡治者，受法令焉”，并“掌贊書”，故其史特多，復在府上也。

巾車，下大夫二人，上士四人，中士八人，下士十有六人，府四人，史八人，工百人，胥五人，徒五十人。○釋曰：在此者，案其職云“掌公車之政令，辨其用與其旗物”，皆是禮事，故列職於此也。注巾猶衣也。巾車，車官之

---

① “日”字阮本作“星”。按此疏約本職經文，加藤云：“據原文，當云‘歲月辰日星’。”
② 加藤云：“‘書’疑本作‘事’，以形似且上有‘書’字故誤歟？”

長。○釋曰："巾猶衣也"者，謂玉、金、象、革等以衣飾其車，故訓巾猶衣也。云"巾車，車官之長"者，謂與下典路、車僕等爲長也。

典路，中士二人，下士四人，府二人，史二人，胥二人，徒二十人。○釋曰：在此者，案其職云"掌王及后之五路"，亦是禮事，故列職於此也。注路，王之所乘車。○釋曰：路，大也。若人君所居，皆稱路，故有路寢、路門、路馬之等皆稱路也。

車僕，中士二人，下士四人，府二人，史二人，胥二人，徒二十人。○釋曰：在此者，案其職，五戎之倅各有差等。亦是禮事，故亦列職於此也。

司常，中士二人，下士四人，府二人，史二人，胥四人，徒四十人。○釋曰：在此者，案其職云"掌九旗之物名"，亦各有差等。亦是禮事，故亦列職於此也。注司常主王旌旗。○釋曰：九旗之别，自王已下尊卑所建不同，不專主於王，鄭云"司常主王旌旗"者，以王爲主，何妨尊卑皆掌。

都宗人，上士二人，中士四人，府二人，史四人，胥四人，徒四十人。○釋曰：在此者，案其職云"掌都祭祀之禮。凡都祭祀，致福于國"，皆是事鬼神及禮事，故列職於此。注都，謂王子弟所封及公卿所食邑。○釋曰：案《載師》云："家邑任稍地，小都任縣地，大都任畺地。"則大夫采地不得稱"都"，故據大都、小都而言之。下文"家"，據大夫而説也。此既掌祭祀，不云"伯"而云"宗人"者，避大官名。《夏官》都、家稱"司馬"，得與大官同名者，以其軍事是重，故與大官同名也。《秋官》都、家以稱"士"者，以其主都、家萬民之獄訟以告方士，故謂之士。士者察也，取其察審之義也。

家宗人，如都宗人之數。注家，謂大夫所食采地①。○釋曰：在此者，案其職云"掌家祭祀之禮。凡祭祀，致福"，亦是共鬼神之事，故亦列職於此。

凡以神士者無數，以其藝爲之貴賤之等。注以神士者，男巫之俊，有學問才知者。藝，謂禮樂射御書數。高者爲上士，次之爲中士，又次之爲下士。○釋曰：此神士還是上羣巫中"有學問者"抽入神士。以其能處置神位，故以"神"爲名。"無數"者，有即入之，故無常數。在都、家之下者，欲見都、家神亦處置之。在此者，案其職

---

①　"地"字娄本、金本、阮本作"邑"。孫疏云："'地'余本、注疏本並作'邑'，即《載師》之'家邑'是也。"

云“掌三辰之法”,當處置神之位次,故列職於此。

　　大宗伯之職,掌建邦之天神、人鬼、地示之禮,以佐王建保邦國。○釋曰:“大宗伯之職”者,以上列其官,此列其職也。云“掌建邦之天神、人鬼、地示之禮”者,單言邦,據王爲言也。云“以佐王建保邦國”者,“邦國”連言,據諸侯爲説也。注建,立也。立天神、地祇、人鬼之禮者,謂祀之,祭之,享之。禮,吉禮是也。保,安也。所以佐王立安邦國者,主謂凶禮、賓禮、軍禮、嘉禮也,目吉禮於上[1],承以立安邦國者,互以相成,明尊鬼神,重人事。○釋曰:云“立天神、地祇、人鬼之禮者,謂祀之,祭之,享之”者,經先云人鬼、後云地祇,鄭則先云地祇、後云人鬼者,經先云人鬼,欲見天在上,地在下,人藏其間;鄭後云人鬼者,據下經陳吉禮十二先地祇後人鬼,據尊卑爲次故也。云“禮,吉禮是也”者,案下云“以吉禮事邦國之鬼神示”,則此亦吉禮,故云“禮,吉禮是也”。云“保,安也。所以佐王立安邦國者,主謂凶禮、賓禮、軍禮、嘉禮也”者,鄭知“建保邦國”中有凶禮已下者,案下文其次有五禮具,此經直云“天神、人鬼、地示”,吉禮而已;又“邦國”之上空云“建保”,故知“建保”中有四禮也,是以鄭即云“目吉禮於上,承以立安邦國者,互相成”也。互相成者,王國云吉禮,亦有凶禮已下;邦國云四禮,明亦有吉禮矣。以其神非人不事,人非神不福,故又云“明尊鬼神,重人事”也。尊鬼神者,據王國特云吉禮;重人事者[2],據諸侯特言凶禮已下。各舉一邊,欲見五禮皆重故也。

　　以吉禮事邦國之鬼神示。○釋曰:此已下叙五禮,先以“吉禮”爲上。云“事邦國之鬼神示”者,據諸侯邦國而言者也。以其天子宗伯若還據天子,則不見邦國;若以天子宗伯而見邦國,則有天子可知,故舉邦國以包王國。注事,謂祀之,祭之,享之。故書吉或爲告,杜子春云:“書爲‘告禮’者非是,當爲‘吉禮’,書亦多爲‘吉禮’。吉禮之別十有二。”○釋曰:云“事,謂祀之,祭之,享之”者,還據已下所陳先後爲次。若然,經先云“鬼”,與上下體例不同者,欲見逢時則祭,事起無常,故先云人鬼也。云“吉禮之別十有二”者,從此下經“以禋祀”、“血祭”二經天、地各有三,享人鬼有六[3],故十二

---

　　① “目”字原作“自”,金本同,據婺本、阮本改。阮校云:“‘目’作‘自’者誤也。”加藤引黄丕烈説云:“此‘目’字,當與《冬官·輈人職》注‘目下事’、‘目車持任之材’同。”

　　② “人事”二字原作“事人”,據阮本乙。

　　③ “享人鬼有六”五字阮本同,加藤云:“殿本上增‘以肆獻一經’五字。”

也。以禋祀祀昊天上帝，以實柴祀日、月、星、辰，以槱燎祀司中、司命、飌師、雨師；〇釋曰：此祀天神之三禮，以尊卑先後爲次，謂歆神始也。注禋之言煙，周人尚臭，煙，氣之臭聞者。槱，積也。《詩》曰："芃芃棫樸，薪之槱之。"三祀皆積柴實牲體焉，或有玉、帛，燔燎而升煙，所以報陽也。鄭司農云："昊天，天也。上帝，玄天也。昊天上帝樂以《雲門》。實柴，實牛柴上也。故書'實柴'或爲'賓柴'。司中，三能三階也。司命，文昌宮星。風師，箕也。雨師，畢也。"玄謂昊天上帝，冬至於圓丘所祀天皇大帝。星，謂五緯。辰，謂日月所會十二次。司中、司命，文昌第五、第四星，或曰中能、上能也。祀五帝亦用實柴之禮云。〇釋曰：案《尚書·洛誥》："予以秬鬯二卣明禋。"注云："禋，芬芳之祭。"又案《國語》云①"精意以享謂之禋。"義並與"煙"得相叶也。但宗廟用煙則《郊特牲》云"臭陽達于牆屋"是也，天神用煙則此文是也。鄭於"禋祀"之下正取義於煙，故言"禋之言煙"也。云"周人尚臭，煙，氣之臭聞者"，此《禮記·郊特牲》之文也，彼云"殷人尚聲，周人尚臭"，尚臭者，取煙氣之臭聞於天。引之者，證煙義也。云"槱，積也。《詩》云：芃芃棫樸，薪之槱之"者，此《大雅·棫樸》之篇。引之，證槱得爲積也。云"三祀皆積柴實牲體焉，或有玉、帛，燔燎而升煙"者，此司中、司命等言"槱燎"，則亦用煙也；於日、月言"實牲"，至昊天上帝言"煙祀"，則三祀互相備矣。但先積柴，次實牲，後取煙，事列於卑祀，義全於昊天，作文之意也。但云或有玉、帛，則有不用玉、帛者。《肆師職》云"立大祀，用玉、帛、牲牷；立次祀，用牲、幣；立小祀，用牲"，彼雖摠據天地、宗廟諸神，今以天神言之，則二大小次祀皆有也。以《肆師》言之，"煙祀"中有玉、帛、牲牷三事，"實柴"中則無玉，唯有牲、幣，"槱燎"中但止有牲，故鄭云實牲體焉。據三祀有其玉、帛惟昊天具之，實柴則有帛無玉，是玉、帛於三祀之內或有或無，故鄭云或耳。云"燔燎而升煙，所以報陽也"者，案《郊特牲》云："升首於室，以報陽。"彼論宗廟之祭以首報陽。今天神是陽，煙氣上聞亦是以陽報陽，故取《特牲》爲義也②。鄭司農云"昊天，天也"者③，案《孝經》云："郊祀后稷以配天。"《典瑞》亦云："四圭有邸以祀天。"故云"昊天，天也"。云"上帝，玄天也"者，案《廣雅》云："乾玄天。"《易·文言》云："夫玄黄者，天地之雜也，天玄而地黄。"以天色玄，故謂玄名天。先鄭蓋依此而讀之，則二者異名而同實也。若然，則先鄭與王肅之等同一天而已，似無六天之義，故以天解"昊天上帝"爲一也。云"昊天上帝樂

---

① "國語"二字阮本作"周語"。

② 按《禮記·郊特牲》無省稱《特牲》之例，否則易與《儀禮》之篇相混，此疑脫"郊"字。

③ "天也"原作"一也"，據阮本改。

以《雲門》"者，先鄭既無六天，《大司樂》分樂而序之及六變俱有《雲門》，不知定取何者以祀天。云"實柴，實牛柴上也"者，案《肆師職》，此三者皆實牲，先鄭直據實柴爲實牛者，偏據一邊而言耳，其實皆牛也。云"故書實柴或爲賓柴"者，"賓柴"無義，後鄭雖不破，當還從"實柴"也。先鄭云"司中，三能三階也"者，案《武陵大守星傳》云："三台一名天柱。上台司命爲大尉，中台司中爲司徒，下台司禄爲司空。"云"司命，文昌宮星"者，亦據《星傳》云"文昌宮第四曰司命，第五曰司中"。二文俱有司中、司命，故兩載之。云"風師，箕也"者，《春秋緯》云："月離於箕，風揚沙。"故知風師，箕也。云"雨師，畢也"者，《詩》云："月離於畢，俾滂沱矣。"是雨師，畢也。若《左氏傳》云"天有六氣，降生五味"，五味即五行之味也，是陰陽風雨晦明六氣下生金木水火土之五行。鄭義大陽不變①，陰爲金，雨爲木，風爲土，明爲火，晦爲水。若從妻所好言之，則《洪範》云"星有好風，星有好雨"，鄭注云："箕星好風，畢星好雨。是土十爲木八妻②，木八爲金九妻。故東方箕星好風，西方畢星好雨。以此推之，則北官好奥，南官好暘，中央四季好寒也。皆是所剋爲妻，是從妻所好之義也。""玄謂昊天上帝，冬至於圓丘所祀天皇大帝"者，案《大司樂》下文"凡樂，圓鍾爲宮"云云，"冬日至，於地上之圓丘奏之，若樂六變，則天神皆降"是也。引之，以破先鄭昊天上帝與五天爲一之義。云"星，謂五緯"者，五緯即五星，東方歲星，南方熒惑，西方大白，北方辰星，中央鎮星。言緯者，二十八宿隨天左轉爲經，五星右旋爲緯。案《元命包》云："文王之時，五星以聚房也。"《星備》云："五星初起牽牛。"此云"星"，明是五緯。又案《星備》云："歲星一日行十二分度之一，十二歲而周天。熒惑日行三十三分度之一，三十三歲而周天。鎮星日行二十八分度之一，二十八歲而周天。大白日行八分度之一，八歲而周天。辰星日行一度，一歲而周天。"是五緯所行度數之事。且諸文皆"星辰"合解之，故《尚書·堯典》云"歷象日月星辰"，《洪範》"五紀"亦云"星辰"，鄭皆"星辰"合釋者，餘文於義不得分爲二，故合釋；此文皆上下不見祭五星之文，故分"星"爲五緯，與"辰"別解。若然，辰雖據日月會時而言，辰即二十八星也。案昭七年《左氏傳》："晉侯問伯瑕曰：'何謂六物？'對曰：'歲、時、日、月、星、辰是謂也。'公曰：'多語寡人辰而莫同，何謂辰？'對曰：'日月之會是謂辰，故以配日。'"是其事。但二十八星面有七，不當日月之會直謂之星，若日月所會則謂之宿，謂之辰，謂之次，亦謂之房。故《尚書·胤征》云："辰弗集

① 阮校引惠棟説云："依《詩》正義，'大陽'當作'天陽'。"
② 阮校引惠棟説據《三統歷》謂"木八"當作"木三"："八與十皆地數，不得爲耦也。"按《地官·媒人職》賈疏亦云"土十爲木八妻"。

于房。"孔注云"房，日月所會"是也。云"司中、司命，文昌第五、第四星"者，此破先鄭也。何則？先鄭以爲司中是三台，司命是文昌星。今案三台與文昌皆有司中、司命，何得分之？故後鄭云文昌第五、第四星。必先言第五、後云第四者，案文昌第四云司命，第五云司中，此經先云司中，後云司命，後鄭欲先説司中，故先引第五證司中，後引第四證司命，故文倒也。案《武陵大守星傳》云："文昌宮六星，第一曰上將，第二曰次將，第三曰貴相，第四曰司命，第五曰司中，第六曰司禄。"是其本次也。云"或曰中能"者，亦據《武陵大守星傳》而言，云"三台一名天柱。上台司命爲大尉，中台司中爲司徒，下台司禄爲司空"，引此破先鄭也。云"祀五帝亦用實柴之禮云"者，案《禮記・祭義》云："大報天而主日，配以月。"祭天以日爲主，故知五帝與日、月同用實柴也。若然，五帝與昊天其服同大裘，其牲同繭栗，於燔柴退與日、月等者，禮有損之而益，亦如社稷服絺冕，及其血祭，即在五嶽之上，亦斯類也。案《春秋緯・運斗樞》云："大微宮有五帝坐星。"即《春秋緯・文耀鉤》云"春起青受制，其名靈威仰。夏起赤受制，其名赤熛怒。秋起白受制，其名白招拒。冬起黑受制，其名汁光紀。季夏六月火受制[①]，其名含樞紐。"又《元命包》云："大微爲天庭五帝以合時。"此等是五帝之號也。又案《元命包》云："紫微宮爲大帝。"又云："天生大列爲中宮大極星[②]，其一明者，大一常居，傍兩星，巨辰子位[③]，故爲北辰，以起節度。亦爲紫微宮，紫之言中[④]，此宮之中，天神圖法、陰陽開閉皆在此中。"又《文耀鉤》云："中宮大帝，其北極星下一明者爲大一之先，合元氣[⑤]，以斗布常。"是天皇大帝之號也。又案《爾雅》云："北極謂之北辰。"鄭注云："天皇北辰耀魄寶。"又云："昊天上帝又名大一常居。"以其尊大，故有數名也。其紫微宮中皇天上帝亦名昊天上帝，得連上帝而言，至於單名皇天、單名上帝亦得，故《尚書・君奭》云："公曰：'君奭，我聞在昔成湯既受命，時則有若伊尹，格于皇天。'"鄭注云："皇天，北極大帝。"又《掌次》云："張甋案，設皇邸，以旅上帝。"上帝即大帝。《堯典》云："欽若昊天。"皆是大帝單名之事。《月令》更無祭五帝之文，故季夏云"以供皇天上帝"，鄭分之："皇天，北辰耀

---

①　孫校云："'火受制'當作'黄受制'。"並引僖公三十一年《穀梁傳》楊疏引《文耀鉤》"黄帝受制"爲證。

②　孫校云："《史記・天官書》云'中宮，天極星，其一明者，大一常居也'。據彼文，則'大極'當爲'天極'。"

③　浦鏜云："'巨'疑'距'字誤。"

④　浦鏜謂"紫之言中"當作"紫之言此宮之言中"八字。

⑤　孫校云："《史记・天官書》索隱引《文耀鉤》與此文略同，此'北極'上疑奪'精'字，'合'疑'含'之誤。"

魄寶。上帝，大微五帝。”亦是大帝單號之事。若然，大帝得單稱，與五帝同，五帝不得兼稱皇天、昊天也。《異義·天號等六》^①：“今《尚書》歐陽説曰：‘欽若昊天^②，夏曰蒼天，秋曰旻天，冬曰上天，摠爲皇天。’《爾雅》亦然。故《尚書》説云^③：‘天有五號，各用所宜稱之：尊而君之，則曰皇天；元氣廣大，則稱昊天；仁覆愍下，則稱旻天；自上監下，則稱上天；據遠視之蒼蒼然，則稱蒼天。’謹案《尚書》：‘堯命羲和，欽若昊天。’摠勑四時，知昊天不獨春。《春秋左氏》曰：‘夏四月，己丑，孔子卒。’稱‘旻天不弔’，時非秋天。”“玄之聞也，《爾雅》者，孔子門人作，以釋六藝之文，言蓋不誤矣。春氣博施，故以廣大言之；夏氣高明，故以遠言之；秋氣或殺或生，故以旻天言之^④；冬氣閉藏而清察，以監下言之。昊天者^⑤，其尊大號。六藝之中諸稱天者，以己情所求言之，非必正順於時解^⑥：‘浩浩昊天’，求之博施^⑦；‘蒼天’^⑧，求之高明；‘旻天不弔’，則求天殺生當得其宜；‘上天同雲’，求之所爲當順於時。此之求，猶人之説事，各從主耳。若察于時^⑨，所論從四時天各云所別，故《尚書》所云者，論其義也。二者相須乃足，此名非必紫微宮之正，直是人逐四時五稱之^⑩。”鄭云皇天者其尊大之號，不逐四時爲名，似本正稱。此經“星”、“辰”與“司中”、“司命”、“風師”、“雨師”，鄭君以爲六宗。案《尚書·堯典》：“禋于六宗。”但六宗之義有其數，無其名，故先儒各以意説，鄭君則以此星也、辰也、司中也、司命也、風師也、雨師也六者爲六宗。案《異義》：“今歐陽、夏侯説：‘六宗者，上不及天，下不及地，傍不及四時^⑪，居中央，恍惚無有，神助陰陽變化^⑫，有益於人，故郊

---

①　孫校據陳壽祺説改“等”字爲“第”。

②　浦鏜云：“‘春曰’誤‘欽若’。”孫疏據改。

③　孫校云：“‘古’誤‘故’，陳壽祺據《毛詩·王風》正義校正。”

④　浦鏜云：“‘閔下’誤‘旻天’。”

⑤　浦鏜云：“‘皇’誤‘昊’。”按賈疏下文“鄭云皇天者其尊大之號”即承此而言。

⑥　浦鏜云：“案《書》、《詩》二疏作‘非必於其時稱之’。”按《詩》指《王風·黍離》，《書》指《堯典》。

⑦　浦鏜謂“求之博施”及下文“求之高明”、“求之所爲當順於時”、“此之求”四“求”字下皆脱“天”字。孫疏據補。

⑧　浦鏜謂“蒼天”下脱“蒼天”二字。按此上下文“浩浩昊天”、“旻天不弔”等皆引經典，“蒼天蒼天”見《詩·小雅·巷伯》。

⑨　浦鏜云：“《詩》疏‘時’作‘是’。”

⑩　浦鏜云：“‘五’疑‘互’之誤。”孫校云：“汪云：古《尚書》説，天有五號，‘五’字非訛。案：汪説是也，余初校誤從浦鏜改正。”

⑪　孫校云：“陳壽祺云：‘四時’《祭法》正義作‘四方’。”

⑫　浦鏜云：“‘神’疑衍字。”

祭之。'古《尚書》説：'六宗，天地神之尊者，謂天宗三，地宗三。天宗，日、月、星辰[①]；地宗，岱山、河、海。日、月屬陰、陽宗，北辰爲星宗，岱爲山宗，河爲水宗，海爲澤宗。祀天則天文從祀，祀地則地理從祀。'謹案：夏侯、歐陽説云宗實一而有六[②]，名實不相應。《春秋》'魯郊祭三望'，言郊天日、月、星、河、海、山凡六宗，魯下天子，不祭日、月、星，但祭其分野星、其中山川[③]，故言'三望'。六宗與古《尚書》説同。""玄之聞也，《書》曰：'肆類于上帝，禋于六宗，望于山川，徧于羣神。'此四物之類也，禋也，望也，徧也，所祭之神各異。六宗言禋，山川言望，則六宗無山川明矣。《周禮·大宗伯》曰：'以禋祀祀昊天上帝，以實柴祀日、月、星、辰，以槱燎祀司中、司命、風師、雨師。'凡此所祭皆天神也。《禮記·郊特牲》曰：'郊之祭也，迎長日之至也，大報天而主日也。兆於南郊，就陽位也。埽地而祭，於其質也。'《祭義》曰：'郊之祭，大報天而主日，配以月。'則郊祭并祭日、月可知[④]。其餘星也、辰也、司中、司命、風師、雨師，此之謂六宗，亦自明矣。"《禮論》："王莽時，劉歆、孔昭以爲《易》震、巽等六子之卦爲六宗[⑤]。漢武即位[⑥]，依《虞書》'禋于六宗'，禮用大社[⑦]。至魏明帝時，詔令王肅議六宗，取《家語》宰我問六宗，孔子曰：'所宗者六，埋少牢於大昭祭時，相近于坎壇祭寒暑，王宮祭日，夜明祭月，幽禜祭星，雩禜祭水旱。[⑧]'孔安國注《尚書》與此同。張融許從鄭君[⑨]，於義爲允。"案《月令》孟冬云："祈來年於天宗。"鄭云："天宗，日、月、星、辰。"若然，星、辰入天宗又入六宗，其日、月入天宗即不入六宗之數也，以其祭天主日配以月，日、月既尊如是，故不得入宗也。

---

　　① 浦鏜云："'北'誤'星'。"孫疏據改。

　　② 加藤謂"六"下似可補一"名"字。

　　③ 孫校云："陳云'其中'當作'國中'。"按《小宗伯》疏引《左傳》服注云"三望，分野星，國中山川"。

　　④ 浦鏜云："《禮記》疏'祭并'作'天並'。"

　　⑤ 浦鏜云："'光'誤'昭'。"

　　⑥ 孫校云："'漢武'當作'漢安'。"

　　⑦ 孫校據《續漢書·郊祀志》改"用"字爲"同"。

　　⑧ 孫校云："汪云：'禜'皆當作'宗'，王肅讀《祭法》如字，不得用鄭義改作'禜'也。"案：此疑賈氏習憶鄭讀輙書作'禜'，而忘王與鄭異讀也。"

　　⑨ 阮校云："惠校本'許'作'評'，此誤。"孫疏據改。

周禮疏卷第十九

唐朝散大夫行大學博士弘文館學士臣賈公彥等撰

以血祭祭社稷、五祀、五嶽，以貍沈祭山林、川澤，以疈辜祭四方百物；〇釋曰：此一經，言祭地示三等之禮尊卑之次，亦是歆神始也。云"以血祭祭社稷、五祀、五嶽"者，此皆地之次祀，先薦血以歆神。已下二祀不復用血也。注不言祭地，此皆地祇，祭地可知也。陰祀自血起，貴氣臭也。社稷，土穀之神，有德者配食焉。共工氏之子曰句龍，食於社；有厲山氏之子曰柱，食於稷，湯遷之而祀棄。故書祀作禩，疈爲罷。鄭司農云："禩當爲祀，書亦或作祀。五祀，五色之帝於王者宮中曰五祀。罷辜，披磔牲以祭，若今時磔狗祭以止風。"玄謂此五者，五官之神在四郊，四時迎五行之氣於四郊而祭五德之帝，亦食此神焉。少昊氏之子曰重，爲句芒，食於木；該爲蓐收，食於金；脩及熙爲玄冥，食於水。顓頊氏之子曰黎，爲祝融、后土，食於火、土。五嶽，東曰岱宗，南曰衡山，西曰華山，北曰恒山，中曰嵩高山。不見四瀆者，四瀆，五嶽之匹，或省文。祭山林曰埋，川澤曰沈，順其性之含藏。疈，疈牲胷也。疈而磔之，謂磔禳①及蜡祭①。《郊特牲》曰："八蜡以記四方，四方年不順成，八蜡不通，以謹民財也。"又曰："蜡之祭也，主先嗇而祭司嗇也，祭百種以報嗇也，饗農及郵表畷、禽獸，仁之至、義之盡也。"〇釋曰：云"不言祭地，此皆地祇，祭地可知也"者，此經對上經祭天，天則大次小三者具，此經雖見三祀，唯有次小祀而已，以其方澤與昊天相對，此經方澤不見者，此"血祭"下仍有"貍沈"與"疈辜"二祀，三祀具，得與上天神三者相對，故闕大地也。且社稷亦土神，故舉社以表地示。《鼓人職》亦云"靈鼓鼓社祭"，亦舉社以表地，此其類也。若大地方澤，當用瘞埋，與昊天煙相對，故鄭云"不言祭地，此皆地祇，祭地可知也"。云"陰祀自血起"者，對天爲陽祀自煙起，"貴氣臭"同也。云"社稷，土穀之神"者，案《孝經緯・援神契》云："社者，五土之揔神。稷者，原隰之神。五穀稷爲長，五穀不可徧敬，故立稷以表名。"《郊特牲》亦

---

①　"禳"字婺本、金本、阮本作"攘"，孫疏云："'禳'、'攘'字通。"下疏中"禳"字同。

云:"社者,神地之道。"社者土之神,稷者穀之神,故云土穀之神也。云"有德者配食焉"云云至"而祀棄",案左氏昭公二十九年《傳》云:"共工氏有子曰句龍,爲后土,后土爲社。"則是死乃配社食之。云"有厲山氏之子曰柱,食於稷,湯遷之而祀棄"者,案《左傳》云:"有烈山氏之子曰柱,爲稷。"案《祭法》云:"厲山氏之有天下也,其子曰農,能殖百穀。夏之衰也,周棄繼之,故祀以爲稷。"若然,稷祀棄實在湯時,云夏之衰者,遷柱由旱,欲見旱從夏起,故據夏而言也。是以《書序》云:"湯既勝夏,欲遷其社,不可,作《夏社》。"注云:"犧牲既成,粢盛既潔,祭以其時,而旱暵水溢,則變置社稷。當湯伐桀之時,旱致災,明法以薦①,而猶旱至七年,故湯遷柱而以周棄代之。欲遷句龍,以無可繼之者,於是故止。"其旱在夏之時驗也。先鄭云"五祀,五色之帝於王者宫中曰五祀"者,先鄭意,此"五祀"即《掌次》云"祀五帝",一也,故云五色之帝。後鄭不從者,案《司服》云祀昊天與五帝皆用大裘,當在圜丘與四郊上,今退在"社稷"之下於王者宫中,失之遠矣。且五帝天神當在上經陽祀之中,退在陰祀之内,一何陋也。云"罷辜,披磔牲以祭"者,此先鄭從古書"罷",於義未可,故後鄭不從"罷",從經"疈"爲正;其云"披磔牲以祭"仍從之矣。云"若今時磔狗祭以止風"者,此舉漢法以況"疈辜"爲磔之義。必磔狗止風者,狗屬西方金,金制東方木之風,故用狗止風也。"玄謂此五祀者,五官之神在四郊"者,生時爲五官,死乃爲神配五帝在四郊。知在四郊者,鄭即引《月令》四時四立之日迎氣在四郊并季夏迎土氣,是五迎氣,故鄭云"四時迎五行之氣於四郊"也。云"而祭五德之帝,亦食此神焉"者,但迎氣迎五方天帝雖不言祭人帝,案《月令》四時皆陳五德之帝,大昊、炎帝、黄帝、少昊、顓頊等五德之帝,并五人神於上,明知五人神爲十二月聽朔及四時迎氣而陳,故鄭此注及下"青圭"、"赤璋"之下注皆云迎氣時并祭五人帝、五人神也。云"少昊氏之子曰重"已下,案昭二十九年:"魏獻子問蔡墨曰:'社稷五祀,誰氏之五官?'對曰:'少皞氏有四叔,曰重、曰該、曰脩、曰熙,實能金、木及水。使重爲句芒,該爲蓐收,脩及熙爲玄冥,世不失職,遂濟窮桑,此其三祀也。顓頊氏有子曰犁,爲祝融,共工氏有子曰句龍,爲后土,此其二祀也。后土爲社;稷爲田正。有烈山氏之子曰柱,爲稷。'"趙商問:"《春秋》昭二十九年《左傳》曰'顓頊氏之子犁,爲祝融,共工氏有子曰句龍,爲后土,其二祀',五官之神及四郊合爲犁食后土。《祭法》曰'共工氏霸九州也,其子曰后土,能平九州,故祀以爲社',社即句龍。"荅曰:"犁爲祝融,句龍爲后土,《左氏》下言'后土爲社',謂暫作后土,無有代者②,故

---

① 浦鏜云:"'德'誤'法'。"按浦校蓋據《尚書》孔疏所引。

② 孫校云:"'暫作后土'下,據《詩·甫田》疏有'后土轉爲社'五字,此刪去,文義遂不可通。"

456

先師之說犂兼之，因火、土俱位南方。”此注云“犂爲祝融、后土，食于火、土”，亦惟見先師之說也。云“五嶽，東曰岱宗，南曰衡山，西曰華山，北曰恒山，中曰嵩高山”者，此五嶽所在據東都地中爲説。案《大司樂》云：“四鎮、五嶽崩。”注云：“華在豫州，嶽在雍州。”彼據鎬京爲説。彼必據鎬京者，彼據災異，若據洛邑，則華與嵩高並在豫州，其雍州不見有災異之事，故注有異也。案《爾雅》，江、河、淮、濟爲四瀆爲定，五岳不定者，周國在雍州，時無西嶽，故權立吳嶽爲西嶽，非常法，《爾雅》不載；以東都爲定，故《爾雅》載之也。若然，此南嶽衡，案《爾雅》霍山爲南嶽者，霍山即衡山也。故《地理志》楊州霍山爲南嶽者，山今在廬江，彼霍山與冀州霍山在嵩華者別。云“不見四竇者，四竇，五嶽之匹，或省文”者，五嶽、四瀆相對，若天、地，故設經省文，惟見“五嶽”也。若然，下云“貍沈祭山林、川澤”，五嶽歆神雖與社稷同用血，五嶽、四瀆，山川之類，亦當貍沈也。《爾雅》云“祭山曰庪縣”者，或異代法耳。若然，庪縣既非周法，而《校人》云“凡將事于四海山川，則飾黃駒”，注云：“王巡守過大山川，則有殺駒以祈沈，禮與？”《玉人》云“天子以巡守，宗祝以前馬”，注云：“其祈沈以馬，宗祝亦執勺以先之。”彼亦言祈沈者，祈沈雖非周法，引以況義，無嫌也。云“祭山林曰埋，川澤曰沈，順其性之含藏”者，經“埋沈祭山林、川澤”摠言，不析別而説，故鄭分之。以其山林無水，故埋之，川澤有水，故沈之，是其順性之含藏也[①]。云“疈，疈牲胷也”者，無正文，蓋據當時疈磔牲體者皆從胷臆解析之[②]，故以胷言之。云“謂磔禳及蜡祭”者，案《禮記·月令》云“九門磔禳”，又十二月大儺時亦磔禳，是磔牲禳去惡氣之禮也。云及蜡祭者，案彼云：“蜡也者，索也。歲十二月，合聚萬物而索享之。”謂天子於周之十二月建亥之月，於郊而爲蜡法。此所引《郊特牲》曰“八蜡”已下，彼據諸侯行蜡法。彼云“八蜡以記四方”不作“祀”，作“祀”者誤。云八蜡以記四方者，謂八蜡之禮以記四方諸侯，知順成不順成。若“年不順成”，則“八蜡不通，以謹民財也[③]”，若四方諸侯年穀有不順四時成熟者，其八蜡不得與四方成熟之處通祭八蜡也。云“以謹民財”者，八蜡既不通，明民不得行黨正飲酒奢侈之事，故云以謹民，謹民謂謹節民之用財之法也。“又曰：蜡之祭也，主先嗇而祭司嗇”者，彼注云：“先嗇，若神農者。司嗇，后稷是也。”云“祭百種以報嗇也”者，謂合聚萬物而索享之，以報

---

① “含”字原作“重”，據阮本改。
② “皆”字原作“脩”，據阮本改。按“脩”與上條“重”乃補版時誤據上頁“少皞氏有四叔曰重”、“脩及熙爲玄冥”之重、脩，二者版面位置相當。
③ 浦鏜云：“‘者’誤‘以謹民財也’五字。”

收嗇之功，故云祭百種以報嗇也。云"享農及郵表畷"者，彼注云，農謂田畯，典田大夫。郵表畷，畷，止也，"謂田畯督約百姓於井間之處也"。是郵行往來立表畷止於其下，是止息之處有神亦祭之。云"禽獸，仁之至、義之盡也"者，八蜡者，案彼祭有先嗇一也，司嗇二也，農三也，郵表畷四也，貓虎五也，坊六也，水庸七也，昆蟲八也。蜡之中有貓虎，是禽獸也。云仁之至者，據饗先嗇、司嗇及農是仁恩之至；義之盡者，據饗貓虎、坊與水庸、郵表畷之等是義之盡。引之者，證祭亦礫牲之事也。**以肆獻祼享先王，以饋食享先王，以祠春享先王，以禴夏享先王，以嘗秋享先王，以烝冬享先王。** 〇釋曰：此一經，陳享宗廟之六禮也。此經若細而言之即有六禮，摠而言之則亦有三等之差："肆獻祼"是祫之大祭，"以饋食"是禘之次祭，"以春享"以下是時祭之小祭。若以摠用衮冕大牢言之，此亦皆爲大祭也，故《酒正》注云"大祭者，王服大裘、衮冕所祭"是也。此六者皆言"享"者，對天言"祀"、地言"祭"，故宗廟言享。享，獻也，謂獻饌具於鬼神也。**注** 宗廟之祭有此六享。肆獻祼、饋食在四時之上，則是祫也、禘也。肆者，進所解牲體，謂薦孰時也。獻，獻醴，謂薦血腥也①。祼之言灌，灌以鬱鬯，謂始獻尸求神時也。《郊特牲》曰："魂氣歸于天，形魄歸于地，故祭所以求諸陰陽之義也。殷人先求諸陽，周人先求諸陰。"灌是也。祭必先灌，乃後薦腥、薦孰，於祫逆言之者，與下共文，明六享俱然。祫言肆獻祼、禘言饋食者，著有黍稷，互相備也。魯禮，三年喪畢而祫於大祖，明年春禘於羣廟，自爾以後五年而再殷祭②，一祫一禘。 〇釋曰：云"宗廟之祭有此六享"者，此則吉禮十二之中處其六也。云"肆獻祼、饋食在四時之上，則是祫也、禘也"者，但周法有三年一祫，則文二年"大事於大廟"，《公羊傳》云："大事者何？大祫也。大祫者何？合祭也。毀廟之主陳于大祖，未毀廟之主皆升，合食于大祖。"列昭穆，序父子，是祫之義也。若殷則祫於三時，周則秋祫而已。又有五年一禘，禘則各於其廟。《爾雅》云"禘，大祭"者，禘是摠名。《祭法》："祭天圓丘亦曰禘。"《大傳》云："王者禘其祖之所自出。"謂夏正郊天亦曰禘。夏、殷四時之祭夏祭亦曰禘，但於周宗廟之祭則有五年禘。禘雖小於祫，大於四時，亦是大祭之名也。云"肆者，進所解牲體，謂薦孰時也"者，薦孰當朝踐後燗祭時，故《禮運》云："腥其俎，孰其殽。"鄭云："孰其殽，謂體解而燗之。"是其饋

---

① 孫疏云："以上下文例校之，'薦血腥'下當有'時'字。"

② "五年"二字婺本、金本同，阮本上有"率"字。阮校云："《釋文》大書'率五'二字爲音，是陸本有'率'字。釋曰'云自爾以後五年而再殷祭者，《公羊傳》文'，是賈本無'率'字也。"

獻獻以盎齊之節，故云“薦孰時”。但體解之時必肆解以爲二十一體，故云肆也。云“獻，獻醴，謂薦血腥也”者，此是朝踐節，當二灌後王出迎牲，祝延尸出户，坐於堂上，南面；迎牲入，豚解而腥之，薦於神坐，以玉爵酌醴齊以獻尸，后亦以玉爵酌醴齊以獻尸，故云“謂薦腥”也。云“祼之言灌”者，經云“祼”者，是古之祼字取神示之義，故從示；鄭轉從“灌”者，以鬱鬯灌地降神，取澆灌之義，故從水。言“灌以鬱鬯，謂始獻尸求神時也”者，凡宗廟之祭，迎尸入户，坐於主北，先灌，謂王以圭瓚酌鬱鬯以獻尸，尸得之，瀝地祭訖，啐之，奠之，不飲。尸爲神象，灌地所以求神，故云“始獻尸求神時”也。言始獻，對後朝踐、饋獻、酳尸等爲終，故此稱始也。“《郊特牲》曰：魂氣歸于天，形魄歸於地，故祭所以求諸陰陽之義也”者，人之歔吸出入之氣爲魂，耳目聰明爲魄。人死，魂氣歸於天爲陽，形魄歸於地爲陰。祭時，作樂爲陽，是求諸陽，灌地爲陰，是求諸陰，故云求諸陰陽之義也。云“殷人先求諸陽，周人先求諸陰”者，此二代自相對：殷人先求諸陽，謂未灌先合樂；周人先求諸陰，謂未合樂先灌，故云“求諸陰，灌是也”。引之者，欲見周人祭先灌之意。云“祭必先灌，乃後薦腥、薦孰，於祫逆言之者，與下共文，明六享俱然”者，如向所説，其先灌訖王始迎牲，次腥其俎，腥其俎訖乃爓，爓祭訖始迎尸入室，乃有黍稷，是其順也。今此經先言“肆”，肆是饋獻節；次言“獻”，是朝踐節[①]；後言“灌”，灌是最在先之事。是於祫逆言之也。言“與下共文，明六享俱然”者，既從下向上爲文，即是於下五享與上祫祭皆有灌獻肆三事矣，故云六享俱然。云“祫言肆獻灌、禘言饋食者，著有黍稷，互相備也”者，祫言“肆獻灌”，明禘亦有之；禘言“饋食”，食是黍稷，則祫亦有黍稷矣。著，明也，明有黍稷，互相備矣。云“魯禮，三年喪畢而祫於大祖”者，此以周衰禮廢，無文可明，《春秋左氏傳》云“周禮盡在魯”，即以《春秋》爲魯禮。今言魯禮者，指《春秋》而言也。《春秋》三年喪畢而祫於大祖，謂若文公二年，“秋八月，大事於大廟也”。僖公以僖三十三年薨，至文二年秋八月，於禮雖少四月，猶是三年喪畢而爲祫祭也，是魯禮三年喪畢而祫於大祖。大祖謂周公廟，周公廟中而爲祫祭也。云“明年春禘於羣廟”者，此明年春禘雖無正文，約僖公、宣公得知矣。案僖公八年及宣公八年皆有禘文，則知僖公、宣公三年春有禘可知。何者？以文公二年祫，則知僖公、宣公二年亦有祫。僖公、宣公二年既爲祫，則明年是三年春禘，四年、五年、六年秋祫是三年祫，更加七年、八年，添前爲五年禘，故僖公、宣公八年皆有禘，是明年春禘明矣，故云明年春禘於羣廟也。云“自爾以後五年而再殷祭”者，《公羊傳》文。殷，大也。除明年春，從四年已後，四年、五年、六年、七年、八年，八

---

①　阮校引盧文弨説云：“當從《通考》重一‘獻’字。”按據上下文例當重。

459

年之中①,四年、五年、六年爲三年祫,七年、八年添前爲五年禘,是五年再殷祭也。云"一祫一禘"者,是《禮識》文,謂五年之中爲一禘一祫也。鄭言此者,欲見肆獻祼及饋食三者爲祫禘②,從三年喪畢後爲始之意也。從"禋祀"已下至此,吉禮十二皆歆神始。何者?案《大司樂》分樂而序之云"乃奏黃鍾,歌大呂,舞《雲門》,以祀天神"已下,下復云"圜鍾爲宮,若樂六變,天神皆降。若樂八變,地示皆出。若樂九變,人鬼可得而禮",鄭云:"天神則主北辰,地祇則主崑崙,人鬼則主后稷。先奏是樂以致其神,禮之以玉而祼焉。"彼先奏是樂以致其神,則天神、地示、人鬼皆以樂爲下神始。彼鄭云禮之以玉,據天地;而祼焉,據宗廟。則此上下天神言"煙",地示言"血",此宗廟六享言"祼",是其天地、宗廟皆樂爲下神始,煙、血與祼爲歆神始也。又案《禮器》與《郊特牲》皆言"郊血,大享腥,三獻爓,一獻熟"者,皆是薦饌始也。以其郊是祭天而言用血,大享是祫祭先王而言用腥,三獻是社稷而言用爓,一獻是祭羣小祀而言用熟,與此是其先③,彼是其後,後爲薦饌可知,故郊言血,大享言腥,三獻言爓,一獻言熟也。

　　以凶禮哀邦國之憂。○釋曰:此凶禮之目也。"邦國"者,亦如吉禮舉外以包內之義。凡言"哀"者,皆謂被凶災④,從後以物哀之也。**注**哀,謂救患、分烖。凶禮之別有五。○釋曰:云"哀,謂救患、分烖"者,此據《左氏》僖元年:"夏六月,邢遷于夷儀,諸侯城之,救患也。凡侯、伯,救患、分災、討罪,禮也。"引之者,證"哀"者從後往哀之義。言救患、分災、討罪者,救患,即邢有不安之患,諸侯城之,是救患也;分災,謂若宋災,諸侯會於澶淵,謀歸宋財,是分災也;討罪,謂諸侯無故相伐,是罪人也,霸者會諸侯共討之,是討罪也。三者皆是相哀之法,故并引之。**以喪禮哀死亡,注**哀,謂親者服焉,疏者含襚。○釋曰:諸經云"亡"者,多是逃亡。此經鄭不解"亡",則"亡"與"喪"爲一,以其逃亡無可哀故也。云"哀,謂親者服焉"者,據上文云"哀邦國之憂",則此亦據諸侯邦國之內而言。但天子、諸侯絕傍期,傍期已下無服;若始封之君不臣諸父、昆弟,亦有服。今鄭云"親者服焉,疏者含襚"者,鄭廣解哀義,不專據天子、諸侯之

---

　　① "八年之中"疑當作"五年之中",賈疏之意,蓋謂上所數四年至八年計五年之中,其六年爲三年祫,八年爲五年禘,是五年之中一禘一祫"再殷祭"也。
　　② "三"字阮本同,加藤謂當據殿本作"二"。
　　③ "與"字阮本同,加藤云:"殿本'與'改'以'。"
　　④ "被"字原作"彼",據阮本改。

身也。案《士喪禮》：“親者不將命①。”注云：“大功已上有同財之義，無歸含法。”鄭云親者服焉，據大功親以上直有服，無含法；若小功以下，有含并有服也。若然，此據大夫已下而説：天子、諸侯雖無服，其含襚則有之，故《春秋》“王使榮叔歸含且賵”，《士喪禮》“君使人襚”，明天子、諸侯於臣子皆有含襚也。以荒禮哀凶札，注荒，人物有害也。《曲禮》曰：“歲凶，年穀不登，君膳不祭肺，馬不食穀，馳道不除，祭事不縣，大夫不食粱，士飲酒不樂。”札讀爲截，截謂疫厲。○釋曰：云“荒，人物有害”者，經云“荒”以爲目，下云“凶札”，則荒中有凶，是物有害；荒中兼有札，是人有害。案《司服》云“大札大荒則素服”，注云“札，疫病。荒，飢饉”者，彼不以“荒”爲目，以“荒”替“凶”處，故彼注荒爲飢饉，不爲物有害也。“《曲禮》曰”以下，案彼注：“不祭肺，則不殺也。馳道不除，爲妨民取蔬食也。”皆自貶損。若然，君言不祭肺，馬不食穀，祭事不縣，則大夫、士亦然；大夫言不食粱，粱加穀②，士飲酒不樂，則人君日食黍稷稻粱亦貶，於飲酒亦不樂，君臣互見爲義也。云“札讀爲截，截謂疫厲”者，鄭讀從“截絶”之義故也。《春秋》有“天昏札瘥”，是厲鬼爲疫病之事，故云謂疫厲也。以弔禮哀禍烖，注禍烖，謂遭水火。宋大水，魯莊公使人弔焉，曰：“天作淫雨，害於粢盛，如何不弔？”廐焚，孔子拜鄉人爲火來者，拜之，士一，大夫再，亦相弔之道。○釋曰：“禍烖，謂遭水火”，鄭知義然者，以上下文驗之，此禍災當水火，故引水火二事爲證也。案莊十一年秋，宋大水，魯人使弔之。《傳》例：雨三日已上爲淫。“廐焚，孔子拜鄉人爲火來者”，事見《禮記·雜記》。云“亦相弔之道”者，謂亦如魯莊公弔宋事也。以禬禮哀圍敗，注同盟者合會財貨，以更其所喪。《春秋》襄三十年：“冬，會于澶淵，宋烖故。”是其類。○釋曰：此經本不定。若馬融以爲“國敗”，正本多爲“圍敗”，謂其國見圍入，而國被禍敗，喪失財物，則同盟之國“會合財貨”歸之，“以更其所喪”也。必知禬是會合財貨，非會諸侯之兵救之者，若會合兵，當在軍禮之中，故知此“禬”是會合財貨以濟之也。故《大行人》云“致禬以補諸侯之災”，《小行人》亦云“若國師役，則命輪禬之”，是其有財貨相補之驗，故引《左氏》澶淵之會爲證也。案《左氏傳》，“爲宋災，諸侯之大夫謀歸宋財”，是以“冬十月，叔孫豹會晉趙武、齊公孫蠆、宋向戌、衛北宮佗、鄭罕虎及小邾之大夫，會于澶淵。既而無歸于宋，故不書其人。君子曰：信其不可不慎，澶淵之會，卿不書，不信也”，又云：“書曰‘某人某

① 浦鏜謂“親者”下脱“襚”字。
② 二“粱”字原皆作“梁”，據阮本改。

461

人'，尤之也。"若然，既而無歸宋財，引者，此取本謀歸宋財一邊義，無嫌也。**以恤禮哀寇亂。**注恤，憂也。鄰國相憂。兵作於外爲寇，作於内爲亂。○釋曰：云"鄰國相憂"者，亦上云"哀邦國之憂"，據諸侯爲説，故鄭以鄰國解之。云"兵作於外爲寇，作於内爲亂"者，案文公六年，魯惠伯云："兵作於内爲亂，於外爲寇。"又成公十七年，長魚矯曰："臣聞亂在外爲姦，在内爲軌。御姦以德，御軌以刑。"據此文既言"寇亂"，當據惠伯之言爲義也。而云"哀"之者，既不損財物，當遣使往諸問安而已。

以賓禮親邦國。注親，謂使之相親附。賓禮之别有八。○釋曰：經既云"親邦國"，故鄭遷以使諸侯"相親附"解之，即下文相朝聘之義是也。"賓禮之别有八"者，即下文八者皆以"曰"間之者是也。**春見曰朝，夏見曰宗，秋見曰覲，冬見曰遇，時見曰會，殷見曰同；**注此六禮者，以諸侯見王爲文。六服之内，四方以時分來，或朝春，或宗夏，或覲秋，或遇冬，名殊禮異，更遞而徧。朝猶朝也，欲其來之早。宗，尊也，欲其尊王。覲之言勤也，欲其勤王之事。遇，偶也，欲其若不期而俱至。時見者，言無常期，諸侯有不順服者，王將有征討之事，則既朝覲，王爲壇於國外，合諸侯而命事焉。《春秋傳》曰"有事而會，不協而盟"是也。殷猶衆也。十二歲王如不巡守，則六服盡朝，朝禮既畢，王亦爲壇合諸侯以命政焉，所命之政如王巡守。殷見四方四時分來，終歲則徧。○釋曰：云"此六禮者，以諸侯見王爲文"者，案此經文皆云"見"，是下於上稱見，故云諸侯見王爲文也。《秋官・大行人》云"春朝諸侯"之等，皆云朝覲諸侯，是王下見諸侯爲文，故彼注云"王見諸侯爲文"。二者相對，爲文不同。以彼是天子見諸侯之義，故"圖天下之事"、"以比邦國之功"皆據天子爲主，故以天子見諸侯爲文；此則諸侯依四時朝天子，故以諸侯見天子爲文。云"六服之内，四方以時分來，或朝春，或宗夏，或覲秋，或遇冬"者，謂要服以内侯[①]、甸、男、采、衞、要之等。云四時分來，春，東方六服當朝之歲盡來朝；夏，南方六服當宗之歲盡來宗；秋，西方六服當覲之歲盡來覲；冬，北方六服當遇之歲盡來遇。是其"或朝春，或宗夏，或覲秋，或遇冬"之事也。云"朝之言朝也，欲其來之早。宗，尊也，欲其尊王。覲之言勤也，欲其勤王之事。遇，偶也，欲其若不期而俱至"者，此鄭解其名也。四方諸侯來朝覲天子豈有别意乎？明各舉一邊，互見爲義耳。云"時見者，言無常期"者，非謂時常月[②]，直是事至之時，故云"時者，言其無常期"也。言"諸侯

---

① "謂"字原作"諸"，據阮本改。
② 阮校云："疑當作'謂非常時月'。"

有不順服”，此解“時”之義也。云“王將有征討之事”者，諸侯既不順服，明知有征討之事
也。云“則既朝覲，王爲壇於國外，合諸侯而命事焉”者，此《司儀》及《覲禮》所云爲壇合
諸侯是也。云命事者，謂命以征討之事，即《大行人》云“時會以發四方之禁”，禁是九伐
之法也。云“《春秋傳》曰：有事而會，不協而盟”者，此昭三年，鄭子大叔曰：“文、襄之霸
也，其務不煩諸侯，令諸侯三歲而聘，五歲而朝，有事而會，不協而盟。”引之者，證“時會”
之義。但是霸者會盟諸侯，非王者法，引之者，取一邊證爲壇會盟之事同。若然，當諸侯
有不順王命者不來，其順服者皆來朝覲天子，一則顯其順服，二則欲助天子征討，故來
也。云既朝覲者，若不當朝之歲則不須行朝覲於國中，直壇朝而已；其當朝之歲者則於國
中春夏行朝宗於王朝，受享於廟，秋冬則一受之於廟也，故鄭云“既朝覲，王爲壇於國外”
也。云“殷猶衆也。十二歲王如不巡守，則六服盡朝，朝禮既畢，王亦爲壇合諸侯以命政
焉”，鄭知十二歲者，案《大行人》云：“十二歲王乃巡守、殷國。”若王無故，則巡守，《王制》
及《尚書》所云者是也；若王有故，則此云“殷見曰同”及《大行人》云“殷國”是也。云“殷
同”者，六服衆皆同來，言“殷國”者，衆來見於王國，其事一也。鄭知爲壇於國外者，《覲
禮》云：“諸侯覲于天子，爲宮，方三百步，四門，壇十有二尋，深四尺，加方明於其上。”鄭
注云：“四時朝覲受之於廟，此謂時會、殷同也。”明知諸侯殷見亦爲壇於國外，若巡守至
方嶽然。云“所命之政如王巡守”者，巡守命政則《王制》所云“命典禮、考禮，命市納價”
之類，又《尚書》所云“歲二月，東巡守”已下修五禮五玉及協時月正日之等，皆是也。云
“殷見四方四時分來，終歲則徧”者，若四時服數來朝，則當朝之歲，《大行人》所云侯服年
年朝、甸服二年朝、男服三年朝、采服四年朝、衛服五年朝、要服六年朝，各隨其年而朝；
若殷見曰同，春則東方六服盡來，夏則南方六服盡來，秋則西方六服盡來，冬則北方六服
盡來，故云“四方四時分來，終歲則徧”矣。**時聘曰問，殷覜曰視。**<u>注</u>時聘者，亦無
常期，天子有事乃聘之焉。竟外之臣，既非朝歲，不敢瀆爲小禮。殷覜，謂一服朝之歲，
以朝者少，諸侯乃使卿以大禮衆聘焉。一服朝在元年、七年、十一年。○釋曰：此經二
者，是諸侯遣臣聘問天子之事。鄭知“時聘”是“無常期”者，以其與上文“時見”同言
“時”，則知此“時聘”亦無常期也。云“天子有事乃聘之焉”者，上“時”是當方諸侯不順
服，其順服者當方盡朝，無遣臣來之法；其餘三方諸侯不來，諸侯聞天子有征伐之事，則
遣大夫來問天子，故云天子有事乃聘之焉。云“竟外之臣，既非朝歲，不敢瀆爲小禮”者，
瀆，數也。天子無事，不敢數遣大夫聘問天子，以是故有事乃遣大夫問也。必知時聘遣大
夫不使卿者，以其經稱“問”。案《聘禮》：“小聘曰問，使大夫。”此經云“曰問”，明使大夫

也。云"殷覜,謂一服朝之歲,以朝者少"者,以其周法依《大行人》諸侯服數來朝則有一服朝之歲。諸侯既不自朝,明使卿來聘天子,故稱殷。殷,衆也,若殷見然。云朝者少,卿來則衆。云"諸侯乃使卿以大禮衆聘焉"者,鄭知使卿以大禮者,見《聘禮》大聘使卿,此既諸侯使臣代己來,明不得使大夫,故知使卿以大禮衆聘焉。使卿爲大禮,對使大夫爲小禮也。云"一服朝在元年、七年、十一年"者,鄭約《大行人》要服之内諸侯服數來朝,一服朝當此三年。以其侯服年年朝;甸服二年朝、四年朝、六年朝、八年朝、十年朝、十二年從天子巡守,是甸服於元年、七年、十一年無朝法,是使卿殷覜也;男服三年朝、六年朝、九年朝、十二年從天子巡守,於元年、七年、十一年亦無朝法,是亦使卿以大禮聘天子也;采服四年朝、八年朝、十二年從天子巡守,則元年、七年、十一年亦無朝天子之法,是亦使卿以大禮聘天子也;衛服五年朝、十年朝,則元年、七年、十一年亦無朝天子法,是亦使卿以大禮聘天子也;要服六年朝、十二年從天子巡守,則元年、七年、十一年亦無朝法,是亦使卿以大禮聘。故知一服朝在元年、七年、十一年也。

以軍禮同邦國。注同,謂威其不協僭差者。軍禮之別有五。○釋曰:既云"同邦國",則使諸侯邦國和同,故鄭云"同,謂威其不協僭差者",使之和協不僭差。僭差,謂若《禮記·郊特牲》云宮縣、白牡、朱干、設錫之類,皆是諸侯之僭禮也。大師之禮,用衆也;注用其義勇。○釋曰:云"大師"者,謂天子六軍,諸侯大國三軍、次國二軍、小國一軍,出征之法用衆。鄭云"用其義勇"者,《論語》云:"見義不爲,無勇也。"見義,謂見君有危難,當致身授命以救君,是見義而爲,故勇義兼言。若朋友推刃,是不義而勇也。大均之禮,恤衆也;注均其地政、地守、地職之賦,所以憂民。○釋曰:此"大均"亦據邦國,徧天下皆均之,故云大均。不患貧而患不均,不均則民患,故大均之禮所以憂恤其衆也。鄭約《地官·均人》云"掌均地政,均地守,均地職",彼注云:"政讀爲征,地征謂地守、地職之税也。地守,衡、虞之屬。地職,農、圃之屬。"若然,地征者,與下地守、地職爲目也。此云"之賦"即彼注"之税",一也。此"大均"必在軍禮者,謂諸侯賦税不均者,皆是諸侯僭濫無道致有不均之事,當合衆以均之,故在軍禮也。大田之禮,簡衆也;注古者因田習兵,閱其車徒之數。○釋曰:此謂天子、諸侯親自四時田獵。"簡",閱也,謂閱其車徒之數也。云"古者因田習兵"者,案《書傳》云:"戰者男子之事,因蒐狩以閱之。"閱之者,串之。《大司馬》田法引《論語》"不教民戰,是謂棄之",以證因田獵爲習兵之事。云"閱其車徒"者,田獵之時有車徒、旗鼓、甲兵之事,故云閱其車徒也。大役之禮,任衆也;注築宮邑,所以事民力强弱。○釋曰:

鄭知有"築宮邑"者，《詩》云"築室百堵，西南其户"，是築宮也；《詩》又云"築城伊匹"，是築邑也。其靈臺、隄防之等皆役民力，鄭略之也。云"事民力强弱"者，《論語》云"爲力不同科"，是事民力之强弱也。**大封之禮，合衆也。** 注正封疆溝塗之固，所以合聚其民。○釋曰：知"大封"爲"正封疆"者，謂若諸侯相侵境界，民則隨地遷移者，則民庶不得合聚①，今以兵往正之②，則其民合聚，故云"大封之禮，合衆也"。鄭兼言"溝塗"者，古境界皆有溝塗，而樹之以爲阻固，則《封人》云"掌畿封而樹之"者是也③。

　　以嘉禮親萬民。 ○釋曰：餘四禮皆云"邦國"，獨此云"萬民"者，餘四禮萬人所行者少④，故舉邦國而言；此嘉禮六者萬民所行者多，故舉萬人，其實上下通也。注嘉，善也。所以因人心所善者而爲之制。嘉禮之别有六。○釋曰：云"所以因人心所善者而爲之制"者，案《禮運》云："飲食男女，人之大欲存焉。"此嘉禮有飲食男女之等，皆是人心所善者，故設禮節以裁制之，即下經所云者皆是也。**以飲食之禮親宗族兄弟，** ○釋曰：此經云"飲食"，亦尊卑通有。下文别有"饗燕"，則經云"飲"者非饗燕，是私飲酒法，其"食"可以通燕食俱有，以其下不别云食故也。注親者，使之相親。人君有食宗族飲酒之禮，所以親之也。《文王世子》曰："族食世降一等。"《大傳》曰："繫之以姓而弗别，綴之以食而弗殊，百世而昏姻不通者，周道然也。"○釋曰：言"使之相親"者，止謂與族人行飲食即是相親也。云"人君有食宗族飲酒之禮，所以親之也"者，謂人君與族人行食禮并飲酒之禮，故並言之。"《文王世子》曰：族食世降一等"者，鄭彼注云："親者稠，疏者稀。"假令親兄弟歲四度，從父昆弟歲三度，從祖昆弟歲二度，族昆弟歲一度，是其一世降一等。云《大傳》曰：繫之以姓而弗别"者，子孫雖有氏族不同，皆繫之以正姓，若魯姓姬，子孫氏曰仲孫、叔孫、季孫之屬，氏族雖異，同是姓姬，故云繫之以姓而不别也。云"綴之以食而弗殊"者，謂繼别爲大宗者與族人行食禮，相連綴序以昭穆，而不可殊異也。云"百世而昏姻不通"者，以繫之以正姓，雖氏族異，昏姻不得通行也。云"周道然也"者，對殷道則不然，以其殷道氏族異則得昏姻也。引之者，證此經以飲食相親之事。鄭注引《文王世子》，據人

　　① "則"字阮本作"其"。
　　② "往"字阮本作"而"。
　　③ "掌"字阮本作"爲"。按《地官·封人職》云"掌詔王之社壝，爲畿封而樹之"，此作"掌"、"爲"蓋兩可。
　　④ "萬人"二字阮本作"萬民"。按經文作"萬民"，"人"蓋"民"之諱改字。下文"萬人"同。

君法，引《大傳》，據大夫、士法，則萬民亦有此飲食之禮也。**以昏冠之禮親成男女，**

○釋曰：此一節，陳昏姻冠笄之事。上句直言“昏冠”，專據男而言，亦有姻笄，故下句兼言“男女”也。若然，則昏姻之禮所以親男女，使男女相親，三十之男、二十之女配爲夫妻是也。冠笄之禮所以成男女，男二十而冠，女子許嫁十五而笄，不許亦二十而笄，皆責之以成人之禮也。**注**親其恩，成其性。○釋曰：案《昏義》，壻親迎，“御輪三周”，是壻親之。親之也者，使之親己，是“親其恩”也。云“成其性”者，《冠義》云禮始於冠，既冠，責以爲人父、爲人子、爲人臣之禮。又《内則》云：“二十敦行孝弟。”是成其性也。**以賓射之禮親故舊朋友，**○釋曰：言“以賓射之禮”者，謂若《射人》“王以六耦射三侯，三獲三容，五正”，是賓射之侯也。以此賓射之禮者，謂行燕飲之禮乃與之射，所以申歡樂之情，故云“親故舊朋友”也。**注**射禮，雖王亦立賓主也。王之故舊朋友，爲世子時共在學者。天子亦有友諸侯之義，武王誓曰“我友邦冢君”是也。《司寇職》有議故之辟、議賓之辟。

○釋曰：云“射禮，雖王亦立賓主也”者，案《大射禮》以大夫爲賓主，案此云王以賓射之禮，既行燕飲之禮，明知王亦立賓主也。云“王之故舊朋友，爲世子時共在學者”，若據即位爲王已後亦有以臣爲朋友，不得云故舊；今云故舊朋友，明據未爲王時。案《文王世子》，周公居攝，成王與伯禽在學，與學子同居。又《王制》有“王大子”[①]，是爲世子時共在學者也。云“天子亦有友諸侯之義”，即所引《泰誓》“武王誓曰：我友邦冢君”，是天子有友諸侯之義。言此者，欲見經云“朋友”亦含諸侯在其中。案《洛誥》，周公謂成王云“孺子其朋”，彼以成王以臣爲朋友，則此“朋友”之中可以兼之矣。引《司寇職》“有議故之辟、議賓之辟”者，證諸侯爲賓及王之故舊皆在議限，與此經“故舊朋友”並得爲賓射相親之事也。**以饗燕之禮親四方之賓客，注**賓客，謂朝聘者。○釋曰：此經“饗燕”並言，殊“食”於上者，食無獻酢之法，故別言於上，與私飲同科；此饗燕謂《大行人》云“上公三饗、三燕，侯、伯再饗、再燕，子、男一饗、一燕”，饗，亨大牢以飲賓，獻依命數，在廟行之；燕者，其牲狗，行一獻四舉旅，降脱屨，升坐，無筭爵，以醉爲度，行之在寢。此謂朝賓。若聘客，則皆一饗，其燕與時賜無數。是“親四方賓客”也。**以脤膰之禮親兄弟之國，注**脤膰，社稷、宗廟之肉，以賜同姓之國，同福禄也。兄弟，有共先王者。魯定公十四年，“天王

---

① 加藤謂當據殿本於“王大子”下補“王子羣后之大子卿大夫元士之適子”十五字。按賈疏屢引《王制》此文。

使石尚來歸脹”。○釋曰:“兄弟之國”,謂同姓諸侯,若魯、衛、晉、鄭之等。凡受祭肉者,受鬼神之祐助,故以脹膰賜之,是親之“同福禄”也。鄭捴云“脹膰,社稷、宗廟之肉”,分而言之,則脹是社稷之肉,膰是宗廟之肉。是以成十三年:“公及諸侯朝王,遂從劉康公、成肅公會晉侯伐秦。成子受脹于社,不敬。”注云:“脹,宜社之肉也,盛以蜃器,故曰脹。”“劉子曰:‘國之大事,在祀與戎。祀有執膰,戎有受脹。’”注云:“膰,祭肉。”又案《異義》:“《左氏》説:脹,社祭之肉,盛之以蜃;宗廟之肉名曰膰。”以此言之,則宗廟之肉曰膰、社稷之肉曰脹之驗也。而《公羊》、《穀梁》皆云“生居俎上曰脹,熟居俎上曰膰”,非鄭義耳。對文脹爲社稷肉,膰爲宗廟肉,其實宗廟、社稷器皆飾用蜃蛤,故《掌蜃》云“祭祀,共蜃器之蜃”,注云:“飾祭器。”是其祭器皆飾以蜃也。云“兄弟,有共先王者”,謂若魯與周同承文王,鄭與周同承厲王,如此之輩,與周同立廟,是共先王也。云“定公十四年,天王使石尚來歸脹”者,石尚,天子之上士,故稱名氏。言來者,自外之辭。歸者,不反之稱。是天子祭社,使來歸脹。引之,證同姓有歸脹之事。此文雖主兄弟之國,至於二王後及異姓有大功者,得與兄弟之國同。故僖九年:“夏,王使宰孔賜齊侯胙,曰:‘天子有事于文武,使孔賜伯舅胙。’”注云:“胙,膰肉。《周禮》‘以脹膰之禮親兄弟之國’,不以賜異姓。敬齊侯,比之賓客。”又僖公二十四年:“宋成公如楚。還,入於鄭。鄭伯將享之,問禮於皇武子。對曰:‘宋,先代之後也,於周爲客,天子有事膰焉,有喪拜焉。’”是二王後及異姓有大功者亦得脹膰之賜,是以《大行人》直言“歸脹以交諸侯之福”,不辨同姓異姓,是亦容有非兄弟之國亦得脹膰也。**以賀慶之禮親異姓之國。**○釋曰:言“賀慶”者,謂諸侯之國有喜,可賀可慶之事,王使大夫往以物賀慶之。可施及“異姓之國”,所以親之也。雖主異姓,其同姓有賀慶可知,故舉異姓包同姓也。是以《大行人》云“賀慶以贊諸侯之喜”,不别同姓異姓,則兼同姓可知。**注異姓,王昏姻甥舅。**○釋曰:若據男女身,則男曰昏,女曰姻。若以親言之,則女之父曰昏,壻之父曰姻。言“甥舅”者,嫁女與之則爲甥,王娶女來則爲舅,捴是昏姻之國也。

　　以九儀之命正邦國之位。○釋曰:此一經,與下文爲捴目。以其大宗伯掌五禮,禮所以辨尊卑,故“以九儀之命”正諸侯邦國之位,使之不有僭濫也[①]。**注每命異**

------

① “潛濫”二字阮本作“僭差”。加藤云:“下亦有‘僭濫’,作‘濫’爲可。”按上文“以軍禮同邦國”鄭注云“同,謂威其不協僭差者”,賈疏云:“僭差,謂若《禮記·郊特牲》云宮縣、白牡、朱干、設錫之類,皆是諸侯之僭禮也。”“僭濫”、“僭差”蓋無别。

儀，貴賤之位乃正。《春秋傳》曰：“名位不同，禮亦異數。”○釋曰：云“每命異儀，貴賤之位乃正”者，下文從“一命”以至“九命”各云所受賜貴賤不同，即此經“以九儀之命正邦國之位”，事義相成，故云貴賤之位乃正，正則不僭濫也。引《春秋傳》曰“名位不同，禮亦異數”者，證每命異儀。**壹命受職，**注始見命爲正吏，謂列國之士，於子、男爲大夫。王之下士亦一命。鄭司農云：“受職，治職事。”○釋曰：云“始見命爲正吏”者，對府、史、胥、徒非正吏，以其府、史、胥、徒皆官長所自辟除，未得王之命，故以士得王命者爲正吏也。云“謂列國之士”者，謂公、侯、伯爲列國，下云“七命賜國”。鄭注《孝經》云：“列土封疆[①]，謂之諸侯。”亦據公、侯、伯七命賜國，則子、男不得爲列國也。《典命》：“公、侯、伯之士一命。”故鄭以列國之士解之也。云“於子、男爲大夫”者，《典命》“子、男大夫一命”是也。云“王之下士亦一命”者，無正文，直以《序官》有上士、中士、下士之名，又《典命》“大夫四命”之下空文，宜有三命、二命、一命，故以王之下士一命解之。若然，《典命》不見王之士三命已下者，以其四命已上有出封之理，故下云“其出封皆加一等”；士無出封之理，故不言。以義推之，則士有三命已下也。先鄭云“受職，治職事”者，設官分職止爲治事，故以治職事解之也。**再命受服，**注鄭司農云：“受服，受祭衣服爲上士。”玄謂此受玄冕之服。列國之大夫再命，於子、男爲卿。卿、大夫自玄冕而下如孤之服。王之中士亦再命，則爵弁服[②]。○釋曰：先鄭云“受服，受祭衣服爲上士”者，祭衣服雖不指斥服名，以義推之，先鄭云爲上士，則服爵弁服也。言爲上士者，上“一命”先鄭雖不言王之中士、下士同一命，此言再命爲上士，則王之中士、下士同一命可知也。“玄謂此受玄冕之服”者，以《司服》云孤絺冕、卿大夫同玄冕，此云“再命受服”，明據玄冕也。云“列國之大夫再命”者，亦據《典命》公、侯、伯之大夫同再命而知。云“於子、男爲卿”者，亦據《典命》而言也。云“卿、大夫自玄冕而下如孤之服”者，此亦據《司服》之文。案《玉藻》注云：“諸侯之臣，皆分爲三等，其妻以次受此服。”則公之有孤之國，孤絺冕，卿、大夫同玄冕；若無孤之國，則公、侯、伯、子、男卿絺冕，大夫玄冕。士皆爵弁。若然，此注云於子、男爲卿，卿當絺冕矣；鄭云卿、大

---

① 阮校云：“毛本‘土’作‘士’。浦鏜云‘土誤士’，非也。按釋曰‘云謂列國之士者，謂公、侯、伯爲列國’，故引《孝經》注‘列土謂之諸侯’證之，當從毛本作‘士’，作‘土’誤也。”加藤云：“賈解‘列國’爲公、侯、伯，即諸侯之謂也，《孝經》注所謂‘列土封疆’是也。賈意不在解‘士’，且以‘列士’爲‘列國之士’，武斷已甚。阮説非是。”

② 阮校云：“諸本同。浦鏜云‘則’上脱‘士’字。按釋曰‘云士則爵弁服者，凡言士者，無問天子士、諸侯士，例皆爵弁以助祭也’，此賈疏本有‘士’字之明證。”

夫自玄冕而下如孤之服者，據《司服》之成文而言也。云“王之中士亦再命”者，上文已差訖。云“士則爵弁服”者，凡言“士”者，無問天子士、諸侯士，例皆爵弁以助祭也。若然，《司服》不見爵弁者，以其王吉服有九，自公已下轉相如，其爵弁於天子、諸侯非吉所用，故不言。案《士冠禮》皆有爵弁服，是士之助祭服，故士以爵弁爲正也。案先鄭解此“九儀”，皆先言王臣；後鄭皆諸侯爲首、以王臣“亦”之者，後鄭見上云“正邦國之位”，故以諸侯爲首，後以王臣“亦”之，得其理也。**三命受位，**注鄭司農云：“受下大夫之位。”玄謂此列國之卿，始有列位於王爲王之臣也。王之上士亦三命。○釋曰：先鄭云“受下大夫之位”，先鄭意，以上士二命，下大夫三命，上大夫四命。案《王制》云：“次國之下卿，位當大國之上大夫；小國之下卿，位當大國之下大夫。”則諸侯之五大夫有上下。案《序官》有中大夫、下大夫，則中大夫亦得名爲上大夫矣。故先鄭以下大夫三命，上大夫四命，即《典命》“大夫四命”者是上大夫也。後鄭不從者，以侯、伯、子、男名位不同，侯、伯猶同七命，子、男猶同五命，況中大夫、下大夫名位既同，何嫌不得同命也？是以《典命》唯見“大夫四命”，是兼中、下大夫，故不從先鄭也。“玄謂此列國之卿，始有列位於王爲王之臣[1]”者，諸侯之卿、大夫皆得聘天子，今於“三命”乃云“始有列位於王爲王之臣”者，以其再命已下卑，雖得聘天子，不得言位于王朝，是以據列國之卿而言。故《曲禮》云：“列國之大夫入天子之國，曰某士。”注引《春秋》“晉士起”，亦據晉國之卿三命而於天子稱士，與天子三命之士同稱士，即爲王臣也。**四命受器，**注鄭司農云：“受祭器爲上大夫。”玄謂此公之孤，始得有祭器者也。《禮運》曰：“大夫具官，祭器不假，聲樂皆具，非禮也。”王之下大夫亦四命。○釋曰：先鄭云“受祭器爲上大夫”，上已破訖。“玄謂此公之孤，始得有祭器者也”者，《曲禮》云：“大夫有田者，先爲祭服，後爲祭器。”則《儀禮・少牢》用成牲，皆是有地大夫，則自得造祭器。今云公之孤四命始得有祭器者，但未四命已前有地大夫雖得造祭器，祭器未具猶假之使足，至四命即具有。言始有祭器者，據始得具祭器而言。引《禮運》者，證未四命已前祭器須假之意。云“王之下大夫亦四命”者，約《典命》文。**五命賜則，**注鄭司農云：“則者，法也。出爲子、男。”玄謂則，地未成國之名。王之下大夫四命，出封加一等五命，賜之以方百里、二百里之地者。方三百里以上爲成國[2]。王莽時以

---

① “始”字原作“如”，據阮本改。

② 阮校引臧禮堂説據襄公十四年《左傳》孔疏謂“二百里”下脱“三百里”三字，“四百里”誤“三百里”。孫疏則謂孔疏所據本疏謬，與《周禮》經注義並不合，此經注以伯三百里以上爲成國。

二十五成爲則,方五十里,合今俗説子、男之地,獨劉子駿等識古有此制焉。○釋曰:先鄭云"出爲子、男"者,司農據《典命》而言。"玄謂則,地未成國之名"者,對下文"七命賜國"是成國,此五命子、男言"則"是未成國。但成國之賦有三:若以出軍言之,《春秋》襄公傳云"成國不過半天子之軍",謂據公五百里而言,以其侯、伯爲次國二軍故也;若以執圭爲成國而言,可及伯,即下經"七命賜國"者是也;若以千乘爲成國言之,唯公及侯,以其伯三百里,不得出千乘,故鄭注《論語》云"公、侯之封乃能容之"是也。"王之下大夫四命,出封加一等五命",亦是《典命》文。云"賜之百里、二百里之地"者,《大司徒職》文。云"方三百里以上爲成國"者,此據下文"七命賜國"而言也。云"王莽時以二十五成爲則"者,此舉後代以況義。二十五成與夏、殷五十里國,亦與周時百里、二百里之國同名則,故云"則方五十里"。云"合今俗説子、男之地"者,時有孟子、張、包、周及何休等並不信《周禮》有五百里已下之國,以《王制》百里、七十里、五十里等爲周法,故鄭指此等人爲俗説也。云"獨劉子駿等識古有此制焉"者,言劉子駿等,則有馬融、鄭司農及杜子春等,皆信《周禮》有五百里已下之國,周公大平制禮所定法,故云識古有此制也。引此諸文者,證時有解"則"爲五十里者故也。**六命賜官,**注鄭司農云:"子、男入爲卿治一官也。"玄謂此王六命之卿賜官者,使得自置其臣治家邑如諸侯。《春秋》襄十八年冬,晉侯以諸侯圍齊,荀偃爲君禱河,既陳齊侯之罪,而曰:"曾臣彪將率諸侯以討焉,其官臣偃實先後之。"○釋曰:先鄭云"子、男入爲卿治一官",此後鄭不從者,案《典命》唯有出封加一等,無入加之文,則出有加入無加,今以子、男五命入加一等爲王朝六命卿,於理不可;且凡此上下文所言"賜"、"受"者,皆是自外之事,今言"賜官",則是此六命之人使己有之,今以"賜官"爲賜當身治一官,亦不可。故後鄭皆不從也。先鄭之義,出加入亦加。若毛君之義,出加入減,故晉詩云"豈曰無衣六兮",毛傳云:"天子之卿六命,車旗、衣服以六爲節。"是出加入減也。後鄭不從者,諸侯入爲王卿、大夫,其尊如故,以爲榮,何得入則減之乎?指如鄭武公、桓公並入爲王之司徒,詩人美之,若減,何美之有乎?明入不減。鄭君之義,出加入不減,依於在國。若言"六兮"者,以晉侯入爲王卿,謙不敢必當七命之服,故云六兮耳。"玄謂此六命之卿賜官者,使得自置其臣治家邑如諸侯"者,案《載師》有小都、大都。大都,謂三公、王子母弟所食邑;小都,王之卿六命所食邑。如此六命已上賜之官,使得自置其臣治家邑如諸侯,此則《大宰》云"施則於都鄙,建其長,立其兩"已下,是三公、王子母弟得立官如畿外諸侯,但少一卿,不足於諸侯而已。言家邑,雖與大夫家邑同名,此則大都、小都也。卿、大夫稱家,故言家邑以表大小都耳。引《春秋》者，證諸侯以臣爲官，故荀偃自於晉侯稱官。畿内諸侯臣亦稱官，此經是也。荀偃對河神，故稱其君名，諸侯於外事皆稱曾臣。言“先後”者，先後謂左右，謂荀偃左右晉侯也①。**七命賜國，**注王之卿六命出封加一等者。鄭司農云：“出就侯、伯之國。”○釋曰：此後鄭、先鄭所云，皆據《典命》而言。以其王之卿六命，出封加一等即七命，是“侯、伯之國”者也。**八命作牧，**注謂侯、伯有功德者加命得專征伐於諸侯。鄭司農云：“一州之牧。王之三公亦八命。”○釋曰：案《曲禮》云：“牧於外曰侯。”是牧本爵稱侯矣。一州二百一十國，選賢侯爲牧。今鄭兼言“伯”者，牧用侯、伯不定，其牧若有賢侯，則用侯，若無賢侯，則用伯可也，故鄭兼言伯。其牧下二伯亦或用侯、或用伯，故《詩·旄丘》“責衛伯”，鄭云：“衛康叔之封爵稱侯，今曰伯，時爲州伯。”是牧下二伯亦用侯也。云“加命得專征伐於諸侯”者，侯、伯七命，今云“八命作牧”，明是侯、伯加命也。云得專征伐者，案《王制》云：“諸侯賜弓矢，然後專征伐。”並據州牧而言。以其弓矢之賜，州内有臣殺君、子殺父，不請於天子，得專征伐之。先鄭云“一州之牧”，牧，養也，即《大宰》“一曰牧，以地得民”是也。云“王之三公亦八命”，《典命》文。

九命作伯。注上公有功德者加命爲二伯，得征五侯九伯者。鄭司農云：“長諸侯爲方伯。”○釋曰：《典命》云：“王之三公八命。”是“上公”矣。今云“九命”，明“有功德”加一命“爲二伯”也。“二伯”之文出於《曲禮》。案《曲禮》云：“五官之長曰伯②，是職方。”鄭引《公羊傳》云：“自陝以東，周公主之；自陝以西，召公主之。”是東西二伯也。云“得征五侯九伯”者，僖公四年《左氏傳》云：“昔召康公命我先君大公曰：‘五侯九伯，汝實征之，以夾輔周室。’”賈、服之等諸侯九州之伯③。若然，與天子何殊，而爲夾輔乎？故鄭以爲“五侯”者，九州有九牧，牧即侯，但二伯共分，各得四侯半，侯不可分，故二伯皆言五侯。言“九伯”者，九州有十八伯，各得九伯，故云九伯也。此二伯，其有違逆者各征半天下，故云“五侯九伯，汝實征之”也。引之者，證二伯尊，得征半天下之事也。先鄭云“長諸侯爲方伯”者，《公羊傳》云：“上無明天子，下無賢方伯。”方伯可及州牧并二伯，故云方伯。伯，長也，是一方之長也。

　　以玉作六瑞以等邦國。注等，猶齊等也。○釋曰：此經與下爲摠目。有

①　“荀”字原作“旬”，據阮本改。
②　“五”字原作“王”，據阮本改。
③　阮校云：“閩本‘之’字剜擠作‘云五’二字，監、毛本承之，是也。”

此王之鎮圭而言“邦國”者[1]，以邦國爲主也。言“等，猶齊等”者，案《禮記·雜記》：“《贊大行》云：‘博三寸，厚半寸，剡上左右各寸半。’”其長短即《玉人》所云皆依命數，是其圭法也。既命諸侯，當齊等之使不違法也。**王執鎮圭，注**鎮，安也，所以安四方。鎮圭者，蓋以四鎮之山爲瑑飾[2]，圭長尺有二寸。〇釋曰：此“鎮圭”，王祭祀時所執，故《典瑞》云：“王晉大圭，執鎮圭，繅藉五采五就，以朝日。”則餘祭祀亦執之。云“鎮，安也，所以安四方”者，以《職方》九州，州有一大山以爲其州之鎮。此鎮圭亦所以鎮安四方也。云“鎮圭者，蓋以四鎮之山爲瑑飾”者，以其諸侯圭皆以類爲瑑飾，此字爲四鎮之字，明以四鎮之山爲瑑飾也。無正文，故云“蓋”以疑之。四鎮者，謂揚州之會稽，青州之沂山，幽州之醫無閭，冀州之霍山是也。云“圭長尺二寸”者，案《玉人》云“鎮圭尺有二寸，天子守之”是也。**公執桓圭，注**公，二王之後及王之上公。雙植謂之桓。桓，宮室之象，所以安其上也。桓圭蓋亦以桓爲瑑飾，圭長九寸。〇釋曰：此所“執”，謂朝時。案《聘禮》、《禮記》及《典瑞》所云者，是已下皆據朝時也。云“公，二王之後”者，案《孝經援神契》云：“二王之後稱公，大國稱侯，皆千乘。”是二王後稱公。云“及王之上公”者，《典命》上公之禮及此上之“九命作伯”，皆是王之上公也。云“雙植謂之桓”者，桓，謂若屋之桓楹。案《檀弓》云：“三家視桓楹。”彼注“四植謂之桓”者，彼據柱之豎者而言，桓若豎之則有四稜，故云四植，植即稜也；此於圭上而言，下二稜著圭不見，唯有上二稜，故以雙言之也。云“桓，宮室之象，所以安其上也”者，以其宮室在上須得桓楹乃安，若天子在上須諸侯衛守乃安，故云安其上也。云“桓圭蓋亦以桓爲瑑飾”者，以無正文，故亦云“蓋”也。云“圭長九寸”者，案《玉人》云“桓圭九寸，公守之”是也。**侯執信圭，伯執躬圭，注**信當爲身，聲之誤也。身圭、躬圭蓋皆象以人形爲瑑飾，文有麤縟耳，欲其慎行以保身。圭皆長七寸。〇釋曰：鄭必破“信”爲“身”者，古者舒申字皆爲“信”，故此人身字亦誤爲“信”，故鄭云“聲之誤也”。云“身圭、躬圭蓋皆象以人形爲瑑飾”者，以其字爲身、躬，故鄭還以人形解之。云“文有麤縟耳”者，縟，細也。以其皆以人形爲飾，若不麤縟爲異，則身、躬何殊而別之？故知文有麤縟爲別也。云“欲其慎行以保身”者，此鄭約上下圭爲義，既以人身爲飾，義當慎行保身也。云“圭皆七寸”者，案《玉人》

---

① 加藤謂“有此”二字當據監、毛、殿本作“此有”。

② “瑑”字原作“琢”，婺本、金本同，阮本作“瑑”。按“彖”旁俗書省作“豕”，或綴點作“豖”，是“琢”可視爲“瑑”之俗字。此卷內“瑑”字皆同。

云“信圭、躬圭七寸，侯、伯守之”是也。**子執穀璧，男執蒲璧。**注穀所以養人；蒲爲席，所以安人。二玉蓋或以穀爲飾①，或以蒲爲瑑飾。璧皆徑五寸。不執圭者，未成國也。○釋曰：“穀所以養人；蒲爲席，所以安人。二玉蓋或以穀爲飾，或以蒲爲瑑飾”者，此亦無正文，故亦言“蓋”以疑之。言“或”者，非疑，以其二玉用物不同，故云或耳。云“璧皆徑五寸”者，案《玉人》爛脱，《大行人》有“五寸”之文也。云“不執圭者，未成國也”者，據上文“五命賜則”，是未成國也。

以禽作六摯以等諸臣。注摯之言至，所執以自致。○釋曰：此亦與下爲摠目。案下文有“孤執皮帛”，而此云“以禽”者，據“羔”已下以多爲主也。案莊公《傳》：“男贄，大者玉帛，小者禽鳥。”《尚書》五玉亦云“贄”，則玉亦是贄。此上下文玉爲“瑞”、禽云“摯”者，此以相對爲文，故王以下言瑞，天子受瑞於天，諸侯受瑞於天子；諸臣無此義，故以摯爲文。鄭云“摯之言至，執之以自致”者，案《士相見》，新升爲士皆執摯乃相見，卿、大夫亦然。至於五等諸侯朝聘天子及相朝聘，皆執摯以自致乃得見主人，故以至解摯也。孤執皮帛，卿執羔，大夫執鴈，士執雉，庶人執鶩，工商執雞。注皮帛者，束帛而表以皮爲之飾。皮，虎豹皮。帛，如今璧色繒也。羔，小羊，取其羣而不失其類。鴈，取其候時而行。雉，取其守介而死，不失其節。鶩，取其不飛遷。雞，取其守時而動。《曲禮》曰：“飾羔、鴈者以繢。”謂衣之以布而又畫之者。自雉以下，執之無飾。《士相見之禮》卿②、大夫飾摯以布，不言繢，此諸侯之臣與天子之臣異也。然則天子之孤飾摯以虎皮，公之孤飾摯以豹皮與？此孤、卿、大夫、士之摯皆以爵不以命數。凡摯無庭實。○釋曰：凡此所執，天子之臣尊，諸侯之臣卑，雖尊卑不同，命數有異，爵同則摯同。此文雖以天子之臣爲主，文兼諸侯之臣③，是以《士相見》卿、大夫、士所執亦與此同，但飾有異耳。鄭云“皮帛者，束帛而表以皮爲之飾”者，案《聘禮》：“束帛加璧。”又云：“束帛乘馬。”故知此“帛”亦束。束者十端，每端丈八尺，皆兩端合卷，摠爲五匹，故云束帛也。言表以皮爲之飾者，凡以皮配物者皆手執帛以致命，而皮設於地，謂若《小行人》“圭以馬，璋以皮”，皮、馬設於庭，而圭、璋特達，以升堂致命也。此言以皮爲之飾者，孤相見之時以皮設於庭，手執束帛而授之，但皮與帛爲飾耳。云

---

① 阮校引段玉裁説云：“‘爲’下脱‘瑑’字。”然則賈疏述注亦當補“瑑”字。

② “士”字原作“上”，據婺本、金本、阮本改。

③ 阮校云：“浦鏜云‘文’當‘亦’字誤，或改作‘又’。”

"皮,虎豹皮",知者,見《禮記·郊特牲》云:"虎豹之皮,示服猛。"且皮中之貴者勿過虎豹,故知皮是虎豹皮也。云"帛,如今璧色繒也"者,但玉有五色,而言璧色繒,蓋漢時有璧色繒,故鄭舉以言之,故云如今璧色繒。其璧色繒未知色之所定也。云"羔,小羊,取其羣而不失其類"者,凡羊與羔皆隨羣而不獨,故卿亦象焉而不失其類也。云"鴈,取其候時而行"者,其鴈以北方爲居,但隨陽南北①,木落南翔,冰泮北徂,其大夫亦當隨君無背。云"雉,取其守介而死,不失其節"者,但雉性耿介,不可生服,其士執之,亦當如雉耿介,爲君致死,不失節操也。云"鶩,取其不飛遷"者,庶人府、史、胥、徒新升之時執鶩,鶩即今之鴨。是鶩既不飛遷,執之者,象庶人安土重遷也。云"雞,取其守時而動"者,但工或爲君興其巧作,商或爲君興販來去,故執雞,象其守時而動。云"《曲禮》曰:飾羔、鴈者以繢。謂衣之以布而又畫之者②",鄭意以經所執,天子之臣與諸侯之臣同,欲見飾之有異耳。云"自雉以下,執之無飾"者,欲見天子士、諸侯士同,皆無布飾,以其士卑,故不異。又引《士相見》已下者,欲以天子、諸侯卿大夫飾摯者異,明天子孤、諸侯孤皮亦不同。此約卿、大夫以明孤,無正文,故言"與"以疑之也。云"此孤、卿、大夫、士之摯皆以爵不以命數"者,但天子孤、卿六命,大夫四命,上士三命,中士再命,下士一命;諸侯孤四命,公、侯、伯卿三命,大夫再命,士一命;子、男卿再命,大夫一命,士不命。但爵稱孤皆執皮帛,爵稱卿皆執羔,爵稱大夫皆執鴈,爵稱士皆執雉,庶人已下雖無命數及爵,皆執鶩。天子、諸侯下皆同,故云皆以爵不以命數也。云"凡摯無庭實"者,案《士相見》皆不見有庭實,對享、私覿、私面之等有庭實,故此言無也。

---

① "北"字原作"比",據阮本改。
② "畫"字原作"書",據阮本改。

周禮疏卷第二十

唐朝散大夫行大學博士弘文館學士臣賈公彥等撰

以玉作六器以禮天地四方。注禮,謂始告神時薦於神坐,《書》曰"周公植璧秉圭"是也。○釋曰:言"作六器"者,此據禮神則曰器,上文人執則曰瑞,此對文義爾①。若通而言之,禮神雖不得言瑞,人執者亦曰器,故《聘禮》云:"圭璋璧琮凡四器者,唯其所寶,以聘可也。"《尚書》亦以五瑞爲"五器","卒乃復"。是其人執亦曰器也。云"禮,謂始告神時薦於神坐"者,此以玉禮神在作樂下神後②,故鄭注《大司樂》云:"先奏是樂以致其神,禮之以玉而祼焉。"是其以玉禮神,與宗廟祼同節。若然,祭天當實柴之節。"《書》曰周公植璧秉圭是也"者,此《金縢》文。彼以周公請代武王死之説,爲三壇同墠,又爲壇於南方,周公於前立焉③,告大王、王季、文王,故植璧於三王之坐,手秉桓圭④。引之者,證植璧於神坐之側事也。以蒼璧禮天,以黃琮禮地,以青圭禮東方,以赤璋禮南方,以白琥禮西方,以玄璜禮北方。注此禮天以冬至⑤,謂天皇大帝在北極者也⑥。禮地以夏至,謂神在崑崙者也。禮東方以立春,謂蒼精之帝⑦,而大昊、句芒食焉。禮南方以立夏,謂赤精之帝,而炎帝、祝融食焉。禮西方以立秋,謂白精之帝,而少昊、蓐收食焉。禮北方以立冬,謂黑精之帝,而顓頊、玄冥食焉。禮神者必象其類:璧圜,象天;琮八方,象地;圭銳,象春物初生;半圭曰璋,象夏物

---

① "此對"二字原作"對此",阮本同,加藤謂當據殿本乙改。按下文鄭注"出接賓曰擯,入詔禮曰相"賈疏云"此對文義爾,通而言之,出入皆稱擯也",與此文例相同,兹據乙。

② "下神"二字原作"云作",據阮本改。

③ "立"字原作"也",據阮本改。

④ "手"字阮本無。

⑤ "此"字原作"比",據婺本、金本、阮本改。

⑥ "北"字原作"比",據婺本、金本、阮本改。

⑦ "謂"字原作"爲",婺本、金本同,據阮本改。此注上下文皆云"謂",賈疏述注同。

半死；琥猛，象秋嚴；半璧曰璜，象冬閉藏，地上無物，唯天半見①。〇釋曰：云“此禮天以冬至，謂天皇大帝在北極者也”者，“青圭”已下有五天，明此“蒼璧禮天”者是冬至祭圓丘者，案《大司樂》云“以雷鼓雷鼗②，《雲門》之舞，冬日至於地上之圓丘奏之，若樂六變，則天神皆降③”是也。云“禮地以夏至，謂神在崑崙者也”者，崑崙與昊天相對，蒼璧禮昊天，明黃琮禮崑崙大地可知，故《大司樂》云“以靈鼓靈鼗，夏日至於澤中之方丘奏之，若樂八變，則地示皆出”是也。故鄭彼云：“天神則主北辰，地示則主崑崙。”是即與此同也。云“禮東方以立春，謂蒼精之帝”者，此已下皆據《月令》四時迎氣，皆在四立之日，故以“立春”、“立夏”、“立秋”、“立冬”言之也。知皆配以人帝、人神者，亦據月令四時十二月皆陳人帝、人神。彼止爲告朔於明堂及四時迎氣配天帝而言。告朔於明堂告五人帝、告五人神，配以文王、武王。必知迎氣亦有五人帝、五人神者，以其告朔入明堂④，至秋摁享五帝於明堂皆以五人帝、五人神配天。若然，迎氣在四郊還是迎五天帝，明知五人帝、五人神亦配祭可知。以其自外至者無主不止，故皆以人帝、人神爲配也。言“蒼精”、“赤精”、“白精”、“黑精”者，皆據《春秋緯・運斗樞》云“大微宮有五帝坐星”、《文耀鉤》亦云靈威仰之等而說也。云“禮神者必象其類”者，即“璧圜”已下是象其類也。案《爾雅》云：“肉倍好謂之璧，好倍肉謂之瑗⑤，肉好若一謂之環。”是璧圜也。云“琮八方，象地”者，天圜以對地方，地有四方，是八方也。云“圭銳，象春物初生”者，《雜記》：“《贊大行》云：‘圭剡上左右各寸半。’”是圭銳也。云“半圭曰璋”者，案《典瑞》云⑥：“四圭有邸以祀天，兩圭有邸以祀地。”兩圭半四圭。又云：“圭璧以祀日月。”是一圭半兩圭。又云：“璋邸射以祀山川。”是璋又半一圭，故云半圭曰璋。《公羊傳》亦云：“寶者何？璋判白。”亦半圭曰璋。云“象夏物半死”者，夏時薺麥死，是半死。云“琥猛，象秋嚴”者，謂以玉爲琥形⑦，猛屬西方，是象秋嚴也。云“半璧曰璜”者，《逸禮記》文，似半圭

---

①　“見”下空兩格，據全書體例當僅空一格，似初有“也”字，與金本同。婺本、阮本皆無。

②　“鼗”字阮本作“鼓”。按“鼗”爲“鼓”之俗字，底本通作“鼓”，此處補版作“鼗”。下凡“鼓”、“鼗”之異不復出校。

③　“則天”二字原作“別大”，據阮本改。

④　“入”字原作“人”，據阮本改。

⑤　“瑗”字原作“環”，據阮本改。

⑥　“典”字原作“與”，據阮本改。

⑦　孫校云：“‘琥形’當爲‘虎形’。”

曰璋也。云"冬閉藏,地上無物,唯天半見"者,列宿爲天文[1],草木爲地文,冬時草木枯落,唯天上列宿仍在,故云唯天半見,故用半璧曰璜也。此六玉所用則上璧下琮。案《覲禮》"加方明,東方圭,南方璋,西方琥,北方璜",與此同,唯"上圭下璧"與此違者,鄭彼注云[2]:"上宜以蒼璧,下宜以黃琮,而不以者,則上下之神非天地之至貴者也[3]。"彼上下之神是日月,故陳玉與此不同也[4]。此經神不見中央含樞紐者[5],此四時迎氣皆在四郊,《小宗伯》云"兆五帝於四郊",鄭注云"黃帝亦於南郊"是也[6]。《易》云:"天玄而地黃。"今地用黃琮,依地色;而天用玄者[7],蒼、玄皆是天色,故用蒼也。**皆有牲、幣,各放其器之色。** ○釋曰:言"皆",則上六玉所禮者皆有"牲"與"幣"也。言"各放其器之色",則上蒼璧等六器所有牲、幣各放此器之色。**注**幣以從爵,若人飲酒有酬幣。 ○釋曰:知"幣"是"從爵"非禮神者,若是禮神,當在牲上,以其禮神幣與玉俱設,若《肆師》云"立大祀,用玉、帛、牲牷",是帛在牲上,今在下,明非禮神者也。云"若人飲酒有酬幣"者,獻尸從爵之幣無文,故以生人飲酒之禮況之。案《聘禮》饗時有酬幣,明此"幣"既非禮神之幣,則獻尸後酬尸時亦有幣之從爵也。

　　以天產作陰德,以中禮防之;以地產作陽德,以和樂防之。注 鄭司農云:"陰德,謂男女之情,天性生而自然者。過時則奔隨,先時則血氣未定,聖人爲制其中,令民三十而娶,女二十而嫁,以防其淫泆,令無失德。情性隱而不露,故謂之陰德。陽德,謂分地利以致富。富者之失,不驕奢則吝嗇,故以和樂防之。樂所以滌蕩邪穢[8],道人之正性者也。一説地産謂土地之性各異,若齊性舒緩,楚性急悍,則以和樂防其失,令無失德,樂所以移風易俗者也。此皆露見於外,故謂之陽德。陽德、陰德不失其正,則民和而物各得其理,故曰'以諧萬民,以致百物'。"玄謂天産者動物,謂六牲

---

① "天"字原作"又",據阮本改。
② "鄭"字原作"郎"、"注"字原作"汪",皆據阮本改。
③ "地"字原作"也",據阮本改。
④ "故"字原作"扶",據阮本改。"與"字原作"与"。按底本通作"與",此處補版作"与",全書僅此一例,兹據阮本改。
⑤ "紐"字原作"細",據阮本改。
⑥ "注"字原作"汪","南郊"二字原作"郊鄭",皆據阮本改。
⑦ 孫校云:"'天'下當有'不'字。"
⑧ 阮校云:"《釋文》作'蕩滌',今本誤倒。"

之屬①；地産者殖物，謂九穀之屬。陰德，陰氣在人者。陰氣虛，純之則劣，故食動物，作之使動；過則傷性，制中禮以節之。陽德，陽氣在人者。陽氣盈，純之則躁，故食殖物，作之使靜；過則傷性，制和樂以節之。如是然後陰陽平，情性和，而能育其類。○釋曰：“天産”、“地産”與“陰德”、“陽德”無正文，故先鄭、後鄭各以意解之。不從先鄭天産是“天生自然”者，以其天産、地産相對，産，生也，天生謂陰陽配合而生，不由人之營造，當是“六牲”；地生謂由人營種，即“植物九穀之屬”是也。故天産、地産皆不從先鄭也。其陰德、陽德後鄭又不從先鄭者，但言“德”者謂在身爲德，今先鄭以陽德爲“分地利以致富”，以身外解之，與陰德爲“不露見”自相違，即知陰德爲“男女之情”亦非，故後鄭皆據人身陰陽之氣解之。先鄭“一説地産謂土地之性”，此説地産與天産“天性而自然”何異？故後鄭亦不從也。先鄭又云“故曰以諧萬民，以致百物”者，取下文釋此也。“玄謂天産者動物，謂六牲之屬”者，馬牛羊豕犬雞並自然陰陽配合而生，故謂之天産。然萬物蠢動者皆自然配合，獨言六牲者，但以此經云“以天産作陰德”據人所膳食作動身中陰德，故據六牲而言也。云“地産者殖物，謂九穀之屬”者，九穀並是人所種植，故云植物。然草木皆地産，今獨言九穀，亦據此經云“作陽德”謂食之作動人身中陽德，故據九穀而言也。云“陰德，陰氣在人者。陰氣虛，純之則劣，故食動物，作之使動”者，以其陰主消物，是虛，純虛則劣；動物是陽，故須食動物六牲，作之使動也。云“過則傷性，制中禮以節之”者，過謂氣大過，大過則傷性，傷性則奢泰僭濫，故制中禮以防之。禮言中者，凡人奢則僭上，儉則逼下，禮所以制中，使不奢不逼②，故以禮爲中也。云“陽德，陽氣在人者。陽氣盈，純之則躁，故食殖物，作之使靜”者，案《禮記·玉藻》云：“顙實陽休。”是陽主盈滿，故云陽氣盈。純之則躁者，陽氣主動，不兼陰氣純之則躁，故食殖物，作之使靜。知植物爲陰者，見《聘禮》致饗餼，醴在碑東，醯在碑西。醴是穀之所爲，是穀物爲陽之義也，而此云植物陰者，此以動植相對，故動爲陽，植爲陰；彼以醴醯相對，故醴爲陽，醯爲陰也。云“過則傷性”者，謂大靜爲傷性。樂爲陽，故制和樂以節之。陽氣盈，案《樂記》云：“樂盈而反，以反爲文。”故樂能損盈。陰氣虛，《樂記》云：“禮減而進，以進爲文。”故禮能濟虛。云“如是然後陰陽平，情性和”者，謂陰氣虛濟之使盈，陽氣盈損之使虛，故云陰陽平、情性和也。云“而能育其類”者，即下文“合天地之化”已下是也。以禮樂合天地之化、百物之産，以事鬼神，以諧萬民，以致百

---

① “牲”字原作“往”，據婺本、金本、阮本改。
② 孫校云：“‘不奢不逼’當作‘不僭不逼’。”

物。○釋曰：上文云“中禮”、“和樂”，是礼樂教世法，故此經以礼樂並行以教，使之得所，萬物感化，則能“合天地之化”，謂能生非類也，又能生其種，故云“百物之産”。又以禮樂“事鬼神”，則《尚書》云“祖考來格”之等是也。云“以諧萬民”者，則《尚書》云“庶尹允諧”是也①。云“以致百物”者，則《尚書》云“百獸率舞”之等是也。注禮濟虛，樂損盈，並行則四者乃得其和。能生非類曰化，生其種曰産。○釋曰：“禮濟虛，樂損盈”，此《樂記》所云“禮減而進，以進爲文”者，是禮濟虛，進謂濟益，是禮當濟益其虛，使之實滿；又云“樂盈而反，以反爲文”者，是樂損盈，反謂自抑止，是樂當自抑止，使盈而不放溢也。云“並行則四者乃得其和”者，言並行，謂禮樂並行以教世，則天地之間使不盈不虛，折中得所，則四者乃得其和也。言四者，謂“天地之化、百物之産”共爲一，“以事鬼神”爲二，“以諧萬民”爲三，“以致百物”爲四。知化、産共爲一者，以其化與産氣類相似，故爲一也。云“能生非類曰化”者，凡言“變”、“化”者，變化相將，先變後化，故《中庸》云：“動則變，變則化。”鄭云：“動，動人心也。變，改惡爲善也，變之久則化而性善也。”又與“鳩化爲鷹”之等皆謂身在而心化。若“田鼠化爲駕”、“雀雉化爲蛤蜃”之等，皆據身亦化，故云能生非類曰化也。《易》云：“乾道變化。”亦是先變後化，變化相將之義也。云“生其種曰産”者，卵生、胎生及萬物草木，但如本者皆曰産也。

　　凡祀大神、享大鬼、祭大示，帥執事而卜日，宿，眡滌濯，涖玉鬯，省牲鑊，奉玉齍，詔大號，治其大禮，詔相王之大禮。○釋曰：此亦法三才，故“享大鬼”在其中。“帥執事而卜日”者，謂祭三者鬼神之時，祭前十日，大宗伯先帥執事有事於祭者共卜取吉日，乃齊。云“宿眡滌濯”者②，謂祭前一宿視所滌濯祭器，看絜净以否。云“涖玉鬯”者，天地有禮神之玉，無鬱鬯；宗廟無禮神之玉，而有鬱鬯。但宗廟雖無禮神玉，仍有圭瓚、璋瓚亦是玉，故《曲禮》云“玉曰嘉玉”，《郊特牲》云“用玉氣”是也。云“省牲鑊”者，當省視烹牲之鑊。云“奉玉齍”者，此玉還是上文所涖者。齍謂黍稷。天地當盛以瓦甒，但齍與上鬯互見爲義，皆始時臨之，祭又奉之。“詔大號”者，謂大宗伯告大祝出祝辭也。云“治其大禮”者，謂天地人之鬼神祭禮王親行之，爲大禮，對下小宗伯治小禮爲小也。“詔相王之大禮”者，謂未至之時詔告之，及其行事

---

① “尹”字原作“允”，據阮本改。

② 孫疏引江永説云：“‘宿眡滌濯’，‘宿’字爲句，祭前三日申戒也。《大史》‘及宿之日’，即此宿字。”並謂“賈疏以‘宿’與‘眡滌濯’爲一事，謂祭前一宿眡所滌濯祭器，非經義也”。

則又相之。**注**執事，諸有事於祭者。宿，申戒也。滌濯，漑祭器也。玉，禮神之玉也。始涖之，祭又奉之。鑊，亨牲器也。大號，六號之大者，以詔大祝以爲祝辭。治猶簡習也。豫簡習大禮，至祭當以詔相王。羣臣禮爲小禮。故書涖作立，鄭司農讀爲涖，涖，視也。○**釋**曰：案《大宰》云："祀五帝，前期十日，帥執事而卜日。"注云："執事，宗伯、大卜之屬。"此注云："執事，諸有事於祭者"，二注不同者，以其大宰不掌祭事，故云執事大宗伯、大卜之等卜日而已；此大宗伯主祭祀之事，故揔諸有事於祭者也。云"滌濯，漑祭器也"者，此滌濯止是蕩滌，以《少牢》有漑祭器，故據而言之，漑即拭也。云"玉，禮神之玉也"者，即蒼璧、黃琮、青圭、赤璋之等及四圭、兩圭之類皆是，禮神置於神坐也。案《九嬪職》云："贊玉齍。"注云："玉齍，玉敦，盛黍稷。"與此注玉爲禮神之玉，齍即非玉敦所飾，注不同者，彼九嬪所贊，贊后設之，據宗廟，宗廟無禮神玉，則"玉齍"不得別解，故爲玉敦；此據天地爲主，有禮神玉，故與齍別釋也。《大宰》云："祀五帝，贊玉、幣、爵之事。"注云："三者執以從王，至而授之。"彼所執據五帝，此所奉據昊天與崑崙，故不同。云"始涖之，祭又奉之"者，鄭據上云"涖"，涖，臨視也，直視看而已；下云"奉"，據手執授王，故云祭又奉之。云"鑊，亨牲器也"者，案《特牲》、《少牢》，鑊即爨，在廟門之外東壁也。云"大號，六號之大者"，謂若《大祝》云"辨六號：一曰神號，二曰示號，三曰鬼號，四曰牲號，五曰齍號，六曰幣號"之等，是六號之大者也。云"以詔大祝以爲祝辭"者，經云"詔大號"，大祝是事神之人，又辨六號，故知所詔是詔大祝爲祝辭，祝辭則祝版之辭是也。云"羣臣禮爲小禮"者，則小宗伯、小祝行者是也。**若王不與祭祀，則攝位。****注**王有故，代行其祭事。○**釋**曰："攝"訓爲"代"。"有故"者，謂王有疾及哀慘皆是也。《量人》云："凡宰祭，與鬱人受斝，歷而皆飲之。"注云："言宰祭者，冢宰佐王祭，亦容攝祭。"此宗伯又攝者，冢宰貳王治事，宗伯主祭事，容二官俱攝，故兩言之。**凡大祭祀，王后不與則攝而薦豆籩徹①。****注**薦徹豆籩，王后之事。○**釋**曰：天地及社稷外神等后夫人不與，此言"凡大祭祀，王后不與"，謂后應與而不與；又云大祭祀，明非羣小祀，則大祀者唯宗廟而已。"則攝而薦豆籩徹"者，鄭云："薦徹豆籩，王后之事。"是王后有故，宗伯攝爲之。凡祭祀，皆先薦後徹，故退"徹"文在下也。**大賓客，則攝**

---

①　王引之云："據注云'薦徹豆籩，王后之事'，則正文亦作'薦徹豆籩'可知。《九嬪職》云'凡祭祀，贊后薦徹豆籩'，是其證。"孫疏云："'薦徹豆籩'變文則云'薦豆籩徹'，以薦徹通貫豆籩，經自有此首尾綜包之文例也。"

而載果。○釋曰：此"大賓客"，對文則賓客異，散文則通：故《大司徒》云"大賓客，令野脩道委積"，是賓客爲諸侯，通也；《大行人》云"大賓"爲五等諸侯，"大客"即謂其臣，是賓客異也。案《大行人》云："上公之禮，再祼而酢。"此再祼者有后祼，則亦攝爲之，內宰贊之。侯、伯一祼而酢，子、男一祼不酢，此皆無后祼，王不親酌，則皆使大宰、宗伯攝而爲之。**注**載，爲也。果讀爲祼，代王祼賓客以鬯。君無酌臣之禮，言爲者，攝酌獻耳，拜送則王也。鄭司農云："王不親爲主。"○釋曰：知"代王祼賓客以鬯"者，見《鬱人》宗廟及賓客皆以鬱實彝而陳之，即《大行人》所云"祼"與此"祼"皆用鬱鬯也。云"君無酌臣之禮"者，見《燕禮》、《大射》諸侯禮皆使大夫爲賓、宰夫爲主人，是諸侯君不酌臣；此大賓客遣大宗伯代祼，是天子君亦不酌臣也。云"言爲者，攝酌獻耳，拜送則王"者，以其言代而爲祼，即是直祼不拜。案《鄉飲酒》、《燕禮》、《大射》賓主獻酢皆拜送，其送是王自爲之，以其恭敬之事不可使人故也。引司農在下者，"不親爲主"即君不酌臣，義合，故引之在下也。**朝覲會同，則爲上相。大喪亦如之，王哭諸侯亦如之。**○釋曰："朝覲會同"，即兼四時朝覲。云"則爲上相"者，此則《大行人》云"上公之禮，擯者五人，侯、伯四人，子、男三人"是也。云"大喪亦如之"者，后及世子喪，王爲此主哭及拜賓，則宗伯亦爲上相也。云"哭諸侯亦如之"者，謂諸侯薨於本國，赴告天子，天子爲位哭之，大宗伯亦爲上相，與王爲擯耳。**注**相，詔王禮也。出接賓曰擯，入詔禮曰相。相者五人，卿爲上擯。大喪，王后及世子也。哭諸侯者，謂薨於國，爲位而哭之。《檀弓》曰："天子之哭諸侯也，爵弁絰，紂衣。"○釋曰：云"相，詔王禮也"者，經三事爲相，皆是詔告王禮也。云"出接賓曰擯"者，據《大行人》云擯者五人、四人、三人而言也。云"入詔禮曰相"者，此據《司儀》云"每門止一相，及廟，唯上相入"，是入廟詔禮曰相。此對文義爾，通而言之，出入皆稱擯也。云"相者五人，卿爲上擯"者，依《大行人》據上公而言，此大宗伯爲上擯。若大朝覲，則肆師爲承擯。四時來朝，小行人爲承擯。案《覲禮》，嗇夫爲末擯。若待子、男，則三人足矣；若侯、伯四人者，加一士；上公五人者，加二士。今鄭云"相者五人，卿爲上擯"，據此大宗伯是卿，故指此上擯而言也。云"大喪，王后及世子也"者，以其與王爲上相，則王在矣，而云"大喪"，明是王后及世子矣。亦得見"大喪所前，或嗣王"，則"大喪"中兼王喪也。云"哭諸侯者，謂薨於國，爲位而哭之"者，若來朝薨於王國，則王爲之緦麻，不應直哭之而已，故引《檀弓》云"天子之哭諸侯也，爵弁絰，紂衣"。案彼注云："麻不加於采。絰，衍字。"以其遙哭諸侯著爵弁紂衣而已，不合加麻絰於紂衣爵弁之上也。**王命諸侯，則儐。** **注**儐，進之也。王將出命，假祖廟，立依前南鄉。儐者進，當命者延之，命使登。內史由王右以策命之。降，再拜稽首；登，受策以出。此其略也。諸侯爵祿其臣則於祭焉。○**釋**曰：云"儐，進之也"者，以"命諸侯"，故知"儐"謂進使前以受策也。云"王將出命，假祖廟"者，若諸侯命臣則因祭宗廟命之，則《祭統》"十倫"之義五曰"見爵賞之施焉"，故祭之日，一獻，君降立于阼階之南，南鄉，所命者再拜，受書以歸；又云"古者於禘也，發爵賜服，順陽義"，皆諸侯命臣必於祭時[①]。若天子命臣，不要在祭時。欲命臣，當特爲祭以命之，故《洛誥》成王命周公後，云："烝祭歲，文王騂牛一，武王騂牛一，王命作策逸祝策，惟告周公其後。"注云："告神周公宜立後，謂封伯禽。"是非時而特假祖廟，故文、武各特牛也。云"立依前南鄉"者，此案《司几筵》云"大朝覲、大饗射，凡封國、命諸侯，王位設黼依，依前南鄉"，是立依前南鄉之事也。云"儐者進，當命者延之，命使登。內史由王右以策命之。降，再拜稽首；登，受策以出"者，史由王右以策命之者，此案《覲禮》，天子使公與史就館賜侯氏命服時，史由公右執策命之。又案《祭統》云："祭之日，一獻，君降立於阼階之南，南鄉。所命北面，史由君右執策命之，再拜稽首，受書以歸。"天子無降立之事，其餘則同，命諸侯之史當王右以策命之。云"降，再拜稽首；登，受以出"，約僖二十八年王命晉侯之事。案彼《傳》云，王命內史叔興父策命晉侯爲侯伯，當時晉侯降，再拜稽首，登，受策以出。據彼文也。云"此其略也"者，但命諸侯其時威儀更有委曲，今所言不盡，故云略也。云"諸侯爵祿其臣則於祭焉"者，《祭統》所云者是也。**國有大故，則旅上帝及四望。** **注**故，謂凶裁。旅，陳也。陳其祭事以祈焉，禮不如祀之備也。上帝，五帝也。鄭司農云："四望，日、月、星、海。"玄謂四望，五嶽、四鎮、四瀆。○**釋**曰：此"旅"是祈禱之名，是以知是"凶裁"，凶謂年穀不熟，裁謂水火也。云"旅，陳也。陳其祭事以祈焉，禮不如祀之備"者，但祈謂祈請求福，得福乃祠賽之。祠賽則備，而與正祭同，故知禮不如祀之備。云"上帝，五帝也"者，案《禮器》云："祀帝於郊，而風雨寒暑時。"風雨寒暑非一帝之所能爲。此祈請亦是求風雨寒暑時，非一帝，故知是五帝也。鄭司農云"四望，日、月、星、海"，後鄭不從者，禮無祭海之文，又山川稱望，故《尚書》云"望秩于山川"是也。"玄謂四望，五嶽、四鎮、四瀆"，知者，祭山川既稱望，案《大司

---

① "皆"字阮本作"者"，屬上讀。阮校云："浦鏜云'也'誤'者'。惠校本誤'皆'。"按浦鏜蓋據《祭統》原文改爲"也"，孫疏從之，加藤亦謂"皆"字非是。實則此承上引《祭統》"見爵賞之施焉"及"古者於禘也，發爵賜服，順陽義"二者而言"皆"，"皆"字未必不通。

樂》有“四鎮、五嶽崩”，四瀆又與五嶽相配，故知“四望”中有此三者。言四望者，不可一往就祭，當四向望而爲壇遙祭之，故云四望也。**王大封，則先告后土。**注后土，土神也，黎所食者。○釋曰：“大封”，謂若《典命》公八命、卿六命、大夫四命其出封皆加一等，是其大封之事，對封公、卿、大夫爲采邑者爲小封。云“則先告后土”者，封是土地之事，故先以禮告后土神，然後封之也。注云“后土，土神也，黎所食者”，言后土有二。若五行之官，東方木官句芒，中央土官后土，此等后土，土官也；黎爲祝融兼后土，故云黎所食者；若《左氏傳》云“君戴皇天而履后土”，彼爲后土神，與此“后土”同也。若句龍生爲后土官，死配社，即以社爲后土，其實社是五土摠神，非后土，但以后土配社食，世人因名社爲后土耳。此注本無言“后土，社”，寫者見《孝經》及諸文注多言“社，后土”，因寫此云“后土，社”。故鄭荅趙商云：“句龍本后土，後遷爲社，王大封，先告后土。玄云‘后土，土神’，不言‘后土，社’也。”鄭又荅田瓊云：“后土，古之官名，死爲社而祭之，故曰‘后土，社’。句龍爲土官，後轉爲社，世人謂爲后土，無可怪。”此中“后土”不得爲社者，聖人太平制禮，豈得以世人之言著大典，明后土，土神，不得爲社也。**乃頒祀于邦國、都家鄉邑**[①]。注頒讀爲班，班其所當祀及其禮。都家之鄉邑，謂王子弟及公卿大夫所食采地。○釋曰：云“頒讀爲班”者，鄭於《周禮》所有“頒”皆讀爲“班”，班謂布也。云“班其所當祀及其禮”者，但名位不同，禮亦異數，既班其祀，明亦班禮與之，故連言禮也。班禮，謂若諸侯不得祭天地，唯祭社稷、宗廟、五祀之等；二王後與魯唯祭天，仍不得祭地。大都亦與外諸侯同其禮者，若獻尸，上公九，侯、伯七，子、男五，皆大牢之屬是也。其小都與家則依卿、大夫之獻，亦大牢也。云“都家之鄉邑，謂王子弟”以下者，鄭恐經“鄉邑”六鄉六遂，非都家之內鄉邑，故以明之，謂都家之內鄉邑耳。其都家之內鄉邑，未必一如六鄉六遂家數，但采邑之內亦有二十五家爲里以上以相統領，故一成之內得有革車一乘、士十人、徒二十人發兵及出稅之法，即謂之鄉邑也。謂王子弟者，以親疎分於大都、小都、家邑三處食采地。言及公卿大夫采地者，謂若《載師職》公大都、卿小都、大夫家邑也。

　　小宗伯之職，掌建國之神位，右社稷，左宗廟。○釋曰：“建”，立

---

　　① 按鄭注以“鄉邑”爲三等采地“都家之鄉邑”，賈疏據以爲説。後人則謂“鄉邑”爲鄉遂、公邑，“都家”爲三等采地，詳孫疏。

也。言"立邦之神位"者，從内向外，故據國中神位而言，對下經在四郊等爲外神也。言"右社稷，左宗廟"者，案《匠人》亦云"左宗廟，右社稷"，彼掌其營作，此掌其成事位次耳。案《禮記·祭義》注云："周尚左。"又案桓公二年："取郜大鼎，納於大廟。"何休云："質家右宗廟，尚親親。文家右社稷，尚尊尊。"若然，周人右社稷者，地道尊右，故社稷在右，是尚尊尊之義。此據外神在國中者社稷爲尊，故鄭注《郊特牲》云："國中神莫大於社。"《祭義》注"周尚左"者，據内神而言。若據衣服尊卑，先王衮冕、先公鷩冕亦貴於社稷，故云周尚左。各有所對，故注不同也。**注** 庫門内、雉門外之左右。故書位作立。鄭司農立讀爲位[①]。古者立、位同字，古文《春秋經》"公即位"爲"公即立"。○釋曰：鄭知"庫門内、雉門外"者，後鄭義，以雉門爲中門，周人外宗廟，故知"雉門外、庫門内之左右"也。先鄭云"古者立、位同字"者，是古者假借字同也。云"古文《春秋》"者，《藝文志》云"《春秋古經》十二卷"，是此古文經所藏之書。文帝除挾書之律，此本然後行於世，故稱古文。**兆五帝於四郊，四望、四類亦如之。** ○釋曰：自此以下云外神。從尊至卑，故先云"五帝"。此不云大帝者，此文上下唯論在"四郊"，以對國中"右社稷、左宗廟"，其大帝與崑崙自相對，而在四郊之内有自然之圓丘及澤中之方丘，以其不在四郊，故不言也。**注** 兆，爲壇之營域。五帝：蒼曰靈威仰，大昊食焉；赤曰赤熛怒，炎帝食焉；黄曰含樞紐，黄帝食焉；白曰白招拒，少昊食焉；黑曰汁光紀，顓頊食焉。黄帝亦於南郊。鄭司農云："四望，道氣出入。四類，三皇、五帝、九皇、六十四民咸祀之。"玄謂四望，五嶽、四鎮、四竇。四類，日、月、星、辰，運行無常，以氣類爲之位，兆日於東郊，兆月與風師於西郊，兆司中、司命於南郊，兆雨師於北郊。○釋曰：云"兆，爲壇之營域"者，案《封人》云"社稷之壝"，謂壝土爲之，即此壇之營域，一也。不言壇者，舉外營域，有壇可知。云"五帝：蒼曰靈威仰"之等，此於《大宗伯》釋訖。但彼據禮神玉幣而言，此據壇域處所而説，故兩處各言之也。司農云"四望，道氣出入"者，案上注，司農以爲"日、月、星、海"，後鄭不從矣；今此云道氣出入，與上注不同者，以無正文，故兩注有異。若然，云道氣出入，則非日、月、星、海，謂五嶽之等也，故後鄭就足之，還爲"五嶽"之屬解之。先鄭云"四類，三皇、五帝、九皇、六十四民咸祀之"者，案《史記》云："九皇氏没，六十四民興。六十四民没，三皇興。"彼雖無三皇[②]、五帝之文，先鄭意，三皇已祀之，明并

---

① "鄭司農"三字婺本同，金本"農"下剜擠"云"字，與阮本合。
② "皇"字原作"王"，據阮本改。

484

祭五帝三王可知①。後鄭不從者，以其“兆五帝”已下皆據外神大昊、句芒等配祭而已，今輒特祭人帝於其中，非所宜，故不從，是以取“五嶽”之屬易之也。後鄭注云“四類，日、月、星、辰”者，以其言“類”，明“以氣類”而爲位以祭之，故知是日、月之等。知“兆日於東郊”者，案《祭義》云：“大明生於東。”故《覲禮》亦云：“拜日於東郊。”《玉藻》又云：“朝日於東門之外也。”又知“兆月於西郊”者，月生於西。知“風師”亦“於西郊”者，以其五行金爲暘，土爲風，風雖屬土，秋氣之時，萬物燥落由風，故風亦於西郊也。云“兆司中、司命於南郊”者，以其南方盛陽之方，司中、司命又是陽，故司中、司命在南郊也。云“兆雨師於北郊”者，以其雨是水，宜在水位，故知雨師在北郊。天子四望，諸侯三望境内山川。案僖三十一年：“夏四月，猶三望。”服氏云：“三望，分野星、國中山川。”又上文先鄭云：“四望，日、月、星、海。”後鄭必知望祭中無天神者，案哀六年云：“初，楚昭王有疾。卜曰：‘河爲祟。’王弗祭。大夫請祭諸郊。王曰：‘三代命祀，祭不越望。江、漢、睢、漳，楚之望也。’”《爾雅》又云：“梁山，晉望。”又案《尚書》云：“望於山川。”則知望祭中無天神可知。若天神日、月之等，當入四類之内也。若然，《尚書》云“望於山川”，必知四望非山川，是五嶽、四瀆者②，以其下云“兆山川、丘陵”之等，山川既在下，故知此“四望”是五嶽之屬山川之大者也。**兆山川、丘陵、墳衍各因其方。** **注**順其所在。○釋曰：案《大司徒職》地有十等，此不言林澤、原隰，亦“順所在”可知，故略不言也。

掌五禮之禁令與其用等。 **注**用等，牲、器尊卑之差。鄭司農云：“五禮，吉、凶、賓、軍、嘉。”○釋曰：云“用等，牲、器尊卑之差”者，謂若天子大夫已上大牢、士少牢，諸侯之大夫少牢、士特牲之等；其器，謂若少牢四敦，特牲二敦，士二豆三俎，大夫四豆五俎，諸侯六豆七俎，天子八豆九俎，其餘尊罍爵勺及饗食之等各依尊卑之差。先鄭云“五禮，吉、凶、賓、軍、嘉”者，《大宗伯職》文。**辨廟祧之昭穆。** ○釋曰：案《禮記·王制》云：“天子七廟，三昭三穆，與大祖之廟而七。諸侯二昭二穆，與大祖之廟而五。大夫一昭一穆，與大祖之廟而三。士一廟。”案《祭法》：“適士二廟③。”《王制》不言之者，取自上而下降殺以兩，故略而不言二廟者，故此摠云“廟祧之昭穆”。諸侯無二祧，謂始封大祖廟爲祧，故《聘禮》云“不腆先君之祧”，是大祖爲祧也。**注**祧，遷主所藏

---

① 阮校引盧文弨説云：“‘三王’二字當衍。”孫疏據刪。
② “瀆”字阮本作“竇”，與注合。按“瀆”正字，“竇”借字。
③ “士”字原作“土”，據阮本改。

之廟。自始祖之後，父曰昭，子曰穆。○釋曰：案《祭法》注：“祧之言超，超然上去意。”以其遠廟爲祧，故云上去意也。周以文、武爲二祧，文王第稱穆，武王第稱昭。當文、武後，穆之木主入文王祧，昭之木主入武王祧，故云“遷主所藏之廟”曰祧也。云“自始祖之後，父曰昭，子曰穆”者，周以后稷廟爲始祖，特立廟不毀，即從不窋已後爲數，不窋父爲昭，鞠子爲穆，從此以後皆父爲昭、子爲穆，至文王十四世，文王第稱穆也。**辨吉凶之五服、車旗、宮室之禁。** ○釋曰：云“吉凶之五服”者，皆據人數而云五也。又云“車旗、宮室之禁”者，謂若《典命》云“國家、宮室、車旗、衣服、禮儀以九、以七、以五爲節”。言禁令者[1]，謂五服及車旗、宮室皆不得上僭下逼，當各依品命爲法。**注**五服，王及公、卿、大夫、士之服。○釋曰：案《尚書》云：“五服五章才。”鄭注云：“十二也，九也，七也，五也，三也。”又云：“予欲觀古人之象，日、月、星辰。”注云：“此十二章，天子備有。公自山而下。”《孝經》云：“非先王之法服。”注云“先王制五服，日、月、星辰服[2]，諸侯服山、龍”云云，皆據章數而言。今此注“五服”以爲“王及公、卿、大夫、士之服”，不據章數爲五者，以其喪服自天子達於士唯一而已，不得數服爲五，即知吉之五服亦不得數服[3]，故皆據人爲五也。**掌三族之别，以辨親疏。其正室皆謂之門子，掌其政令。** ○釋曰：此“三族”謂父子孫，舉本而言，推此而往，其中則兼九族矣。云“辨親疏”者，據已上至高祖，下至玄孫，傍至緦麻，重服者則親，輕服者則疏也。云“正室皆謂之門子”者，還據九族之内，但是適子正體主皆是正室，亦謂之門子。**注**三族，謂父子孫，人屬之正名。《喪服小記》曰：“親親以三爲五，以五爲九。”正室，適子也，將代父當門也。政令，謂役守之事。○釋曰：云“三族，謂父子孫”者，此據已上親父，下親孫，是父子孫，此即“親親以三”是也。云“以三爲五”者，謂此父子孫之三，以父親祖，以子親孫，則五也。云“以五爲九”者，謂以祖親曾、高，以孫親曾、玄，即是以五爲九也。若然，不言以五爲七[4]，乃云以五爲九者，《齊衰三月章》云：“爲曾祖。”鄭注云：“服之數盡於五，則高祖宜緦麻，曾祖宜小功也。據祖期，則曾祖宜大功，高祖宜小功也。高祖、

---

① 加藤云：“‘令’疑衍。”

② 孫校據《北堂書鈔》卷一二八《衣冠部》引《孝經》鄭注改“日月星辰服”爲“天子服日月星辰”。

③ “即”字阮本作“則”。按賈疏“即”、“則”通用無别。

④ “七”字原作“十”，據阮本改。

曾祖皆有小功之差，則曾孫、玄孫爲之服同也。重其衰麻，尊尊也。減其日月，恩殺也。”以此而言，曾祖、高祖服同齊衰三月，則爲曾孫、玄孫服同緦麻三月。以尊卑服同，故經云“以五爲九”，不須言以五爲七也。云“政令，役守之事”者，案《諸子職》云“掌國子之倅，若有甲兵之事，致於大子，惟所用之”，是其役事；案《宮伯職》云“掌士庶子”，又有八次、八舍宿衛之事，是其守之事。故摠云“政令，役守之事”也。

　　毛六牲，辨其名物，而頒之于五官，使共奉之。○釋曰：言“辨其名物”者，若六牲皆有名，若馬、牛、羊、豕、犬、雞；物，色也，皆有毛色，若宗廟用騂之等。云“頒之于五官”者，六卿應言六官①，而云五者，以其天官貳王治事②，尊而不使奉牲，故五官也。云“使共奉之”者，謂充人養之，至祭日之旦在廟門之前頒與五官，使共奉之，助王牽入廟，即《祭義》所云“卿、大夫贊幣而從之”。彼雖諸侯法，可況天子也。注毛，擇毛也。鄭司農云：“司徒主牛，宗伯主雞，司馬主馬及羊，司寇主犬，司空主豕。”○釋曰：先鄭云“司徒奉牛”已下，皆案職知之，若《大司徒》有《牛人》，即云“奉牛牲”；《宗伯職》有《雞人》，即云“共雞牲”；《司馬職》有《羊人》，《校人》“掌馬”，即云“共羊牲”、“奉馬牲”，《司寇職》有《犬人》，即云“奉犬牲”。是以先鄭依而用焉。唯《司空職》亡，先鄭知“主豕”者，《五行傳》：“聽之不聰，則有豕禍。”是豕屬北方。司空冬官，故奉豕牲也。

辨六齍之名物與其用，使六宮之人共奉之。○釋曰：六穀云“名物”者，謂六穀各有名，其色異，故云名物也。云“與其用”者，六穀所用，若六牲、六彝，所用不同，故須辨之。云“使六宮之人共奉之”者，黍稷簠簋是婦人所奉之事，故使六宮之人奉之。六宮之人，謂若《世婦職》云“女宮之宿戒”者也。注齍讀爲粢，六粢謂六穀，黍、稷、稻、粱、麥、苽。○釋曰：讀“齍”爲“粢”者，《爾雅·釋草》：“粢，稷也。”粢字從米，以次爲聲，其齍字從皿，以齊爲聲，從皿不如從米，故讀粢也。云“六粢，黍、稷、稻、粱、麥、苽”者，約《食醫》“和王六食”云黍、稷、稻、粱、麥、苽而言。辨六彝之名物，以待果將。注六彝，雞彝、鳥彝、斝彝、黃彝、虎彝、蜼彝。果讀爲祼。○釋曰：上二經皆云“使共奉之”，此及下經不云“使共奉之”而云“以待”，文不同者，上二者官衆，故云使共奉；此及下文並是司尊彝一職之事，又是春官當司所主，故直云以待也。祼言“將”者，將，送也。謂以圭瓚酌之，送與尸及賓，故云將。六彝之名出《司尊彝》也。云“果讀

① “六官”二字原作“六宮”，據阮本改。
② “天官”二字原作“大宫”，據阮本改。

爲裸"者,諸文皆云裸,故讀從之,其實裸更讀爲灌。**辨六尊之名物,以待祭祀、賓客。**○釋曰:案司尊彝唯爲祭祀陳六彝、六尊,不見爲賓客陳六尊,此兼言"賓客",則在廟饗賓客時陳六尊亦依祭禮四時所用。唯在外野饗不用祭祀之尊,故《春秋左氏傳》云"犧象不出門也"[1]。若然,案《鬱人》云:"掌裸器,凡祭祀、賓客之裸事。"則上"六彝"亦爲祭祀、賓客而辨之,而不言"祭祀、賓客"者,舉下以明上,故略而不言。注待者,有事則給之。鄭司農云:"六尊,獻尊、象尊、壺尊、著尊、大尊、山尊。"○釋曰:云"待者,有事則給之"者,所須則祭祀、賓客是也。上經"六彝"亦云"以待",鄭不言者,上經不言祭祀、賓客,先鄭亦略而不言,亦就此"以待祭祀、賓客"而解之。先鄭解六尊亦據《司尊彝》而言也。

　　掌衣服、車旗、宮室之賞賜。○釋曰:"衣服",謂若《司服》"袞冕"以下。唯有大裘不可以賞賜,以其諸侯不合用之,是以魯祭天用袞冕,則二王後祭天亦不得用大裘也。云"車旗"者,謂若《巾車》"金路"、"象路"、"革路"、"木路"及"夏篆"已下,亦得依所乘者賜之。唯玉路不得賜,與大裘同,是以魯用殷之大路也。注王以賞賜有功者。《書》曰:"車服以庸。"○釋曰:引《書》者,《尚書·舜典》文。孔云:"賜以車服,旌其能用。"**掌四時祭祀之序事與其禮。**注序事,卜日、省牲、視滌濯饗黍之事次序之時。○釋曰:云"序事,卜日、省牲"之等者,此以經云"掌四時祭祀之序事",謂次第先後,故取上《大宗伯》"凡祀大神、享大鬼、祭大祇,帥執事而卜日"已下之事,下亦有"省牲"已下,故取以證"序事"。唯"饗黍"之言出於《特牲》,即《大宗伯》云"牲鑊",一也。**若國大貞,則奉玉帛以詔號。**○釋曰:此"國大貞",則《大卜》所云"凡國大貞,卜大遷"之等"視高、作龜"者是也。注號,神號、幣號。鄭司農云:"大貞,謂卜立君、卜大封。"○釋曰:此言卜事,而云"神號"者,案《大祝》有"神號"、"幣號",又案下《天府職》云:"季冬,陳玉以貞來歲之媺惡。"鄭云:"問事之正曰貞。謂問於龜,《大卜職》'大貞'之屬。陳玉,陳禮神之玉。龜有天地四方,則玉有六器者與?"此既言"玉帛",明亦有六幣以禮神也。先鄭云"大貞,謂卜立君、卜大封",《大卜》文。不言大遷者,引文略也。**大祭祀,省牲,眡滌濯;祭之日,逆齍,省鑊,告時于王,**

告備于王。○釋曰：此云"省牲"、"眂滌濯"、"省鑊"，與《大宗伯》文同，謂佐大宗伯。其大宰省牲者①，察其不如法。其"逆齍"，即《大宗伯》"涖玉齍"者是也。大宗伯涖之，小宗伯迎之，是相佐也。其"告時"、"告備"，是其專職耳。**注** 逆齍，受饎人之盛以入。省鑊，視亨腥熟。時，薦陳之晚早。備，謂饌具。○釋曰：知"齍，受饎人之盛以入"者，案《少牢》饎爨在廟門之外，明天子、諸侯饎爨亦在廟門外。今言迎齍，明於廟門之外迎入，向廟堂東，實之於簠簋也。云"省鑊，視亨腥熟"者，案《禮運》云："腥其俎，熟其殽。"鄭云："腥其俎，豚解而腥之。熟其殽，體解而爓之。"此謂祭宗廟朝踐、饋獻節，彼下文更有體其犬豕牛羊，謂室中饋熟，亦須鑊。鄭不言，略也。云"時，薦陳之晚早"者，陳謂祭前陳饌於堂東，薦謂薦之於神坐。皆有晚早。云"備，謂饌具"者，此饌具即堂東所陳，陳備即告，告王祭時已至，當行事也。**凡祭祀、賓客，以時將瓚果。注** 將，送也，猶奉也。祭祀，以時奉而授王；賓客，以時奉而授宗伯。天子圭瓚，諸侯璋瓚。○釋曰：云"祭祀，以時奉而授王"者，案《小宰職》云："凡祭祀，贊玉幣爵之事②、祼將之事。"注云："又從大宰助王也。將，送也。祼送祼③，謂贊王酌鬱鬯以獻尸。以人道宗廟有祼。"此小宗伯又奉而授王者，此據授王，彼小宰據授尸，謂瓚既在王手，小宰乃贊王授尸，故二官俱言也。云"賓客，以時奉而授宗伯"者，《大宗伯》云"大賓客，攝而載祼"者是也。云"天子用圭瓚"者，《玉人》云"祼圭尺有二寸"者是也。云"諸侯用璋瓚"者，此謂未得圭瓚之賜者。故《王制》云："諸侯賜圭瓚，然後爲鬯。未賜圭瓚，則資鬯於天子。"是用璋瓚謂未得圭瓚賜者也。是以《祭義》云："君用圭瓚灌，大宗用璋瓚亞灌。"鄭云："大宗亞灌，容夫人有故。"是諸侯亦用圭瓚也。若然，天子用圭瓚，則后亦用璋瓚也；其諸侯未得圭瓚者，君與夫人同用璋瓚也。**詔相祭祀之小禮。凡大禮，佐大宗伯。注** 小禮，羣臣之禮。○釋曰：云"詔相祭祀之小禮"者，謂王有故不親行事，使臣攝祭，則爲小禮，故鄭云"羣臣之禮"。云"凡大禮，佐大宗伯"者，《大宗伯》所云者，小宗伯佐之也；此經所云既未至職末輒言此者，此已下皆小宗伯專行事，不佐大宗伯，故於中言之以結上也。**賜卿大夫士爵，則儐。** ○釋曰：諸侯尊，故大宗伯儐；"卿大夫士"卑，故小宗伯儐之。**注** 賜猶命也。儐之，如命諸侯之儀。《春秋》文元

---

① 阮校引盧文弨説云："《大宰》無'省牲'之文，疑仍是'大宗伯'之訛。"孫疏據改。
② "玉"字原作"王"，阮本同。阮校引浦鏜説云："'玉'誤'王'。"玆據改。
③ "送祼"二字原作"迗祼"，據阮本改。

年：“天王使毛伯來錫公命。”《傳》曰：“錫者何？賜也。命者何？加我服也。”○釋曰：云“賜猶命也”者，但命謂以簡策以辭命之并加以服，賜自是以車馬賜之，則賜、命別矣，而言賜猶命者，欲見賜、命相將之物，故《覲禮》賜侯氏以車馬及命書與箧服同時也。云“如命諸侯之儀”者，儀法雖同，禮數則異也。引《公羊傳》者，欲見賜、命相將之事。**小祭祀，掌事，如大宗伯之禮。**○釋曰：“小祭祀”，謂王玄冕所祭，則小宗伯專掌其事，其法“如大宗伯”也。**大賓客，受其將幣之齎。**注謂所齎來貢獻之財物。○釋曰：此謂諸侯來朝覲，禮畢，每國於廟貢國所有，行三享之禮。諸侯以玉幣致享，既訖，其庭實之物則小宗伯受之以東，故云“受其將幣之齎”也。

　　若大師，則帥有司而立軍社，奉主車。○釋曰：言“大師”者，大起軍師以征伐。云“帥有司而立軍社”者，謂小宗伯帥領有司大祝而立軍社，載於齊車以行。云“奉主車”者，謂遷廟主亦載於齊車以行也。注有司，大祝也。王出軍，必先有事於社及遷廟，而以其主行。社主曰軍社，遷主曰祖。《春秋傳》曰：“軍行被社釁鼓，祝奉以從。”《曾子問》曰：“天子巡守，以遷廟主行，載于齊車，言必有尊也。”《書》曰：“用命賞于祖，不用命戮于社。”社之主蓋用石爲之。奉，謂將行。○釋曰：鄭知“有司”是“大祝”者，見《大祝職》云“大師，設軍社”故也。鄭知“王出軍，必先有事於社及遷廟，而以其主行”者，見《大誓》及《王制》將出軍皆云“類於上帝，宜於社”，又《曾子問》云“以遷廟主行，載於齊車”，故知也。云“社主曰軍社”者，以其載社在於軍中①，故以軍社言之。云“遷主曰祖”者，此經直云“奉主車”，雖不云“祖”，鄭意欲取《尚書》“賞於祖”爲證，故先言遷主曰祖也。引《春秋》者，定四年召陵之會：“將會，衛子行敬子言於靈公，曰：‘會同難，其使祝佗從。’祝佗曰：‘君以軍行，被社釁鼓，祝奉以從。若君行師從，卿行旅從，祝不出境。’”祝佗言此者，欲見召陵之會是朝聘吉行，大祝不合行意②。時靈公抑遣行，祝佗遂行。引者，欲見此經“有司立軍社”是大祝之事也。引《曾子問》者，欲見軍行天子、諸侯皆用遷廟木主行之意也。《尚書》者，是《甘誓》啓與有扈戰於甘之野誓士衆之辭。引之者，欲見軍行須軍社、遷主也。云“社之主蓋用石爲之”者，案許慎云：“今山陽俗祠有石主。”彼雖施於神祠③，要有石主。主類其社，其社既以土爲壇，石是土之類，故

---

①　阮校云：“‘在’疑是‘主’字之誤。”
②　“不”字原作“有”，據阮本改。
③　“彼”字原作“被”，據阮本改。

鄭云社主蓋以石爲之①。無正文，故云"蓋"以疑之也。云"奉，謂將行"者，以《曾子問》云"載於齊車"，又《尚書》"用命賞於祖"，故知奉謂將行也。**若軍將有事，則與祭有司將事于四望②。**○釋曰：其"四望"者，謂五嶽、四鎮、四瀆。王"軍將有事"與敵合戰之時，則小宗伯"與祭有司"大祝之等祭四望之神以求福。但四望之神去戰處遠者不必祭之，王之戰處要有近之者，祭之，故以四望言之也。**注**軍將有事，將與敵合戰也。鄭司農云："則與祭，謂軍祭表禡、軍社之屬，小宗伯與其祭事。"玄謂與祭有司，謂大祝之屬，蓋司馬之官實典焉。○釋曰：先鄭以"與祭"以上絕讀之。若然，則與祭者與祭何神乎？其"有司將事於四望"，則有司自有事於四望矣，不干小宗伯，輒於此言之，見何義也？於義不然，故鄭合爲一事解之也。鄭知"有司"是"大祝"者，案《大祝職》云"大師，國將有事於四望"，與此義同，故知有司大祝。知"司馬實典之"者，以其軍事是司馬所掌，故知司馬實典主其事也。無正文，故云"蓋"以疑之也。**若大蒐，則帥有司而臠獸于郊，遂頒禽。**○釋曰：言"大蒐"者，天子四時田獵也。云"則帥有司而臠獸于郊"者，謂田在四郊之外，田訖，以禽獸饋於郊者；將入國，過四郊，四郊皆有天地日月山川之位，便以獸薦於神位以歆神。非正祭，直是野臠獸於郊。云"遂頒禽"者，因事曰遂。以在郊臠獸訖，入至澤宮中，而射以主皮行班餘獲射之禮，故云遂頒禽。**注**甸讀曰田。有司，大司馬之屬。臠，饋也。以禽饋四方之神於郊，郊有羣神之兆。頒禽，謂以予羣臣。《詩傳》曰："禽雖多，擇取三十焉，其餘以予大夫士，以習射於澤宮而分之。"○釋曰："甸"者，以郊外曰甸，獵在甸地，故云甸。今"讀曰田"者，義將兩兼，非直獵在甸地，亦得取田義，以其似治田去不秀實，故以田言之。云"有司，大司馬之屬"者，以其軍事是司馬之事，故《大司馬職》云"徒弊，致禽臠獸於郊"，故知大司馬之屬。但小宗伯不可帥大司馬身，故知所帥者司馬之屬官，故以之屬言之也。云"四方之神"者，即天地山川之等。云"郊有羣神之兆"者，上文"兆五帝於四郊，四類、四望亦如之。兆山川、丘陵各於其方"，是羣神之兆也。引《詩傳》者，證頒禽之義。《書傳》亦云焉。**大災，及執事禱祠于上下神示。**○釋曰：云"大災"者，謂國遭水火及年穀不熟，則禱祠於上下天地神祇。**注**執事，大祝及男巫、女巫也。求福曰禱，得求曰祠，謳曰"禱

爾于上下神祇"。鄭司農云："小宗伯與執事共禱祠。"○釋曰：鄭知"執事"之中"大祝
及男巫、女巫"者，見《大祝職》云"國有大故、天烖，則彌祀社稷"，《司巫》云"國大烖，則
帥巫而造巫恒"，《男巫職》中雖無事，其司巫所帥者即帥男巫也，《女巫職》云"凡邦之大
烖，歌哭而請"，是以鄭君歷而言焉，以充事也。云"求福曰禱，得求曰祠"，兩言之者，欲
見初禱，後得福則祠之也。

　　王崩，大肆，以秬鬯涊；注鄭司農云："大肆，大浴也。"杜子春讀涊爲泯，以
秬鬯浴尸。玄謂大肆，始陳尸伸之。○釋曰：先鄭與子春所解皆不釋"肆"字，故後鄭就
足之，特解"肆"爲"始陳尸伸之"者，肆訓爲陳、爲伸故也。必用"秬鬯"者，以死者人所
惡，故以秬鬯浴尸使之香也。《大祝職》云："大喪，始崩，以肆鬯涊尸。"《小祝》又云："大
喪，贊涊。"彼二官已掌之，此言之者，察其不如儀也。及執事涖大斂、小斂，帥
異族而佐；注執事，大祝之屬。涖，臨也。親斂者蓋事官之屬爲之。《喪大記》曰："小
斂，衣十九稱，君、大夫、士一也。大斂，君百稱，大夫五十稱，士三十稱。"異族佐斂，疏
者可以相助。○釋曰：鄭知"執事"是"大祝之屬"者，案《大祝職》云："大喪，贊斂。"明
大祝執事，小宗伯涖之。云"親斂者蓋事官之屬爲之"者，以其諸處更不見主斂事者，事
官又主工巧之事，以無正文，故疑事官之屬爲之也。引《喪大記》者，以天子之喪大小斂
稱數無文，故約諸侯法推出天子斂之稱數也。案《喪大記》注："小斂十九稱，法天地之
成數[①]。"故尊卑同。至於襲與大斂乃異，大斂五等諸侯同百稱，天子蓋百二十稱也；天
子大夫、士約與諸侯之卿、大夫、士同，以其執贊同，故祿與廟數及襲斂亦無嫌也。云
"異族佐斂，疏者可以相助"者，此異族，據姓而言之。

---

① 孫校云："'成'《喪大記》注作'終'。"

周禮疏卷第二十一

唐朝散大夫行大學博士弘文館學士臣賈公彦等撰

縣衰冠之式于路門之外；注制色宜齊同。○釋曰："式"，謂制及色，故鄭云"制色宜齊同"。知式中兼有色者，案《禮記·問喪》云："斬衰貌若苴，齊衰貌若枲。"齊斬之衰其色亦如貌，故鄭知式中兼有色也。但冠不據色，是以《喪服傳》云"冠六升，鍛而勿灰"，明不色如苴也。"縣衰冠"，《大僕》云："縣喪首服之法于宮門。"注云："首服，謂免髽笄總廣狹長短之數。"與此不同，故彼別縣之也。及執事眡葬獻器，遂哭之，○釋曰：此文承"衰冠"之下，"卜葬"之上，謂既殯之後事，故《禮記·檀弓》云："既殯，旬而布材與明器。"云"執事眡葬獻器，遂哭之"，謂獻明器之時小宗伯哭此明器，哀其生死異也。注執事，蓋梓、匠之屬。至將葬，獻明器之材，又獻素、獻成，皆於殯門外。王不親哭，有官代之。○釋曰：鄭知"執事"是"梓、匠之屬"者，以其明器所爲是工巧之事，梓人、匠人見主工巧，故知是梓、匠也。言之屬者，冬官揔主人工事，故以之屬兼之。但無正文，故云"蓋"以疑之也。云"至將葬，獻明器之材"者，亦約《檀弓》云"既殯，旬而布材"，故知將葬獻材也。又知"獻素、獻成，皆於殯門外"者，見《士喪禮》云"獻材于殯門外，西面北上，繢。主人徧視之，如哭椁。獻素、獻成亦如之"，注云："形法定爲素，飾治畢爲成。"是其事也。云"王不親哭，有官代之"者，案《士喪禮》主人親哭[1]，以無官；此王不親哭，以其有官，有官即小宗伯哭之是也。卜葬兆、甫竁亦如之；○釋曰：王喪，七月而葬。將葬，先卜墓之塋兆，故云"卜葬兆"也。云"甫竁"者，既得吉，而始穿地爲壙，故云甫竁也。云"亦如之"者，亦如上明器哭之。但明器材哭於殯門外，此卜葬地在壙所，則哭亦與在殯所哭之相似，故云亦如之。注兆，墓塋域。甫，始也。鄭大夫讀竁皆爲穿，杜子春讀竁爲毚，皆謂葬穿壙也。今南陽名穿地爲竁，聲如腐胑之

---

① "案"字原作"決"，阮本作"按"，加藤云："作'按'似是。"按底本通作"案"，茲據改。

脺^①。○釋曰：《孝經》云“卜其宅兆”，注“兆”以爲“龜兆”解之；此“兆”爲“墓塋兆”者，彼此義得兩合^②，相兼乃具，故注各據一邊而言也。“鄭大夫讀竁皆爲穿”，此經唯有一“竁”，而云皆，并下《冢人》“甫竁”皆爲穿也。“杜子春讀竁爲毳”，毳亦是穿，當時有此語。後鄭從之，故云“皆謂葬穿壙也”。云“今南陽名穿地爲竁，聲如腐脃之脺”者，時南陽郡人名穿地爲竁，竁之聲如腐脃之脺，則以竁爲脃也。**既葬，詔相喪祭之禮；****注**喪祭，虞、祔也。《檀弓》曰：“葬日虞，弗忍一日離也，是日也，以虞易奠。卒哭曰‘成事’，是日也，以吉祭易喪祭。明日，祔于祖父。”○釋曰：鄭知“喪祭”是“虞、祔也”者，以文承“卜葬”之下，“成葬”之上，其中唯有虞、祔而已，故以虞、祔解之也。“《檀弓》曰：葬日虞，弗忍一日離也”者，自始死至葬前未忍異於生，故無尸而設奠，象生時薦羞於坐前也。既葬，送形而往，迎魂而反，日中而虞。虞者，鄭注《士虞禮》云“虞，安也”，所以安神是也。葬之朝，爲大遣奠，反，日中而虞，是不忍一日使父母精神離散，故云不忍一日離也。云“是日也，以虞易奠”者，以《士虞禮》云“男，男尸。女，女尸。爲神象鬼事之”，是以虞易奠也。云“卒哭曰成事，是日也，以吉祭易喪祭”者，案《士虞禮》：“三虞、卒哭、他，用剛日，云‘哀薦成事’。”故《檀弓》記人解《士虞禮》云“卒哭曰‘成事’”。祭以吉爲成，故云“是日也，以吉祭易喪祭”，虞祭是也^③。云“明日，祔於祖父”者，引之，證經“喪祭”爲虞祭，又爲祔祭。士之禮葬用柔日，假令丁日葬，葬日第一虞，隔戊日，己日爲第二虞，後虞改用剛，用庚日。卒哭亦用剛日，隔辛日，壬日爲卒哭祭。其祔祭又用柔日，則癸日爲祔祭。是士從始虞至祔日，揔用七日。以此差之，大夫五虞、諸侯七虞、天子九虞相次日數可知耳。此喪中自相對，虞爲喪祭，卒哭即爲吉祭，以其卒去無時哭，哀殺，故爲吉。若喪中對二十八月復平常爲吉祭，則禫祭已前皆爲喪祭也。若然，喪中自相對，虞爲喪祭，卒哭爲吉祭，而鄭云“喪祭，虞、祔”，并祔祭亦爲喪祭者，此鄭欲引《檀弓》并祔祭揔釋，故喪中之祭揔爲喪祭而言。其實卒哭既爲吉祭，祔祭在卒哭後，是吉祭可知也。**成葬而祭墓，爲位。**○釋曰：云“成葬”者，謂造丘墳已訖。以王之靈柩託於此土，故祭后土之神使安祐之，當設祭位於墓左也。**注**成葬，丘已封也。天子

---

① “聲如腐脃之脺”六字婺本、金本、阮本同，孫疏云：“依《釋文》，蓋陸本作‘聲如腐脃之脃’，舊本或作‘如腐脺之脺’，別本又或作‘如腐臚之臚’。俗本脃、脺錯出，則兼采兩本之不可通者。”按賈疏云“則以竁爲脃也”，其所據本蓋與陸德明本相同。

② 孫校云：“‘合’疑‘含’之誤。”

③ “虞”字原空闕一格，據阮本補。

之冢蓋不一日而畢。位，壇位也。先祖形體託於此地，祀其神以安之。《冢人職》曰：“大喪既有日，請度甫竁，遂爲之尸。”○釋曰：“成葬，丘已封也”者，案《冢人》：“以爵等爲丘封之度。”據彼有“丘封”之文，故依而言之。云“天子之冢蓋不一日而畢”者，案《檀弓》云：“有司以几筵舍奠於墓左，反，日中而虞。”注云：“所使奠墓有司來歸，乃虞也。”則虞祭在奠墓後。以其士之墳蓋高四尺，故日中虞祭，待奠墓有司來歸。此上文既云“詔相喪祭”，則虞祭訖矣，於下乃云“成葬祭墓，爲位”，則虞祭不待奠墓有司來歸者，由天子之冢高大，蓋不一日而畢，故設經“喪祭”在“成葬”之上也。引《冢人職》者，證祭墓爲位時冢人爲尸以祭后土也。

　　凡王之會同、軍旅、甸役之禱祠，肄儀爲位。注肄，習也。故書肄爲肆，儀爲義。杜子春讀肄當爲肄[1]，義爲儀，謂若今時肄司徒府史。小宗伯主其位。○釋曰：言王有“會同、軍旅、甸役”之事，皆有“禱祠”之法。云“肄儀爲位”者，數者禱祠皆須豫習威儀乃爲之，故云肄儀也。當習威儀之時，則小宗伯爲位也。國有禍裁，則亦如之。注謂有所禱祈。○釋曰：“禍裁”，謂國遭水火凶荒，則有禱祈之事，故云“亦如之”。凡天地之大裁，類社稷、宗廟，則爲位。○釋曰：“天裁”，謂日月食、星辰奔殞。“地災”，謂震裂。則“類祭社稷及宗廟”，則亦小宗伯“爲位”祭之。注禱祈禮輕，類者，依其正禮而爲之。○釋曰：凡言“類”者，皆謂依事類而爲之。但求福曰禱，礼輕[2]；得求曰祠，祠禮重。則祠者，依正祭之禮也。則禱禮輕者雖依正禮，祭饌略少。凡國之大禮，佐大宗伯；凡小禮，掌事，如大宗伯之儀。○釋曰：凡言“大禮”者，王親爲之者；“小禮”者，羣臣攝而爲之者。小禮，小宗伯專掌其事，其法如“大宗伯之儀”，但非王親行，則謂之小禮也。

　　肄師之職，掌立國祀之禮，以佐大宗伯。注佐，助也。○釋曰：肄師是宗伯之考，每事皆佐宗伯。此經與下爲目。其“立國祀之禮”，則下經所云“立大祀”已下是也。立大祀，用玉、帛、牲牷；立次祀，用牲、幣；立小祀，用牲。○釋曰：此則佐宗伯之事。案大宗伯有禋祀已下并宗廟六享之事，此肄師陳“用玉、帛、

---

① “肄當爲肄”四字原作“肄當爲肄”，據金本、阮本改。婺本誤作“肄當爲肆”。
② “礼”字阮本作“禱”，阮校引浦鏜説云：“‘禱’下脱‘禮’字。”然則底本脱“禱”字。

牲牷"之等。注鄭司農云："大祀，天、地。次祀，日、月、星、辰。小祀，司命已下。"玄謂大祀又有宗廟，次祀又有社稷、五祀、五嶽，小祀又有司中、風師、雨師、山川、百物。○釋曰：司農云"大祀，天、地"至"司命以下"，先鄭據《大宗伯》直據天神大、次、小而言，唯天神中兼言地而已，其於地示不言次、小，人鬼之中又不言大、次、小，故後鄭就足之耳。後鄭云"大祀又有宗廟"者，以其先鄭於大祀中無人鬼，故後鄭特舉之。云"次祀又有社稷、五祀、五嶽"者，此後鄭特舉社稷已下者，以先鄭次祀中不言"血祭社稷"已下故也。云"小祀又有司中、風師、雨師、山川、百物"者，此後鄭見先鄭天神小祀中唯云"司命以下"，其言不備，故具之；山川、百物，就足先鄭地示小祀耳。若然，後鄭直云大祀又有宗廟，更不言宗廟次、小祀者，但宗廟次祀即先公是也，不言之者，已於《酒正》云"次祀，驚冕、毳冕所祭"，已具於彼故也；又不言宗廟小祀者，宗廟小祀其神不明，馬君雖云"宗廟小祀，殤與無後"，無明文，故後鄭亦不言也。經言"立大祀，用玉、帛、牲牷"者，天神中非直有升煙玉、帛、牲，亦有禮神者也；地示中非直瘞埋中有玉、帛、牲，亦兼有禮神玉、帛、牲也；宗廟中無煙[1]、瘞埋，直有禮神幣帛與牲，又不見有禮神之玉，或可以灌圭爲禮神之玉，亦通一塗。"立次祀，用牲、幣"者，天神日、月、星、辰，地示血祭社稷、五祀、五岳是也。宗廟次祀已下與大祀同，亦直有禮神幣帛而已。**以歲時序其祭祀及其祈珥。**○釋曰：言"歲時序其祭祀"者，即上"立大祀"已下至"小祀"皆依歲之四時次序其大小先後也。"及其刉珥"[2]，謂釁禮之事，用毛牲即曰刉，用羽牲即曰珥。注序，第次其先後大小。故書祈爲幾。杜子春讀幾當爲祈，珥爲餌[3]。玄謂祈當爲"進機"之機，珥當爲衈。機衈者，釁禮之事。《雜記》曰："成廟則釁之。雍人舉羊升屋自中，中屋南面，刉羊，血流于前，乃降。門、夾室皆用雞，其衈皆於屋下。割雞，門當門夾，室中室。"然

則是衅謂羊血也。《小子職》曰“掌珥于社稷①，祈于五祀”是也。亦謂其宮兆始成時也。《春秋》僖十九年：“夏，邾人執鄫子，用之。”《傳》曰：“用之者何？蓋叩其鼻以衅社也②。”

○釋曰：云“序，第次其先後”者，不必先大後小，天地人之鬼神各有大、次、小，或小而應先，或大而應後，各自當其時以祭之，故云第次其先後也。云“故書祈爲幾。杜子春讀幾當爲祈，珥爲餌”者，皆無義所取③，故鄭不從之也。“玄謂祈當爲進機之機”者，案《禮記·玉藻》沐畢云“進機”，鄭以爲沐而飲酒曰機。彼機爲機福之義，此直取音讀，不取其義。云“珥當爲衅”者，經言“珥”是玉珥，非取血之義，故讀從《雜記下》血傍爲之也。云“《雜記》曰：成廟則衅之。雍人舉羊升屋自中”者，謂升上其屋，當屋脊之中央。云“門、夾室皆用雞”者，謂廟門及兩廂夾室三處皆用雞。“其衅皆於屋下”者，謂三處皆不升屋，而在屋下殺雞也。云“割雞，門當門夾，室中室”者，中謂當室中央。云“然則是衅謂羊血也”者，鄭既引《雜記》之“衅”，欲破經“珥”及子春“餌”之意也。云“《小子職》曰‘掌珥于社稷，祈于五祀’是也”者，引證血傍爲之，以證“衅”義也。其“祈”字猶不從，故彼注引《秋官·士師》曰：“‘凡刉衅則奉犬牲④。’毛牲曰刉，羽牲曰衅，此刉衅正字與？”若然，刉既正字，而讀從“進機”者，且從故書“幾”音耳，至《士師》別爲正解也。云“《春秋傳》曰”者，《公羊傳》文。引之者，謂證衅是取血以釁之事。**大祭祀，展犧牲，繫于牢，頒于職人。** ○釋曰：肆師以將有天地、宗廟“大祭祀”，牧人以牲與充人之時，肆師省閱其牲，看完否及色堪爲祭牲，乃“繫於牢⑤，頒付于職人”也。**注**展，省閱也。職讀爲樴，樴，可以繫牲者。此樴人謂充人及監門人。○釋曰：鄭讀“職”爲“樴”者，但三百六十官皆有職司，若言職，則無所指斥；若爲樴爲聲⑥，謂置臬之時樴樴然作聲，故讀從樴，“可以繫牲者”也。云“此樴人謂充人及監門人”者，案《充人》云：“祀五

---

① 孫疏云：“據賈疏，則此引《小子》文‘珥’當作‘衅’，今本並誤。彼正文作‘珥’，注讀爲‘衅’，從所讀之字引之也。《士師職》文亦作‘珥’，注讀爲‘衅’，《小子》注引之即作‘衅’可證。”

② “衅”字原作“卹”，據婺本、金本、阮本改。

③ 按賈疏概作“義無所取”，儘此一例言“無義”，蓋傳寫誤倒。

④ “犬”字原作“大”，據阮本改。

⑤ “乃”字原作“及”，據阮本改。

⑥ 阮校云：“‘樴爲聲’上當有‘从木从戠’四字。”按賈疏作“從”，不必據《説文》作“从”。

帝，繫於牢，芻之三月。凡散祭祀之牲，繫于國門，使養之。"故知槱人是此二官也。言
"此槱人"，對彼槱人不要是充人、監門人也。《牛人》所云"槱人"者，彼鄭注充人并牧人
在其中矣；此有監門人者，謂兼祭諸神司中之等。**凡祭祀之卜日、宿爲期①，詔**
相其禮，眂滌濯亦如之。注宿，先卜祭之夕②。○釋曰：言"凡祭祀之卜日"，謂
天地、宗廟之等將祭前有散齊七日、致齊三日，十日矣。若然，卜日吉，則齊。今云"祭
祀之卜日宿爲期"，則是卜前之夕與卜者及諸執事者以明旦爲期也。云"詔相其禮"者，
謂肆師詔告相助其卜之威儀及齊戒之禮。云"眂滌濯亦如之"者，謂祭前之夕視滌濯祭
器亦詔相其禮，故云亦如之。**祭之日，表齍盛，告絜；展器陳，告備；及果，**
築鬱。相治小禮，誅其慢怠者。○釋曰：云"祭之日，表齍盛，告絜"者，當祭
之日具其黍稷等③，盛於簠簋，陳於廟堂東，又以徽識表之名④，又告絜淨。云"展器陳，
告備"者，謂祭日旦於堂東陳祭器，實之既訖，則又展省視之而告備具，故云"展器陳，告
備"也。云"及果，築鬱"者，謂於宗廟有祼。案《禮記·雜記》，築鬱"臼以椈，杵以梧"，而
築鬱金煮以和秬鬯之酒，以沛之而祼矣。云"相治小禮"者，謂羣臣行事則肆師相治
之。云"誅其慢怠者"，謂執事之人有惰慢懈怠者則誅責之。**注**粢，六穀也。在器曰
盛。陳，陳列也。果築鬱者，所築鬱以祼也⑤。故書表爲剽。剽、表皆謂徽識也。鄭司農
云："築煮，築香草煮以爲鬯。"○釋曰：《爾雅》云："粢，稷也。"彼特訓粢爲稷者，以稷爲
五穀之長，其摠而言之，六穀皆是粢，故此經摠六穀爲粢，故鄭云"粢，六穀也"。案《食
醫》"和王六食"，黍、稷、稻、粱、麥、苽。六食即《膳夫》云"六穀"一物，故鄭云六穀也。
鄭司農云"築煮，築香草煮以爲鬯"者，此言"築鬱"，《鬱人》云"祼事和鬱鬯"，謂取鬱金
煮和秬鬯之酒，沛以祼神及賓客，故二鄭俱言之。云"皆謂徽識也"者，以剽、表字雖不
同，俱是徽識也。於六粢之上皆爲徽識小旌書其黍稷之名以表之。餘饌不表，獨此表

---

① 孫疏云："此卜日、宿、爲期當爲三事。鄭并宿、爲期爲一，似未安。賈疏又并卜
日、宿、爲期通爲一事，皆非經義。"茲暫從鄭讀。

② "夕"字原作"日"，據婺本、金本、阮本改。賈疏云"卜前之夕"、"祭前之夕"，是
"夕"字之證。

③ "具"字原作"旦"，據阮本改。

④ "之"字阮本作"其"。

⑤ 孫疏云："'鬱'並當作'煮'。凡經作'鬱'，注例用今字作'煮'。先鄭注及後注竝
作'煮'，一職之中先後不宜錯異，足證其誤。"

之者，以其餘器所盛名異[1]，覩器則知其實；此六穀者，簠盛稻粱，簋盛黍稷，皆有會蓋覆之，覩器不知其實，故特須表顯之也。但鬱人自掌鬱，此又掌之者，彼官正職，此肆師察其不如儀者也。**掌兆中、廟中之禁令。** ○釋曰：案《小宗伯》云“兆五帝於四郊”已下，則四郊之上神兆多矣，皆掌不得使人干犯神位；七廟亦然，故云掌其禁令也。**注** 兆，壇墠域。○釋曰：凡爲壇者，四面皆墠域圍之，若宮牆然，故云“兆，壇墠域”也。**凡祭祀禮成，則告事畢。大賓客，涖筵几，築鬻，** ○釋曰：案《大行人》云：“上公再祼而酢，侯、伯一祼而酢，子、男一祼不酢。”《大宗伯》云：“大賓客，攝而載祼。”則此官主以築鬱金煮之和鬯酒也。筵几云臨[2]，謂司几筵設之，肆師臨之也。**注** 此王所以禮賓客。○釋曰：言“此”以對彼，彼則上經“築鬻”禮宗廟神也。**贊果將。** **注** 酌鬱鬯授大宗伯祼。○釋曰：此據《大宗伯職》而言。案《小宰》亦云“賓客，贊祼”者，容有故相代也。**大朝覲，佐儐；注** 爲承儐。○釋曰：此言大朝覲“爲承儐”，謂大會同朝覲時。若四時常朝，則小行人爲承儐，《小行人》所云者是也。**共設匪罋之禮；** ○釋曰：此肆師不掌飲食而“共設”者，肆師主禮事，謂依禮使掌客之等及諸官告設之也。**注** 設於賓客之館。《公食大夫禮》曰：“若不親食，使大夫以侑幣致之。豆實實于罋，簋實實于筐。”匪，其筐字之誤與？禮，不親饗則以酬幣致之，或者匪以致饗。○釋曰：鄭知“設於賓客之館”者，凡待賓客之禮，饗食在廟，其器不用匪罋，今言“共設匪罋”，明是王不親饗食，於賓館設之可知。引《公食禮》者，欲見此經與彼同，同是不親食之事，又欲破“筐”從“筐”之事也[3]。云“字之誤與”者，無正文，約同彼，故云“與”以疑之也。云“禮，不親饗則以酬幣致之”者，此亦《公食大夫禮》文。云“或者匪以致饗”者，鄭君向引《公食大夫》須破“匪”從“筐”，又言饗禮者，《饗禮》亡，無妨致饗時用匪不用筐。但無正文，故云“或”以疑之也。**饗食，授祭；注** 授賓祭肺。○釋曰：“饗”者，亨大牢以飲賓，獻依命數。“食”者，亦亨大牢以食賓，舉依命數。云“授祭”者，祭謂祭先造食者。案《膳夫》云：“授王祭。”則此“授祭”者非授王可知，故鄭云“授賓祭肺”也。必知祭肺者，

---

① “名”字阮本作“各”，加藤云：“作‘各’非不通，然‘名’對‘知其實’，則作‘名’似優。”

② “臨”字阮本作“涖”。

③ 阮校云：“閩、監、毛本‘筐’作‘匪’。”按閩本等疑是，“匪”、“筐”雖古今字，然賈疏上下文並作古字“匪”。至阮本“今言共設匪罋”亦作“筐”者，蓋皆出後人之校改也。

有虞氏祭首,夏后氏祭心,殷祭肝,周祭肺。肺,周所祭,故知祭者祭肺也。**與祝侯禳于疆及郊。** ○釋曰:"侯"者,候迎善祥。"禳"者,禳去殃氣。故肆師與小祝爲此侯禳二事"于疆及郊"。凡侯禳,從內向外,應先言郊後言疆,今先言疆到言之者,可遠則遠,可近則近,任當時之宜,故到文以見義也。**注**侯禳,小祝職也①。疆五百里,遠郊百里,近郊五十里。○釋曰:知"疆五百里"者,王畿千里,中置國城,面五百里,故《大司馬》云"方千里曰國畿"也。知"遠郊百里"者,《司馬法》文。知"近郊五十里"者,案《尚書·君陳》序云:"分正東郊成周。"鄭彼注云:"成周在近郊五十里。案今河南、洛陽相去則然。"以其漢法於王城置河南縣,於成周置洛陽縣,相去見五十里,是近郊五十里,故云東郊也。**大喪,大渳以鬯,則築鬻;注**築香草煮以爲鬯以浴尸。香草,鬱也。○釋曰:上小宗伯大喪以鬯渳,則肆師與之築鬱金香草和鬯酒以浴尸使之香也。**令外內命婦序哭;** ○釋曰:案下注,"六鄉以出"及"朝廷卿大夫"妻皆爲"外命婦"。其"內命婦"即下經"內命女"是也,謂三夫人已下至女御也。**注**序,使相次秩。○釋曰:哭法以服之輕重爲先後。若然,則內命婦爲王斬衰,居前,諸臣之妻從服齊衰者居後也。**禁外內命男女之衰不中灋者,且授之杖。** ○釋曰:"外內命男女"爲王雖有齊、斬不同,其衰皆有升數多少及裁制,故禁之使依法也。云"且授之杖"者,外內命男及內命女皆爲王斬者,有杖授之;其外命女爲王齊衰無杖,故云"且"見不定之義也。**注**外命男,六鄉以出也。內命男,朝廷卿大夫士也。其妻爲外命女。《喪服》,爲夫之君齊衰不杖。內命女,王之三夫人以下。不中法,違升數與裁制者。鄭司農云:"三日授子杖,五日授大夫杖,七日授士杖,此舊說也。《喪大記》曰:'君之喪,三日,子、夫人杖,五日既殯,授大夫、世婦杖。'無七日授士杖文。"玄謂授杖日數,王喪依諸侯與?七日授士杖,《四制》云。○釋曰:云"內外男女"者,無正文,鄭以意言之。以王宮爲正,朝廷在王宮內,爲內命男,故以六鄉、六遂及公邑大夫等皆爲外命男。其妻揔爲外命女者,此對三夫人已下既爲內命女,則此朝廷及六鄉以外卿大夫妻爲外命女可知。云"《喪服》,爲夫之君齊衰不杖"者,是《喪服·不杖齊衰章》文。云"內命女,王之三夫人以下"者,通九嬪、二十七世婦、八十一御妻,皆爲王斬衰而杖也。云"不中法,違升數與裁制者",諸臣妻爲夫之君義服衰六升;諸臣爲王義服斬衰,衰三升半,冠六升;三

---

① "祝"字原作"祀",據婺本、金本、阮本改。

夫人已下爲王正服斬衰,衰三升。是其數也。言裁制者,據《喪服》云"凡衰外削幅,裳内削幅,幅三袧"已下,具有裁制。司農所云"三日授子杖,五日授大夫杖,七日授士杖",雖云"舊説",仍是《四制》之文也。"玄謂王喪依諸侯"者,王喪,諸臣等無授杖之日數,以諸侯之臣與王之臣同斬衰杖竹,故授杖日數亦宜同也。以《檀弓》云"天子崩,三日,祝先服",鄭注云:"祝佐含斂,先病。"明子與夫人亦服矣,則天子之子及后亦服矣。"五日,官長服",注:"官長,大夫、士。"明天子三公已下及三夫人已下亦服矣。但服杖俱時,有服即杖矣,唯天子服授杖亦當七日矣,是以王喪約同諸侯之法也。

　　凡師甸,用牲于社宗,則爲位。○釋曰:"師",謂出師征伐。"甸",謂四時田獵。二者在外,或有祈請,皆當用牲社及宗,時皆肆師"爲位"祭也。**注**社,軍社也。宗,遷主也。《尚書傳》曰:"王升舟入水,鼓鐘亞,觀臺亞,將舟亞,宗廟亞。"故書位爲浧。杜子春云:"浧當爲位,書亦或爲位。宗,謂宗廟。"○釋曰:云"社,軍社也"者,在軍"不用命戮於社",又"君以軍行,被社釁鼓",故名軍社也。鄭知"宗,遷主"者,《曾子問》云:"師行,必以遷廟主行,載于齊車。"故知遷主也。《尚書傳》曰:王升舟"已下者,謂説武王於文王受命十一年觀兵之時,武王於孟津渡河,升舟入水在前,"鼓鐘亞",亞王舟後;"觀臺亞"者,觀臺可以望氣祥[1],亞鼓鐘後;"將舟亞"者,以社主主殺戮,而軍將同,故名社主爲將,將舟亞在觀臺後[2];"宗廟亞"者,宗廟則遷主也,亞在將舟後。引之者,證在軍有社及宗之意也。《異義》:"《公羊》説,天子有三臺:有靈臺,所以觀天文;有時臺,以觀四時施化;有囿臺,所以觀鳥獸魚鼈。諸侯卑,無靈臺,不得觀天文,有時臺、囿臺。《左氏》説,天子有靈臺,諸侯有觀臺。"若然,文王時已有靈臺,今武王而曰觀臺者,鄭君之意,觀臺則靈臺,對文有異,散文則通。**類造上帝、封于大神、祭兵于山川,亦如之。**○釋曰:上經"用牲於社宗"據在軍,下云"師不功"據敗退後,即此經據尅勝後事,告天及社之事。**注**造猶即也,爲兆以類禮即祭上帝也。類禮依郊祀而爲之者。封,謂壇也。大神,社及方嶽也。山川,蓋軍之所依止。《大傳》曰:"牧之野,武王之大事也。既事而退,柴於上帝,祈于社[3],設奠於牧室。"○釋曰:諸文皆云造于禰,類于上帝,造屬於禰,此以"類造"同云于"上帝",則造與類同屬于上帝,故鄭云"造

---

① 阮校云:"閩、監、毛本'氣'作'氛',是。"
② "亞在"二字原作"在亞",據阮本乙。
③ 孫疏云:"'于'亦當作'於',各本並與上下文錯互,似誤。"

501

猶即”，與“造門”之造同也。云“爲兆以類禮即祭上帝”者，若依國四郊，則自有尋常兆域；今戰訖而祭，故須新爲壇兆，故鄭云爲兆也。鄭知“類禮依郊祀而爲之者”，此直是告祭非常，非是禱祈之所祭①，故知依正禮郊祀而爲之，謂四時迎氣於四郊皆是也。云“大神，社及方岳也”者②，以其命所報告皆是出時告者，以出時類于上帝、宜于社、造於禰，今“大神”文在“上帝”下而云封祭之，明是社也。知兼有方岳者，見《小宗伯》云“軍將有事于四望”，謂將戰時；今戰訖所告，明兼祭方岳，方岳即四望也。云“山川，蓋軍之所依止”者，以其山川衆多，不可並祭，軍旅思險阻，軍止必依山川，故知祭軍所依止者也。云《大傳》者③，《禮記・大傳》篇。云“牧之野，武王之大事也”者，《牧誓》序云：“時甲子昧爽，武王與受戰於牧野。”鄭注云：“紂近郊三十里名牧。”是武王伐紂之事，故云大事。云“既事而退”者，武王與紂於牧地戰，紂敗退，入紂都，自焚於宣室。武王入紂都，既封建，乃退向牧地。而“柴於上帝”者，以實柴祭帝，即此經“類于上帝”，一也。云“祈于社”者，即此經“封于大神”，一也。云“設奠於牧室”者，謂祭行主文王於牧野之室。於此文無所當，連引之者，欲見此經亦當有祭行主。不言者，文不備也。**凡師不功，則助牽主車。**　○釋曰：“師不功”，謂戰敗。云“助牽主車”者，主中有二：爲社之石主，遷廟木主也。**注** 助，助大司馬也。故書功爲工。鄭司農工讀爲功，古者工與功同字，謂師無功。肆師助牽之，恐爲敵所得。　○釋曰：知“助，助大司馬也”者，案《大司馬職》云：“若師不功，則厭而奉主車。”故知此肆師助大司馬也。若然，案《小宗伯》云“立軍社，奉主車”，謂未敗時，若敗即大司馬奉之。**凡四時之大甸獵，祭表貉，則爲位。**　○釋曰：案《大司馬》，仲冬“教大閲”；教戰訖，入防；將田，“既陳，乃設驅逆之車，有司馬表貉于陳前④”。此時肆師“爲位”而祭也。**注** 貉，師祭也。貉讀爲“十百”之百。於所立表之處爲師祭造軍法者⑤，禱氣勢之增倍也。其神蓋蚩尤，或曰黄帝。　○釋曰：知“貉，師祭

---

① “所”字原作“祈”，據阮本改。

② “也者”二字阮本作“知者”，阮校云：“閩本同，監本改作‘也者’。”按底本“也”字剜改，蓋原作“知”，據鄭注而改“也”。

③ “大”字原作“天”，據阮本改。

④ 浦鏜云：“‘司’下衍‘馬’字。”

⑤ 阮校引孫志祖説云：“《爾雅》疏引注重一‘祭’字，較明。”孫校云：“《詩・桓》疏引亦重‘祭’字，《大雅・皇矣》疏引‘祭造軍法者’，以‘祭’屬下語，明當有二‘祭’字也。”按賈疏述注亦云“祭造軍法者”。

也”者，《爾雅》云：“是類是禡①。”故知貉爲師祭也。云“貉讀爲十百之百”者，鄭以聲讀之。必名此祭爲貉者，以其取應十得百，爲十倍之義。云“祭造軍法者”，凡言祭者祭先，明是先世創首造軍法者也。云“禱氣勢之增倍也”者，謂禱祈使師有氣勢，望得所獲增益十倍，還釋“貉”字之意也。云“其神蓋蚩尤，或曰黃帝”者，案《史記》：“黃帝與蚩尤戰于涿鹿之野。”俱是造兵之首。案《王制》云：“天子將出，類乎上帝。”注云：“帝，謂五德之帝。”是黃帝以德配類②，則貉祭祭蚩尤。是以《公羊》説曰③：“師出曰祠，兵入曰振旅。祠者，祠五兵矛戟劍楯弓鼓及祠蚩尤之造兵者。”謹案《三朝記》曰：“蚩尤，庶人之强者。”何兵之能造？故鄭云或曰黃帝也。故《禮》説云：“黃帝以德行。”蚩尤與黃帝戰，亦是造兵之首，故漢高亦祭黃帝、蚩尤於沛庭也。**嘗之日，涖卜來歲之芟；**〇釋曰：秋祭曰“嘗”，以其物新熟可嘗，而爲祭名也。正當嘗祭日，肆師“涖卜來歲之芟”者，以其餘事卜則大宗伯涖卜，或大卜涖卜，此及下三事皆肆師涖卜也。則陳龜、貞龜、命龜、示高、作龜，使卜師、卜人之等爲之。**注**芟，芟草除田也。古之始耕者除田種穀。嘗者，嘗新穀，此芟之功也。卜者，問後歲宜芟不④。《詩》云：“載芟載柞，其耕澤澤。”〇釋曰：“芟，芟草”，對柞是殺木。引《詩》者，欲見“載芟”即此經“芟”也。云“載柞”者，柞是除木，於經雖無所當，欲見有草則芟之，有木則柞之，皆是治田以稼種，故并言之也。云“其耕澤澤”者，既除草木，則耕之澤澤和柔也。**獮之日，涖卜來歲之戒；**〇釋曰：謂肆師正當出獮田之日，則“卜來歲之戒”不虞之事。**注**秋田爲獮，始習兵，戒不虞也。卜者，問後歲兵寇之備。〇釋曰：“秋田曰獮”，《大司馬職》文。云“始習兵，戒不虞”者，鄭解不於春芟、夏苗涖卜來歲之戒，必於秋獮之日爲戒者，以其春教振旅，夏教芟舍，非正習兵；秋教治兵之日，故於是戒不虞世⑤。言不虞者，虞，度也，以兵寇之事來否不可億度，當豫戒備之，故鄭云“卜者，問後歲兵寇之備”也。**社之日，涖卜來歲之稼。**〇釋曰：類上文“嘗”、“獮”是秋，則此“社”亦是秋祭社之日也。言“涖卜來歲

---

① 浦鏜謂“禡”下當脱“師祭也”三字。

② “黃帝以德”四字原作“黃德帝以”，據阮本乙。

③ 加藤引陳壽祺説云：“案其下稱‘謹案’云云，是《異義》文也。據《大司馬》疏引尚有《左氏》説，此疏闕。”

④ “宜”字原作“之”，據婺本、金本、阮本改。

⑤ 浦鏜云：“‘也’誤‘世’。”孫疏據改。

之稼"者,祭社有二時,謂春祈秋報,報者,報其成熟之功。今卜者,來歲亦如今年宜稼以不。但春稼秋穡,不言穡而言稼者,秋穡由於春稼,故據稼而言之。注社祭土,爲取財焉。卜者,問後歲稼所宜。○釋曰:案《郊特牲》云:"社祭土而主陰氣也。取財於地,取法於天。"又《孝經緯》云:"社者,五土之摠神。"故云"社祭土,而取財焉"。

　　若國有大故,則令國人祭。注大故,謂水旱凶荒。所令祭者,社及禜、酺。○釋曰:知"大故"是"水旱凶荒"者,以其命國人祭,明大故是天下皆有,故知水旱凶荒,凶荒謂年穀不熟。知所命祭是"社及禜、酺"者,經云命國人祭,案《地官》,州祭社,黨祭禜,族祭酺;於六遂之中亦縣祭社,鄙祭禜,酇祭酺。皆是國人所祭之事也。歲時之祭祀亦如之。○釋曰:云"歲時之祭祀"者,上經據禱祈,非時祭,故此經見其常祭也。云"亦如之"者,亦命國人祭也。注《月令》"仲春命民社",此其一隅。○釋曰:凡言"歲時"者,謂歲之四時。《月令》唯見一時,故鄭云"此其一隅"也。若然,《月令》唯言"春"者,特舉春祈而言,舉一隅可以三隅反,則餘三時亦祭也。凡卿大夫之喪,相其禮。注相其適子。○釋曰:鄭知"相適子"者,庶子無事,適子則有拜賓送賓之事。且卿大夫適子爲天子斬衰[①],故知所相者適子也。凡國之大事,治其禮儀,以佐宗伯。注治,謂如今每事者更奏白王,禮也。故書儀爲義。鄭司農義讀爲儀。古者書儀但爲義,今時所謂義爲誼。○釋曰:案《小宗伯》已云"佐宗伯",此又言之者,但肆師與小宗伯中、下大夫命數是一,故二人同佐宗伯無嫌也。案《大宗伯》云"治其大禮",《小宗伯》云"相治小禮",此又云"治其禮儀"者,謂佐大、小宗伯治之,謹習其事也。凡國之小事,治其禮儀而掌其事,如宗伯之禮。○釋曰:此一經,於職末摠結之也。

　　鬱人掌祼器。注祼器,謂彝及舟與瓚。○釋曰:知"祼器"中有"彝及舟"者,此經下文云"和鬱鬯以實彝",又見《司尊彝》云"春祠夏禴,祼用雞彝、鳥彝,皆有舟",秋冬及追享、朝享皆云焉,故知有彝、舟也。知有"瓚"者,案《禮記·王制》云:"諸侯賜圭瓚,然後爲鬯。"《尚書序》云:"平王錫晉文侯秬鬯圭瓚。"皆與秬鬯相將,即下文"祼玉"

---

　　① "且"字原作"旦",據阮本改。

是也。故知裸器中有瓚，瓚則兼圭瓚、璋瓚也。**凡祭祀、賓客之裸事，和鬱鬯，以實彝而陳之。**○釋曰：天地大神至尊不裸，至於山川及門社等事，在鬯人，亦無裸事，此云“祭祀”，唯據宗廟耳。其“賓客裸”，則《大行人》云“公再裸”之等是也。云“和鬱鬯”者，謂和鬯人所造秬黍之鬯酒也。爲宗廟、賓客用鬱者，則肆師築鬱金草煮之以和鬯酒，更和以盎齊，沛之“以實彝”，陳於廟中饗賓客及祭宗廟之處也。**注**築鬱金煮之以和鬯酒。鄭司農云：“鬱，草名，十葉爲貫，百二十貫爲築[①]，以煮之鑊中，停於祭前。鬱爲草若蘭。”○釋曰：鄭知“築鬱金草煮之”者，見《肆師》云“築鬻”，故知之也。司農云“十葉爲貫，百二十貫爲築”者，未知出何文。云“以煮之鑊中，停於祭前”者，此似直煮鬱停之，無鬯酒者，文略，其實和鬯酒也。云“鬱爲草若蘭”者，蘭則蘭芝，以其俱是香草，故比類言之。案《王度記》云：“天子以鬯，諸侯以薰，大夫以蘭芝，士以蕭，庶人以艾。”此等皆以和酒。諸侯以薰，謂未得圭瓚之賜，得賜則以鬱耳。《王度記》云“天子以鬯”及《禮緯》云“鬯草生庭”，皆是鬱金之草，以其和鬯酒，因號爲鬯草也。**凡裸玉，濯之，陳之，以贊裸事。**○釋曰：此“裸玉”即圭璋是也，故《玉人》、《典瑞》皆云“裸圭尺有二寸”，《禮記·郊特牲》云“灌以圭璋，用玉氣也”。**注**裸玉，謂圭瓚、璋瓚。○釋曰：案《禮記·祭統》云：“君用圭瓚裸尸，大宗用璋瓚亞裸。”鄭云：“大宗亞裸，容夫人有故攝焉。”若然，王用圭瓚、后用璋瓚可知，故鄭并言之也。**詔裸將之儀與其節。**○釋曰：云“裸將之儀”者，即是奉玉送裸之威儀。云“節”者，即早晚時節。故兩言之。**注**節，謂王奉玉送裸早晏之時。○釋曰：云“奉玉”，謂王與后裸時奉瓚而酌鬱鬯。云“送裸”者，謂送之以授尸，尸得祭之，嚌之，奠之，不飲，故上文司農云“停於祭前”也。**凡裸事，沃盥。**○釋曰：“凡”，言非一：若賓客，則大宗伯裸；若祭祀，王及后裸。皆鬱人沃以水盥手及洗瓚也。**大喪之渳，共其肆器。注**肆器，陳尸之器。《喪大記》曰：“君設大盤造冰焉，大夫設夷盤造冰焉，士併瓦盤無冰。設牀襢笫，有枕。”此之謂肆器。天子亦用夷盤。○釋曰：肆訓爲陳，故鄭云“謂陳尸之器”也。云“《喪大記》云：君設大盤造冰焉，大夫設夷盤造冰焉”者，此謂二月已後至八月。鄭注

《喪大記》:"造猶內也。"引《漢禮》"大盤廣八尺,長丈二,深三尺,赤中。夷盤小焉"。云"士併瓦盤無冰"者,則盛水以寒尸。《士喪禮》君賜冰用夷盤。云"設牀禮笫,有枕"者,此謂陳尸之牀,設冰於其下。云"天子亦用夷盤"者,《凌人職》云:"大喪,共夷盤冰。"此夷盤則諸侯大盤之類,與大夫夷盤同名耳,大小則異也。**及葬,共其祼器,遂貍之。**注遣奠之彝與瓚也。貍之於祖廟階間,明奠終於此。○釋曰:知"葬共祼器"據"遣奠"時者,以葬時不見有設奠之事,祖祭已前奠小,不合有彝器,奠之大者唯有遣奠,故知於始祖廟中厥明將葬之時設大遣奠有此祼器也。此即《司尊彝》云"大喪,存奠彝"者是也,以奠無尸,直陳之於奠處耳。言"貍之於祖廟階間"者,此案《曾子問》,無遷主者,以幣帛皮圭以爲主,命行,反,遂貍之於祖廟兩階之間。此大遣奠在始祖廟,事訖,明亦貍之於階間也。云"明奠終於此"者,自此已前不忍異於生,設奠食象生而無尸;自此已後,葬訖反,日中而虞,則有尸,故《士虞禮》云"男,男尸;女,女尸",以神事之謂之祭,異於生,故云明奠終於此也。**大祭祀,與量人受舉斝之卒爵而飲之。**○釋曰:此大祭祀云受嘏,謂祭宗廟者也。云"與量人受舉斝之卒爵而飲之"者,謂王酳尸後尸嘏王之節也。注斝,受福之嘏,聲之誤也。王酳尸,尸嘏王,此其卒爵也。《少牢饋食禮》:"主人受嘏,詩懷之,卒爵,執爵以興,出。宰夫以籩受嗇黍,主人嘗之,乃還獻祝。"此鬱人受王之卒爵,亦王出房時也。必與量人者,鬱人贊祼尸,量人制從獻之脯膰,事相成。○釋曰:鄭知"斝"是"受福之嘏",非天子奠斝殷爵名者,案《郊特牲》云"舉斝角,詔妥尸",其時無鬱人、量人受爵飲之法;唯有受嘏時受王卒爵飲之禮,故破斝爲受福之嘏也。云"王酳尸,尸嘏王,此其卒爵也"者,此約《少牢》、《特牲禮》,故鄭即引《少牢》以爲證也。云"《少牢饋食禮》:主人受嘏,詩懷之,卒爵"者,天子、諸侯祭有二灌、朝踐、饋獻大名二獻之事,乃有陰厭,迎尸入戶,尸食訖,王酳尸。大夫、士無饋獻已前之事,直有陰厭已後酳尸之事。天子、諸侯祭禮亡,故陰厭已後取《少牢》、《特牲》續之,今獻鬱人、量人之節當大夫獻祝及佐食之時。云"主人受嘏,詩懷之"者,謂陰厭後迎尸入,升席,坐,尸食訖,主人酳尸,尸酢主人,在戶東西面受尸酢,時尸命祝嘏主人以大福,遂以黍稷肺授主人。詩,承也。主人承之,內於懷中,挂於季指,乃拜而飲卒爵也。云"執爵以興,出。宰夫以籩受嗇黍"者,嗇黍即所斂聚黍稷肺授之者也。云"主人嘗之,乃還獻祝。此鬱人受王之卒爵,亦王出房時也"者,大夫、士有獻祝及佐食,無獻鬱人、量人法;天子有獻鬱人、量人之禮,無獻祝及佐食之事。但其節同,故引爲證也。云"必與量人者,鬱人贊祼尸"者,即上文"贊祼事,詔祼將之儀"是也。云"量人制從獻

之脯膰”者,案《量人》云“凡祭祀、饗賓,制其從獻脯膰之數量”是也。云“事相成”者,前
祼後獻祭事乃成,故云事相成也。

　　鬯人掌共秬鬯而飾之。注秬鬯,不和鬱者。飾之,謂設巾。○釋曰:云
“掌共秬鬯”者,此直共秬黍之酒,無鬱也,故注云“不和鬱者”也。鄭知“飾之,謂設巾”
者,此上下雖無設巾之事,案《冪人》云:“以疏布巾冪八尊,以畫布巾冪六彝。凡王巾皆
黼。”凡尊皆有巾冪,明秬鬯之酒尊亦設巾可知。故知所飾者,設巾也。凡祭祀,社
壝用大罍,注壝,謂委土爲埒壝,所以祭也。大罍,瓦罍。○釋曰:“壝,謂委土爲埒
壝,所以祭”者,謂四邊委土爲壝,於中除地爲埒,埒內作壝,謂若三壝同埒之類也。此
經云“社壝”,謂若《封人》及《大司徒》皆云“社壝”,皆直見外壝而言也①。知“大罍”是
“瓦罍”者,瓶人爲瓦簋,據外神,明此罍亦用瓦,取質略之意也。禜門用瓢齎,注
禜,謂營酇所祭。門,國門也。《春秋傳》曰:“日月星辰之神,則雪霜風雨之不時,於是乎
禜之;山川之神,則水旱厲疫之不時,於是乎禜之。”魯莊二十五年,“秋,大水,鼓,用牲
于門②”。故書瓢作剽。鄭司農讀剽爲瓢。杜子春讀齎爲粢。瓢,謂瓠蠡也。粢,盛也。
玄謂齎讀爲齊,取甘瓠,割去柢,以齊爲尊。○釋曰:鄭知“禜,謂營酇”者,欲見祭神非
一,取營酇而祭之義故也。鄭知“門”是“國門”者,《禮記·祭法》云“天子祭七祀”有國
門,故知也。《春秋傳》者,昭元年子產辭。彼先云“山川”後云“日月”,此先云“日月”者,
鄭君所讀《春秋》先“日月”,與賈、服《傳》不同故也。彼無“不時”,此有之者,鄭以義增之,
非《傳》文。引之者,證禜是營酇而祭之義。引莊二十五年《傳》者,證有門之義。但彼譏
伐鼓用牲,其大水祭門是也。“玄謂齎讀爲齊”者,以其割齊爲尊,亦取質略之意,故不從
子春也。廟用脩,凡山川四方用蜃,凡祼事用概,凡疈事用散。注祼
當爲埋,字之誤也。故書蜃或爲謨③。杜子春云:“謨當爲蜃,書亦或爲蜃,蜃,水中蜃
也。”鄭司農云:“脩、謨、概、散,皆器名。”玄謂廟用脩者,謂始禘時,自饋食始。脩、蜃、

---

　　①　“見”字阮本作“據”,加藤謂兩通。

　　②　“于門”上原剜擠“于社”二字,嫠本、金本、阮本皆無。按鄭注引莊公二十五年
《春秋》但取“門”義,不妨節引,“于社”二字非鄭注原文,茲據刪。

　　③　段考謂“謨”與“蜃”篆文形近而相亂;王引之則疑“謨”爲“謓”之形訛字,“謓”、
“蜃”聲近而通。

概、散，皆漆尊也。脩讀曰卣，卣，中尊，謂獻、象之屬。尊者彝爲上，罍爲下。蜃，畫爲蜃形。蜃曰合漿①，尊之象。概，尊以朱帶者。無飾曰散。○釋曰：鄭破“祼”爲“埋”者，若祼則用鬱，當用彝尊，不合在此而用概尊，故破從埋也。埋謂祭山林，則“山川用蜃”者大山川。司農云“脩、蟇、概、散，皆器名”者，先鄭從古云“蟇”，後鄭亦不從之矣。“玄謂廟用脩者，謂始禘時”者，謂練祭後遷廟時。以其宗廟之祭從自始死已來無祭，今爲遷廟，以新死者木主入廟，特爲此祭，故云始禘時也。以三年喪畢明年春禘爲終禘，故云始也。云“自饋食始”者，天子、諸侯之祭自灌始，有朝踐、饋獻，乃有饋食進黍稷。大夫、士禮無饋獻已前事，直有饋食始，即《特牲》、《少牢》皆云“饋食之禮”是也。今以喪中爲吉祭，不可與吉時同，故略同大夫、士禮。且案《大宗伯》宗廟六享皆以祼爲始，當在鬱人用彝，今不用鬱，在甒人用卣尊，故知略用饋食始也。若然，鄭知義遷廟在練時者②，案文二年《穀梁傳》云：“作主壞廟有時日，於練焉壞廟。壞廟之道，易檐可也，改塗可也。”爾時木主新入廟，禘祭之。是以《左氏》說，凡君薨，祔而作主，特祀主於寢，畢三時之祭，晜年然後烝嘗禘於廟。許慎云《左氏》說與《禮》同。鄭無駁，明用此禮同，義與《穀梁傳》合。賈、服以爲三年終禘，遭烝嘗則行祭禮，與前解違，非鄭義也。鄭知“脩、蜃、概、散，皆漆尊也”者，以稱散，凡物無飾曰散，直有漆，明概、蜃之等漆外別有飾，故知皆尊也。鄭以“脩”從“卣”者，《詩》與《尚書》及《爾雅》皆云卣，脩字於尊義無所取，故從卣也。云“卣，中尊，謂獻、象之屬”者，案下《司尊彝職》云：“春祠夏礿，祼用雞彝、鳥彝，朝踐用兩獻尊，饋獻用兩象尊，皆有罍，諸臣之所酢。”是尊者彝爲上，罍爲下，獻、象之屬在其中，故云“中尊，獻、象之屬”。更云“彝爲上，罍爲下”者，欲推出卣爲中尊之意也。云之屬者，秋冬及追享、朝享皆彝爲上，罍爲下，著尊、壺尊之等在其中也。云“蜃，畫爲蜃形”者，亦謂漆畫之。云“蜃曰合漿，尊之象”者，蜃蛤一名含漿，含漿則是容酒之類，故畫爲蜃而尊名也。云“概，尊以朱帶者”，玄纁相對，既是黑漆爲尊，以朱帶落腹，故名概。概者，橫概之義，故知落腹也。云“無飾曰散”者，以對概、蜃、獻、象之等有異物之飾，此無，故曰散。云“甒事”者，即《大宗伯》云“甒辜祭四方百物”者也。**大喪之大渳，設斗，共其釁鬯。**~~注~~斗所以沃尸也。釁尸以鬯酒，使之香美者。鄭司農云：“釁讀爲

---

① 阮校云：“《釋文》作‘合將’，云本又作‘含漿’。按賈疏作‘含漿’，惠校本同。今《爾雅》作‘含漿’。”按賈疏述注底本亦作“合漿”，釋義則作“含漿”，阮本同，阮校謂述注“合”字亦誤。“含漿”又見《天官・鼈人職》鄭注。

② 加藤云：“‘知義’疑誤倒。”

徼。”○釋曰：鄭云“釁尸以鬯酒，使之香美者”，案《肆師》云：“大喪，築鬻。”則此鬯酒中兼有鬱金香草，故得香美也。司農云“釁讀爲徼”者，以鬯釁尸，故以徼爲莊飾義也。**凡王之齊事，共其秬鬯。**注給淬浴。○釋曰：鄭知王齊以鬯爲洗浴，以其鬯酒非如三酒可飲之物，大喪以鬯浴尸，明此亦給王洗浴使之香美也。**凡王弔臨，共介鬯。**○釋曰：介，副也。王弔臨諸臣，則有副使從行者。天子所往，停在諸侯之廟，祝致辭告廟，介使則進此鬯於神前，故云“介鬯”。注以尊適卑曰臨。《春秋傳》曰：“照臨弊邑。”鄭司農云：“鬯，香草，王行弔喪被之，故曰介。”玄謂《曲禮》曰：“摯，天子鬯。”王至尊，介爲執致之以禮於鬼神與？《檀弓》曰：“臨諸侯，畛於鬼神，曰有天王某父。”此王適四方舍諸侯祖廟祝告其神之辭，介於是進鬯。○釋曰：云“以尊適卑曰臨”者，欲解“臨”非如《雜記》云“上客臨”，彼謂哭臨也。此王弔諸侯、諸臣，故以以尊適卑解之。引《春秋》者，昭三年齊晏嬰辭。引之者，證以尊適卑稱臨之義。司農云“鬯，香草”者，見《王度記》云“天子以鬯，諸侯以薰”，《禮緯》亦云“鬯草生庭”，故知鬯，香草也。此直是秬鬯，無香草，故後鄭不從也。云“王行弔喪被之，故曰介”者，先鄭之意，以介爲被，似若《春秋》“被練”之義，故云被之。後鄭亦不從。“玄謂《曲禮》曰”者，《下曲禮》文。云“摯，天子鬯”者，彼“摯”下與“天子鬯，諸侯圭，卿羔”已下爲目，此天子以鬯爲摯，若“卿羔”之類，但天子至尊，不自執，使“介爲摯致之”[1]。“以禮於鬼神與”者，無正文，蓋置於神前，故云“與”以疑之。云“《檀弓》曰”者，此亦《下曲禮》文，言《檀弓》者誤。案彼注云：“畛，致也。”謂使祝告至于鬼神。王至尊，臣不名君，故云“某父”且字也。

　　雞人掌共雞牲，辨其物。注物，謂毛色也。辨之者，陽祀用騂，陰祀用黝。○釋曰：“陽祀用騂，陰祀用黝”者，《牧人》文。彼注云：“陽祀，祭天於南郊及宗廟。陰祀，祭地於北郊及社稷也[2]。”鄭舉此二者，其望祀各以其方色牲，及四時迎氣皆隨其方色，亦辨其毛物可知也。**大祭祀，夜嘑旦以嘂百官。**注夜，夜漏未盡，雞鳴時也。呼旦，以警起百官，使夙興。○釋曰：“漏未盡”者，謂漏未盡三刻已前仍爲夜，則“呼旦”也。漏刻之義具《挈壺氏》。**凡國之大賓客、會同、軍旅、喪紀，**

---

① 阮校云：“閩本剜改‘摯’爲‘執’，監、毛本承之。”孫校、加藤並謂閩本是也。

② “於”字剜擠，阮本無，合於《牧人》注原文。

亦如之。凡國事爲期，則告之時。注象雞知時也。告其有司主事者。《少牢》曰：“宗人朝服北面曰：‘請祭期。’主人曰：‘比於子。’宗人曰：‘旦明行事。’”告時者，至此旦明而告之。○釋曰：引《少牢》曰者，謂祭前之夕宗人主禮官請主人祭期；主人曰“比於子”者，謂次比其日數時節由子，子則宗人也；宗人即告期曰“旦明行事”。其實祭期由宗人，宗人請主人者，敬主人，若不敢自由然，故讓之也。案《庭燎》詩注：“王有雞人之官，凡國事爲期，則告之以時，王不正其官而問夜早晚。”非也。案《齊詩·東方未明》序云：“《東方未明》，刺無節也。朝庭興居無節，號令不時，挈壺氏不能掌其職焉。”注云：“挈壺氏，掌漏刻者。”彼不云雞人者，案《挈壺氏》云“凡軍事懸壺”，無告期之事。則天子備官，挈壺直掌漏刻之節，雞人告期；彼《齊詩》是諸侯兼官，故挈壺氏兼告期也。凡祭祀、面禳釁，共其雞牲。○釋曰：云“凡祭祀、面禳”者，祭祀謂宗廟之屬，面禳謂祈禱之屬。注釁，釁廟之屬；釁廟以羊，門、夾室皆用雞。鄭司農云：“面禳，四面禳也。釁讀爲徽。”○釋曰：鄭云“釁，釁廟之屬”者，言之屬，則釁鼓、釁甲兵皆在其中。“釁廟以羊”已下，《雜記》文。司農云“面禳，四面禳”，則侯禳[1]，禳謂禳去惡祥也。云“釁讀爲徽”者，亦謂以徽爲飾治之義也。

---

① “侯”字原作“候”，據阮本改。

周禮疏卷第二十二

唐朝散大夫行大學博士弘文館學士臣賈公彥等撰

司尊彝掌六尊、六彝之位，詔其酌，辨其用與其實。○釋曰：此經與下文爲目。直云“六彝、六尊”，案下兼有罍尊，不言者，文略也。注位，所陳之處。酌，沛之使可酌，各異也。用，四時祭祀所用，亦不同。實，鬱及醴齊之屬。○釋曰：云“位，所陳之處”者，此下經不見陳尊之處。案《禮運》云：“玄酒在室，醴、醆在户，齊醍在堂。”彼是禘祭陳四齊，此下時祭陳二齊，設尊亦依此也。云“酌，沛之使可酌，各異也”者，此下文“鬱齊獻酌”、“醴齊縮酌”之等是各異也。云“用，四時祭祀所用，亦不同”者，即下文“春祠夏禴”已下所用不同是也。云“實，鬱及醴齊之屬”者，醴齊之中有三酒也。春祠夏禴，祼用雞彝、鳥彝，皆有舟；其朝踐用兩獻尊，其再獻用兩象尊，皆有罍，諸臣之所昨也。秋嘗冬烝，祼用斝彝、黃彝，皆有舟；其朝獻用兩著尊，其饋獻用兩壺尊，皆有罍，諸臣之所昨也。凡四時之間祀追享、朝享，祼用虎彝、蜼彝，皆有舟；其朝踐用兩大尊，其再獻用兩山尊，皆有罍，諸臣之所昨也。○釋曰：此六者皆據宗廟之祭，但春夏同陽，秋冬同陰，其追享、朝享又是四時之間祀，以類附從，故可同尊也。彝與齊尊各用二者，鬱鬯與齊皆配以明水，三酒配以玄酒。故《禮記•郊特牲》云，祭齊加明水，三酒加玄酒。依《鄭志》云“一雞彝盛明水，鳥彝盛鬱鬯”，是以各二尊。罍尊不言數者，禘祫與時祭追享、朝享等皆同用三酒，不別數可知也。若然，依《酒正》云“大祭祀，備五齊”，據大祫通鬱鬯與三酒并配尊，則尊有十八。禘祭四齊，闕二尊，則尊有十六。此經時祭二齊，闕六尊，則尊十有二矣。其祫在秋，禘在夏，則用當時尊，重用取足而已。此經“彝”下皆云“舟”，“尊”與“罍”下皆不云所承之物，則無物矣。故《禮器》云“天子諸侯廢禁”，其此之謂也。注祼，謂以圭瓚酌鬱鬯，始獻尸也。后於是以璋瓚酌亞祼。《郊特牲》曰：“周人尚臭，灌用鬯臭，鬱合鬯，臭陰達於淵泉，灌以圭璋，用玉氣也①。既灌，然後迎牲，致陰氣也。"朝踐，謂薦血腥、酌醴，始行祭事。后於是薦朝事之豆籩，既又酌獻。其變朝踐爲朝獻者，尊相因也。朝獻，謂尸卒食，王酳之。再獻者，王酳尸之後，后酌亞獻，諸臣爲賓又次后酌盎齊②，備卒食三獻也。於后亞獻內宗薦加豆籩。其變再獻爲饋獻者，亦尊相因。饋獻，謂薦孰時。后於是薦饋食之豆籩。此凡九酌，王及后各四，諸臣一，祭之正也。以今祭禮《特牲》、《少牢》言之，二祼爲奠，而尸飲七矣，王可以獻諸臣。《祭統》曰："尸飲五，君洗玉爵獻卿。"是其差也。《明堂位》曰："灌用玉瓚大圭，爵用玉琖，加用璧角、璧散。"又《鬱人職》曰："受舉斝之卒爵而飲之。"則王酳尸以玉爵也。王酳尸用玉爵，而再獻用璧角、璧散可知也。雞彝、鳥彝，謂刻而畫之爲雞、鳳皇之形。皆有舟、皆有罍，言春夏秋冬及追享、朝享有之同。昨讀爲酢，字之誤也。諸臣獻者酌罍以自酢，不敢與王之神靈共尊。鄭司農云："舟，尊下臺，若今時承槃。獻讀爲犧，犧尊飾以翡翠。象尊以象鳳皇，或曰以象骨飾尊。《明堂位》曰：'犧、象，周尊也。'《春秋傳》曰：'犧、象不出門。'尊以祼神。罍，臣之所飲也。《詩》曰：'缾之罄矣，維罍之恥。'斝讀爲稼，稼彝，畫禾稼也。黄彝，黄目尊也。《明堂位》曰：'夏后氏以雞彝，殷以斝，周以黄目。'《爾雅》曰：'彝、卣、罍，器也。'著尊者，著略尊也。或曰著尊著地無足。《明堂位》曰：'著，殷尊也。'壺者，以壺爲尊。《春秋傳》曰：'尊以魯壺。'追享、朝享，謂禘祫也。在四時之間，故曰間祀。蜼讀爲'蛇虺'之虺，或讀爲'公用射隼'之隼。大尊，大古之瓦尊。山尊，山罍也。《明堂位》曰：'泰，有虞氏之尊也。山罍，夏后氏之尊。'"故書踐作餞。杜子春云："餞當爲踐。"玄謂黄目，以黄金爲目。《郊特牲》曰："黄目，鬱氣之上尊也。黄者，中也。目者，氣之清明者也。言酌於中而清明於外。"追享，謂追祭遷廟之主，以事有所請禱。朝享，謂朝受政於廟。《春秋傳》曰："閏月不告朔，猶朝于廟。"蜼，禺屬，卬鼻而長尾。山罍，亦刻而畫之爲山雲之形。

○釋曰：言"祼，謂以圭瓚酌鬱鬯，始獻尸也"者，宗廟之祭，先作樂下神，則《大司樂》云"若樂九變，人鬼可得而禮"，鄭注云："先奏是樂而祼焉。"是祼有二，此言圭瓚者，據王而言，故鄭即云"后於是以璋瓚酌而亞祼"是也。后祼之時內宰贊之，故《內宰職》云"后祼、獻，則贊，瑶爵亦如之"。若然，非直贊祼而已，至於后之朝踐、饋獻及酳用瑶爵皆贊之。引《郊特牲》者，證祼以鬱鬯，又用圭璋也。云"既灌，然後迎牲，致陰氣也"者，祼是陰氣，故《郊特牲》又云"周人先求諸陰"，求諸陰，灌是也。此注引《郊特牲》，后亞王祼

---

① "玉"字原作"五"，據婺本、金本、阮本改。
② "盎"字原作"益"，據婺本、金本、阮本改。

後王乃出迎牲；案《內宰》注云“王既裸”，與此違者，彼注取王事自相亞，故先言王既裸出迎牲，后乃後裸，其實以此注爲正也。王出迎牲之時，祝延尸向戶外戶牖之間，南面，后於是薦朝事八豆、八籩。王迎牲入廟，卿大夫贊幣而從，牲麗於碑，王親殺，大僕贊王牲事，取血以告殺，取毛以告純，解而腥之爲七體①，薦於神坐訖，王以玉爵酌醴齊以獻尸，后亦以玉爵酌醴齊以獻尸②，此謂經“朝踐用兩獻尊”也。《禮器》云：“郊血，大饗腥。”則享祭宗廟無血。此云“薦血腥”者，謂肉，非謂如別薦血也。云“后於是薦朝事之豆籩，既又酌獻”者，先薦後獻，祭禮也。其實薦豆籩在王前，今在王獻後乃言后薦豆籩者，鄭欲説王事訖乃説后事，故後言后薦豆籩也。云“變朝踐言朝獻者，尊相因也。朝獻，謂尸卒食，王酳之”者，此“朝獻”於經當秋冬之祭，鄭既未解春夏“再獻”，先釋秋冬“朝獻”者，以其朝獻是王酳尸因朝踐之尊、醴齊，故鄭先通解之。云“再獻者，王酳尸之後，后酌亞獻，諸臣爲賓又次后酌盎齊，備卒食三獻也”者，此言“再獻”，即經春夏之祭云“再獻用兩象尊”。尸食後陰厭，王酳尸，后與賓長爲再獻。此亦在饋獻後，先言再獻者，后與賓酳尸因饋獻盎齊之尊，故變饋獻云再獻。云“內宗薦加豆籩”者，案《醢人》及《籩人》有朝事之豆籩，有饋食之豆籩，有加豆籩之實，故鄭於此取朝事當朝踐節，饋食當饋獻節，食後重加，故加豆加籩當酳尸節。案《內宰職》云③：“贊后薦加豆籩。”故知內宗薦之。云“其變再獻爲饋獻者，亦尊相因。饋獻，謂薦熟時”者，此言“饋獻”當經秋冬祭之節。其春夏言“再獻”，至此秋冬言“饋獻”，據文爲先後，故云變再獻言饋獻，其實先饋獻、後再獻也。以其饋獻在朝踐後，亦在當尸未入室，再獻是王酳尸後節也，是以云饋獻謂薦熟時也。此即《禮運》云“熟其殽”，鄭注云“體解而爓之”是也。云“后於是薦饋食之豆籩”者，此即《醢人》、《籩人》饋食之豆籩者也。云“此凡九酌，王及后各四，諸臣一”者，九，謂王及后裸各一，朝踐各一，饋獻各一，酳尸各一，是各四也；諸臣酳尸一，并前八爲九。云“祭之正也”者，此九獻是正獻。案《特牲》、《少牢》仍有衆賓長、兄弟之長、嗣子舉奠，上利洗散爲加獻，彼並非正，故此云祭之正也。云“以今祭禮《特牲》、《少牢》言之”者，天子、諸侯祭禮亡，雖檢《禮記》及《周禮》而言，其文不具，故取《特牲》、《少牢》見在禮而言。以其《特牲》、《少牢》惟有酳尸後三獻，天子、諸侯酳尸後亦三獻，與彼同，故取以爲説也。云“二裸爲奠，而尸飲七矣，王可以獻諸臣”者，王獻諸臣無

---

①　孫校云：“‘解而腥之’上當有‘肫’字，‘肫’與‘豚’同，涉‘純’而奪。”
②　“玉”字原作“王”，據阮本改。
③　浦鏜云：“‘宗’誤‘宰’。”

文,此又約《祭統》而言,故即引《祭統》曰"尸飲五,君洗玉爵獻卿"。"是其差也"者,彼據侯、伯禮宗廟七獻,二祼爲奠不飲,朝踐已後有尸飲五、獻卿;即天子與上公同九獻,二祼爲奠不飲,是尸飲七,可以獻諸臣;若然,子、男五獻者,二祼爲奠不飲,是尸飲三,可以獻卿。故鄭云是其差,皆當降殺以兩,大夫、士三獻,無二祼,直有酳尸三獻、獻祝是也。云"《明堂位》曰:灌用玉瓚大圭,爵用玉琖,加用璧角、璧散"者,彼賜魯侯祭周公用天子之禮,故以爲證。言灌用玉瓚者,謂以玉飾瓚,以大圭爲柄。此大圭非謂《玉人》"大圭長三尺"者,直是以圭爲柄謂之大圭也。爵用玉琖者,謂君與夫人朝踐、饋獻時所用獻也。加用璧角、璧散者,此即《內宰》所云"瑤爵",一也。以瑤玉爲璧形,以飾角、散。爵是通名,故得瑤爵、璧角、璧散之名也。"又《鬱人職》曰:受舉斝之卒爵而飲之"者,引之欲證王酳尸與前同用玉爵之意也。云"則王酳尸以玉爵。王酳尸用玉爵,而再獻者用璧角、璧散可知也"者,再獻謂后與諸臣,亦以《明堂位》云"爵用玉琖,加用璧角、璧散"差之,推次可知也。云"雞彝、鳥彝,謂刻而畫之爲雞、鳳皇之形"者,案《尚書》云:"鳴鳥之不聞。"彼鳴鳥是鳳皇,則此鳥亦是鳳皇,故云畫雞、鳳皇之形也。云"皆有舟,皆有罍,言春夏秋冬及追享、朝享有之同"者,即文自具,故知有之同也。云"昨讀曰酢"者,主人、主婦、賓長獻尸皆有酢報,不得爲"昨日"之字,故從"酬酢"之字也。云"諸臣獻者酌罍以自酢,不敢與王之神靈共尊"者,王酳尸因朝踐之尊[1]、醴齊,尸酢王還用醴齊;后酳尸用饋獻之尊、盎齊,尸酢后還用盎齊。以王與后尊,得與神靈共尊。今賓長臣卑,酳尸雖得與后同用盎,及尸酢,賓長即用罍尊三酒之中清酒以自酢,是不敢與王之神靈共酒尊故也。鄭司農云"舟,尊下臺,若今時承槃"者,漢時酒尊下槃象周時尊下有舟,故舉以爲況也。云"獻讀爲犠,犠尊飾以翡翠"者,翡赤翠青爲飾;"象尊以鳳皇",此二者於義不安,故更解"以象骨飾尊"。此義後鄭從之,其云飾以翡翠後鄭猶不從之矣。引《明堂位》"犠、象,周尊也"者,證飾尊有非周制者。引《春秋傳》者,是《左氏》定十年夾谷之會孔子之言。引之者,證犠、象是祭祀之尊,不合爲野饗之義也[2]。云"尊以祼神"者,司農解"犠、象不出門"之意。其實獻尸,而云祼神者,尸,神象,尸飲即是祼神。若云"奉觸賜灌"之類,非謂二灌用鬱鬯也。云"罍,臣之所飲也"者,經云"皆

---

① "因"字阮本同,阮校引浦鏜説云:"'用'誤'因'。"孫校云:"'因'字義通,不必與下文一律也。"

② "饗"字阮本作"享",加藤謂"饗"是而"享"非。按《周禮》凡祭享字作"享",饗燕字作"饗",至於鄭注、賈疏及其餘經傳,二者相互假借。

有罍，諸臣之所酢”，故知諸臣所飲者也。引《詩》者，證罍是酒尊之義。云“斝讀爲稼，稼彝，畫禾稼也”者，以諸尊皆異物爲飾，今云“斝”，於義無取，故破從“稼”也。云“黄彝，黄目尊也”者，依《明堂位》文。引《明堂位》者①，證雞彝是夏法，斝彝是殷法，黄彝是周法。引《爾雅》者，欲見此經有彝爲上，卣即犧、象之屬，爲中，罍爲下，與《爾雅》同也。云“著尊者，著略尊也”者，義不安。云“著地無足”，於義是也。云《春秋傳》者，昭十五年《左傳》云：“六月乙丑，王太子壽卒。秋八月戊寅，王穆后崩。十二月，晉荀躒如周，葬穆后，籍談爲介。以文伯宴，尊以魯壺。”是其義也。引之者，證壺是祭祀酒尊。司農云“追享、朝享②，謂禘祫也。在四時之間，故曰間祀”者，案《大宗伯》，祫禘在四時之上，當如《酒正》大祭祀備五齊，何得在四時之下？故後鄭不從也。鄭司農讀“蜼”爲“蛇虺”之虺，或讀爲“公用射隼”之隼者，無所依據，故後鄭皆不從也。又云“大尊，大古之瓦尊”者，此即有虞氏之大尊，於義是也，故皆以《明堂位》爲證也。“玄謂黄目，以黄金爲目”者，無正文，鄭以目既爲眼目，黄又與黄金字同，故爲黄金釋之也。引《郊特牲》者，解黄目之義也。云“追享，謂追祭遷廟之主，以事有所請禱”者，此追享知祭遷廟主者，案《祭法》云：“去廟爲壇，去壇爲墠。壇墠有禱焉祭之，無禱乃止。”是追祭遷廟之主，故知也。云“朝享，謂朝受政於廟”者③，謂天子告朔於明堂，因即朝享。朝享即《祭法》謂之“月祭”，故《祭法》云：“考廟、王考廟、皇考廟、顯考廟、祖考廟，皆月祭之；二桃，享嘗乃止。”諸侯告朔於大廟，因即朝享，《祭法》云：“諸侯考廟、王考廟、皇考廟，皆月祭之；顯考、祖考，享嘗乃止。”告朔天子用牛、諸侯用羊，月祭皆大牢也。《春秋傳》者，文公六年《左氏傳》云：“閏月不告朔，猶朝于廟。”若然，天子告朔於明堂，則是天子受政於明堂，而云“受政于廟”者，謂告朔自是受十二月政令，故名明堂爲布政之宮，以告朔訖因即朝廟亦謂之受政，但與明堂受朔別也。《春秋》者，彼譏廢大行小。引之者，見告朔與朝廟別，謂若“不郊，猶三望”，與郊亦別也。云“蜼，禺屬，卬鼻而長尾”者，案雞彝、鳥彝相配皆爲鳥，則虎彝、蜼彝相配皆爲獸，故《爾雅》在《釋獸》中。《爾雅》云：“蜼，禺屬。”彼注云：“蜼似獼猴而大，黄黑色，尾長數尺，似獺，尾末有岐，鼻露向上，雨即自懸於樹，以尾塞鼻，或以兩指。今江東人亦取養之，爲物捷健。”云“山罍，亦刻而畫之爲山雲之形”者，罍之字於義無所取，字雖與雷别，以聲同，故以雲雷解之。以其雷有聲無形，但雷起

---

① “者”字原作“皆”，據阮本改。

② “朝享”二字原作“朝亨”，據阮本改。

③ “謂”字原作“爲”，據阮本改。

於雲,雲出於山,故本而釋之以爲刻畫山雲之形也。《異義》第六《罍制》:"《韓詩》説,金罍,大器①,天子以玉,諸侯、大夫皆以金,士以梓。《古廷説》②,罍器,諸臣之所酢,人君以黄金飾尊,大一石,金飾口目③,蓋取象雲雷之象④。謹案:《韓詩》説天子以玉,經無明文。罍者取象雲雷,故從人君下及諸臣同如是。經文惟有《詩》云'我姑酌彼金罍'⑤,《古廷説》云'人君以黄金',則其餘諸臣直有金⑥,無黄金飾也。"若然,向來所説雞彝、鳥彝等皆有所出。其虎彝、蜼彝當是有虞氏之尊,故鄭注《尚書》云:"宗彝,宗廟之中鬱尊。"虞氏所用,故曰"虞夏以上,虎、蜼而已"也。**凡六彝、六尊之酌,鬱齊獻酌,醴齊縮酌,盎齊涗酌,凡酒脩酌。** ○釋曰:云"凡六彝之酌",與"鬱齊"爲目;"六尊之酌",與"醴齊"、"盎齊"爲目。下有"凡酒滌酌",上不言罍者,亦是文不具也。凡言"酌"者,皆是沛之使可酌也。注故書縮爲數,齊爲齍。鄭司農云:"獻讀爲儀,儀酌,有威儀多也。涗酌者,涗拭勺而酌也。脩酌者,以水洗勺而酌也。齍讀皆爲'齊和'之齊。"杜子春云:"數當爲縮,齊讀皆爲粢⑦。"玄謂《禮運》曰:"玄酒在室,醴、醆在户,粢醍在堂,澄、酒在下。"以五齊次之,則醆酒,盎齊也。《郊特牲》⑧曰:"縮酌用茅,明酌也。醆酒涗于清,汁獻涗于醆酒,猶明、清與醆酒于舊澤之酒也。"此言轉相沛成也。獻讀爲"摩莎"之莎,齊語聲之誤也。煮鬱和秬鬯,以醆酒摩莎沛之,出其香汁也。醴齊尤濁,和以明酌沛之,以茅縮去滓也。盎齊差清,和以清酒沛之而已。其餘三齊,泛從醴,緹、沈從盎。凡酒,謂三酒也。脩讀如"滌濯"之滌,滌酌,以水和而沛之,今齊人命浩酒曰滌。明酌,酌取事酒之上也。澤讀曰醳,明酌、清酒、醆酒沛之皆以舊醳之酒。

---

① 浦鏜謂"大"下脱"夫"字。孫校亦據《毛詩·卷耳》正義引增補。

② "古廷説"三字阮本同,阮校云:"《詩·卷耳》正義作'古毛詩説',《爾雅·釋器》正義同,此作'廷',誤。下同。"

③ "口目"二字阮本作"亡目",阮校云:"浦鏜云'口'誤'亡',從《儀禮通解續》校。按《詩》正義作'颩目','口'字非。"孫疏據作"颩目"。

④ 浦鏜云:"'刻爲'誤'取象',從《詩》及《爾雅》疏校。"孫疏據改。

⑤ "惟"字阮本作"雖",阮校云:"閩、監、毛本'雖'改'惟',誤。"加藤云:"'惟'不必誤。"

⑥ "金"字阮本同,阮校云:"《詩》正義'金'作'罍',此誤。"孫疏據改。

⑦ 孫疏云:"杜據故書作讀,則疑當作'齍讀皆爲粢'。段玉裁云:《酒正》'五齊',杜子春讀'齊'皆爲'粢'者,正因此經作'齍'也,此經'齍'即'粢'字,故《酒正》'齊'皆讀'粢'。"後鄭則從先鄭爲"齊"。

⑧ "牲"字剜擠,婺本同,與阮本合,金本無。

凡此四者,祼用鬱齊,朝用醴齊,饋用盎齊,諸臣自酢用凡酒。唯大事于大廟備五齊、三酒。○釋曰:司農云"獻讀爲儀"已下①,後鄭皆不從者,此經爲沛酒之法,而司農皆不爲沛酒法,其言無所據依,故皆不從也。司農云"盎讀皆爲齊和之齊"②,鄭注《酒正》爲"度量"解之,則"齊和"義亦通也。子春爲"桼",於義不可,後鄭於《酒正》已破訖。玄謂引《禮運》者,欲破彼"酨"從此"盎"也。彼云"玄酒在室"者,據配鬱鬯之尊,故在室。若配鬱鬯當云明水,而云玄酒者,散文通。云"以五齊次之,則酨酒,盎齊也"者,於此經及《酒正》言之,盎次醴;《禮運》酨次醴,以酨當盎處,即一物,明酨酒,盎齊也。盎齊云酒,則酒、齊亦通。引《郊特牲》曰"縮酌用茅,明酌"至"酨酒"者,彼記人意,以經沛酒法難解,故釋此經沛酒之法也。此云"醴齊縮酌",彼記人取此"縮酌"二字,於彼重解之云:此言"縮酌"者,縮酌當用茅也。又云"明酌"者,醴齊濁,還用事酒之清明者和醴齊,然後用茅沛之使可酌,故云明酌也。云"酨酒涗于清"者,酨酒即盎齊。盎齊差清,亦不言縮,則不用茅。涗謂新,亦謂沛之也。彼記人亦取此"盎齊涗酌"解之,以盎齊欲沛之時,則以清酒和而沛涗使可酌,故直云涗于清也。云"汁獻涗于酨酒"者,記人亦取此經"鬱齊獻酌"釋之。云汁獻者,獻讀"摩莎"之莎也。云涗于酨酒者,以鬱鬯尊,不用三酒,而用五齊中盎齊差清者和鬱鬯沛之,故云涗于酨酒也。云"猶明、清與酨酒于舊醳之酒也"者,此記人復恐不曉古之沛酒之法,故舉當時沛酒之法以曉人也。云明、清者,明謂事酒,清謂清酒;酨謂盎齊也。三者皆於舊醳之酒中沛之。但云醳酒即事酒也,今云"舊醳",則醳中之舊,冬釀接春而成,故云舊,是昔酒也。云"此言轉相沛成"已下,皆鄭重釋記人之言也。云"醴齊尤濁,和以明酌沛之"者,醴齊對盎齊已下三者爲尤濁,上仍有泛齊更濁於醴齊也。"盎齊差清,和以清酒沛之而已"者,以不用茅,故云沛之而已。云"其餘三齊,泛從醴,緹、沈從盎"者,以沛三者無文,故鄭約同此二齊。以泛齊濁,不過與醴齊同,緹、沈清,無過與盎同③,故略爲二等沛五齊也。云"凡酒,謂三酒也"者,以上文列彝、卣、罍三等之尊,此見沛鬱與二齊、凡酒事相當,故凡酒謂三酒。非一,故稱"凡"也。云"脩讀爲滌濯之滌"者,讀從《宗伯》"視滌濯"之滌,欲解滌爲水之意。必知"以水"者,《曲禮》曰:"水曰清滌。"且鬱鬯用五齊,五齊用三酒,三酒用水,差次然也。云"明酌,酌取事酒之上也"者,重解"縮酌用茅,明酌也"。云"澤讀曰醳,明酌、清酒、酨酒沛之皆以舊醳之酒"者，重解當時之法以曉人者也。云"凡此四者，祼用鬱齊，朝用醴齊，饋用盎齊，諸臣自酢用凡酒"者，此以上列尊及沛酒次第爲先後，祭禮有祼、有朝踐、饋獻、酳尸次第爲先後，推此可知也①。云"唯大事於大廟備五齊、三酒"者，此據《酒正》云"祭祀，共五齊、三酒"下有"大祭"、"中祭"、"小祭"，此時祭用二齊，《禮運》四齊據禘祭②，明大事祫祭備五齊、三酒可知。三酒時祭亦備之③，亦於"大事"言之者，連言挾句耳。文二年："大事於大廟。"《公羊傳》："大事者何？大祫也。"即此大事是祫可知也。大喪，存奠彝，注存，省也。謂大遣時。奠者朝夕乃徹也。○釋曰："大喪"之奠有彝尊盛鬱鬯，唯謂祖廟厥明將向壙爲大遣奠時有之，故鄭云"謂大遣時"。云"奠朝夕乃徹也"者，此大奠徹之早晚無文。案《檀弓》云："朝奠日出，夕奠逮日。"則朝奠至夕徹之，夕奠至朝乃徹，是朝夕乃徹。其大遣亦朝設，至夕乃徹。言此者，欲見所奠彝尊朝夕酒存省之意也④。大旅亦如之。注旅者，國有大故之祭也。亦存其奠彝，則陳之不即徹。○釋曰：鄭知"旅"是"國有大故之祭"者⑤，見《宗伯》云"國有大故，則旅上帝及四望"，故知也。云"亦存其奠彝"者，以其祭云"亦如之"，明亦如大遣奠存省之。云"則陳之不即徹"者，云不即徹，則與上注"奠者朝夕乃徹"義異。但上經據人鬼，日出、逮日放其去來於陰陽；此天神無此義，但不即徹，不必要至夕也。且案《小宰》注："天地至尊不祼。"此得用彝者，此告請非常，亦如大遣奠之而已，亦非祼耳。

司几筵掌五几、五席之名物，辨其用與其位。注五几，左右玉、彫、彤、漆、素。五席，莞、藻⑥、次、蒲、熊。用、位，所設之席及其處。○釋曰：云"五几，左右玉、彫、彤、漆、素"者，其玉⑦、彫已下，數出於下文。云左右者，唯於王馮及鬼神所依皆左

---

① "此"字阮本作"次"。按凡言"推此"，須舉本而言，《小宗伯職》賈疏云"此三族謂父子孫，舉本而言，推此而往，其中則兼九族矣"，是其例。此注祭禮節目與酒相配，但依經文所列"尊及沛酒次第爲先後"，當言"推次"。

② "四"字原作"曰"，據阮本改。

③ "之"字阮本無。

④ 阮校謂"朝夕酒"句絕，孫疏引徑刪"酒"字，加藤則謂似當據殿本改"酒"爲"須"。

⑤ "大"字原在"國"之上，據浦鏜説乙。

⑥ 阮校云："經作'繰'，司農讀爲'藻'，鄭君則仍用'繰'字，今本作'藻'非。"按賈疏述注作"繰"不誤。

⑦ "玉"字原作"王"，據阮本改。下文"皆左右玉几"同。

右玉几。下云"左右玉几，祀先王、昨席亦如之①"，但受酢席未必有几，故不云几筵。其彫几已下，非王所馮。生人則几在左，鬼神則几在右，是以下文諸侯祭祀云"右彫几"，國賓云"左彫几"。諸侯自受酢亦無几，故不言几也。漆、素並云"右"，俱是爲神也。云"五席，莞、繅、次、蒲、熊"者，亦數出下文。仍有葦、萑席不入數者，以喪中非常，故不數，直取五席與五几相對而言耳。云"用、位，所設之席"者，即下"凡大朝覲"已下是也。云"及其處"者，王受朝覲，席在廟牖間；大射，席在虞庠；祀先王，在廟奧及堂；酢席，在廟室西面。自諸侯已下亦皆在廟，惟熊席漆几設在野所征之地耳。經云"名物"，鄭不解之者，義在可知，故略之也。**凡大朝覲、大饗射，凡封國、命諸侯，王位設黼依，依前南鄉設莞筵紛純，加繅席畫純，加次席黼純，左右玉几。**○釋曰：此經及下文見王有事設席三重之義。言"凡大朝覲"，非四時常朝。常朝則春夏受贄於朝，秋冬受贄於廟，不常在廟也。此朝覲言大，則因會同而行朝覲之禮，謂春秋來時，若冬夏來則曰大宗遇也。云"大饗"者，謂王與諸侯行饗禮於廟，即《大行人》云"上公三饗"之屬是也。"大射"，謂王將祭祀，擇士而射於西郊小學虞庠中。云"凡封國、命諸侯"者，此即《典命》云"其出封皆加一等"之屬是也。云"王位設黼依"者，案《爾雅》："牖户之間曰扆。"於扆之處設黼，黼即白黑文而爲斧形。此斧以大板爲邸，即《掌次》"皇邸"，一也，故鄭彼注云："邸，後板。"以此斧板置於扆，即以黼扆爲摠名也。云"依前南鄉設莞筵"已下，以席三重。凡敷席之法，初在地者一重即謂之筵，重在上者即謂之席，已下皆然，故鄭注《序官》云："敷陳曰筵，藉之曰席。"**注斧謂之黼，其繡白黑采②，以絳帛爲質。依，其制如屏風然。於依前爲王設席。左右有几，優至尊也。鄭司農云："紛讀爲膹，又讀爲'和粉'之粉，謂白繡也。純讀爲'均服'之均。純，緣也。繅讀爲'藻率'之藻。次席，虎皮爲席。《書·顧命》曰：'成王將崩，命大保、芮伯、畢公等被冕服，馮玉几。'"玄謂紛如綬，有文而狹者。繅席，削蒲蒻展之，編以五采，若今合歡矣。畫，謂雲氣也。次席，桃枝席，有次列成文。**○釋曰：鄭云"斧謂之黼"者，案《禮記·明堂位》云："天子負斧扆。"彼及諸文多爲斧字者。若據《繢人職》，則云"白與黑謂之黼"，據采色而言之。若據繡於物上，則爲金斧文，近刃白，近銎黑，則曰斧，取金斧斷割之義，故鄭以斧釋黼。云

---

①　"昨"字阮本作"酢"，一據經文，一據鄭注，賈疏並有其例。
②　浦鏜云："'文'誤'采'。"按賈疏述注作"文"。然疏又云"若據《繢人職》，則云'白與黑謂之黼'，據采色而言之"，"采色"本諸《繢人職》鄭注"此言刺繡采所用"，然則此注"其繡白黑采"作"采"蓋不誤。

“其繡白黑文”者，《繢人職》文。鄭知“以絳帛爲質”者，《鄉射·記》云：“凡畫者丹質。”此
繡畫之，故知絳帛，絳帛即丹質也。云“其制如屏風然”者，屏風之名出於漢世，鄭以今曉
古，故舉屏風爲況也。孔注《顧命》：“其置竟户牖間。”竟，終也。户牖間狹，故置之終滿
户牖間也。云“左右有几，優至尊也”者，此經所云，王皆立不坐。既立，又於左右皆有
几，故鄭注《大宰》云“立而設几，優至尊”，據立而言，此據左右皆有而言，故注相兼乃具
也。司農云“紛讀爲豳”，於義不安，故更云“又讀爲和粉之粉，謂白繡也”。“純讀爲均服
之均”者，案僖五年《左傳》，卜偃云：“均服振振，取虢之旗。”賈、服、杜君等皆爲均，均，同
也。但司農讀爲均，均即準，音與純同，故云“純，緣也”。云“繅讀爲藻率之藻”者，讀從
桓二年臧哀伯云“藻率鞞鞛，鞶厲斿纓”，此並取彼義也。云“次席，虎皮爲席”者，此見下
有“熊席”，故爲虎皮。後鄭不從也。引《尚書》者，證王馮玉几之義也。“玄謂紛如綬，有
文而狹者”，此見漢世綬是薄帔，有文章而狹，以爲席之緣，故言之也。鄭知“繅席，削蒲
蒻展之，編以五采，若今合歡矣”者，漢有合歡席如此，故還舉漢法況之也。云“畫，謂雲
氣也”者，鄭於經但單言“畫”皆以“畫雲氣”解之，蓋五色雲爲之文也。云“次席，桃枝席，
有次列成文”者，鄭亦見漢世以桃枝竹爲席，次第行列，有成其文，故言之也。**祀先
王、酢席亦如之。**○釋曰：“祀先王”，謂宗廟六享，皆用上三種席。“酢席”，謂王酳
尸，尸酢王，王受酢之席。亦如上三種席，故云“亦如之”。**注**鄭司農云：“酢席，於主階設
席，王所坐也。”玄謂昨讀曰酢，謂祭祀及王受酢之席。尸卒食，王酳之，卒爵，祝受之，又
酳授尸[1]，尸酢王，於是席王於户内。后、諸臣致爵乃設席。○釋曰：司農云“酢席[2]，於
主階設席，王所坐也”者，此約《鄉飲酒禮》，主人在阼階，賓在户牖間[3]，主人受酢。王行
飲酒禮亦然。此“酢”文承“祀先王”下，即是祭禮受尸酢，不得爲凡常飲酒禮，故後鄭不
從也。後鄭知王有受尸酢法者，謂若《鬱人》注引《特牲》、《少牢》，此注亦取彼義，故云
“尸卒食，王酳之，卒爵，祝受之，又酳授尸，尸酢王，於是席王於户内”也。案《特牲》、《少
牢》，主人受酢之時未設席，夫婦致爵乃設席。今王於受酢即設席者，優至尊，與大夫、士
禮異。知席王在户内者，約《特牲》主人受酢時在户内之東西面也[4]。云“后、諸臣致爵
乃設席”者，此亦約《特牲》夫婦致爵之時有席。若然，王於酢有席與彼異，至於后即與

---

① “授”字原作“受”，據婺本、金本、阮本改。
② “農”字原作“晨”，據阮本改。
③ “户”字原作“尸”，據阮本改。
④ “面”字原作“南”，據阮本改。

彼同者，禮有損之而益，故后不得與王同，宜同士禮。案《特牲》無致爵於賓長之法，而此言諸臣致爵者，此王於諸臣亦無致爵禮，此致爵謂酳尸訖主人獻賓長於西階之上，謂之致爵也。《特牲》主人致爵於主婦，席於東房中，此后亦然。其諸臣，案《特牲》獻賓長於西階上無席，獻訖以薦俎降，降設於西階下亦無席；此諸臣有席者，亦是王之臣尊，宜設席，乃以薦俎降設於席東也。**諸侯祭祀席，蒲筵繢純，加莞席紛純，右彤几；**○釋曰：此經論諸侯禘祫及四時祭祀之席，皆二種席也。**注**繢，畫文也。不莞席加繅者，繅柔耎，不如莞清堅，又於鬼神宜。○釋曰：上文"畫純"者，畫雲氣，此云"繢"，即非畫雲。案《繢人職》："對方爲繢。"是對方爲次畫於繒帛之上，與席爲緣也。云"不莞席加繅者，繅柔耎，不如莞清堅，又於鬼神宜"者，案上文天子祭祀席與酢席同，此下文諸侯受酢席下莞上繅，今祭祀席下蒲上莞，以是故，鄭以下文決此：今諸侯祭祀席不亦如下文莞席加繅者，以其繅柔耎，不如莞清堅；於鬼神宜，即於生人不宜，故下文生人繅在上爲宜也；又不以繅在莞下者，繅尊，不宜在莞下，故用蒲替之也。**昨席，莞筵紛純，加繅席畫純，筵國賓于牖前亦如之，左彤几。**○釋曰：諸侯酢尸，尸酢主君，亦於戶內之東西面設此二席。及"筵國賓在牖前亦如之"，亦如同二種席也。几席雖同，但上文鬼神則右几，此文生人則左几也。又別云"左彤几"者，謂國賓之中有諸侯來朝，亦有孤、卿、大夫來聘，若朝者則彤几，蒙"亦如之"；聘者席雖與同，几則用彤，故別云"左彤几"，使不蒙"如"也。**注**昨讀亦曰酢。鄭司農云："《禮記》，國賓，老臣也。爲布筵席於牖前。"玄謂國賓，諸侯來朝，孤、卿、大夫來聘。後言几者，使不蒙"如"也。朝者雕几[1]，聘者彤几。○釋曰：先鄭云"《禮記》，國賓，老臣也"者，案《禮記·王制》有四代養國老、庶老於學之事，彼國老謂卿、大夫致仕，庶老謂士之致仕者，先鄭據此文而言"國賓，老臣也"。後鄭不從者，未見朝聘之賓而言己國老臣，於義不可，故不從也。"玄謂國賓，諸侯來朝，孤、卿、大夫來聘"者，案大、小《行人》及《司儀》，賓謂諸侯，客謂其臣。今此經唯云"賓"，而兼云孤、卿、大夫者，對文賓客異，通而言之，賓客一也。以《大司徒》云"大賓客，令野脩道委積"，《小司徒》云"小賓客，令野脩道委積"，是賓客通用之義也。案《公食大夫禮》云："司宮具几與蒲筵，加萑席。"又云："上大夫蒲筵，加萑席，其純皆如下大夫。"彼注云："謂公食上大夫，孤爲賓，則莞筵紛純，加繅席畫

---

① "雕"字婺本、金本、阮本作"彤"。按底本除《冬官》外例用"彤"，補版或作"雕"。"雕"爲假借字。

純。"《聘禮》將賓①，"宰夫徹几改筵"，注云："徹神几，改神席，更布也。賓席東上。"又引《公食大夫》云云，"此筵上下大夫也"，又引此"筵國賓"下至"彤几"，云："筵孤彤几，卿、大夫其漆几與？"以此而言，則筵諸侯與孤用莞筵繅席，而卿、大夫則用蒲筵萑席。今摠云國賓孤、卿、大夫同莞繅者，此廣解"國賓"之義，其實如《公食大夫》及《聘禮》之注也。若然，此注云"朝者彤几，聘者彤几"②，彤几亦謂孤也。依彼《聘禮》注，卿、大夫用漆几者，以其天子用玉，諸侯用彤，孤用彤，卿、大夫用漆几，差次然也。案《禮記‧禮器》云："天子之席五重，諸侯三重。"今天子唯三重，諸侯二重者，彼云五重者，據天子大祫祭而言。若禘祭當四重，時祭當三重，皆用此三重席耳，故此唯見三重席也③。諸侯三重，上公當四重，亦謂大祫祭時。若禘祭降一重，諸侯二重，禘與時祭同。卿、大夫已下，《特牲》、《少牢》唯見一重耳。若爲賓饗，則加重數，非常法，故不與祭祀同也。**甸役，則設熊席，右漆几。**注謂王甸有司祭表貉所設席。○釋曰："甸役"，謂天子四時田獵。案《大司馬》大閱禮，教戰訖入狩田，"既陳，有司表貉於陳前"。是時"設熊席，右漆几"也。**凡喪事，設葦席，右素几。其柏席用萑黼純，諸侯則紛純，每敦一几。**注喪事，謂凡奠也。萑，如葦而細者。鄭司農云："柏席，迫地之席，葦居其上。或曰柏席，載黍稷之席。"玄謂柏，椑字磨滅之餘。椑席，藏中神坐之席也。敦讀曰燾，燾，覆也。棺在殯則椑燾，既窆則加見，皆謂覆之。周禮，雖合葬及同時在殯，皆異几，體實不同；祭於廟，同几，精氣合。○釋曰：云"喪事，謂凡奠也"者，以其言凡，非一之義。《士喪禮》始死之奠乃至小斂之奠亦設於地，未有席，至大斂奠乃有席。殯後則有朝夕奠、朔月奠；大夫已上兼有月半奠，并有薦新奠；葬時又有遷奠、祖奠、大遣奠；葬乃廢奠而虞祭也。故鄭云謂凡奠也。云"萑，如葦而細者"，《詩》云："萑葦淠淠。"同類之物，但麤細爲異耳。先鄭以"柏席"爲"迫地"，或爲"載黍稷"，其言無所依據，故後鄭不從也。"玄謂柏，椑字磨滅之餘。椑席，藏中神坐之席也"者，謂於下帳中坐設之。云"敦讀曰燾，燾，覆也"者，謂若覆燾持載者也。云"棺在殯則椑燾"者，《檀弓》云"天子蒇塗龍輴以椑"是也。云"既窆則加見"者，《既夕禮》下棺訖則加見，見謂道上帳帷荒，將入藏以覆棺。言見者，以其棺不復見，唯見帷荒，故謂之見也。云"皆謂覆

---

① "賓"字阮本同，孫疏引作"禮賓"，當據補。
② "几"字原作"凡"，據阮本改。下文"彤几亦謂孤也"、"卿大夫用漆几差次然也"同。
③ 孫校謂"三重席"皆當作"三種席"，前疏可證。

之”者，此解經“敦”字。以其二處皆當覆，故云敦也。云“周禮，雖合葬”者，《檀弓》云：“古者不合葬，周公蓋附。”附謂合葬，是周禮合葬也。云“及同時在殯”者，《禮記·曾子問》云：“父母之喪偕。”鄭云：“同月死。”是同時在殯也。云“皆異几，體實不同”者，解經“每敦一几”之義。云“祭於廟，同几，精氣合”者，案《禮記·祭統》云：“敷筵設同几。”鄭云：“同之言詷。”謂“言語相詷”之詷，即共詷也，故破從詷，則以某妃配某氏，以其精氣合故也。言祭於廟者，謂吉祭時。以其禫月吉祭猶未配，故知至二十八月乃設同几也。凡吉事，變几；凶事，仍几。注故書仍爲乃。鄭司農云：“變几，變更其質，謂有飾也。乃讀爲仍，仍，因也。因其質，謂無飾也。《爾雅》曰：‘儀、仍，因也。’《書·顧命》曰：‘翌日乙丑，成王崩。癸酉，牖間南嚮，西序東嚮，東序西嚮，皆仍几。’”玄謂吉事，王祭宗廟祼於室、饋食於堂、繹於祊，每事易几，神事文，示新之也。凶事，謂凡奠①，几朝夕相因，喪禮略。○釋曰：先鄭云“變更其質，謂有飾”，又以“仍几”爲“因其質，謂無飾”，後鄭不從者，以司農就几體解之，所引《尚書》“仍几”乃是前後相因，不得爲几體，故不從也。且上文云“右素几”，於凶几無飾已有文，何須此亦云“仍几”爲無飾乎？皆其言不經，故不從也。引《顧命》者，按彼經云：“牖間南嚮，華玉仍几。西序東嚮，文貝仍几。東序西嚮，彫玉仍几。西夾南嚮，漆仍几。”孔云：“因生時几，皆有飾。”而先鄭引之者，先鄭意直取仍因之義，不須無飾也。“玄謂吉事，祭宗廟祼於室”者，《洛誥》云“王入大室祼”是也。云“饋食於堂、繹於祊”者，案《禮器》云：“設祭于堂，爲祊于外。”②是直云饋食於堂謂饋獻節。據有熟，故言饋食，其實未有黍稷。又不言朝踐者，朝踐與饋獻同在堂，故略而不言也。又饋獻後更延尸入室，進黍稷尸食之事，不言者，以其還依祼於室之几，故亦略而不言也。云“凶事，謂凡奠”者，即上文“凡喪事，右素几”是也。此文見凡奠几相因不易之意。案《檀弓》云“虞而立尸，有几筵”者，據大夫、士而言。案《士喪禮》大斂即有席，而云虞始有筵者，以其几筵相將連言，其實虞時始有几，其筵大斂即有也。天子、諸侯禮大，初死几筵並有，故上云“凡喪事，設葦席，右素几”也。凡几之長短，阮諶云：“几長五尺，高二尺③，廣二尺。”馬融以爲長三尺，舊圖以爲几兩端赤、中央黑也。

---

① “凡”字原作“几”，婺本同，據金本、阮本改。
② “于”字阮本作“乎”，與傳本《禮器》文合。
③ “高二尺”三字阮本作“高三尺”。

天府掌祖廟之守藏與其禁令。○釋曰:所"守藏"者,即下文"玉鎮"已下是也。"禁令",謂禁守不得使人妄入之等也。**注**祖廟,始祖后稷之廟。其寶物世傳守之,若魯寶玉、大弓者。○釋曰:案《王制》云:"天子七廟,三昭三穆,與大祖之廟而七。"大祖即始祖廟也。周立后稷廟爲始祖,以其最尊,故寶物藏焉。云"其寶物世傳守之,若魯寶玉、大弓者",案《春秋》定八年:"盜竊寶玉、大弓。"《公羊傳》云:"寶者何?璋判白,弓繡質。"是世傳守者也。**凡國之玉鎮、大寶器,藏焉。若有大祭、大喪,則出而陳之;既事,藏之。**○釋曰:云"玉鎮、大寶器藏焉"者,若典瑞掌其凡瑞器,故《典瑞》云:"掌玉瑞、玉器之藏,辨其名物與其用事,設其服飾。"其美者天府掌之。**注**玉鎮、大寶,玉瑞、玉器之美者,禘祫及大喪陳之,以華國也。故書鎮作瑱。鄭司農云:"瑱讀爲鎮。《書·顧命》曰:'翌日乙丑,王崩。丁卯,命作册度。越七日癸酉,陳寶:赤刀、大訓、弘璧、琬琰,在西序;大玉、夷玉①、天球、河圖,在東序;胤之舞衣、大貝、鼖鼓②,在西房;兑之戈、和之弓、垂之竹矢,在東房。'此其行事見於經。"○釋曰:鄭知"玉鎮、大寶器"是"玉瑞、玉器之美者",此云"玉鎮",即《大宗伯》云"以玉作六瑞"③,鎮圭之屬即此寶鎮也。彼又云"以玉作六器",蒼璧禮天之屬即此寶器也。知是美者,以别入此天府,故知簡取美者來入也。鄭知"禘祫"者,經云"大祭祀",故知也。先鄭云《顧命》曰:翌日乙丑,王崩"者,謂上文云"甲子,王被冕服,馮玉几"出顧命,下云"翌日乙丑",是甲子明日也。云"丁卯,命作册度"者,謂乙丑至丁卯,是三日小斂之日也。大保命史官作册書法度,擬傳顧命之事。云"越七日癸酉"者,越,於也,於丁卯後七日,則通死日乙丑爲九日,是除死日七日大斂之明日,揔九日也。云"陳寶:赤刀、大訓、弘璧、琬琰,在西序"者,"陳寶"是揔目語,即"赤刀"已下是也。赤刀者,鄭注云:"武王誅紂刀,赤爲飾。大訓者,禮法先王禮教,即《虞書》典謨是也。弘璧,弘,大也。大璧、琬琰,皆尺二寸者。"云"大玉、夷玉、天球、河圖"者,鄭云:"大玉,華山之球。夷玉,東北之璞。天球,雍州所貢之玉,色如天。三者皆璞,未見琢治,故不以器名之。河圖,圖出於河水,帝王聖者所受。"云"胤之舞衣、大貝、鼖鼓、兑之戈、和之弓、垂之竹矢"者,鄭注云:"胤也④,和也,垂也,皆古人

---

① 二"玉"字原作"王",據婺本、金本、阮本改。
② "鼖"字原作"鼓",據婺本、金本、阮本改。
③ "大"字原作"太",據阮本改。
④ 加藤據《尚書集注音疏》於"胤也"下補"兑也"二字。

造此物者之名。鼖鼓，大鼓也。此鼖非謂《考工記》鼖鼓長八尺者①，若是周物，何須獨寶守？明前代之物，與周鼖鼓同名耳。大貝者，《書傳》曰'散宜生之江淮之浦，取大貝如車渠'是也。"云"此其行事見於經"者，此經云"大喪，出而陳之"，不見行事，故引《顧命》爲行事見於經也。此經有大祭祀出寶器，無行事見於經，故不引也。凡官府、鄉州及都鄙之治中，受而藏之，以詔王察羣吏之治。○釋曰：此自王國以至四疆皆有職司治事文書。不言六遂及四等公邑之官者，於文略，其實皆有也。"都鄙"，則三等采地。云"詔王察羣吏之治"者，告王據此治中文書而行黜陟也。注察，察其當黜陟者。鄭司農云："治中，謂其治職簿書之要。"○釋曰：云"治職簿書之要"者，謂各有職掌皆同有文書，案簿書功狀之要，故據而告王也。經雖言"治中"，兼有不中在其間。中者陟之，不中黜之，經直言"中"，偏舉一邊而言也。上春，釁寶鎮及寶器。注上春，孟春也。釁，謂殺牲以血血之。鄭司農云："釁讀爲徽，或曰'釁鼓'之釁。"○釋曰：云"上春，孟春也"者，謂建寅之月也。殺牲取血釁之，若《月令》上春"釁龜筴"等也。云"釁讀爲徽"者，《周禮》先鄭皆讀"釁"爲"徽"，徽取飾義。云"或曰釁鼓之釁"者，讀從定四年祝佗云"君以軍行，祓社釁鼓"，釁皆"以血血之"也。凡吉凶之事祖廟之中沃盥，執燭。注吉事，四時祭也。凶事，后、王喪朝于祖廟之奠。○釋曰：謂他官在"祖廟中沃盥"夙興時，則天府之官與之"執燭"爲明。他官在祖廟中沃盥者，謂《小祝》云"大祭祀，沃尸盥"，《小臣》"大祭祀，沃王盥"。此二官所沃盥在祖廟中，則天府爲之執燭。其若《士師》云"祀五帝，沃尸盥"，非祖廟事，則不與執燭也。云"吉事，謂四時祭也"者，略言之，禘祫亦在焉。云"凶事，后、王喪朝于祖廟之奠"者，王及后喪七月而葬，將葬，當朝六廟，後乃朝祖廟。祖廟中日側爲祖奠，厥明將去爲大遣奠，皆有沃盥之事，故鄭云焉。季冬，陳玉以貞來歲之媺惡。○釋曰："季冬"，謂夏之季冬。歲終當除舊布新，故此時當有卜筮"來歲之美惡"者。將卜筮之時，先"陳玉"以禮神，然後卜筮也。注問事之正曰貞。問歲之美惡，謂問於龜，《大卜職》"大貞"之屬。陳玉，陳禮神之玉。凡卜筮實問於鬼神，龜筮能出其卦兆之占耳。龜有天地四方，則玉有六器者與？言陳者，既事藏之，不必貍之也②。鄭司農云："貞，問。

---

① "工"字原作"上"，據阮本改。
② 孫疏云："'貍'即'薶'之借字。注例當作'埋'，各本並作'貍'，疑誤。"

《易》曰:'師,貞丈人,吉。'問於丈人。《國語》曰:'貞於陽卜。'"○釋曰:云"問事之正曰貞"者,《禮記·少儀》云:"問卜筮,曰義與?志與?"注云:"義,正事也。志,私意也。"是問卜筮有不正之事,故云問事之正曰貞,即此經云"貞"者,問事之正也。云"問歲之美惡,謂問於龜,《大卜職》大貞之屬"者,彼"大貞"之屬即"卜立君、卜大遷、卜大封"是也。今此卜來歲之美惡,亦彼類,故云之屬兼此也。云"陳玉,陳禮神之玉"者,玉於卜筮無所施,明以禮神也。云"凡卜筮實問於鬼神,龜筮能出其卦兆之占耳"者,案《易·繫辭》云:"精氣爲物,游魂爲變,是故知鬼神之情狀,與天地相似。"注云:"精氣謂七八,游魂謂九六。"則筮之神自有七八九六成數之鬼神[1]。《春秋左氏傳》云:"龜象筮數。"則龜自有一二三四五生數之鬼神。則知吉凶者自是生成鬼神,龜筮直能出卦兆之占耳。案《易·繫》蓍龜神物,《士冠禮》注云:"筮不於廟堂者,嫌蓍之靈由廟神。"若然,蓍龜亦自有神,而云出卦兆者,但所禮者禮生成之鬼神神之尊者,無妨蓍龜亦自有神也。云"龜有天地四方,則玉有六器者與"者,龜有天地四方,《龜人職》文。龜既有六,明玉亦有六。無正文,故云"與"以疑之。六器之言,若《大宗伯》云"以玉作六器"之類,故以六器言之也。云"言陳者,既事藏之,不必貍之也"者,七八九六及一二三四五之鬼神並非天地之鬼神,故云陳,言陳則藏之不必貍也。先鄭云"貞,問也"者,亦是問事之正曰貞也。云"《易》曰:'師,貞丈人,吉。'問於丈人"者,此《師卦·彖辭》。彼云:"師,貞丈人,吉,无咎[2]。"注云:"丈之言長,能御衆,有朝正人之德[3],以法度爲人之長,吉而無咎。"謂天子、諸侯主軍者。云"《國語》曰:貞於陽卜"者,此《吳語》黃池之會,董褐云:"周室既卑,諸侯失禮於天子,請貞於陽卜,收文武之諸侯。"注云:"貞,正也。問卜,內曰陰,外曰陽。言吳以諸侯失禮於天子,當問於龜,言我當收文武之諸侯矣。"引此二文者,證問事之正曰貞也。**若遷寶,則奉之。注**奉猶送也。○釋曰:此"遷寶",謂王者遷都,若平王東遷,則寶亦遷。天府奉送之於彼新廟之天府,藏之如故也。**若祭天之司民、司禄而獻民數、穀數,則受而藏之。**○釋曰:此主祭祀者"祭天之司民、司禄"在孟冬之時,則主民之吏"獻民數、穀數",則小司寇受而獻之於王,王得之,登

---

① "九"下原衍"十"字,據阮本删。按底本此處剜擠一字,似原亦無"十"字。

② "无"字阮本作"無"。按底本通作"無",此處補版作"无"。《説文·亡部》:"无,奇字無也。"

③ 阮校云:"'朝'當爲'幹'字之誤。"孫疏據改。

於天府，“受而藏之”。注司民，軒轅角也。司禄，文昌第六星，或曰下能也。禄之言穀也，年穀登乃後制禄。祭此二星者以孟冬，既祭之，而上民、穀之數於天府。〇釋曰：云“司民，軒轅角也”者，案《武陵太守星傳》云：“軒轅十七星，如龍形，有兩角，角有大民、小民。”《傳》又云：“文昌宫有六星，第一爲上將，第二爲次將，第三爲貴相，第四爲司命，第五爲司中，第六爲司禄。”是其司民在軒轅角，司禄在文昌第六星也。“或曰下能也”者，此案《石氏星傳》云[①]：“上能司命爲大尉，中能司中爲司徒，下能司禄爲司寇。”是司禄在下能也。以其二處並有司禄，故舉二文以見義也。云“禄之言穀也，年穀登乃後制禄”，言此者，欲見祭司禄在孟冬則制禄之意也。鄭知祭此二星在孟冬者，見《月令》孟冬云“祈來年於天宗”，即日月星，是知祭在孟冬也。其獻穀數者，則小司寇職也。

　　典瑞掌玉瑞、玉器之藏，辨其名物與其用事，設其服飾。〇釋曰：言“掌玉瑞、玉器之藏”者，玉之美者入天府藏之，凡平者仍在典瑞藏之，故亦言藏也。人執之則曰瑞，即下文“鎮圭”之等是也；禮神曰器，則下文“四圭”之等是也。云“辨其名物”者，圭璧之等各有名，并物色有異。云“與其用事”者，爲事而用圭璧，謂朝聘、朝日、祭祀之等皆是也。云“設其服飾”者，謂繅藉在玉，若人之衣服之飾也。注人執以見曰瑞，禮神曰器。瑞，符信也。服飾，服玉之飾，謂繅藉。〇釋曰：“人執以見曰瑞，禮神曰器”者，據此文及《大宗伯》相對而説。散文則人執亦名器，故《聘禮·記》云“圭璋璧琮凡此四器者，唯其所寶，以聘可也”，又《尚書》云“五器卒乃復”，皆是人執而名器也。云“瑞，符信也”者，若天子受瑞於天，諸侯不得受瑞於天，唯受瑞於天子，故名瑞，瑞即符信者也。云“繅藉”，即下文“繅五采五就”之等也。

　　王晉大圭，執鎮圭，繅藉五采五就，以朝日。〇釋曰：晉，插也。謂插大圭長三尺玉笏於帶間，手執鎮圭尺二寸。“繅藉五采五就”者，謂以五采就繅藉玉也。“以朝日”者，謂以春分朝日於東郊也。注繅有五采文，所以薦玉，木爲中榦，用韋衣而畫之。就，成也。王朝日者，示有所尊，訓民事君也。天子常春分朝日，秋分夕月。《覲禮》曰：“拜日於東門之外。”故書鎮作瑱。鄭司農云：“晉讀爲‘搢紳’之搢，謂插之於

　　① 加藤云：“‘傳’恐‘經’之誤，涉上《大守星傳》而誤歟？”並舉《隋書·經籍志》、《大司樂》賈疏等爲證。

紳帶之間,若帶劍也。瑱讀爲鎮。《玉人職》曰:‘大圭長三尺,杼上終葵首,天子服之;鎮圭尺有二寸,天子守之。’繅讀爲‘藻率’之藻。五就,五币也。一币爲一就。”○釋曰:云“繅有五采文”者,釋“繅”字,以其繅者雜采之名,故云“繅有五采文,所以薦玉”也。云“木爲中榦,用韋衣而畫之。就,成也”者,鎮圭尺二寸廣三寸,則此木版亦長尺二寸廣三寸,與玉同,然後用韋衣之,乃於韋上畫之。一采爲一币,五采則五币,一币爲一就。就,成也,是采色成者也。案《聘禮·記》云:“絢組尺。”彼組不問尊卑,皆用五采長尺以爲繫,所以束玉使不落。絢組繫亦名繅藉者,則《曲禮》云“其有藉者則裼”,《聘禮》云“上介屈繅以授賓”,是亦名繅藉者也。云“王朝日者,示有所尊,訓民事君也”者,王者父天母地兄日姊月,故春分朝日,秋分夕月。以王者至尊猶朝日夕月,況民得不事君乎?是訓民事君也。云“天子常春分朝日,秋分夕月”,知者,案《祭義》云:“祭日於東,祭月於西。”又《玉藻》云:“玄端而朝日於東門之外。”又《覲禮》:“春拜日於東門之外。”既春拜日於東,明秋夕月於西,故知春分朝日,秋分夕月也。司農云“晉讀爲搢紳之搢”者,漢有搢紳之士,亦謂搢笏於紳,故讀從之。云“謂插之於紳帶之間”者,凡帶有二者:大帶,大夫已上用素,士用練,即紳也;又有革帶,所以珮玉之等。今插笏者,插於紳之外、革之內,故云紳帶之間也。云“若帶劍也”者,劍在紳帶之間,同處也。云“《玉人職》曰:大圭長三尺,杼上終葵首,天子服之”者,案彼注云:“杼,殺也。”終葵首,謂大圭之上近首殺去之,留首不去處爲椎頭。齊人名椎爲終葵,故名圭首爲椎頭者爲終葵首也。案《玉藻》云:“天子搢珽,方正於天下。”即此大圭也。云“鎮圭尺有二①,天子守之”者,亦《玉人》文。引之,證經“大圭”與“鎮圭”之義也。云“繅讀爲藻率之藻”者,桓二年臧哀伯諫辭也。藻是水草之文,故讀從之也。云“五就,五币也。一币爲一就”者,下文有“三采”者,亦一采爲一就。下云“二采一就”者,據臣行聘不得與君同,是以二采,采爲一行,二采共爲一就。凡言“就”者,或兩行名爲一就,即此上下文是也;或一币二行爲二就,就即等也。故《聘禮·記》云“所以朝天子,圭與繅皆九寸”,又云“繅三采六等,朱、白、蒼”,注云:“以三色再就。”謂三色色爲再就,就亦等也,三色即六等。《禮記·雜記》亦云:“三采六等②。”注云:“三采六等②,以朱、白③、蒼畫之再行,行爲一等。”是等爲一行,行

---

① 浦鏜謂“二”下脱“寸”字。
② “采”字原脱,據阮本補。
③ “白”字原作“曰”,據阮本改。

亦爲就，據單行言之也。各有所據，故其文有異也。**公執桓圭，侯執信圭，伯執躬圭，繅皆三采三就，子執穀璧，男執蒲璧，繅皆二采再就，以朝覲宗遇會同于王**；注三采，朱、白、蒼。二采，朱、綠也。鄭司農云：“以圭璧見于王，《覲禮》曰：‘侯氏入門右，坐奠圭，再拜稽首。’侯氏見于天子，春曰朝，夏曰宗，秋曰覲，冬曰遇，時見曰會，殷見曰同。”○釋曰：鄭知“三采，朱、白、蒼。二采，朱、綠也”者，《聘禮•記》文。司農引《覲禮》曰“侯氏入門右，坐奠圭，再拜稽首”者，彼謂秋覲禮，受贄受享皆在文王廟中。侯氏入門右者，諸侯不敢自同賓客，故入門右行臣禮，俟擯辭之，乃更向門左升自西階授玉。云“春曰朝”已下，皆《大宗伯》文，義具於彼也。**諸侯相見亦如之。**注鄭司農云：“亦執圭璧以相見，故邾隱公朝於魯，《春秋傳》曰：‘邾子執玉高，其容仰。’”○釋曰：先鄭云“亦執圭璧以相見”者，亦如上文“公執桓圭”以下。案《大行人》云：“諸侯之邦交，歲相問，殷相聘，世相朝。”即《司儀》所云“凡諸公相爲賓①，侯、伯、子、男之相爲賓，如公之儀”，又“諸公之臣相爲國客”，伯②、子、男之臣云“亦如之”。若不敵，則有小國朝大國，大國聘小國，皆是諸侯相朝之法，“故邾隱公朝於魯”。引《春秋傳》者，《左氏傳》云：“邾子執玉高，其容仰；魯侯執玉卑，其容俯。高仰，驕也；卑俯，替也。”此二君不獲朝容之正，引之以證諸侯相朝有執玉之法也。**琢圭璋璧琮，繅皆二采一就，以覜聘。**○釋曰：此遣臣行聘問之所執者。若本君親自朝所執，上文“桓圭”之等是。若遣臣聘，不得執君之圭璧，無桓信躬與蒲穀之文，直琢之而已，故云“琢圭璋璧琮”。此謂公、侯、伯之臣也。若子、男之臣，豈得過本君用以圭璋乎？明子、男之臣亦用琢璧琮也。云“皆二采一就，以覜聘”者，謂朱、綠二采共爲一就也。注璋以聘后、夫人，以琮享之也。大夫衆來曰覜，寡來曰聘。鄭司農云：“琢，有圻鄂琢起。”○釋曰：云“璋以聘后、夫人，以琮享之也”者，鄭欲見此經遣臣聘法有聘天子并有自相聘③，二者俱見，故云“璋以聘后、夫人，而琮享之也”。明知圭以聘天子與諸侯，而璧享之。鄭不言圭璧於天子、諸侯者，以聘后、夫人文隱，故特舉以言之，天子、諸侯可知也。云“大夫衆來曰覜，寡來曰聘”者，此亦據《大宗伯》云“殷覜曰視”，謂一服朝

---

① “公”字原作“侯”，據阮本改。
② 加藤謂“伯”上脱“侯”字。
③ “欲見”二字原作“見欲”，據阮本乙。

之歲,即此"覜"也,故云衆來;彼又云"時聘曰問",亦無常期,即此"聘"也,故云寡來曰聘也。司農云"瑑,有沂鄂瑑起",是不爲桓信躬等之文也。**四圭有邸以祀天、旅上帝。** ○釋曰:此"祀天",謂夏正郊天也。"旅上帝"者,上帝,五帝也。國有故而祭,故稱旅也。**注**鄭司農云:"於中央爲璧,圭著其四面,一玉俱成。《爾雅》曰:'邸,本也。'圭本著於璧,故四圭有邸,圭末四出故也。或説四圭有邸,有四角。邸讀爲'抵欺'之抵。上帝,玄天。"玄謂祀天,夏正郊天也。上帝,五帝。所郊亦猶五帝,殊言天者,尊異之也。《大宗伯職》曰:"國有大故,則旅上帝及四望。"○釋曰:司農云"於中央爲璧,圭著其四面,一玉俱成"者,云於中央爲璧,謂用一大玉瑑出中央爲璧形,亦肉倍好爲之;四面瑑各出一圭。璧之大小、圭之長短無文,天子以十二爲節,蓋四廟圭各尺二寸[1],與鎮圭同。其璧爲邸,蓋徑六寸。揔三尺,與大圭長三尺又等,故云一玉俱成也。云"或説四圭有邸,有四角也"者,此説四角,角即短矣[2]。以無正文,故兩釋之也。云"邸讀爲抵欺之抵",音讀之也。云"上帝,玄天"者,與《大宗伯》注同。司農意與孔、王等無六天之義也。"玄謂祀天,夏正郊天也"者,凡天有六,案《大宗伯》云"蒼璧禮天",據冬至祭昊天於圓丘者也。彼又云"青圭禮東方,赤璋禮南方,白琥禮西方,玄璜禮北方",據四時迎氣及揔享於明堂之等祭五方天也。彼惟不見夏正郊所感帝,故知此四圭是夏正郊天。《易緯》云:"三王之郊,一用夏正,各郊所感帝。"即《郊特牲》云"兆日於南郊,就陽位,於郊,故謂之郊"是也。云"上帝,五帝"者,案《宗伯》"青圭"之等已見祭五方天帝,此又言者,彼據常祭,此據國有故而祭曰旅,用玉與郊天同四圭有邸,故言之也。云"所郊亦猶五帝,殊言天者,尊異之也"者,王者各郊所感帝,若周之靈威仰之等,即是五帝,而殊言"天",是尊異之,以其祖感之而生故也。引《大宗伯》者,證"旅上帝"是國有故而祭也。但"旅四望"下文與地同用兩圭,今此言之者,連引之耳。**兩圭有邸以祀地、旅四望。注**兩圭者,以象地數二也。傅而同邸。祀地,謂所祀於北郊神州之神。○釋曰:云"傅而同邸"者,案《王制》注:"臥則傅。"彼傅謂兩足相向。此兩圭亦兩足同邸,是足相向之義,故以傅言之。則上"四圭同邸"者亦是各自兩足相向,但就此兩足相向而言之也。云"地,謂所祀於北郊神州之神"者,以其《宗伯》所云"黄琮禮地"謂

---

[1] 浦鏜云:"'廂'誤'廟',從《通解續》校。"孫疏據改。

[2] "短"字阮本作"桓",孫疏云:"賈疏謂即桓圭之桓。"

夏至祭崑崙大地，明此兩圭與上四圭郊天相對，是神州之神，案《河圖括地象》"崑崙東南萬五千里神州"是也。但三王之郊一用夏正，未知神州用何月祭之，或解郊用三陽之月。神州既與郊相對，宜用三陰之月，當七月祭之。**祼圭有瓚以肆先王，以祼賓客。** ○釋曰："祼圭"，即《玉人》所云"祼圭尺有二寸"者也。"以肆先王"，謂祭先王，則《宗伯》六享皆是也。"以祼賓客"者，則《大行人》云"上公再祼，侯、伯一祼"之等是也。**注**鄭司農云："於圭頭爲器，可以挹鬯祼祭，謂之瓚。故《詩》曰'卹彼玉瓚，黄流在中'，《國語》謂之'鬯圭'。以肆先王，灌先王祭也[①]。"玄謂肆解牲體以祭，因以爲名。爵行曰祼。《漢禮》，瓚槃大五升，口徑八寸，下有槃，口徑一尺。○釋曰：先鄭云"於圭頭爲器"，器即瓚是也。云"可以挹鬯祼祭，謂之瓚"者，鬯即鬱鬯也。言祼言祭，則祼據賓客，祭據宗廟也。《詩》曰：卹彼玉瓚，黄流在中"者，彼詩是美王季爲西伯受殷王圭瓚之賜。言黄流在中，即與《玉人》云"黄金勺，鼻"等同也。云"《國語》謂之鬯圭"者，案《國語》云"臧文仲以鬯圭與磬如齊告糴"是也。云"以肆先王，灌先王祭也"，先鄭不解"肆"字，故後鄭釋之。"玄謂肆解牲體以祭，因以爲名"者，案《大司徒》云："祀五帝，奉牛牲，羞其肆。"是祭時肆解牲體，因即以肆爲祭名也。云"爵行曰祼"者，此《周禮》"祼"皆據祭而言，至於生人飲酒，亦曰祼，故《投壺禮》云"奉觴賜灌"，是生人飲酒爵行亦曰灌也。云"《漢禮》，瓚槃大五升，口徑八寸，下有槃，口徑一尺"者，此《漢禮器制度》文，叔孫通所作。案《玉人職》云"大璋"、"中璋"、"邊璋"，下云"黄金勺，青金外，朱中，鼻寸，衡四寸"，鄭注云："三璋之勺形如圭瓚。"《玉人》不見圭瓚之形，而云形如圭瓚者，鄭欲因三璋勺見出圭瓚之形。但三璋勺雖形如圭瓚，圭瓚之形即此《漢禮》文，其形則大，三璋之勺徑四寸，所容蓋似小也。**圭璧以祀日月星辰。** ○釋曰：祭"日月"，謂若春分朝日，秋分夕月，并大報天主日配以月。其"星辰"所祭，謂《小宗伯》"四類亦如之"，注云禮風師、雨師於郊之屬。又《月令》云"祈來年於天宗"，鄭云："天宗，日月星。"亦是也。其《祭法》"埋少牢"已下祭日月星辰謂禱祈而祭，亦用此"圭璧"以禮神也。**注**圭其邸爲璧，取殺於上帝。○釋曰：云"圭其邸爲璧"者，上文"四圭"、"兩圭"及下"璋邸"皆言"邸"，鄭皆以邸爲璧，但此圭云"璧"不言"邸"，故鄭還以邸解璧也。云"取殺於上帝"

---

① "灌"字婺本、金本同，阮本作"祼"。按賈疏述注作"灌"，孫疏疑先鄭注當用"灌"字。

者,但郊天及神州之神雖相對,但天尊地卑,故四、二有異,鄭直云"象"不言"殺"也;今日月星天神,故以"殺"言之也。言殺者,取降殺以二爲節也。**璋邸射以祀山川,以造贈賓客。**注璋有邸而射,取殺於四望。鄭司農云:"射,剡也。"○釋曰:此"祀山川",謂若《宗伯》云"兆山川、丘陵各於其方",亦隨四時而祭,則用此"璋邸"以禮神。《玉人》云:"璋邸射素功,以祀山川,以致稍餼。"注云:"邸射,剡而出也。致稍餼,造賓客納稾食也。"先鄭云:"素功,無瑑飾也。"以此而言,則"造贈賓客"謂致稍餼之時造館贈之。言贈,則使還之時所贈賄之等亦執以致命耳。**土圭以致四時日月,封國則以土地。**注以致四時日月者,度其景至不至,以知其行得失也。冬夏以致日,春秋以致月。土地猶度地也。封諸侯以土圭度日景,觀分寸長短,以制其域所封也。鄭司農説以《玉人職》曰"土圭尺有五寸,以致日,以土地",所求地中[①],故謂之土圭。○釋曰:鄭云"以致四時日月者,度其景至不至,以知其行得失也",又引《馮相氏》云"冬夏致日,春秋致月"者,依《通卦驗》,冬至立八尺之表,晝漏半度之[②],表北得丈三尺景。又依《大司徒》云:"日至之景尺有五寸,謂之地中。"是其景至也。若不依此,或長或短,則爲不至也。云以知其行得失也者,景之至否皆由人君之行所致:若景不依道,度爲不至,是人君之行失;若景依道,度爲至,是人君之行得。故云知行得失。若春秋致月之法,亦於春分秋分,於十五日而望夜漏半而度之,但景之長短自依二分爲長短,不得與冬夏日景同。景之至否亦知行之得失也。云"以土圭度日景,觀分寸長短,以制其域所封"者,日景一寸,其地千里,則一分百里。今封諸侯無過五百里已下,止可言"分",而言"寸"者,語勢連言之,其實不合有寸也。先鄭引《玉人職》而云"以求地中,故謂之土圭"者,所用惟置洛邑而求地中,自餘或致四時之景,或封諸侯所用,不必要求地中,而先鄭言求地中者,據《大司徒》而言耳。

---

① "所"字婺本、金本同,阮本作"以"。孫疏謂"以"是而"所"非。按賈疏述注亦作"以"。

② "晝"字原作"畫",據阮本改。

周禮疏卷第二十三

唐朝散大夫行大學博士弘文館學士臣賈公彥等撰

珍圭以徵守，以恤凶荒。注杜子春云：“珍當爲鎭，書亦或爲鎭。以徵守者，以徵召守國諸侯，若今時徵郡守以竹使符也。鎭者國之鎭，諸侯亦一國之鎭，故以鎭圭徵之也。凶荒則民有遠志，不安其土，故以鎭圭鎭安之。”玄謂珍圭，王使之瑞節，制大小當與琬、琰相依。王使人徵諸侯、憂凶荒之國則授之，執以往，致王命焉，如今時使者持節矣。恤者，閻府庫振救之。凡瑞節，歸又執以反命。○釋曰：子春云“鎭者國之鎭”者，若《職方》每州皆云其山鎭，是國之鎭據山而言。“玄謂珍圭，王使之瑞節”，謂若《掌節》云山國、土國有人節、虎節是諸侯使人之瑞節，此“珍圭”等是王使之瑞節也。云“制大小當與琬、琰相依”者，案《玉人》“琬圭九寸”①，此“珍圭”《玉人》不言，故約與琬、琰同。鄭云“如今時使者持節矣”者，即子春所云“竹使符”也。云“恤者，閻府庫振救之”者，凶荒年穀不熟，百姓困乏，故知開府庫振救之。府庫所以藏財貨，故《禮記·大學》云：“未有府庫財非其財者也。”若然，開府庫出賞，明亦開倉廩出米粟出給之也。云“凡瑞節，歸又執以反命”者，此無正文，要王使人執瑞節往，反須反命於王，明此已致命乃歸還典瑞也。牙璋以起軍旅，以治兵守。注鄭司農云：“牙璋，琢以爲牙。牙齒兵象，故以牙璋發兵，若今時以銅虎符發兵。”玄謂牙璋亦王使之瑞節。兵守，用兵所守，若齊人戍遂、諸侯戍周。○釋曰：先鄭云“牙璋，琢以爲牙。牙齒兵象，故以牙璋發兵”者，此無正文，以意言之。以其言“牙”，即以牙齒解之。云“若今時以銅虎符發兵”者，案《漢文帝本紀》云：“二年九月，初與郡國守爲銅虎符、竹使符。”應劭曰：“銅虎符，從第一至第五，國家當發兵，遣使者至郡國合符，符合乃聽受之。竹使符，皆以竹箭五枚，長五寸，鑴刻篆書，第一至第五。”張晏曰：“以代古圭璋，從簡易，便其事也。”然銅虎、竹使符漢時皇帝使者之瑞節，則司農之意，鎭圭、牙璋之等亦王使之瑞節也。但先

---

① 孫校云：“‘琬圭’下疑脱‘琰圭’二字。”

鄭不言之，故後鄭皆云“王使之瑞節”增成之也。云節者，即《掌節》云“守邦國者用玉節”，則王用玉節可知。《玉人》云：“璋邸射素功，以祀山川，以致稍餼。”與此中所用同，明此牙璋亦素功。若然，案《玉人》云：“牙璋、中璋七寸，射二寸，厚寸，以起軍旅，以治兵守。”此不云中璋者，中璋比於牙璋殺文飾，摠而言之亦得名爲牙璋，以其鉏牙同也。以此而言，此文見“牙璋”①，亦兼中璋矣。若然，大軍旅用牙璋，小軍旅用中璋矣。云“若齊人戍遂”者，莊公十三年：“春，齊侯會諸侯于北杏。夏六月，齊人滅遂。”《傳》曰：“遂人不至。夏，齊人滅遂而戍之也。”云“諸侯戍周”者，昭二十七年十二月，晉籍秦致諸侯之戍于周，是其事也。**璧羨以起度。**注鄭司農云：“羨，長也。此璧徑長尺，以起度量。《玉人職》曰：‘璧羨度尺以爲度。’”玄謂羨，不圜之貌。蓋廣徑八寸，袤一尺。

○釋曰：先鄭云“羨，長也。此璧徑長尺”，其義是也，但語不足，故後鄭增成其義也。“玄謂羨，不圜之貌。蓋廣徑八寸，袤一尺”者，案《爾雅》：“肉倍好謂之璧。”則璧體圜矣。今云“璧羨”，羨是引聲而言，是爲長意，故先鄭、後鄭皆爲不圜也。云“蓋”者，此璧本徑九寸，今言“羨”，則減傍一寸以益上下，故《玉人》以爲上下一尺，則橫徑八寸矣。無正文，故云“蓋”以疑之也。**駔圭璋璧琮琥璜之渠眉，疏璧琮以斂尸。**

注鄭司農云：“駔，外有捷盧也。駔讀爲‘駔疾’之駔。疏讀爲沙。謂圭璋璧琮琥璜皆爲開渠爲眉瑑，沙除以斂尸，令汁得流去也。”玄謂以斂尸者，於大斂焉加之也。駔讀爲組，與“組馬”同，聲之誤也。渠眉，玉飾之溝瑑也。以組穿聯六玉溝瑑之中以斂尸，圭在左，璋在首，琥在右，璜在足，璧在背，琮在腹，蓋取象方明，神之也。疏璧琮者，通於天地。○釋曰：先鄭讀“駔”爲“駔牙”之駔②，故云“外有捷盧”，捷盧若鋸牙然。後鄭不從之也。云“駔讀爲駔疾之駔”，此蓋當時有“駔疾”之語，故言焉。云“疏讀爲沙”已下，後鄭皆不從者，以其王之襲斂百五十稱有餘，何得更有使汁流去乎？“玄謂以斂尸者，於大斂焉加之也”者，以其六玉所與王爲飾，明在衣裳之外，故知在大斂後也。“駔讀爲組，與組馬同，聲之誤也”者，《詩》有“執轡如組”，聲之誤爲“駔”。若然，後鄭讀“駔”本與“組”同聲，不爲“駔牙”之音，故得爲聲誤。若本爲“駔牙”之音，與“組”聲異，何得爲“駔”也？云“渠眉，玉飾之溝瑑也”者，此六玉兩頭皆有孔，又於兩孔之間爲溝渠，於溝

---

①　“見”字阮本作“云”。

②　浦鏜云：“下二‘駔’字疑‘鉏’字誤，‘鉏牙’二字見《玉人職》注。”然則賈疏中“駔牙”皆當作“鉏牙”。

之兩畔稍高爲眉璱，故云"以組穿聯六玉溝璱之中以斂尸"也。云"圭在左"已下，皆約《大宗伯》云"青圭禮東方"之等，以尸南首而置此六玉焉。云"蓋取象方明，神之也"者，案《覲禮》設方明"上圭下璧"，無璧琮。此云"象"者，彼注："上下之神，非天地至貴。"謂日月之神，故上下不用璧琮。此中有璧琮者，象天地。若然，此言象方明者，直取置六玉於六處，不取玉形之義。又案《宗伯》"璧禮天，琮禮地"，今此璧在背在下，琮在腹在上，不類者，以背爲陽，腹爲陰，隨尸腹背而置之，故上琮下璧也。云"疏璧琮者，通於天地"者，天地爲陰陽之主，人之腹背象之，故云疏之通天地也。**穀圭以和難，以聘女。**注穀圭亦王使之瑞節。穀，善也。其飾若粟文然。難，仇讎。和之者，若《春秋》宣公及齊侯平莒及郯、晉侯使瑕嘉平戎于王。其聘女則以納徵焉。○釋曰："難"，謂兩諸侯相與爲怨仇，王使人和之，則執以往也。"穀"，善也，故執善圭和之使善也。"聘女"亦是和好之事，故亦用善圭也。知"飾若粟文"者，以其稱穀，若穀粟然也。云"難，仇讎"者，仇爲怨，讎爲報，有怨當報，若調人和仇讎之類也。云"若《春秋》宣公及齊侯平莒及郯"者，時莒與郯不和，宣公四年《左氏》云"公及齊侯平莒及郯"是也。云"晉侯使瑕嘉"者，成公元年《左氏傳》云"晉侯使瑕嘉平戎於王"是也。"其聘女則以納徵焉"，昏禮有六，五禮用鴈，納徵不用鴈，以其有束帛可執。《媒氏職》庶民用緇帛五兩，《士昏禮》用三玄二纁，天子加穀圭，諸侯加以大璋，大夫與士同，故知納徵也。昏禮言納徵，徵，成也，納此則昏禮成。《春秋》謂之納幣，以《春秋》通異代，指幣體以質之言也①。**琬圭以治德，以結好。**注琬圭亦王使之瑞節。諸侯有德，王命賜之，及諸侯使大夫來聘，既而爲壇會之，使大夫執以命事焉。《大行人職》曰："時聘以結諸侯之好。"鄭司農云："琬圭無鋒芒，故治德以結好。"○釋曰：云"亦王使之瑞節"，亦上文也。云"諸侯有德，王命賜之"者，解經"治德"也。云"及諸侯使大夫來聘，既而爲壇會之，使大夫執以命事焉"者，解經"結好"也。此即《大宗伯》時聘無常期，一也，故引《大行人》"時聘以結諸侯之好"以證之。若時見曰會諸侯來與之會，時聘使大夫來，王還使大夫往會焉。先鄭云"琬圭無鋒芒"者，對下文"琰圭有鋒芒"者也。**琰圭以易行，以除慝。**注琰圭亦王使之瑞節。鄭司農云："琰圭有鋒芒，傷害征伐誅討之象，故以易行、除慝。易惡行令爲善者，以此圭責讓喻告之也。"玄謂除慝亦於諸侯使大夫來覜，既而使大夫執而命事於壇。《大行人職》曰："殷覜以除邦國之慝。"○釋曰："玄謂除慝亦於諸侯使大夫

---

① "之言"二字阮本同，疑誤倒。

來覦,既而使大夫執而命事於壇"者,此即《大宗伯》云"殷覦曰視",謂一服朝之歲也,故引《大行人》云"殷覦以除邦國之慝"爲證也。但上文"治德"與此經"易行"據諸侯自有善行惡行,王使人就本國治易之;"結好"與"除惡"皆諸侯使大夫來聘,亦王使大夫爲壇命之,爲異也。鄭知使大夫來皆爲壇者,約君來時會、殷國爲壇,明臣來爲壇可知也。

大祭祀、大旅、凡賓客之事,共其玉器而奉之。○釋曰:"大祭祀"兼有天地、宗廟,"大旅"中兼有上帝、四望等,故鄭云"四圭、祼圭"。"凡賓客",謂再祼、一祼之等。亦云"奉之"者,送向所行禮之處也。注玉器,謂四圭、祼圭之屬。○釋曰:鄭知"玉器,謂四圭、祼圭"者,上已釋。禮神曰器,經云"玉器",故知非瑞,是禮神者也。云"之屬"者,兼有兩圭、璧圭、璋邸之等也。大喪,共飯玉、含玉、贈玉。○釋曰:"大喪",謂王喪,兼有后、世子在其中,以其更不見共后、世子之故也。"飯玉"者,天子飯以黍,諸侯飯用粱,大夫飯用稷,天子之士飯用粱,諸侯之士飯用稻。其飯用玉,亦與米同時,此即《禮記·檀弓》云"飯用米貝,不以食道",鄭云"食道褻,米貝美"是也。"含玉"者①,則有數有形:《雜記》云"天子飯九貝,諸侯七,大夫五②,士三貝"者,鄭云"夏時禮",以其同用貝故也;周天子、諸侯皆用玉,亦與飯俱時行之。"贈玉"者,案《既夕禮》葬時棺入坎,贈用玄纁束帛;即天子加以玉,是贈先王之物也。注飯玉,碎玉以雜米也。含玉,柱左右齻及在口中者。《雜記》曰:"含者執璧將命。"則是璧形而小耳。贈玉,蓋璧也。贈有束帛,六幣璧以帛。○釋曰:鄭知"飯玉,碎玉以雜米"者,以其與米同內於口中,故知碎之與米同。知"含玉,柱左右齻及在口中"者,案《士喪禮》云,主人飯米,置尸三,加貝,"左、中亦如之"。既言左、右及中,明知柱左右齻及口中。鄭彼注:"象生時齧堅。"以此而言,士喪禮用三。復以《雜記》差之,則天子用九玉,諸侯用七玉,大夫用五玉。若然,大夫已上不徒柱左右與中央耳。云"《雜記》曰:'含者執璧將命。'則是璧形而小耳"者,彼是諸侯薨,鄰國遣大夫來弔并行含襚贈之禮③。諸侯用璧,天子雖用玉,其形無文,故取諸侯法以況之,天子亦爲璧形而小,以其入口,故知小也。云"贈玉,蓋璧也"者,以《既夕禮》云士贈用束帛,明天子亦有束帛也。而《小行人》"合六幣:璧以帛",故知贈既用帛,明以璧配之。鄭言此者,恐天子與士異,士用帛,天子用玉,嫌不用

---

① "玉"字原作"王",據阮本改。
② "五"字原作"王",據阮本改。
③ "贈"字阮本作"賵"。按此作"贈"、"賵"俱無不可。

帛，故言之也。案《玉府》已云“大喪，共含玉”，此又言之者，蓋玉府主作之，此官主其成事而共之。**凡玉器出，則共奉之。**注玉器出，謂王所好賜也。奉之，送以往。遠則送於使者。○釋曰：云“玉器出，謂王所好賜也”者，《天府》云“遷寶”，謂徙國都；此不言“遷”，直言“出”，故知王所好賜之者也。云“遠則送於使者”者，謂王使人就國賜之，則往就使者付之，故云送於使者也。

　　典命掌諸侯之五儀、諸臣之五等之命。注五儀，公、侯、伯、子、男之儀。五等，謂孤以下四命、三命、再命、一命、不命也。或言儀，或言命，互文也。故書儀作義，鄭司農義讀爲儀。○釋曰：云“五儀，公、侯、伯、子、男之儀”者，此五儀有三等之命，命雖有同者，其儀皆異。若然，《大宗伯》注云“每命異儀，貴賤之位乃正”，是命異儀即異。此則命同儀有異，於義乖者，但《大宗伯》經云“九儀之命”，據九等之命爲九儀，故注每命異儀，是命異儀即異；經云“掌諸侯之五儀”，即是據五等之爵爲五儀，是以命同儀有異。此乃各有所據，於義無乖也。云“五等，謂孤以下四命、三命、再命、一命、不命也”，鄭知義然者，此經“諸臣五等”在“諸侯”之下，則還據諸侯之下臣有五等而言。諸侯之下既無一命以至五命，明臣有五等通不命也。是以“諸侯”及“諸臣”皆據下文諸侯、諸臣而充此上之數也，故下文諸侯下說大國孤四命，其卿三命，大夫再命，士一命；侯、伯之卿已下如公國五命三等。云“或言儀，或言命，互文也”者，謂或言儀者亦有命，此則諸侯之命也；或言命者亦有儀，此乃臣之儀也①。今若據爵而言，則孤、卿、大夫、士四等之儀也；若據命而說，則通不命爲五儀。**上公九命爲伯，其國家、宮室、車旗、衣服、禮儀皆以九爲節；侯、伯七命，其國家、宮室、車旗、衣服、禮儀皆以七爲節；子、男五命，其國家、宮室、車旗、衣服、禮儀皆以五爲節。**注上公，謂王之三公有德者加命爲二伯。二王之後亦爲上公。國家，國之所居，謂城方也。公之城蓋方九里②，宮方九百步；侯、伯之城蓋方七里，宮方七百步；子、男之城蓋方五里，宮方五百步。《大行人職》則有諸侯圭藉、冕服、建常、樊纓、貳車、介、牢禮、朝位之數焉。○釋曰：鄭云“上公，謂王之三公有德者加命爲二伯”者，案下文“三公八

---

①　浦鏜云：“‘臣’上疑脫‘諸’字。”
②　“九”字原作“五”，據婺本、金本、阮本改。

命,出封皆加一等",謂若周公、大公有德,封於齊、魯,雖身在王朝[1],使其子就國,亦是出封加命爲上公九命者;此"上公"則爲二伯分陝者也,故《大宗伯》云"九命作伯"是也。云"二王之後亦爲上公"者,案《孝經緯·援神契》云:"二王之後稱公,大國稱侯。"故知也。若然,宋公爲殷之後,稱公。春秋之代,杞爲夏後,或稱侯、或稱伯、或稱子者,杞君無道,或用夷禮,故貶之而不稱公也。若虞公、虢公,非王之三公出封,亦得稱公者,此殷時稱公,武王滅殷,虞、虢無過可退,無功可進,雖周之親戚,仍守百里之地而稱公也。自外雖是周之同族有出封,惟稱侯、伯而已,是以魯、晉、鄭、衛等皆稱侯、伯,鄭注《巾車》云"王子母弟雖爲侯、伯,畫服如上公,乘金路"是也。云"國家,國之所居,謂城方也"者,若《孝經》諸侯稱國,大夫稱家;今此文無卿、大夫,則國家摠據諸侯城方者也。云"公之城蓋方九里"云云,此經"國家"及"宮室"、"車旗"以下皆依命數而言。既言國家、宮室以九、以七、以五爲節,以天子城方十二里而言,此九、七、五亦當爲九里、七里、五里爲差矣。但無正文,故言"蓋"以疑之也。案《書無逸傳》云:"古者百里之國,九里之城。""玄或疑焉[2]。《周禮·匠人》'營國方九里',謂天子之城,今大國與之同,非也。然大國七里、次國五里、小國三里之城爲近可也。或者天子實十二里之城,諸侯大國九里,次國七里,小國五里。"如是,鄭自兩解不定。鄭必兩解者,若案《匠人》"營國方九里"據周天子而言,則公宜七里,侯、伯宜五里,子、男宜三里爲差也。若據此文,九命者以九爲節、七命者以七爲節、五命者以五爲節;又案《文王有聲》箋云"築城伊淢,適與成方十里等,小於天子,大於諸侯",以其雖改殷制,仍服事殷,未敢十二里;據此二文而言,則周之天子城方十二里,公宜九里,侯、伯宜七里,子、男宜五里也。若周天子十二里,則《匠人》云"九里"或據異代法,以其《匠人》有夏、殷法故也。鄭不言異代者,以其無正文,不敢斥言也。是以隱公元年祭仲云"都城不過百雉",雉長三丈,百雉五百步,大都三之一,則鄭是伯爵,城有千五百步爲五里。是公七里,侯、伯五里,子、男三里矣。此賈、服、杜君等義與鄭玄一解也。鄭又云:"鄭伯之城方七里,大都三之一,方七百步,實過百雉矣。而云'都城不過百雉',舉子、男小國之大都以駁京城之大,其實鄭之大都過百雉矣。"又是天子城十二里而言也。引《大行人》之職者,經云"國家、宮室",鄭已解訖;其云"車旗、衣服、禮儀",不可具言,故引《大行人》爲證,欲見彼具見"車旗"以下之數也。案《大行人》云:"上公之禮,

---

①　"雖身"二字阮本作"身雖"。

②　孫校云:"'玄或'上當有'注'字,以下並據鄭《大傳》注。"

執桓圭九寸，繅藉九寸①，冕服九章，建常九斿，樊纓九就，貳車九乘，介九人，禮九牢；其朝位，賓主之間九十步。”侯、伯於上公降殺以兩，子、男比於侯、伯又降殺以兩爲差耳，故鄭云“數焉”。**王之三公八命，其卿六命，其大夫四命。及其出封，皆加一等。其國家、宮室、車旗、衣服、禮儀亦如之。**○釋曰：云“王之三公八命，其卿六命，其大夫四命”，皆是在朝者。云“及其出封，皆加一等”者，三公八命者爲九命上公，六命卿爲七命侯、伯，四命大夫爲五命子、男。云“其國家、宮室、車旗、衣服、禮儀亦如之”者，亦如上經以命數爲差也。**注**四命，中、下大夫也。出封，出畿內封於八州之中。加一等，襃有德也。大夫爲子、男，卿爲侯、伯，其在朝廷則亦如命數耳。**王之上士三命，中士再命，下士一命。**○釋曰：云“四命，中、下大夫也”者，見《序官》有中、下大夫，於此唯見四命大夫，是知中、下大夫同四命也。云“出封，出畿內封於八州之中”者，其王朝公、卿、大夫亦有舊在畿內有采地之封，是封畿內者也；今乃封於畿外在八州之中，諸侯也。云“加一等，襃有德也”者，王朝公、卿、大夫無功可進、無過可退者不得出封，以知加一等爲南面之君者是襃有德也，“卿爲侯、伯，大夫爲子、男”也。鄭不言三公者，雖出封加命，爵仍是公，不異，故不言也。云“其在朝廷則亦如命數耳”者，若先鄭，出加入亦加；若毛君，則出加入減；若鄭君，出加入則不加不減。其義已備《宗伯職》也。云“王之上士三命，中士再命，下士一命”者，經既不言，而鄭言之者，此典命所以主命數，《序官》有三等之士，此文不見，故以意推之。必知士有三命以下者，見經“大夫四命”，四命以下唯有三等之命，《序官》有上士、中士、下士，故以三等之命而説之也。然公、卿、大夫以八命②、六命、四命爲陰爵者，一則擬出封加爲陽爵，二則在王下爲臣是陰官，不可爲陽爵故也。士下既無出封之理③，又極卑賤，故有三命、一命爲陽爵，無嫌也。**凡諸侯之適子，誓於天子，攝其君，則下其君之禮一等；未誓，則以皮帛繼子、男。注**誓猶命也。言誓者，明天子既命以爲之嗣，樹子不易也。《春秋》桓九年“曹伯使其世子射姑來朝，行國君之禮”是也。公之子如侯、伯而執圭，侯、伯之子如子、男而執璧，子、男之子與未誓者皆次小國之君，執皮帛而朝會焉，其實之皆以上卿之禮焉。○釋曰：鄭以“誓”爲“命”者，諸侯世子皆往朝天子，天子命之爲世子，故以誓爲命也。云“言誓者，明天子既

---

① “藉”字原作“籍”，“寸”字原作“可”，皆據阮本改。

② “八”字原作“入”，據阮本改。

③ 加藤謂當據殿本删“下”字。

命以爲之嗣,樹子不易也"者,實是命,而經云"誓"者,謂既命以爲繼嗣,使爲樹子,不可改易,義取《公羊》僖公三年,齊桓公會于陽穀,管仲命諸侯云"無易樹子,無以妾爲妻"是也。引桓九年"曹伯使其世子射姑來朝,行國君之禮"者,以其稱"朝",是行國君之禮。引者,證經"誓於天子,攝其君"事也。云"公之子如侯、伯而執圭,侯、伯之子如子、男而執璧"者,以其上公九命,侯、伯七命,子、男五命,經云"下其君一等",明依命數爲降,以知義然也。若公之子如侯、伯,在侯、伯下,侯、伯子如子、男,在子、男下也。云"子、男之子與未誓者皆次小國之君,執皮帛"者,以經云"下一等",子、男身五命執璧,明子雖得誓,以下父一等,自然與公、侯、伯、子、男子未誓者同執皮帛朝會可知也。云"其實之皆以上卿之禮焉"者,此亦約曹世子射姑來朝實之以上卿之禮而言之也。若行朝禮,擯介依諸侯法,其饗餼饗一與卿同。此經"誓"與"未誓"皆據父在而言,若父卒後,得誓者皆得與諸侯序,以無父得與正君同故也。是以《雜記》云:"君薨,大子號稱子,待猶君也。"注引《春秋》"葵丘之會,宋襄公稱子,而與諸侯序"。又定四年:"二月癸已,陳侯吳卒。三月,公會劉子、晉侯、宋公、蔡侯、衛侯、陳子、鄭伯以下於召陵。"陳子在鄭伯上,則是得誓者與諸侯序也。若未誓,則亦當執皮帛也。**公之孤四命,以皮帛眡小國之君,其卿三命,其大夫再命,其士壹命,其宮室、車旗、衣服、禮儀各眡其命之數。侯、伯之卿、大夫、士亦如之。子、男之卿再命,其大夫壹命,其士不命,其宮室、車旗、衣服、禮儀各眡其命之數。注** 視小國之君者,列於卿、大夫之位而禮如子、男也。鄭司農云:"九命上公,得置孤卿一人。《春秋傳》曰:'列國之卿,當小國之君,固周制也。'"玄謂《王制》曰:"大國三卿,皆命於天子,下大夫五人,上士二十七人。次國三卿,二卿命於天子,一卿命於其君,下大夫五人,上士二十七人。小國二卿,皆命於其君,下大夫五人,上士二十七人。"〇釋曰:云"視小國之君者,列於卿、大夫之位而禮如子、男也",知義然者,案《大行人》云:"大國之孤,執皮帛以繼小國之君,出入三積,不問壹勞,朝位當車前,不交擯,廟中無相,以酒禮之,其佗皆眡小國之君。"鄭注云:"此以君命來聘者也。孤尊,既聘享,更自以其贄見,執束帛而已,豹皮表之爲飾。繼小國之君,言次之也。其他,謂貳車及介、牢禮、賓主之間、擯[1]、將幣、祼酢、饗食之數。"以此而言,則"以皮帛"者亦是更以贄見。若正聘,當執圭璋也。若然,彼云"繼小國之君",謂執皮帛次小國君後,則與此注"列於卿、大夫位"一也。此言"眡小國之君",注

---

① "間"字原作"問",據阮本改。又浦鏜謂"擯"下脱"者"字。

云“而禮如子、男”，則彼“其佗眡小國君”并彼注“貳車及介”以下是也。司農云“九命上公，得置孤卿一人。《春秋傳》曰：列國之卿，當小國之君，固周制也”者，案昭二十三年《左傳》云：“叔孫婼爲晉所執，晉人使與邾大夫坐訟。叔孫曰：‘列國之卿，當小國之君，固周制也。寡君命介子服回在。’”是其事也。若然，先鄭引魯之卿以證“孤”者，孤亦得名卿，故《匠人》云“外有九室，九卿朝焉①”，是并六卿與三孤爲九卿②。亦得名卿者，以其命數同也。魯是侯爵，非上公，亦得置孤者，魯爲州牧，立孤與公同。若然，其孤則以卿爲之，故叔孫婼自比於孤也。“玄謂《王制》曰：大國三卿，皆命於天子”以下者，案《王制》之文多據夏、殷，此命卿亦是夏、殷法，故彼下文“大國之卿不過三命，下卿再命，小國之卿與下大夫一命”鄭注云：“不著次國之卿者，以大國之下互明之。此卿命則異，大夫皆同。”以此言之，則大國卿三命，次國卿與大國下卿同再命，小國卿與大夫同一命。彼注即引此《周禮》命卿、大夫之法以證與古不同之義。若然，此引彼夏、殷命臣法，周禮諸侯卿、大夫命雖與古不同，五等諸侯同③，國皆有三卿得天子命者與夏、殷同，故引之。若然，云“大國三卿，皆命於天子”者，上卿則命數足矣；中卿天子再命，己君加一命，亦爲三命；下卿天子一命，若夏、殷，己君加一命，二命足矣，周則己君加二命爲三命，命足矣④。云“下大夫五人”，不言命數者，並不得天子命，夏、殷並己君加一命，周則大國之大夫再命也。云“上士二十七人”者，夏、殷之士不命，其二十七士亦應有上九、中九、下九，而皆云“上士”者，亦是勉人爲高行，故摠以上士言之也。云“次國三卿，二卿命於天子”者，上卿天子二命，己君不加；中卿天子一命，己君加一命；下卿天子不命，己君亦加二命爲再命，故云“一卿命於其君”。是次國之卿皆再命也。若周禮，次國卿並三命。亦“下大夫五人，上士二十七人”，義與大國同也。云“小國二卿，皆命於其君”者，案彼鄭注云“此文似誤脫”者⑤，類上文大國、次國，則此小國亦當有三卿，宜云“小國三卿，一卿命於天子，二卿命於其君”，則是脫“亦三卿一卿命於天子”九字矣⑥；云誤者，次國云“二卿命於天子”不言“皆”，此小國云“二卿皆命於其君”而言“皆”，是誤，故云蓋誤也。若依此三卿解之，則三卿之內一卿命於

---

① “卿”字原作“鄉”，據阮本改。
② “三”字原作“二”，據阮本改。
③ “同”字原作“國”，據阮本改。
④ 阮校云：“下‘命’字疑衍。”孫疏據刪。
⑤ 加藤謂當據殿本於“脫”下增“云脫”二字，賈疏下文云“云誤者”，是其比。
⑥ 據此，則上文“宜云小國三卿”當作“宜云小國亦三卿”。

天子爲一命,二卿命於其君亦各一命。亦"下大夫五人,上士二十七人",義與上同也。若周禮,小國三卿皆再命,亦一卿命於天子一命,己君加一命爲再命;二卿命於其君,不得天子命,並己君再命矣。又周法,次國五大夫亦與大國五大夫同再命,小國下大夫五人各一命;其士,公、侯、伯之士同一命,子、男之士不命,與夏、殷同,此文是也。《大司馬》云"大國三軍,次國二軍,小國一軍,軍將皆命卿"者,謂得天子之命者得爲軍將也。若然,諸侯之臣有四命、三命、再命、一命、不命,而經云"各眂其命數"者,謂宮室之等四命者四百步,貳車四乘,旗四斿,冕服四章;三命者以三爲節,再命、一命者亦以命數爲降殺也。但大夫玄冕,一命者一章,裳上刺黻而已,衣無章,故得玄名也,則冕亦象衣無旒;其士服爵弁,並無章飾,是以變冕言爵弁也。諸侯之大夫,一命已上即有貳車,士雖一命亦無貳車;天子之士,再命已上可有貳車也。

司服掌王之吉凶衣服,辨其名物與其用事。○釋曰:此一經,與下文爲揔目。王吉服有九,"大裘"已下是也。凶服,即下文"凶事"與"弔"是也。云"辯其名物"者,衣服有名則物色有異同也。**注**用事,祭祀、視朝、甸、凶、弔之事,衣服各有所用。○釋曰:云"用事,祭祀、視朝、甸、凶、弔之事"者,是其事各異。云"衣服各有所用"者,謂若祀昊天用大裘之等是也。王之吉服,祀昊天上帝則服大裘而冕,祀五帝亦如之;享先王則衮冕,享先公、饗射則鷩冕,祀四望、山川則毳冕,祭社稷、五祀則希冕,祭羣小祀則玄冕。○釋曰:"王之吉服",并下三者亦是,今尊其祭服,且言六矣。**注**六服同冕者,首飾尊也。先公,謂后稷之後、大王之前,不窋至諸盩。饗射,饗食賓客、與諸侯射也。羣小祀,林澤、墳衍、四方百物之屬。鄭司農云:"大裘,羔裘也。衮,卷龍衣也。鷩,襌衣也。毳,罽衣也。"玄謂《書》曰"予欲觀古人之象,日、月、星辰、山、龍、華蟲作繢,宗彝、藻、火、粉米、黼、黻絺繡",此古天子冕服十二章,舜欲觀焉。華蟲,五色之蟲。《繢人職》曰"鳥獸蛇雜四時五色以章之",謂是也。希讀爲絺,或作黹,字之誤也[1]。王者相變,至周而以日、月、星辰

---

[1] 阮校云:"賈疏引《書》注'鄭君讀希爲黹,黹,紩也',《漢讀考》據此謂當云'希讀爲黹,或作絺,字之誤也',以作'絺'爲字誤,鄭所不從也。下文'希以'、'希刺'二希皆當作黹。"賈疏又云"當從'絺'爲正也",故段考謂賈氏作疏時此注已誤。按賈疏"絺"字或出後人校改。

畫於旌旗，所謂"三辰旂旗，昭其明也"，而冕服九章，登龍於山，登火於宗彝，尊其神明也。九章，初一曰龍，次二曰山，次三曰華蟲，次四曰火，次五曰宗彝，皆畫以爲繢；次六曰藻，次七曰粉米，次八曰黼，次九曰黻，皆希以爲繡。則袞之衣五章，裳四章，凡九也。鷩畫以雉，謂華蟲也，其衣三章，裳四章，凡七也。毳畫虎、蜼，謂宗彝也，其衣三章，裳二章，凡五也。希刺粉米，無畫也，其衣一章，裳二章，凡三也。玄者衣無文，裳刺黻而已，是以謂玄焉。凡冕服皆玄衣纁裳。○釋曰：云"六服同冕者，首飾尊也"者，六服服雖不同，首同用冕，以首爲一身之尊，故少變同用冕耳。下經五服同名"弁"，亦是首飾尊，鄭不言者，義可知也。冕名雖同，其旒數則亦有異，但冕名同耳。云"先公①，謂后稷之後、大王之前，不窋至諸盩"者，但后稷雖是公，不謚爲王，要是周之始祖，感神靈而生，文武之功因之而就，故特尊之與先王同。是以《尚書·武成》云"先王建邦啓土"，尊之，亦謂之先王也。是以鄭云"后稷之後、大王之前"，不數后稷。不窋，后稷子，諸盩，大王父，二者之間並爲先公矣。《周本紀》云："后稷卒，子不窋立。不窋卒，子鞠立。鞠卒，子公劉立。卒，子慶節立。卒，子皇僕立。卒，子差弗立。卒，子毀隃立。卒，子公非立。卒，子高圉立。卒，子亞圉立。卒，子公祖類立。卒，子古公亶父立。"古公亶父則大王亶父也。公祖類即紺，亦曰諸盩也。大祫於大祖后稷廟中，尸服袞冕，王服亦袞冕也。案《中庸》注云："先公，組紺以上至后稷。"《天保》詩注："先公，謂后稷至諸盩。"《天作》詩注云："先公，謂諸盩至不窋。"經皆云"先公"，注或言后稷、或不言后稷者，《中庸》云"周公成文武之德，追王大王、王季，上祀先公以天子之禮"，后稷既不追王，故注先公中有后稷也；《天保》詩云"禴祠烝嘗"，是四時常祭，故注先公中有后稷；《天作》詩是祫之祭禮，在后稷廟中，不嫌不及后稷，故注不言后稷。各有所據，故注不同也。云"饗射，饗食賓客、與諸侯射也"者，饗食則《大行人》云"上公三饗、三食"之等是也。但饗食在廟，故亦服鷩冕也。與諸侯射者，此大射在西郊虞庠中，亦服鷩冕也。若燕射在寢，則朝服；若賓射在朝，則皮弁服。云"羣小祀，林澤、墳衍、四方百物"者，此據地之小祀，以血祭社稷爲中祀，埋沈已下爲小祀也。若天之小祀，則司中、司命、風師、雨師，鄭不言者，義可知。鄭司農云"大裘，羔裘也"者，《司裘》文。先鄭注云："大裘，黑羔裘。"然則凡祭之皆同羔裘，義具於《司裘》也。云"袞，卷龍衣也"者，鄭注《禮記》云："卷，俗讀，其通則曰袞。"故先鄭袞、卷并言之也。云"鷩，禪衣也"者，案《禮記·

曾子問》云:"諸侯裨冕。"《覲禮》:"侯氏裨冕。"鄭注云:"裨之言埤也。天子大裘爲上,其餘爲裨。"若然,則裨衣自衮以下皆是,先鄭獨以鷩爲裨衣,其言不足矣。云"毳,罽衣也"者,案《爾雅》云毛氂謂之罽,則績毛爲之①,若今之毛布;但此毳則宗彝,謂虎、蜼,而先鄭以爲罽衣,於義不可,故後鄭不從也。"玄謂《書》曰"至"希繡",而云"此古天子冕服十二章,舜欲觀焉"者,欲明舜時十二章至周無十二章之意也。然古人必爲日、月、星辰於衣者,取其明也。山,取其人所仰。龍,取其能變化。華蟲,取其文理。作繢者,繢,畫也。衣是陽,陽至輕浮,畫亦輕浮,故衣繢也。宗彝者,據周之彝尊有虎彝、蜼彝,因於前代,則虞時有蜼彝、虎彝可知。若然,宗彝是宗廟彝尊,非蟲獸之號,而言宗彝者,以虎、蜼畫於宗彝,則因號虎、蜼爲宗彝,其實是虎、蜼也。但虎、蜼同在於彝,故此亦并爲一章也。虎取其嚴猛;蜼取其有智,以其印鼻長尾,大雨則懸於樹以尾塞其鼻,是其智也。藻,水草。亦取其有文,象衣上華蟲。火,亦取其明。粉米共爲一章,取其絜,亦取養人。黼,謂白黑,爲形則斧文②,近刃白,近上黑,取斷割焉。黻,黑與青,爲形則兩己相背,取臣民背惡向善,亦取君臣有合離之義、去就之理也。希繡者,孔君以爲細葛上爲繡,鄭君讀希爲黹,黹,紩也,謂刺繒爲繡次。但裳主陰,刺亦是沈深之義,故裳刺也。云"華蟲,五色之蟲",孔君注以爲"華,象草華;蟲,雉也",義亦通。以其草華有五色,故引《繢人》"鳥獸蛇雜四時五色以章之"爲證也。華蟲名鷩者,以其頭似鷩,以有兩翼即曰鳥,以其體有鱗似蛇則曰蛇,以其有五色成章則曰雉,故鄭注《考工記》云:"蟲之毛鱗有文采者也。"云"希讀爲絺,或作黹,字之誤也"者,本有此二文不同,故云誤,當從"絺"爲正也。云"王者相變,至周而以日、月、星辰畫於旌旗"者,若孔君義,虞時亦以日、月、星畫於旌旗,與周同。鄭意虞時無日、月、星畫於旌旗,若虞時日、月、星畫於旌旗,則衣無日、月、星也。云"所謂三辰旂旗,昭其明也"者,所謂桓公二年哀伯辭。彼三辰則此日、月、星辰。旂旗者,謂交龍爲旂,熊虎爲旗,不畫日、月、星,連引之耳。引之者,證周世日、月、星畫於旌旗之意也。云"而冕服九章"者,據周法而言。既去日、月、星三章,明有九章在也。云"登龍於山,登火於宗彝,尊其神明也"者,鄭知登龍於山者,周法皆以蟲獸爲章首,若不登龍於山,則當以山爲章首,何得猶名衮龍乎?明知登龍於山,取其神也。又知登火於宗彝者,宗彝則毳也,若不登火在於宗彝上,則毳是六章之首,不得以毳爲五章之首,故知登火於宗彝,取其明也。云"九章,初一曰龍"至"凡五

---

① 孫校云:"'績'疑'繢'。"
② "形"字原作"刑",據阮本改。

也”，此無正文，並鄭以意解之，以其衣是陽，從奇數，裳是陰，從耦數。云“希刺粉米，無畫也”者，衣是陽，應畫，今希冕三章在裳者自然刺繡，但粉米不可畫之物，今雖在衣，亦刺之不變，故得希名，故鄭特言粉米也。然則毳冕之粉米亦刺之也。云“玄者衣無文，裳刺黻而已”者，以其祭服衣本是玄，今玄冕一章，仍以玄爲名，明衣上無畫。一章者，刺黻於裳而已，“是以謂玄焉”。云“凡冕服皆玄衣纁裳”者，六冕皆然，故云凡以該之。知玄衣纁裳者，見《易·繫辭》“黄帝、堯、舜垂衣裳，蓋取諸乾坤”，乾爲天，其色玄，坤爲地，其色黄，但土無正位，託於南方，火赤色，赤與黄即是纁色，故以纁爲名也。**凡兵事，韋弁服。**○釋曰：以“兵事”有侵戰伐圍入滅非一，故云“凡”。云“韋弁服”者，以韋爲冕①，又以爲服，故云韋弁服。**注**韋弁，以韎韋爲弁，又以爲衣裳，《春秋傳》曰“晉郤至衣韎韋之跗注”是也。今時伍伯緹衣，古兵服之遺色。○釋曰：韎是蒨染，謂赤色也。以赤色韋爲弁。云“又以爲衣裳”者，《左氏傳》成十六年，楚子曰：“韎韋之跗注，君子也。”使工尹襄問郤至以弓。若賈、服等説，跗謂足跗，注，屬也，袴而屬於跗。若據鄭《雜問志》，則以跗爲幅，注亦爲屬，以韎韋幅如布帛之幅而連屬以爲衣，而素裳。既與諸家不同，又與此注裳亦用韎韋有同者異者②，鄭君兩解，此注與賈、服同，裳亦用韎韋也。至彼《雜問志》裳用素者，從白舄之義。若然，案《聘禮》云：“卿韋弁歸饔餼。”注云：“韋弁，韎韋之弁，蓋韎布爲衣而素裳。”與此又不同者，彼非兵事，入廟不可純如兵服，故疑用韎布爲衣也；言素裳者，亦從白屨爲正也，以其屨從裳色，天子、諸侯白舄，大夫、士白屨，皆施於皮弁故也。云“今時伍伯緹衣，古兵服之遺色”者，鄭取韎爲赤色韋，猶以爲疑，故舉漢事以爲況。言伍伯者，伍，行也；伯，長也。謂宿衛者之行長見服緹赤之衣，是古兵服赤色遺象至漢時，是其兵服赤之驗也。**眡朝，則皮弁服。注**視朝，視内外朝之事。皮弁之服，十五升白布衣，積素以爲裳。王受諸侯朝覲於廟則袞冕。○釋曰：天子三朝，外朝二，内朝一，二皆用皮弁，故經摠云“眡朝，則皮弁服”也。知“皮弁之服，十五升白布衣，積素以爲裳”者，案《禮記·雜記》云：“朝服十五升。”《士冠禮》云：“皮弁素積。”故知義然也。云“王受諸侯朝覲於廟則袞冕”者，案《覲禮》云：“天子袞冕，負黼扆。”《節服氏》云：“祭祀朝覲袞冕六人維王之大常。”注云：“服袞冕者，從王服。”故知朝覲在廟王服袞冕。若然，春夏受贄在朝，則是眡朝皮弁服也；其受享於

---

① 孫校云：“‘冕’當爲‘弁’。”
② 孫校云：“‘同者’二字衍。”

廟，與覲同衮冕，故“於廟”連言“朝”也。**凡甸，冠弁服。注**甸，田獵也。冠弁，委貌，其服緇布衣，亦積素以爲裳。諸侯以爲視朝之服。《詩・國風》曰：“緇衣之宜兮。”謂王服此以田。王卒食而居則玄端。〇釋曰：言“凡”者，田獵非一，故以凡廣之。不言“事”者，朝是朝日[①]，比於田獵爲數，故“凡”、“事”皆不言也。云“冠弁，委貌”者，《士冠禮》及《郊特牲》皆云“委貌，周道”，鄭注《士冠》云：“委猶安也，言所以安正容貌[②]。”故云委貌。若以色言，則曰玄冠也。云“其服緇布衣，亦積素以爲裳”者，《士冠禮》云：“主人玄冠朝服，緇帶素韠。”注云：“衣不言色者，衣與冠同。”裳又與韠同色，是其朝服緇布衣亦如皮弁積素以爲裳也。云“諸侯以爲視朝之服”者，《士冠禮》云：“玄冠朝服。”注云“天子與其臣玄冕以視朔，皮弁以日視朝。諸侯與其臣皮弁以視朔，朝服以日視朝”是也。引《詩・國風》曰者，是《鄭・緇衣》之詩。引之，證鄭伯是諸侯服緇衣爲朝服之義也。云“王卒食而居則玄端”者，案《玉藻》：“韠，君朱，大夫素，士爵韋。”鄭注云：“天子、諸侯玄端朱裳。”以其云朱韠，韠同裳色故也。鄭因朝服而説玄端者，以朝服與玄端大同小異，以其玄冠緇布衣皆有正幅爲端則同，但易其裳耳，故因説玄端也。若然，大夫素韠則素裳。其士韠言爵，爵是不純之名，以其《士冠禮》上士玄裳、中士黄裳、下士雜裳。雜裳者，前三幅玄，後四幅黄，故爵韠也。言“凡甸，冠弁服”，據習兵之時；若正四時，則當戎服。是以《月令》季秋：“天子乃教於田獵，以習五戎。司徒搢撲，北面以誓之。天子乃厲飾，執弓挾矢以獵。”注云：“厲飾，謂戎服，尚威武也。”以此觀之，習五戎司徒誓之不戎服，著冠弁可知。是以襄十四年夏四月《左傳》云：“衛獻公戒孫文子、甯惠子食，而射鴻於囿，二子從之，公不釋皮冠。”則皮弁、韋弁同，但色異耳，故以韋弁爲皮弁，是其正田用韋弁也。**凡凶事，服弁服。注**服弁，喪冠也。其服斬衰、齊衰。〇釋曰：“服弁”於上下文不類者，以是喪服，故變其文也。天子、諸侯絶傍期，正統之期猶不降，故兼云“齊衰”。其正服大功亦似不降也。《大功章》曰“適婦”，注云“適子之婦”，傳曰：“何以大功也？不降其適也。”既無所指斥，明關之天子、諸侯也。又《服問》云：“君所主，夫人妻、大子、嫡婦。”既言君所主，服不降也。如是，則爲嫡孫之婦又當小功。今注止云“斬衰、齊衰”者，以其正服齊衰是不降之首。然則王爲適子斬衰，其爲適孫、適曾孫、適玄孫、適來孫則皆齊衰。《不杖章》云“適孫”，傳曰：“何以期也？不敢降其適也。有適子者無

① 孫校云：“‘朝日’當作‘日朝’。”
② “正”字原作“王”，據阮本改。

546

適孫，孫婦亦如之。”玄謂①：“凡父於將爲後者，非長子，皆期。”然則王禮亦適子死有適孫，適孫死有適曾孫，向下皆然也。又案《喪服傳》云：“始封之君，不臣諸父、昆弟。封君之子，不臣諸父而臣昆弟。”天子之義亦當然。若虞舜之與漢高，皆庶人起爲天子，蓋亦不臣諸父、昆弟而有服也。**凡弔事，弁絰服。** ○釋曰：弔事言“凡”者，以其弔事非一，故亦云“凡”以廣之也。“弁絰”，其服則錫衰、緦衰之等也。**注**弁絰者，如爵弁而素，加環絰。《論語》曰：“羔裘玄冠不以弔。”絰大如緦之絰。其服錫衰、緦衰、疑衰。諸侯及卿、大夫亦以錫衰爲弔服。《喪服小記》曰：“諸侯弔必皮弁錫衰。”則變其冠耳。喪服舊説以爲士弔服素委貌冠朝服，此近庶人弔服而衣猶非也。士當事弁絰疑衰，變其裳以素耳。國君於其臣弁絰，他國之臣則皮弁。大夫、士有朋友之恩亦弁絰。故書弁作絥。鄭司農絥讀爲弁。弁而加環絰，環絰即弁絰服②。 ○釋曰：云“弁絰者，如爵弁而素”者，爵弁之形，以木爲體，廣八寸，長尺六寸，以三十升布染爲爵頭色，赤多黑少；今爲弁絰之弁，其體亦然，但不同爵色之布而用素爲之，故云如爵弁而素。云“加環絰”者，凡五服之絰皆兩股絞之，今言環絰，即與絞絰有異矣。謂以麻爲體，又以一股麻爲體，糾而橫纏之，如環然，故謂之環絰。加於素弁之上，故言加環絰也。云“《論語》曰：羔裘玄冠不以弔”者，彼謂小斂之後主人已改服，客則不用玄冠羔裘朝服以弔之。引之者，證凡弔服及弁絰皆施之於小斂已後也。云“絰大如緦之絰”者，弔服環絰大小無文，但五服之絰緦絰最小，弔服之絰亦不過之，是以約同緦絰，故云絰大如緦之絰也。云“其服錫衰、緦衰、疑衰”者，此文弔事之絰，下文陳三等弔服“錫衰”以下，明上下相成，故據下文而説也。云“諸侯及卿、大夫亦以錫衰爲弔服”，知者，案《服問》云：“君爲卿、大夫錫衰，當事則弁絰，大夫相爲亦然。”故知之也。云“《喪服小記》曰：‘諸侯弔必皮弁錫衰。’則變其冠耳”者，不言君而言諸侯，則是弔異國之臣法。不著弁絰而云皮弁，故云變其冠耳。云“喪服舊説以爲士弔服素委貌冠朝服，此近庶人弔服而衣猶非也”者，此引舊説而破之。庶人弔服首服素冠而素裳，其衣裳當疑衰③，故《喪服》鄭注云：“士疑衰素裳，冠則皮弁之絰④。庶人不爵弁，則其弔冠素委貌也⑤。”若然，士與庶人服同，冠弁

① 加藤云：“據文例，‘玄謂’當作‘注云’。”
② 孫疏云：“‘環絰’二字於文義不當重出，疑衍。”
③ 孫校云：“‘衣’下不當有‘裳’，疑衍。”
④ 孫校云：“‘冠則皮弁之絰’當作‘冠則皮弁弁絰’，言士弔冠有此二者。”
⑤ 浦鏜謂“則其弔冠素委貌也”當據《喪服》鄭注原文作“則其弔服素冠委貌也”。

則異也。云"國君於其臣弁経"者,《服問》云"當事則弁経"是也。云"佗國之臣則皮弁"者,《喪服小記》文是也①。云"大夫、士有朋友之恩亦弁経"者,《喪服·記》云:"朋友,麻。"故知大夫於士、士自相於有朋友之恩者服麻也。大夫相於不假朋友恩,以其《服問》卿、大夫相爲亦錫衰弁経,不言朋友也。凡弔服,天子之服於此上下文具矣,其諸侯弔服亦應三衰俱有。知者,以天子自大裘以下至素服,上公自衮冕以下如王之服,侯、伯自鷩冕而下如公之服,子、男自毳冕而下如侯、伯之服,皆相如,明諸侯三衰皆有。但所用據文唯有《服問》云"爲卿、大夫錫衰以居,出亦如之,當事則弁経",其用總衰、疑衰則《文王世子》注"同姓之士總衰,異姓之士疑衰",以其卿、大夫已用錫衰,故以二衰施於同姓異姓之士也。案《士喪禮》注云"君弔必錫衰"者,蓋士有朋友之恩者,加之與大夫同用錫衰耳。大夫相於必用錫衰者,以大夫雖以降服,仍有小功降至總麻,則不得以總衰爲弔。總衰既不弔,明疑衰亦不可爲,故以錫衰爲弔服也。士之弔服不用錫衰者,避大夫。疑衰不用疑裳者,鄭注《喪服》云:"避諸侯也。"凡弔服皆既葬除之。其大夫妻亦與大夫同,故《喪服》云:"大夫弔於命婦錫衰,命婦弔於大夫亦錫衰。"注云"弔於命婦,命婦死也"是也。《服問》云:"爲其妻,出則不弔②。"與大夫小異耳。**凡喪,爲天王斬衰,爲王后齊衰。注**王后,小君也。諸侯爲之不杖期。○釋曰:云"凡喪"者,諸侯、諸臣皆"爲天王斬衰、王后齊衰",故云凡以廣之。鄭云"王后,小君也"者,解經臣爲王后著齊衰之意。鄭又云"諸侯爲之不杖期"者,案《喪服·不杖章》云"爲君之母、妻",傳曰:"何以期也?從服也。"但諸臣亦爲王斬衰、爲后期,鄭特言諸侯者,以《喪服·斬衰章》云"臣爲君,諸侯爲天子",及至《不杖章》直云"爲君之母、妻",不別見諸侯爲后之文,故鄭解之。本不見諸侯爲后者,以其諸侯爲后與臣爲之同,故不別見也。其卿、大夫適子爲君夫人亦與諸臣同。士之子賤,無服,當從庶人禮。《服問》云:"諸侯之世子,不爲天子服。"注云:"遠嫌也,與畿外之民同服③。"《服問》又云:"大夫之適子,爲君夫人、大子,如士服。"注:"大夫不世子,不嫌也。士爲國君斬,小君期。大子,君服斬,臣從服期。"天子卿、大夫適子亦當然,故云"如士服"也。**王爲三公六卿錫衰,爲諸侯總衰,爲大夫士疑衰,其首服皆弁経。**○釋曰:天子臣多,故三公與六卿同錫衰,諸

---

① "記"字原作"紀",據阮本改。
② 浦鏜云:"'服'誤'弔'。"
③ 孫校云:"'同'下蓋奪'不'字。《服問》注本云'不服,與畿外之民同也',此引而俱到其文,若作'同服',則非不服之義矣。"

侯五等同緦衰，大夫與士同疑衰。不見三孤者，與六卿同。又不辨同姓異姓，亦以臣故也。云“首服皆弁絰”者，三衰同皆弁絰。**注**君爲臣服弔服也。鄭司農云：“錫，麻之滑易者，十五升去其半，有事其布，無事其縷。緦，亦十五升去其半，有事其縷，無事其布。疑衰，十四升衰。”玄謂無事其縷，哀在内；無事其布，哀在外。疑之言擬也，擬於吉。○釋曰：“君爲臣服弔服也”者，欲見臣爲君斬，君爲臣無服，直弔服，既葬除之而已。鄭司農解錫衰、緦衰者，《喪服傳》文。其緦衰疑衰無文①，先鄭當更有所見，後鄭皆從，但增成其義耳。鄭注《喪服》破升皆爲登，布八十縷爲登，登，成也。今云“十五升”，則千二百縷；“去其半”，則六百縷也②。云“有事其縷”及“有事其布”者，皆謂以水濯治去其垢者也。“玄謂疑之言擬也，擬於吉”者，以其吉服十五升，今疑衰十四升，少一升而已，故云擬於吉者也。凡弔皆不見婦人弔服者，以婦與夫同，故《喪服》云：“大夫弔於命婦錫衰，命婦弔於大夫錫衰。”是婦與夫同。其首服，即鄭注《喪服》云“凡婦人弔服，吉笄無首、素總”是也。**大札、大荒、大烖，素服。** **注**大札，疫病也。大荒，饑饉也。大烖，水火爲害。君臣素服縞冠，若晉伯宗哭梁山之崩。○釋曰：知“大札，疫病”者，以《春秋傳》有“天昬札瘥”之文，故知札爲疫病也。云“大荒，饑饉也”者，《爾雅》：“穀不熟曰饑，蔬不熟曰饉。”即《曲禮》云“歲凶，年穀不登”是也。云“大烖，水火爲害”者，謂若《春秋》“宋災”③，謂有水災爲害；又《孔子世家》云，哀三年，孔子云“桓、僖災”，又《公羊》云“雉門災”之類，皆火災也。云“君臣素服縞冠，若晉伯宗哭梁山之崩”者，事在成五年。引之者，證服此素服首服縞冠之意。若然，梁山崩非大札、大荒、大烖，引爲證者，欲見山崩與大札、大荒服同。是以《大司樂》云“凡日月食，四鎮、五嶽崩，令去樂”，下文云“大札、大凶、大烖，令弛縣”，“弛縣”與“去樂”互相明，則去樂是同，梁山崩又是四鎮、五嶽之類，則大札、大荒素服縞冠，與哭梁山崩同可知。若然，此言“素服”，案《玉藻》云：“年不順成，則天子素服，乘素車，食無樂。”義與此合。彼又云：“年不順成，大夫不得造車馬，君衣布，搢本。”義與此違者，彼衣布謂常服，謂禱祈，義與此同也。

---

① 孫校云：“‘緦衰’二字涉上衍。”

② “六”字原作“云”，據阮本改。

③ 加藤云：“‘災’當作‘大水’，莊十一年經云‘秋，宋大水’，賈所據，故下云‘謂有水災爲害’。如襄九年‘春，宋災’，天火而非水災，難以爲證。”

周禮疏卷第二十四

唐朝散大夫行大學博士弘文館學士臣賈公彦等撰

公之服，自袞冕而下如王之服；侯、伯之服，自鷩冕而下如公之服；子、男之服，自毳冕而下如侯、伯之服；孤之服，自希冕而下如子、男之服；卿、大夫之服，自玄冕而下如孤之服，其凶服加以大功、小功；士之服，自皮弁而下如大夫之服，其凶服亦如之，其齊服有玄端、素端。〇釋曰：陳天子吉凶之服訖，自此已下，陳諸侯及其臣之服貴賤不同之事也。但上具列天子之服，此文以上公自袞冕以下差次如之，上得兼下，下不得僭上也。大夫云“凶服加以大功、小功”者，天子、諸侯自旁期已下皆絶而不爲服，大夫加以大功、小功，謂本服大功、小功者，其降一等，小功降仍有服緦者，其本服之緦則降而無服。云“士之服，自皮弁而下”者，士之助祭服爵弁，不言爵弁者，以其爵弁之服惟有承天變時及天子哭諸侯乃服之，所服非常，故列天子吉服不言之；今以次轉相如，不得輒於士上加爵弁，故以皮弁爲首，但皮弁亦是士助君視朔之服也。云“其凶服亦如之”者，亦如大夫有大功、小功，但士無降服，則亦有緦服，故鄭增之也。其齊服有“玄端”者，則《士冠》上士玄裳、中士黄裳、下士雜裳，《特牲》士之享祭之服也。“素端”者，即上素服，爲札荒祈請之服也。注自公之袞冕至卿、大夫之玄冕，皆其朝聘天子及助祭之服。諸侯非二王後，其餘皆玄冕而祭於己。《雜記》曰：“大夫冕而祭於公，弁而祭於己。士弁而祭於公，冠而祭於己。”大夫爵弁自祭家廟，唯孤爾，其餘皆玄冠，與士同。玄冠自祭其廟者，其服朝服、玄端。諸侯之自相朝聘皆皮弁服，此天子日視朝之服。喪服，天子、諸侯齊、斬而已，卿、大夫加以大功、小功，士亦如之，又加緦焉。士齊有素端者，亦爲札荒有所禱請。變素服言素端者，明異制。鄭司農云：“衣有褕裳者爲端。”玄謂端者，取其正也。士之衣袂皆二尺二寸而屬幅，是廣袤等也；其袪尺二寸。大夫已上侈之。侈之者，蓋半而益一焉。半而益一，則其袂三尺三寸，袪尺八寸。〇釋曰：云“自公袞冕至卿、大夫之玄冕，皆其朝聘天子及助祭之服”者，此上公袞已下既非自相朝聘之服，又非己之祭服。案《曾子問》云：“諸侯裨冕出視朝。”鄭云：“爲將廟受，謂朝天子時也。”春夏受享於廟，秋冬一受之於廟①，是受享受覲皆在廟①，是受朝之事及助祭在廟理當裨冕也。若卿、大夫聘天子，受之在廟②，及助祭，亦用冕服可知③，故鄭君臣朝聘並言也。云“諸侯非二王後，其餘皆玄冕而祭於己”，知之者，案《玉藻》云：“諸侯玄端而祭。”注云：“端當爲冕。”是諸侯玄冕自祭於己也。案《玉藻》云“諸侯祭宗廟之服，惟魯與天子同”④，此注云“諸侯非二王後，其餘皆玄冕祭於己”，彼不言“二王後”、此不言“魯”者，彼此各舉一邊而言，其實相兼乃具也。魯雖得與天子同，惟在周公、文王廟中得用袞冕，故《明堂位》云：“季夏六月，以禘禮祀周公於大廟。”云“天子之禮”是也。若餘廟，亦玄冕。或可依《公羊傳》云“白牡周公牲，騂犅魯公牲，羣公不毛”，魯公既與羣公別牲而用騂犅，則其服宜用鷩冕可也。其二王後惟祭受命王得用袞冕⑤，其餘廟亦得用玄冕也。云“《雜記》曰：‘大夫冕而祭於公，弁而祭於己。士弁而祭於公，冠而祭於己。’大夫爵弁自祭家廟，惟孤爾，其餘皆玄冠，與士同”者，鄭引《雜記》者，上已説諸侯祭於己訖，更明孤已下自祭不得申上服之意。云“其餘皆玄冠，與士同”者，諸侯除孤用爵弁之外，卿、大夫祭皆用玄冠⑥，與士同，故《少牢》是上大夫祭，用玄冠朝服，《特牲》是士禮，用玄冠玄端，是其餘皆玄冠與士同也。其天子大夫四命，與諸侯之孤同，亦以爵弁自祭；天子之士宜與諸侯上大夫同用朝服也。云“玄冠自祭其廟者，其服朝服、玄端”者，朝服據《少牢》大夫禮，玄端據《特牲》士禮而言也。云“諸侯之自相朝聘皆皮弁服”者，欲見此經上服惟施於入天子廟、不得入諸侯廟之意。必知諸侯自相朝聘用皮弁者，見《聘禮》主君及賓皆皮弁，諸侯相朝其服雖無文，《聘禮》主君待聘者皮弁，明待諸侯朝亦皮弁可知。且《曾子問》云“諸侯朝天子，冕而出視朝”，爲將廟受；及彼下文諸侯相朝云“朝服而出視朝”，鄭云：“爲事。”故據此上下而言，明自相朝不得與天子同，即用皮弁可知也。云“此天子日視朝之服”者，此解皮弁非諸侯常服之物，惟於朝聘乃服之意也。云“喪服，天子、諸侯齊、斬而已”者，欲見大夫言“大功、小功”，天子、諸侯不言之意也。

---

① “覲”字原作“言”，據阮本改。
② “之”字原作“牛”，據阮本改。
③ “用”字原作“申”，據阮本改。
④ 孫校云：“‘諸侯祭宗廟之服’二句亦《玉藻》注文。”
⑤ “受”字原作“云”，據阮本改。
⑥ “祭”字原作“等”，據阮本改。

天子、諸侯絕旁期，此云"齊"者，據爲后、夫人而言。若然，天子於適孫承重亦期。周之道，有適子無適孫，若無適子，自然立適孫，若無適孫，立適曾孫，亦期，及至適玄孫皆然也。既爲適孫有服，而適子之婦大功，若於適孫已下之婦承重者皆小功矣，今特言"齊"者，舉后、夫人重者而言。云"卿、大夫加以大功、小功"者，是據正服大功、小功，若緦則降而無服，故不言。云"士亦如之，又加緦焉"者，士不降服，明知更加緦也。云"士齊有素端者，亦爲札荒有所禱請"者，然上文已云"素服"，士既轉相如，已有素服矣；今於經別云"玄端、素端"爲士設文者，以其大夫已上侈袂同，惟士不得侈袂，以端爲之，故經別見"端"文也。若然，士之素端言"齊"者，見禱請也，則上文"素服"亦是齊服禱請可知也。云"變素服言素端者，明異制"者，鄭解士別見文素意也[①]。鄭司農云"衣有褍裳者爲端"者，此端據正幅，不據褍裳，故後鄭不從也。"玄謂端者，取其正也"者，端，正也，故以正幅解之也。云"士之衣袂皆二尺二寸而屬幅，是廣袤等也"者，云衣袂二尺二寸，《喪服·記》文，故彼云"衣二尺有二寸"，注云："此謂袂中也。言衣者，明與身參齊。"是玄端之身長二尺二寸。今兩邊袂亦各屬一幅，幅長二尺二寸，上下亦廣二尺二寸，故云屬幅廣袤等，袤則長也。言皆者，皆玄端、素端，二者同也。云"其袪尺二寸"者，據《玉藻》深衣之袪尺二寸而言也。云"大夫已上侈之。侈之者，蓋半而益一焉。半而益一，則其袂三尺三寸，袪尺八寸"者，此亦無正文。案《禮記·雜記》云："凡弁絰服，其衰侈袂。"《少牢》主婦衣綃衣亦云侈袂。侈，大也。鄭以侈爲大，即以意爲"半而益一"以解之也。孔子大袂單衣亦如此也。凡天子冕服有章者，舊說天子九章，據大章而言，其章別小章章依命數，則皆十二爲節。上公亦九章，與天子同，無升龍，有降龍，其小章章別皆九而已；自餘鷩冕、毳冕以下皆然。必知有小章者，若無小章，絺冕三章，則孤有四命、六命；卿、大夫玄冕一章，卿、大夫中則有三命、二命、一命，天子之卿六命、大夫四命，明中有小章乃可得依命數。

凡大祭祀、大賓客，共其衣服而奉之。 注奉猶送也。送之於王所。

○釋曰：云"大祭祀"，則中兼有次、小祭祀，以其皆是王親祭，故舉大而言。賓客言"大"者，據諸侯來朝也。王者不敢遺小國之臣，則其臣來聘亦有接待之法，亦略舉大而言。皆當奉衣服而"送之於王"，王服之以祭祀及接賓客也。大喪，共其復衣服、

---

①　浦鏜云："'文'疑'言'字誤。"按此句似當作"鄭解士別見'端'文意也"，上文"故經別見'端'文也"云云可證。

斂衣服、奠衣服、廞衣服，皆掌其陳序。○釋曰：云“大喪”，王喪，其中兼小喪也。“復衣服”，謂始死招魂復魄之服。案《雜記》云復者升屋西上，則皆依命數，天子則十二人，諸侯九人、七人、五人，大夫、士亦依命數，人執一領，天子袞冕已下，上公亦皆用助祭之上服。云“斂衣服”者，小斂皆十九稱；大斂則士三十稱，大夫五十稱，諸侯皆百稱，天子蓋百二十稱。注奠衣服，今坐上魂衣也。故書廞爲淫。鄭司農云：“淫讀爲廞，廞，陳也。”玄謂廞衣服，所藏於椁中。○釋曰：云“奠衣服，今坐上魂衣也”者，案下《守祧職》云：“遺衣服藏焉。”鄭云：“大斂之餘也。”至祭祀之時則出而陳於坐上，則此“奠衣服”者也。云“玄謂廞衣服，所藏於椁中”者，此則明器之衣服，亦沽而小者也。

典祀掌外祀之兆守，皆有域，掌其禁令。○釋曰：云“掌外祭祀之兆守，皆有域，掌其禁令”者，謂遮列不得有人來入域中，故云禁令也。注外祀，謂所祀於四郊者。域，兆表之塋域。○釋曰：云“所祀於四郊者。域，兆表之塋域”者，此即《小宗伯》所云“兆五帝於四郊，四類、四望亦如之。兆山川、丘陵”已下，皆是典祀掌之也。言兆域，據壇外爲溝渠，爲表塋域者也。若以時祭祀，則帥其屬而脩除，徵役于司隸而役之。○釋曰：云“以時祭祀”者，謂天地、山川祭祀皆有時也。注屬，其屬，胥、徒也。[1]脩除，芟埽之。徵，召也。役之，作使。○釋曰：鄭知“其屬”是“胥、徒”者，以其典祀身是下士，其下惟有胥、徒，故知也。不言府、史者，府、史非役者也。“徵”，召也。以其司隸主衆隸[2]，主供役使，故云“作使之”也。及祭，帥其屬而守其厲禁而蹕之。注鄭司農云：“遮列禁人，不得令入。”○釋曰：“其屬”還是胥、徒。“厲”是遮列，“蹕”是止行人，故云“遮列禁人，不得令入”也。

守祧掌守先王、先公之廟祧，其遺衣服藏焉。注廟，謂大祖之廟及三昭三穆。遷主所藏曰祧。先公之遷主藏于后稷之廟，先王之遷主藏于文武之廟。遺衣服，大斂之餘也。故書祧作濯。鄭司農濯讀爲祧。此王者之宮而有先公，謂大王以

---

① 孫疏云：“孔繼汾以首‘屬’字爲衍文，是也。”按《天官·甸師職》“甸師掌帥其屬而耕耨王藉”鄭注云：“其屬，府、史、胥、徒也。”是其比。

② “主”字原空闕一格，據阮本補。

前爲諸侯。○釋曰：云“廟，謂大祖之廟及三昭三穆”者，《王制》云：“天子七廟，三昭三穆，與大祖之廟而七。”又《祭法》云：“王立七廟：曰考廟，曰王考廟，曰皇考廟，曰顯考廟，曰祖考廟，皆月祭之；有二祧，享嘗乃止。”據周而言，是知“廟祧”中有三昭三穆與大祖之廟也。云“遷主所藏曰祧”者，以《祭法》云“遠廟爲祧，去祧爲壇”，既言去祧爲壇，明遷主先入祧①，乃至壇耳，故知祧是遷主所藏。云“先公之遷主藏於后稷之廟”者，先公謂諸盩已前不追謚爲王者。先公之主不可下入子孫廟，故知向上入后稷廟。案《聘禮》云：“不腆先君之祧，既拚以俟。”諸侯無二祧，先祖之主皆藏於大祖廟，故名祧。若然，后稷廟藏先公，不名祧者，以有大祖廟名②，又文武已名祧，故后稷不名祧也。若然，大王、王季之主不可入文武祧，亦當藏於后稷廟也。云“先王之遷主藏於文武之廟”者，當周公制禮之時，文武在親廟四之内③，未毀，不得爲祧。然文武雖未爲祧，已立其廟，至後子孫，文武應遷而不遷，乃爲祧也。其立廟之法，后稷廟在中央，當昭者處東，當穆者處西，皆别爲宫院者也。案孔君、王肅之義，二祧乃是高祖之父、高祖之祖，與親廟四皆次第而遷，文武爲祖宗不毀矣。鄭不然者，以其守祧有奄八人，守七廟并姜嫄廟則足矣。若益二祧，則十廟矣，奄八人何以配？明其義非也。云“遺衣服，大斂之餘也”者，案《士喪禮》云：“小斂十九稱，不必盡服。”則小斂亦有餘衣。必知據大斂之餘者，小斂之餘至大斂更用之，大斂餘乃留之，故知此“遺衣服”無小斂餘也。先鄭云“此王者之宫而有先公，謂大王以前爲諸侯”者，謂不窋已後、諸盩已前爲諸侯者。后稷雖不謚爲王，以其爲始祖，故祫祭在焉，從先王例也。**若將祭祀，則各以其服授尸。注**尸當服卒者之上服，以象生時。○釋曰：“尸服卒者之上服”，《士虞·記》文。鄭引之者，欲見天子已下，凡尸皆服死者大斂之遺衣，其不服者以爲奠衣服者④，以鄭云“象生”也。既言卒者上服，則先王之尸服衮冕，先公之尸服鷩冕也。若然，士爵弁以助祭，祭宗廟服玄端，而《士虞》、《特牲》尸不服爵弁者，爵弁是助祭諸侯廟中乃服之，士尸還在士廟，故尸還服玄端爲上服也。《曾子問》云：“尸弁冕而出，卿、大夫、士皆下之。”注云：“弁冕者，君之先祖或有爲大夫、士者。”則是先君之先祖爲士，尸服卒者上服，不服玄端而服爵弁者，爵弁本以助祭在君廟，君先祖雖爲士，今爲尸還在君廟中，故服爵弁，不服

---

① “明”字原空闕一格，據阮本補。
② “大”字原作“态”，據阮本改。
③ “在”字原作“本”，據阮本改。
④ “者”字阮本同，疑當作“是”，屬下讀。

玄端。其廟，則有司脩除之；其祧，則守祧黝堊之。注廟，祭此廟也。祧，
祭遷主。有司，宗伯也。脩除、黝堊互言之，有司恒主脩除，守祧恒主黝堊。鄭司農云：
“黝讀爲幽，幽，黑也。[①]堊，白也。《爾雅》曰：‘地謂之黝，牆謂之堊。’”○釋曰：云“廟，
祭此廟也”者，凡廟舊皆脩除黝堊，祭更脩除黝堊，示新之，敬也，今將祭而云“脩除”，知
祭此廟也。云“祧，祭遷主”者，以遷主藏於祧故也。案上《司尊彝》有“追享”，鄭云：“追
祭遷廟之主，謂禱祈。”則此祭遷主之謂也。云“有司，宗伯也”者，以其宗伯主立國祀，
又沴滌濯，脩除亦是絜静之事，故知有司是宗伯爲之。云“脩除、黝堊互言之”者，鄭以
二者廟祧並有，而經廟直言“脩除”、祧直言“黝堊”[②]，故互而通之，明皆有也。以鄭云
“有司恒主脩除”，祧亦脩除之；“守祧恒主黝堊”，廟亦黝堊也。先鄭讀“黝”爲“幽”，幽
是北方，北方其色黑，欲見地謂之幽，取黑義也。知“堊”是“白”者，以其堊與幽黑白相
對，故知堊是白，即《掌蜃》之“白盛之蜃”，故引《爾雅》證之。既祭，則藏其隋與其
服。注鄭司農云：“隋，謂神前所沃灌器名。”玄謂隋，尸所祭肺脊黍稷之屬。藏之以
依神。○釋曰：案《特牲》、《少牢》及《曾子問》皆有墮祭之事[③]，今先鄭以“隋”爲“神前
沃灌器”，故後鄭不從也。“玄謂隋，尸所祭肺脊黍稷之屬”者，案《特牲禮》：“祝命挼祭，
尸取菹，擩於醢，祭于豆間。佐食取黍稷肺祭授尸，尸祭之。”注云：“肺祭，刌肺。”是其
隋者。彼不言脊[④]，似誤。所以誤有脊者，《特牲禮》云：“佐食舉肺脊以授尸。尸受，振
祭，嚌之。”是以於此誤有脊。但彼是尸食而舉者，故有脊；此隋祭，不合有也。云“藏之
以依神”者，此義與祭地埋之同，故云依神也。

世婦掌女宮之宿戒，及祭祀，比其具，注女宮，刑女給宮中事者。宿
戒，當給事豫告之齊戒也。比，次也。具，所濯摡及粢盛之饌。鄭司農比讀爲庀，庀，具

---

① 段考謂經文當作“幽堊之”，先鄭注當作“幽讀爲黝，黝，黑也”，後鄭注當作“幽
堊”：“幽有黑意，不得逕訓爲黑也。”

② “祧”字原脱，據阮本補。

③ “墮”字阮本作“隋”。按賈疏下引《儀禮·特牲禮》“挼祭”，彼鄭注云：“《周禮》
曰：‘既祭，則藏其墮。’墮與挼讀同耳。”又《禮記·曾子問》“不綏祭”注云：“綏，《周禮》作
墮。”此疏蓋依彼作“墮”，下《大祝職》疏云“案《特牲》、《少牢》墮祭之時”，亦其例。阮
本“隋”或後人據經文校改，非賈疏原文。

④ 加藤云：“殿本‘脊’下增‘此言脊’三字。”按此蓋涉上下二“言脊”而脱訛。孫疏
則疑鄭注“脊”字當作“祭”。

也。○釋曰：此世婦是宫卿之官也。言“女宫，刑女給宫中之事者”，古者從坐男女没入縣官，男子爲奴隸，女子入宫給使役，故云刑女也。云“宿戒，當給事豫告之齊戒也”者，此亦祭前十日戒之使齊，祭前三日又宿之，故“宿戒”並言。知比具“所濯摡及粢盛之爨”者，濯摡、粢盛皆婦人之事。《二十七世婦職》云：“帥女宫而濯摡，爲粢盛。”《儀禮·特牲》云：“主婦視饎爨。”饎爨亦女宫之事，故知之。先鄭云“庀，庀具也”者[1]，先鄭《周禮》内有“比”，皆爲“庀，具”釋之。**詔王后之禮事，**注薦徹之節。○釋曰：知此“詔王后之禮事”是“薦徹之節”者，見《外宗》云佐王后薦徹，故知詔告是薦徹籩豆之節。**帥六宫之人共粢盛，**注帥世婦、女御。○釋曰：知“帥六宫之人”是“世婦、女御”者，案《二十七世婦職》云：“帥女宫爲粢盛。”《女御職》云：“凡祭祀，贊世婦。”鄭注云：“助其帥沺女宫。”是以知粢盛，世婦、女御之事也。**相外内宗之禮事。**注同姓異姓之女有爵佐后者。○釋曰：鄭以“同姓異姓之女有爵”以解“外内宗”者，《序官》云“内宗，凡内女之有爵者”，是同姓之女有爵，又云“外宗，凡外女之有爵者”，是異姓之女有爵，故知之也。知“相”是“佐后”者，《外宗》云佐后薦徹豆籩，《内宗》云“及以樂徹，則佐傅豆籩”，注云：“佐外宗。”故知外内宗轉相佐后，此官相之也。**大賓客之饗食亦如之。**○釋曰：“賓客饗食”，王后亦有助王禮賓之法，故《内宰》：“凡賓客之祼、獻、瑶爵，皆贊。”注云：“謂王同姓及二王之後來朝覲爲賓客者。祼之禮，亞王而禮賓。獻，謂王饗燕，亞王獻賓也。瑶爵，所以亞王酬賓也。”是其饗有后事也。彼不言“食”，食之禮亦當有后助王之事，故此言之也。**注**比、帥、詔、相其事同。○釋曰：此揔説上文四經所云“比、帥、詔、相”言雖不同，其事則同，故云“亦如之”耳。**大喪，比外内命婦之朝莫哭，不敬者而苛罰之。**注苛，譴也。○釋曰：“大喪”，謂王喪。王喪則殯後有朝夕哭事。“外命婦”，朝庭卿、大夫、士之妻。“内命婦”，九嬪已下。以尊卑爲位而哭，而有“不敬者”，則呵責罰之。**凡王后有擯事於婦人，則詔相。**注鄭司農云：“謂爵婦人。”玄謂拜，拜謝之也。《喪大記》曰：“夫人亦拜寄公夫人於堂上。”○釋曰：先鄭云“謂爵婦人”者，此經自以爲一義，不達上“大喪”之事。言爵婦人者，天子命其臣，后亦命其婦，是爵命婦人也。言“王后有拜事於婦人”，謂受爵命之時有拜謝王后也。

---

[1]　加藤謂“庀”字不當重：“賈疏訓‘庀’爲‘庀具也’，誤。”按《遂師職》疏云“《周禮》之内，云‘比’者，後鄭皆爲校比，先鄭皆爲‘庀’，庀爲具，得通一義”，此疏疑誤。

後鄭不從者，上言大喪，下言后之拜事，則所拜者爲大喪而拜，故引《喪大記》爲證。但《喪大記》所云者是諸侯之喪，主人拜寄公於門西，“夫人亦拜寄公夫人於堂上”，其寄公與主人體敵故也。明知天子之喪世子亦拜二王後於堂下，后亦拜二王後夫人於堂上可知。是以僖公二十四年《左氏傳》云：“宋公過鄭。鄭伯問禮於皇武子，武子對曰：‘宋於周爲客，天子有事膰焉，有喪拜焉。’”謂王喪，二王後來奔，嗣王拜之。明二王後夫人來弔后有拜法。若然，二王後夫人得有赴王喪者，或夫人家在畿内，來歸寧值王喪，則弔赴也。**凡内事有達於外官者，世婦掌之。** 注主通之，使相共授。○釋曰：王后六宮之内有徵索之事須通達於外官者，世婦宮卿“主通之”，使相共給付授之也。

　　内宗掌宗廟之祭祀薦加豆籩①，○釋曰：婦人無外事，惟有宗廟“祭祀薦加豆籩”，以豆籩是婦人之事，故薦之。注加爵之豆籩。故書爲“籩豆”。鄭司農云：“謂婦人所薦。”杜子春云：“當爲‘豆籩’。”○釋曰：鄭知“加豆籩”是“加爵之豆籩”者，以其食後稱加，《特牲》、《少牢》食後三獻爲正獻，其後皆有加爵；今天子禮，以尸既食后亞獻尸爲加，此時薦之，故云加爵之豆籩，即《醢人》、《籩人》加豆、加籩之實是也。**及以樂徹，則佐傳豆籩。** 注佐傳，佐外宗。○釋曰：鄭知“佐外宗”者，見《外宗》云“佐王后薦玉豆籩”，故云佐外宗也。但豆籩后於神前徹之，傳與外宗，外宗傳與内宗，内宗傳與外者，故知“佐傳”也。**賓客之饗食亦如之。** ○釋曰：“饗食”賓客俱在廟，饗食訖徹器與祭祀同，亦后徹，外内宗佐傳，故云“亦如之”。**王后有事則從。** ○釋曰：内宗於后有事皆從，故於此揔結之也。**大喪，序哭者。** 注次序外内宗及命婦哭王。○釋曰：知“次序外内宗”者，見《外宗》云“大喪，則叙外内朝莫哭者”，故知所次序有外内宗也。知有“命婦”者，上《世婦職》已云“大喪，比外内命婦之朝莫哭者”，故“序哭”中有命婦也。**哭諸侯亦如之。** ○釋曰：此諸侯來朝薨於王國，王爲之緦衰者也。若《檀弓》云“以爵弁純衣哭諸侯”，彼謂薨於本國，王遥哭之，則婦人不哭之，婦人無外事故也。**凡卿、大夫之喪，掌其弔臨。** 注王后弔臨諸侯而已，是以言掌卿、大夫云。○釋曰：云“王后弔臨諸侯而已，是以言掌卿、大夫云”者，諸侯爲賓，王后弔臨之；卿、大夫己臣，輕，故王后不弔，故遣内宗掌弔臨之事，明爲后掌之。若然，《天

———————

①　“内宗”云云底本不提行。

官·世婦》云"掌弔臨于卿、大夫之喪"者，彼爲王，故彼注云"王使往弔也"；此后不弔臨大夫之喪。案《喪大記》諸侯夫人弔臨卿、大夫者，諸侯臣少故也。

外宗掌宗廟之祭祀佐王后薦玉豆、眠豆籩，及以樂徹亦如之。**注**視，視其實。〇釋曰：云"佐王后薦玉豆"者，凡王之豆籩皆玉飾之。餘文豆籩不云玉者，文略，皆有玉可知。若然，直云薦豆不云籩者，以豆云玉，略籩不言，義可知也。云"眠豆籩"者，謂在堂東未設之時"眠其實"也。云"及以樂徹亦如之"者，亦佐后也，猶仍有內宗佐傳也。**王后以樂羞齍，則贊。注**贊猶佐也。〇釋曰："羞"，進也。"齍"，黍稷也。后進黍稷之時，依樂以進之。言"則贊"者，亦佐后進之。案《九嬪職》云："凡祭祀，贊玉齍，贊后薦徹豆籩。"則薦徹俱言①；玉齍，玉敦，盛黍稷，言贊不言徹，則后薦而不徹也，其徹諸官爲之。故《楚茨》詩云："諸宰君婦，廢徹不遲。"黍稷宰徹之。若然，豆籩與齍此官已贊，九嬪又贊者，以籩豆及黍稷器多，故諸官共贊。**凡王后之獻亦如之。注**獻，獻酒於尸。〇釋曰：云"獻，獻酒於尸"者，則朝餞②、饋獻及酳尸②，以食後酳尸亦是獻，"獻"中可以兼之，亦贊可知也。**王后不與，則贊宗伯。注**后有故不與祭，宗伯攝其事。〇釋曰：案《宗伯》云："凡大祭祀，王后不與，則攝而薦徹豆籩。"若然，宗伯非直攝其祼、獻而已，於后有事，豆籩及簠簋等盡攝之耳。**小祭祀，掌事。賓客之事亦如之。注**小祭祀，謂在宮中。〇釋曰：知"小祭祀，謂在宮中"者，以其后無外事，故知謂宮中。宮中小祭祀，則《祭法》王立七祀，七祀之中行、中霤、司命、大厲是外神，后不與，惟有門、戶、竈而已。案《小司徒》云："小祭祀③，奉牛牲。"注云："小祭祀，王玄冕所祭者。"彼兼外神④，故以玄冕該之也。云"賓客之事亦如之"者，饗食亦掌事，如小祭祀也。**大喪，則叙外內朝莫哭者。哭諸侯亦如之。注**內，內外宗及外命婦⑤。〇釋曰：經直云"外內"，鄭云"內外宗及外命

---

① 孫校云："'則薦'上當重'豆籩'二字。"

② 孫校云："'餞'當爲'踐'。"

③ "祀"字原作"記"，據阮本改。

④ "神"字原作"如"，據阮本改。

⑤ 孫疏云："此義難通。方苞、孔繼汾並謂'及'爲'外'字之誤。今審校文意，疑當作'外內，內外宗及外命婦'，傳寫挩一字也。蓋鄭意經云'外內'，'內'中唯有內宗，無內命婦，'外'中則兼有外宗及外命婦。賈疏非鄭恉也。"

婦”，則“内”中以兼外宗，“外”中不兼内命婦也。經不云内外宗、内外命婦者，意欲見“内”是内宗，舉内以見外，其“外”中則不得舉外以見内，以其内命婦九嬪叙之也。故《九嬪職》云：“大喪，帥叙哭者。”注云：“后哭，衆乃哭。”是内命婦九嬪叙之，故鄭亦不書内命婦也①。

　　冢人掌公墓之地②，辨其兆域而爲之圖，先王之葬居中，以昭穆爲左右。**注**公，君也。圖，謂畫其地形及丘壟所處而藏之③。先王，造塋者。昭居左，穆居右，夾處東西。○釋曰：訓“公”爲“君”者，言公，則諸侯之通稱；言君，則上通天子。此既王之墓域，故訓爲君也。云“圖，謂畫其地形及丘壟所處而藏之”者，謂未有死者之時先畫其地之形勢，豫圖出其丘壟之處④。“丘壟”之言，即下文“丘封”是也。既爲之圖，明藏掌⑤，後須葬者依圖置之也。云“先王，造塋者”，但王者之都有遷徙之法，若文王居豐，武王居鎬，平王居於洛邑，所都而葬，即是造塋者也。若文王在豐，葬於畢，子孫皆就而葬之，即以文王居中，文王第當穆，則武王爲昭居左，成王爲穆居右，康王爲昭居左，昭王爲穆居右，已下皆然。至平王東遷死葬，即又是造塋者，子孫據昭穆夾處東西。若然⑥，兄死弟及俱爲君，則以兄弟爲昭穆，以其弟已爲臣，臣子一列則如父子，故別昭穆也。必知義然者，案文二年：“秋八月，大事于大廟，躋僖公。”謂以惠公當昭，隱公爲穆，桓公爲昭，莊公爲穆，閔公爲昭，僖公爲穆，今升僖公於閔公之上爲昭，閔公爲穆，故云“逆祀”也。知不以兄弟同昭位⑦，升僖公於閔公之上爲逆者，案定公八年經云：“從祀先公。”《傳》曰：“順祀先公而祈焉。”若本同倫，以僖公升於閔公之上，則以後諸公昭穆不亂，何因至定八年始云“順祀”乎？明本以僖、閔昭穆別，故於後皆亂也。若然，兄弟相事，後事兄爲君，則昭穆易可知。但置塋以昭穆夾處，與置廟同也。**凡諸侯居左右以前，卿、大夫、士居後，各以其族。**○釋曰：言“凡”者，以其非一，

---

① “書”字阮本作“言”。
② “冢人”云云底本不提行
③ “壟”字殘存上半“龍”，婺本、金本、阮本並作“壟”。
④ “圖”字原作“國”，據阮本改。
⑤ 浦鏜云：“‘而’誤‘明’，‘之’誤‘掌’，從《通解續》校。”
⑥ “若”字原作“苦”，據阮本改。
⑦ “兄”字原作“足”，據阮本改。

故并卿[1]、大夫以凡之。此因上而言。以其王之子孫皆適爲天子，庶爲諸侯、卿、大夫、士；若出封畿外爲諸侯、卿、大夫、士者，因彼國葬而爲造塋之主。今言"諸侯、卿、大夫、士"者，謂上文"先王"子孫爲畿内諸侯、王朝卿大夫士，死者則居王前後之左右。言"居左右"者，若父爲先王是昭，則子爲穆居右；若父是穆，則子爲昭居左。爲卿、大夫"居後"亦然。但昭穆不定，故左右俱言，謂一父之前後左右並有也。云"各以其族"者，謂次第，假令同昭穆，兄當近王墓、弟則遠王墓爲次第。諸侯言"左右"，卿、大夫、士下云"各以其族"，互相通也。**注**子孫各就其所出王，以尊卑處其前後，而亦併昭穆。○**釋**曰：言"子孫"者，據造塋者所生爲子，已後左右王之所生累世皆是孫。言"以尊卑處其前後"者，尊謂諸侯，卑謂卿、大夫、士。云"亦併昭穆"者，謂兄弟同倫，當昭自與昭併，當穆自與穆併，不謂昭穆併有也。**凡死於兵者，不入兆域。注**戰敗無勇，投諸塋外以罰之。○**釋**曰：《曲禮》云："死寇曰兵。"注云："當饗禄其後。"即下文云"凡有功者居前"是也。此是"戰敗"，故"投之塋外罰之"也。**凡有功者居前。注**居王墓之前，處昭穆之中央。○**釋**曰：云"居前"，則不問爲諸侯與卿、大夫、士，但是"有功"，則得"居王墓之前"以表顯之也[2]。此則《曲禮》云"死寇曰兵"，兼餘功若《司勳》"王功"、"事功"、"國功"之等皆是也。言"處昭穆之中央"者，上云"諸侯居左右已前"，即是昭居左、穆居右；今云"昭穆之中央"，謂正當王冢前，由其有功，故特居中顯異之也。**以爵等爲丘封之度與其樹數。**○**釋**曰：此文自王已下皆有，而云"爵等爲丘封之度"，則天子亦是爵號也。雖云"度與樹數"，天子已下無差次之文。**注**别尊卑也。王公曰丘，諸臣曰封。《漢律》曰："列侯墳高四丈，關内侯以下至庶人各有差。"○**釋**曰：云"别尊卑"，尊者丘高而樹多，卑者封下而樹少，故云别尊卑也。鄭知"王公曰丘，諸臣曰封"者，此無正文。《爾雅》云："土之高者曰丘，高丘曰阜。"是自然之物，故屬之王公也。聚土曰封，人所造，故屬之諸臣。若然，則"公"中可以兼五等也。鄭引《漢律》者，《周禮》丘封高下、樹木之數無文，以漢法況之也。若然，案《春秋緯》云："天子墳高三仞，樹以松。諸侯半之，樹以柏。大夫八尺，樹以藥草[3]。士四尺，樹以槐。庶人無墳，樹以楊柳。"鄭不引之

---

① "并"字原作"升"，據阮本改。

② "則"下阮本有"皆"字。

③ 阮校云："惠校本作'樹以欒'。按'藥'、'欒'字形之誤，'草'衍字耳。《説文》亦曰'大夫欒'。"孫疏云："《白虎通義・崩薨篇》引《含文嘉》説，與賈引《春秋緯》同，惟云'大夫以欒'，亦足正此疏'藥草'之誤。"

者，以《春秋緯》或説異代，多與《周禮》乖，故不引，或鄭所不見也。《王制》云“庶人不封不樹”，而《春秋緯》云“庶人樹以楊柳”者，以庶人禮所不制，故樹楊柳也。

大喪既有日，請度甫竁，遂爲之尸。○釋曰：“大喪”，謂王喪。“有日”，謂葬日。天子七月而葬，葬用下旬。云“請度甫竁”者，謂冢人請於冢宰量度始穿地之處也。言“遂爲尸”者，因事曰遂。初請量度，至葬訖祭墓，故冢人遂爲尸也。**注** 甫，始也，請量度所始竁之處地。爲尸者，成葬爲祭墓地之尸也。鄭司農云：“既有日，既有葬日也。始竁時祭以告后土，冢人爲之尸。”○釋曰：先鄭以“遂爲之尸”據始穿時祭墓地冢人爲之尸，後鄭據始穿地時無祭事，至葬訖成墓乃始祭墓，故冢人爲尸。不從先鄭者，見《小宗伯》云“卜葬兆，甫竁”哭之，又云“既葬，詔相喪祭之禮”，喪祭謂虞、祔，下乃云“成葬而祭墓，爲位”，據彼文，則初穿地時無祭墓地之事，葬訖乃有祭墓地，即此“遂爲之尸”，一也，故後鄭不從先鄭。若然，引之在下者，《小宗伯》雖無初祭墓地之事，亦得通一義，故引之在下。**及竁，以度爲丘隧，共喪之窆器。**○釋曰：上經已“甫竁”祭墓訖，此經復云“及竁，以度爲丘隧”者，此更本初欲竁之時先量度作丘、作隧道之處廣狹長短，故文重耳。**注** 隧，羨道也。度丘與羨道廣袤所至。窆器，下棺豐碑之屬。《喪大記》曰：“凡封，用綍去碑負引，君封以衡，大夫以咸。”○釋曰：以案僖二十五年《左傳》云：“晉文公請隧，不許。王曰：‘未有代德而有二王。’”則天子有隧，諸侯已下有羨道。隧與羨異者，隧道則上有負土，謂若鄭莊公與母掘地隧而相見者也；羨道上無負土。若然，隧與羨別，而鄭云“隧，羨道”者，對則異，散則通，故鄭舉羨爲況也。云“下棺豐碑之屬”者，此案《檀弓》：“公肩假云：‘公室視豐碑，三家視桓楹。’”鄭注云：“豐，大也。天子斲大木爲碑，形如石碑，前後重鹿盧。”是大碑之事。言之屬者，仍有六綍之等，故引《喪大記》也。“凡封”者，封即窆，謂下棺。云“執綍去碑負引”者，謂天子千人分執六綍，諸侯五百人分執四綍。其棺當於壙上，執綍者皆負綍背碑，以鼓爲節而下之。云“君封以衡，大夫以咸”者，衡，横也，謂以木横之於棺傍，乃以綍繫木下棺。大夫以咸者，大夫卑，不得以木横之，直於棺傍咸耳，以綍繫之而下棺也。彼諸侯及大夫法，但天子無文，故引之以爲證天子之法耳。**及葬，言鸞車、象人。**○釋曰：“及”，至也。謂至葬，冢人語巾車之官，將明器“鸞車”及“象人”，使行向壙。**注** 鸞車，巾車所飾遣車也，亦設鸞旗。鄭司農云：“象人，謂以芻爲人。言，言問其不如法度者。”玄謂言猶語也。語之者，告當行，若於生存者，於是巾車行之。孔子謂爲芻靈者善，謂爲俑者不仁，非作象人者不殆於用生乎？○釋曰：云“鸞車，巾車所飾遣車也”者，《巾車職》云：“大喪，飾遣車。”遣車則明器，遣送死者之車也。云“亦設鸞旗”者，以其遣車有鸞和之鈴，兼有旌旂①，經直云“鸞車”不言“鸞旗”，故鄭言之，以其旂旗在車所建，故知有車亦有旗。先鄭云“象人，謂以芻爲人”者，後鄭不從，以其上古有芻人，至周不用，而用象人，則象人與芻靈別也。云“言，言問其不如法度者”，此後鄭亦不從，以其臨葬，不得始問其不如法度。“玄謂語之者，告當行，若於生存者，於是巾車行之”者，遣車之數，依《檀弓》云“諸侯七乘，大夫五乘”，鄭云：“天子九乘。”遣車所載所苞大遣奠，大夫苞五个，諸侯七个，天子當九个。今向壙②，巾車抱之而行也。云“孔子謂爲芻靈者善，謂爲俑者不仁，非作象人者不殆於用生乎”者，此《檀弓》文。彼鄭云：“俑，偶人也。”謂以爲木人，與生人相對偶，有似於人，此則不仁。又云“非作象人不殆於用生乎哉”，是記人釋孔子語。殆，近也，言用象人不近於生人乎？是孔子善古而非周人也。鄭引此者，破先鄭以芻靈與象人爲一③。若然，則古時有塗車、芻靈，至周仍存塗車，唯改芻靈爲象人④。**及窆，執斧以涖，**注臨下棺也。○釋曰：案《鄉師》云：“執斧以涖匠師。”則此亦臨匠師。兩官俱臨者⑤，葬事大，故二官共臨也。**遂入藏凶器。**注凶器，明器。○釋曰：因上文“窆”下棺訖，即“遂入壙藏明器”，明器即《檀弓》云“木不成斲，瓦不成味，琴瑟張而不平，竽笙備而不和”，神明死者之器者也。**正墓位，蹕墓域，守墓禁。**○釋曰：“墓位”，即上文“昭穆爲左右”，是須“正”之使不失本位。“墓域”，即上文“兆域”是也，謂四畔溝兆。“蹕”，謂止行人不得近之。“守墓禁”⑥，謂禁制不得漫入也。注位，謂丘封所居前後也。禁，所爲塋限。○釋曰：云“丘封所居前後”者，即上文爲諸侯及有功者居前、爲卿大夫士者居後是也⑦。云“禁，所爲塋限”者，謂禁者，以塋域爲限而禁之。**凡祭墓，爲尸。**注祭墓爲尸，或禱祈焉。鄭司農云：“爲尸，冢人爲尸。”○釋曰：後鄭知此“祭墓”爲“禱祈”者，上文“遂爲尸”是墓新成祭后土，此文云“凡”，非一，故

---

① 浦鐘云：“‘旗’誤‘旂’。”按旂、旗對文則異，散文則通。
② “今”字阮本作“令”。
③ “破”上阮本有“欲”字。
④ “改”字原作“攺”，據阮本改。
⑤ “官”字原作“宫”，據阮本改。
⑥ “守”字原作“中”，據阮本改。
⑦ “士”字原作“十”，據阮本改。

知謂禱祈也。先鄭云"爲尸，冢人爲尸"者，上文祭墓謂始穿地時①，此文據成墓爲尸。後鄭以此亦得通一義，故引之在下。是以《禮記·檀弓》云"有司舍奠於墓左"，彼是成墓所祭，亦引此"凡祭墓，爲尸"證成墓之事也。**凡諸侯及諸臣葬於墓者，授之兆，爲之蹕，均其禁。** ○釋曰：上文惟見王及子孫之墓地，不見同姓異姓諸侯之墓地，故此經捴見之。若然，此墓地舊有兆域，今新死者隨即授之耳。

墓大夫掌凡邦墓之地域，爲之圖。注②凡邦中之墓地，萬民所葬地。○釋曰：鄭知"邦中之墓地"是"萬民葬地"者③，以其冢人掌王墓地，下文云"令國民族葬"，非有爵者，故知經"邦墓"是萬民。若然，下云"掌其度數"，鄭云"度數，爵等之大小"，而見有爵者，謂本爲庶人設墓，其有子孫爲卿④、大夫、士，其葬不離父祖，故兼見卿、大夫、士也。**令國民族葬，而掌其禁令，**注族葬，各從其親。○釋曰：經云"族葬"，則據五服之內親者共爲一所而葬，異族即別塋。知"族"是五服之內者，見《左傳》哭諸侯之例云"異姓臨於外，同姓於宗廟，同宗於祖廟，同族於禰廟"，故知"族"是服內，是以鄭云"各從其親"也。**正其位，掌其度數，**注位，謂昭穆也。度數，爵等之大小。○釋曰：凡萬民墓地，亦如上文豫有"昭穆爲左右"，故云"正其位"。云"度數，爵等之大小"者，亦如《冢人》云"丘封之度與其樹數"也。**使皆有私地域。**注古者萬民墓地同處，分其地使各有區域，得以族葬後相容。○釋曰：知"古者墓地同處"者，上文云"族葬"，是同處。云"使相容"者，釋經"私地域"也。**凡爭墓地者，聽其獄訟。**注爭墓地，相侵區域。**帥其屬而巡墓厲，居其中之室以守之。**注厲，塋限遮列處。鄭司農云："居其中之室，有官寺在墓中。"○釋曰：云"帥其屬"者，墓大夫帥下屬官也。云"巡墓厲"者，謂墓大夫帥其屬巡行"遮列之處"。云"居其中之室以守之"者，謂萬民墓地族葬地中央爲室，而萬民各自守之。注先鄭云"官寺"，寺則室也。

---

① "始"字原作"姑"，據阮本改。
② "注"字原作"洼"，據全書體例改。
③ "中"字原作"十"，據阮本改。
④ "卿"字原作"鄉"，據阮本改。

職喪掌諸侯之喪及卿、大夫、士凡有爵者之喪，以國之喪禮涖其禁令，序其事。○釋曰：言“諸侯”者，謂畿内王子母弟得稱諸侯者，若《司裘》云“諸侯共熊侯、豹侯”者也。言“凡有爵者”，還是“卿、大夫、士”，言凡以該之耳。云“序其事”者，謂若襲斂殯葬先後之事。**注**國之喪禮，《喪服》、《士喪》、《既夕》、《士虞》今存者，其餘則亡。事，謂小斂、大斂、葬也。○釋曰：云“國之喪禮，《喪服》、《士喪》、《既夕》、《士虞》今存者”，此據《儀禮》之内見在者而言，故云今存者。但《士喪禮》始死時事，《既夕》葬時事，《士虞》葬訖及日中而虞事也。云“其餘則亡”者，但《儀禮》本事義三千條，其時有天子、諸侯、卿、大夫、士喪，與既夕及虞、卒哭，與祔、小祥、大祥禮皆有，遭暴秦而亡。漢興，惟得十七篇，高堂生所傳，即今《儀禮》是也①，故云其餘則亡。云“事，謂小斂、大斂、葬也”者，舉大事而言，其間仍有襲事，亦掌之。下文别見“祭”，故此不兼也。**凡國有司以王命有事焉，則詔贊主人。注**有事，謂含襚贈賵之屬②。詔贊者，以告主人，佐其受之。鄭司農云：“凡國，謂諸侯國。有司，謂王有司也。以王命有事，職喪主詔贊主人。”玄謂凡國有司，有司從王國以王命往。○釋曰：知“有事，謂含襚贈賵之屬”者，《春秋》云：“王使榮叔歸含且賵。”又兩小《傳》皆言“衣被曰襚，貨財曰賵，車馬曰賵，珠玉曰含”，明知有含襚贈賵之屬。又案《士喪禮》兼有贈賵無常，惟翫好是也③。不言賵者，賵施於生者，故亦不言也。先鄭云“凡國，謂諸侯國。有司，謂王有司也”，後鄭不從者，下文云“公有司”，豈得“公”分之爲諸侯、“有司”爲王有司乎？明此“國有司”亦不得分之也，故後鄭云“國有司，有司從王國以王命往”，向喪家者也。**凡其喪祭，詔其號，治其禮。**○釋曰：“喪祭”餘文皆爲虞，此言“凡”者，以其喪中自相對，則虞爲喪祭，卒哭爲吉祭；若對二十八月爲吉祭，則祥、禫已前皆是喪祭，故言凡以該之，是以鄭亦不言喪祭爲虞也。云“治其禮”者，案《大宗伯》亦云“治其禮”，鄭云：“謂簡習其事。”此“治其禮”義亦然也。**注**鄭司農云：“號，謂謚號。”玄謂告以牲號、齍號之屬，當以祝之④。○釋曰：先鄭云“號，謂謚號”，後鄭不從者，《小宗伯》云“小喪，賜謚讀誄”，不在此，故後鄭云“告以牲號、齍號之屬，當以祝之”。有牲號、齍號，謂若

---

① “今”字原作“令”，據阮本改。
② “賵”字原作“贈”，據婺本、金本、阮本改。下疏中“兼有贈賵無常”底本亦誤。
③ “翫”字阮本作“玩”。按“翫”、“玩”二字古多通用。
④ “祝”字原作“稅”，據婺本、金本、阮本改。

《特牲》、《少牢》云“柔毛”、“剛鬛”、“嘉薦”、“普淖”，皆是祝辭，故云當以祝之也。**凡公有司之所共，職喪令之，趣其事。**注令，令其當共物者給事之期也。有司或言公，或言國，言國者由其君所來，居其官曰公。謂王遣使奉命有贈之物，各從其官出，職喪當催督也。○釋曰：云“令，令其當供物者給事之期也”者，此謂諸官依法合供給喪家者，不待王命，職喪遣令之使相供①。云“有司或言公，或言國，言國者由其君所來”者，解稱“國”之意，君則王也。云“居其官曰公”者，謂不須王命，自居其官之職往供則曰公，公謂官之常職也。

---

① “遣令之”上空闕一格，此三字阮本作“依式令之”。

圖書在版編目（CIP）數據

周禮之屬. 第一冊／金少華點校. —杭州：浙江
大學出版社，2017.9
（中華禮藏. 禮經卷）
ISBN 978-7-308-14813-9

Ⅰ.①周…　Ⅱ.①金…　Ⅲ.①禮儀－中國－古代
Ⅳ.①K892.9

中國版本圖書館CIP數據核字(2015)第141426號

中華禮藏·禮經卷·周禮之屬　第一册

金少華　點校

出 品 人	魯東明	
總 編 輯	袁亞春	
項目統籌	黄寶忠　宋旭華	
責任編輯	張小苹	
責任校對	宋旭華	
封面設計	張志偉	
出版發行	浙江大學出版社	
	（杭州市天目山路148號　郵政編碼310007）	
	（網址：http://www.zjupress.com）	
排　　版	杭州立飛圖文制作有限公司	
印　　刷	浙江印刷集團有限公司	
開　　本	710mm×1000mm　　1/16	
印　　張	36.75	
字　　數	670千	
版 印 次	2017年9月第1版　2017年9月第1次印刷	
書　　號	978-7-308-14813-9	
定　　價	300.00圓	

浙江大學出版社發行中心聯繫方式：(0571)88925591；http://zjdxcbs.tmall.com